社会保障橙皮书 2019

ORANGE BOOK OF SOCIAL SECURITY 2019

国际社会保障动态

健康贫困治理行动与效果

DEVELOPMENTS AND
TRENDS OF GLOBAL
SOCIAL SECURITY POLICY

上海财经大学公共经济与管理学院　公共政策与治理研究院

李华 主编　　郑春荣　刘华 副主编

上海人民出版社

本书获得2018年部市共建双一流项目资助

《国际社会保障动态》年度系列报告
学术委员会

《国际社会保障动态——健康贫困治理行动与效果》作者名单

主　编　李　华

副主编　郑春荣　刘　华

总　论　李　华

第一章　郑春荣

第二章　郑春荣　蔡春光

第三章　李志鹏　高　健　徐英奇

第四章　高　健　李　华

第五章　李　华　何珮莹　王雅婷

第六章　徐英奇　李　华

第七章　李　华　高　健　徐英奇　何珮莹　王雅婷

第八章　李　华　高　健　徐英奇

第九章　刘　华

第十章　皇甫慧慧　刘　华

附　录　张　熠

序

90年代初期，我开始师从席克正教授攻读财政学博士学位，在学习和研究财政学理论的过程中，我进一步认识到财政支出问题将成为财政学理论和实践至关重要的核心——至少是比我们之前对财政学收支关系的认识更加重要，而社会保障和社会福利支出将成为财政支出不断增长的基本趋势。有鉴于此，我将博士论文的选题定为《社会保障经济影响的理论分析》。

从那时研究和撰写以社会保障为题的博士论文算起，我对中国社会保障理论与实践的关注已经有20年以上的时间。在这20年里，由于本人的懈怠和才疏学浅，没能在学术上有所成就，但我见证了我国社会保障在理论研究与制度建设上取得的巨大成就，如今，社会保障已不仅是学术界也是全社会最关注的问题之一。2012年我国城镇五大社会保险基金收入达到28 910亿元，支出22 182亿元，累计结余35 679亿元。如果把我国社保基金纳入全国财政预算，那么，2012年的社保收入（如果算是一种税种——社会保险税的话），已超过增值税，成为第一大税种；2012年社保支出已超过教育支出，成为我国第一大财政支出项目。在丰硕的理论和实践成果面前，作为学者和研究人员，我们应更加理性地思考我国社会保障制度建设的长期趋势和整体设计，应加强对社会保障理论和思想的基础性研究和实证研究，直面我国社会保障在理论和实践中存在的问题，着力解决人口老龄化带来的“未富先老”、“老年服务”和“筹资与支付”等难题，着力解决群众的就医难、看病贵，以及“大病负担”等问题，更好地担负起时代赋予我们的历史重任。

上海财经大学社会保障学科的各位同仁齐心协力，经过长时间的准备，在撰写和出版了《各国社会保障丛书》的基础上，现在又以关注和研究国际社会保障动态的战略眼光，撰写了社会保障橙皮书，并计划每年出版一本，既将各国社会保障的改革发展动态汇集和分析给读者，也以每年一个专题的方式就我国社会保障的相关专题进行比较研究。难能可贵的是，课题组还计划每年都深入实践，将各该专题的国内改革发展的地方实践总结出来，形成案例，介绍给读者，供学习研究参考之用。2013年的橙皮书所调查和总结的案例，既有经济发展水平相对较高的江苏太仓市，也有经济发展水平相对较低的广东湛江市，两市的大病医疗保障实践表明，因地制宜地开展大病医疗保障，无论其经济发展水平高低、无论其财政规模能量大小，都是可以有所作为的。

借本社会保障橙皮书出版之际，谈以下三点想法。

一、橙皮书系列报告的定位：他山之石，可以攻玉

一个国家的社会保障制度离不开该国特定的历史背景、社会传统和经济发展水平，与此同时，各国的社会保障制度也有许多共通之处，特别是欧洲一些国家对社会保障制度的探索已持续了一个多世纪，其积累的经验教训弥足珍贵。为此在整个20世纪80年代中期至90年代，有不少学者对国外社会保障制度进行了介绍和比较，发表了许多论著，推动了我国社会保障的制度设计和理论研究。

当前，国际国内形势都发生了很大变化。国际上，全球性人口老龄化所引发的养老金制度改革问题、社会保障和社会福利过度提供带来的低效率和财政负担、收入分配不公带来的社会排斥、离婚率和未婚率的持续攀升以及少子化严重影响了家庭保障功能、全球性金融危机所引发的养老基金贬值、持续经济低迷形成的长期失业问题等等，使得许多国家都在积极着手对其原有的社会保障制度进行调整和改革。在国内，我国面临着未富先老的人口状况、人口快速城镇化、人们健康水平的快速提高以及对健康保护的进一步要求、产业升级与转型、就业形式多样化、经济全球化的挑战和收入分配差距不断加大等问题，使我们正在建设的社会保障制度体系，面临着新的问题与挑战。他山之石，可以攻玉。在新的形势下，很有必要进一步了解各国社会保障制度发展与改革的近况，深入了解各国社会保障制度的内涵，汲取他国经验与教训，为我国社会保障制度建设提供有效借鉴。

橙皮书系列报告旨在归纳总结世界各国最新的社会保障改革实践的基础上，提出可供我国社会保障改革借鉴的经验与教训。正如今年橙皮书中的分析，南欧

国家的“福利病”、拉美国家的“贫困陷阱”，不仅要在我国社会保障基本制度建设过程中予以高度重视，引以为戒，而且在实践中要努力避免。以史为鉴，以邻为鉴，可使中国的社会保障改革未雨绸缪，少走弯路。

二、上海财大社会保障学科的发展思路：汇聚中外，兼容并蓄

汇聚中外英才，是上海财经大学长期以来所贯彻的办学理念。在学校创办之初和20世纪50年代，上海财经大学就汇聚了一大批海外留学回国的学者，近年来，上海财经大学又加快了国际化建设进程，迎来新一批的学成回国人员。目前，仅社会保障学科所在的公共经济与管理学院，就有一批从美国、加拿大、德国、日本等著名大学包括美国南加州大学、美国佐治亚理工学院、美国北卡大学夏洛特分校、美国佛罗里达州立大学、美国加州大学伯克利分校、美国纽约大学、美国弗吉尼亚理工学院、日本大阪市立大学、日本东京大学、美国普渡大学、美国芝加哥大学、美国耶鲁大学、美国哥伦比亚大学、美国约翰·霍普金斯大学等世界名校毕业的博士。同时，国内毕业的社保教师也都有在国外大学访学访问研究的经历，整个社会保障学科团队对国内外社会保障理论和基本制度比较熟悉，成为一支年轻有为、知识结构合理、不断追求的学术团队。

围绕社会保障，多学科兼容并蓄，共同研究“大社保”问题。笔者非常赞成许多同行的观点：社会保障的研究不能局限于某一学科，要鼓励多个学科从不同的角度展开研究。在上海财经大学，汇聚了各个学科的研究者，从政治学、社会学、公共管理、金融学、财政学以及理论经济学等不同视角对社会保障进行研究，取得了一定的成效。今后，我们还将采取双聘、特聘制度，组建多学科协同、校内外协同的研究机构，进一步促进不同学科不同学校学者之间的交流与合作。

三、社会保障橙皮书：求新求真，填补空白

目前国内已经出版的社会保障发展报告至少有五本，例如武汉大学社会保障研究中心的《中国社会保障改革与发展报告》、中国社科院的《中国社会保障发展报告》、郑秉文教授主编的《养老金发展报告》等等，这些社保发展报告的体系较为完整，数据翔实，对问题的剖析也十分到位，在学界具有重要影响，对我国社会保障实

践具有很好的指导意义。上海财经大学推出的社会保障橙皮书系列报告，不能搞重复建设。橙皮书的撰写，必须既与国内已出版的社保发展报告形成互补，又能充分发挥上海财大社保学科的研究特色。为此，我们进行了几轮充分的论证，认为有必要在介绍国外社会保障改革与实践、指导我国社会保障改革与实践方面发挥独特作用。因此将橙皮书定名为“国际社会保障动态”，旨在系统地、定期地介绍国外社会保障的最新实践，配合国内社会保障热点问题的研究，提出一些可供我国借鉴的有益经验。实际上，早在2009年，上海财大已经组织科研团队开始系统地研究国外社会保障制度，例如全校十多位学者编写的《各国社会保障制度丛书》，已出版12种，总字数达400万字，既包括欧美主流发达国家的社会保障制度，也包括智利、新加坡等新兴经济体的社会保障制度，在各国社保制度的研究方面积累了较为完整的资料，也培养出一支较为齐整的研究队伍。因此总体上看，橙皮书的定位是合理的，也是可行的。

每年的橙皮书主要由“年度国际社会保障运行情况分析”和“主题报告”两部分组成，具体分为四大部分：

第一部分，是对上一年度世界各国社会保障制度运行、改革与实践的情况进行总结、归纳。在写作上要求数据新而全，每年的写作具有连续性，让读者对各国社保制度的最新情况一目了然。

第二部分，是对上一年度和近年世界各国的社会保障制度热点进行专题介绍。例如，今年橙皮书对退休年龄、公共医疗卫生政策、长期护理、工作福利等问题展开了专题介绍。

第三部分，是主题报告，这是每年社会保障发展报告的重头戏。每年我们根据国内外社会保障改革的热点问题选择一个研究主题，例如今年橙皮书的主题是“全民医疗保障体系建设”。在主题报告中，首先系统介绍该项制度在世界各国的建设、运行情况，剖析各种制度模式的起源、成因与优劣；其次，介绍该制度在国内的实施情况，并进行至少两个实地案例调研；最后，在融会贯通国内外分析的基础上，提出适用于中国的制度模式。

第四部分，是社保资料索引，包括上一年度世界各国社保改革大事记、世界各国社会保障主要数据汇编等内容。

橙皮书要体现“新”、“真”。“新”是指数据和资料必须是最新的、尽可能地采用第一手资料或各国政府直接公布的数据；“真”是指写作必须严谨，每年必须有实地调研案例，充分反映事实。如果能达到这两个要求，相信橙皮书对国内社会保障理论与实践会有其一定的独特作用。

衷心希望上海财经大学社会保障研究团队以橙皮书的出版为契机，多向国内外同行学习，打造一支高水平的社会保障教学科研团队，为我国社会保障改革事业作出更大的贡献！同时，笔者也非常期待国内外学者不吝批评，使橙皮书系列报告能够日臻完善，成为社会保障界的“新品牌”。

丛树海

总 论

健康贫困概念最早是基于阿马蒂亚·森的“能力贫困”理论而提出来的，它是指由于参与医疗保障、卫生保健和基本医疗服务的机会丧失，导致健康水平低下、经济社会发展水平低、居民支付能力不足和文化贫困等，进而造成参与经济活动的能力被削弱和剥夺，从而进一步造成经济收入下降和贫困产生或加剧，形成“因病致贫”和“因贫致病”的恶性循环的过程（孟庆国、胡鞍钢，2000；陈迎春，2005；张莹，2015）。降低“因病致贫”发生率是健康贫困治理的目标。截至2018年，我国农村贫困人口1 660万人中，因病致贫、返贫比例仍占40%以上，不仅没有降低，反而逐年上升，且保持在较高水平。而且，广大农村人口的因病致贫率远高于城市，治理健康贫困事关总体减贫、扶贫攻坚战略目标的实现。简要地讲，治理是各种公共、非公共的机构和个人管理共同事务诸多方式的总和，是使相互冲突的不同利益得以调和，并且采取联合行动的持续过程。既包括权威迫使人们必须服从的正式规则和制度，也包括符合各种组织和人们共同利益的非正式规范和制度安排。治理不是一整套规则，也不是一种活动，而是一个持续的过程；治理不仅仅包括正式制度，而是各种制度间持续的互动；治理过程的基础不是控制，而是协调。治理的主体既涉及公共部门，也包括私人部门和个人。所以，既有政府治理和社会治理之别，也有公共治理和民间治理之差。健康贫困治理是减贫中的难题，是指通过医疗卫生保障制度体系设计，不仅让居民及时防病治病，还要化解疾病带来的经济风险，降低个人和家庭的医疗经济负担，从而避免、减少“因病致贫、因病返贫”现象。

减少贫困或治理贫困是人类社会进入21世纪后发展的主要目标，中国政府早在20世纪80年代开始就开始组织实施了大规模、卓有成效的扶贫攻坚工作。1986—2013年，我国的减贫以区域扶贫开发为重点，先后制定实施了《国家八七扶贫攻坚计划（1994—2000年）》《中国农村扶贫开发纲要（2001—2010年）》等大型减贫规划，推动了贫困地区的经济增长，促进了中国大规模减贫进程，减缓了区域差距扩大的趋势。截至2018年底，中国使7亿多人口摆脱了贫困，成为世界上减少贫人口最多的国家，创造了世界减贫史上的“中国奇迹”，率先实现了联合国千年发展目标，为全球反贫困事业贡献了巨大力量，得到全世界的广泛认可和赞誉。但是，由于我国还存在多种因素导致的部分群体深度贫困问题，因此精准扶贫成为新时期贫困治理的趋势和重点。2015年12月中共中央、国务院发布《关于打赢脱贫攻坚战的决定》把“精准扶贫、精准脱贫”作为扶贫攻坚的基本方略，确立了到2020年彻底消除贫困的战略目标。2017年国务院扶贫开发领导小组《建立精准扶贫工作机制实施方案》和2018年6月中共中央、国务院《关于打赢脱贫攻坚战三年行动的指导意见》发布，“扶贫攻坚”由“区域扶贫”迈向“精准扶贫”新阶段，不言而喻，“精准脱贫”成为“精准扶贫”的目标。“因病致贫”由于成因复杂，占比高而成为“深度贫困”问题，也是精准扶贫的重点领域。

近年我国陆续推出了医疗卫生保障治理健康贫困的政策规定。一是出台了一系列提升基本医疗保险保障水平，促进商业健康保险发展的政策，如《关于全面实施城乡居民大病保险的意见》(2015年)、《关于整合城乡居民基本医疗保险制度的意见》(2016年)、《关于加快发展商业健康保险的若干意见》(2014年)、《关于切实做好社会保险扶贫工作的意见》(2017年)。二是陆续出台和实施了《关于开展重特大疾病医疗救助试点工作的意见》(2012年)、《关于加强医疗救助与慈善事业衔接的指导意见》(2013年)、《关于印发疾病应急救助工作指导规范(试行)》(2017年)，在加强医疗救助兜底作用的同时，注重与慈善医疗衔接。三是从医疗卫生服务供给体系入手，对农村贫困人口和患者采取有针对性的举措，出台和实施了《农村贫困人口大病专项救治工作方案》(2017年)、《农村贫困住院患者县域内 “先诊疗，后付费”工作方案》(2017年)等行动方案。

2016年健康贫困治理进入综合治理阶段。《“健康中国2030”规划纲要》提出进一步健全重特大疾病医疗保障机制，加强基本医保、城乡居民大病保险、商业健康保险与医疗救助的有效衔接。卫生计生委等15个部门联合发布《关于实施健康扶贫工程指导意见》，确立了到2020年，贫困地区人人享有基本医疗卫生服务，农村贫困人口大病得到及时有效救治保障，个人就医费用负担大幅减轻的目标。2017年《健康扶贫工程“三个一批”行动计划》聚焦农村贫困人口和患者，对核实核准的患有大病和长期慢性病的农村贫困人口(指建档立卡贫困人口和农村低保对象、特困人员、贫困残疾人)，根据患病情况，实施分类分批救治，确保健康扶贫落实到人、精准到病，有效对准"因病致贫、因病返贫"问题，采取"大病集中救治一批""慢病签约服务管理一批""重病兜底保障一批"的"三个一批"行动计划，精准治理健康贫困。

综上可见，多因素共同影响和制约的健康贫困治理不仅需要动员多方力量，探索多路径，采取多项行动计划，而且它还是一个包括事前预防、事中干预和事后补救的全过程治理工程，是一个需要动态监测、持续协同行动的长期系统工程。仅仅从医疗卫生保障系统看，健康贫困治理包括三大模块：一是医疗保险，二是医疗救助，三是医疗卫生服务。医疗保险是以政府建立的基本医疗保险和大病保险为核心，单位和家庭购买的商业医疗(健康)保险为补充。医疗救助则由民政医疗救助和慈善医疗救助共同构筑。其中，政府为主体的基本医疗保险和政府医疗救助构成了我国的基本医疗保障体系，同时引导社会力量共同参与医疗保障体系建设。医疗卫生服务系统庞大，主要通过卫生资源配置，增强基本医疗卫生服务的可及性和公平性，引导有序就医，并辅之应急救治、贫困救治等措施，共同发挥医疗卫生服务体系治理健康贫困的作用。①据此，本研究构建起主要由医疗保险、医疗救助和慈善、医疗服务共同组成，政府治理与社会治理共同发挥作用的健康贫困治理分析框架。

由于居民的健康需求会随着经济社会发展、人们对幸福美好生活的追求，以及老龄化社会的挑战而增加，加上医疗技术不断创新，医疗服务质量逐步提高，全球各国医疗费用均呈现不断上涨趋势，各国政府纷纷多方位采取持续行动来治理健康贫困。发达国家通过建立全民基本免费的国家卫生服务制度、保险范围广泛的社会医疗保险制度、商业医疗保险体制下的贫困人口医疗救助制度等模式，从根本上解决弱势群体的医疗保障问题(申曙光，2006)，并且积累了一些可供发展中国家借鉴的宝贵经验和教训。和我国处于同等发展阶段的新型经济体，特别是与我国建立了紧密联系的金砖国家，也先后探索了更加适合本国实际情况的健康贫困治理模式和路径，为处于不断改革发展中的我国提供了有益的经验借鉴。为此，本研究的专题部分(第二编和第三编)在梳理健康贫困治理理论基础上，总结了典型国家健康贫困治理采取的行动措施、效果和经验，分析了中国健康贫困治理采取的行

① 因医疗卫生服务体系包括的范围广，目标和任务多，本研究选择采取国家卫生服务(免费医疗)的典型国家，重点考察医疗卫生服务体系防治健康贫困的行动进展和取得的效果。中国部分则以实施分级诊疗为抓手，考察医疗卫生服务治理健康贫困的行动进展和效果。

动措施和取得的治理效果，进而为我国医疗卫生保障体系的完善和共同治理健康贫困提供一定政策支持。

本书由三编构成：第一编为国际社会保障发展总论与热点，分别阐述了社会保障最新动态和热点问题，介绍世界范围内社会保障事业的全貌、发展趋势，分析了2018—2019年度世界社会保障领域十大热点问题。这一编是本系列丛书始终不变的主题，为学术界提供了宝贵的最新动态信息。第二编和第三编构成丛书每年专题研究部分，2019年主题为"健康贫困治理"。其中，第二编健康贫困治理理论与国际经验，在理论基础上，分别研究了典型国家医疗保险、医疗救助和慈善、医疗服务治理健康贫困的经验；第三编中国治理健康贫困行动与效果，对中国治理健康贫困的行动与效果作了比较全面的概览与研究。

第一编国际社会保障发展总论与热点，包括第一章和第二章。

第一章国际社会保障动态扫描。在分析全球经济形势、人口与老龄化趋势的基础上，分析各国的社会保障运行情况。2018年是国际金融危机10周年，2017年全球经济迎来了一段普遍快速增长，但好景不长，从2018年下半年开始，全球经济增长动力明显放缓，2019年年中，国际货币基金组织、联合国、世界银行等纷纷下调之前公布的全球经济增长率预测值。在全球经济前景暗淡的同时，国际贸易壁垒和保护主义也对未来的经济增长构成一定威胁。此外，一些国家换届选举中，出现了民粹主义政党崛起、极右翼势力增强的现象，可能导致贸易保护主义愈演愈烈。

联合国在2019年6月发布了新版《世界人口展望》，预计到2030年，全球人口将达到85亿人；到2050年，全球人口将达到97亿人。虽然全球人口总量规模持续增大，但分布不均衡，一些国家的生育率偏低和老龄化进程较快。由于未来30年人口增长最快的国家中，有许多是最不发达国家，这将对这些国家减贫、消除饥饿、发展医疗教育等目标的实现产生较大挑战。

2008年国际金融危机爆发以来，各国的社会保障支出总量出现较大增长，之后稳中有降。2018年OECD组织各国社保支出占比平均为20.13%，其中养老金支出和医疗卫生支出最高，分别占社保总支出的近40%和28%。在公共养老金支出方面，多数国家未雨绸缪，通过降低公共养老金增幅、调整计发办法以及提高领取养老金的法定年龄等手段，应对老龄化危机。尽管如此，所有OECD国家的公共养老金支出占GDP的比重仍将从当前的8.9%上升至2050年9.5%。在医疗保障支出方面，各国水平差异较大，美国始终遥遥领先。在失业保障方面，各国劳动力市场状况普遍继续改善，OECD 各国平均就业率为 69.4%，较危机前的 2007 年高出 2 个百分点。但就业质量有待提高，非正规就业比重过高；青年人失业率较高，是经济波动最大的受害者。

全世界减贫效果明显，但挑战依然巨大。撒哈拉以南非洲的贫困人口一直在增加。2015 年，撒哈拉以南非洲极端贫困人口超过其他地区总和，到 2030 年，这一比例将接近 90%。在相对贫困率方面，过去 10 年变化较小，OECD 各国 2016 年平均相对贫困率为 11.7%。总体上看，各国的最低收入保障待遇水平不高。

第二章国际社会保障热点问题。本章介绍 2018 年与 2019 年世界重大社会保障改革十大热点。近年来，各国经济增长总体较为平稳，但速度有所下降，因各国政府债务负担较重，社会保障改革压力较大，同时民众对社保的期望越来越高，给各国政府的改革带来较大挑战。荷兰面对民众的强烈抗议，降低了延迟退休改革的步伐；美国作为发达国家中唯一一个没有全国性法定育儿假的国家，正在酝酿出台父母的带薪产假政策；近年法国医院人满为患，且医护人员短缺的现象引发各界担忧，马克龙总统推出医疗改革法案，多管齐下，提高医疗资源供给能力；智利于 2008 年对养老保险个人账户管理进行改革，每两年招标一次管理方，2019 年经过招投标确定养老保险新参保人的资产管理方；芬兰在全世界首次尝试发放无条件基本收入，但经过 2 年试验，这项社保新制度效果不佳；巴西总统新上任，着力修改过于慷慨的养老金制度；联合国儿童基金会发布各国家庭福利排名榜，各国情况不一，一些发达国家的福利政策对育儿行为并不友好。

第二编健康贫困治理理论和国际经验，包括第三章至第六章，共四章。

第三章健康贫困治理理论。健康贫困治理行动和制度，需要遵循治理目标和理论逻辑，即需要一定的理念支撑和基本理论指导，本章系统梳理了健康贫困治理理论。首先阐明健康贫困的理论基础。能力贫困理论认为贫困的本质是人的基本能力的缺失和被剥夺，贫困的真正含义不仅仅是收入的低下，而是人的能力的贫困。健康贫困引致家庭劳动力损伤，从长期视角由此引发的经济风险扭曲了家庭的经济决策，导致教育投入不足，人力资本积累被迫中断，健康贫困就会进一步引发贫困代际传递，无法获取医疗保障系统提供的保护，由社会歧视和社会排斥导致结构性脆弱引发"贫困恶性循环"，最终形成能力剥夺。从短期视角，健康需求理论指出健康是人力资本的重要组成部分，人们对优质医疗服务的需求，本质上是对良好健康的追求。如果由于不同的原因导致基本医疗服务需求不能得到满足，进而基本健康需求不能得到满足，那么健康代表的人力资本积累就不能持续地积累与投资，最终产生了健康贫困的后果。

其次，梳理了多元共治健康贫困理论。治理理论认为，为了实现共同的公共事务目标，公共部门和私人部门在互相协作、解决矛盾的持续的互动过程中，承担不同的责任和角色，在这一过程中包含了人们必须服从的正式规则和制度，也包括各种符合人们共同利益的非正式规范和制度安排。治理理论更加强调公共目标和公共事务的实现，更加强调的是协调、互动的过程，而非控制。从治理理论出发，需要有一个更为包容开阔的视角来审视健康贫困的治理问题，健康贫困本身是由健康风险引发的经济风险对家庭的经济约束和经济决策产生冲击，这本质上是对家庭的能力产生剥夺，这就需要有一个正式制度和非正式制度的安排，以形成不同层次、多主体的治理体系来协同治理健康贫困。

最后，总结了医疗保险、医疗服务、医疗救助和慈善医疗治理健康贫困理论。医疗保险内在的风险分散机制决定了其作为家庭应对健康风险的重要保护机制，大病保险在治理健康贫困中发挥了重要的关键作用。医疗服务资源配置的公平性，即保障低收入群体公正公平地享有基本医疗服务，是持续改善健康贫困现实情况的有效治理方式。医疗救助作为医疗保险治理健康贫困的重要补充机制，提供了有效的社会支持，提升了医疗保障体系对健康贫困的治理效果。健康贫困是实现有效贫困治理所面对的重大挑战，健康治理问题的实质是大国治理背景下的贫困治理问题，在健康贫困治理过程中除了发挥医疗保障体系作为正式制度安排对健康贫困治理发挥的基础性作用外，更需要发动社会力量投入到健康贫困治理进程中，慈善医疗作为非正式的制度安排，是社会力量参与健康贫困治理的重要体现，因此，不论从何种角度看，慈善医疗参与健康贫困治理有其坚实的理论基础和内在必要性。

第四章医疗保险治理健康贫困的国际经验。医疗保险被誉为是化解疾病经济风险，降低居民医疗经济负担，从而避免和减少居民“因病致贫”的重要路径。社会保险型是世界上采用最多的医疗保障模式，德国、法国、日本和韩国四个国家相对成熟并具有地域典型意义。在世界上采取商业医疗保险、国家医疗保险和社会医疗保险为主的医疗保障模式国家中，兼顾地域和发达程度，美国、澳大利亚、巴西、法国和德国五国的商业医疗保险特色明显，在本国医疗保障体系中发挥了重要作用，成为本研究中商业医疗保险治理健康贫困的典型国家。无论是社会医疗保险，还是商业医疗保险，本书在阐述整体医疗保险体制的基础上，重点分析典型国家的医疗保险范围和保障水平、医疗保险减贫举措，进而总结典型国家医疗保险治理健康贫困的趋势，世界各国通过医疗保险路径治理健康贫困的经验，以及可供我国医疗保险治理健康贫困的借鉴之处。

分析发现，德国社会医疗保险采取了有针对性的减贫举措。第一，注重低收入群体参保。德国确立了一个国家统一的收入标准，强制低于这一收入标准的人必须加入法定医疗保险，由此实现了防治健康贫困的第一步；同时对一些困难的低收入家庭，家庭成员可以连带参保而无需缴纳保费，一些特别困难的群体甚至可以免费参保。第二，建立自付封顶线。法定医疗保险框架中建立了以医疗费用占家庭收入一定百分比为基准的自付封顶线机制，有效缓解了高额医疗费用群体的负担。和德国同属欧洲的法国通过医疗保险路径有效治理健康贫困。第一，CMU项目资助穷人参保。收入低于一定标准的个人将免费加入医疗保险。第二，重大疾病病种ALD名单。建立了包含30种重大疾病的ALD名单，患有这类病种的群体，医疗费用100%报销；但必须严格按照就诊秩序，并且拥有全科医生的证明。另外，德国、日本、法国均建立了疾病津贴政策，并且拥有很高的补偿水平，对缓解健康贫困发挥了重要的补充作用。

日本在缓解大病负担方面采取了以下举措：第一，建立高额费用税收抵扣政策，医疗费用支出超过10万日元或者总收入的5%，则可以申请税收抵扣。第二，注重重大疾病病种群体的负担，2005年，建立了公共资助项目，针对45种疾病进一步降低自付比例。第三，建立自付封顶线，针对不同收入绝对值标准建立了个人和家庭的医疗费用自付封顶线机制。韩国虽然建立医疗保险稍晚，保险范围有限，但是在健康贫困防治上也有所建树。第一，特定群体保费优惠，对低收入、农村地区、残障、海上或农场工作、士兵等特定群体实施10%—50%不同程度的参保费优惠。第二，大病病种和弱势对象医保待遇倾斜，对138种疑难疾病病种群体、老人、儿童的自付比例有不同程度的降低。第三，针对不同收入等级建立了自付封顶线机制。德国发展了多样化的商业医疗保险体系，且种类丰富，分为基本型、标准型和舒适型，配合医疗服务就诊的便利性特点，为那些没有参加社会医疗保险的高收入群体提供了保障。建立"Altersrückstellung"定价机制，禁止商业医疗保险公司针对参保者年龄实施风险溢价，即保费不会随着年龄增加而增加，从而缓解了老年人的参保负担。

美国是世界上最典型的商业医疗保险为主的混合医疗保险国家。治理健康贫的举措主要有：第一，为低收入群体提高医保待遇。在美国出售的 Silver Plan 类型的商业医疗保险，为收入处于联邦贫困线 100%—150%、150%—200%、200%—250%、250%以上的群体分别设定自付比例为 6%、13%、27%、30%。第二，设立自付封顶线，2015 年个人自费支出最高限额 6 650 美元，家庭最高限额 13 200 美元。澳大利亚采用和英国一致的国家免费医疗制度，但却在商业医疗保险发展上颇有建树。第一，建立"生命周期健康覆盖"政策，鼓励从年轻时期开始参保。商业医疗保险保费与初次参加商业医疗保险的年龄相关，对 30 岁之后参加商业医疗保险的个体征收额外保费，并且年龄越高，保费越高。第二，实施团体定价体系。团体定价政策禁止商业医疗保险对个体的疾病史、个人特征等多种因素的风险选择。巴西的联邦法律强制商业医疗保险涵盖口服抗癌药物。法国建立了著名的CMU-C基金，免费为穷人提供商业医疗保险；此外，ACS 项目资助低收入者参加商业医疗保险。

第五章医疗救助和慈善医疗治理健康贫困的国际经验。社会医疗救助是政府为主体提供的底线保障和基本医疗保障体系的组成部分，不仅以低收入群体为对象，还致力于动态保障"因病致贫、因病返贫"群体。慈善医疗是由非政府组织或个人对弱势群体提供医疗卫生服务的保障模式。二者的共同点在于均以低收入、弱势群体为对象，由于保障主体不同，在筹资渠道、管理方式和可持续性等方面差异明显。发达国家和地区在医疗救助和慈善医疗领域作出了许多有益的探索，总结其经验，有利于促进我国尚处于初步发展阶段的医疗救助和慈善事业的发展。本章由三部分构成：一是医疗救助治理健康贫困的国际经验；二是慈善医疗治理健康贫困的国际经验；三是医疗救助和慈善医疗的国际比较与借鉴。

医疗救助是以政府为主体，为贫困人群中的疾病患者提供基本医疗服务，保障贫困人口健康权益的一种社会救助专项制度。目前，大多数国家都已经建立了医疗救助相关的法律法规，因此，在立法方面规范医疗救助是一个世界范围内的趋势，并且有越来越多的国家采用预先救助的方式，来解决财政压力越来越大的问题。医疗救助作为一种支持和帮助贫困人群获得基本医疗卫生服务的制度，是社会救助体系和医疗保障体系的重要组成部分，是多层次医疗保障体系中的最后一道保护屏障，能增进弱势人群的健康，提高其生存能力。本章选择世界上分布在不同地域、处于不同发达程度的四个典型国家——美国、澳大利亚、印度和日本，分析其医疗救助制度进展、现状和主要举措，总结其经验和可供借鉴之处。重点介绍美国的 Medicaid，澳大利亚的低收入保健卡计划，印度的 RSBY 计划和日本针对具体弱势群体的救助计划。分析四个典型国家医疗救助制度筹资方式上的异同，以及筹资水平和制度实施效果上的差异。其中，政府承担医疗救助职责，对弱势群体医疗救助既强调公平又兼顾效率，注重医疗救助制度的立法工作，医疗救助对象覆盖范围广等经验值得我国借鉴和采纳。

慈善医疗是由非政府组织和个人对社会弱势群体实施的医疗服务救治行为，是从供给视角提高基本医疗卫生服务可及性，提高健康水平，并帮助因病陷入贫困境地的人群“病有所医”。慈善医疗是社会医疗救助、单位大病救助计划和应急医疗救助之外的另一道防线。慈善医疗事业在我国处于起步阶段，公众对慈善医疗事业的了解程度、关注水平、参与程度均处于较低水平。而慈善医疗事业最早起源于西方发达国家，并在实践中逐渐成熟和完善，积累了一些有益的经验。

本章选取美国、英国和中国香港特别行政区为典型代表，分析其慈善医疗的发展历程、特点，并采用典型案例的方式，展示这些国家和地区慈善医疗的现状。美国和英国在慈善事业方面有着丰富的历史进程，英国最早于 1601 年颁布《慈善用途法》，由于历史缘由，相继对美国和中国香港产生了很大的影响。因此这些国家和地区都有着较为完善的慈善法律法规。同时慈善的形式也较为丰富，且大多为其发源地，如慈善医院、慈善义诊、慈善商店或者是在医院内部建立相关的慈善工作。本章在每一部分分别介绍了两个慈善医疗案例来分析其具体运用模式。大多数慈善医疗项目是对接具体的某一病种而设立的，如英国的两个慈善医疗案例是与糖尿病和癌症有关的。美国的民众捐款热情较高，个人捐赠总量大约是企业捐赠的 18—20 倍。英国的慈善医疗事业在确保慈善活动的相关性、责任性和透明度等方面尚存在不足。而中国香港建立了一个较为透明的信息披露机制。

第六章医疗服务治理健康贫困的国际经验。关注国家医疗服务模式和半国家医疗服务模式国家，提高医疗服务可及性和公平性，预防和消除健康贫困的经验。医疗服务是健康治理贫困中的重要内容，通过为居民提供可及、有效、公平的医疗卫生服务，能够降低居民患病的概率，提高健康水平，避免发生不必要的医疗费用支出。治理健康贫困离不开医疗卫生服务供给侧改革，本章以世界上实行完全或部分国家卫生服务制度的发达国家和新兴经济体作为典型代表，即福利国家和金砖国家。福利国家是采取免费医疗防治健康贫困的成功典范，而金砖国家与我国处于同一发展阶段，二者在医疗服务治理健康贫困中的经验和教训值得我国总结和借鉴。

英国、加拿大和澳大利亚是三个分布在不同地域的典型福利国家，通过建立免费的国家卫生服务制度，对弱势群体予以保障，实现防治健康贫困目标。研究发现这些国家治理健康贫困有以下特征：第一，典型国家均为国民提供免费医疗服务，并且都通过立法的方式确保免费医疗落地。如英国的《国民医疗服务法案》，加拿大的《加拿大卫生法》，澳大利亚的《全民医疗保障法》。第二，对农村居民等弱势群体提供专项措施，英国在农村实行农村医疗服务整合，加拿大推出基层网络式管理和组团式服务，澳大利亚针对农村、偏远甚至是外地居民提供专项医疗服务。第三，家庭医生作为居民健康的守门人，是福利国家医疗服务体系的重要组成部分。加拿大重视乡村医生本科教育，并给予额外补贴和政策倾斜；澳大利亚出台了“澳大利亚农村卫生人力发展策略”以发展农村医疗服务人员。第四，在医药维度的贫困群体保障，英国实行医药分离与双轨制药房流通，而澳大利亚为贫困居民提供药品补贴与药品补助。

印度、巴西和俄罗斯是除中国以外三个重要的新兴经济体和金砖国家，分析其通过医疗卫生服务体系建设防治健康贫困重要举措和效果具有典型意义。印度构建了“保健站、初级保健中心、社区保健中心”农村三级医疗网络，针对印度农村地区，特别是落后地区的医疗卫生体系的建设而制定的全民农村健康计划，大力发展仿制药促进药品价格降低等都有效保障了贫困人口就医需求。印度地域广阔且地理复杂，偏远、落后的地区得不到基本医疗保障，使得远程医疗成为医疗服务治理健康贫困的必要途径。巴西专门针对农村地区推出了特定的医疗健康保障计划“家庭保健计划”，鼓励医生到偏远地区行医，对贫困地区的医生制定专项薪酬激励计划；为减轻低收入患者的药费负担，巴西通过设置大众药房推广使用许多国产的仿制药。俄罗斯对低收入群体包括军人、老人、妇女、儿童以及一些失业人群提供专项医疗服务。

比较典型国家医疗服务治理健康贫困状况，不难得出培养基层医疗服务人员、重点关注弱势人群健康和发展远程医疗是未来重要的发展趋势。总结典型国家医疗服务治理健康贫困的经验，指出了国外经验对我国的借鉴和启示，即精准定位健康贫困帮扶对象实现重点突破、加强基层医疗服务建设提升服务质量、创新模式降低居民患病用药经济负担。

第三编中国治理健康贫困行动与效果，包括第七章至第十章，共四章。

第七章中国医疗卫生保障治理健康贫困效果概况。我国健康贫困治理经历了从无到有、从低到高、从弱到强、从分散到整合的过程，伴随着医疗保障体系建设，医药卫生体制改革和“健康中国”战略规划的推进，健康扶贫和社会保险扶贫的实施，健康贫困治理日益深入。本章遵循总体分析框架，阐述中国治理健康贫困的主要路径：社会医疗保险、商业医疗保险、社会医疗救助、慈善医疗和分级诊疗制度预防或消除贫困的进展和现状、问题与成因、趋势和对策。揭示我国医疗保障和医疗服务体系治理健康贫困的过程、现状和发展趋势，对存在的主要问题提出有针对性的政策建议。

自2003年我国相继建立覆盖城乡居民的基本医疗保险制度后，基本医保的人均筹资水平逐年提高到新农合559元、城居保626.52元；政策范围内保障水平逐步由70%提高到75%，并于2015年全面推广实施以大病重病为主要保障对象的城乡居民大病保险。然而，现阶段城乡居民医保面临的主要问题是政策范围外的费用占比较高导致实际保障水平偏低。目前，城乡居民基本医疗保险正在探索省级统筹方案、扩大医保药品目录、提高重点群体的大病保险补偿水平这三种措施，未来城乡居民医保待遇有望进一步提升。

我国的商业健康保险尚处于初步发展阶段。自1982年商业健康保险萌芽后，商业健康保险逐步发展，至2016年有76家保险公司出售商业健康险产品，总赔付占卫生总费用的比例达2.2%。其中，商业医疗保险保障住院和特殊门诊发生的医疗费用，且涵盖医保目录范围外的费用；重疾险则以重大疾病病种为标的化解高额费用负担。然而，商业健康保险覆盖率2018年仅为6.56%，较低的覆盖率下，现阶段商业健康保险分散疾病经济风险的补充功能并没有发挥出来。近年来，政府采取财税激励政策推动保险公司的供给以及个体的需求，推动二者的结合。另外，政府要重视对商业健康保险产品的监管和个体保险需求中的经济差异性问题。

我国医疗救助的历史悠久，从南北朝时期的六疾馆到2003年出台《关于实施农村医疗救助的意见》，中国的医疗救助制度经历长期探索，形成了以政府财政投入和彩票公益金为主要来源，以资助参保和医疗费用兜底补偿为主要救助形式的医疗救助制度。2017年参保资助5 621万人，住院和门诊医疗救助3 517.1万人次。但目前，医疗救助还存在诸多难点：资金主要依赖于政府财政而缺乏有效的筹资机制，救助资金的筹集、支出和监管等方面的管理事项未明确，救助的对象一直局限于几类特定群体同时也无法涵盖医保目录外的费用。

我国的慈善医疗自1996年《民政部关于在社会救助工作中充分发挥慈善组织作用的通知》以来，通过以中国红十字会总会为代表的公募慈善组织和其他非公募组织，通过在医院内部建立基金会、使用慈善基金建立慈善医院、建立重特大疾病慈善医疗救助基金、互联网大病筹款这四种主要的慈善医疗模式，建立了"生命之光""点亮心愿"等各类慈善医疗项目，缓解了特定群体的健康贫困问题。但中国的慈善医疗受到捐赠税收激励力度不够、公众慈善意识不足等问题影响发展水平有限，仍需完善。

中华人民共和国成立初期形成的较为严格的分级诊疗格局，随着后期三级医疗服务体系功能的转变以及农村基层医疗体系的解体而消失。2003年政府积极推动以"基层首诊、双向转诊、急慢分治、上下联动"为方针的分级诊疗制度的建立，实践中形成了北京"医联体五统一"、上海"1+1+1"签约、厦门"三师共管"等多种分级诊疗典型模式。但目前，由于基层医疗卫生机构薄弱、政策支持力度不足、医保制度配套作用不明显，使分级诊疗制度难以推行。

第八章中国医疗卫生保障改革治理健康贫困效果分析。学术界关于城镇职工基本医疗保险、城镇居民基本医疗保险和新型农村合作医疗减贫效果的研究相对丰富，但缺少城乡居民大病保险和商业医疗保险减贫效果，特别是以大样本微观数据库为基础的实证研究成果。分级诊疗是整合医疗卫生服务体系，优化卫生资源配置的重要举措，减轻居民医疗经济负担是其目标之一，但同样，学术界缺乏以大样本微观数据为基础的实证分析。为此，本章分别采用国内成熟的微观数据库和相应的计量经济方法，实证检验了我国近期医疗卫生保障领域重要改革治理健康贫困的效果，包括城乡居民大病保险、商业医疗保险降低贫困发生率，分级诊疗减轻居民医疗经济负担的政策效果。

以缓解因病致贫为目标的城乡居民大病保险自2012年开始试点，学术界效果评估还局限于局部地区的小样本统计分析，缺乏全国代表性。本研究基于CHARLS 2011年和2013年数据，结合团队整理的全国大病保险试点数据库，采用DID双重差分模型，研究大病保险治理因病致贫的效果。研究发现大病保险治理"因病致贫"的效果因人、因地差异明显。一方面，与以局部地区小样本研究结果高达20%有所不同，大样本实证分析结果显示，城乡居民大病保险显著降低了城乡居民的"因病致贫"率(6.04%)，且与门诊相比，降低住院患者效果最大(12%)，其次是慢病重大病种患者(9.4%)。另一方面,大病保险对中低收入阶层、中轻度贫困群体和准“因病致贫”群体的效果差异明显,低收入(4.49%)略小于中等收入(4.59%),轻度贫困(7.07%)略小于中度贫困(8.51%)群体,降低准“因病致贫”群体(9.81%)幅度高于非“因病致贫”(6.2%)群体3.6个百分点,但对高收入、重度贫困和严重“因病致贫”群体没有任何效果。此外,大病保险使西部地区“因病致贫”率下降了12%,是中部地区(5.78%)的两倍,东部地区则没有明显效果。因此,应加强根据收入分类的个人医疗费用支付限额制度测算和实施的研究,从根本上化解居民及其家庭的疾病经济风险;构建多元主体医疗保障体系共同分担疾病经济风险机制,并加大中西部欠发达地区大病保险和救治救助的财政转移支付力度。

在构建重特大疾病保障机制的背景下,商业医疗保险受到政府重视而快速发展,但其在治理因病致贫中的作用仍未有相关研究。本章基于CLDS 2012—2016年数据,采用混合面板数据模型,实证检验商业医疗保险对因病致贫的影响。首先,对于已经拥有城乡居民医保的家庭而言,拥有商业医疗保险的家庭的致贫性卫生支出发生率(IHE)和灾难性卫生支出发生率(CHE)分别显著降低5.22%、3.36%;而在发生大病冲击的情况下,IHE和CHE分别显著降低11.96%、10.49%。其次,考虑不同贫困线标准和逆向选择问题的情况下,实证结果依然稳健。最后,实证检验商业医疗保险的减贫机制,发现对于拥有商业医疗保险的个体而言,其过去两周就诊费用、过去一年住院费用的自付比例分别显著降低4.96%、5.46%。应扩大商业医疗保险覆盖面,进一步分散疾病经济风险。

分级诊疗是解决我国“看病贵,看病难”问题的重要举措。现有的外文研究文献相对丰富,虽然国外分级诊疗制度发展较为成熟,但是分级诊疗制度对家庭医疗经济负担的作用却存在较大的差异。国内学术界关于分级诊疗专门研究集中在2009年医改后,特别是2013年后逐步增多,主要集中在国别比较和国际经验借鉴、分级诊疗制度构建、典型地区试点状况研究,关于分级诊疗制度对家庭医疗经济负担效果研究方面结论存在分歧,且对家庭医疗经济负担研究多从医疗保险视角展开。本章研究以医疗服务利用模型为基础,运用CFPS(2014)数据,实证检验了分级诊疗制度对家庭医疗经济负担的影响。研究表明基层首诊可显著降低居民家庭医疗经济负担,对慢性病和有住院经历的居民更加明显;医疗费用报销比例对降低居民医疗经济负担至关重要,但对基层医疗机构建设效果则不显著。因此,建议培育和充实家庭医生队伍,引导居民基层首诊;提高基层就医报销比例,按人头支付家庭医生服务；提升基层医疗卫生服务机构诊疗水平，吸引居民签约和就医。

第九章欠发达地区G省T市健康贫困治理行动与效果案例。G省位于我国西北地区，属于经济社会发展欠发达的贫困大省。该省在健康贫困治理中根据国家相关政策，结合当地经济社会发展状况，因地制宜，探索了切实有效的健康贫困治理路径和具体办法，成为欠发达地区健康贫困治理的典范。本章系统梳理和总结了G省T市健康贫困治理政策、制度进展和实施效果，总结了该地区健康贫困治理的经验，对同等发达地区健康贫困治理具有一定借鉴意义。研究团队采取主体访谈、数据调查表、居民问卷等方式，对G省T市一区一县的六个乡镇卫生院及其村卫生室和居民家庭进行了实地调查研究。

研究发现，T市基本医保涵盖普通门诊、慢特病门诊和住院，并设定相应的报销比例和起付线，医保报销政策向特殊人群、特定产业倾斜。医保支付方式、分级诊疗、家庭医生服务、“一站式”即时结算等医疗服务不断调整，专门面向贫困人口的“先治疗、后付费”等措施也收到良好成效。T市在推行健康扶贫措施的过程中，关注基层医疗设施建设和基层医疗服务水平的提高，尽力投入资金，因病致贫返贫人数逐年下降。从调研地区实施情况看，主要取得的成绩有：多项特惠政策出台，开创性地提出“三户一孤”政策以对特殊人群倾斜保障；基层医疗机构数量增加，并有一批基层医疗机构正在建设；基层医疗服务人员的对外交流增多。但是，这些医疗服务和设施方面的改善仍然没有达到满足当地居民需求的程度。这与当地贫困人口多、医疗服务资源匮乏、医疗设施底子薄脱不了关系。实地调研的结果也表明，居民对现有基层医疗机构的可及性、已提供的家庭医生服务、基层医疗机构对常见病种的治疗等都基本满意，但对医保报销水平、基层医疗机构服务项目、基层卫生服务人员服务水平等有更高的诉求。因此，健康扶贫工作还面临着诸多的问题和挑战。比如，医保报销部门间不够协调，“新农合”、大病医保和医疗救助报销的衔接不紧密，降低了报销效率；医疗报销对贫困人口的用药规定、跨省就医起付线、报销病种数量限制等都影响了健康扶贫效果；家庭医生签约服务目前还处于起步阶段，服务单一、服务功能定位还不清晰；因为缺少待遇福利等政策规定和资金支持，限制了外部人才流向基层医疗服务队伍，新的基层医疗机构建设和布局也受到制约；信息化建设还不完善；健康扶贫工作的群众知晓度不高。为此，我们建议理顺行政部门和承保大病保险的商业保险公司之间的工作机制，协商统一报销程序和票据审核，简化步骤提高报销效率；逐步取消贫困人口在用药上的不合理限制，制定更科学的《药品目录》;取消跨省就医起付线,增加报销病种等。基层医疗资源和人才队伍建设离不开资金支持,国家和省级部门应给予财政困难地区更多的专项资金支持,帮助这些地区解决健康扶贫的硬件需求。地方上也应该考虑服务手段的可行性,督促符合当地实际的健康扶贫服务项目落实,抓好家庭医生和签约团队的功能定位,多渠道教育宣传健康扶贫政策的推行和普及。

第十章发达地区S市健康贫困治理行动与效果案例。S市是我国经济发展水平、城市化和老龄化程度均较高的地区,贫困人口规模小。S市医疗卫生资源集中,医疗服务体系健全,医疗保障制度相对成熟,保障程度相对较高。但是,发达地区也存在教育、医疗和住房成本高而形成的支出型贫困。普通家庭一旦有人患重病,贫困程度往往更深重。正因为这样,梳理发达地区医疗保障治理健康贫困现状,分析其效果,对我国相对发达地区的健康贫困治理具有借鉴意义。

S市城乡居民基本医疗保险实施以来,截至2018年,S市城乡居民基本医疗保险参保人数达342.8万人,占年末参保总人数的18.4%。在健康贫困治理过程中,基本医疗保险"保基本"的作用得以有效发挥。但是,基本医保基金管理机构分散,缺乏对保障人群的健康状况和风险情况的科学评估与预测,医保基金运行效率低下。同时,医保基金监管体系相对不健全,导致医保基金存在乱用、滥用等现象,在很大程度上影响了健康贫困治理的效果。商业保险与大病保险在基本医疗保险的基础上为人们提供了进一步的保障,使得个人疾病经济负担逐步减轻,"因病致贫"率得以有效降低。但是,大病保险保障病种范围有限,商业保险机构控费动力不足等问题在一定程度上减弱了健康贫困治理的效果。医疗救助作为"托底层",为最低生活保障人员、低收入困难家庭、贫困残疾人、支出型贫困家庭提供了兜底保障作用。在健康贫困治理过程中,S市医疗救助范围在不断扩大,救助标准在不断提高,救助服务更加便民。然而,在这个过程中,也存在各种救助政策重复救助、医疗救助水平相对偏低、社会力量参与不足等问题。S市分级诊疗制度和家庭医生制度的实施,为人们提供了合理有序的就医格局,人们看病就医的便捷性有所提高,医疗卫生费用支出有所减少。然而,家庭医生"签而不约"、医疗卫生服务协同工作欠缺以及医生资源下沉社区存在障碍等削弱了健康贫困治理的效果。

本章研究根据S市医疗保障在治理健康贫困过程中存在的问题,建议提高医保基金运行效率和监管措施逐步完善基本医保治理健康贫困的效果,扩大大病保险保障病种范围和完善大病保险委托管理模式等逐步完善商业保险与大病保险治理健康贫困的效果，明确各救助政策的功能定位与救助对象、提升大病救助力度等逐步完善医疗救助治理健康贫困的效果，完善家庭医生培养制度、健全各部门协同机制等逐步完善医疗服务体系治理健康贫困的效果，旨在为S市医疗保障更好地治理健康贫困奠定坚实基础。

总体而言，2019年"健康贫困治理行动与效果"是2013年"全民医疗保障体系建设"和2015年"反贫困模式与管理"之后的进一步研究成果。本研究具有以下主要特色和贡献：第一，在界定"健康贫困"及其治理的基础上，系统梳理了健康贫困治理的理论，建立了以政府为主导的多元主体共同治理，医疗保险、医疗救助和慈善、医疗服务为主要路径的健康贫困治理理论分析框架。第二，与单纯分析全民医疗保障体系建设的过程和框架、多国比较和经验借鉴不同，也与全面贫困治理不同，而是聚焦国内外医疗卫生保障在治理健康贫困过程中采取的有针对性的行动及其取得的效果。第三，不仅梳理国内外政府为主导的社会医疗保险、社会医疗救助和公共医疗卫生系统在预防、减少和消除健康贫困中的行动和效果，还挖掘市场和社会为主体的商业医疗保险、慈善医疗在健康贫困治理中的作用。第四，不仅系统研究了健康贫困治理的进展、有针对性的政策举措和宏观效果，还围绕医疗保险和医疗服务体系改革中的重要改革行动，利用成熟的大样本微观（家庭层面）数据，采用计量模型，专门研究了城乡居民大病保险、商业医疗保险和分级诊疗三项改革行动的效果，体现了定性与定量方法的结合，得出了治理健康贫困的精准效果。第五，在中国医疗卫生保障总体行动和效果分析基础上，基于典型地区政府部门访谈、基层医疗卫生服务机构调查表和居民家庭问卷调查等一手调研素材，分别以欠发达G省和发达地区S市为例，剖析了两地因地制宜，采取各自不同医疗卫生保障政策，切实治理健康贫困的行动举措与实施效果，为不同地区健康贫困治理提供经验借鉴。限于精力和篇幅，本书没有研究降低药品加成、药品集中采购、基本药物制度等药物领域改革的减贫行动与效果，也没有把作为家庭主体的社会资本减少因病致贫效果研究成果包含在内。这些既是健康贫困治理系统研究的重点领域，也是需要我们进一步探究的领域。

李　华

2019年9月于上海财大凤凰楼

目　录

第二编　健康贫困治理理论与国际经验

第三编　中国治理健康贫困行动与效果

附　录

第一编

国际社会保障发展总论与热点

第一章
国际社会保障动态扫描

从2018年下半年开始，全球经济增长动力出现明显放缓，而这一趋势一直延续至2019年。2019年第一季度，全球经济表现依然较为疲弱，在多重风险因素的夹击下，经济增长前景仍较为暗淡，市场仍充满担忧情绪。2019年年中，国际货币基金组织、联合国、世界银行等纷纷下调之前公布的全球经济增长率预测值。

一、全球经济增长回顾与前瞻

(一) 2018年全球经济增长回顾

2018年是国际金融危机10周年。全球经济自2008年金融危机以来跌跌撞撞，终在2016—2018年期间迎来一波同步复苏，企业设备更新投资，库存回升，劳动力市场趋紧，主要经济体货币政策也启动正常化，全球利率中枢上行。2017年和2018年，一半以上的世界经济体经济增速加快(见表1.1)。两年中，发达经济体以2.2%的速度稳定增长，许多国家的增长率上升到接近潜在增长率，一些发达经济体的失业率降至历史低点。在发展中经济体中，东亚和南亚地区继续保持相对强劲的增势，2018年增长率分别达到5.8%和5.6%。

然而好景不长，全球经济扩张在2018年下半年开始放缓。在中美贸易紧张局势加剧和关税上调、商业信心减弱、金融条件收紧、很多经济体政策不确定性增强的背景下，经济活动有所减弱。

2018年，多重外部因素叠加，世界经济出现新风险，全球股市也经历大起大落。随着全球化步入新阶段，主要国家经济政策外溢效应愈加明显，部分国家采取的贸

表 1.1　主要经济体经济增长情况及预测值　　（单位：%）

年　份	2017	2018	2019	2020
世界产出	**3.8**	**3.6**	**3.2**	**3.5**
发达经济体	**2.4**	**2.2**	**1.9**	**1.7**
美　国	2.2	2.9	2.6	1.9
欧元区	2.4	1.9	1.3	1.6
德　国	2.2	1.4	0.7	1.7
法　国	2.3	1.7	1.3	1.4
意大利	1.7	0.9	0.1	0.8
西班牙	3.0	2.6	2.3	1.9
日　本	1.9	0.8	0.9	0.4
英　国	1.8	1.4	1.3	1.4
加拿大	3.0	1.9	1.5	1.9
其他发达经济体	2.9	2.6	2.1	2.4
新兴市场和发展中经济体	**4.8**	**4.5**	**4.1**	**4.7**
独立国家联合体	2.2	2.7	1.9	2.4
俄罗斯	1.6	2.3	1.2	1.9
除俄罗斯外的独联体国家	3.5	3.9	3.5	3.7
新兴和发展中亚洲	6.6	6.4	6.2	6.2
中　国	6.8	6.6	6.2	6.0
印　度	7.2	6.8	7.0	7.2
东盟五国	5.3	5.2	5.0	5.1
新兴和发展中欧洲	6.1	3.6	1.0	2.3
拉美和加勒比地区	1.2	1.0	0.6	2.3
巴　西	1.1	1.1	0.8	2.4
墨西哥	2.1	2.0	0.9	1.9
中东、北非、阿富汗和巴基斯坦	2.1	1.6	1.0	3.0
沙特阿拉伯	−0.7	2.2	1.9	3.0
撒哈拉以南非洲	2.9	3.1	3.4	3.6

注：2017 年和 2018 年的数据为实际值，2019 年和 2020 年数据为预测值。
资料来源：IMF，World Economic Outlook.

易保护主义措施给资本市场带来更多不确定因素，导致剧烈波动。2018 年发达国家股市普遍出现大幅震荡，多数股市全年收跌。美国纽约股市道琼斯、标准普尔和纳斯达克三大股指全年分别下跌 5.63%、6.24%和 3.88%。欧洲方面，英国伦敦《金融时报》100 种股票平均价格指数全年跌幅超过 12%，德国法兰克福 DAX 指数全年下跌约 18%，两大股指均创下 2008 年国际金融危机以来最大年跌幅。日本东京股市日经 225 种股票平均价格指数全年下跌 12%，也是金融危机以来最大跌幅。新兴市场方面，俄罗斯 RTS 股指震荡下行，年跌幅 7.42%；巴西圣保罗博维斯帕指数虽然全年上涨 15%，但年内也曾大幅探底；印度主要股指保持上涨趋势，但表现远不及过去多年的火爆行情。2018 年全球股市波动性加剧主要由外部因素驱动。

(二) 2019 年与 2020 年全球经济展望

国际贸易壁垒和保护主义对 2018 年全球经济构成冲击，并将进一步威胁 2019 年的经济增长。新的一年挑战与机遇并存。欧美贸易战虽暂时偃旗息鼓，但特朗普政府对欧盟钢铝产品和汽车征税的警报并未解除，尽管欧盟试图改善与美国的经济关系，并在 WTO 改革上照顾美国关切，但自从特朗普决定退出巴黎协定和伊朗核协议以来，欧盟与美国的关系困难重重。特朗普还与日本、中国等主要合作伙伴发生贸易争端，令全球经济处境更加艰难。如何在避免与美国对抗升级的情况下推进与伊朗的谈判以维护欧洲企业利益，特朗普是否将对欧盟汽车征税，中美贸易争端是否升级，世贸组织改革谈判走向，将成为 2019 年贸易政策的三个主要问题。

与此同时，欧盟内部也矛盾重重，经济一体化趋势出现波动。2019 年 5 月 23—26 日，欧盟迎来五年一度的欧洲议会选举，由欧盟 28 国的 42 700 万选民选出 751 席议员。选举结果进一步凸显了欧洲主流政党地位的下滑、政治碎片化的特征，使欧盟未来政策变数加大。主流政党控制能力下降、中小政党尤其是民粹主义政党的崛起，是近年来欧洲各国国内政治的普遍现象。本次欧洲议会选举的计票结果显示，中右翼的欧洲人民党党团获得 182 个议席，中间偏左的社民党党团获 147 个议席。虽然它们分别保持欧洲议会第一、第二大党团地位，但两大党团合计得票不足 376 席这一欧洲议会简单多数“门槛”，将失去现有多数地位。这一结果也意味着中左翼和中右翼党团自 1979 年以来一直联合控制欧洲议会的时代宣告结束。不过也需要看到，持疑欧立场的极右翼和民粹主义政党虽整体延续上升趋势，但并未实现选举前其所期待的彻底“翻盘”。可以预见，在权力格局重新洗牌后的新一届欧洲议会中，支持、反对欧洲一体化的声音将更为混杂。传统主流党团——欧洲人民党党团和社民党党团将不得不联手自由派党团和绿党党团，以抵挡反对欧洲一体化势力发起的攻势。

如表 1.2 所示，三大国际组织对未来两年的全球经济前景均不是很乐观。

表 1.2 三大国际组织对全球经济增长的预测

发布日期	发布机构	出版物	2019 年全球增长率	2020 年全球增长率预测值
2019 年 7 月	国际货币基金组织	《世界经济展望》	3.2%	3.5%
2019 年 5 月	联合国	《2019 年世界经济形势与展望：年中更新版》	2.7%	2.9%
2019 年 6 月	世界银行	《全球经济展望》	2.6%	2.7%

注：世界银行、联合国的世界经济增长率为按汇率法 GDP 加权汇总，国际货币基金组织为购买力平价法 GDP 加权汇总。

2019 年 7 月，国际货币基金组织发布的《世界经济展望》，预计 2019 年全球经济增长 3.2%，2020 年回升至 3.5%，较其此前于 2019 年 4 月发布的这两年的预测相比，均下调 0.1 个百分点。国际货币基金组织每个季度修订世界经济展望，目前已连续 4 个季度下调增长率预测值。国际货币基金组织在报告中认为，经济下行风险加剧。这包括贸易和技术紧张局势升级，以及风险厌恶情绪长期持续可能暴露出在多年低利率中累积的金融脆弱性，地缘政治紧张局势以及（使负面冲击更加持久的）消胀压力日益加剧。

2019 年 5 月，联合国发布《2019 年世界经济形势与展望：年中更新版》，预计世界生产总值在经历 2018 年 3%的增长之后，增幅将在 2019 年放缓至 2.7%，并在 2020 年达到 2.9%，这表明与 1 月发布的预测相比作了下调。联合国在报告中认为，由于贸易紧张局势得不到解决，国际政策高度不确定，商业信心不断减弱，全球经济增长正在经历全面放缓。

2019 年 6 月，世界银行发布的《全球经济展望》，预计 2019 年和 2020 年全球经济增速分别为 2.6%和 2.7%，比世界银行 2019 年 1 月的预测值分别下调 0.3 个和 0.1 个百分点。世界银行认为，全球经济增长仍然面临重大下行风险，包括贸易紧张局势可能进一步升级、金融压力重现以及一些主要经济体经济增速降幅超出预期等。

根据世界银行2019年6月发布的《全球经济展望》,各地区经济增长前景如下:

(1) 发达经济体。由于出口和投资下滑,预计发达经济体作为一个整体2019年增速将会放缓,尤其是在欧元区。预计美国增速2019年将放缓至2.5%,2020年进一步放慢至1.7%。预计2020年至2021年欧元区增速将在1.4%左右徘徊,虽有货币政策持续支持但贸易和内需疲软拖累了经济增长。

(2) 东亚太平洋地区。预计东亚太平洋地区2019年和2020年增速将从2018年的6.3%降至5.9%。这是自1997—1998年亚洲金融危机以来该地区经济增速首次降至6%以下。预计中国2019年增速将从2018年的6.6%放慢至6.2%,依据是全球贸易减速、大宗商品价格稳定、全球金融环境有利以及当局有能力调整货币和财政政策应对外部挑战及其他不利因素。在东亚其他地区,随着全球贸易趋稳,预计2019年增速将放缓至5.1%,2020年和2021年逐渐回升至5.2%。

(3) 欧洲中亚地区。随着土耳其从急剧放缓中恢复,预计2020年该地区增速将从2019年1.6%的四年低点回升至2.7%。在不包括土耳其的情况下,由于内需温和增长和净出口小幅拖累,预计2020年地区增速为2.6%,略高于2019年的2.4%。中欧一些最大经济体的财政刺激措施及其对私人消费的作用2020年将开始消退,东欧增速预计将温和回升至2.7%,中亚增速温和回升至4%。预计西巴尔干地区2020年增速将上升至3.8%。

(4) 拉美加勒比地区。预计2019年该地区增速为乏力的1.7%,反映出几个最大经济体所处的困境,在固定资产投资和私人消费回暖推动下,预计2020年增速逐渐回升至2.5%。在巴西,微弱的周期性复苏预计将获得动能,明年增速将从2019年的1.5%上升至2.5%。随着金融市场压力的影响消退,预计阿根廷2020年恢复正增长,而墨西哥的政策不确定性缓解有助于其增速2020年温和回升至2%。

(5) 中东北非地区。预计2020年该地区增速将上升至3.2%,石油出口国增长回暖是主要推动因素。在海湾合作委员会资本投资和伊拉克增长加快的支持下,预计石油出口国增速2020年回升至2.9%。在石油进口经济体中,增长能否加速取决于政策改革进展和旅游业的健康发展前景。

(6) 南亚地区。该地区增长前景看好,预计2020年增速达到7%,2021年达到7.1%。在货币和财政政策支持下,预计内需增长将保持强劲,特别是印度。预计2019/2020财年(从4月1日开始)印度增速加快至7.5%。预计巴基斯坦增速在7月16日开始的2019/2020财年进一步放慢至2.7%。

(7) 撒哈拉以南非洲地区。预计 2020 年该地区增速加快至 3.3%，但条件是投资者对该地区某些大型经济体的情绪改善，石油出口大国的石油生产复苏，非资源密集型经济体依靠持续强劲的农业生产和持续的公共投资实现强劲增长。预计该地区人均 GDP 会上升，但仍不足以大幅减少贫困。到 2020 年，预计南非增速将达到 1.5%，安哥拉达到 2.9%，尼日利亚达到 2.2%。

专栏 1.1　日本提高消费税税率　同时加大社会保障投入

从 1989 年消费税诞生开始，日本的消费税从最初的 3%，1997 年涨到了 5%。日本政府从 2012 年起实行“社会保障与税制一体化改革”，决定自 2014 年起将消费税分阶段上调至 10%。但在实施过程中，政府顾虑重重，增税计划一再延期。2014 年税率上调到了 8%。2018 年 10 月 10 日，日本宣布将调消费税由 8%上调至 10%，新税率于 2019 年 10 月实行。

为了改变日本税收对直接税的依赖，自 1989 年首次开征消费税以来，消费税在日本税收总收入中所占比例逐步提高，在政府整体收入下降的情况下仍然保持了增长趋势，已经由 1989 年的 6.2%提高到 2018 年的接近 30%，重要性凸显。2018 年，日本税收中个人所得税、消费税和公司税的比例分别为 32%、30%、20%，消费税已经超越公司税成为第二大税种。

此次重启增税计划，主要原因是日本的财政赤字问题日益严峻。根据财政重建计划，原本要在 2020 年实现基础性财政收支盈余，现已延至 2025 年。尽管目前日本经济形势温和向好，但财政状况不尽如人意，2018 年财政赤字约占 GDP 的 2.9%。加之即将到来的超老龄化，财政风险越加严峻。

为抵减增税对总需求的影响，日本政府推出 5.5 万亿日元规模的应对措施，同时推进结构改革，具体如下：第一，要在提高社会福利水平的同时照顾各年龄层的利益，让不同年龄层的国民普遍享受到社会保障优化带来的福利，这就是所谓“全世代型社会保障”，这部分投入大概为 3.2 万亿日元。第二，为尽量避免增税之前发生提前集中消费和增税之后发生消费暴降现象，政府计划推出一系列临时措施用于稳定居民消费水平，这部分投入大概相当于 2.3 万亿日元。

(1) 优化社会保障福利。这方面措施主要基于减轻劳动年龄人口负担的考虑。因为老龄化社会的到来，年轻人不仅要养育子女，还要照顾老人，同时还是社会保障金的主要缴纳者。该政策的主旨是尽量让不同年龄层的国民享受到相对均等的社会福利，让有钱且身体好的老年人多支持年轻人的生活。具体来说，一是扩大保育场所的容纳规模，二是幼儿教育、高中教育和大学教育免费，三是提高介护行业服务效率、质量和从业人员待遇，四是降低介护保险金的缴纳比例，五是对收入在一定水平以下的养老金领取者给予补贴。基本的政策目标就是通过建立包括医疗、介护、居住、预防、生活支持在内的区域性全方位照护体系，为劳动年龄人口减少后顾之忧。

(2) 减轻居民消费水平波动。为避免增税之前发生提前集中消费和增税之后发生消费暴降，维持居民消费需求基本稳定，除上面提到的减轻教育负担之外，政府还将饮料和食品的税收维持在8%水平，并推出了消费积分、商品券等促进消费意愿的商业策略，同时对汽车和住宅等耐用消费品在税收上给予一定优惠措施。根据历史经验，消费税上涨前后，经济波动会比较剧烈，因此维持消费需求的政策其实隐含了对消费预期的干预，让消费者对增税之后的市场有稳定预期，同时提高对消费税上涨的心理容忍度。

二、各国的人口与老龄化趋势

2019年6月17日，联合国经济和社会事务部(Department of Economic and Social Affairs)发布《世界人口展望(2019年修订版)》(The 2019 Revision of World Population Prospects)，对未来世界人口发展趋势进行了分析和展望。联合国每两年对全球人口统计数据及其未来发展趋势的预测进行一次修订，旨在为广大会员国和联合国系统提供有关世界经济和社会发展变化的更为准确的估计，从而为相关政策的调整提供指导。

(一) 人口趋势

根据这一报告，预计到2030年，全球人口将达到85亿人；2050年，全球人口将达97亿人。但未来数十年内人口增速将减慢。未来30年全球新增人口中约半数集中在九个国家：印度、尼日利亚、巴基斯坦、刚果(金)、埃塞俄比亚、坦桑尼亚、印度尼西亚、埃及和美国。印度将在2027年前后取代中国成为世界第一人口大国，并在2060年达到16亿人口的峰值。

虽然联合国预测全球人口总数仍将大幅增长，但在不同国家和地区，情况则完全不同。从2019年至2050年，撒哈拉以南非洲的人口预计将增长1倍(99%)，而其他地区在此期间的人口增长率则显著不同。比如北非和西亚地区将增长46%，中亚和南亚将增长25%，拉丁美洲和加勒比海地区增长18%，东亚和东南亚增长3%，欧洲和北美地区增长2%，不包括澳大利亚和新西兰的大洋洲地区会增长56%，而澳大利亚和新西兰会增长28%左右。

未来30年人口增长最快的国家中，有许多是最不发达国家。人口快速增长不利于这些国家落实《2030可持续发展议程》，减贫、消除饥饿、发展医疗教育等可持续发展目标将面临挑战。

撒哈拉以南非洲的大多数国家，亚洲和拉丁美洲的部分国家和地区，劳动年龄(25—64岁)人口增长较快，为经济增长带来机遇。但要充分发挥"人口红利"，这些国家和地区必须加大对医疗、教育的投入，为经济持续增长创造条件。

未来也有越来越多的国家将会出现人口下降，比如俄罗斯、克罗地亚、爱沙尼亚、日本等。据统计，从2010年起，全世界有27个国家或地区人口的数量至少下降了1%。这主要是由于长期的低生育率，在有些国家或地区则是由于较高的向外移民的水平导致的。从2019年到2050年，有26个国家的人口数量至少将减少10%。

在2010年至2020年间，欧洲、北美、北非、西亚、澳大利亚和新西兰是国际人口迁移的净迁入地区，而其他地区是净迁出地区。有14个国家或地区接收的移民超过了100万人，净迁出超过100万人的国家达到10个。

(二) 生育率趋势

全球平均生育水平从1990年的平均每名妇女生育3.2个孩子下降到2019年的2.5个孩子，到2050年，这一数字预计将下降到2.2个。目前，总和生育率高于2.1个孩子的世代更替水平的国家或地区包括：撒哈拉以南非洲(4.6个)，不含澳大利亚/新西兰的大洋洲(3.4个)，北非和西亚(2.9个)，中亚和南亚(2.4个)。

(三) 预期寿命趋势

全球人口出生时平均预期寿命从1990年的64.2岁增至2019年的72.6岁，2050年有望增至77.1岁。但最不发达国家的人口出生时预期寿命比全球平均值少

7.4 岁，主要原因在于较高的儿童和孕产妇死亡率，以及暴力、冲突、艾滋病扩散等。

(四) 人口老龄化趋势

预期寿命增长的同时，全球人口老龄化也在加剧。预计 2050 年全球 65 岁及以上人口占比将达到 16%，约每六个人里就有一名 65 岁及以上的老人；2019 年这一数据为 11%。超高龄人口数量也将显著增加，80 岁以上人口数量将从 2019 年的 1.43 亿人增加至 4.26 亿人。到 2050 年，西亚和北非、中亚和南亚、东亚和东南亚、拉丁美洲和加勒比地区的老龄人口估计将翻一番；欧洲和北美老龄人口占比可能会达到四分之一。报告指出，人口老龄化将给各国的社会保障系统带来压力。

在一些老龄化严重的国家，这一问题尤其突出，据联合国预计，到 2050 年，日本 65 岁及以上的老年人数量将达到近 4 000 万人，而那时日本的总人口可能减少到 1.05 亿人左右。25—64 岁的劳动人口可能只有 4 500 万人，每 1.1 个劳动力就要供养一名老年人，而目前这一比例是 1.8，为全球最低。到 2100 年，日本总人口可能只剩约 7 500 万人，而 65 岁及以上的老年人就占约 2 600 万人。

欧洲人口预计将于 2022 年左右达到峰值，随后开始缓慢下降，到 2050 年达到 7.1 亿人，2100 年下降到约 6.3 亿人，而 65 岁及以上老年人口数量将持续增加，预计将于 2050 年左右超过 2 亿人，2100 年也还有 1.9 亿人。

中国也已经步入老龄化社会，且生育率较低。到 2100 年，联合国预测的中国人口数将降低至 10.65 亿人。

和日本、欧洲、中国相反，美国人口预计将一直维持缓慢增长的态势，到 2050 年时可能达到 3.6 亿人左右，到 2100 年时达到约 4.3 亿人。但其老龄化的趋势也会比较严重，到 2050 年左右，美国 65 岁及以上的老年人数量将超过 8 000 万人，而到 2100 年可能达到 1.2 亿人。

与上面那些较发达的国家相反，地处西非的尼日利亚人口不仅会较快增长，而且其老龄化趋势在短期内并不明显，预计到 2050 年，该国人口可能达到近 4 亿人，65 岁及以上老年人口 1 500 万人左右，到 2100 年该国总人口将超过 7 亿人，65 岁及以上老年人口仅超过 7 000 万人。而 2019 年该国人口为 2 亿人，65 岁及以上老年人口只有不到 100 万人。

专栏1.2　韩国生育率刷新史上最低值

2019年2月28日，韩国统计厅发表的《2018年出生和死亡统计结果》显示，2018年韩国生育率(1名女子一生所产孩子数)为0.98，创下1970年开始统计以来的最低值。

这份报告显示，2018年韩国新生儿数为32万6 900名，比前一年(35万7 800名)减少了8.6%。总出生率为0.98，刷新了历史最低值。总生育率是指处于育龄期(15—49岁)的女性平均生育子女数的预期值。要想维持当前人口水平，总出生率应达到2.1。

1970年为4.53的总生育率在1984年(1.74)时首次降低到了1字头，2001年降低到了1.31，从2002年(1.18)开始进入了超低生育社会(总生育率不到1.3)。之后2017年以1.05刷新了最低值，2018年甚至跌破1.0。经济合作与发展组织(OECD)成员国的平均生育率为1.68(以2016年为标准)，韩国排在最后一位。

总生育率下降的原因有：第一，最近对生育率产生较大影响的结婚人数大幅减少。从1980年开始每年维持30—40万的婚姻案例数从2016年开始下降到了20万左右，2016年(−7.0%)和2017年(−6.1%)大幅减少。2018年也减少了25.77万件，与前一年相比减少了2.6%。

1971年，韩国生育率曾达到峰值4.54。此后数十年间，韩国生育率震荡下降，而2018年，这个数据跌破了1，引发社会担忧。通常情况下，一个国家保持一定人口规模所需的生育率为2.1，但韩国不仅连一半都没有达到，比OECD成员国的平均值1.68也低很多，甚至连“超低出生率”的标准(1.3)也未达到，成为全世界出生率最低的国家。

二战结束后，一定规模以上的国家和地区中出现生育率“破1”的情况只有两次，分别是1992年苏联解体后和1990年德国统一期间，这些都是政权发生巨变的结果。但韩国在未受任何外部冲击的情况下，生育率跌破1，这在全世界较为罕见。

韩国《国民日报》援引韩国统计部门的分析称，30岁出头的女性是生育主力群，但2018年这个年龄段的女性人数同比减少5%，新生儿总计为32.69万人，同比减少8.6%。而同期韩国死亡人数则创新高，达到29.89万人，同比增加4.7%。

这意味着2018年韩国净增加的人口数仅为2.8万人，增幅同比骤降61.3%，韩国老龄化正进一步加剧。

由于韩国年轻人长期面临就业难和购房难等问题，导致年轻人“晚婚”甚至“不婚”的现象增多。此外，高昂的育儿费以及教育经费导致年轻人“生不起孩子”。

三、各国社会保障支出的总量与结构

(一) 各国社会保障支出的总量

2008年国际金融危机爆发以后，各国的社会保障支出有了较大增长，占GDP的比重也有所上升，OECD各国平均社保支出比重由2007年的17.7%升至2009年的20.7%，之后趋于稳定，略有下降(见图1.1)。一般而言，养老金支出比重随着老龄化程度加深而缓慢提高，但在经济危机时，虽然养老金支出额基本不变，但由于GDP下降而呈现支出比重上升态势；失业金支出、最低收入保障支出等在经济萧条时会大幅提高，但随着经济回升，支出额、支出比重都会有所下降。

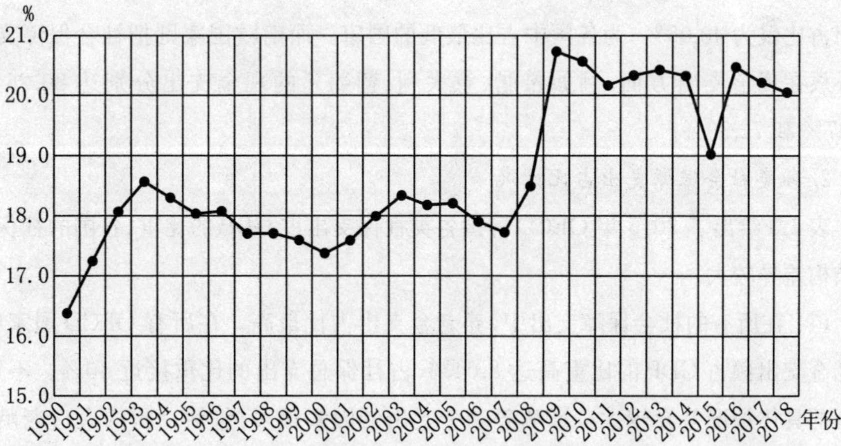

图1.1 历年OECD国家平均社会保障支出占GDP的比重

资料来源：OECD(2019)，OECD Social Expenditure Database，(www.oecd.org/social/expenditure.htm).

2018 年，OECD 36 个成员国的平均社会保障支出占 GDP 比重为 20.12%。其中，占比超过 25%国家有：法国(31.20%)、比利时(28.91%)、芬兰(28.71%)、丹麦(27.99%)、意大利(27.91%)、奥地利(26.60%)、瑞典(26.06%)和德国(25.14%)。而占比排在后几位的国家，基本上都不是欧洲国家：爱尔兰(14.38%)、土耳其(12.52%)、韩国(11.13%)、智利(10.95%)、墨西哥(7.52%)。

尽管 OECD 组织国家平均社保支出占比呈现上升趋势，但各国变化情况不一。自 1990 年以来，韩国和土耳其的社保支出占比增长了两倍多。在少数 OECD 国家(加拿大、以色列、新西兰、斯洛伐克、斯洛文尼亚和瑞典)，社保支出占比则与 1990 年相同，甚至更低。荷兰是跌幅最大的国家：2006 年的医疗改革导致了社保支出的转变，从那时起，强制性基本医疗保险由私人资金提供资金。

(二) 各国社会保障支出的结构

1. 现金支出与实物支出的占比情况

社会保障支出可以分为两大类：一是现金支出，包括养老金、失业金以及最低生活保障等；二是实物支出(即社会服务支出)，包括医疗卫生支出、儿童照顾、老年护理等。OECD 各国的现金支出占 GDP 比重、实物支出占 GDP 比重分别约为 12%、8%。

图 1.2 中显示了现金支出占社会保障总支出的比重情况。从总体上看，北欧国家更注重社会服务，因此其社会保障支出中的现金支出占比较低，例如冰岛的现金支出占比仅为 40.05%，为各国中占比最低的国家。而南欧国家则把社会保障支出重心放在现金支出方面，例如希腊、意大利、葡萄牙的现金支出分别达 80.26%、72.37%和 72.30%。

2. 各类社会保障支出占比情况

表 1.3 给出了 2015 年 OECD 各国各类社保支出占 GDP 的比重，各国的社保支出结构差异较大。

(1) 在所有的社会保障支出中，养老金支出占比最高。在所有 OECD 国家中，养老金支出额占 GDP 的比重高达 8.04%，占社保总支出的比重接近 40%。不过，各国的具体情况差异较大。影响养老金支出的因素很多，包括一国的人口老龄化程度、养老保险制度的覆盖面以及养老保险制度类型等。例如，墨西哥的人口结构相对年轻，加上养老保险制度覆盖面较窄，只覆盖了一半的老年人口，养老金支出比重就较低，只有 2.31%。又例如，荷兰和意大利的人口老龄化程度类似，但荷兰实施的是福利型公共养老金与私人养老金相结合的制度体系，而意大利更多地依靠公共养老金制度，这导致了两国的养老金支出比重分别是5.37%和16.18%，差异较大。

(2) 医疗卫生支出是支出占比第二高的项目。在所有OECD国家中，医疗卫生支出额占GDP的比重高达5.68%，占社保总支出的比重为28%。医疗卫生支出比重较高的国家有法国、美国和德国，分别为8.81%、8.45%和8.05%。美国、英国、新西兰、澳大利亚、加拿大、爱尔兰、冰岛、智利、韩国和墨西哥等国的医疗卫生支出占比超过了养老金支出占比。

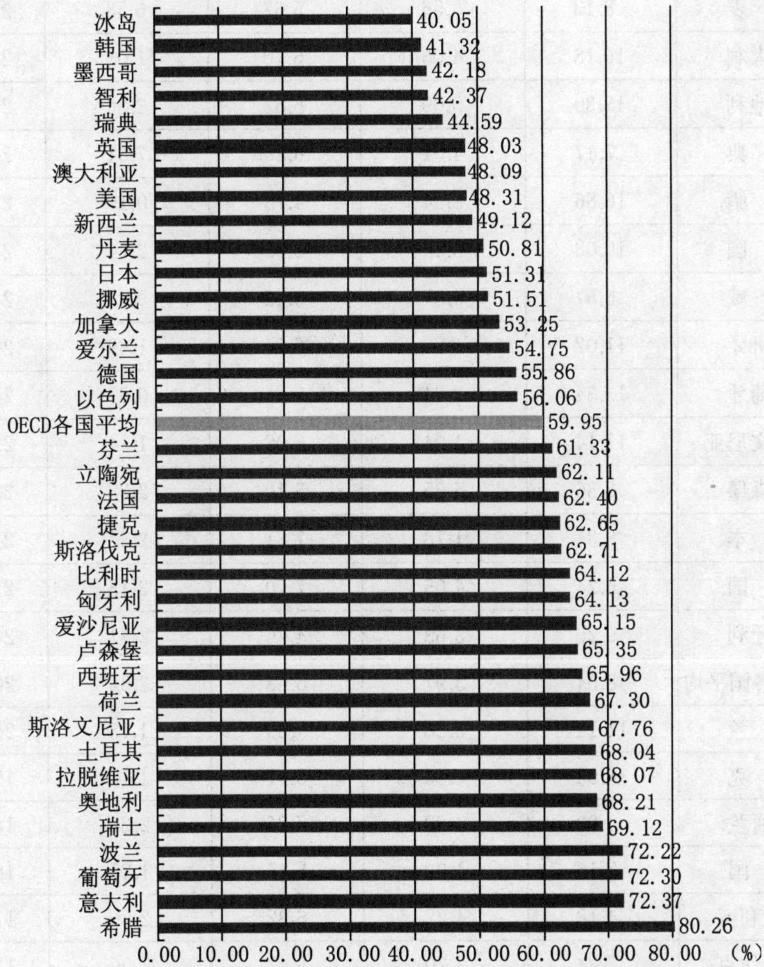

图1.2 OECD国家社会保障支出中的现金支出占比情况

资料来源：OECD(2019), OECD Social Expenditure Database,(www.oecd.org/social/expenditure.htm).

表 1.3　2015 年 OECD 国家各类社保支出占 GDP 的比重　（单位:%）

	现金支出占比		实物支出占比		社保支出占比
	养老金	对工作年龄人口的收入支持	医疗卫生支出	其他社会服务支出	
法　国	13.91	5.42	8.81	2.84	31.98
芬　兰	11.42	6.60	5.74	5.63	30.39
比利时	10.71	7.55	7.92	2.29	29.19
丹　麦	8.13	5.56	6.67	6.58	28.99
意大利	16.18	4.06	6.70	1.03	28.48
奥地利	13.30	5.09	6.52	2.06	27.70
瑞　典	7.17	4.01	6.29	7.61	26.34
希　腊	16.86	3.34	4.78	0.19	25.43
德　国	10.08	3.45	8.05	2.64	24.86
挪　威	6.57	5.89	6.42	5.31	24.70
西班牙	11.02	4.86	6.50	1.69	24.66
葡萄牙	13.34	3.64	5.94	0.57	24.04
斯洛文尼亚	11.14	4.04	6.08	1.14	22.64
卢森堡	8.36	5.65	5.10	2.33	22.10
日　本	9.37	1.78	7.71	2.87	21.88
英　国	6.24	4.05	7.70	3.43	21.61
匈牙利	9.20	3.63	4.76	2.41	20.89
OECD 各国平均	8.04	3.97	5.68	2.34	20.50
波　兰	11.14	3.20	4.39	1.13	20.35
捷　克	8.08	3.80	5.97	1.12	19.39
新西兰	4.93	4.22	7.25	2.23	18.92
美　国	7.16	1.92	8.45	1.27	18.91
澳大利亚	4.18	4.27	6.32	2.80	17.81
斯洛伐克	7.34	3.70	5.47	1.09	17.80
荷　兰	5.37	6.05	2.70	2.85	17.73
爱沙尼亚	7.00	4.39	4.84	1.26	17.70

续 表

	现金支出占比		实物支出占比		社保支出占比
	养老金	对工作年龄人口的收入支持	医疗卫生支出	其他社会服务支出	
加拿大	4.70	4.56	7.28	0.85	17.63
以色列	4.78	4.12	4.63	2.34	16.03
瑞 士	6.49	4.09	2.99	1.74	15.89
立陶宛	6.68	2.95	4.35	1.53	15.82
拉脱维亚	7.02	3.57	3.26	1.71	15.70
爱尔兰	3.59	4.59	5.30	1.46	15.51
冰 岛	2.07	4.11	5.01	4.24	15.48
土耳其	7.72	0.79	3.38	0.61	12.52
智 利	2.82	1.76	4.18	2.05	10.95
韩 国	3.01	1.23	4.29	1.73	10.63
墨西哥	2.31	0.86	2.86	1.48	7.52

资料来源：OECD(2019)，OECD Social Expenditure Database，(www.oecd.org/social/expenditure.htm).

(3) 在所有OECD国家中，对工作年龄人口的收入支持项目支出占GDP的比重高达3.97%，占社保总支出的比重为20.50%。这部分支出包括失业金支出（占GDP的比重为0.7%）、残障福利支出（占GDP的比重为1.7%）、对家庭的现金支出（占GDP的比重为1.2%）以及其他支出（占GDP的比重为0.4%）。

(4) 其他社会服务支出主要是对儿童和老人的服务，在所有OECD国家中，支出额占GDP的比重为2.34%。瑞典、丹麦、芬兰、挪威、冰岛等新北欧国家这项支出的比重较高。

专栏1.3 两名重度残障人士当选日本国会议员

2019年7月的日本参议院选举中，两名重度残障人士当选为日本国会参议员。为了适应两名残障人士的工作，有百年历史之久的日本国会大厦需要进行一系列改造，而两人是否能胜任职业议员的工作，也在日本引起了一部分人的怀疑。

这两名议员分别叫做舩后靖彦（男）和木村英子（女），都隶属于日本本次参议院选举崛起的新势力“令和新选组”。其中，现年 61 岁的舩后靖彦患有与已故英国科学家霍金相同的肌萎缩侧索硬化症（ALS，俗称渐冻人症），目前只有两手部分尚能活动。而木村英子从 8 岁起就患上脑瘫，从脖子以下全身瘫痪，只有右手能动。虽然此前日本国会中也有残障议员，但像舩后靖彦和木村英子这样几乎全身瘫痪的重度残障议员却是从未有过的。

两人成功获选议员的主要原因是由于其事迹感动了很多日本人。舩后靖彦在患病时已近退休，但他并没有放弃自身事业，而是积极参加社区公益事业，为日本残疾人士全力奔走，并最终决定参选国会议员，其事迹被媒体报道后感动了很多日本人。

舩后靖彦在选前表示，“如果我当选，人们会看到国会议员在议会里和我沟通，或者试着努力配合我，从长远看可以改变社会对待残疾人士的方式”。木村英子则希望改变和完善残疾人政策。

四、各国的养老保障制度及运行情况

（一）各国的养老保障体系

通常而言，一个国家的养老金体系由公共养老金与私人养老金共同组成，确保个人在退休阶段具有足够的收入。在各国的养老金体系中，公共养老金与私人养老金的重要性程度有所差别。图 1.3 显示了在当前的政策规定下，各国养老金领取者从强制性公共养老金、强制性私人养老金以及一些自愿性养老储蓄计划获得的理论上的养老金毛替代率。毛替代率是指在未考虑税收负担的情况下，退休后收入与退休前收入的比值。对于大多数 OECD 国家而言，预计公共养老金仍将是当前劳动者最重要的养老金收入来源。

（1）一些国家同时建有强制性公共养老金和强制性私人养老金制度。在混合体系中，丹麦、荷兰、冰岛和以色列等国家的私人养老金占主导地位，替代率分别为 71.6％、68.2％、65.8％和 48.5％，私人养老金是老年人最重要的养老金收入来源。

（2）一些国家的养老金体系以公共养老金为主，不存在强制性私人养老金制度。公共养老金提供的毛替代率介于 32％（波兰）和 83％（意大利）之间。

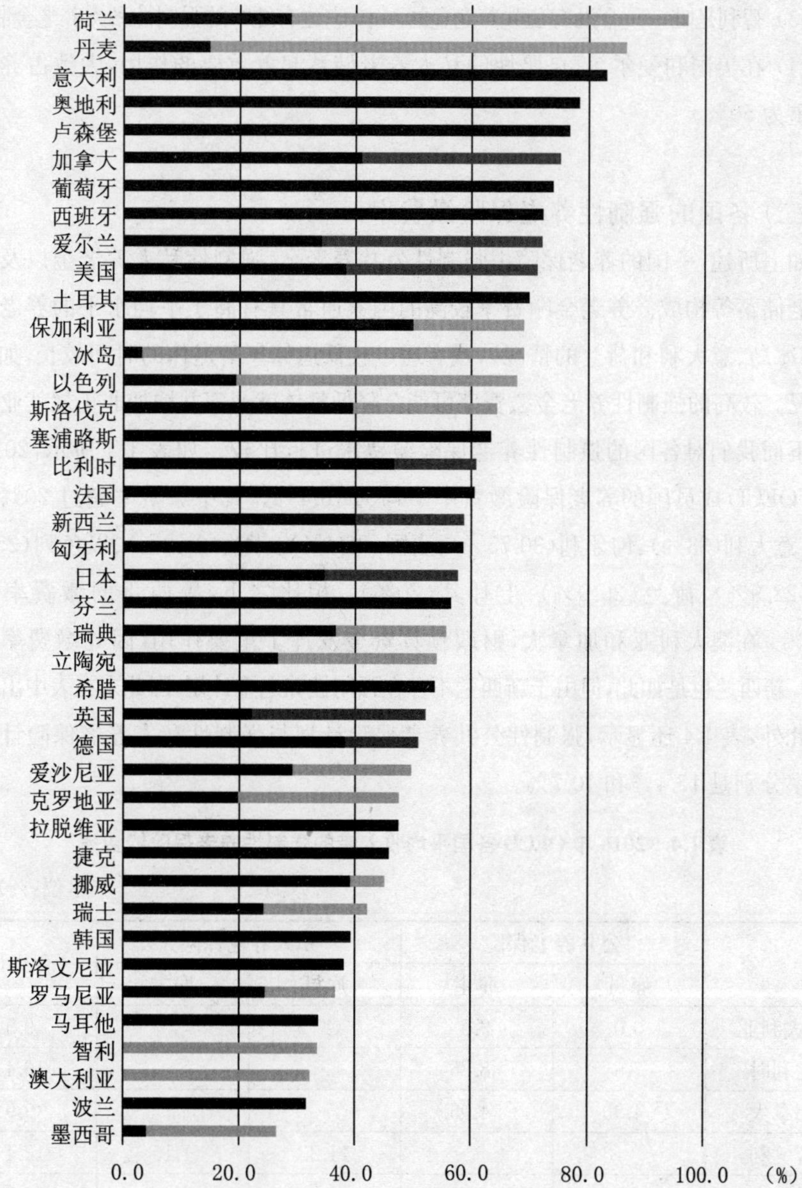

图 1.3 OECD 各国养老金的替代率

注:图中的替代率的假设前提是:(1)2016 年进入劳动力市场的个人;(2)收入为社会平均工资;(3)达到国家规定的全额领取养老金年龄,且缴费记录完整。

资料来源:OECD(2017), Pensions at a Glance 2017: OECD and G20 Indicators, OECD Publishing, Paris.

(3) 智利是唯一一个没有公共养老金的国家,它建有纯粹的强制性私人养老金制度。

(4) 在美国和爱尔兰,自愿性的私人养老储蓄起着重要的作用,大致占养老金的比重为50%。

(二) 各国的强制性养老保险缴费率

如上所述,一国的养老保障由强制性公共养老金、强制性私人养老金以及自愿性养老储蓄等构成。养老金缴费率较高的国家通常具有高于平均水平的养老金福利(如冰岛、意大利和荷兰的情况),或者通过较低退休年龄退休的时间较长,如法国的情况。较高的强制性养老金缴费率可能会降低整体就业率并增加非正规就业。

下面我们对各国的强制性养老保险缴费率进行比较。如表1.4所示,2016年22个OECD成员国的养老保险缴费率平均为18.4%。其中缴费率超过20%的国家有:意大利(33%)、匈牙利(30.75%)、法国(25.4%)、芬兰(25.2%)、以色列(25%)、瑞典(22.9%)、荷兰(20.9%)、土耳其(20%)。相比之下,墨西哥的缴费率仅为6.275%。在澳大利亚和加拿大,财政预算资金发挥了重要作用,因此缴费率低于10%。新西兰也是如此,但由于新西兰不存在强制性养老金计划,因此未在表中出现。

此外,表1.4还显示,强制性公共养老保险计划与强制性私人养老保险计划的缴费率分别是15.4%和10.7%。

表1.4 2016年OECD各国平均收入者的强制性养老保险缴费率

(单位:%)

国家	公共养老保险		私人养老保险		合计
	雇员	雇主	雇员	雇主	
澳大利亚	0.0	9.5			9.5
比利时	7.5	8.86			16.4
加拿大	4.95	4.95			9.9
智利			11.23	1.15	12.4
丹麦	0.26	0.52	4	8	12.8
芬兰	7.20	18.00			25.2
法国	7.25	10.40	3.10	4.65	25.40
德国	9.35	9.35			18.7
匈牙利	10.0	20.75			30.75
冰岛	0.0	7.35	4	8	19.35

续 表

国　家	公共养老保险		私人养老保险		合　计
	雇员	雇主	雇员	雇主	
以色列	3.75	3.75	5.5	12.0	25.0
意大利	9.19	23.81			33.0
日　本	8.914	8.914			17.828
韩　国	4.5	4.5			9.0
卢森堡	8.0	8.0			16.0
荷　兰	4.9	0.0	16		20.9
墨西哥			1.125	5.15	6.275
波　兰	9.76	9.76			19.52
斯洛伐克	4.0	14.0			18.0
瑞　典	7.0	11.4	0.0	4.5	22.9
瑞　士	4.2	4.2	3.9	3.9	16.2
土耳其	9.0	11.0			20.0

资料来源：OECD(2017)，Pensions at a Glance 2017：OECD and G20 Indicators，OECD Publishing，Paris.

在很多国家，养老保险缴费是混在整个社会保险缴费中征收的，而社会保险包括养老金、遗属福利、残疾福利以及失业保险等项目，劳动者只能参加一揽子社会保险项目，不能只参加养老保险项目，因此，无法单独研究养老保险缴费率。

表 1.5 显示了一些国家私营部门雇员的强制性私人和强制性社会保险缴费率。表中所有的国家，2016 年平均总缴费为 22.9%，但各国的差异很大，缴费率最高的国家是拉脱维亚(34.09%)，缴费率最低的国家是美国(12.4%)，爱尔兰的缴费率也较低，只有 14.75%。大部分国家的缴费率介于 20.0%至 28.3%之间。

表 1.5　2016 年 OECD 国社会保险与强制型私人保险的缴费率

(单位：%)

国　家	社会保险		私人保险		合　计
	雇员	雇主	雇员	雇主	
奥地利	10.25	12.55			22.8
捷　克	6.5	21.5			28.0
爱沙尼亚		16.0	2.0	4.0	22.0

续 表

国　家	社会保险		私人保险		合　计
	雇员	雇主	雇员	雇主	
希　腊	6.67	13.3			20.0
爱尔兰	4	10.75			14.75
拉脱维亚	10.5	23.59			34.09
挪　威	8.2	14.1		2.0	22.3
葡萄牙	6.4	13.8			20.2
斯洛文尼亚	15.5	8.85			24.4
西班牙	4.7	23.6			28.3
英　国	12	13.8			25.8
美　国	6.2	6.2			12.4

资料来源：OECD(2017)，Pensions at a Glance 2017：OECD and G20 Indicators，OECD Publishing，Paris.

(三) 公共养老金支出的长期预测

养老金支出增长的主要原因是人口结构的变化。与此同时，各国通过降低公共养老金增长速度、调整计发办法以及延迟领取养老金等方式，试图降低公共养老金的增长速度。

所有 OECD 国家的公共养老金支出占 GDP 比重预计将从当前 8.9％上升至 2050 年 9.5％。在欧盟 28 国，预计将从 2020 年的 11.2％增加到 2035 年的 11.7％，然后再回落到目前的水平。

到 2050 年，预计 21 个 OECD 国家的公共养老金支出将增加。到 2050 年，韩国养老金支出将增加 1 倍以上，但增幅高的主要原因是目前的基数较低。这种快速增长反映了老龄化进程和日趋成熟的养老金体系。与此同时，斯洛文尼亚和卢森堡的增速也较快。

表 1.6　OECD 各国公共养老金支出占 GDP 比重的趋势预测

国　家	2013—2015 年	2020 年	2030 年	2040 年	2050 年	2060 年
澳大利亚	4.0					
奥地利	13.9	13.9	14.4	14.7	14.6	14.4

续 表

国　家	2013—2015 年	2020 年	2030 年	2040 年	2050 年	2060 年
比利时	11.8	11.8	12.3	13.0	12.9	13.0
加拿大	5.5				6.9	
智　利	5.1				4.2	
捷　克	9.0	9.0	9.0	9.0	9.6	9.7
丹　麦	10.3	8.7	8.3	8.0	7.5	7.2
爱沙尼亚	7.6	7.6	7.1	6.9	6.7	6.3
芬　兰	12.9	14.2	15.0	13.6	12.8	12.9
法　国	14.9	14.6	14.7	13.8	12.8	12.1
德　国	10.0	10.3	11.6	12.2	12.5	12.7
希　腊	16.2	15.5	14.4	14.1	14.4	14.3
匈牙利	11.5	9.8	8.9	9.6	10.7	11.4
冰　岛	3.3				3.5	
爱尔兰	7.4	8.0	9.1	10.0	10.0	8.4
以色列	5.3				6.2	
意大利	15.7	15.3	15.7	15.8	14.8	13.8
日　本	10.2				9.5	
韩　国	2.6				6.3	
拉脱维亚	7.7	5.9	5.5	5.4	5.2	4.6
卢森堡	9.4	10.6	11.9	12.7	12.5	13.4
墨西哥	1.8				3.0	
荷　兰	6.9	7.1	7.7	8.3	8.1	7.8
新西兰	4.7				7.2	
挪　威	9.9	10.7	11.3	11.4	11.6	12.4
波　兰	11.3	10.6	10.4	10.0	10.4	10.7
葡萄牙	13.8	14.6	15.0	14.8	14.4	13.1
斯洛伐克	8.1	8.0	7.6	8.1	9.1	10.2
斯洛文尼亚	11.8	11.1	12.3	14.3	15.6	15.3

续　表

国　　家	2013—2015 年	2020 年	2030 年	2040 年	2050 年	2060 年
西班牙	11.8	11.8	11.2	11.9	12.3	11.0
瑞　典	8.9	8.3	7.9	7.5	7.2	7.5
瑞　士	9.8				10.7	
土耳其	7.2				5.6	
英　国	7.7	7.4	7.9	8.4	8.1	8.4
美　国	4.9				5.9	
OECD 各国平均	8.9				9.5	10.9

资料来源：OECD(2017)，Pensions at a Glance 2017：OECD and G20 Indicators，OECD Publishing，Paris.

专栏 1.4　新加坡拟延长国民退休年龄

2019 年 8 月 18 日，新加坡总理李显龙发表 2019 年国庆群众大会演讲时，宣布政府将在未来 10 年内，将国民退休年龄和重新雇佣年龄分别延长 3 年，即从 2022 年 7 月 1 日起，退休年龄从 62 岁延长至 63 岁、重新雇佣年龄从 67 岁延长至 68 岁；到 2030 年，退休年龄逐步延长至 65 岁、重新雇佣年龄逐步延长至 70 岁。同时，已年满 55 岁和 60 岁者的公积金缴存比例，将从 2021 年开始逐步上调至与未满 55 岁人群一致。

1999 年，新加坡政府将退休年龄从 60 岁提高至 62 岁。2012 年年初，新加坡政府实行了《退休与重新雇佣法令》。在该法令下，凡是年满 62 岁法定退休年龄的员工，只要健康状况和工作表现良好，雇主都有法律义务为他们提供重新受雇的选择，直到他们 65 岁。数据显示，几乎所有满 62 岁的员工都获得重新雇佣。而在 2015 年，65 岁至 69 岁年龄段的新加坡人中，有超过四成依然在工作，这个比例大大高于 2006 年的 24%。2016 年 4 月 8 日，新加坡人力部政务部长陈振泉在国会宣布，政府将在 2017 年 7 月 1 日起将重新受雇年龄限制从原来的 65 岁延长至 67 岁。

新加坡卫生部与华盛顿大学卫生统计评估研究所的报告显示，1990 年至 2017 年，新加坡人的预期寿命比过去平均延长了 8.7 岁，达 84.8 岁，已超越日本成为世界上人均寿命最长的国家。为解决社会老龄化带来的劳动力短缺和照顾年长者社会成本增加等问题,新加坡政府着眼更长远发展,拟借鉴日本等国家的做法,在未来10年逐步提高国民退休和重新雇佣年龄的同时,继续协助企业扩大居民继续工作的渠道,以充分利用人力资源,让年长者继续贡献经验与智慧,增加养老储蓄和保障,从而安度晚年。

然而,政府落实调高"两龄"任重道远,需平衡各方利益。目前,年长员工希望能延长职业生涯,但雇主却因担心成本上涨和经济前景不明朗,希望政府能提供更多灵活处理的空间。因此,政府需推出援助配套措施,协助企业适应新条例。为此,新加坡人力部于2018年5月成立年长员工劳资政工作小组,深入研究提高年长员工退休年龄、重新雇佣年龄及调高公积金缴交率等相关难题,确保相关方案能够得到妥善落实,以达到所设定的目标及目的。

政府既要让不想早退休的人有机会继续工作并有多种选择,又必须关注劳动者、资方和政府三者之间的平衡,实现共赢。该工作小组通过一年多反复调研及充分论证,以及近期经济增长出现回调等因素,最终向政府提出四大建议并被采纳:一是调高目前62岁的退休年龄到65岁;二是调高目前67岁重新雇佣年龄到70岁;三是上调年长员工的公积金缴交率;四是逐步落实计划,在2030年左右达成前三个目标。

新加坡政府在延长国民"两龄"的同时,年长员工的公积金缴存比例也显著提高。从2021年1月1日起,不同年龄层的年长员工公积金缴交率会上调0.5个或1个百分点,一直分步调整到2030年。具体缴交办法为,56岁至60岁员工的公积金缴交率从26%增至37%,61岁至65岁的员工的公积金缴交率从16.5%增至26%,66岁至70岁的员工的公积金缴交率从12.5%增至16.5%。

调高年长员工公积金缴交率

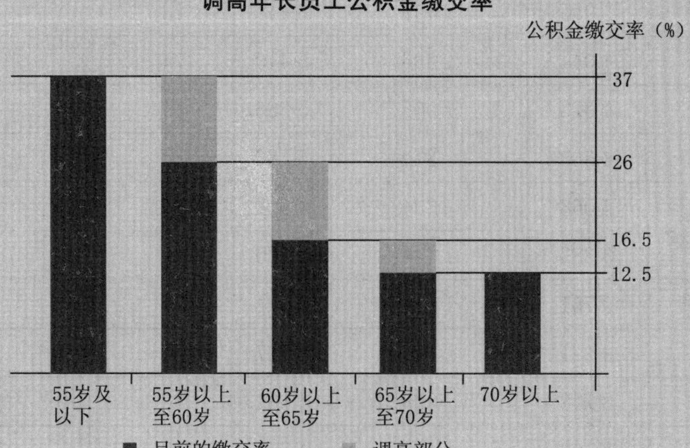

五、各国的医疗保障制度及运行情况

医疗保障支出的统计包括强制性的医疗保险支出，也包括自付部分和自愿性医疗保险支出。2017 年各国人均医疗支出如表 1.7 所示，OECD 各国的平均支出额为 4 000 美元。美国仍然是人均医疗支出额最高的国家，达到近 10 000 美元，远高于排名第二的瑞士(8 009 美元)。大约四分之三的国家属于人均支出范围 2 000—6 000美元。支出低于 2 000 美元的国家包括 OECD 组织的中欧和拉丁美洲成员以及土耳其。人均卫生支出最低的是墨西哥，每人 1 030 美元(占 OECD 平均水平的 26%)。

表 1.7　2017 年各国人均医疗支出

(单位:按购买力平价计算的美元)

	强制性医疗保险	自愿性医疗保险/自付部分	合计	强制性保险占比(%)	自愿性保险与自付部分占比(%)
美　国	8 047	1 785	9 832	82%	18
瑞　士	5 030	2 979	8 009	63	37
卢森堡	5 755	1 294	7 049	82	18
挪　威	5 399	952	6 351	85	15
德　国	4 869	859	5 728	85	15
瑞　典	4 606	904	5 511	84	16
爱尔兰	3 955	1 492	5 447	73	27
奥地利	4 044	1 396	5 440	74	26
荷　兰	4 378	1 008	5 386	81	19
丹　麦	4 363	819	5 183	84	16
法　国	4 068	834	4 902	83	17
加拿大	3 382	1 444	4 826	70	30
比利时	3 761	1 014	4 774	79	21
日　本	3 971	747	4 717	84	16
冰　岛	3 758	823	4 581	82	18
澳大利亚	3 109	1 434	4 543	68	32

续 表

	强制性医疗保险	自愿性医疗保险/自付部分	合计	强制性保险占比(%)	自愿性保险与自付部分占比(%)
英　国	3 341	923	4 264	78	22
芬　兰	3 053	1 122	4 176	73	27
OECD各国平均	3 025	976	4 001	76	24
新西兰	2 894	789	3 683	79	21
意大利	2 622	920	3 542	74	26
西班牙	2 386	985	3 371	71	29
韩　国	1 687	1 210	2 897	58	42
葡萄牙	1 925	963	2 888	67	33
斯洛文尼亚	2 088	796	2 885	72	28
以色列	1 780	1 053	2 834	63	37
捷　克	2 150	480	2 630	82	18
希　腊	1 423	901	2 325	61	39
斯洛伐克	1 827	442	2 269	81	19
爱沙尼亚	1 616	509	2 125	76	24
匈牙利	1 365	680	2 045	67	33
立陶宛	1 341	664	2 005	67	33
波　兰	1 352	603	1 955	69	31
智　利	1 164	750	1 915	61	39
拉脱维亚	933	789	1 722	54	46
土耳其	934	260	1 194	78	22
墨西哥	533	501	1 034	52	48

资料来源：OECD Health Statistics 2018，https://doi.org/10.1787/health-data-en.

表1.7的后两列显示了强制性和自愿医疗支出的占比情况。绝大多数卫生支出来自政府计划(丹麦、冰岛、瑞典和英国)或某种形式的强制保险(捷克、德国、法国、日本和斯洛伐克)。平均而言，通过自愿方式进行的医疗支出约占总支出的25%。

我们将医疗总支出、私人医疗支出占比情况做了张图(见图 1.4)。从图中可以看到,一般而言,医疗总支出较高的国家同时也是强制性支出占比较高的国家。

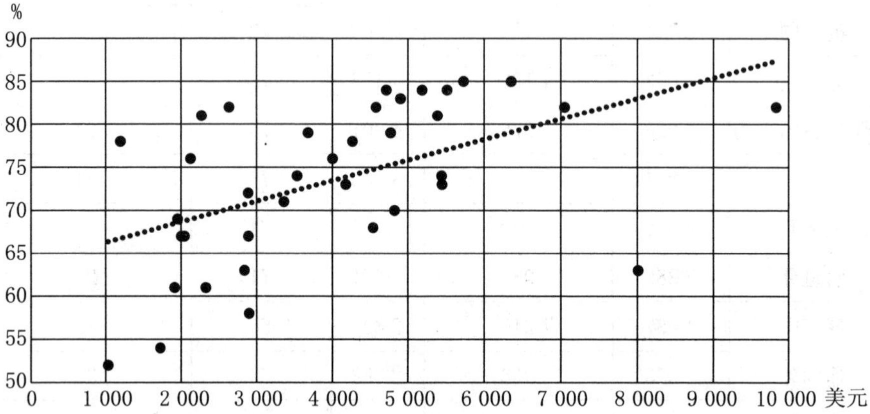

图 1.4 2017 年各国的医疗总支出、强制性医疗支出情况

注:横轴为各国的医疗总支出(单位:按购买力平价计算的美元),纵轴为各国强制性医疗支出占医疗总支出的比重。

资料来源:OECD Health Statistics 2018, https://doi.org/10.1787/health-data-en.

2016 年 OECD 国家医疗支出平均增长率为 2.7%,为 2009 年以来的最高水平,但仍低于危机前的增速(见图 1.5)。2017 年各国医疗支出增长率初步估计约 1.8%。

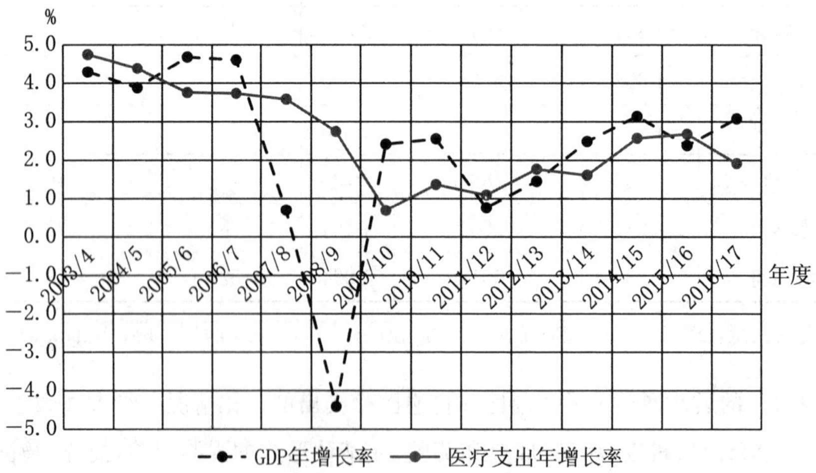

图 1.5 历年 OECD 各国的 GDP 年增长率、医疗支出年增长率

资料来源:OECD Health Statistics 2018, https://doi.org/10.1787/health-data-en.

在过去10年中，大多数OECD国家的医疗支出增长率放缓。在2009—2017年期间，OECD国家的人均医疗支出实际平均每年增长1.5%。相比之下，在2003—2009年期间，年平均实际增长率达到3.7%。希腊、葡萄牙和意大利在2009—2017年期间则出现了负年均增长率。

专栏1.5　医患纠纷致医院遭200名暴徒袭击　印度80万医生罢工

2019年6月10日，一名75岁印度病患死亡，亲属认为其死于医疗疏忽，当日晚间纠集暴徒“医闹”。当天晚间，这家人在约200名暴徒陪同下冲进医院，导致三名初级医生严重受伤，其中一人头部骨折。

此后医生们开始罢工，要求得到警方保护，对罪犯采取措施。最初罢工仅限于加尔各答所在的西孟加拉邦。西孟加拉邦首席部长Mamata Banerjee对医生罢工的敌对态度进一步刺激了医生的愤怒。她警告年轻医生们如果不回去工作，将被赶出大学宿舍，结果这番言论引起全国哗然。

这起事件演化为加尔各答的医生抗议活动，整个西孟加拉邦的医疗系统都受到影响，医生们纷纷罢工要求改善医院安全。很快，加尔各答医生抗议浪潮蔓延到印度各地，印度医学院医生协会(Doctors' Association of AIIMS)宣布，同加尔各答的同事们携手罢工以示抗议。新德里、孟买和印度其他城市的公共医疗系统都受了影响，全印度各公立医院有一百多名高级医生提交辞呈，指责西孟加拉邦首席部长无能改善局面。6月17日上午，在印度医学会IMA号召下，印度全国大约80万医生举行罢工，要求更好的工作条件。

印度医患矛盾问题的症结在于印度医疗人员和资源的短缺。印度2017—2018年度医疗支出仅占GDP的1.4%，是世界比例最低的国家之一，数百万印度人依赖这个廉价但不完善的公共卫生系统。此前多年，印度医生们就对暴力“医闹”问题怨声载道。据印度医学会调查，印度四分之三的医生曾遭到言语或身体上的攻击，超过一半的袭击发生在重症监护病房和手术室里，牵扯病人家属或陪同人员。冲突发生的原因多为患者意外死亡、治疗耽搁、医院以人满为患为由拒绝患者入院、患者认为受到医院工作人员怠慢等。

六、各国的失业率与失业保障制度运行情况

(一) OECD国家就业率情况

在2008—2009年国际金融危机的强烈冲击之后，各国劳动力市场状况普遍继续改善。2017年，OECD国家的平均就业率比2007年危机前的水平高出2个百分点。

平均而言，2017年OECD各国有70%的工作年龄成年人就业(见表1.8)。在冰岛和瑞士，超过八成的成年人就业，而希腊和土耳其只有50%的成年人就业。北欧和英语国家的就业率平均值高于OECD组织各国的平均值，而地中海国家的就业率低于平均值。

表1.8　2017年OECD各国劳动年龄人口的就业率

国　家	15—64岁人口的就业率	15—64岁男性就业率	15—64岁女性就业率	男女性的就业率差异
冰　岛	85.8	88.1	83.3	4.8
瑞　士	79.8	84.3	75.2	9.1
新西兰	76.9	81.9	72.0	9.9
瑞　典	76.9	78.3	75.4	2.9
荷　兰	75.8	80.4	71.3	9.1
日　本	75.3	82.9	67.4	15.5
德　国	75.2	78.9	71.5	7.4
英　国	75.0	79.6	70.4	9.2
丹　麦	74.2	76.9	71.5	5.4
爱沙尼亚	74.1	77.4	70.8	6.6
挪　威	74.1	75.7	72.4	3.3
捷　克	73.6	80.9	66.2	14.7
加拿大	73.4	76.3	70.6	5.7
澳大利亚	73.0	77.9	68.1	9.8
奥地利	72.2	76.2	68.2	8

续 表

国　家	15—64 岁人口的就业率	15—64 岁男性就业率	15—64 岁女性就业率	男女性的就业率差异
立陶宛	70.4	70.6	70.2	0.4
芬　兰	70.1	71.6	68.5	3.1
美　国	70.1	75.4	64.9	10.5
拉脱维亚	70.1	71.9	68.4	3.5
OECD 各国平均	**69.4**	**74.9**	**64.0**	**10.9**
斯洛文尼亚	69.3	72.5	65.8	6.7
以色列	69.0	72.5	65.6	6.9
匈牙利	68.2	75.2	61.3	13.9
葡萄牙	67.8	71.1	64.8	6.3
爱尔兰	67.4	72.6	62.3	10.3
韩　国	66.6	76.3	56.9	19.4
卢森堡	66.3	69.9	62.5	7.4
斯洛伐克	66.2	72.0	60.3	11.7
波　兰	66.1	72.8	59.5	13.3
法　国	65.2	68.9	61.7	7.2
比利时	63.1	67.5	58.7	8.8
智　利	62.7	72.5	52.8	19.7
西班牙	62.1	67.6	56.5	11.1
墨西哥	61.1	79.0	44.9	34.1
意大利	58.0	67.1	48.9	18.2
希　腊	53.5	62.7	44.4	18.3
土耳其	51.5	70.7	32.2	38.5

资料来源：OECD(2019)，Society at a Glance 2019：OECD Social Indicators，OECD Publishing，Paris.

在各个国家，男性比女性更有可能从事有酬工作。在拉脱维亚、立陶宛等北欧国家，就业率的性别差距最小(低于 5 个百分点)。墨西哥和土耳其的差距最大(超过 30 个百分点)，智利和韩国的差距仍然相对较高(约 20 个百分点)。

非正规就业主要包括自我雇佣、以临时合同方式就业等。非正规就业是正规就业的有益补充，特别是在经济不景气时，非正规就业有利于解决就业，促进社会稳定。但非正规就业在就业与收入的稳定性、就业培训、社会保险参保缴费方面存在一定劣势。2017年，在OECD组织各国平均有15.9%的就业者是自雇人士，同时有13%的雇员是以临时雇佣合同方式就业的(见表1.9)。其中，希腊、土耳其、墨西哥等国的自雇人员占就业者的比重超过了30%，非正规经济比重较高；以临时合同方式就业的雇员在智利(27.66%)、西班牙(26.67%)、波兰(26.18%)、葡萄牙(21.99%)、荷兰(21.81%)、韩国(20.62%)等国占比较高。

此外，高科技的发展，将降低社会对低技能工作的需求量。OECD成人技能调查(the OECD's Survey of Adult Skills，简称PIAAC)的最新调查显示，OECD国家平均有14%的工作岗位具有较高的自动化风险①。不同国家的风险各不相同，斯洛伐克为34%，挪威为6%。

表1.9　2017年OECD各国非正规就业情况　　(单位：%)

国　家	就业者中自雇人员的占比	雇员中临时合同雇员的占比
希　腊	34.1	11.43
土耳其	32.7	13.27
墨西哥	31.5	
智　利	27.4	27.66
韩　国	25.4	20.62
意大利	23.2	15.4
波　兰	20.4	26.18
新西兰	18.5	
捷　克	17.1	10.02
葡萄牙	17.0	21.99
OECD各国平均	15.9	13.0
荷　兰	16.7	21.81

① OECD(2018), "Putting faces to the jobs at risk of automation", Policy Brief on the Future of Work, OECD Publishing, Paris, www.oecd.org/employment/future-of-work.

续 表

国　家	就业者中自雇人员的占比	雇员中临时合同雇员的占比
西班牙	16.5	26.67
爱尔兰	15.4	9.15
英　国	15.4	5.72
斯洛伐克	15.2	9.61
瑞　士	14.9	13.36
斯洛文尼亚	14.6	17.85
比利时	14.3	10.43
芬　兰	13.2	16.08
以色列	12.4	
奥地利	12.4	9.18
立陶宛	12.1	1.65
法　国	11.6	16.89
拉脱维亚	11.5	3.02
日　本	10.4	6.99
匈牙利	10.3	8.81
德　国	10.2	12.85
澳大利亚	10.1	5.27
瑞　典	9.9	16.87
加拿大	8.3	13.69
丹　麦	8.2	12.89
挪　威	6.5	8.4
美　国	6.3	
冰　岛		10.65
卢森堡		9.06
爱沙尼亚		2.98

资料来源：OECD（2019），Society at a Glance 2019：OECD Social Indicators，OECD Publishing，Paris.

(二) OECD 国家失业率情况

2008 年国际金融危机带来了较高的失业率。失业的负面影响是多重的，除了给家庭和公共财政带来压力之外，失业还会给个人带来情绪低落的影响，并削弱他们的职业前景。目前，OECD 中多数国家的失业率已降低至危机前的水平，但总体上看失业率仍维持在 7%，依然不容忽视。

在失业率方面，各国情况迥异，苦乐不均。捷克、冰岛和日本的失业率低至 3%，包括美国、英国和德国在内的多数国家失业率约为 4%，形势较好。受危机打击最严重的南欧国家的失业率仍然高得惊人，如希腊(22%)、西班牙(17%)、葡萄牙和意大利(11%)以及巴西(13%)和南非(27%)。在过去 10 年中，一些国家的失业率大幅下降，特别是德国和以色列，失业率下降了一半以上；捷克、匈牙利、波兰和印度尼西亚的下降也很大。

大多数国家的性别失业率差距很小(差异小于 3 个百分点)，但在希腊、西班牙、土耳其、巴西、哥斯达黎加和南非，女性失业率高于男性(差异超过 3 个百分点)。

失业大军中很大部分是刚就业不久的年轻人。国外把不上学，没有工作，也不接受职业培训的年轻人称为 NEET 族(Not in Education, Employment or Training)。2017 年 15—29 岁 NEET 族在 OECD 国家的平均比例达到 13.4%。将 NEET 族分解为积极型(积极寻找工作的群体)和消极型(非活跃的、不愿找工作的群体)，分析结果表明在大多数国家，大多数 NEET 族不寻找工作。较低的工作技能使年轻人特别容易失业和陷入消极不找工作状态。同时，教育程度低也是 NEET 族失业的重要原因之一，统计数据表明，与拥有大学学位的人相比，只有接受过初中教育的年轻人成为 NEET 一族的概率要高出 3 倍。

更广泛的衡量劳动力市场疲软的指标是所谓的“广泛劳动力资源未充分利用率”(broad labor underutilisation)。该指标可以量化可用劳动力资源未被利用(即失业)或未充分利用的程度。“未充分利用劳动力”是指已有工作但想做更多工作的人员、目前没在找工作但近期想工作的人员以及失业人员等。“劳动力资源未充分利用率”是指未充分利用劳动力占劳动市场上可以使用的全体人员的比例。在 OECD 国家中，平均有 26%的工作年龄人口“未充分利用”。劳动力资源未充分利用率最低的国家是冰岛，仅为 12%；该指标最高的国家是希腊、意大利和土耳其，均超过 40%。与 2007 年相比，2017 年爱尔兰和意大利的该指标上升 4%，西班牙上升 7%，2017 年希腊上升 11%。而在一些国家该指标出现了下降，例如捷克

(−6%)、波兰(−7%)、德国(−8%)、土耳其(−8%)、匈牙利(−10%)和以色列(−10%)。

专栏 1.6　国际劳工组织发布《世界就业与社会展望：2019 年趋势》报告

2019 年 2 月 13 日，国际劳工组织在新发布的《世界就业与社会展望：2019 年趋势》(WESO)中指出，低质量就业是全球劳动力市场的主要问题，很多人被迫接受不理想的工作条件。

报告指出，2018 年全球 33 亿就业人口中，大多数人无法获得充分的经济保障、物质财富和平等机会。而且，尽管全球在减少失业方面取得进展，但这种进展并没有带来工作质量的提升。

报告中指出了导致体面劳动严重不足的长期问题。如果按目前的情况发展下去，许多国家将难以实现“人人享有体面劳动”的目标，这也是可持续发展目标(SDGs)的内容。可持续发展目标不只是关于充分就业，还包括就业质量。平等与体面劳动是支撑可持续发展的两个支柱。

报告指出，新技术驱动的商业模式和其他新商业模式可能会对现有的劳动力市场成就造成冲击，如果政策制定者不能及时应对这些挑战，这些新模式将对促进正规就业、就业保障、社会保护和劳工标准等构成威胁。就业并不总能保证体面的生活。例如，全球的 7 亿人虽然有工作，但仍生活在极端或中度贫困中。

报告指出了一系列问题，包括在缩小男女劳动力市场参与率差距方面的缓慢进展。只有 48%的女性进入劳动力市场，而男性的这一比例则为 75%。未充分利用的潜在劳动力中绝大多数是女性。

另一个问题是非正规就业长期存在，有 20 亿工人(全世界劳动力的 61%)从事的是非正规就业。另外，全球超过五分之一的年轻人(25 岁以下)既没有就业，也没有接受教育或培训，这种状况损害了他们的未来就业前景。

这份年度报告也强调了取得进展的一些情况。如果能够避免发生世界经济严重低迷的情况，那么预计许多国家的失业率将进一步下降。在过去 30 年中，在有工作的人群中贫困率大幅下降，这一趋势在中等收入国家尤为明显，同时接受教育或培训的人数也在上升。

七、各国的贫困率与最低收入保障制度运行情况

(一) 世界的绝对贫困率现状

贫困有两个概念，一是绝对贫困，二是相对贫困。所谓绝对贫困，是指无法满足最低限度的衣食住等日常生活需求，这是世界银行重点关注的问题。2018 年 10 月 17 日，世界银行发布的两年一期的《贫困与共享繁荣 2018：拼出贫困的拼图》报告(Poverty and Shared Prosperity 2018：Piecing Together the Poverty Puzzle)，通过一些新的方式，进一步审视了全球绝对贫困问题。

1. 世界减贫效果明显，但挑战依然巨大

世界银行用于判定绝对贫困人口的标准是，每人每日的生活费低于 1.9 美元。统计数据显示，1990—2015 年，全球有超过 10 亿人口摆脱了极端贫困。1990 年，全球约有 36%的人口每人每日的生活费低于 1.9 美元。2015 年，该比例已降至 10%。世界银行制定的 2020 年将全球贫困率降低到 9%的中期目标有望提前完成。

2013—2015 年间，世界贫困贫穷总人口减少 6 800 万余人，相当于泰国或英国的人口。但一方面，减贫趋势减慢，原定 2030 年底前将全球赤贫人口比降至 3%以下的目标恐怕难以实现。另一方面，有一半国家已将极端贫困率降至 3%以下，但贫困并未根除。在这些发展水平较高的国家，既有国际贫困线(每人每天生活费 1.9 美元)已难以有效、全面衡量贫困。

该报告提出，全球贫困率的降低在很大程度上归功于亚洲经济的迅猛发展。然而，随着全球贫困现象的减少，贫困率降低的速度也开始放缓。这一趋势若持续下去，会影响到 2030 年消除极端贫困目标的最终实现。而且值得注意的是，撒哈拉以南非洲地区的贫困人口一直在增加。2015 年，撒哈拉以南非洲极端贫困人口超过其他地区总和，到 2030 年，比例将接近 90%。

2. 提出多个贫困线标准

目前，监测贫困状况的主要标准有国际贫困线，即按 2011 年购买力平价(PPP)计算，每人每天生活费 1.9 美元，各国根据通胀率调整。但如上所述，这一标准在许多发达地区的意义正在变小。在此基础上，世界银行建立了补充性的新标准：每人每天生活费 3.2 美元的中等偏低收入贫困线，以及每人每天 5.5 美元的中等偏高收入贫困线。

采用扩大的贫穷判断标准之后,报告发现全球贫穷人口“高到令人难以接受”,且经济成长的果实“在不同区域和国家间分配不均”。以每日 5.5 美元为门槛,全球贫穷人口比例在 2015 年达到 46%。撒哈拉以南非洲地区的这一比例达到 84.5%。而以每日 3.2 美元为标准,全球贫困人口达到 26.3%。

除每人每日生活费 1.9 美元这一标准,世界银行还提出了两项衡量贫困的标准,即每人每日生活费 3.2 美元和 5.5 美元。这两项标准分别用于衡量中低收入国家与中高收入国家的贫困水平,是对现有全球贫困标准的补充。有数据表明,2015 年,世界上超过 25%的人口每人每天的生活费低于 3.2 美元,近半数人不足 5.5 美元。

3. 多角度研究贫困问题

随着社会经济的不断发展,衡量人们基本需求的标准也会发生变化。例如,在贫穷国家,人们只需要一些基本的条件即可参与劳动,实现就业。但在较富裕的国家,人们进行工作还需要手机、电脑等现代化设备。对此,世界银行根据每个国家的消费或收入状况提出了一项新的标准——社会贫困线,用以衡量人们基本需求的变化。

报告认为,从货币角度衡量贫困水平,并不能真实反映人们的基本生活水平。从货币标准看,一些人可能并不属于贫困人口。但如果医疗保障、清洁用水和教育等基本需求无法满足,他们依然会感受到贫困。因此,世界银行提出了一种能够反映多方面、多维度信息的测量方法,用于衡量人们的基本生活水平。测量结果显示,贫困问题的分布范围比人们想象得要广。

传统的贫困衡量方法只涉及家庭,并未涉及家庭内部的差异。事实上,在同一家庭中,不同成员的贫困状况也不尽相同。报告指出,衡量个体的贫困状况,需要考虑资源是如何在家庭成员间进行分配的。有证据表明,在许多国家,妇女和儿童更容易受到贫困的影响。因此,需要进行更多的研究调查,来获取家庭内部的贫困状况,帮助政府采取有针对性的措施,解决妇女儿童贫困问题。报告强调,当前世界上依然存在大量贫困人口,衡量极端贫困的标准也尚待完善,这些都不利于消除极端贫困。因此,需要开阔视野,充分认识世界各地贫困状况的复杂性,从多角度研究相关问题。

(二) 各国的相对贫困率现状

相对贫困则是指无法实现大多数民众的普通生活,日常生活表现相对拮据的一种状态，例如1日只能吃两餐、没有电视机、电冰箱、手机等等。经济与合作发展组织（OECD）针对相对贫困人群制定了一个比较简单的定义指标，即人均所得低于中位值（即收入从高到低排列居中的数值）一半以下的群体。

2016年OECD各国的平均相对贫困率为11.7%（见表1.10）。其中，以色列和美国的贫困率最高，接近18%，而丹麦和芬兰的贫困率最低，只有5%—6%的贫困人口。地中海国家、南美洲国家和波罗的海国家的贫困率相对较高。

表1.10　2016年OECD各国相对贫困率　（单位：%）

国　家	全部人口的相对贫困率	男性的相对贫困率	女性的相对贫困率
冰　岛	5.4	5.5	5.3
丹　麦	5.5	5.2	5.8
捷　克	5.6	6.4	4.8
芬　兰	5.8	5.4	6.1
挪　威	8.2	8.4	8.0
法　国	8.3	8.6	7.9
荷　兰	8.3	8.5	8.0
斯洛伐克	8.5	8.5	8.5
斯洛文尼亚	8.7	9.6	7.8
瑞　典	9.1	9.8	8.3
瑞　士	9.1	10.1	8.1
比利时	9.7	10.4	9.0
爱尔兰	9.8	10.2	9.3
奥地利	9.8	10.5	9.0
匈牙利	10.1	10.7	9.4
德　国	10.1	10.5	9.7
波　兰	10.3	10.2	10.3
新西兰	10.9	11.5	10.3
卢森堡	11.1	11.9	10.3
英　国	11.1	11.6	10.6
OECD各国平均	11.668	12.341	10.922

续表

国　家	全部人口的相对贫困率	男性的相对贫困率	女性的相对贫困率
澳大利亚	12.1	12.5	11.3
加拿大	12.4	13.1	11.8
葡萄牙	12.5	12.9	12.0
意大利	13.7	14.2	13.1
韩　国	13.8	15.9	11.5
希　腊	14.4	14.2	14.2
西班牙	15.5	16.0	15.1
日　本	15.7	17.1	14.1
爱沙尼亚	15.7	17.9	13.2
智　利	16.1	17.1	15.1
墨西哥	16.7	17.2	16.1
拉脱维亚	16.8	19.2	13.9
立陶宛	16.9	17.8	15.8
土耳其	17.2	17.5	16.8
以色列	17.7	18.8	16.6
美　国	17.8	19.2	16.3

资料来源：OECD(2019), Society at a Glance 2019: OECD Social Indicators, OECD Publishing, Paris.

相对贫困率因性别而异。OECD各国中，男性和女性的平均贫困率分别是10.9%和12.3%。除丹麦、芬兰和希腊外，所有OECD国家的妇女遭受贫困的风险都高于男子。爱沙尼亚、拉脱维亚和韩国的性别贫困率差异最大，在这些国家，妇女的贫困率比男子高4至6个百分点。

过去10年来，相对贫困率的变化较小。2007年至2016年期间，只有匈牙利和立陶宛的贫困人口增加了3个百分点以上。在同一时期，澳大利亚和芬兰相对贫困率出现较大幅度下跌，而其他经合组织国家的变化幅度则低于2个百分点。

根据贫困率的定义，贫困率是相对于社会平均收入水平而言的。如果社会平均收入水平下降，贫困率可能反而出现降低。如果把衡量贫困的指标变一下，改为保持2005年贫困线的购买力价值不变，我们可以看到，一些国家相对贫困率虽然下降了，但生活水平却也在下降。例如按照传统的贫困率统计口径，在希腊和西班牙，相对贫困人数没有增加甚至下降，但改用“2005年贫困线的购买力价值不变”，则2007年至2016年间，贫困人口增加了5个百分点或更多。只有智利在采用新统计口径以后，贫困人口下降超过7个百分点，反映了较贫困家庭的显著收入增长。

相对贫困率也因年龄组别而异。在经合组织国家中，成人平均贫困率为10%，而儿童为13%，青年和老年人为14%。

北欧国家的儿童贫困率较低，而智利、以色列、西班牙、土耳其和美国的儿童贫困率最高，其中五分之一以上的儿童陷入贫困。丹麦和挪威的青年贫困率特别高，这些国家的青年人早早离开父母的家，并在经济上独立。西班牙的青年贫困率也很高，特别是在2008年全球经济危机期间，青年失业率激增，导致贫困率上升。

一些国家的老年人贫困率很高，往往与养老金制度的成熟程度有关。例如，韩国的老年贫困率最高，是由于该国的养老金制度建立时间不长，保障程度有限。在澳大利亚和瑞士，老年贫困率部分与许多养老金领取者将累积的养老金作为一次性养老金（不计入当期收入）而不是将其纳入其中以提供收入来源这一事实有关。在爱沙尼亚、拉脱维亚和墨西哥，面向老年人的社会保障安全网的保障力度非常低。

（三）各国失业保险与最低收入保障制度的衔接

在大多数国家，就业年龄人群失业以后的收入有两层保障：一是与社会保险缴费挂钩的失业保险金（unemployment insurance benefits），待遇标准较高；二是具有救济性质的失业救助金（unemployment assistance）与最低收入保障（guaranteed minimum-income，GMI），待遇标准较低。后者为那些不具有失业保险金领取资格或领取期限已满的人士提供保障，以确保可接受的生活水平。例如，在一些国家，长期失业人士在领取1年的失业保险金以后就不再具有领取资格，如果还是无法找到工作、没有收入来源，就只能求助第二层次的失业救助金或最低收入保障。

1. 失业金与最低收入保障的领取人口比例

2016年，法国、芬兰、爱尔兰和美国的工作年龄人员获得失业救济金的比例最高，比率超过10%（见表1.11）。在智利、以色列、日本、韩国和土耳其，只有不到4%的工作年龄人口至少收到其中一笔款项。接受者数量的这些差异不仅反映了就业率的差异，还反映了福利权利规则的差异。在收入最高水平的国家，最低收入保障的权利延伸到低收入工作家庭。在一些国家（包括法国和爱尔兰），工作收入可以在某些条件下与失业保险金相结合。

表 1.11　OECD 各国就业年龄人口中领取三类社保金人数占就业年龄总人口的比例

（单位：%）

国　家	失业保险金	失业救济金	最低收入保障	总　和
土耳其	0.1	0.0	0.0	0.1
智　利	1.7	0.0	0.0	1.7
韩　国	1.0	0.0	1.1	2.2
日　本	0.5	0.0	1.9	2.4
以色列	1.5	0.0	1.2	2.7
匈牙利	0.6	0.3	2.1	3.0
捷　克	1.4	0.0	1.7	3.1
英　国	0.2	2.1	1.0	3.3
爱沙尼亚	1.7	0.9	1.0	3.6
斯洛伐克	0.9	0.0	2.8	3.7
意大利	3.7	0.0	0.0	3.7
挪　威	2.2	0.0	2.1	4.4
新西兰	0.0	2.1	2.4	4.5
拉脱维亚	3.1	0.0	1.4	4.5
丹　麦	2.2	0.0	2.3	4.5
立陶宛	2.3	0.0	2.5	4.8
葡萄牙	2.7	0.7	1.4	4.9
卢森堡	1.7	0.0	3.3	5.0
斯洛文尼亚	1.7	0.0	3.8	5.6
经合组织各国平均	2.1	1.2	2.5	5.8
意大利	3.7	0.0	0.0	3.7
比利时	5.3	0.0	1.7	7.0
瑞　典	3.5	0.0	3.5	7.1

续　表

国　家	失业保险金	失业救济金	最低收入保障	总　和
澳大利亚	0.0	5.2	2.0	7.2
西班牙	2.5	4.1	1.0	7.7
荷　兰	3.4	0.0	4.6	8.0
德　国	1.6	6.1	0.7	8.3
墨西哥	0.0	0.0	8.4	8.4
奥地利	2.5	2.9	3.1	8.6
爱尔兰	1.2	7.0	2.1	10.4
法　国	6.4	1.2	4.7	12.3
美　国	1.1	0.0	12.0	13.1
芬　兰	6.0	5.9	3.8	15.7

资料来源：OECD Tax-Benefit Models（http://www.oecd.org/els/soc/benefits-and-wages.htm）.

平均而言，2016年OECD国家中5.8%的就业年龄人口获得了失业救济金。在许多国家，领取失业金/最低收入保障的人口比例依然高于2008年国际金融危机爆发前的年份，特别是那些2016年失业率居高不下的国家（包括爱尔兰、立陶宛和西班牙）和受经济状况调查受益人数较多的国家（芬兰、法国、荷兰和美国）。在其他国家（捷克、匈牙利、新西兰和斯洛伐克），失业金领取人数下降。这一下降部分反映了失业者的福利覆盖率下降，即由于政策变化导致领取资格条件收紧或者失业人员构成发生变化导致满足这些条件的人数减少。

2. 失业金与最低收入保障金的待遇水平

如表1.12所示，在意大利、土耳其等国，没有建立最低收入保障金制度；即使在建立最低收入保障制度的国家中，其待遇水平也较低。如果不包含住房津贴，则没有一个国家的最低收入保障的替代率超过50%，这意味着，如果一个家庭只有最低收入保障，其仍然处于贫困线以下。

如果将住房津贴加总至最低收入保障，则芬兰、英国、冰岛、荷兰、丹麦、日本、爱尔兰等国的最低收入保障替代率达到或略微超过贫困线（社会平均收入的50%）水平。

表 1.12 OECD各国单身者领取的最低收入保障与住房津贴的净替代率

（单位：%）

国　　家	最低收入保障的替代率	住房津贴的替代率	总　　和
意大利	0	0	0
土耳其	0	0	0
美　国	6	0	6
匈牙利	15	0	15
斯洛伐克	9	8	17
立陶宛	22	0	22
加拿大	22	0	22
葡萄牙	22	0	22
以色列	23	0	23
拉脱维亚	8	15	24
希　腊	28	0	28
斯洛文尼亚	25	6	30
西班牙	30	0	30
爱沙尼亚	16	14	30
澳大利亚	27	7	34
OECD各国平均	23	12	35
韩　国	25	11	35
新西兰	27	10	36
挪　威	12	26	38
比利时	40	0	40
法　国	26	14	40
奥地利	28	14	42
捷　克	16	28	44
卢森堡	42	4	45
德　国	22	24	46
瑞　典	16	31	47
瑞　士	23	25	48

续 表

国　家	最低收入保障的替代率	住房津贴的替代率	总　和
芬　兰	35	18	53
英　国	20	34	54
冰　岛	45	9	54
荷　兰	44	16	60
丹　麦	43	20	63
日　本	39	26	65
爱尔兰	39	26	65

资料来源：OECD Tax-Benefit Models (http://www.oecd.org/els/soc/benefits-and-wages.htm).

专栏 1.7　英国"二孩福利封顶"政策面临巨大挑战

在 2015 年财政预算中，英国政府提出了"二孩福利封顶"(Two Child Limit)，宣布冻结一个家庭中第三个以后的孩子在以前可以享受的若干项补贴，主要包括统一福利金(Universal Credits)、儿童税收抵免(Child Tax Credit)以及抚养人收入补贴(Income Support with Dependants Allowance)。

"二孩福利封顶"中规定，从 2017 年 4 月 6 日以后，家庭里的第三个孩子及以上(这自然包括了第四或者第五个)，除非是符合了"特殊条件"(special circumstances)，否则将不能再拿到额外的补贴。不论你生了多少个孩子，最多只能领到 2 个孩子的福利金。

2019 年 8 月，英国政府就业与养老金部(DWP)公布的数据显示，将近 60 万儿童受到"二孩福利封顶"政策的消极影响，在受影响的 16 万多家庭中，59%的家庭中至少有一人在工作。几乎所有受影响的家庭需要消减食物、药品、供暖和衣物的支出。很多家长表示这给家庭生活和家庭关系带来压力。

反对者认为，这项政策让贫困人口的生存状况恶化，试图游说政府撤销这一项封顶政策。许多人认为，每个孩子都该有一个很好的开始，但是这项政策意味着有些孩子比其他孩子能得到的更多，仅仅是因为出生的顺序不同。

2019 年 7 月 31 日，《卫报》报道，109 位社会政策学者联合表示，该政策"是对社会保障体系的最大损害”，让“英国最贫困的儿童生活水平受到前所未有的影响”。鉴于受影响的家庭中有相当一部分已在工作，“二孩福利封顶”在无形中惩罚了低收入的工作家庭。

作为英国政府福利政策的改革内容之一，自2017年4月之后，可领取与儿童福利相关的通用补贴（Universal Credit）和纳税人补贴（Tax Credits）的家庭（福利价值2 780英镑一年），仅有前两个孩子可以享受这些福利，目的是鼓励更多的家庭参与工作，而不是等待纳税人来为自己养孩子。根据BBC的报道，政府表示这番举动每年可以节约纳税人30亿英镑的支出。

根据规定，“二孩福利封顶”有一些例外情况：多胞胎，向地方当局领养来的孩子，帮助亲友照顾的孩子，或是孩子是在非自愿下出生的情况（例如被强暴）。然而，例外的案例仅有4%。根据预测，福利受到影响的孩子在2024年将达到180万人。

该政策是保守党政府出台的颇具争议的政策之一。2015年，在有关削减福利支出的讨论中，杰里米·亨特（Jeremy Hunt）因“改革能教英国人像中国人和美国人那样努力工作”的言论上了多家报纸头条。他相信这是“非常重要的文化信号”。“我们有一个不得不回答的艰巨问题：我们国家有没有准备好，像亚洲国家和美国那样努力工作？这需要创造一种工作文化，让它成为我们成功的核心。不得不说，这是一个非常有挑战性的改变，但是我相信转向帮助人们独立和自力更生的文化，是能为低收入人群做的最重要的事情。”

2015年10月，在一场保守党会议上，英国政府就业与养老金部前秘书（The Work and Pensions Secretary）伊恩·邓肯·史密斯（Iain Duncan Smith）表示，纳税人补贴改革将让家长明白，“养孩子需要花钱”，纳税人不能为更多的孩子买单是理所应当，从而使这些家庭仔细考虑是否会生两个以上的孩子。

伊恩·邓肯·史密斯强调，改革是用来结束贫困的，而不是加剧贫困，政策是用来复原生活的，需要对大量的纳税者公平，他们不仅对自己的经济状况负责，也支付了别人的福利；“二孩福利封顶”政策的意义在于，让家长明白，如果你想要更多的孩子，就需要作出和别人一样的选择，而不是认定纳税者的钱能让你避免这种选择的后果。这是负责任，这是公平。

英国财政研究院（Institute for Fiscal Studies）的一份报告显示，不交个人所得税的成年人人数已由2010年的38%,升至如今的43%,创造了历史新高。交税的重担落在了小部分高收入人群身上。也就是说,英国前1%的收入者负担了全国27%的个人所得税。经济学家解释,这一现象是过去10年来提高个人税收起征点的结果。这些高收入人群一年收入至少达到16万英镑,通常为中年男性,生活和工作地集中在伦敦和英国东南部。英国财政研究院的专家警告,如此依赖这么小部分人提供政府税收收入非常"有风险",一旦有威胁到这部分人收入状况的政策,会给医院、学校和警力等公共支出带来不成比例的压力。报告认为,英国需要更精准的税收体系来反映不同收入群体的状况;税收政策应当刺激不同收入级别的人参与工作和投资,保证英国是个充满竞争力的社会,从而吸引最优质的人才;英国也需要用政策来刺激女性在增加生产力和提供高生活水平中的表现。

在英国最受欢迎的母婴论坛之一 Mumsnet 上,有关于这一政策的讨论热烈,吸引了一千多条留言。观点的两极分化严重,多数留言支持"二孩福利封顶"。支持该政策的网友相信"用纳税人的钱来养自己的孩子"是不负责任的行为,很多人认为当前的环境形势意味着政策不应该鼓励人口过度增长。

第二章
国际社会保障热点问题

2019年各国经济增长总体较为平稳，但速度有所下降，因各国政府债务负担较重，社会保障改革压力较大，同时民众对社保的期望越来越高，给各国政府的改革带来较大挑战。几乎所有欧洲国家都面临政府福利开支超过财政收入的入不敷出局面。更让人担忧的是，以往掩盖在欧洲高福利下的种族、宗教、阶层矛盾等问题，随着欧洲各国紧缩开支、削减福利逐渐浮出水面。

一、荷兰政府因罢工抗议　修改延迟退休政策

墨尔本美世全球养老金指数(Melbourne Mercer Global Pension Index)显示，2018年，荷兰成功击败连续6年蝉联第一的北欧国家丹麦，一举拿下养老金体系排名全球第一的桂冠。如表2.1所示，荷兰的养老金指数总得分居首，且充足性、可持续性和全面性三个分项指标的得分也非常靠前，是各国羡慕的养老金制度体系。但近年来，荷兰的养老金制度也承受一定的财政压力，存在改革必要性，也产生了一些争议。

表2.1　2018年墨尔本美世全球养老金指数

国家/地区	总得分	分项得分		
		充足性(40%)	可持续性(35%)	全面性(25%)
荷　兰	80.3	75.9	79.2	88.8
丹　麦	80.2	77.5	81.8	82.2

续 表

国家/地区	总得分	分项得分		
		充足性(40%)	可持续性(35%)	全面性(25%)
芬　兰	74.5	75.3	61	92.1
澳大利亚	72.6	63.4	73.8	85.7
瑞　典	72.5	67.6	72.6	80.2
挪　威	71.5	71.5	58.1	90.2
新加坡	70.4	64.4	69.5	81.2
智　利	69.3	59.2	73.3	79.7
新西兰	68.5	65.4	63.4	80.6
加拿大	68	72.1	56	78.2
瑞　士	67.6	58	67.5	83.2
德　国	66.8	79.9	44.9	76.6
爱尔兰	66.8	79	45.9	76.6
哥伦比亚	62.6	68.4	50.1	70.9
英　国	62.5	57.8	53.4	82.9
秘　鲁	62.4	68	54.2	65.1
法　国	60.7	79.5	42.2	56.5
沙特阿拉伯	58.9	61.6	53.3	62.6
美　国	58.8	59.1	57.4	60.2
马来西亚	58.5	45.2	60.5	77.1
巴　西	56.5	72.5	28.5	70.1
中国香港	56	39.4	54.9	84.2
西班牙	54.4	68.7	27.8	68.6
波　兰	54.3	53.8	46.2	66.4
奥地利	54	68.1	21.5	76.7
印度尼西亚	53.1	47.3	49.5	67.4
意大利	52.8	67.7	20.1	74.5
南　非	52.7	41.9	46.8	78.2

续 表

国家/地区	总得分	分项得分		
		充足性(40%)	可持续性(35%)	全面性(25%)
日　本	48.2	54.1	32.4	60.7
韩　国	47.3	45.4	48.1	49.3
中　国	46.2	53.4	38	46
墨西哥	45.3	37.3	57.1	41.6
印　度	44.6	38.7	43.8	55.2
阿根廷	39.2	40.8	33.8	44.1
平　均	60.5	61.1	52.0	71.6

资料来源:Mercer(2018),*Melbourne Mercer Global Pension Index*,Australian Centre for Financial Studies,Melbourne.

(一) 荷兰的养老金制度体系简况

在过去几十年中,荷兰一直是西欧国家高福利社会制度的典型。荷兰的养老保障体系由三个部分组成:政府基本养老金、职业年金、私人养老金。

1. 政府基本养老金(Algemene Ouderdoms Wet,AOW)

这一养老金是由政府提供的、与最低工资水平挂钩的定额养老金。在荷兰生活或工作过的65岁及以上老人均有权领取基本养老金。对15岁以后来到荷兰的移民,养老金待遇与个人以往工资收入无关,是按照在荷兰的居住时间长短累计,时间越短,养老金越少。每一个荷兰人,如果他在15岁至65岁之间的50年一直住在荷兰,那他就有权享受全额政府基本养老金。而每离开荷兰生活一年,养老金的数额就会降低2%。也就是说,假如一位养老金领取者在15岁到65岁之间在国外生活了三年,那他65岁后得到的基本养老金就会低于没有离开过荷兰的同龄人的6%。

养老金给付额根据家庭结构的不同情况而定,2019年度的给付待遇如下:(1)单身者。单身者的养老金额度大约是国家规定的最低工资限度的70%,每月为1 144.72欧元(税前)。(2)已婚人士。已婚人士(夫妻双方均已领取养老金)的养老金额度大约是国家规定的最低工资的50%,每人每月788.81欧元(税前),合计1 577.62欧元。

此外，对于居住年限较短，且没有其他收入来源的家庭，荷兰政府通过经济状况调查型的社会救助计划来实施保障。

基本养老金的给付额与国家规定的最低工资进行捆绑，最低工资每两年定期上调一次。基本养老金计划采用现收现付制，资金主要来自在职劳动者缴纳的工薪税。2010 年公共养老金的缴费率相当于个人收入（2019 财年以 6 084.93 欧元的年收入为上限）的 17.9%。从 1957 年荷兰设立公共养老金计划起，缴费率就是自动调节的，需要每年确定缴费水平以保证公共养老金计划能够收支相抵。

20 世纪 90 年代末期，荷兰改革了公共养老金缴费的规则，规定了年缴费率的上限为个人收入的 18.25%，养老基金收支缺口由财政预算来弥补①。

为了防止社会老龄化造成财政压力，1998 年荷兰设立了基本养老金储蓄基金（AOW Spaarfonds，又称为 AOW Savings Fund），由政府每年以财政拨款方式向基金注入资金。基金为名义账户制，只能投资国库账户，并由财政预算支付利息。荷兰政府根据对未来人口老龄化和财政收支情况的预测，为该基金设置了封闭期。自 2020 年起，社会事务和劳动部部长可与财政部长协商决定提取 AOW 储蓄基金用于支付基本养老金。预计 2020 年基金储备将达到 1 150 亿欧元，并将开始支付公共养老金计划的收支缺口。

2. 职业年金

职业年金计划具有半强制性，参保人员约占全部雇员总数的 91%。职业年金既有待遇确定型的，也有缴费确定型的。

3. 私人养老金

私人养老金是对前两个计划的补充，个人可独立购买和管理养老金产品或投资。

（二）荷兰政府关于延迟退休年龄改革

荷兰的基本养老金制度始建于 1957 年。在制度建立之初，基本养老金领取者平均领取年限为 14.7 年，而目前养老金领取平均年限已接近 20 年，对养老基金的

① Anderson K.M.(2012) The Netherlands: Reconciling Labor Market Flexicurity with Security in Old Age. In: Hinrichs K., Jessoula M.(eds) *Labor Market Flexibility and Pension Reforms*. Work and Welfare in Europe. Palgrave Macmillan, London.

收支平衡产生了一定压力。

2008 年国际金融危机之后，尤其是 2010 年的欧洲主权债务危机之后，为了减轻财政危机，欧洲国家普遍推出了财政紧缩政策。在此过程中，福利国家制度的改革再次被推向风口浪尖。荷兰是欧元区的第五大经济体，国际金融危机和欧元区债务危机对荷兰的冲击很大。荷兰是出口型经济体，经济严重依赖外部环境，经济复苏乏力。2013 年夏季，荷兰新登基的国王威廉-亚历山大在议会演讲时称，20 世纪的福利国已一去不回头，取代福利国的将是一个“参与社会”，即所有国民必须积极储蓄与投资，为自己打造社会安全网，减少依赖政府援助。这预示着，为缩小财政赤字，荷兰将大刀阔斧地改革福利制度。

过去，荷兰的法定退休年龄是 65 岁。从 2013 年起，荷兰将退休年龄从 65 岁逐步提高，预计到 2023 年将达到 67 岁。然而，在 2016 年，荷兰政府再次改革，加快了退休年龄提高的进程，预计到 2020 年 1 月 1 日提高至 66 岁零 7 个月，2021 年将上升到 67 岁，2022 年将达到 67 岁 3 个月（见表 2.2 中第二行“改革前的法定退休年龄”）。

表 2.2　2019 年改革前后的法定退休年龄

年　份	改革前的法定退休年龄	改革后的法定退休年龄
2019	66 岁 4 个月	66 岁 4 个月
2020	66 岁 8 个月	66 岁 4 个月
2021	67 岁	66 岁 4 个月
2022	67 岁 3 个月	66 岁 7 个月
2023	67 岁 3 个月	66 岁 10 个月
2024	67 岁 3 个月	67 岁
2025	…	…

荷兰工会希望，未来几年内将员工退休年龄冻结在 66 岁。同时希望废除提早退休会被罚的制度，并让个体户能够更容易地建立退休金制度。为此，阿姆斯特丹、鹿特丹和海牙三大城市的公共交通雇员在 2019 年 3 月 18 日早上 6:00—7:06 举行了 66 分钟的罢工。2019 年 5 月 28—29 日，荷兰阿姆斯特丹、鹿特丹、海牙三城公交司机以及部分行业的雇员连续罢工两天抗议养老金改革。最终，工人们取得了胜利。经过谈判，2019 年 6 月 4 日晚，荷兰政府、雇主和工会组织三方最终达成

初步协议。新协议指出，减缓提升领取国家养老金的年龄。在未来 2 年，领取国家养老金年龄将不再增长，重体力劳动者也有可能选择提早退休。到 2024 年，领取国家养老金年龄将逐步提高到 67 岁。三方还将会调查，未来领取国家养老金的年龄是否可以与 45 年工龄挂钩。荷兰内阁表示，作出最后让步，为减缓领取国家养老金年龄做好准备，未来几年会准备 40 亿欧元。

2019 年 7 月 2 日，荷兰议会通过了一项法律，该法律减缓了公共养老金退休年龄的预定增长率。根据新法律，退休年龄将保持到 2019 年（66 岁 4 个月）到 2021 年，并将从 2022 年到 2024 年逐渐上升到 67 岁。从 2025 年开始，退休年龄将自动根据 65 岁时预期寿命的增加而增加（见表 2.2 中第三列“改革后的法定退休年龄”）。

二、美国有望出台父母的带薪产假政策

斯坦福儿童健康中心（Stanford Children's Health）的数据显示，母亲在生完孩子后，通常需要 6 到 8 周的时间才能恢复到怀孕前的状态。无论是生孩子、代孕还是领养，婴儿的大脑在出生后的第一年都会快速发育，在这段时间里，与看护者建立亲密的关系，对孩子日后的成长都将有着持久和积极的影响。因此，产假对于母亲和婴儿都非常重要。经济合作与发展组织（OECD）国家平均为新妈妈提供 18 周带薪休假。

2017 年 5 月，脸书（Facebook）创始人兼 CEO 马克·扎克伯格宣布，他将休整整两个月的陪产假，来陪伴妻子和即将到来的二女儿。他们的长女麦克斯出生于 2015 年，那时候扎克伯格也休了两个月左右的陪产假。这一消息一经公布，让许多人羡慕不已。其实这一产假制度只是 Facebook 公司内部的制度，并非美国的法定产假制度。

2014 年 5 月 13 日，国际劳工组织（ILO）发布“双亲就业状态”（The State of Maternity and Paternity at Work）报告，只有美国、巴布亚新几内亚和阿曼 3 个国家不保证妇女享有带薪产假。相比之下，欧洲各国在过去的 20 年间一直不断有更长的带薪产假、哺乳假、儿童保育补贴政策新举措出台，鼓励重视家庭的价值观，对维系家庭、促进新妈妈重返职场都起到了重要作用。1990 年美国曾有全世界最高的女性就业率，而在 2010 年已经掉到第十七位，僵化而落后的产假制度被认为是主要原

因之一。

(一) 美国现行产假政策

美国联邦政府 1993 年通过的《家庭与医疗休假法》(Family & Medical Leave Act, FMLA)规定,对于雇佣人数超过 50 人的单位,雇主在雇员怀孕时要提供最多 12 星期的无薪产假,以便照顾新生儿、新收养儿童或是患病子女。该法案虽然没有保障女性职员的带薪产假,但保障了雇员不至于因怀孕失去"饭碗"。

但是美国该法案不适用于雇佣人数少于 50 人的公司。据统计只有不到 20%的人能享受到。一般而言,美国公共教育不提供给未满 5 岁的学龄前儿童,私立的学龄前教育或托儿所收费昂贵,一年的学费有时甚至超过 3 万美元,无法负担这笔高额费用的妈妈只好选择在家育儿。

要享受上述无薪产假待遇,还需要符合一定的条件。《家庭与医疗休假法》规定,雇员须受雇于员工 50 人以上的企业、至少为雇主工作 12 个月,且累计工作时间达 1 250 个小时才能申请休产假。《家庭与医疗休假法》只涵盖美国近一半的劳动人口,并不包括非全日制工作、临时工作、季节性劳工以及小企业员工等。

产假制度在具体实施中,由美国各州政府以及各用人单位规定而不同。目前,美国只有 6 个州,已经实施了照顾新生儿或者患病的家庭成员的带薪产假和家庭事假。这 6 个州是:加州(6 周)、华盛顿特区(2021 年 12 周)、纽约州(10 周,2021 年增长到 12 周)、马萨诸塞州(2020 年 12 周)、罗得岛州(3 周)、新泽西州(6 周)。美国绝大多数州依然没有从法律层面上支持带薪产假。

2002 年,加州首先将《家庭与医疗休假法》中的 12 周不带薪产假修改为包含 6 周的带薪产假,此后,罗得岛州和新泽西州效仿加州,分别给予父母 4 周和 6 周带薪产假。按照加州制定的法律,雇员只要每月缴纳年收入 0.8%的保费购买州伤残保险基金,每年就可以享受 6 周的有薪家庭事务假,用于照料新生儿以及患有重病的父母、儿女或是配偶。按照规定,雇员 6 周有薪家庭事务假并不是领取全额薪水,而是薪水的 55%。

此外,如果公司本身有支持产假制度的话,前后加起来通常能休到 16 周,任职公司、保险项目和州政府各自承担一部分休假期间工资。例如,2013 年 5 月,雅虎宣布新的产假福利政策,雅虎员工无论男女都可享受 8 周的带薪产假,女性员工生产后可额外多休 8 周,总共享受 16 周带薪产假。此外,产假福利还包括 500 美元的婴儿护理及洗衣费用。

(二) 美国政府的产假改革设想

民主党人曾在过去10余年中，寻求在国会通过给予产妇与患者更多休假权利的法案，均没有取得成功。2014年6月25日，奥巴马在白宫出席“在职家庭峰会”时表示，美国应该及早实施带薪产假，并敦促国会立法要求雇主给孕妇提供适当配套措施，采用弹性上班时间，让在职家长有更多时间陪伴孩子。希拉里曾在2016年竞选总统时主张强制执行带薪产假政策，好莱坞明星安妮·海瑟薇也曾在联合国总部举行的纪念国际妇女节的活动上呼吁提供更多带薪产假。

不过，虽然带薪产假是许多美国妈妈的期待，但也有不少美国人认为带薪产假并不是最好的选择。一些意见认为，让女性长时间休带薪产假，可能加剧男女不平等，一些企业可能因担心女性生孩子长期不能工作，而不让女性担任高层管理职务。美国皮尤研究中心的研究发现，产后休假4至12个月的女性，在工作中获得晋升的几率将减少15%。一些民众担心，如果联邦政府从法律层面上强制实行带薪产假政策，会导致加税或者医疗保险价格提高等一系列问题。他们认为，无薪产假是一种市场调节，经济状况好的家庭可以想办法多休或者辞职，经济状况不好的家庭可以早点回去上班。

美国总统特朗普在其2018年预算中提出了6周带薪产假的建议。2019年2月5日，特朗普在向国会参众两院联席会议发表的年度国情咨文中再次提出要致力推动全国带薪产假。与此同时，各州正在采取行动。康涅狄格州和俄勒冈州最近成为保证带薪家庭假的第七和第八州，其他少数人，包括科罗拉多州、明尼苏达州和佛蒙特州，预计将在2020年解决这一问题。加利福尼亚州最近将其最高带薪家庭假福利金延长了6到8周，其州长加文·纽瑟姆(Gavin Newsom)提出将育儿假延长至6个月的想法，以促进与新生儿的父母关系，并帮助家庭节省儿童保育费用。

近年来，美国各界推动有薪休假改革的原因主要有：

首先，对于所有政治派别的人来说，这是一个受欢迎的问题，特别是年轻的选民和女性，他们认为新父母应该有时间与孩子保持联系。关注家庭健康的保守派已经紧紧抓住它。希望更多地参与孩子生活的男性已经迫使雇主提供陪产假。

其次，现行法律已不适应企业用工现状，可能产生不公平现象。1993年由克林顿总统签署成为法律的“家庭医疗休假法”，由于对公司用工规模和以前工作时间的严格要求，只有60%的私营部门员工有资格享受这一待遇。目前，随着互联网的普及与广泛应用，中小企业的数量越来越多，但由于用工人数低于50人，无法适用该项法律。

第三，越来越多的证据表明，各州已经延长了自己的带薪休假政策，即政策不会给公司和政府带来相对于其利益的巨大负担。加利福尼亚州的研究表明，大多数公司发现其影响要么是中性的，要么是积极的，因此加利福尼亚州是第一个通过带薪家庭休假政策的州。允许员工享受带薪休假会增加他们留下的机会，这在竞争激烈的就业市场中尤为重要。提供带薪休假还可以减少工人陷入债务和利用公共援助的可能性。此外，带薪休假对婴儿和父母也有健康益处。更少的婴儿入院，母乳喂养和接种率都有所增加。休息一段时间的母亲也不太可能患抑郁症。

三、英国提高养老保险个人账户缴费率

为了刺激长期退休储蓄，减轻人口老化对公共养老金体系的财政负担压力，英国在2012年进行了第二支柱的养老保险制度改革——英国自动加入计划（Auto-Enrollment program，AE计划）。自2012年10月份起，所有年收入7 475英镑以上、年龄在22岁到法定退休年龄之间、没有参加任何职业养老计划的雇员都将“自动加入”职业养老金计划。雇员在加入一家公司时，即默认自动加入雇主提供的这项职业养老金计划，除非个人主动明确提出不想加入雇主养老金计划。

从2012年开始，AE计划的雇主和雇员缴费率逐步提高（见表2.3）。2019年4月6日开始，AE计划的总缴费率从5%（雇主和雇员的缴费率分别是2%和3%）增加到8%（雇主和雇员的缴费率分别是3%和5%）。这一增长是自2012年AE计划启动以来实施的一系列提高缴费率的最后一步。

表2.3　英国AE计划的缴费率调整情况　　（单位：%）

起止日期	雇主（最低）缴费率	雇员缴费率	总缴费率
2012/10/1—2018/4/5	1	1	2
2018/4/6—2019/4/5	2	3	5
2019/4/6以后	3	5	8

注：按照目前的规定，雇员的缴费率为5%，雇员实际缴费率为4%，政府以税收减免的方式缴纳1%。

AE 计划设有缴费门槛、减免额和缴费上限。2019/2020 财年的缴费门槛为年薪 10 000 英镑,减免额为 6 136 英镑,缴费上限为 50 000 英镑(见表 2.4)。

表 2.4　英国 AE 计划的减免额、缴费门槛与缴费上限（单位:英镑）

年　　份	减免额	缴费门槛	缴费上限
2012/2013 财年	5 564	8 105	42 475
2013/2014 财年	5 668	9 440	41 450
2014/2015 财年	5 772	10 000	41 865
2015/2016 财年	5 824	10 000	42 385
2017/2018 财年	5 876	10 000	43 000
2018/2019 财年	6 032	10 000	46 350
2019/2020 财年	6 136	10 000	50 000

(1) 雇员的年薪低于缴费门槛但高于减免额时,雇主可以不为雇员开 AE 计划。若雇员要求参加该计划,则雇主不得拒绝并需要履行配套缴费义务。雇员的年薪低于减免额时,雇主没有配套缴费义务。

(2) 雇员的年薪超过减免额且低于缴费上限的部分才作为缴费基数。

举个例子,一位员工的年薪为 22 000 英镑,扣除 2019/2020 财年的缴费减免额 6 136 英镑,其应缴纳的收入额为 15 864 英镑,雇主、雇员、政府的缴费率分别为 3%、4%和 1%,缴费额分别是 476 英镑、635 英镑和 159 英镑,进入该雇员个人账户的缴费额合计为 1 269 英镑。

2012 年,与 AE 计划相配套,英国政府基于照顾中小型企业广大雇员,设立了由政府资助的低成本的养老基金投资自选平台(National Employment Savings Trust, NEST)。NEST 为一非营利机构,目标是为雇员及雇主提供行政管理费低、透明度高及简单的退休保障计划。NEST 每年收取的行政管理费为参保人总累计投资额的 0.3%。NEST 初期成立的开支由政府的贷款支持,其后营运则通过行政管理费维持。NEST 为非营利性及独立于政府的公共组织(Non-Departmental Public Body),日常营运基本独立,但政府有责任确保 NEST 的运作成效。目前 NEST 平台上有 6 款基金选项:保守型(Pre-retirement Fund)、稳健型(Lower Growth Fund)、积极型(Higher Risk Fund)、道德型(Ethical Fund)、伊斯兰律法型(Sharia Fund)、目标到期型(Retirement Date Fund)。

总体上看，英国的 AE 计划对雇员产生了缴费激励，扩大了第二支柱养老金。根据 2018 年 12 月发布的《2018 年 AE 计划评估报告》(Automatic Enrolment Evaluation Report 2018)，自从 AE 计划于 2012 年开始运作，已有超过 990 万名雇员加入该计划，超过 140 个雇主履行配套缴费的义务。英国的第二支柱养老金覆盖率由 2012 年的 55%提升至 2017 年的 84%。

但批评者认为，这项计划设置了缴费门槛，实际上低收入者仍然无法参保，也没有机会享受政府的税收优惠。此外，一些收入偏低的雇员虽然参保了，但因为存在缴费减免额，因此雇主和政府的配套缴费金额并不高，这些收入偏低的雇员将来仍然存在老年贫困风险。

四、法国医疗系统将实施全面改革

近年来，法国医院人满为患，且医护人员短缺的现象引发各界担忧。

(一) 法国公立医院的服务能力有限，医患矛盾持续不断

虽然法国的医疗服务在世界范围内享有较高声誉，但事实上近年来公立医院系统面临预算缩减、人手不足、设备老化等种种问题，已经不堪重负。在这种背景下，医患矛盾愈发凸显，2017 年针对医生的暴力事件再创新高。

根据全法医生行业协会(Cnom)的一份研究报告，2017 年法国医生遭受暴力事件首次突破 1 000 起大关。在 2003 年到 2009 年之间，每年针对医生的暴力事件在五六百起，但此后呈急剧上升势头，2010 年达到 920 起，到 2017 年终于突破 1 000 起。在 2017 年的"医闹"事件中，最明显的一点是女性医生遭受侵害的比例有明显上升，51%的受害者为女性，比 2016 年上升了 5 个百分点，同时也首次超过男性。在半数暴力事件中，攻击者为患者本人，理由各不相同，或是抱怨等候时间过久，或是因为没有得到某种药方等等，另有 15%的情况，攻击者是陪同患者就诊的家属。

"法国医疗协会联盟"(France Assos Santé)警告称，如果这种趋势蔓延下去而不采取对策的话，那么就会有医生会停止在某些区域执业，减少晚间工作、取消上门诊治等，最终受害的还是广大患者。

2018 年 4 月，1 000 多名医生和医院管理人员联名在《解放报》上发表文章，警告公立医院领域压缩开支可能造成医疗服务质量下降。2018 年，法国公立医院的

预算增幅仅有2%，远低于实际开支水平。医院一方面需要无休止地扩大医疗服务，另一方面却又不得不削减人手，"用更少的人干更多的活"这会导致医护人员士气低落，并导致医疗服务水准下降。公开信呼吁，改变目前医院过度依赖"业务定价"(T2A)的营收模式，前任总统奥朗德和现任总统马克龙都曾经作出类似承诺，但现在需要加快改革动作。

(二) 法国政府的医疗改革法案

2019年2月，法国卫生部长正式推出医疗改革法案，希望聚焦医学教学和医院分布，应对当前的"医荒"难题。2018年9月，法国总统马克龙提出"我的健康2022"计划，希望应对当前人口老龄化、慢性疾病增加等议题。该法案包括马克龙当时提出的诸多条款，聚焦医学教学和医院分布，以应对当前的"医荒"难题。

2019年7月16日，法国国民议会正式通过医改法案。法国卫生部长布赞认为，该法案可应对当前社会面临的各种医疗挑战，并保证法国各地人员可以更好地享有医疗服务。

此次医改法案的标志性措施是取消"入学人数限制"(numerus clausus)和现行医学院一年级年末选拔考试。2020年新学年将取消这些限定措施，或将促使医学院学生人数增长20%。培养一名医生要花费9—12年的时间，因此取消"入学人数限制"的改革需等待一定的年数才可能初见成效。在此期间，为应对法国"医荒"的"燃眉之急"，政府还推出一系列相应改革措施。

此外，这一法案要求医学院学生最后一年必须进行长达至少6个月的实习。实习范围目前限于普通医生领域，随后将会扩展到专业医学领域。该法案还要求地方学院和机构在人手紧张地区为学生寻找实习岗位。

医院体系改革也是该法案的重点内容。此次改革，马克龙总统计划将法国医院划分为三个级别：就近治疗医院(hôpitaux chargés du soin de proximité)、专业治疗医院(soins spécialisés，包括外科或妇产科)和极专业治疗医院(soins ultra-spécialisés)。在目前3 000家现有医院和诊室中，政府的目标是到2022年将500—600家医院转型为就近治疗医院。就近治疗医院主要从事多功能医疗活动、普通科(内科)问诊、老年人护理、康复护理，常见慢性病跟踪观察，在临近医疗机构的支持下进行医学和外科专业的问诊。转型的目的是解决医疗资源不足地区的医荒问题，以及按层级管理医院。与此同时，政府计划修改手术、生产、急诊以及相关设备的认证规则。

改善自由职业医生从业。法国拥有自由职业医生和领薪医生两种医生身份，自由职业医生的收入取决于每次医疗活动患者支付的费用，领薪医生通常都在医院工作，收入为每月固定的薪水，与从事多少医疗活动没有直接关系。政府承诺2022年之前设立并资助1 000个地方医疗团体，促进自由职业医生团队的工作，并承担一部分无预约就诊，解决公共医院人满为患的现状。目前疾病保险同自由职业医生正在进行谈判，但卫生部长不排除谈判失败通过政令通过这一选项。

此外，政府希望采取一系列措施，帮助新手医生顺利开启自己的事业。目前在公共医院设立医生助理职位，可帮助实习医生在旅游季节帮助医生就诊。政府希望将该措施扩展到医生缺乏的地区。

法案同样提及调整欧盟之外毕业医生的从业情况，原则上他们被禁止在法国行医，但因法国医疗人手紧缺的现状，他们又是团队中不可缺少的部分。政府希望从法律上放松管制，根据个案，使这些人的从业情况合法化。

此外，政府在设立医疗数字平台、发展远程治疗方面，也提出相应的条款。

(三) 法国下一步医疗改革设想

如何对目前实行的“行医业务定价”(T2A)进行改革，无论是政府还是工会，都对目前的实施状况不满意。但要改变定价模式需要不少时间，已经有一个专家小组开始进行研究新的财政模式，但预计要到2019年末才能提交报告。法国政府希望将“业务定价”在医院收入所占比重至少下降到50%，这也是当初马克龙的竞选承诺之一。

医院“行医业务定价”是法国政府于2004年推出的一项新的医疗营收模式。据法国《世界报》报道，目前“行医业务定价”占到公立医院收入的63%，这也是私立医疗机构的筹资方式。“行医业务定价”指的是机构根据实施的医疗业务获得报酬，适用于医疗、外科、产科和牙科。具体来说，政府将这种医疗业务进行分门别类(目前大约拥有近2 300类)，法国卫生部每年会对每一类别制定一个价目表，根据这一价目表，法国医疗保险对医疗机构进行报销。

“行医业务定价”出现之前，1984年至2004年，法国医院每年都会获得一定数额的资助，但数额与医院进行了多少业务以及哪些业务并不挂钩。这一方式带来的困境是，如果医疗机构业务增加，其获得的资金却并不会随之增长。这导致一些医疗机构为了盈利故意减少业务活动。于是“行医业务定价”模式于2004年应运而生,以改善医院支出和运作方式。但这一模式被认为不一定是必须的,尤其是它间接促使医院为追求盈利尽可能完成更多业务。

法国卫生部数据显示,2014年,法国公立医院外科住院总天数显著提升。与为使医院合理支出的政策设立初衷背道而驰的是,医院在支出方面过于膨胀。事实上,自新政实施以来,许多医院长期面临预算困难。

2017年,法国医院赤字在12亿—15亿欧元之间,是10年前的两倍。此外,不同的“医疗业务定价”标准不同。如果说技术性业务,如外科手术可报销费用很高,但预防类以及需要长期治疗的慢性病如精神病科、慢性病治疗、老年人陪护等的报销额度就非常低,有些甚至没有。然而作为公共服务部门,医院没法仅从事高收益业务,“行医业务定价”不可避免地使医院陷入财务困境。这也是为何以打包方式(forfaits)给医院资助的做法仍被政府保留,而且还有专门为“涉及普遍利益的任务”(missions d'intérêt général)设置的专项财政捐助。但这一捐助在医院预算中所占比例在不断下降,为了减少支出,政府多年来持续在降低这一资助数额。

五、智利确定养老保险新参保人的资产管理方

智利是世界上最有名的实施私有化的强制型养老保险个人账户制度的国家。智利养老金制度采用监管与运作相分离的原则,基金的监督权由隶属于劳工及社会安全部的智利养老金监管局(Superintendencia de Pensiones, SP)负责,个人账户基金的投资管理则悉数委托私营机构操作,各家私营机构通过竞争获得管理权。

(一) 智库养老保险个人账户的管理模式

按照智利《养老保险法》,养老保险个人账户的投资运营由养老金管理公司(Administradoras de Fondos de Pensiones, AFP)负责,它是民营性质的股份制公司,只能从事与养老基金有关的业务,而且除了养老金管理公司以外的任何公司均不得从事养老金业务。养老金管理公司负责养老金缴费的收缴、账户的管理、基金的投资运作以及养老金的发放。养老金管理公司在注册资本金、经营活动范围、投资政策、信息披露等方面都要符合政府的监管要求。

养老金管理公司在优胜劣汰的市场竞争中生存发展。最多的时候,智利全国

有24家养老金管理公司。在竞争中一些公司被兼并,有的甚至破产。近年来在智利运营的养老金管理公司共有6家,其中,前3家所管理的资产占养老金总资产的80%以上。6家中每家均有外国金融机构股份,最大的几家由外国资本控股。

2008年,智利政府为降低养老保险基金管理费用推行改革,其中最重要的改革是由政府通过投标制度选出管理费最低的养老基金管理公司,所有新开始缴费供款的参保人,在首24个月将自动参与该公司的计划,而政府亦规定中标公司须对其他旧有成员,收取同等的基金管理费用。政府推出此项改革的目的,是迫使各养老基金管理公司必须通过降低管理费参与投标,以争取新的客户(有关优惠亦会惠及原有的客户)。

2018年10月,智利新成立的Uno公司得到政府批准,成为智利第7家养老基金管理公司。

(二) 2019年智利政府招标确定养老保险新参保人的资产管理方

2019年4月1日,智利养老金监管局宣布选择Uno公司作为新一轮养老金的投资管理者,从2019年10月1日开始管理新参保人的个人账户。此前,智利养老金监管局面向所有养老金管理公司进行了公开招标。2019年1月11日的招标会上,Uno公司是唯一一个投标的养老金管理公司,其提出的管理费为参保人工资的0.69%。由于是唯一的投标人,Uno公司赢得了从2019年10月至2021年9月管理新参保人个人账户的专有权利。Uno公司的中标将使智利强制性个人账户计划的平均管理费用从占收入的1.26%降至1.17%(见表2.5)。

表2.5 各家养老金管理公司收取的基金管理费 (单位:%)

养老金管理公司	2010年	2012年	2014年	2016年	2018年	2019年
Capital	1.44	1.44	1.44	1.44	1.44	1.44
Cuprum	1.48	1.48	1.48	1.48	1.44	1.44
Habitat	1.36	1.27	1.27	1.27	1.27	1.27
Modelo	1.14	0.77	0.77	0.77	0.77	0.77
Planvital	2.36	2.36	0.47	0.41	1.16	1.16
Provida	1.54	1.54	1.54	1.54	1.45	1.45
Uno	…	…	…	…	…	0.69
平均值	1.55	1.48	1.16	1.16	1.26	1.17

资料来源:"Estructura de Comisiones", *Centro de Estadísticas*, Superintendencia de Pensiones, 2010—2019.

智利的养老金管理权竞标程序是根据2008年养老金改革法建立的，旨在提高智利养老金管理公司之间的竞争。法律要求每24个月举行一次新参保人账户的投资管理权竞争性招贴投标。智利根据法案，2010年举行了第一次招标。但是，养老金管理公司对账户招投标的兴趣不断下降，导致了2018年1月第五场招标活动出现没有投标人而结束的情况。一个月后，Planvital公司（2016年招投标的中标者）也宣布，它将在2018年7月结束其2年任期后，将其管理费从0.41%大幅提高至1.16%（见表2.5）。因此，Modelo公司于2018年8月成为新参保人个人账户的事实上的管理者，因为它当时收取的管理费率是全行业的最低水平（占工资的0.77%）。此后不久，智利养老金监管局又开始组织新的投招标活动，为新参保人账户选择新的管理者。

当某家养老金管理公司被智利政府选择作为唯一一家中标的新参保人账户管理者之后，它必须保持中标的管理费率水平2年不变。在这两年内，所有新的养老保险参保者将自动把个人账户注册为这家中标的养老金管理公司，并且在此期间结束之前不能把账户转移到另一个养老金管理公司，除非：(1)另一个养老金管理公司连续至少两个月提供较低的管理费；(2)另一个养老金管理公司提供更高的回报率，足以弥补更高的管理费；(3)获胜的养老金管理公司无法维持所需的最低回报率，被宣布无力偿债或必须清算其资产。

同时，如果原保人的个人账户是由其他养老金管理公司管理，原参保人可以选择在任何时间将个人账户转移至这家中标的养老金管理公司。

根据智利养老金监管局数据，2019年3月智利退休人员人均领取养老金25.9万比索（约合2 590元人民币），其中每名女性退休人员平均领取19.1万比索，男性平均领取32万比索。男女养老金差异的原因在于女性法定退休年龄为60岁，男性为65岁，女性平均缴费年限为15.7年，男性平均缴费年限为19.7年。

作为世界私有化养老金制度的“样板工程”，目前智利的养老金仍然难令人满意，这在很大程度上是由于智利存在很大社会分配不公造成的，再加上养老保险个人账户制度设计本身存在缺陷。如民众生活条件的改善和寿命延长，当前60岁退休的女性其预期寿命可达到90岁，而按照智利女性缴款平均年限15.7年来计算，15年缴纳的资金却必须资助预期高达30年的养老金支付，养老金待遇水平不高是可以预见的。

由于养老金待遇不高，大多数退休老人因为生活问题需要继续工作，这样就会主动要求延迟退休,加上单位也需要熟手,所以在智利超龄工作是普遍现象。政府会安排一些照顾老年人的就业岗位,比如在出租车行业,经常会看到70岁的司机。

六、芬兰无条件基本收入方案试验效果不佳

“无条件基本收入”(Unconditional Basic Income,或 Universal Basic Income, UBI)是一个兴起于20世纪80年代欧洲的概念,但它的思想源头其实可追溯至更早的中世纪。“无条件基本收入”的想法最早出现于托马斯·摩尔(Thomas More)1516年出版的《乌托邦》一书中,至今已经503年之久。相比于与收入水平挂钩的、“有条件”的社会福利,它提倡国家为公民提供“无条件的”基本收入——不论贫富、年龄、性别、健康与否,全体公民均一致享有同等数额的基本收入。过去,它一直被认为是乌托邦式的构想;随着发达国家纷纷面临后工业转型,劳动者的工作形态也将发生巨大改变,“无条件基本收入”作为在社会保障层面应对自动化时代的方案被再度提及。

从20世纪80年代兴起的UBI讨论虽然近年热火朝天,但始终只停留在哲学争辩和数理计算的层面,一直缺乏实证的数据。虽然在法国、荷兰等地也有政客提出过要通过实验来试水UBI,但却是在芬兰实现了首次真正落地。

2016年,瑞士曾提出类似方案,成年人不工作每月也可获得2 500法郎(1瑞士法郎约合0.9欧元)的基本收入,未成年人每月可获得625法郎。但该提议被瑞士人公投拒绝,原因是“怕时间长了,让人变懒,让国家变穷”。

(一) 芬兰政府开展UBI政策实验的原因

1.“大而全”的福利体系背着沉重债务

芬兰是二战后发展起来的高福利国家,面积33.8万平方公里,人口仅为550万人左右。按照芬兰宪法,总统在就职宣誓时要说:“尽心竭力增进芬兰人民的福利。”在联合国发布的《2018年世界幸福报告》中,芬兰排在榜首。芬兰人的高幸福感,离不开几乎覆盖了公民“从摇篮到坟墓”的社会保障体系。成立于1937年年底的芬兰国民社保局(Kela)逐渐从一家最初只发放养老金的机构,发展到今天发放养老金、失业金、医疗保险补贴、妇幼补贴、残疾人补贴、住房补贴、学生补贴、外来移民融合补贴等社会福利的全能部门。在芬兰,待产母亲可以免费获得定期产前检

查服务，孩子出生前还可以获得由政府提供的“新生儿大礼盒”，包括衣物和相关日用品。中小学学生不但免学费，每天中午还可以在学校享受由学校提供的免费热餐。失业者有失业金和住房补贴，患病者只需自己承担一部分医疗费用。

高福利的基础是高税收。芬兰当下面临着经济增长乏力、人口老龄化严重、外来人口增加等诸多挑战，“大而全”的社会福利保障体系已成为沉重的政府财政负担。芬兰统计局发布的数据显示：2000 年年底，芬兰 15 岁至 64 岁的人群占人口总数的 66.9％，到 2017 年年底，这一比例下降到 62.5％；65 至 84 岁的人群，2000 年年底占人口总数的 13.5％，2017 年年底则上升到 18.7％。

近年来，诺基亚的衰落和造纸业出口下降等主导产业的不景气对芬兰经济造成打击。虽然芬兰致力于发展高科技产业，鼓励创业，但短期内难以形成新的支柱产业，经济效益也比较小。在这种情况下，高福利制度也成为了沉重的财政负担。目前，芬兰政府债务总额超过 GDP 的 60％，同时国家主权债务正在以前所未有的速度增加。芬兰资深媒体人米卡·麦基拉创办了一个名为“债务之钟”的网站，该网站发布的数据显示，到 2019 年 3 月 13 日，芬兰主权债务已高达 1 053 亿欧元。如果分摊到个人，那么每个芬兰人需要承担 19 067 欧元政府债务。一旦需要领取补贴的人数增加，以税收维系的福利体系就将面临危机。于是在 2015 年，中间党党魁西皮莱便以促进经济发展，缩减公共支出的纲领成功当选为总理。

2. 简化社会保障制度，强化公民社会福利权利

芬兰现有社会保障体系背后的指导思想是“以理由为基础的社保体系”。换言之，国民需要具备某种“理由”，如失业、患病、残疾、育儿等，才能获得社会保障。现有社会保障体系是战后几十年来不断在原有基础上添砖加瓦形成的产物，由多个模块构成，已变得过于庞大、复杂，且难以管理，而“基本收入”一类的福利制度则提供了一种截然相反的思路。

基本收入的获得者不需要任何理由，也不需要为了获得这份福利而作出任何“等价行为”，比如积极寻找工作。在现行制度下，普通失业者领取失业金的流程很繁琐，失业者哪怕一个月就打了一两天的临时工，拿到 100 多欧元的报酬，也需要向劳动局汇报。劳动局把情况反馈给国民社保局后，后者会重新计算该失业人员还能领取多少失业金。所以，在失业期间去打几天临时工根本不值得，实际拿到手的收入不会有变化，但相关部门走完这个核算过程经常需要一个多月的时间。

失业者因为担心会失去社会福利而不去积极寻找工作的现象被称为“激励陷

阱”。基本收入试验的支持者们认为“基本收入”能有效消除“激励陷阱”，同时也保证正处在生活转折期中的人们不至于露宿街头。UBI 制度完全以公民身份作为获取福利的依据。个人一旦被纳入社保体系内，就能获得基本收入。这种制度被称为“无等价行为社保体系”，其优点在于化繁为简，易于操作，能有效地帮助政府部门精兵简政。这项政策的支持者认为，当前需要鼓励人们工作，尤其当今社会劳动关系灵活多样，临时工和兼职工作所占的比例越来越大。对于这些人而言，他们不需要因为害怕失去失业金而拒绝接受短期工作。此外，不应该忘记那些想要回到学校学习或者需要留在家里照顾孩子的人。基本收入能给他们增加一份对未来的安全感。

基本收入制度在简化社会保障制度的同时，能防止失业者因害怕失去失业补助而不愿求职，可鼓励和刺激失业者从事更多收入较低的工作或临时性工作，不用担心丧失社会福利金。

(二) 芬兰政府 UBI 实验的主要内容

现有社会福利保障体系的弊端已成为社会共识，在赫尔辛基大学、坦佩雷大学、东芬兰大学等机构组成的研究联合体建议下，芬兰政府决定于 2017 年 1 月 1 日至 2018 年 12 月 31 日开展一项为期两年的“无条件基本收入试验”。由国民社保局作为执行机构，从年龄在 25 岁至 58 岁之间的 175 万失业者中随机抽取 2 000 位试验者。从 2017 年 1 月 1 日开始，这 2 000 名试验者每月领取 560 欧元(约合 4 400 元人民币)的“基本收入”，不用交税，同时取消其所享受的各类失业补助。与此同时，他们仍可继续领取最低保障、住房保障，享受医疗、教育等社会福利。基本收入与现行的失业补贴制度最大的不同，在于基本收入不附带求职或工作的要求，即使失业者有了工资收入，基本收入也照样足额发放。试验为期两年，到 2018 年底结束。

560 欧元的基本收入保障水平并不高。基本收入待遇水平低于失业救济金，后者为 32.4 欧元/天，或近 1 000 欧元/月，不过要缴纳约 30%的所得税。芬兰统计局提供的数据显示，2018 年芬兰一套两室一厅的公寓平均房租为每平方米 11.4 欧元。如按每套公寓 70 平方米计算，560 欧元还不够用来支付房租，是名副其实的“基本收入”。

这项试点，最初得到 69%的受访者支持。研究团队通过小范围试点，一是想了解提供基本收入是否可以促进就业，二是有基本收入后是否可以提升人们的幸福感，三是为政府提供理性改革的决策依据。芬兰广播公司对参与试验者进行跟踪调查发现，多数人认为无条件的“基本收入”能更好地激励失业者去做一些兼职工作。一名叫玛琳的参与试验者说，她现在感觉非常好，可以做所有想做的兼职工作，而不必担心会失去“基本收入”。

严格地讲，芬兰的这项试验只是对失业者发放，并非真正意义上的无条件基本收入。无条件基本收入有五项特色，分别是基本、定期、全民、无条件和个人。基本代表发放金额足以满足基本需求，定期是固定时间发放，全民意指国民或特定的发放范围，无条件则是没有任何工作和行为条件，个人是指以个人作为发放对象。支持无条件基本收入的人认为这种做法有助于增进社会正义，确保每个人的生存权利。而且当有了基本收入的保障，人才能享有真正的自由，不需要为了填饱肚子而委曲求全。基本收入还能够改善贫穷问题并缩小贫富差距，拥有稳定的经济来源能够帮助穷人理性消费并脱离贫穷陷阱。经济上基本收入能增加整体社会的购买力，并减缓由于自动化和人工智能（AI）带来的失业问题。

（三）芬兰政府 UBI 实验的结果

这项两年的实验花费了政府大约 2 270 万美元。为了避免影响试验结果，负责推动这项计划的芬兰社保局，在 2019 年试验结束前，不会直接联系参与者，而是通过参与者的家庭收入、纳税等政府记录来观察试验结果。

目前芬兰研究团队只分析了试验第一年即 2017 年的数据，且试验者回答调查问卷的参与度只有 23%。试点的结果是：“不劳而获”者拿到这笔钱后会更乐观，但再去找工作的人没有明显增加。研究团队分析完 2018 年的数据后，将发布更新试验结果。

根据公布的第一年的试验数据，这项实验也并没有有效地提振就业。相对于其他接受正常福利的对照组，接受无条件基本收入的实验组年度平均工作时长并没有有效的改善，仅比对照组高 0.39 天。数据显示，2017 年，参与实验者平均工作 49.64 天，而没有接受基本收入的对照组为 49.25 天。不过，接受基本收入的实验对象明显变得更快乐、更健康了。也就是说，他们虽然依然很穷，但比原来幸福了。

自从芬兰开始进行这项实验以来就争议不断，结果也并不尽如人意。在芬兰国内，对这项实验的批评主要来自三个方面，即不够多样化的被试群体、缺乏社群效应以及缺乏与税收相关的调整。因为这项实验包含的群体只有长期失业者，而并没有包含低收入者，因此左翼联盟党对此进行抨击，认为并没有检测出如果低收入者有了无条件基本收入是否会退出劳动市场；而全国范围内随机挑选的被试者也无法形成社群效应，因为他们彼此并没有联系；还有就是没有进行相应的税收调整，因为无条件基本收入的经费来源于全体纳税人的纳税。民调显示，芬兰民众对无条件基本收入的看法左右摇摆，七成民众理论上支持，但如果前提是必须增加税收来保障这一计划，则赞成比例就降到了35%。

一些大型工会，特别是由重工业全职男性劳工组成的工会，长期负责管理失业救济基金，不想丧失基金管理权力，因此不赞成无条件基本收入的计划。相反，在清洁、零售业等服务业工作的大部分兼职女性，支持这项计划。

2019年3月8日，在部分试验结果公布一个月后，芬兰总理尤哈·西比莱因社会与医疗卫生改革失败而向总统递交政府集体辞呈。无论是基本收入试验还是社会医疗卫生改革，背后都折射出一个国家社会福利保障制度改革之难。

七、巴西总统新上任　大举改革养老金制度

2018年9月的一场大火，让巴西国家博物馆逾200年的文明记忆、2 000多万件藏品于烈焰中消逝。这场惨剧把巴西长年来的经济疲软与公共预算吃紧暴露在世人眼前。2019年1月1日新上任的巴西总统博索纳罗打算改变这种局面，而他的"第一把斧"，就砍向了被称为"地球上最慷慨的养老金制度"之称的巴西现行养老金制度。

(一) 巴西养老金制度的弊端

巴西拥有世界上最庞大的社会保障体系之一，全民免费医疗、从小学到大学的免费公立教育以及高额救济金、养老金，可以说，巴西人拿着发展中国家的工资，却享受着发达国家的待遇。从领取养老金所需的缴费年限来说，按照现行制度，巴西人只需缴纳15年社保，男性在达到65岁，女性60岁后，就可以全额领取养老金。如果缴纳达到30年，男性可以在53岁时退休；如果缴费达到25年，女性可以在48岁时退休。比起缴费年限，更令人羡慕的是巴西养老金的金额，与巴西人的平均工资相比，其退休金相当于以往税后收入的97%，远高于经济合作与发展组织69%的平均水平。

(二) 博索纳罗总统的养老金改革方案

养老金改革是巴西总统博索纳罗经济议程的基石，其目标是在未来10年为公共财政节省约1万亿雷亚尔（合2 630亿美元）。巴西前总统特梅尔曾提出削减约6 000亿巴西雷亚尔的方案，但是随后在公众的反对声和贪污丑闻中放弃。而如今，博索纳罗的提案规模更大。

这一养老金改革方案的要点有：

(1) 最低退休年龄。方案统一了最低退休年龄，并将公务员和私营企业员工的退休年龄统一起来，规定了男性65岁和女性62岁的退休年龄，过渡期为12年。除了年龄，他们必须缴纳至少20年的社保金。这个最低退休年龄将从2024年开始重新评估，根据巴西民众的平均预期寿命，每隔4年重新评估一次。

(2) 普通社保金规则。如果劳动者缴纳退休金达40年，可领取全额退休金。如果仅完成最低年限，也就是20年的缴纳的话，退休人员可以获得相当于全额退休金的60%。每多缴纳一年，就可以多领取（相当于全额的）2%。

(3) 抚恤金。根据法案，将会降低抚恤金金额。不论是公务员还是私营部门职员，抚恤金的金额将是平均工资的60%，如果受益人有需要抚养的人，每多1人加10%。如果受益人只有1名受抚养人，那么他将领取60%，如果有2名的话为70%，最多是5名，领取100%。目前，最高限额是5 839.45雷亚尔。对于公务员，受抚养人还将领取到超过上限部分的70%。根据提案，如果由于劳工事故导致死亡福利将是100%。那些已经在领取抚恤金的人将不受新规定的影响。

(4) 持续的福利待遇。持续的福利待遇是指巴西政府向65岁以上的老人与低家庭收入的残疾人支付补助福利。根据法案，只有要求受益人的月收入低于最低工资的1/4，并且资产低于98 000雷亚尔才可领取该福利。

(三) 改革进程

2019年2月20日，巴西总统博索纳罗向国会提交了备受关注的巴西社会保障制度改革方案。由于养老金制度改革涉及宪法修改，需由国会参众两院批准。在该国众议院513个席位中，至少需要五分之三的席位即308票才能获得批准并送交参议院。

2019年6月14日，巴西爆发全国性罢工，抗议总统博索纳罗政府的养老金改革。最大城市圣保罗几乎陷入瘫痪，有示威者呼吁政府首先解决工作稳定性问题再谈改革。此次全国罢工是博索纳罗2019年1月上任以来针对他的最新一次大规模示威活动，罢工由巴西国家石油公司工会发起，持续时长为一天，但由于动用了应急小组，罢工对石油生产的影响有限。当天多地示威者走上街头，手持标语，抗议总统博索纳罗政府的养老金改革。最大城市圣保罗几乎陷入瘫痪，其部分地区的街道和高速公路上出现了路障，有抗议者在机场附近焚烧轮胎，车站关闭，公共交通中断，警方向国家石油公司总部外的示威者发射催泪瓦斯。有示威者表示，这项养老金改革将让工人在一个失业率极高的国家工作40年，做法荒谬，呼吁政府首先解决工作稳定性问题。

2019年7月10日，巴西众议院批准了具有里程碑意义的养老金制度改革，这是该法案在国会获得通过的第一关，也是最重要的一关。据悉，经过9个小时的辩论，巴西众议院以379票赞成、131票反对通过了法案的主要文本，远超过所需的308票（五分之三席位）。

2019年10月1日，巴西参议院批准了第一轮社会保障制度改革议案，其中包括提高最低退休年龄和增加养老金。作为一项宪法修正案提案，该法案在参议院以56票对19票获得通过，高于三分之二的多数票，即49票。到目前为止，参议员批准了该法案的基本案文，并有望继续投票表决，以决定其具体要点。

八、联合国儿童基金会发布各国家庭福利排名榜

在拥有家庭友好型社会福利政策的国家，孩子可以更好地开始生活，父母可以更好地平衡工作和家庭义务。但是，即使是世界上一些最富有的国家也未能为所有家庭提供全面的解决方案。

（一）家庭友好型福利政策的重要性

家庭友好型社会福利政策包括带薪育儿假、支持母乳喂养以及负担得起的高质量儿童保育和学前教育。从孩子出生后到入学前，都应该得到高质量的、可以支付的照料托管。在儿童成长的几个阶段，家庭福利政策都非常重要：

（1）在婴儿刚出生时，联合国儿童基金会认为，至少应该让家长享受6个月育儿假。对于母亲而言，带薪产假一方面使母亲能够从怀孕和分娩中恢复过来，并与子女保持联系，另一方面，产假期间的薪水可以帮助女性雇员维持其收入和对劳动

力市场的依恋。对于父亲而言，产假可以促进家庭中更公平的照料分配，并帮助父亲与子女建立联系。

(2) 当父母的育儿假结束后，一些孩子会进入幼儿教育和照料机构。高质量的学前教育可以促进孩子的社交和技能发展，并帮助父母调节好工作与家庭的角度。

(3) 家庭友好型福利政策可以支持母乳喂养，从而改善母子健康。世界卫生组织和联合国儿童基金会建议母亲在出生后一小时内开始母乳喂养，并建议婴儿在生命的头六个月内完全母乳喂养，以实现最佳的生长、发育和健康。此后，婴儿应获得足够的营养和安全的辅助食品，同时继续进行母乳喂养直到孩子至少两岁。

(二) 联合国儿童基金会的相关调查

2019 年 6 月，联合国儿童基金会(UNICEF)公布了对属于经济合作与发展组织(OECD)或欧洲联盟(EU)的 41 个高收入和中等收入国家的家庭福利政策的研究结果和排名情况。①在这份研究报告中，儿童基金会着重于两项关键政策：父母育儿假、幼儿教育和学龄前儿童照料，并将报告的范围限制在涉及工作与家庭平衡的问题上。

这 41 个国家中仅有 15 个国家批准了国际劳工组织的《生育保护公约(2000 年)》，为女性提供了不少于 14 周的产假，并采取其他措施，保护妇女的工作条件。

这项研究使用四项指标研究家庭福利：(1)母亲可享有的带薪假的期限；(2)父亲可享有的带薪假的期限；(3)3 岁以下儿童的入托儿所比例；(4)3 岁至义务教育年龄段的儿童进入托儿所或学前班中心的比例。这项研究不包括家庭政策的其他要素，例如子女福利或生育补助金，同时没有足够的最新信息来比较各个国家/地区的托儿中心或母乳喂养率和政策的质量。

这项评估采用 2016 年的数据。在 41 个国家中，有 10 个国家的儿童入学数据不足，无法进行排名，因此只有 31 个国家进行了四项指标的总排名。从上述四项指标研究得出的结果，在表 2.6 的最后一列给出各国的四项指标平均排名。瑞典的家庭福利政策高居榜首，家庭福利政策最好，挪威、冰岛、爱沙尼亚、葡萄牙和德国紧

---

① Yekaterina Chzhen, Anna Gromada and Gwyther Rees(2019), *Are the World's Richest Countries Family Friendly? Policy in the OECD and EU*, UNICEF Office of Research, Florence.

随其后，瑞士、希腊、塞浦路斯、英国和爱尔兰为倒数前五。

这项评估的研究结论还有(见表2.6)：

(1) 在31个国家中，瑞典、挪威和冰岛在家庭友好福利政策排行榜中排名前三位。在为父亲带薪陪产假以及在儿童保育中心内3岁以下儿童所占份额中，这三个国家均在31个国家中排名的前1/3。

(2) 在31个国家，塞浦路斯、希腊和瑞士在排名国家中排名倒数第三，这几个国家的四项指标排名均比较靠后。

(3) 关于产假有三类制度：母亲带薪产假(maternity leave)、父亲陪产假(paternity leave)和育儿假(parental leave)。美国是唯一没有全国性法定产假的经合组织国家。上述三类制度，美国都没有。

(4) 捷克、波兰和斯洛伐克为母亲提供了较长时间的育儿假，但由于其提供的儿童早期教育机会较差，因此排在31个国家的后1/3。

(5) 除了31个国家有综合排名以外，还有10个国家仅有2项指标可以进行国际比较。这10个国家中，日本和韩国排名最高，因为父亲享有较长时间的带薪陪产假。但实际上，很少有父亲请假。

(6) 智利和加拿大为母亲提供较长时间的育儿假——大约半年工资。但是，在2016年，他们很少或根本没有给父亲带薪陪产假。

(7) 总的来看，在一个国家中，如果母亲带薪育儿假期较短(但留给父亲的陪产假较长)，则该国的3岁以下的孩子入托率较高。

表2.6　41个国家的家庭福利政策情况及排名

排名	国家	母亲带薪育儿假		父亲带薪陪产假		3岁以内儿童的入托率		3岁—学龄前儿童的入托率		四项综合排名
		时间(星期)	排名	时间(星期)	排名	%	排名	%	排名	
1	瑞　典	35	(17)	10.9	(4)	51	(5)	97	(3)	7.25
2	挪　威	45	(11)	9.8	(6)	52	(4)	90	(14)	8.75
3	冰　岛	16	(30)	7.8	(7)	65	(2)	99	(1)	10.00
4	爱沙尼亚	85	(1)	2.0	(18)	30	(16)	93	(8)	10.75
5	葡萄牙	20	(25)	12.5	(3)	50	(7)	92	(11)	11.50

续 表

排名	国家	母亲带薪育儿假		父亲带薪陪产假		3岁以内儿童的入托率		3岁—学龄前儿童的入托率		四项综合排名
		时间（星期）	排名	时间（星期）	排名	%	排名	%	排名	
6	德国	43	（12）	5.7	（10）	33	（13）	92	（12）	11.75
6	丹麦	27	（20）	1.1	（22）	70	（1）	96	（4）	11.75
8	斯洛文尼亚	48	（9）	2.6	（16）	40	（10）	90	（13）	12.00
9	卢森堡	26	（21）	10.4	（5）	51	（6）	87	（17）	12.25
10	法国	19	（26）	5.6	（11）	49	（8）	94	（6）	12.75
11	奥地利	51	（8）	6.9	（8）	21	（22）	89	（15）	13.25
12	芬兰	41	（14）	5.7	（9）	33	（13）	84	（19）	13.75
13	比利时	13	（33）	5.0	（12）	44	（9）	99	（2）	14.00
14	西班牙	16	（27）	2.1	（17）	39	（11）	95	（5）	15.00
15	荷兰	16	（27）	0.4	（29）	53	（3）	94	（7）	16.50
16	立陶宛	62	（4）	4.0	（14）	15	（26）	78	（23）	16.75
16	匈牙利	72	（2）	1.0	（23）	16	（24）	87	（18）	16.75
16	拉脱维亚	53	（6）	1.1	（21）	28	（20）	82	（20）	16.75
19	意大利	25	（22）	0.4	（29）	34	（12）	93	（10）	18.25
20	保加利亚	65	（3）	1.7	（20）	13	（27）	75	（25）	18.75
20	罗马尼亚	48	（10）	4.7	（13）	17	（23）	61	（29）	18.75
22	克罗地亚	39	（15）	2.9	（15）	16	（24）	51	（31）	21.25
23	波兰	42	（13）	2.0	（18）	8	（29）	61	（28）	22.00
24	捷克	53	（7）	0.0	（33）	5	（30）	81	（21）	22.75
25	马耳他	16	（29）	0.2	（32）	31	（15）	88	（16）	23.00
26	斯洛伐克	54	（5）	0.0	（33）	1	（31）	77	（24）	23.25
27	爱尔兰	9	（37）	0.0	（33）	29	（18）	93	（8）	24.00
28	英国	12	（34）	0.4	（28）	29	（19）	73	（26）	26.75
29	塞浦路斯	14	（32）	0.0	（33）	25	（21）	79	（22）	27.00
30	希腊	23	（24）	0.4	（29）	9	（28）	56	（30）	27.75

续　表

排名	国　家	母亲带薪育儿假		父亲带薪陪产假		3岁以内儿童的入托率		3岁—学龄前儿童的入托率		四项综合排名
		时间（星期）	排名	时间（星期）	排名	%	排名	%	排名	
31	瑞　士	8	(38)	0.0	(33)	30	(17)	66	(27)	28.75
	日　本	36	(16)	30.4	(1)					
	韩　国	25	(23)	17.2	(2)					
	智　利	30	(18)	1.0	(23)					
	加拿大	27	(19)	0.0	(33)					
	墨西哥	12	(35)	1.0	(23)					
	土耳其	11	(36)	1.0	(23)					
	以色列	14	(31)	0.0	(33)					
	澳大利亚	8	(40)	0.8	(27)					
	新西兰	8	(39)	0.0	(33)					
	美　国	0	(41)	0.0	(33)					

第二编

健康贫困治理理论与国际经验

第三章
健康贫困治理理论

健康贫困治理行动和制度，需要遵循治理目标和理论逻辑，即需要有一定的理念支撑和基本理论指导，本章将系统梳理健康贫困治理理论。首先是健康贫困治理的基础理论，包括能力贫困、贫困代际传递、贫困恶性循环、利他主义和健康需求理论，这些理论为我们阐明“为什么要治理健康贫困”提供了内在的理论逻辑和深层思考。然后是多元共治健康贫困理论，包括公私伙伴关系、多中心治理和政府治理与社会治理协同理论，为未来建立以公共管理为目标，公私合作、政府和社会共同治理健康贫困框架奠定基础。最后从治理健康贫困的路径视角，分别阐明医疗保险、医疗服务、医疗救助与慈善医疗治理健康贫困理论，为开展医疗保障治理健康贫困行动和制度建设提供依据。

一、健康贫困治理的基础理论

(一) 能力贫困理论

贫困一直以来是一个世界性难题，也是各个国家必须重视和解决的社会问题。贫困不仅仅是一个经济问题，更涉及政治、经济、社会、文化等多方面的问题。20 世纪 70 年代以前，衡量贫困的标准是收入，即人均可支配收入在贫困线以下，这种以低收入来衡量贫困的观点一直占据主流地位。20 世纪 80 年代以后，阿马蒂亚·森(Sen, 1999)在《以自由看待发展》的论著中提出了“可行能力”理论，贫困必须被视为基本可行能力的被剥夺，而不仅仅是收入低下，基于对传统正义论的信息基础的狭隘性分析，指出了功利主义、罗尔斯的自由权优先、诺齐克的自由之上主义作为信息基础的局限性，同时提出包容性建议，扩大信息基础，以一个人具有可行能力去判断生活质量与福利。可行能力方法是以“实质自由”为视角，个人的实质性自由可以理解为一个人做自己认为有价值的事的“可行能力”。“可行能力”是指个人有可能实现的、各种可能功能性活动的组合。因此，“可行能力”是一种自由，是实现各种可能的功能性活动组合的实质自由或者实现各种不同的生活方式的自由。

收入低下是生活贫困的重要原因，贫困的本质是人基本能力的缺失和被剥夺，贫困的真正含义不仅仅是收入的低下，而是人的能力的贫困，即缺少正常生活的能力。收入仅仅具有工具性意义，它只是我们追求有理由珍视的幸福生活的一种手段。因此，对贫困的衡量不应仅仅以单纯的经济标准作为维度，对贫困问题采取可行能力的视角主要有以下理由：第一，贫困可以用可行能力的被剥夺来合理识别，这种方法集中注意具有自身固有的重要性的剥夺（不像收入低下，它只有工具性意义）。第二，除了收入低下以外，还有其他因素也影响可行能力的被剥夺，从而影响到真实贫困（收入不是产生可行能力的唯一工具）。第三，低收入与低可行能力之间的工具性联系，在不同的地方甚至不同的家庭和不同的个人之间是可变的（收入对可行能力的影响是随境况而异的，是有条件性的）。

可行能力的被剥夺作为识别贫困的方法，满足了自由视角下对贫困的解释，在考察可行能力剥夺和收入剥夺之间的不同时，对影响可行能力剥夺的因素应该给予特别的关注，从根本上把握贫困的实质。首先，与收入剥夺的单一影响因素相比，可行能力剥夺在现实中要受到多种因素的影响，这些因素包括人的年龄、性别和承担的社会角色，甚至所处的地域、环境以及个人无法控制的其他各种因素。其次，在收入剥夺与将收入转化为功能性活动的困难之间，存在某种配对效应。可行能力方面的缺陷，诸如年老，或残疾，或生病，会降低获取收入的能力。这些因素同时也使得将收入转化为可行能力更困难，因为年龄较大，或残疾程度更严重，或病况更严重的人，会需要更多的收入（以便得到照料、矫正残疾、接受治疗），才能实现和别人相同的功能性活动。这就意味着，就可行能力剥夺而言的“真实贫困”，在显著程度上可能比在收入空间表现出来的贫困更加严重。再次，家庭内部的分配，使得根据收入去研究贫困变得复杂。如果家庭收入不成比例地用于一些家庭成员的利益，而忽略另一些成员的利益，那么这部分成员的被剥夺程度就不能用家庭收入恰当地表达出来。可行能力剥夺，显然比用家庭收入分析更容易揭示家庭中弱势群体的被剥夺状况。最后，对收入剥夺来说，富裕国家中的相对贫困人口，即使其绝对收入比贫困国家的贫困人口要高,仍有可能在可行能力上处于非常不利的地位。在普遍富裕的国家,要花更多的收入购买足够的商品以实现同样的社会功能性活动。

在研究贫困时可行能力视角相较于收入剥夺视角的优势。从收入的视角转移到可行能力的视角,我们把注意力从单一的收入转移到了人们有理由追求的目的,并相应地转向可以使这些目的得以实现的自由,从而加强了我们对贫困和剥夺的性质及原因的理解。虽然我们强调把贫困作为可行能力不足与把贫困作为收入低下相区分,但这两种视角是相互联系的。低收入可以是一个人可行能力剥夺的重要原因,收入可以提高人的可行能力,而且可行能力的提高会扩展使人具有更高生产力并挣得高收入的能力。例如,接受更好的教育以及医疗保健服务不仅能够直接改善我们的生活质量,同时也能提高我们获取收入并摆脱收入贫困的能力。从这个角度看,可行能力的改善既能以直接的方式,又能以间接的方式帮助和丰富人们的生活,使剥夺情况减少、剥夺程度减轻。可行能力贫困观相对于传统的贫困观来说是一种多维贫困观,核心观点是:贫困不仅包括收入贫困,也包括健康、教育、住房、社会交往、权利等多个维度的贫困。单纯用收入低下来衡量贫困是不准确的,当一个人的基本可行能力不足时,他就无法实现正常的基本功能性活动。

阿马蒂亚·森提出了五种基本的可行能力自由。第一,政治自由,包括人们有选举的权利、批评监督的权利以及政治表达的机会;第二,经济条件,即个人拥有的运用其经济资源的机会;第三,社会机会,即保障个体平等地享受教育、医疗等的社会公共服务以促进个体拥有平等的社会机会;第四,透明性保证,即满足人们对信息公开性的需要;第五,防护性保障,即建立社会安全网,为人们提供社会保护。这五种自由被阿马蒂亚·森称为工具性自由,五种自由相互联系、相互促进,目的是拓展人们的可行能力范围。可行能力贫困理论是对传统的收入贫困理论的发展和超越,可行能力贫困的内涵超越了经济方面的贫困,把缺乏健康、教育等因素本身看作一种贫困,为我们提供了看待贫困的新视角,加强了我们对贫困的性质及原因的理解,为世界反贫事业作出了贡献(Sen, 1999)。

在对阿马蒂亚·森的自由发展观、能力、权利体系理论介绍后,健康贫困的内在机制包含两个方面的内容。一方面人们内在的医疗服务需求是对“好的健康”的需求,疾病健康问题、教育投入不足导致人力资本不足、无法获取医疗保障系统提供的保护、由社会歧视导致结构性脆弱,这些都是人们丧失能力(一种获取不同功能组合的自由)的因素,健康冲击直接导致家庭获取收入的能力和机会被剥夺,直接权利也被剥夺,进而形成能力贫困(Sen, 1981)。另一方面由于社会安全网中的医疗保障制度缺失,导致了家庭面临过高的医疗成本,由高额医疗支出形成的家庭财务风险,实质是个体和家庭面临了较高医疗服务价格,挤占过多的资源禀赋,在市场经济环境下无法获取对应的医疗服务,这样交换权利就会失效。交换权利的实现不仅需要市场交换,更需要依赖于国家提供的社会保障制度。

(二) 贫困代际传递理论

贫困代际传递的概念是从社会学阶层继承和地位获得的研究范式中发展出来的,它是美国经济学家于20世纪60年代初提出,其表达的意思就是贫困问题在代际之间传递,即上一代的贫困传递到了下一代,甚至会延续下去。贫困代际传递现象实质是长期的贫困生活使穷人形成独特的行为规范、价值观念和文化体系,这是一种脱离社会主流文化的贫困亚文化,并通过"圈内"交往等方式被强化和制度化,会对后代贫困产生影响,是贫困问题难以解决且最顽固的"劣根"所在。概括起来,贫困代际传递作为一种社会生活状态在家庭内部进行传递,不仅是收入的低下与物质的匮乏,也代表父辈由于社会排斥导致子辈缺少公平选择的机会与能力的低下。这种排斥作用可以归结为两类:客观体制性排斥与主观能力排斥,即结构机制和文化机制。贫困在结构机制和文化机制的交互作用下出现代际传递,其内生原因由经济资本、人力资本、社会资本和心理资本共同构成。其中,经济资本并非是统计学意义上的概念,而是特指家庭的经济状况,是可以立即直接转化为金钱的资本,主要包含了职业、收入、金钱拥有、花费支出等方面;人力资本是指劳动者受到教育、培训、实践经验等方面的投资而获得的知识和技能的积累,包括劳动者的数量、劳动能力和劳动者的健康状况等因素;社会资本主要侧重社会网络、社会参与以及家庭的结构;心理资本主要指贫困家庭的生活方式和心理状态。以上四者共同构成了贫困代际传递的内生原因(刘成军,2018)。

在我国,从城乡来看,农村居民的代际贫困尤为明显(张立冬,2013)。从地域来看,中西部地区的代际贫困现象更为显著(陈文江和杨延娜,2010;卢盛峰和潘星宇,2016)。从民族来看,贫困代际传递现象在民族地区也十分严重(李昭楠等,2015)。从性别来看,女性跨代贫困现象明显(万喆,2016)。当然导致贫困代际传递的因素有很多,学界更关心的是如何去改变这种恶性循环,使得年轻的一代不会重蹈父辈的贫困之路。一种途径是通过教育提升人力资本，使得个体在进入市场之前拥有更好的素质。因此有些学者认为应该借鉴美国、拉美的经验，加大对学前儿童和基础教育的投入，使得贫困家庭的后代获得更多改变命运的机会（宋秋英，2010；江夏，2013；宋宇和谭仁超，2015；郑皓瑜，2016）。另一种途径是通过社会保障制度，如建立完善的医疗保障，可减少贫困家庭的返贫风险（王瑾，2008），并且通过社会救助加大对贫困人口兜底保障（郑春荣，2015）。

（三）贫困恶性循环理论

该理论是1953年由美国哥伦比亚大学教授拉格纳·纳克斯（Ragnar Narkse）首先提出的，也是经济学家解释发展中国家贫困问题的最早尝试之一。在同年出版的《不发达国家的资本形成》一文中作者在系统考察了发展中国家的贫困问题之后认为，发展中国家之所以贫困，不是因为这些国家的国内资源不足，而是因为这些国家的经济运转过程中存在着若干个互相联系、互相作用的"恶性循环系列"，其中最为严重的就是"恶性循环"（纳克斯，1966），这一循环主要是从发展中国家收入水平对资本形成的影响的角度提出的。资本的形成存在供给和需求两方面的原因，从资本的供给方考察，发展中国家人均实际收入较低，这意味着较低的储蓄能力，从而造成发展中国家资本形成不足，劳动生产率难以提高，这往往导致新一轮低收入，这样就会形成一个"低收入—低储蓄能力—低资本形成—低生产率—低产出—低收入"的恶性循环。从资本的需求方考察，发展中国家人均收入低，这往往意味着较低的购买力，造成发展中国家的投资不足，也会使得生产率难以提高，从而又导致新一轮的低收入，这样就会形成一个"低收入—低购买力—投资不足—低资本形成—低生产率—低产出—低收入"的恶性循环。上述两个循环又存在相互影响、相互作用的关系，共同对发展中国家的经济发展起到阻碍的作用，使得发展中国家长期处于经济停滞和贫穷的困境之中。因此，纳克斯得出一个著名的结论，就是"一国穷是因为它穷"（A country is poor because it is poor）。

（四）利他主义理论

利他主义由19世纪法国哲学家、社会学家孔德（Auguste Comte）首创，他用这个词来表达他和弗兰西斯·赫起逊（Francis Hutcheson）等思想家所倡导的伦理学说。利他主义与利己主义（egoism）相对立，是主张将社会利益置于个人利益之上，为了他人和社会牺牲自我利益的伦理学理论。利他主义强调的不是个人利益而是他人利益，颂扬为他人作出牺牲是一种崇高精神和美德，并以此作为善的标准。孔德认为，人既有利己的动机，也有利他的动机，人类的道德就是用利他主义来控制利己主义和自私的本能。感性主义伦理思想家赫起逊作为道德情感理论的集大成者，将有利于人的天然情感(柔顺、慈善、博爱、慷慨、仁厚、温和等)看作道德的唯一来源，认为仁爱之心或博爱是排斥自爱之心的，人的道德行为应当不计较个人的利害得失。由于每个人都是组成社会系统的一分子，所以人与人之间的爱，必然是对这个系统的爱，因而，促进社会的福利也就成了衡量善恶的标准。他指出，使他人幸福是仁爱的目标，使幸福的人越多，他就越有道德价值，最高的善就是“产生多数人之最大幸福的行为”，善可以用“德行的善的量与享受的人数的乘积”来计量(邓大松等，2007)。在伦理学中，利他主义是一种将无私利他奉为评价行为善恶的道德总原则的理论。从古至今，利他主义一直是人类文化思潮的主流，无论是中国儒家的“仁学”、墨家的“兼爱”，还是西方的各种宗教理论，其核心内容都有利他主义成分。

伦理学将其界定为“为他人的利益而牺牲自己的利益或者以利己为目的以利他为手段的道德原则”。人类利他主义有三种形式，即亲缘利他主义、互惠利他主义和纯粹利他主义(宋希仁，1989)。亲缘利他主义和互惠利他主义，也就是威尔逊(Wilson)所说的无条件的利他主义和有条件的利他主义。威尔逊把利他主义分为无条件的利他主义和有条件的利他主义，并在亲缘利他理论和互惠利他理论基础上对这两类利他主义作出解释。他指出，无条件利他主义通常以家族或部落为单位，通过自然选择或亲缘选择得以进化。他认为无条件利他主义虽然不需要社会回报，但只限于亲属之间，只为自己家族服务，并且与亲近程度成正比，随着亲近关系的一步步远离，利他倾向越来越弱。有条件的利他主义之所以在远亲或毫无血缘关系的个体中存在，互惠性是关键，利他主义者期望从社会为自己或其亲属获得回报。有条件的利他主义最初是在个体选择基础上进化的，其通过社会契约达到互利互惠(Wilson, 1976)。

亲缘利他主义存在于亲属之间，只为自己的亲属服务，为自己的亲属作出牺牲，并且与亲近程度成正比。例如，父母对子女的关爱和无私奉献，兄弟姐妹之间的互助关爱和互助风险。有时为了挽救子女或兄弟姐妹的生命，父母或某个兄弟姐妹不顾自己的安危甘愿捐出某个器官，或者子女为父母捐出器官的行为都属于亲缘利他主义。随着亲近关系的一步步远离，亲缘利他主义倾向会越来越弱。因此，亲缘利他主义通常以家族或部落为单位，通过自然选择或亲缘选择得以进化（刘鹤玲，2008）。互惠利他主义是一种非亲缘关系人群之间的互助互爱和相互帮助的行为，互惠利他主义之所以在远亲或毫无血缘关系的个体中存在，互惠性是关键。两个或两个以上没有血缘关系的人之所以建立互助合作的关系，是因为他们能同时获得合作所带来的更高利益。尤其在部分利益冲突时，一个人采取合作策略而不是竞争策略更有利他于自身利益。在很多情况下，一个人的利他主义比利己主义更能获得竞争中的优势，并且成为竞争中的制胜之策。互惠利他主义在一些情况下是同步受益，在另一些情况下则是非同步受益。非同步受益要求合作者之间具有很高的诚信度，这次我帮你，下次你帮我，这是通过相互回报建立起的一种合作关系。互惠利他主义最初是在个体选择的基础上进化的，并受到文化进化的巨大影响，建立起社会的契约和文明（刘鹤玲，2008）。

人类社会还存在一种既不是出自亲缘关系，也不期待回报的纯粹利他主义。例如，无偿给生命垂危的人献血，对乞丐倾囊相助，给需要帮助的人伸出援助之手，以及为搭救他人而献出自己生命的英雄壮举等都属于纯粹利他主义的范围。在伦理学中，这类行为动机单纯，利他主义者一心想到的是他人，并没有考虑自己的利益，因而纯粹利他主义是一种崇高的道德品质。而社会心理学则从动机上分析纯粹利他主义，把这类行为看作一个人采取纯粹利他主义后所体验到的内心解脱和愉悦，这是一种亲社会行为。亲社会行为可以没有任何真正的助人目的，只是其行为结果可能对他人有利，行为者具有期待社会回报至少得到精神上回报的动机。

（五）健康需求理论

格罗斯曼（Grossman）在1972年的经典论文《健康需求理论与实证研究》中确立了健康需求理论。在人力资本理论框架下，健康需求是指消费者对健康资本的需求。对健康的需求源于两种动机，一是将健康视为消费品直接进入效用，二是将健康资本视为投资品进入生产函数。其他学者在此基础上做了大量的相关研究，通过对健康需求的人力资本模型的实证检验以及增加条件和改变假设对基本模型进行了扩展（Grossman，1972）。

在早期，贝克尔（Becker，1964）将厂商生产函数的观念应用到家庭的消费活动上,提出家庭生产函数(household production function):消费者从市场上购买各种产品,并结合自己的时间,生产可以获得效用的消费品。在家庭生产函数模型下,消费者购买医疗服务的目的,并不是需要医疗服务本身,而是需要健康。医疗服务是消费者用于生产健康的投入要素。因此,医疗服务需求是消费者对健康需求的引申需求(derived demand)。

格罗斯曼(Grossman, 1972)将贝克尔的观念应用到健康部门,提出健康生产函数的概念:消费者在市场上购买各种医疗保健服务,并结合自己的时间,生产健康。在贝克尔的家庭生产函数框架下提出假设:健康是一个耐耗品,随年龄的折旧,净投资等于总投资减去折旧。他认为消费者可以通过生产健康的方式来补充健康资本的消耗,健康资本的生产函数的投入要素包括:时间、医疗保健、教育、合理饮食、锻炼、娱乐方式、居住条件、环境质量等。基于此,他提出了健康生产函数,并且给出健康生产函数的一般形式:$H=f(M, LS, E, T)$,其中 H 代表健康,M 代表医疗保健服务,LS 代表生活方式,T 代表时间,E 代表教育,S 代表其他因素。

健康与教育。健康与受教育水平具有非常明显的正相关关系:良好的健康状况当然能带来更长的受教育时间,但是经过相反的假设并做了相当详尽的研究(Grossman, 2004),教育较长时间能带来更健康的身体。对其原因有很多可能的解释:教育能增加一个人的医疗知识,使之了解个人行为和医疗选择对健康的影响;或者教育能使一个人更准确地把握有关健康的信息并据此采取合理的行动,或者教育能增强一个人的自制力;也可能是教育能够增强个人信心,降低社会竞争难度和压力。然而,福克斯(Fuchs, 1996)发现教育对健康的边际产出并不呈现递减趋势,带着怀疑他研究了"斯坦福大学心脏病防治计划"中关于吸烟行为的调查数据,回归结果是从 17 岁到 24 岁,受教育时间与吸烟行为的相关系数竟然没有任何增长。因此,他觉得最为合理的解释是它反映了时间偏好的差异,教育和健康都属于人力资本投资,个人早年形成的时间偏好差异造成了以后健康和教育投资量的差异。

健康与医疗。关于医疗服务对健康的作用,福克斯强调医疗对健康的护理功能而非治疗的功能,因为人类 80%疾病是病程自限的功能性的疾病,不借助特殊医疗手段也可自行恢复;还有 10%疾病医疗技术根本无计可施;只有 10%疾病医疗能够发挥作用,但是这种能力来自医疗技术进步而不是医疗服务数量的变化。比如 20 世纪 50 年代健康水平的快速提高,主要是因为当时研制出了能够预防和治疗流感、肺炎以及结核病等传染性疾病的药物，而在50年代前患者从治疗中受损和获益的机会不相上下。而面对当前的主要健康问题，如心脏病、癌症、病毒性传染病和精神疾病，医疗似乎难以解决。尽管在发达国家医疗服务的边际效用微乎其微，除了降低死亡率和发病率，更为重要的应该是它的护理功能（同情、安慰、确认）和确认功能（对身体状况作出专业判断），而医院昂贵的医疗设施是增加病人舒适度的福利设施，这一点推动现代医学朝着“社会—心理—生物”的三重模式的方向发展。

健康与收入。对健康与收入、财富之间的相关关系，大多数文献认为，个人财富高的人健康状况更好，而收入水平则与健康状况没有相关性。福克斯（Fuhcs，1996）通过大量实例证明健康水平的悬殊差异与收入水平和医疗供给无关。他发现美国西部内华达州和犹他州作为收入和医疗水平（人均享有医生和病床数十分接近）相同，教育状况、城市化程度、气候条件相仿的比邻而居的两个州，人们的健康水平却相去甚远：在各个年龄段相同性别人群死亡率差异悬殊。在成年以后保持40％到50％的差距，新生婴儿（出生一个月以内的）死亡率相差40％。这两个州有着迥然不同的生活方式，犹他州的居民受摩门教影响过着平静稳定不嗜烟酒的生活，而内华达州则汇聚各地移民，人们选择自由开放的生活方式，烟酒消费、离婚率和迁移率都非常高。相关的统计数据可以反映两州反差极大的离婚率、迁移率以及肝硬化和呼吸系统肿瘤造成的死亡率。

格罗斯曼（Grossman，1972）假设健康是一种耐用资本品，每个人出生时都获得一定的健康存量，且此存量会随时间折旧而减少，但可通过投资来增加，如果健康存量低于某一特定水平即表示死亡。在模型中个人可以选择生命的长度，通过家庭生产函数进行对健康资本的投资。消费者生产健康资本投入的生产要素包括时间、购买的医疗服务和食品等消费品。假定消费者为了决定他们最理想的健康状况，对能改善他们健康状况的开支进行估价，并与花费在其他商品上的开支作出比较。他假定消费者在健康的生产函数上有完全信息，从而可以求出带有时间效用函数的极大值，建立了健康需求的均衡模型，为了简化分析假定只有纯粹消费模型和纯粹投资模型两种形式，分析结论为健康存量是现有健康存量、健康恶化率以及健康投资的函数。该模型的主要优势是对影响健康和医疗保健需求数量的变量做了转换，而不仅仅是着眼于收入和医疗保健的价格。而这基于一个前提，即健康的影子价格取决于医疗保健价格之外的许多变量。假定生命周期中健康存量的折旧率是上升的，则影子价格随着年龄上升：若教育使得个人健康生产效率增加，则影子价格随着所受教育时间下降，经济学中最基本的需求定理同样适用，在确定条件下影子价格的上升会同时降低健康需求的数量并增加所需要的健康投入的数量。如果健康需求的价格弹性小于1，则健康保健的需求量上升。该模型的前提是，将健康视为一种人力资本，即健康资本（health capital），并且提出与其他人力资本的差异：一般人力资本会影响市场或非市场活动的生产力，健康资本则会影响可用于赚取所得或生产消费品的总时间。换言之，其他人力资本投资（如学校教育或在职训练）的报酬是增加工资；健康资本投资的报酬是增加健康的时间。消费者对健康的需求源于两种动机：一是作为消费品，直接进入效用函数（生病被视为无效用）；二是作为投资品，在市场部门决定可用于工作的时间，以便消费者赚取收入；在非市场的家庭部门，在这里人们生产的产品进入效用函数。对健康需求的投资动机是因为健康存量的增加可以降低那些由于疾病和伤害所减少的用于市场和非市场活动的时间。根据健康需求的动机发展出健康需求一般模型的两种极端情形：纯投资模型和纯消费模型。在纯投资模型中健康不直接进入效用函数，在纯消费模型中健康投资回报的货币利率为零。

家庭生产函数的概念和厂商生产函数是完全相似的。每个特定的产出或一系列产出都和一系列的投入相对应。因为商品和服务是生产商品的投入要素，这些商品和服务的需求是对生产要素的派生需求，即医疗保健和其他健康投入要素的需求是从基本的健康需求派生出来的。格罗斯曼强调健康资本的两个特点：第一，健康是产出，医疗是健康生产函数的投入要素；第二，明确了健康资本与其他人力资本的差异，一般人力资本会影响市场或非市场活动的生产力，健康资本则会影响可用于赚取收入或生产消费品的总时间。所以，健康生产函数和需求理论总结而言，有三个方面的重要结论：第一，消费者购买医疗服务的目的，并非需要医疗服务本身，而是需要健康，医疗服务只是消费者用于生产健康的投入要素，因此，消费者的医疗服务需求源于对健康需求的派生需求；第二，与其他物品一样，价格变动也会影响消费者对医疗服务的需求，医疗服务价格上升，消费者对医疗服务的需求量会减少，经济学的需求定理在医疗服务市场仍然成立；第三，由于生产要素之间具有替代性，消费者的经济诱因会影响其对医疗服务的使用，政府可以通过改变各种生产要素的相对价格来诱导消费者选取最低成本的生产要素组合。

二、多元共治健康贫困理论

(一) 治理理论的发展

在一定的英文语境下，governance（治理）意为引导、控制和操纵，源于拉丁文和古希腊语，government（统治）与 governance（治理）交互使用。但在 20 世纪 80 年代后期，政治学和经济学者将治理的含义进行了深化与丰富，使其远超出原有传统的含义。世界银行在 1989 年概括非洲经济社会发展报告《撒哈拉以南：从危机到可持续发展》中首次使用了"治理危机"（crisis in governance）一词，在随后的学术发展和探讨中，在政治学、社会学、经济学以及管理学等相关学科分析问题时治理的概念得到了广泛应用，并不断延伸发展。

代表的观点有：(1)罗兹（Rhodes，1996）认为，"治理意味着统治的含义有了变化，意味着有序统治的条件已经不同于以前，或是以新的方法来统治社会"。并进一步从六个不同的角度对治理的含义进行了阐述："从最小国家的管理活动角度，治理是国家以最小成本获得最大收入，削减公共开支；从公司管理的角度，治理是企业运行通过指导、控制和监督的组织体制；从新公共管理的角度，治理是将私人部门的管理手段和市场部门的激励机制引入政府的公共服务；从善治的角度，治理是强调效率、法制和责任的公共服务体系；从社会控制体系的角度，治理是指政府与民间、公共部门与私人部门之间的合作与互动；从组织网络的角度，治理是指建立互利和信任基础上的社会协调网络。"(2)罗西瑙（Rosenau，2001）认为，"治理是指一系列活动领域的管理机制，不需要得到正式授权即可发挥作用，治理活动有共同的目标支持，管理主体不一定是政府，不需要靠国家的强制力量实现管理活动，这与统治相区别"。(3)1992 年成立的联合国全球治理委员会，在其著名报告（Unite Nations，1995）中，将治理定义为"治理是各种私人的和公共的机构组织和个人管理其共同事务的诸多方式总和，使相互冲突的利益得以调和并且采取联合行动的持续过程，既包括权威迫使人们必须服从的正式规则和制度，也包括各种人们符合共同利益的非政治规范和制度安排。治理不是一整套规则，也不是一种活动，而是一个过程；治理过程的基础不是控制，而是协调；治理既涉及公共部门，也包括私人部门；治理不是一种正式的制度，而是持续的互动"（潘小娟、张辰龙，2001）。这个定义强调在政府管理缺位以及市场失灵时，社会力量、非政府组织以及专业协会团体形成自发的管理模式。治理则是由共同的公共事务目标支持，不一定是从依法的角度和正式规定确立的职责，而且也不一定依赖行政权威使人服从。相比于统治本身的含义，治理的内涵更加丰富。既包括政府机制对应的政府治理，同时也包括非正式、非政府机制，比如社会治理，随着治理范围的不断扩大，参与治理的个体和组织需要借助这些机制来实现各自利益诉求。从另一角度来理解治理，就是治理的目标和治理的形式可以区别开来，治理的形式是政府治理，治理的目标既可以通过政府治理，也可以通过“没有政府的治理”（张胜军，2013）。治理真正的目标是促进促进集体行动和保证社会秩序，在这个意义上，治理与统治没有根本的区别，两者的区别在于过程。治理凸显以分散化的政策执行过程和多元化的公共权力为特征（李明强、王一方，2013）。（4）斯托克（Stoker，2002）通过对不同的治理定义进行梳理，提出有关治理的五个观点：“一是治理是指出自政府但不限于政府的社会公共机构和行为者。二是治理明确指出在为社会和经济问题寻求解答的过程中存在着界限和责任方面的模糊性。三是治理明确肯定了在涉及冲突行为的各个社会公共机构之间存在着权利依赖。四是治理意味着参与者最终将形成一个自主的网络。五是治理意味着办好事情的能力并不仅限于政府的权力，不限于政府的发号施令或运用权威。”

治理参与主体包括国家（政府）、社会、市场、公民，治理空间或区域包括村落治理、地方治理、区域治理、国家治理、全球治理等。从政府与社会的角度，治理可以划分为政府治理和社会治理，而从政府和市场的角度，治理可以划分为政府治理和市场治理。

（二）公私伙伴关系理论

自20世纪萨缪尔森的公共产品理论以来，公共产品的供给主体呈现单一化，政府与市场之间存在显著的边界划分，公共产品完全归属于政府，市场提供被隔绝于边界之外。随着70年代科斯对灯塔供给的研究，私人提供逐步成为公共经济学的研究内容。尤其是随着政府机构在公共产品提供中存在诸多低效率，如缺乏竞争、有效监管、积极性，推动了私人部门在公共产品提供中的相关理论研究。90年代以来，公私伙伴关系理论（PPP）得到了快速发展，为政府和市场的合作提供了理论借鉴。根据经济合作与发展组织（OECD）的定义，PPP实际上是政府与私人伙伴之间建立的协议，一方面政府可以向私人伙伴转移风险，另一方面私人伙伴可以实现利益。所以,PPP具有政府风险转嫁和私人提供两个显著的特点。PPP理论丰富和发展了现有的公共产品提供理论,其优势主要在于以下三点:第一,PPP理论认为政府和市场的合作,创新了公共产品和准公共产品的供给主体,改变了以往由政府独立提供所面临的公共财政支出不足的困境(唐祥来,2011)。PPP主义者认为,政府与市场之间存在着诸多的合作空间,特别是在准公共产品供给方面,多主体供给不仅能解决公共财政支出不足的矛盾,更在于政府与市场之间的合作形成一个准市场,变供给主体之间的市场交易为内部交易,降低了交易成本,克服了信息不对称问题。依据主体合作类型可将PPP主体分为政府与市场伙伴关系、政府与第三部门伙伴关系、不同政府伙伴关系以及政府、市场和第三部门之间的伙伴关系等,形成一种创新的双主体或多主体公共产品供给机制。第二,PPP作为一种特殊合约,引入了私人部门在管理和技术等方面的优越性,更好地满足了社会公众的需求。PPP理论以服务为中心,以社会公众对服务需求满足程度为宗旨,不过分追求资产所有权关系的明晰,而是以资产所有权关系形式对服务正面或负面影响为选择标准,注重产权对公私伙伴关系供给的激励作用。长期以来,人们将产权问题对社会经济的发展与作用不切实际地扩大化,以致产权关系成了争论的焦点和判断政策与制度是否优劣的分水岭。事实上,问题的实质不在于公营还是私营,而在于垄断还是竞争。在提供低成本、高质量的产品和服务方面,竞争往往优于垄断。PPP模式实现了充分发挥公私两部门在管理、技术、资金等方面的优势,在各自目标中寻找共识与合作,从而更好地满足社会公众对公共服务的需求。第三,PPP模式下,政府不必直接花费公共支出引入私人部门,并且私人部门的成本最小化,控制了整体成本(唐祥来,2009)。PPP模式下,政府可以在长期内摊销成本,而传统公共供给模式的实时付费并不能达到降低成本的目的。另外,私人部门不仅拥有先进技术、建设经验与管理优势,且有充分的激励机制使其生产成本最小化,所以公共付费减少,效率提高。

医疗卫生领域也属于准公共品范畴,世界范围内不同国家中存在着多种类型的运作模式,有些国家采取完全市场化方式,有些国家采取政府完全兜底方式,亦或者二者共同存在却分别提供。另外,医疗卫生领域中还存在一种PPP模式,即由政府和市场合作共同提供。英国是最早将PPP模式引入医疗保健中的国家,随后被加拿大、澳大利亚、日本和瑞典等国家相继借鉴和应用(方易,2016)。在中国的新型农村合作医疗制度中也有部分地区尝试采用了PPP模式,如江阴模式、洛阳模式、郑州模式、晋江模式、番禺模式等(雷玉琼、贺丽平，2010)，这些地区由政府主导新农合制度运行，同时引入商业保险公司管理新农合基本医疗保险基金。随着这种PPP模式试点经验的发展，在中国政府社会医疗保险经办机构人力物力不足和经办管理水平落后的现实背景之下，在2012年启动的城乡居民大病医疗保险制度中，全国范围内绝大多数省份是采用了这种PPP模式。即城乡居民大病医疗保险依然由政府主导，充分依托商业保险公司的经办管理能力和赔付经验，实现政府与市场的合作。基金单独从城乡居民基本医疗保险基金中直接划拨，由商业保险公司进行管理和赔付，同时给商业保险留有5%的盈利空间，政府与市场之间的权责明晰。李克强(2015)①认为社会保障与商业保险结合是医改的重大创新。因此，PPP理论可以为我国城乡居民大病医疗保险提供一定的理论支撑和实践借鉴。

(三) 多中心治理理论

迈克尔·博兰尼最早采用“多中心”一词，以阐述多中心秩序的合理性以及多中心管理的可能性。博兰尼(2002)以六边形框架，刻画了“多中心秩序”“多中心任务”等概念，并在其著作《多中心体制与地方公共经济》中阐述了复杂的交叠管理体制优于“单中心”治理体制。他提出政府部门可以与私人或其他组织签约来生产公共产品，也可以将生产进程置于自己的权威范围之内，这样可以组织不同公共产品的生产，实现有效率的公共品供给方式。此后，奥斯特罗姆(2000)依据多中心治理理论，提出了“自筹资金的合约实施博弈”模型，她认为没有彻底的私有化，没有完全的政府权力控制，公共池塘资源的使用者可以通过自筹资金来制定并实施有效使用公共池塘资源的合约。

多中心治理理论允许多个权力中心或服务中心并存，通过相互合作给予公民更多的选择权和更好的服务。其大致框架如下：第一，多中心治理的主体是复合主体，包括政府、企业、非营利组织、国际组织、社会组织等。由于社会环境中的多样性，演绎出多样的利益和需求，在社会整合的推动下，多样化的资源流向不同的组织，不同的组织跨越了同质与异质的区别，交叠和融合了不同于本组织的利益和意识，各个组织的活动不仅源自自我动力也依赖其他组织决策行为的发生，这些不同

① 李克强：《社会保障与商业保险结合是医改重大创新》，中国政府网，http://www.gov.cn/xinwen/2015-07/24/content_2901935.htm。

的组织构建了社会活动的多个中心主体。第二，多中心治理的目标是实现公民利益最大化和公民多样化的需求。评价政府及其官员公共管理和公共服务绩效的不只是权力的效率，而更主要的是看其是否合理有效地运用公共资源满足社会发展和公民需求。公民、社会团体、企业不仅能够有效地表达其意愿，而且能够积极参与公共事务的治理和绩效评价。所有这些，不取决于政府官员的意愿，而是由多中心的权力结构设计、多样化的治理结构安排和切实可行的民主参与制度的设计才能得以实现。第三，多中心治理的方式是“合作—竞争—合作”。多中心治理要提供的是社会公共物品和服务，从政府到公民个体都可以提供社会公共物品和服务，只是由于组织力量不同，各自提供的公共物品和服务消耗的成本有大有小。公共物品的生产、使用、维持本身就需要一种合作。因为各个中心是自治的，又各有不同需求，它以自我的需求为目标追求自我利益的最大化，这就使得各个中心纷纷进入公共物品的博弈，展开生产、使用和维护公共物品的竞争，竞争通过谈判、协商、制定宪法式的合同达成一致行动策略，最后在意愿一致的复合体中，又开始合作。

从理论与现实来看，在中国治理健康贫困中不仅需要政府，还要发挥市场和社会的共同作用。在健康贫困问题突出的背景下，不仅需要政府提供的社会医疗保险和社会医疗救助，还需要商业保险公司提供的商业医疗保险和社会组织提供的慈善医疗基金，在多方共同努力下，多重保障最终能尽可能地化解疾病产生的经济风险。总体而言，在健康贫困治理中，形成了以政府、企业、社会组织组成的三个治理主体，以全民健康贫困治理为目标的多中心治理框架。因此，多中心治理理论可以为本研究提供一定的理论支撑。

（四）政府治理与社会治理协同理论

治理相关理论的重要意义在于阐明公共政策体系的特征（孙柏瑛，2004），提供一种分析框架（俞可平，2000）。从治理角度理解我国的健康贫困问题，是贫困治理的现实需要。2013 年 11 月 11 日中共十八届三中全会召开，提出了“推进国家治理体系和治理能力现代化”[①]的国家治理理念，国家治理能力现代化成为党和政府的重要执政理念（许耀桐，2014）。贫困问题是涉及普通老百姓的福祉和社会公平正

① 中国政府网：《中共中央关于全面深化改革若干重大问题的决定》，2017 年 10 月 26 日，http://www.gov.cn/jrzg/2013-11/15/content_2528179.htm。

义的重要民生问题，国家政府立足国情不断推进并实践贫困治理理论（曾令元，2016）。贫困治理是实现经济社会资源的再分配过程，从国家政府和社会角度以及社会治理和贫困治理的“互嵌”关系，需树立构建双重驱动的贫困治理思路（李雪萍、陈艾，2016）。因病致贫、因病返贫形成的健康贫困是扶贫攻坚的重要挑战，健康贫困治理是贫困治理具体体现，同样需要构建政府治理和社会治理协作协同的治理结构。

通过对有关治理理论的回顾，我们要将有关治理的分析框架应用到具体的健康贫困治理问题中，从中凝练如下关键点：第一，治理是为了实现公共事务目标的持续互动过程，包含正式和非正式的规则制度，而公平正义是公共事务追求的重要目标，政府作为健康贫困治理的关键主体，保障正式和非正式制度规则的公平性是实现有效治理的重要理念。政府治理具体的关键措施是保障公民平等获取和享有医疗保险，保证医疗保险制度规则的公平性，同时激发社会力量广泛参与健康贫困的治理，保障参与规则的公平性。第二，公共部门和私人部门之间关系并不完全冲突对立，也可以是协作互动与合作共赢的关系，政府治理和社会治理是相互协调和持续合作的互动过程，健康贫困的治理应得到更为广泛的关注与解决。第三，政府引导和监管，协同推进，创新社会治理。中共十八届三中全会通过《中共中央关于全面深化改革若干重大问题的决定》中强调“创新社会治理，必须着眼于维护最广大人民根本利益，最大限度增加和谐因素，增强社会发展活力，提高社会治理水平”，社会力量以及社会组织基于共同的利益诉求形成相应的非正式规范和制度，需要政府的有序引导和监管，才能激发社会活力促进公共事务的有序治理，而同时政府的有效治理也需要第三方的客观评估与回应，只有政府治理和社会治理的协同推进才能从根本上全面治理健康贫困问题。

三、医疗保险治理贫困理论

（一）医疗保险需求理论

假定一个个体是风险规避型的（即在既定收入水平下，减少一单位的收入带来的损失要大于增加一单位收入带来的愉悦），那么其效用曲线是如图 3.1 所示的凹曲线。如图 3.1 所示，用 W 表示收入，U 表示效用，那么利用图 3.1 可以分析个人的效用随着医疗保险的购买所发生的变化。

1. 购买保险与不购买保险

假设存在一份医疗保险，其只能补偿部分的医疗费用支出。假设个体初始收入是 W_0，此时其对应的个体效用为 U_0。由于疾病的发生是不确定的，假设发生的概率为 P，则不发生的概率为 $1-P$。当疾病发生时，其收入减少为 W_1；而疾病不发生时，不需要支付医疗费用，其收入仍然为 W_0。因此，对于一个没有购买医疗保险的个体而言，其面临的期望效用为 $E(U)=P\cdot U_1+(1-P)\cdot U_0$，即为图 3.1 中线段 AB 上，当疾病发生概率增大时，越靠近 B 点，反之越靠近 A 点。在个体购买了保险的情况之下，当疾病发生时，由于保险的补偿使得其收入为 W_2；当疾病不发生时，则其收入为 W_3。因此，对于一个购买了医疗保险的个体而言，其面临的期望效用为 $E(U)=P\cdot U_2+(1-P)\cdot U_3$，即为图 3.1 中线段 CD 上，当疾病发生概率增大时，越靠近 C 点，反之越靠近 D 点。

因此，在没有购买医疗保险的情况下，个体的收入和效用面临着极大的不确定性，风险很高；而购买了医疗保险之后，其期望效用值要高于没有购买医疗保险的情况。

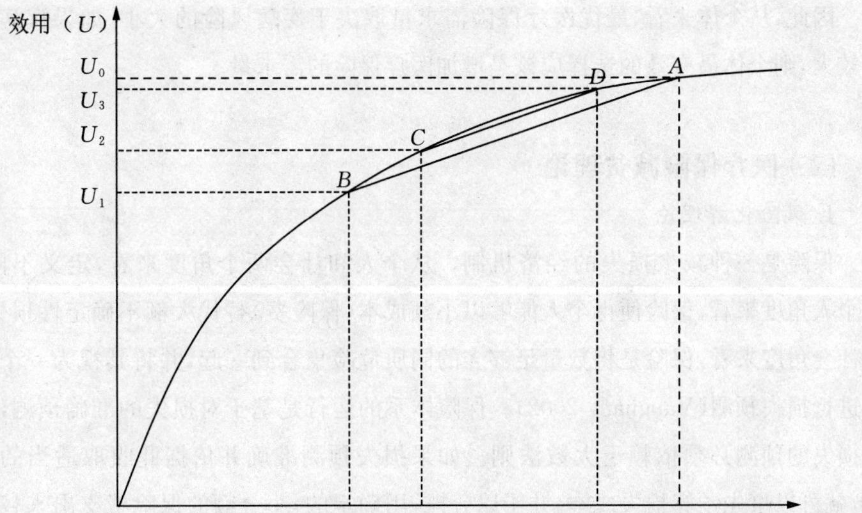

图 3.1　医疗保险与个人效用

2. 大病冲击下最优医疗保险量的选择

进一步假设疾病冲击为 L，医疗保险的赔偿额为 R，医疗保险的保费率为 r。

则在有医疗保险的情况下，当个体疾病发生时，其收入为 $W_0 - L + R - R \cdot r$；当疾病不发生时，其收入为 $W_0 - R \cdot r$。因此从一般意义上来看，在有医疗保险的情况下，个体面临的期望效用为：

$$
\begin{aligned}
E(U) &= P \cdot U_{\text{生病}} + (1-P) \cdot U_{\text{不生病}} \\
&= P \cdot U(W_0 - L + R - R \cdot r) + (1-P) \cdot U(W_0 - R \cdot r)
\end{aligned} \tag{3.1}
$$

为了使个体期望效用最大化，利用公式(3.1)对医疗保险补偿额 R 求一阶导，并使其等于0，即 $\frac{\partial E(U)}{\partial R}=0$。最终得到如下的等式：

$$
P \cdot U'_{+} \cdot (1-r) = (1-P) \cdot U'_{-} \cdot r \tag{3.2}
$$

公式(3.2)的左边等于个体获得医疗保险赔偿的边际收益，而等式右边等于购买医疗保险的边际成本，即边际收益等于边际成本，至此得到了个体期望效用最大化的必要条件。

当疾病风险较大时，即 L 增加，此时边际收益增加，而边际成本不变，最终会导致最优医疗保险需求量 R 增加。

因此，从个体来看，最优医疗保险需求量取决于疾病风险的大小，如果疾病风险较大，则个体最有效的选择应该是增加医疗保险的需求量。

(二) 医疗保险减贫理论

1. 风险化解理论

保险是一种减少损失的经济机制。从个人和社会两个角度来看，定义不同。从个人角度来看，保险使得个人能够以小额成本(保险费)替代大额不确定性损失；从社会角度来看，保险是将数量足够多的同质危险集合到一起，并将其视为一个整体进行损失预测(Vaughan, 2002)。保险体系的运行是基于对损失的准确预测，而对损失的预测必须依赖于大数法则。如果损失预测准确并依据此收取适当的保费，就可以事先预算损失成本，并予以分摊，用确定的、小金额的保险费支出来替代不确定、大金额的损失(Dorfman, 2008)。

假设存在一个医疗保险，保险人承保了 n 个风险同质、相互独立的参保者，设随机变量 $\zeta_1, \zeta_2, \cdots, \zeta_n$ 分别表示这 n 个参保者的疾病损失额(疾病发生的情况下产生的费用)，则 $\zeta_1, \zeta_2, \cdots, \zeta_n$ 相互独立且具有相同的分布(假设都与 ζ 的分布相同)，每个参保者的期望损失额为 $E\zeta$，根据大数法则，当 n 充分大时，每个参保者的平均实际损失数额 $\frac{\zeta_1+\zeta_2+\cdots+\zeta_n}{n}$ 与 $E\zeta$ 有较大偏差的可能性很小。但是如果我们按照每个参保者的预期损失额 $E\zeta$ 收费，那么根据中心极限定理，当 n 充分大时，保险人收取的费用总额不足以赔付未来损失的概率为：

$$
\begin{aligned}
& P\{\zeta_1+\zeta_2+\cdots+\zeta_n>nE\zeta\} \\
& =P\left\{\frac{\zeta_1+\zeta_2+\cdots+\zeta_n}{n}-E\zeta>0\right\} \\
& =P\left\{\frac{\frac{\zeta_1+\zeta_2+\cdots+\zeta_n}{n}-E\zeta}{\sqrt{\operatorname{var}\left(\frac{\zeta_1+\zeta_2+\cdots+\zeta_n}{n}\right)}}>0\right\} \\
& \approx 1-\Phi(0)=1-\frac{1}{2}=\frac{1}{2}
\end{aligned}
\tag{3.3}
$$

即若按 $E\zeta$ 收费，那么保险人发生入不敷出的概率为 1/2，这对保险人来说是很不安全的。如果保险人收取的保险费比期望损失额 $E\zeta$ 略高一些，如 $E\zeta+\varepsilon$(ε 大于 0)，根据切比雪夫大数法则，有：

$$
\lim_{n\to+\infty}P\left\{\left|\frac{\zeta_1+\zeta_2+\cdots+\zeta_n}{n}-E\zeta\right|<\varepsilon\right\}=1 \tag{3.4}
$$

即当 n 充分大时，则：

$$
\left\{\left|\frac{\zeta_1+\zeta_2+\cdots+\zeta_n}{n}-E\zeta\right|<\varepsilon\right\}
$$

几乎为必然事件，因此：

$$
\begin{aligned}
& n(E\zeta+\varepsilon)=nE\zeta+n\varepsilon>nE\zeta+n\left|\frac{\zeta_1+\zeta_2+\cdots+\zeta_n}{n}-E\zeta\right| \\
& \geqslant nE\zeta+n\frac{\zeta_1+\zeta_2+\cdots+\zeta_n}{n}-nE\zeta \\
& =\zeta_1+\zeta_2+\cdots+\zeta_n
\end{aligned}
\tag{3.5}
$$

即保险人收取的总额大于所有赔付的总额。因此，可以看出，保险人只需要收取比期望损失额 $E\zeta$ 略高 ε 的保险费($E\zeta+\varepsilon$)就可以实现整个保险系统的收支平衡，并且略有结余；而参保者只需要缴纳保险费($E\zeta+\varepsilon$)，就可以应对并分散自身的可能面临的风险。

2. 医疗保险减贫的理论

20世纪中期以来，以应对疾病风险为目的的医疗保险制度在世界范围内广泛建立，国际学术界聚焦于医疗保险化解疾病经济负担的研究(Rice, 1967)。进入21世纪后，随着疾病冲击日渐成为贫困的主要成因(WHO, 2002)，国际学术界的关注焦点由医疗保险与经济负担之间的关系，逐渐地转移到医疗保险与“因病致贫”之间的关系上(Pradhan and Prescott, 2002)。这一时期，形成了医疗保险减贫的理论，并在学术研究中得到广泛应用。

刘远立、饶克勤、胡善联(2002)最早将Pen氏队列①进行变形，从而发展出医疗保险减贫的理论框架(见图3.2)。之后，叶志敏、萧庆伦(Yip and Hsiao, 2009)基于这一理念，研究了新农合的减贫效果。本书从数理角度将这一图形进行如下梳理。

图3.2中纵轴代表收入水平Y，横轴代表按照收入水平排序后，某一特定收入水平对应的人口累计百分比X。“支付前”曲线l_0代表初始状态下收入的累计分布，收入变量为Y_0，曲线l_0与“贫困线”曲线J的交点“a”对应的X_0值则代表收入低于贫困线的人口比例，此时$X_0=X_{0J}[Y_0]$。

假定个体面同质的疾病风险，疾病风险发生概率为P，疾病风险发生时的医疗总费用(总医疗费用，包括自付和医保支付)为M，此时个体将面临收入的冲击。“支付后”曲线l_1代表个体在支付医疗费用之后，且未获得医保补偿的情况下剩余收入的累计分布。l_1与“贫困线”曲线J的交点“c”对应的X_1值则代表支付医疗费用后，收入低于贫困线的人口比例，此时$X_1=X_{1J}[Y_0-m\cdot p]$。此时，“a”和“c”点对应的X值的差则代表由于医疗费用支出而陷入贫困的人口比例。

在疾病风险发生情况下，拥有医疗保险将能够补偿发生的医疗费用，缓解个体的负担。假定医疗保险的实际补偿水平为s，则个体实际总自付医疗费用为$(1-s)\cdot m$。“补偿后”曲线l_2代表医疗费用支出，且接受医疗保险补偿之后收入的累计分布；l_2与“贫困线”曲线J的交点“b”对应的X_2值则代表医疗保险补偿之后，收入低于贫困线的人口比例，此时$X_2=X_{2J}[Y_0-(1-s)m\cdot p]$。此时，“$b$”和“$c$”点对应$X$值的差值则代表医疗保险减贫的效果。假定$Effect$为医疗保险减贫的

① Pen氏队列图又称Pen图，于1974年由荷兰经济学家Jan Pen提出，最初用于分析收入分布。

效果，$Effect=X_2-X_1=X_{2J}[Y_0-(1-s)m\cdot p]-X_{1J}[Y_0-m\cdot p]$。

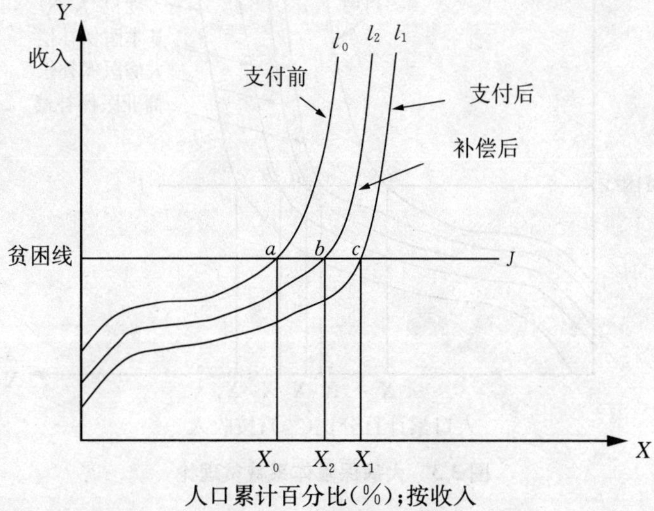

图 3.2　医疗保险减贫理论

根据表达式 $Effect=X_2-X_1=X_{2J}[Y_0-(1-s)m\cdot p]-X_{1J}[Y_0-m\cdot p]$，由于 $X'>0$，X 为递增函数，显而易见，如果医疗保险实际报销比例 s 越大，贫困人口的百分比的降幅 $Effect$ 越大，则表明减贫的效果越好。这一理论为医疗保险能够缓解贫困问题提供了依据。以 Pen 氏队列发展出的医疗保险减贫的理论适用于任何类型的医疗保险。但就某一种医疗保险而言，其能否起到减贫效果，关键取决于个人医疗费用支付后，医疗保险补偿的水平 s，如果 s 较高则“b”和“c”之间距离大，减贫的效果显著，若 s 较小则减贫的效果微弱。所以，针对不同类型的医疗保险的减贫效果评估，需要视不同医疗保险的保障水平而定。

3. 大病保险减贫的理论

由于城乡居民医疗保险体系细分为城乡居民基本医疗保险、城乡居民大病保险、商业医疗保险三类，并且不同类型的医疗保险的补偿水平存在较大差异，为便于分析大病保险体系的减贫作用，本书在图 3.2 的基础上，进一步细分出不同医疗保险补偿下个人的收入曲线(见图 3.3)。

与图 3.2 中的理论相似，在疾病冲击下，随着医疗费用支出，“支付前”曲线 l_0 变成“支付后”曲线 l_1，此时三种医疗保险依次介入补偿，个体收入曲线进一步上移。

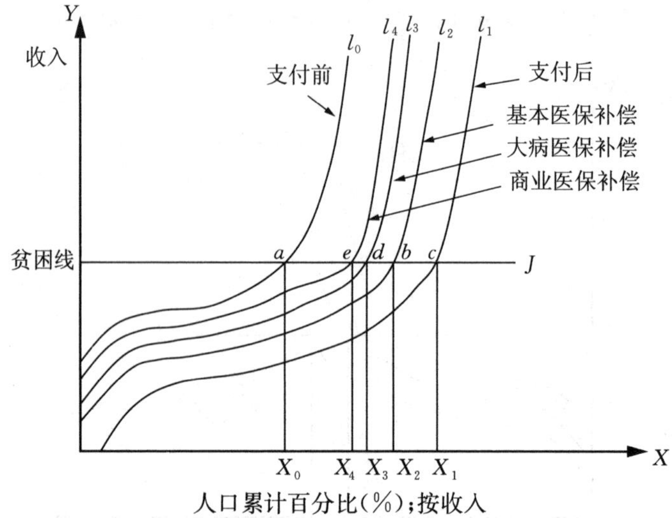

图 3.3 大病保险体系减贫理论

(1) 基本医保。假定基本医疗保险的实际报销比例为 s_1,则实际个人总自付比例为 $1-s_1$。在基本医疗保险的补偿下,个体收入变成 $Y_0-(1-s_1)m \cdot p$。

"基本医保补偿"曲线 l_2 与贫困线曲线 J 的交点"b"对应的 X_2 值代表基本医疗保险补偿之后的收入低于贫困线的人口比例,此时 $X_2=X_{2J}[Y_0-(1-s_1) \cdot m \cdot p]$。基本医疗保险的减贫的效果即为"$b$"和"$c$"点对应的 X 值之差,用数学表达式表示为 $Effect_1=X_2-X_1=X_{2J}[Y_0-(1-s_1)m \cdot p]-X_{1J}[Y_0-m \cdot p]$。

(2) 大病医保。假定在基本医保的实际报销比例 s_1 的基础上,大病医保的实际报销比例提高了 s_2,此时实际总报销比例为 s_1+s_2,个体实际自付比例为 $1-(s_1+s_2)$。在基本医保和大病医保的补偿下,个体收入变成 $Y_0-(1-s_1-s_2)m \cdot p$。"大病医保补偿"曲线 l_3 与贫困线曲线 J 的交点"d"对应的 X_3 值代表"基本医保+大病医保"补偿之后的贫困率,此时 $X_3=X_{3J}[Y_0-(1-s_1-s_2)m \cdot p]$。大病保险作为基本医疗保险基础之上的补偿,其减贫的效果需要撇清基本医疗保险的作用,即大病保险减贫的效果为"d"点和"b"点对应的 X 值之差,用数学表达式表示为 $Effect_2=X_3-X_2=X_{3J}[Y_0-(1-s_1-s_2)m \cdot p]-X_{2J}[Y_0-(1-s_1)m \cdot p]$。

(3) 商业医保。假定在基本医保、大病医保的基础上,商业医保的实际报销比例提高了 s_3,此时实际总报销比例为 $s_1+s_2+s_3$,个体实际自付比例为 $1-(s_1+s_2+s_3)$。个体收入变成 $Y_0-(1-s_1-s_2-s_3)m \cdot p$。"商业医保补偿"曲线 l_4 与贫困

线曲线 J 的交点"e"对应的 X_4 值代表"基本医保+大病医保+商业医保"补偿之后的贫困率，此时 $X_4=X_{4J}[Y_0-(1-s_1-s_2-s_3)m\cdot p]$。与前文类似，商业医疗保险减贫的效果为"$e$"点和"$d$"对应 X 值之差，用数学表达式可以表示为 $Effect_3=X_4-X_3=X_{4J}[Y_0-(1-s_1-s_2-s_3)m\cdot p]-X_{3J}[Y_0-(1-s_1-s_2)m\cdot p]$。如果从大病保险体系整体考虑，大病医保和商业医保减贫的效果之和为"e"点和"b"点对应 X 值之差，即 $X_{4J}[Y_0-(1-s_1-s_2-s_3)m\cdot p]-X_{2J}[Y_0-(1-s_1)m\cdot p]$。

从图 3.3 和理论分析可见，无论是现行的居于主体地位的城乡居民基本医疗保险，还是起补充作用的大病保险和商业医疗保险，均能够发挥减贫的作用。但减贫的效果大小，还需要视其保障水平而定。例如，以大病保险为例，在城乡居民基本医疗保险的基础上，大病保险起到了补充作用，但限定于合规费用范围内，并且规定了较高的起付线额，报销比例也并非是 100%。因此，在基本医疗保险基础上，大病保险体系究竟还能进一步补偿多大的保障水平，决定了大病保险能否起到减贫的效果以及效果的显著与否。

四、医疗服务治理贫困理论

(一) 医疗资源配置理论

卫生资源具有资源的属性，其本身相对于人的无限欲望是稀缺的，是社会在提供医疗卫生服务的过程中占用或消耗的各种要素，包括人、财、物、技术、信息等的集合。其中，重点关注的是人力卫生资源、物力卫生资源和财力卫生资源。人力卫生资源指包括医生、护士等卫生技术人力资源，物力资源包括医疗机构、床位和医疗设备等，财力卫生资源主要是指政府、社会、个人在医疗费用方面的投入。卫生资源配置理论与资源配置理论一样具有类似的理论基础，包括分配正义理论、市场经济理论、公平与效率理论以及人权思想。"新制度经济学资源配置理论把资源配置与交易看成是同一过程的两个方面，对资源配置的认识也就是对交易的认识"(党国英、梁积江，1995)。同样，医疗卫生资源的配置可以被认为是权利的配置与交易活动或过程，它反映了"人们之间获得医疗服务的权利分配，其实质是获得医疗服务的权利界定、权利的分配和权利的保障"(石光，2005)。按照制度经济学的观点，体现为所有权的交换，而非单纯的物与物的交换和使用价值的交换。另外，从市场和政府主体的角度来看，卫生资源配置主要有两方面的理论，一种是以福利经济学为基础的个人效益最大化理论,表现出的是以市场主导,另一种是以超福利经济学为基础的健康效益最大化理论,表现出的是以政府为主导(李华、俞卫,2013)。

卫生资源配置的原则包括五个:第一,公平性原则。公平性是卫生资源配置的重要原则,医疗服务是人的基本生存权利,人人都享有基本的医疗服务是公平性的重要体现。第二,效率性原则。卫生资源配置的效率不仅是经济学含义的,更具有伦理学含义,当发生效率低下时,既有卫生资源使用效率不高的问题,也有道德层面的问题。广义的效率一般可以分为两个大类,其一是卫生资源配置的技术效率,是在给定的资源配置组合下获得最大的产出,在不浪费资源的情况下充分利用资源,增加最终的产出,其二是卫生资源配置的健康效率,表示在健康状况改善最大化时各种投入的最优化状态。第三,效益性原则。卫生资源具有显著的公共品性质,其配置过程中要兼顾宏观经济效益和整体社会效益。第四,效用性原则。卫生资源配置的核心目的是提高居民健康水平,维护社会公共卫生安全,因此,要从微观个体的角度出发,切实保障卫生资源的配置能够给个体带来健康的效用。第五,功能定位原则。优化卫生资源的配置本质上是不同医疗服务主体分工定位的体现,按照所承载的职能差异予以相匹配的资源,做到物尽其用(罗娟、汪泓,2015)。

医疗卫生资源配置要解决三个问题,即应该生产什么类别和组合的卫生服务产品;在生产卫生服务产品时,需要哪些类别的医疗卫生资源;谁该得到这些卫生服务产品。健康是基本需求,医疗服务只是消费者用于生产健康的投入要素,是对健康的引申需求。可见,只要是有健康需求的自然人个体,特别是患者均是医疗卫生资源的配置接受主体。而卫生服务具有异质性,不同个体的需求具有差异性,这就要求卫生服务生产的多层次性,表现为医疗机构内部生产的层次性和医疗机构之间的差异互补性,这表明医疗机构也是配置接受主体。医疗服务具有不可储存性,在某个地域范围内,一般要求不同层次的医疗机构均存在,这说明地域医疗卫生行业也是配置接受主体。由于医疗服务需求对供给的影响和卫生服务过程中医患双方的互动性,以上配置接受主体同是医疗卫生资源的配置主体。另外,政府作为社会福利的最终承担者和社会经济政策的制定者、资源的宏观调控者,理所当然是医疗卫生资源的配置主体。

(二) 医疗服务利用理论

《关于医疗卫生机构有关税收政策的通知》〔(2000)第42号文件〕指出:“医疗服

务是指医疗服务机构对患者进行检查、诊断、治疗、康复和提供预防保健、接生、计划生育等方面的服务,以及与这些服务有关的提供药品、医用材料器具、救护车、病房住宿和伙食的业务。”而现代的医疗服务,已从医院内扩大到医院外,形成了综合医疗的概念,医疗内容也日益广泛,包括增进健康、预防疾病和灾害、健康咨询、健康检查、急救处理、消灭和控制疾病、临床诊疗、康复医疗等。可以说,医疗服务是指医院或医疗技术人员向人群提供的一种健康服务。医疗服务具有明显的个性特征:第一,医疗服务属于准公共物品,由国家和私人部门共同提供。由国家提供能够降低患者获取医疗服务的成本,由私人提供能够有效弥补供给不足。第二,医患之间存在严重的信息不对称,医疗服务的专业性很强,患者不具备专业的相关知识,同时患者获取信息的成本又过大,加剧了这种信息不对称。第三,患者在接受医疗服务时具有很强的不确定性,疾病发生的不可预见性以及个人特质、环境等因素都会造成医疗服务需求的不确定性。第四,医疗服务具有时效性,疾病的发生尤其是大病重病的发生,必须立即接受医疗服务,对时间要求是非常严格的,因此,时效性极强。

患者的医疗服务利用理论可为定义变量、说明变量之间的关系、评估关于医疗服务可及性以及医疗服务利用的方案和政策提供指导。一般认为该理论有四大理论模型:基于社会学理论和研究的患者决策模型(Models of Patient Decision Making)、基于社会心理学理论的健康信念模型(The Health Belief Model)、医疗服务需求的经济学模型(Models of Consumers' Demand for Medical Care)、医疗服务利用的行为模型。

医疗服务利用模型最初由梅凯尼克(Mechanic)等在1961年提出,包括疾病的持续情况、个人忍耐程度、医疗资源可及性、经济与心理负担以及自评和他评健康情况等因素(Mechanic et al., 1961)。但由于该模型所包含的因素主要是诊治前阶段的内容,缺少治疗后各阶段的影响因素,舒曼(Scuhman, 1965)补充完善了医疗服务利用模型,即在原有指标的基础上,又增加了经历症状体验、承担病人角色、接触医疗保健、依赖性患者角色、痊愈和康复等内容(Scuhman, 1965)。比较成熟且为后人推崇的模型是安德森(Andersen, 1968)提出的,自创立以来,已广泛应用于卫生服务研究和卫生体系评价中。安德森模型是一个概念模型,1968年由美国芝加哥大学教授安德森博士创建,旨在阐释为什么家庭会选择利用卫生服务,界定和衡量卫生服务的公平可及性。模型表明,个人在决定是否利用卫生服务(包括住院治疗、医生就诊、牙科护理等)时主要受倾向性特征(predisposing)、能力资源(enabling)和需要(need)三方面的因素影响。倾向性特征包括社会结构(教育、职业、种族、社会网络、社会交往和文化)、健康信念(态度、价值观和人们对卫生系统的了解)和人口学特征(年龄、性别等);能力资源包括家庭收入、医疗保险以及医疗服务的可及性、个人所在的社区资源等;需要是卫生服务利用最直接的原因,认知需要是指个人能更好地理解求医和治疗方案,而评估需要(也称临床需要或客观需要)则与卫生服务利用的种类和数量密切相关。

表 3.1　安德森医疗服务利用模型影响因素

因　素	类　别　及　举　例	
先决因素	人口学特征	年龄、性别、婚姻状况、家庭人口数等
	社会结构特征	受教育水平、职业、种族、社会地位、社会关系和文化等
	健康信念	个人对健康及健康服务的态度、价值及知识等
使能因素	居民个人与家庭资源	家庭收入、存款、健康保险或是否有固定就医资源等
	社会资源	社区医疗保健资源的多寡、医疗保健服务资源的可及性、医疗保健服务的价格、就医时间与候诊时间等
需要因素	自评健康状况或专业人员(如医生)的诊断	

安德森模型的演变分为四个阶段:

第一阶段,初步建立模型。1968 年安德森初始模型着眼于三大类因素:(1)倾向性特征。此类别代表卫生服务利用的倾向,是发病前个人的社会文化特征。根据安德森模型,个人对卫生服务的利用一定程度上基于人口统计学社会结构的位置以及对卫生服务的信念。(2)能力资源特征。此类别是指个人在家庭和社区中的资源。(3)基于需要的特征。需要因素代表了医疗卫生服务。最初的安德森模型尝试以家庭为单位分析卫生服务利用的原因,然而由于家庭成员的异质性,模型聚焦于个人而不是以家庭为单位进行分析,具有预测和解释卫生服务利用影响因素的作用,可用于卫生服务利用的预测和说明。使用卫生服务的倾向、促进或阻碍服务利用的因素以及对医疗的需要共同决定了人们对卫生服务利用的行为。

第二阶段,增加卫生服务系统因素。1983 年,安德森模型进一步扩充,新增了卫生服务系统。卫生服务系统包括卫生政策、资源和组织,以及它们随时间的变化。该阶段对国家卫生政策、资源、卫生系统的组织机构以及卫生服务利用模式的变化比较重视,认为它们是影响人们利用卫生服务的重要决定因素。资源包括劳动力和资金的数量及分配、卫生服务人员的教育和现有设施。组织是指卫生保健系统如何管理其资源,最终影响卫生服务的结构和可及性。一个组织如何分配其资源以及该组织是否有足够的人力决定了个人能否利用医疗服务。因此,是否利用卫生服务以及利用的频率取决于人口学特征和卫生服务的影响因素。

第三阶段,构建具有线性关系的组成要素。1995 年,安德森模型演变至第三阶段,形成了三个具有线性关系的组成部分:主要决定因素、健康行为、健康结果。指出卫生服务对维持和提高人群健康状况的影响,涵盖了个人认知的卫生服务利用和医生评估的卫生服务利用两方面。该阶段安德森模型承认外部环境(自然、政治和经济环境)是卫生服务利用的重要组成部分,阐释了健康行为决定健康结果的观点。健康行为包括个人的卫生行为(饮食和运动)和卫生服务利用,健康结果则包括认知健康状况、客观健康状况和患者满意度。个人卫生行为(饮食、锻炼和自我保健)与卫生服务利用相互作用,进而影响健康结果。

第四阶段,模型成熟阶段。安德森模型发展到第四阶段已趋于完善和成熟,最初的模型通过多次扩展延伸,形成包括反馈回路在内以健康结果为卫生服务利用终极目标的最新模型。本阶段模型包括四个重要组成部分,即环境因素(environment)、人群特征(population characterisic)、健康行为(health behavior)、健康结果(health outcome)。它还包括了反馈回路,即环境因素和人群特征决定了健康行为,健康行为决定健康结果,而健康结果和健康行为又反过来影响人群特征。

安德森医疗服务利用模型从系统学的角度分析医疗服务的利用,解析医疗服务利用的影响因素,进而帮助决策者通过政策手段提高医疗服务可及性。总的来说,医疗服务利用行为模型发展至今,已经得到大量实证研究检验,是健康与医疗服务研究领域最具影响力的理论模型之一。但从它的改进过程也可以看出,模型包含的变量及变量之间的关系越来越复杂,由此也导致了关于模型自变量和因变量的确定、变量之间的因果关系与作用途径、模型的一般化和相关政策研究的批评。大多数应用该模型的实证研究并没有使用完整的模型,而是根据需要选择某一部分或者简化模型。人群特征是安德森模型最重要的构成部分。在倾向性特征中,人口学因素如年龄和性别等具有生物必然性,社会结构代表个人的社会地位,患者社会人口学特征的差异会导致卫生服务利用的差异,例如女性对门诊卫生保健服务的利用率高于男性。健康信念是指人们对健康和卫生服务的态度、价值观和知识等可能影响对卫生服务需求与利用的理解。安德森模型阐释的潜在可及性

(potential access)是指卫生服务的组织资源供给和影响服务消费者利用卫生服务的促进因素,常用的评价指标是卫生服务或保险的覆盖率。实现可及性(realized access)是指真正实现的卫生服务利用,包括医疗技术人员和服务提供水平。公平可及性(equitable access)是指人口特征、卫生服务需要等因素导致卫生服务利用的差异。如果社会因素或能力资源限制了卫生服务的利用,那么就产生了卫生服务不公平的可及性(inequitable access)。有效的可及性(effective access)是指将实现的可及性和健康结果(健康状况和患者满意度)相联系,通过改善健康结果来评估医疗服务的效果。有效率的可及性(efficient access)是用来评价卫生服务消耗的资源与健康结果之间的关系,健康结果的极大化应以消耗资源(成本)的极小化为代价。

(三) 医疗经济负担理论

疾病负担(burden of disease)是疾病、伤残和过早死亡对整个社会经济及健康的压力,疾病负担亦称病伤负担,它包括病伤的流行病学负担和病伤的经济负担。

表 3.2 疾病负担研究的阶段

阶 段	时 间	内 容	主要指标
第一阶段	20 世纪 80 年代及以前	疾病负担主要从死亡角度考虑,死亡人数越多,疾病负担越大	死亡率、发病率、死亡位次
第二阶段	1982 年	美国 CDC 提出潜在减寿生命年(YPLL),用寿命损失评价疾病负担	潜在寿命损失年
第三阶段	20 世纪 90 年代	将死亡和伤残结合起来,疾病负担认为是期望寿命的损失	DALY、HealY
第四阶段	21 世纪	将疾病对个人、家庭和社会的影响进行综合评价	CBOD

疾病负担具体从三个角度来研究,即个人负担、家庭负担和社会负担。

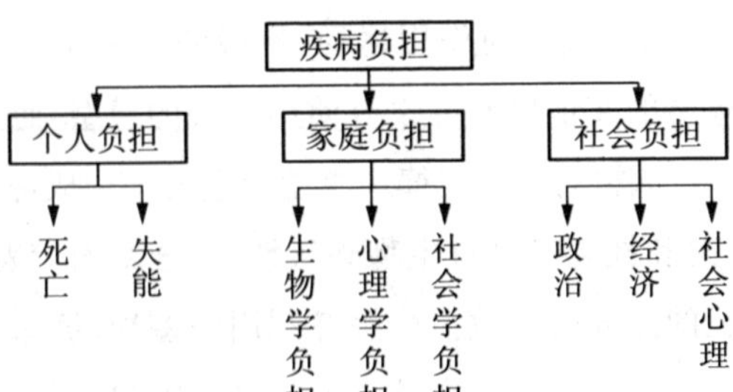

图 3.4 疾病负担构成

医疗经济负担的研究是卫生经济领域内的重要研究内容，它是从疾病负担基础上演化而来。医疗经济负担不仅需要关注疾病的流行特征、影响因素、传播范围、疾病后果等方面，还需要在此基础上了解疾病对人群造成的经济负担，以有助于评估卫生保健费用的投资效益、正确制定卫生经济决策和合理分配各种资源。

从医疗经济负担研究的范畴来看，主要研究的是医疗负担的大小、分布特征、变化趋势等内容，同时借助对不同地区、不同类型典型案例资料分析，收集疾病本身情况（疾病种类、诊断、并发症、严重程度）、卫生服务利用情况（是否利用门诊服务或住院服务、卫生服务利用次数）、卫生服务利用地点（医疗机构距离、医疗机构等级）、医疗保障形式、卫生服务效果预期等信息，这有助于了解医疗经济负担的来源、影响因素和结构特征，这对于拓展疾病负担的研究范畴、增强研究结果的适用性等方面具有重要意义。

从研究角度来看，医疗经济负担根据医治疾病的医疗成本进行分类，主要是病人角度、政府角度、社会角度或保险机构的角度，而从目前研究现状来看，主要是从家庭负担的角度出发。从时间跨度角度来看，医疗经济负担可以是每次的经济负担、每年的经济负担甚至一生的经济负担。从研究内容来看，可分为对医疗经济负担总量的研究（例如医疗经济负担占GDP比重、医疗经济负担的增长率、医疗经济负担对GDP的弹性系数等）和对经济负担的结构分析（不同病种间经济负担比较、直接负担与间接负担比较、门诊负担与住院负担比较等）。从发展趋势来看，目前研究医疗经济负担仍然离不开对发病率、患病率和死亡率等传统健康指标的依赖，今后在描述个体或群体健康状况这一单一特征基础上，在信息搜集方面需要向更加全面的方向发展，经济负担指标应该尽可能囊括健康信息、社会经济信息、人口信息等方面。

对医疗经济负担的构成研究主要从直接经济负担和间接经济负担两个维度展开，直接经济负担主要通过二步模型法和人力资本法；间接经济负担主要是直接计算法和支付意愿法。对医疗经济负担的预测方法主要有回归预测法、弹性预测法、计量经济模型预测法。在医疗经济负担的影响因素方面，主要通过多元回归模型来分析疾病类型、家庭情况、社会经济情况等因素对医疗卫生支出的影响。

从“供给—需求”视角看，导致“看病贵”的主要原因是医疗服务制度设计中给予供给侧的规范较为充足而对需求侧的引导则相对不足。破解医疗服务“供给—需求”脱节、失衡这一难题的基本路径是实施能够统筹兼顾医疗服务供给侧和需求侧的分级诊疗制度。分级诊疗建立在医院分级、病种分类基础上，并且对患者就医选择进行制度安排，引导患者合理分流，在配置医疗服务供给与需求时更具稳定性。推进分级诊疗实践，可实施强制性基层首诊，建立双向转诊的激励机制，多渠道引导群众就近就医理念。

通过分级诊疗，让大医院的普通门诊患者转到基层医院，让诊疗后的病人转到康复、护理医院，这样就可以腾出医生的力量和床位收治疑难危重病人。按照病情的轻重缓急选择合适的医院进行治疗，看病费用也会更合理。

五、医疗救助与慈善医疗治理理论

(一) 医疗救助理论

1. 风险社会理论

20 世纪 80 年代，德国社会学家乌尔西・贝克(Ulrich Beck)提出风险社会理论，他认为现代社会的财富生产与风险生产并存，财富分配的逻辑已经被科学和技术性风险的生产、界定和分配所取代(Wolff, 2007)。

风险社会与人们对现代性的反思相关，现代社会风险具有多重特征。现代社会风险具有破坏性威胁，但尚未产生破坏性结果，介于安全与毁灭之间；现代社会风险打破了过去、现在和未来的关系。现在的行动不仅由过去决定，而且由将来决定；风险是价值和事实的结合体，无法在单一的领域内解释。在早期阶段，风险是非意图的结果。而随着人为不确定性的增加，试图界定和控制风险的努力往往会扩大风险本身。当前的风险是已有知识和潜在未知的混合，专家无法决定行动，权威、文化、组织和伦理等都受到挑战。风险缩短了全球与区域的差距，时空概念被压缩，环境问题等新风险呈现出没有边界的特点。风险既是现实的，也是社会构建的。其来源于工业化和科学革命的影响，同时，依附于历史和文化。因此，不同的国家理解和应对相同风险的方法不同。风险社会与现代社会自然和文化的界限日益模糊有关。应对风险社会的主张之一是人类的自我限制。吉登斯认为，人类身处于一个生态破坏、贫困、全面战争和极权政治的高风险社会，而各类风险都是人类行动和抉择的未能预期的后果。这种人为风险的无层次化、知识相关性、社会性和风险管理的政治化趋势，使风险社会超越了简单的认知概念，成为一种正在出现的秩序和公共空间，其秩序并非等级式的或垂直式的，而是网络型的、平面扩展的，风险的跨边境特征要求更多的治理主体出现并达成合作关系。

与此相对应,人类生活变得更加多样化、不连续和异质。越来越多的人会陷入失业和贫困的风险,尽管多数是暂时性的,但由此会产生社会排斥,个人从传统的保护中分离出来,同时并未获得现代性的权利和资源的机会。现代贫困更多是剥夺意义上的,很难通过一个指标来判断其未来的走向。家庭关系也发生了很多新的变化,但仍然是人们珍视的最重要领域。应对风险社会的最基本策略就是建立安全保护,包括建立社会救助体系。

2. 社会支持理论

社会支持概念最早由卡塞尔(Cassel)和柯布(Cobb)提出,用来描述与精神健康有关的社会关系,后来被广泛应用于社会学研究中。20 世纪 80 年代,社会支持的概念及操作化研究可分为三类,即社会嵌入、感知的社会支持和提供的支持。社会嵌入除了用婚姻状况、参与社区组织等当前指标衡量外,还广泛使用社会网络分析。社会网络是来自外界的社会联系,尤其是对目标主体具有重要意义的社会关系。可以用以下几个维度进行衡量,如规模、密度、多元性等结构网络特征。网络功能包括提供信息、安慰、情感支持和物质援助等。社会支持指网络对个体产生的影响。因为社会嵌入方法无法表明社会支持的影响机制,感知的社会支持从个体角度,衡量其在多大程度上认为自己得到了支持、信息和反馈,可从获得性和充分性两个维度衡量。而提供的支持主要指来自个体之外的世界对个体所提供的帮助(Procidano and Heller,1983)。

现代社会支持更加强调互动及对弱势群体提供的物质和情感资源,包括尊重支持、信息支持、社会成员身份、工具性支持等。在亲友、邻里、民间社会等支持系统中,社区是最有组织化和正式性的支持系统(王卫平,2007)。

研究发现,城市贫困群体首先缺失的是正式的社会支持网络,包括劳动就业的障碍与排斥、社会保险安全网的破漏和单位制度的解体带来的三重影响。其次是非正式社会支持网络的缺失,包括家庭、家族、邻居、朋友、同事等圈子。家庭作为最基本的社会单位,因离异、丧偶等带来的家庭关系缺失,负向衍生效应明显。低保户中人户分离问题严重,也是导致支持网络缺失的原因之一(唐钧,2003)。

在工业化过程中,社会救助制度的创立要早于社会保险,在经济发展遭遇波折的时候,社会救助的作用更明显,如大萧条时期的罗斯福新政。中国社会救助的问题一方面表明现有社会保障体系覆盖率和保障水平的不足,缴费带来的成本加重了劳动密集型企业的负担，在就业面临压力的情况下，对提高保障水平形成一定的阻力；另一方面，现有社会救助的问题体现了社会网络的缺失，已有社区资源未被充分利用。社会支持理论为社会救助提出了新的思路，社区建设成为完善社会网络的重要议程。

3. *社会分层理论*

社会分层概念的灵感来源于地质学的岩石分层，指按照一定的标准将社会成员划分为高低不同的等级序列的过程，这些标准包括血缘、个人特质、成就、财富、权威及权力等。如布迪厄所言，由于社会关系的复杂多样性，社会生活中的同种经历可以用不同的方法和原则建构。社会分层是社会发展过程中存在的社会利益关系及其不平等的利益分配格局的观念反映，并研究这种不同社会层级之间如何相互影响。生活中的机会依赖于我们接触的环境，它受到不同社会关系的影响，从而产生信息、资源、人际和空间等方面的不平等，因此分层可能不断被复制和衍生。

现代社会分层理论深受马克思和韦伯的影响。马克思用阶级的观念分析社会分层，并认为其基础是对生产资料的不同占有。但社会学研究表明，并非所有社会都是阶级社会，阶级也未必是最基本的社会分界点，中产阶级的崛起和阶级结构的进一步多元化及现实的阶级意识都对马克思的分析提出进一步探索的需要（Saunders，1999）。马克斯・韦伯从权力的来源角度讨论社会分层，使社会分层论进入了多元化时代。他认为权力包括三种，即阶级权力、社会权力和政治权力，其对应的财富、地位和影响力也不一定是一致的（Weber，1968）。早期的功能分层论认为分层在某种程度上是合理的，是社会的需要，社会不平等是保证最重要的职位有意识地由最合格的人来承担的必要手段。现代分层理论越来越趋于综合性。社会分层本身可能鼓励了一种对现代社会结构的太过于简单的看法，它促使了对结构问题的过分关注，而这是以牺牲有关产生这种结构的过程的基本问题为代价的（关信平，1988）。

与社会支持相对的概念是社会流动，用来描述社会阶层之间的互动机制。与以往相比，现代社会的社会流动更加明显，尽管流动的幅度相对较小。我们不能简单地将社会分层及贫困问题看作个人责任，现代国家有责任提供给个人平等的机会，并帮助底层阶级实现上行流动。由于弱势群体往往遭受多重剥夺，单一的政策无法突破他们目前的困境，因此，政府和社会共同提供社会支持从而进一步带动社区发展被越来越多的社会学家所推崇。

(二) 慈善医疗理论

1. 三次分配理论

在经济学视野中，慈善事业是基于爱的法则对财富进行分配。生产的最终目的是消费，而从生产到消费的过程中，一个必不可少的环节就是创造的财富如何在人群中分配的问题。因为在生产力不够发达，物质产品不丰富的情况下，财富不可能满足所有人的同时需求，所以，需要依据一套科学的分配理论对财富进行合理的分配。而经济学的理论也告诉我们，如果采取平均分配财富则无助于社会进步。在市场经济中，市场通过资源配置，通过对劳动力的报酬实现了第一次财富的分配；而政府作为公共机关，通过公共权力，利用税收、财政、金融等手段实现对收入分配的调节，这被称为二次分配。而在第一次和第二次分配之后仍然没有达到理想的收入分配状况，即市场和政府主导的分配还存在一定缺陷的情况下，还需要以慈善组织为主体的、基于爱的原则和社会责任的第三次分配（徐麟，2005）。

第三次分配是相对于初次分配和再分配而言的。关于“第三次分配”这个概念国外并没有十分的强调，研究者主要关注的还是第一次分配和第二次分配。1994年著名经济学家厉以宁明确提出“第三次分配”的概念。他指出：“市场经济条件下的收入分配包括三次分配。第一次分配是由市场按照效率原则进行的分配；第二次分配是由政府按照兼顾效率和公平原则，侧重公平原则，通过税收、社会保障支出等这一收一支所进行的再分配；第三次分配是在道德力量的作用下，通过个人资源捐赠而进行的分配。”更直接地说，我们平时上班、打工拿的工资是第一次分配；我们的社会福利、社会保险等就是第二次分配；而个人和企业出于自愿，在习惯与道德的影响下的各种慈善捐赠，就是第三次分配。第一次分配即初次分配主要是鼓励提高效率，“能挣多少挣多少”，但要适当兼顾公平；第二次分配即再分配主要是通过税收等手段调节在初次分配中形成的贫富差距，“能征多少征多少”，同时也要发挥社会保障的“保低”作用；第三次分配即通常所说的慈善捐赠，强调献爱心和民间互助，“能捐多少捐多少”，这对社会财富的重新配置起到不可估量的积极作用（祝洪娇，2018）。由于第三次分配是人们自觉自愿的一种捐赠，因此它的影响是广泛的，它所发挥的作用有效地弥补了市场调节和政府调节的不足。成思危（2007）认为在财富分配中存在三次分配。第一次分配是由市场按照效率进行分配，第二次分配是由政府通过转移支付体系进行分配，第三次分配是由富人自发地筹措资金，在教育、医疗和生活领取直接地帮助弱势群体，而慈善事业就属于三次分配。①

第三次分配理论在中国的成长和宣扬，证明在经济学的视野中，财富的分配并不仅仅是效率问题和非道德化的问题，也是一个关系社会和谐和社会责任的道德问题，并成为激发中国慈善事业发展的理论佐证。尤其是第三次分配的主体定位为社会组织特别是慈善组织，这也为慈善组织的发展提供了广阔的理论与实践空间（徐麟，2005）。

2. 人权理论

慈善事业是一种人道主义的事业，其内在深层次理论是人的道德权利。人之所以为人，在于其拥有超越于各种政治和社会限定的人权。在慈善事业的体系中，尤其是救助性的慈善事业，表达了对普遍意义上的人权的关注。人权是一个人仅仅因为是人就拥有的权利，也就是“人之为人”的权利。其中，第一个“人”是具体的、现实的人，第二个“人”是指抽象的人，即设定的、本性意义上的人（夏勇，1992）。人权是一种特殊的权利，这些权利属于任何时代任何地区所有人，不管这些权利是否得到承认。这是所有的人仅仅因为是人而拥有的一些权利，不涉及民族、宗教、性别、社会地位、职业、财富、财产，或其他任何彼此相异的种族、文化或社会方面的特征。因此，人权是最普通的道德权利（米尔恩，1991）。

按照现代权利理论，权利可分为实证权利（法律权利）和道德权利。实证权利来源于法定（或习惯）并以法律为后盾，道德权利产生于道德原则并以道德力量为支持。人权以人或者人性为其来源。人权的来源是人的道德性。作为人权基础的人性，是一个道德假定，一种对于人的可能性的道德考虑。作为人权基础的道德性来源于这些可能性的社会选择，这种社会选择所选择的是有关人们潜能的一种特定道德观，这种道德观的基础是关于有尊严地生活的最低限度要求的一种特定的本质性看法。人权产生于人的社会活动，它要求特定类型的制度和实际活动，以实现关于人的可能性的基本道德观，即那些权利的实施和保护。因为人权是一种权利，而权利乃是资格，只要权利拥有者与责任承担着之间的关系是以权利为基础的，那么权利就支配着这种关系，这种支配地位使权利拥有者能够直接控制他与责任者之间的关系。所以，人权是一种旨在通过制度化的基本权利实现有关人的尊

① 成思危：《第三次分配要依靠社会责任》，http://news.ifeng.com/mainland/detail_2007_02/07/617971_0.shtml。

严和潜能的特定观念的社会活动(唐纳利,2001)。

在慈善事业体系中,我们看到的是对人之资格的肯定,对人之生命、医疗权、保障权的保护与捍卫。对人权的关注,提升了慈善事业的道德意境,为慈善事业注入了道德灵魂。隐藏在慈善事业中的人权概念,不是为各种现实力量所规定的实证权利,而是一种关心人、爱护人的道德权利。

第四章
医疗保险治理健康贫困行动的国际经验

医疗保险被誉为是化解疾病经济风险,降低居民医疗经济负担,从而避免和减少居民"因病致贫"的重要路径。社会保险型是世界上采用最多的医疗保障模式,德国、法国、日本和韩国四个国家相对成熟并具有地域典型意义。在世界上采取商业医疗保险、国家医疗保险和社会医疗保险为主的医疗保障模式国家中,兼顾地域和发达程度,美国、澳大利亚、巴西、法国和德国五国商业医疗保险具有特色,在医疗保障体系中发挥了重要作用,可作为本章重点介绍的商业医疗保险治理健康贫困的典型国家。无论是社会医疗保险,还是商业医疗保险,本章将在整体医疗保险体制基础上,重点分析典型国家的医疗保险范围和保障水平以及医疗保险减贫行动,进而总结典型国家医疗保险治理健康贫困的趋势,通过医疗保险路径治理健康贫困的经验,以及可供我国医疗保险治理健康贫困的借鉴之处。

一、社会医疗保险治理健康贫困

(一) 德国社会医疗保险

1. 社会医疗保险概述

1883 年 6 月 15 日,俾斯麦时期的德国国会通过《工人疾病保险法》,建立了法定医疗保险(Statutory Health Insurance, SHI),标志着德国社会医疗保险制度的建立,成为全球第一个建立社会医疗保险制度的国家。此后,经过(尤其是二战以来的)不断发展完善,形成了以法定疾病保险为主干的,包括医疗保险(含法定、私人疾病保险)、医疗服务和医药提供体系在内的完整、高效的医疗保障体制,成为中国及全球80余个国家和地区竞相仿效的对象。德国医疗保险系统分为两大类:社会医疗保险、商业医疗保险。其中,社会医疗保险(SHI)覆盖了90%左右的德国人口。法定医疗保险主要针对职工、失业者、退休者、学生和农民。政府划定一个收入门槛并且根据实际情况进行年度调整,低于这个门槛的公民必须参加法定医疗保险,而超过这个门槛则不在法律强制范围内,可以自由选择是否参加社会医疗保险。对于这些收入超过法定收入门槛的人群,如果选择参加,可以参加社会医疗保险系统中的自愿医疗保险。缴费是与收入挂钩的。医疗保险筹资来源于雇主和雇员,政府不提供补助。每个疾病基金必须计算自己的缴费率(按照收入的一定比例),从而平衡自身的收支预算。设定的缴费率对于疾病基金中享受同样报销目录的所有人都是一样的;疾病基金不能针对不同风险群体或不同地区群体制定不同的缴费率。疾病基金之间的缴费率是不同的。因此,缴费率从11%到15%之间不等。对于雇员而言,一半的缴费是由雇主缴纳的。2009年1月,对所有疾病基金政府设定统一的缴费率。最初这种缴费率水平的设定是以满足SHI支出为目标。但是未来随着支出的持续增长,并不能全部寄希望于增加缴费率。相反,应该是通过征收额外的附加费用。2011年,缴费率固定为15.5%,并用法律将其固定化(Göpffarth and Henke, 2013)。在雇主和雇员之间几乎是平等分担,所有疾病基金统一执行。与以往一样,雇员和雇主的缴费率都是根据缴费收入进行计算的。雇员的缴费包含了0.9%的附加费。如2010年,缴费率统一定为14.9%,7.9%由雇员支付,7.0%由雇主支付;2011年,缴费率定为15.5%,8.2%由雇员支付,7.3%由雇主支付(Buchner and Wasem, 2003)。德国法定医疗保险由国内154家非营利性的疾病基金运行,按照其法律地位和所属组织的不同可以分为七类,分别是地区疾病基金(General Local Insurance Fund)、替代性疾病基金(Alternative Health Insurance Fund)、以公司为基础的疾病基金(Company Health Insurance Fund)、行会疾病基金(Guild Health Insurance Fund)、农民疾病基金(Agricultural Health Insurance Fund)、矿工疾病基金(Sickness Fund for Miners)和海员疾病基金(Sickness Fund for Seamen)。七类疾病基金分属于不同的疾病基金协会,彼此之间独立运行。

从20世纪八九十年代开始,德国实施了一系列医疗卫生体制改革,主要集中在费用控制、医疗质量和病人满意度、医疗技术评估等几个方面。第一阶段的重点是引入针对住院医师的总额预算制以及药品参考定价机制,1988年引入参考定价机制。1993年开始的第二阶段改革主要是对处方药、医院和医师实行总额预算制度,并冻结了药品价格，用“按病例偿付”制度替代原先的“实报实销偿付”制度。改革后，投保人可自由选择医保基金制度。1997年开始的第三阶段医改措施包括控制签约医生人数，提高病人自付比例和缩减医保范围。2000年开始探索DRGs付费方式，并于2007年开始全面推行。2009年建立起中央健康基金，将统筹层次提高到中央层级。在过去的20多年中，德国的医疗卫生体制改革通过对决策权的合理分配，在联邦、州和基层政府之间建立起一套行之有效的协商体制，基本上达到了全体公民享有基本医疗卫生保障的目标，并且保持了较高的医疗水准以及病人的自由选择权。

2. 社会医疗保险范围和保障水平

法定医疗保险的待遇与个体的身份、缴费数额或参保年限均无关，参保者及其家庭均享受同样的医疗保险待遇。法定医疗保险的保障范围很广，自2004年起将眼镜福利剔除。根据《社会法典书》(Social Code Book V, SGB-V)第3章规定，医疗保险的福利待遇包括：疾病预防；疾病筛查；疾病治疗（门诊、牙科、药品、官方认可的专业人员提供的护理、医疗设施、住院、家庭护理、特定地区康复护理、社会治疗）；假牙和矫正治疗；急救和救援护理；特定的其他福利。除上述的报销福利外，法定医疗保险还提供疾病津贴(Busse and Blümel, 2014)。

从补偿水平来看，德国的法定医疗保险的补偿水平很高。表4.1列出了德国从

表4.1　1994—2004年德国医疗费用自付比例　（单位：%）

	1994—1996年	1997年上半年	1997年下半年	1998年	1999年	2000—2003年	2004—2014年
门诊治疗	0	0	0	0	0	0	10
药品							5—10
小包装	1.5	2	4.6	4.6	4.1	4.1(4.0)	
中包装	2.6	3.1	5.6	5.6	4.6	4.6(4.5)	
大包装	3.6	4.1	6.6	6.6	5.1	5.1(5.0)	
保守牙科治疗	0	0	0	0	0	0	10
牙冠和补牙	50/40/35				50/40/35	50/40/35	100
牙齿矫正治疗	0—20	0—20	0—20	0—20	0—20	0—20	0—20
住院前急救和转移	10.2	10.2	12.8	12.8	12.8	12.8(13.0)	5—10
门诊前急救和转移	100	100	100	100	100	100	100
家庭护理	10	10	15	15	15	15	10
住院	6.1	6.1	8.7	8.7	8.7	8.7(9.0)	10

资料来源：Busse and Blümel(2014).

1994 年以来的各项医疗服务和药品的补偿水平。以 2004—2014 年阶段为例，门诊治疗的个人自付比例仅为 10%；药品个人自付比例为 5%—10%；牙科治疗取决于具体的治疗类型，保守牙科治疗个人自付比例仅为 10%，牙冠和补牙完全自费承担，牙齿矫正治疗个人自付 0%—20%；住院前急救和转移费用个人自付 5%—10%，但门诊前急救和转移费用需要个人完全自费承担；家庭护理费用个人自付比例为 10%；住院治疗的个人自付比例为 10%。

3. 社会医疗保险减贫行动

(1) 低收入群体强制参保和特定群体保费豁免。

德国法定医疗保险具有一定的"亲贫"特点，政府采取强制手段，按照公民收入的多少设定一个强制参加法定医疗保险的计费收入上限，这条门槛也是公民选择私人医疗保险的收入基准。第一，凡是收入低于这条准入线的公民，必须参加法定医疗保险。作为主体的法定医疗保险，能够将中低收入作为主要对象，体现了政策是具有"亲贫"倾向的。而收入超过此上限的人员可以不参加法定医疗保险，而自由选择私人医疗保险等其他险种。除了公务员和自由职业者等人群外，凡是收入低于法定界限(2011 年为年收入 49 500 欧元)的德国公民必须投保法定医疗保险，没有收入来源的家属(妇女和儿童)可免费共同保险。缴费率为 15.5%，由雇主和雇员各承担 7.3%和 8.2%。患者不论缴费多少都可以享受同等的医疗待遇。至 2012 年，德国拥有法定医疗保险公司 600 余家，覆盖德国人口的近 90%，加上覆盖德国人口 9%的私人医疗保险机构，99%的德国公民基本上都能享受到医疗保险(张晓、黄明安，2015)。2014 年参加法定医疗保险的最高限额达到 53 550 欧元(德国卫生部①，2014)。农民、手工艺人、残疾人和学生也被包括在法定医疗保险中。第二，对一些困难家庭，家庭成员可以连带参保而无需缴费。其一，只要法定医疗保险投保人在德国拥有住所或者长居德国，并且月收入未超过"收入上限"，其配偶及子女就可以作为连带参保人，无须再另外支付保险费而纳入家庭联保。其二，若子女未就业、接受学校教育、职业培训或者自愿从事社会福利或生态环境保护方面职业的情况下，可以相应地提高享受家庭联保的年龄界限。其三，残疾子女的家庭联保在一定的前提条件下不设年龄界限。但是如果父母中一方未参加法定医疗保险且毛收

① http://www.bundesgesundheitsministerium.de/en/ministry/new-healthcare-and-long-term-care-regulations-in-2.html.

入超过收入资格上限，其子女不能享受家庭联保，而必须单独参保。第三，对一些低收入群体的保费优惠甚至减免。其一，若雇员的月收入在 400 欧元以下，则上缴费率仅为 11%，且全部由雇主缴纳（姚玲珍，2011）。其二，没有或者仅有少许收入的贫困家庭成员由共济的医疗保险支持，不用支付保险金。

（2）设置自付封顶线。

德国实行法定医疗保险制度，要求参保人自付一定比例的医疗费用，但为了防止参保人负担过重，法律规定了最高费用限额。18 岁以下的儿童不需要支付医疗费用的自付部分，完全由法定医疗保险支付。对于成年人，按照收入水平高低设定自付限额。德国重大疾病的判断标准是以家庭为单位，基于家庭收入和医疗费用支出进行划定，法定医疗保险制度免除高额医疗费用的自付部分，并给予部分患者税收减免。原则上，医疗保险参保者的药物、外科敷剂、非内科医生治疗和就医交通费年度累计的自付额度超过家庭收入的 2%，超过部分费用将得到豁免。[①]如果家庭中超过一个人依赖此收入为生，则计算时还会有相应的抵扣，即将现有收入扣除一部分再计算自付费用占比。对于患有慢性病的患者，患病至少超过 1 年时间，年度自付额度超过家庭收入的 1%，可不再支付余下的自付费用，并且只要疾病持续就可以一直享受此待遇。[②]但慢性病患者必须同时满足以下条件之一：需要长期护理的等级 2 或等级 3 病人；至少 60%的残疾或至少 60%无劳动能力；治疗医生开具证明以明确长期持续治疗不会导致生命威胁、不会降低寿命或不会降低生活质量。在申请限额补偿时的手续比较复杂，需要患者提供家庭所有成员的年度收入证明和支付证明。2008 年起，慢性疾病患者还必须证明自己在生病之前参加了标准的就医咨询和检查程序。如果每年个人患者的自付费用超过 6 000 欧元，法定医疗保险制度在免除本年度余下的自付费用之外，患者还可以申请豁免一定量的收入所得税。总的来说，德国按家庭收入的一定比例设立个人自付止损额，一般为家庭总收入的 2%，严重慢性病患者为 1%。2001 年，47%的处方享受到了自付限额的豁免。2003 年，超过 1/3 的 SHI 参保者在药品方面享受到自付豁免。2014 年，大约有 30 万参保者的医疗费用超过家庭收入的 2%，从而享受到了自付部分的豁免（而在 2011 年和 2012 年时，大约是 50 万人）。2014 年，大约有 630 万人（约 9%）

---

① 依据法律 Überforderungsklausel § 62 SGB V：2% regulation。

② 依据法律 Überforderungsklausel § 62 SGB V：1% regulation。

的参保者享受到慢性病1%限额的补偿(Busse and Blümel，2014；Gericke 等，2003；闫蕊、黄桂霞，2017)。[①]由于自付上限仅针对SHI医保政策范围内的医疗费用，而政策范围外的费用并不享受。如果个人自付医疗费用支出超过每年600欧元并且超过年度家庭收入的一定比例(1%—7%)，超过部分将能享受到收入税的减免(Gericke et al.，2003)。

(3) 设置疾病津贴。

由于疾病和疾病治疗而无法正常工作时，参保人可以选择暂时离开工作，并且根据实际情况申请领取病假津贴(sick pay)，但必须立即通知雇主。法定医疗保险规定，在患病期间的前6周，由雇主为患病雇员支付100%薪水，但是雇员要享受这一待遇必须满足一个前提，即雇员必须在生病之前在该单位工作满4周。如果无法工作的时间超过3天，患者必须向雇主提交由医生开具的无法工作持续期的证明，周末、公共假期时间都算在内，如果患者在周五生病，必须在下周一得到无法工作的医生证明。雇主也有权利要求雇员提前给出医生开出的无法工作的证明。从医生开出生病证明的那天起，患者将开始得到疾病津贴。如果患者在接受其他保险福利或者疾病是由于交通意外以及职业疾病，参保者必须通知医疗保险公司。在一定特殊情况下，疾病津贴支付6周的规定可能会延长超过1年。如果在6周疾病津贴即将结束时或者新的一个年度开始时，该雇员又患上了同样的一种疾病，则又可以重新开始领取6周疾病津贴。而如果该雇员患上了一种新的疾病，则自动开始6周疾病津贴制度。而企业是否有权终止劳动合同，需要视个人情况而定。根据德国《反不公平歧视法》(German Protection Against Unfair Dismissal Act)，仅有在长期持续疾病或短期频发疾病，以至于雇员无法完全恢复以继续履行劳动合同的情况下，劳动合同有可能可以解除。对于雇用雇员数量少于30人的雇主，德国SHI将为雇主补贴疾病津贴的70%，6周后由疾病基金会支付。在生病的第7周开始，由疾病基金支付大约生病前薪水的70%(最高为90%)。如果患者因为同一种疾病而无法工作，则3年内领取疾病津贴的最长天数为78天。如果家庭中没有其他人可以照顾儿童，工作的父母为了照顾生病的12岁以下儿童也可以领取病假津贴。照顾每一个生病儿童，雇员可以领取到10天疾病津贴，但一年中最多可以领取25

① The German Health Care System[EB/OL]，(2018-06-08)[2019年4月9日]，https://international.commonwealthfund.org/countries/germany/.

天。另外，单亲父母可以领取20天疾病津贴，一年中最多可以领取50天。母亲产前4周和产后6周享受母亲津贴。如果病人生于1979年以前可享受假牙津贴。已故者亲属可享受一次性津贴。1996年原联邦德国地区的疾病基金会共为卫生保健花费了2 223亿马克。其中最大的部分为医院费用，占29%，包括医院员工工资和治疗费用。门诊服务费用占15.1%，药品费用占12%，医疗用品和各种治疗法（如物理疗法，语言疗法等）占6.9%，疾病津贴占6.7%，牙医服务费用占5.4%，假牙费用占3.1%（Busse and Blümel，2014）。①②③④

（二）法国社会医疗保险

1. 社会医疗保险概述

法国的医疗保险属于社会保险体系的重要组成部分，它的发展与完善经历了一个漫长的历史过程。早在16世纪，法国就建立了济贫事务所等社会共济组织，1604年亨利四世曾颁布法令救助伤残病的矿工。1794年有关社会风险保障基金的条款被列入政府的文件之中，为现代社会保障制度的建立奠定了基础。1928年和1930年有关法律明确规定，工商界的工薪人员达到一定的工资水准，就可以享受疾病医疗保险。虽然尚未覆盖所有劳动者，但是在受法律保护和劳资双方共同筹资方面有了重大突破。二战以后，在戴高乐政府的主持下，为了恢复经济稳定社会，法国制定了普遍的医疗保险基金制度，医疗保险覆盖范围逐步扩大。到1961年覆盖了农业从业人员，1966年覆盖了非农业部门的非工薪人员，1975年覆盖了首次失业的青年失业者。经过50多年的完善，至今这项保险制度已覆盖了全体国民（岳颂东，2000）。

法国医疗保险体系由强制性基本医疗保险制度和自愿性补充医疗保险构成。法国基本医疗保险制度按照劳动性质和行业分为三大类别：(1)工商业企业职工保

---

① Kurt-Blaum-Platz, The German Sick Leave Policy: Counsel House Tax & Lega Advisory, 2015.

② Employees' Rights in Germany[EB/OL], (2019-03-31) [2019年4月9日], https://www.howtogermany.com/pages/employee-rights.html.

③ Sickness absence management-employee rights, risks and recommendations[EB/OL], (2015-04-07) [2019年4月9日], https://www.employmentlawwatch.com/2015/04/articles/employment-us/sickness-absence-management-employee-rights-risks-and-recommendations/.

④ Germany-Health insurance cash benefits in the event of illness[EB/OL], (2019-03-31) [2019年4月9日], https://ec.europa.eu/social/main.jsp? catId=1111&langId=en&intPageId=4550.

险，覆盖工商企业雇员；(2)农业社会保险，覆盖农业行业从业人员；(3)独立劳动者社会保险，覆盖了非雇佣制的劳动人员，主要指自由职业者和个人工商户等。除此三大行业外，法国还设有一个特殊行业医疗保险，参保对象主要为铁路、矿业、海运、公务员及煤电部门等工作人员，如法国国家铁路公司的医疗保险制度。尽管法国人依行业被划入不同医疗保险制度，但缴费和赔付原则在全法范围内并不存在地域和行业区别。2000年1月1日，法国正式实施《全民医疗保险法案》，为那些最贫穷的国民提供基本医疗保险，而不论他们的就业状况。全民医疗保险的缴费取决于收入水平：应税年收入低于一定水平的人免于缴纳保费，而高于此上限的人需缴纳应税收入的8%作为保费。由于医疗费用的自付机制，法国强制性医疗保险对医疗费用补偿比例只有77%左右，因此绝大多数法国居民都购买了不同形式的补充医疗保险，主要包括互助型补充医疗保险、商业补充医疗保险和其他集体性补充医疗保险合同等。其中，互助型补充医疗保险占补充性医疗保险市场的份额最大，约为56%；商业补充医疗保险和集体性质补充医疗保险合同分别占有24%和20%的市场份额，2010年96%的法国人购买了补充医疗保险(孙菊、陈致勃，2017)。

2. 社会医疗保险范围和保障水平

SHI覆盖的医疗产品和服务，包括公立或私人机构提供住院治疗、护理和理疗；由全科医生、专科医生、牙科医生和护士提供的门诊服务；医生诊断、实验员和药剂师提供的治疗；药物、医疗器具和假肢(Chevreul et al.，2015)。

SHI提供实物和现金两种福利待遇。实物待遇涵盖门诊和住院服务，对药品、设施、检查等都设定了报销目录。具体包括：一般性医疗程序、生理实验检测和程序、普通医疗程序分类目录、可补偿药物目录、住院特定药物目录、可补偿的医疗设施和耗材列表。强制的或推荐的免疫接种也在补偿范围内，孕妇和婴儿的护理是免费的。针对吸烟者，每年50欧元用于戒烟项目，而孕妇或20—25岁年轻人则是150欧元。SHI覆盖范围并不包括美容手术或大多数SPA治疗。SHI提供的现金待遇用以补偿疾病、孕产假以及残疾(Chevreul et al.，2015)。

补偿水平方面，就药品和服务而言，法国的SHI保障水平较高，但达不到100%，患者需承担一定比例自付。以前，报销比例根据具体的项目和服务而有所不同，同时依据所处计划有所不同。现在，依据项目和服务设定统一报销比例。住院医疗费用报销比例达80%，门诊报销比例达70%，牙科70%。医疗辅助设备的报销比例为60%，实验费用的报销比例为60%。药品方面，绝大多数的药品报销比例为65%,其中一些药品的报销比例分别为15%、35%和100%。医疗服务设施报销比例依据具体的设施有所不同(Chevreul et al., 2015; Chevreul et al., 2010)。住院医疗服务的报销比例一般为80%,但是对一系列特定情况的报销比例可达到100%,如住院超过31天、孕产妇服务、新生儿前30天、职业伤害、军人、残疾人、不孕不育等。眼镜、假牙、助听器等特殊医疗器械的报销比例很低(Chevreul et al., 2015)。

表4.2 SHI各项目报销比例 (单位:%)

项　目	报销比例	项　目	报销比例
住院治疗	80	医疗辅助设备	60
门　诊	70	实　验	60
牙　科	70	药　品	15、35、65、100

资料来源:Chevreul et al.(2010)、Chevreul et al.(2015).

3. 社会医疗保险减贫行动

(1) 建立CMU项目资助穷人参保。

以往在法国的医疗保险中,需要通过有薪水的工作按比例缴纳筹资才能获得医疗保险的保障和赔偿,以至于一些个体无法参加社会保障计划,这些个人可以获得CMU计划的资助参保。1999年7月27日《全民健康覆盖法案》(Universal Health Coverage Act)(CMU Act no.99—641)颁布,于2000年1月1日正式实施,以政府特别基金(CMU基金)为保证,赋予了国民公平获得SHI覆盖的权利,以建立全民医保。这一法案改变了以往基于收入的缴费模式,更加注重通过保险获得社会保护的权利。法案实施以来,收入低于特定标准的人群将免费享受到SHI覆盖(2006年大约有140万人,占总人口2.3%)。而对收入水平超过这一标准的,并且不具备参加SHI条件的个人必须缴纳收入的一定比例才能加入SHI。没有注册的移民无法参加CMU项目。具体而言,年收入可征税部分少于9 020欧元时,将无需缴费;而如果超过这一标准,则将缴纳超出部分的8%(Chevreul et al., 2010)。在实践中,2000年实施的全民医保改革要求家庭或雇用情形改变时,家庭需要更换医疗保险制度,导致健康覆盖存在临时性的空档。而2016年改革致力于健康覆盖的连续性。2016年1月1日起,普遍疾病保护计划(Protection Maladie Universelle, PUMA)取代了原有CMU计划。新的PUMA计划涵盖所有法国居民,包括外国人，新制度使得所有居民更加容易获得法国的卫生服务。在 PUMA 计划下，在法国连续居民 3 个月以上的合法的法国永久居民可以参加州医疗保险。①PUMA 计划使得合法居住在法国的人民获得医疗服务的权利具有自动性和连续性，也不需要经过行政管理手续改变医疗保险状态。这意味着对于那些曾经通过 CMU 项目获得医疗服务的群体将不再需要每年进行资格申请。PUMA 项目的保险费是收入超过制定最小门槛以上部分的 8%，而能够符合 PUMA 项目的申请人必须同时满足以下两个条件：没有相关经济活动或者有特定的就业岗位但是所获得收入低于 3 923 欧元，另外个体没有任何形式的养老金或者失业金。如果夫妇二人中仅有一人能够领取养老金，则夫妇二人能够免除保费。对于特定家庭实施 PUMA 保费豁免，人均收入低于最小门槛的无经济能力的家庭（2018 年标准是 9 807 欧元）；家庭成员领取养老金，寡妇或残疾抚恤金的家庭。PUMA 项目对于收入有一些规定：对没有相关经济活动的人，资本来源的收入纳入认定范围，包括投资收入、租金收入和资本获得。如果个体在上述类型收入获得小于最小门槛，则个体将得到 PUMA 保费豁免。②

（2）建立重大疾病 ALD 名单。

法国医疗保险对重大疾病尤其关注。在 1945 年法国建立 SHI 时就已经包含 ALD 计划，其主要是为了保护家庭免受疾病治疗所需的高额医疗费用而导致的家庭长期经济困难。ALD 计划不是疾病管理干预，而是通过自付费用豁免的形式，分担重大疾病群体承受的医疗费用。对需要特殊治疗的疾病（affection de longue durée，ALD），如癌症、糖尿病、心血管病等，由中央政府部门制定 ALD 名单，并且根据医疗服务的性质不断调整和更新名单。目前，ALD 项目包含 30 种疾病（大多数是慢性）或疾病分组。例如，中风、再生障碍性贫血和其他慢性血细胞减少症、慢性动脉病伴缺血性中风表现、复杂的血吸虫病、严重心力衰竭、心律失常、心脏瓣膜炎、心肌病、先天性心肌病、活跃的肝脏和肝硬化慢性疾病、需要长期治疗原发性严重免疫缺陷、感染 HIV 病毒、1 型糖尿病、2 型糖尿病、严重的神经、癫痫和肌肉形式病情、慢性严重的先天性和后天血红蛋白病、溶血、血友病和先天性严重止血、严重

① Guide to health insurance in France[EB/OL]，(2018-08-20)［2019 年 4 月 6 日］，https://www.expatica.com/fr/healthcare/healthcare-basics/guide-to-health-insurance-in-france-108848/.

② Protection Universelle Maladie（PUMA）［EB/OL］，（2018-03-07）［2019 年 4 月 6 日］，https://www.french-property.com/guides/france/public-services/health/puma.

的动脉高血压、冠状动脉心脏疾病、慢性阻塞性肺病、阿尔茨海默病和其他痴呆症、帕金森、需要长期专业治疗的遗传性代谢、囊性纤维化、慢性肾病和原发性肾病综合征、结节性多动脉炎、急性播散红斑狼疮、全身性进行性硬皮病、截瘫、严重的进行性类风湿性多关节炎、长期的精神疾病、溃疡性结肠炎和严重的进行性克罗恩病、多发性硬化症、严重的进行性结构性脊柱侧凸、严重的强直性脊柱关节炎、器官移植后遗症、活动性肺结核、麻风病、恶性肿瘤、恶性淋巴或恶性肿瘤造血组织。ALD病人资格需要由家庭医生提出意见，然后报送医保机构顾问医生审核，最终确定病人能够享受到ALD计划。所有由于ALD名单中的疾病产生的治疗费用将受到法定医疗保险覆盖。在ALD计划的补偿水平方面，享受ALD计划的病人拥有医疗费用豁免权，不用负担普通医疗费用的自付部分，而是由医疗保险100%报销。符合费用豁免情形的，由全科医生代表患者向法定医疗保险申请，可以得到费用减免。对一些特定的额疾病，如果患者患有不在ALD名单中的疾病时，只要得到相关疾病基金会的认可，也可以得到ALD项目的全覆盖。近年来，一些新的疾病被加入ALD名单(例如HIV、肝炎和硬化症)，但主要是根据疾病治疗费用的高低情况。所以，ALD名单几乎包含了所有主要的慢性病，但并未覆盖到这些疾病的所有阶段(例如，抑郁症和慢性阻塞性肺病仅覆盖早期阶段)。在2009年，800万人受益于ALD项目(Chevreul et al., 2010)。同时，在职人员在病假期间还可以领取原工资50%的生活津贴(产假、工伤的是全额补贴，困难人员可以适当提高补贴比例)(中国医疗保险研究会和国际劳动保障研究所，2016)。2012年，950万人受益于ALD项目。

直到2004年，ALD作为一个主要针对特殊疾病治疗的保护机制，尽管ALD能够识别并监管慢性病患者，但它并没有起到疾病管理的作用。医疗保险并不能有效地阶段性评估患者的ALD资格，以及报销情况与疾病申报之间的真实性。2004年《医疗保险改革法》(Health Insurance Reform Act)对ALD运行机制进行了较大改变，明确反对ALD福利的持续高增长，彻底地改变现行的运行机制。改革如下：提高通过使用特定治疗路径改善治疗质量，并且监管患者信息；共享GPs、专科医生和医疗辅助之间的指导原则，并提高此领域的持续医学教育；降低不必要的检查和治疗的医疗费用负担；明确定义并且降低慢性病服务的医疗费用；强化法国卫生系统中初级医生所起的作用。每一个法国参保者在接受专科医生治疗时，都必须有GP的介绍信，否则将接受较高的自付。而ALD项目有如下规定：GP应该为申请

ALD报销的患者建立一个治疗计划书；治疗计划书必须明确定义患者的临床路径，涉及的卫生技术人员、治疗处方和后期治疗计划；计划书必须定义ALD系统中每一个疾病情况；GP指定的计划书必须得到患者的同意，并且患者必须向专科医生提交计划书。①

表4.3　ALD名单

序号	疾病/疾病组	序号	疾病/疾病组
1	中风	16	帕金森病
2	再生障碍性贫血和其他慢性血细胞减少症	17	需要长期专业治疗的遗传性代谢
3	慢性动脉病伴缺血性中风表现	18	囊性纤维化
4	复杂的血吸虫病	19	慢性肾病和原发性肾病综合征
5	严重心力衰竭，心律失常，心脏瓣膜炎；心肌病，先天性心肌病	20	结节性多动脉炎，急性播散红斑狼疮，全身性进行性硬皮病
6	活跃的肝脏和肝硬化慢性疾病	21	截瘫
7	需要长期治疗原发性严重免疫缺陷，感染HIV病毒	22	严重的进行性类风湿性多关节炎
8	1型糖尿病，2型糖尿病	23	长期的精神疾病
9	严重的神经、癫痫和肌肉形式病情	24	溃疡性结肠炎和严重的进行性克罗恩病
10	慢性严重的先天性和后天血红蛋白病，溶血	25	多发性硬化症
11	血友病和先天性严重止血	26	严重的进行性结构性脊柱侧凸
12	严重的动脉高血压	27	严重的强直性脊柱关节炎
13	冠状动脉心脏疾病	28	器官移植后遗症
14	慢性阻塞性肺病	29	活动性肺结核，麻风病
15	阿尔茨海默病和其他痴呆症	30	恶性肿瘤，恶性淋巴或恶性肿瘤造血组织

资料来源：Chevreul et al.(2010).

① Nolte E., Knai C., Mckee M., Managing Chronic Conditions: Experience in Eight Countries: Observatory Studies Series[Z], 2008.

(3) 设置疾病津贴。

医疗保险的现金津贴是发放给被保险人的，当他因为疾病无法从事职业活动时给予的替代收入，即《社会保障法典》中所称的“每日疾病补助金”。被保险人享受现金补贴是有一定条件限制的，补贴的额度根据病休前的收入水平计算(Kessler，2016)。

一是享受现金补贴的条件。法国的医疗保险每日补贴制度发展一直在向越来越严格的领取条件以及对被保险人的严格监控方向转变。相关补助金的发放一般来说要求被保险人满足“加入一般社会保障制度的一定时限、因健康状况无法工作，以及履行其他方面的行政手续”三个条件。第一，参加一般社会保障的时限条件。如果个人希望医疗费用由一般社会保障制度负担，或在疾病期间得到一定的替代收入，则需要满足提前加入医疗保险制度。标准根据工作的小时数及其工资数额，并参考最低工资标准确定。除此以外，对补助领取时间在 6 个月以上或以下，加入一般社会保障制度的时限要求也不同。一般在病假开始的时候评估这些条件。第二，因疾病(暂时)无法工作。疾病和是否适合工作的诊断由家庭医生或相关医护人员、外科牙医或助产士(若病休的患者是孕妇的情况下)作出。据此出具病假证明，也就是病人需休息的诊断，并提交行政和医疗监管部门。《社会保障法典》规定，如果从事全职工作的被保险人因为疾病治疗的需要不得不从事非全职工作，相关社保机构应在此期间发放全额或部分补贴，称为“半治疗期”。第三，其他条件。在病休证明的随后两天里，被保险人应随时准备接受社保部门的检查，被保险人在医生诊断的病休期间不经允许不应远离其所在(医疗保险管理机构登记的)区域，否则将丧失疾病补贴。因此，社会保障疾病补贴的发放还取决于患者是否遵守医生关于患者外出的遵嘱。

二是补贴标准的计算。社会保障医疗保险管理部门向被保险人以社会补助的形式发放替代性收入是从病休第 4 天开始。医疗保险制度有 3 天的非补偿期，3 天的非补偿期适用于因为疾病暂时无法工作的每个时期，长期疾病的情况除外。疾病补贴的发放期限一般是和被保险人无法工作的时间一致。不过还有一个最高补偿天数限制，即从因病休息第 1 天开始算起，3 年内的最高补助天数为 360 天。这一最高补偿期的规定在长期疾病的条件下不适用，关于“长期疾病”的规定参考《社会保障法典》，在这种情况下，医疗保险补贴期限为 3 年。在病休的前 6 个月，医疗保险补贴的标准相当于被保险人病休前工资水平的一半。如果被保险人有三个及以上孩子需要抚养，在病休的第31天起，补贴标准可以达到其病休前工资水平的三分之二。

(三) 日本社会医疗保险

1. 社会医疗保险概述

明治维新以后，日本开始学习、模仿西方资本主义国家的制度。在医疗卫生领域，日本最先学习的是德国的保险模式。1884年日本参照德国雇员医疗保险经验，开始进行雇员医疗保险制度的试点，试点时期保险制度主要覆盖的人群为政府雇员，例如铁路和钢铁工人等。在试点的基础上，1922年，日本颁布了第一部医疗保险法——《健康保险法》。《健康保险法》以雇员为对象，规定雇员医疗保险必须覆盖政府部门的所有职员以及公司的雇员。此外，雇员超过10人的私营企业也应该为工人提供医疗保险。该法案于1927年开始实施，标志着社会医疗保险制度的建立。1934年健康保险对象扩大到雇员超过5人的私营企业，强制性的雇员医疗保险对促进日本资本主义早期经济发展起到了积极作用。1938年，日本政府又制定颁布了《国民健康保险法》，主要针对自雇人员，他们可以自愿加入医疗保险。日本"国民皆保险"是1950年社会保障制度审议会在《关于社会保障制度的劝告》中提出的，政府以其作为政策目标则是在1955年前后。1956年，石桥内阁通过了"国民皆保险"的内阁决议。1957年，厚生劳动省制定了"全民皆保险全民普及4年计划"。1958年3月，新国民健康保险法案提交国会审议，主要内容有两项：一是全部市町村被要求必须承办国保实施事务；二是强制要求未加入雇员保险的所有公民必须加入国民健康保险。1961年对《国民健康法》进行修改，对所有的日本人都实行了强制性医疗保险，即全体国民皆覆盖在医疗保险制度内(李三秀，2017)。目前，涵盖日本所有国民的医疗保险制度类型分为五种，分别为健康保险、国民健康保险、船员医疗保险、各种共济组合医疗保险和高龄老年人医疗制度。其中，健康保险的实施对象是企业的在职员工；国民健康保险主要以非薪金收入者为对象，主要是农业劳动者、自营业者、律师和个体医生等独立职业者、微小企业(5人以下)退职人员、无业人员以及投保者的家属；船员保险实施对象是船员或海员及其家属；共济组合医疗保险包括国家公务员医疗保险、地方公务员医疗保险和私立学校教职员医疗保险；高龄老年人医疗制度实施对象是75周岁以上的老年人和65周岁以上有身体残障的老年人。五种医疗保险又可以归结为两大类，即职业保险和地区保险。

2003年，将原有的老人保健制度改为后期高龄者医疗制度。后期高龄者医疗制度适用于75岁及以上人群以及65—74岁的残障人群，自2008年4月起实施。此制度是从一般医疗制度中完全独立的新制度，满足条件的人群必须退出原保险。此保险制度医疗费用报销比例高达90%，满足了老年人群的大病医疗需求。

2. 社会医疗保险范围和保障水平

日本医疗保险覆盖全民，并且包含的医疗服务和设施范围广泛。广泛的医疗保险待遇是基于《宪法》第25条："所有公民都拥有维持最基本的健康和体面生活的权利。政府应在各方面竭尽所能提高和改善社会福利、社会保障和公共卫生"。由于医疗保险待遇和缴费管理均受到政府部门的管制，不同类型的医疗保险之间的医疗服务享受的医疗保险待遇大体相似。医疗保险待遇包括处方药、牙科及住院等，具体则应根据医疗服务和药品目录。医疗服务目录不包括住院私人病床费、眼镜、晶体和未纳入目录的创新药。在牙科治疗中一些材料也不在目录范围中。

对国民健康保险（National Health Insurance, NHI）范围内的药品和服务，实施自付比例措施。日本的NHI自1961年建立时，报销比例设定为100%，参保者家属报销比例为50%。从1973年起，取消70岁以上老年人自付比例。1975年，对所有人群建立月度自付超过30 000日元保障机制。1981年，对参保者家属住院治疗报销比例提高到80%。1984年职工医疗保险的报销比例降至90%；1997年，继续降至80%。2003年，所有参保者的报销比例统一设定为70%。在医疗保险覆盖范围内实行自付比例，但在很长一段时间内依据所属保险类型不同而存在差异。在2003年4月，自付比例统一设定为30%。对3岁以上儿童自付比例降至20%。对75岁以上老年人自付比例降至10%（其中高收入老年人自付比例为20%）。对贫困者无法支付保费者将纳入"生计保护计划"而无需支付自付部分。对一些运行情况较好的医疗保险保险基金，在资金充足的情况下，也可以进一步降低参保者的自付比例（Tatara and Okamoto, 2009）。

3. 社会医疗保险减贫行动

（1）大病医疗费用支出个税减免。

为了防止重大疾病费用负担，日本设置了相应的个人所得税减免措施。当一年中发生的医疗费用支出，也包括家庭成员发生的费用，超过了特定的门槛时可以得到税收减免。患者可以到税务部门申请税收减免，将超过部分的医疗费用从税收收入中减免，然后重新计算税收，最终税务部门将返还一部分多缴纳的税金。申请税收减免的时间是在每年的 2 月 16 日至 3 月 15 日之间的一个月内。但对于按月领薪的人而言，可以从 1 月份开始申请。申请时需要的文件包括：收入证明、预扣税证明、公司公章、银行账户存款、社会保障卡和税收卡（如果没有社会保障卡和税收卡则需要另外的证明文件）。可以进行税收抵扣的医疗费用包括：医疗服务机构治疗的费用、用于治疗所购买的药品费用、入院前发生的交通费和上门服务费用、住院餐费的一部分、未被医疗保险覆盖的牙科治疗费用、产后医疗咨询费和生产费、按摩费针刺医疗法费针压法费艾灸费、购买人工假肢费用；超过 6 个月的卧床而使用的成人尿不湿，但需要医生的证明；为促进健康而进行的温泉和健身费用，但需要医生的说明和证明；上门服务护士费；老年人和康复实施费；针对老年人的特殊护理院的长期护理保险、餐费、住宿费自付的一半；在家里接受长期护理服务和医疗服务发生的费用的自付部分；特殊健康诊断发生的费用。①

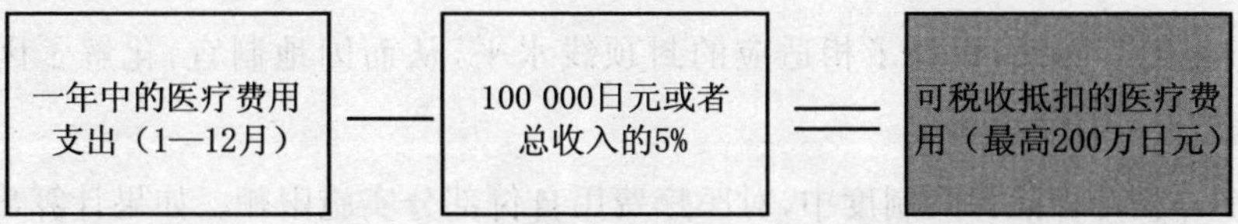

图 4.1 医疗费用税收抵扣计算公式

当年度医疗费用支出超过 10 万日元（或者总收入的 5%）的部分可以免于缴纳个人所得税，可减免的最高部分上限为 200 万日元。而如果患者得到了高额疗养费等各类医疗保险的赔付，则相应的赔付从总医疗费用支出中剔除，仅计算剩余个人支出部分。而如果患者得到了伤病津贴、疾病津贴等，则无需剔除。例如，如果一个人由于自付和自费共计 100 万日元，那么他在计算个人所得税时，可以从收入中减掉 90 万日元，再计算缴税。如果税率为 15%的话（中央 10%，县 2%，市 3%），则个人实际将免缴纳 13.5 万日元的个人所得税。这项政策并非针对所有人群，对于一些低收入群体，根本无需缴纳个人所得税，所以不在此范围内。在实际操作中，更多是使用在一些法定医疗保险范围外的自费项目上，例如牙科矫正（Tatara and Okamoto，2009）。

---

① Medical expenses deductions[EB/OL]，(2019-03-26)［2019 年 4 月 9 日］，http://www.ibmjapan-kenpo.jp/eng/member/outline/system02.html.

(2) 设立特定重大疾病公共资助项目。

对特定疾病，日本有一个研究资助项目。这些疾病被统称为"科学关注的疾病"，2005 年共列出了 45 种疾病。这个研究项目为这类疾病的流行病学研究提供了重要基础。在这项公共资助下，能够减少此类疾病患者在 NHI 范围内疾病治疗过程中医疗费用的 20%—30%的自付。但前提是患者能够配合研究项目的要求(Tatara and Okamoto，2009)。

(3) 设置自付封顶线。

日本的医疗保险框架内，均包含高额疗养费政策，有效地减轻由于重病等需要长期治疗患者的高额自付医疗费用负担，从而有效应对了因病致贫风险。其主要特点是对患者自付部分设置封顶线，参保人员及其家属一个月内累计自付费用超过一定数额，即由医保全额报销，患者不再承担费用。但是保险之外的费用、住院期间伙食疗养费和住院期间生活疗养费的自我负担额除外。个人自付医疗费用封顶线设计考虑个人的疾病风险和承担能力，依据个体的收入水平、疾病病种、年龄等因素，设计了相适应的封顶线水平，从而因地制宜，化解了因病致贫风险。

日本医疗保险保险制度中，对医疗费用自付部分实施限额。如果计算出的自付费用部分超过了 SHI 规定的最大限额，剩余的费用将享受"高额疗养费制度"(High-Cost Medical Care Benefits)的完全豁免。餐费支出、住宿费和床位费等不计入高额疗养费制度。高额疗养费制度是计算一个月内的医疗费用支出。参保者必须向医疗保险协会申请自付限额证明，这个证明表明了参保者的收入范围和自付限额。从 2018 年 8 月开始，70 岁以上老人如果需要享受高额疗养费制度，必须提交自付限额证明。

第一，针对不同收入水平设定限额。

一个月内患者在同一个医疗机构所支付的自付部分的限额依据收入划分为 5 档(见表 4.4 第 1 列和 2 列)。对收入处于 280 000 日元以上的群体，个人自付上限通过一套计算公式得出。当收入处于 830 000 日元以上时，个人自付上限为 252 600 日元＋(医疗费用支出－842 000 日元)×1%；当收入处于 530 000—790 000 日元时，个人自付上限为 167 400 日元＋(医疗费用支出－558 000 日元)×1%；当收入处于 280 000—500 000 日元时，个人自付上限为 80 100 日元＋(医疗费用支出－267 000 日元)×1%；收入在 260 000 日元以下的群体的个人自付上限设定具体的金额;当收入少于 260 000 日元时,个人自付上限为 57 600 日元;对低收入群体,个人自付上限为 35 400 日元。

以一个个体为例,详细说明高额疗养费制度的计算方法。假定存在一个患者的 SHI 范围之内的医疗费用为 100 万日元,而根据规定 SHI 框架下自付比例为 30%,则患者自付费用为 30 万日元,由 SHI 报销 70 万日元。在确定该患者个人自付上限时,需要确定他的收入水平。此时,假定个体的收入水平处于 280 000—500 000 日元之间,则高额疗养费制度下计算自付上限等于 80 100+(1 000 000−267 000)×1%=87 430 日元。因此,个体最终只需自付 87 430 日元,剩余的 212 570 日元将由高额疗养费制度承担。

表 4.4　不同收入水平对应的自付上限　　(单位:日元)

标准月收入	个人自付上限 1	个人自付上限 2
830 000 以上	252 600+(医疗费用支出−842 000)×1%	140 100
530 000—790 000	167 400+(医疗费用支出−558 000)×1%	93 000
280 000—500 000	80 100+(医疗费用支出−267 000)×1%	44 400
少于 260 000	57 600	44 400
低收入群体	35 400	24 600

注:When you incur high medical care costs[EB/OL],(2019-03-26)[2019 年 4 月 9 日],http://www.ibmjapankenpo.jp/eng/member/benefit/expensive_a.html#cat03Benefit03.

资料来源:IBM Japan Health Insurance Association.

对一些个人达不到高额疗养费额度的情况,如在一个家庭中,一个月有 2 人次以上的就诊,并且单次医疗费用支出在 21 000 日元以上,或者同一患者一个月内在两个以上的医疗机构就诊,且每次的医疗费支出都在 21 000 日元以上,则可以以家庭为单位合并计算,超过自我负担额度的金额也可以得到支付。再者,如果同一家庭在过去的一年中有 3 次以上高额疗养费支付发生的,那么第四次以后的自付部分限额将发生变化:月收入 830 000 日元以上的参保者自付上限降为 140 100 日元;月收入在 530 000—790 000 日元间的参保者自付上限为 93 000 日元;月收入在 280 000—500 000 日元间以及月收入少于 260 000 的参保者自付上限为 44 400 日元;低收入者为 24 600 日元。

第二,对重大疾病和老年人群体照顾。

对于进行费用高昂的长期疗养的患者,例如实施人工透析的慢性肾衰竭,1984

年《医疗保险法案》规定其每月自付限额为 10 000 日元；另外如血友病、由于血液制剂造成的 HIV 患者(长期高额疾病的种类由后生劳动大臣指定)，自我负担限额为 10 000 日元/月。接受人工透析的患者中，70 岁以下，并且标准月报酬额在 53 万日元以上的高收入者的自付限额为 20 000 日元/月(Tatara and Okamoto，2009)。①

当参保者既要支付医疗费用又要支付长期护理费用时，如果家庭总自付部分超过一定标准且超过 1 年时间，超过部分将由医疗保险和长期护理保险支付。超过最大限额标准值在 500 日元以内，则不进行额外赔付。对 70 岁以下的人，每个人的医疗费用自付都必须在 21 000 日元以上，才能进行赔付。280 000—500 000 日元之间，自付限额为 670 000 日元；而收入处于 530 000—790 000 日元之间，自付限额为 1 410 000 日元；收入在 830 000 日元以上，自付限额为 2 120 000 日元。对收入少于 260 000 日元的群体和低收入群体，则还需要根据年龄进行划分。例如，收入少于 260 000 日元时，70 岁以下自付限额为 600 000 日元；70—74 岁，自付限额为 560 000 日元。70 岁以下的低收入群体自付限额为 340 000 日元。70—74 岁的Ⅰ类低收入群体的自付限额为 310 000 日元，Ⅱ类低收入群体的自付限额为 190 000 日元。Ⅰ类低收入群体是指 70 岁以下，并且整个家庭免交市税；Ⅱ类低收入群体是指 70 岁以下，整个家庭免交市税，并且收入满足特定的标准范围(如养老金收入不超过 800 000 日元等)。

表 4.5　长期护理高额累计费用制度的自付限额　(单位：日元)

标准月收入	70 岁以下	70—74 岁
830 000 以上	2 120 000	
530 000—790 000	1 410 000	
280 000—500 000	670 000	
少于 260 000	600 000	560 000
低收入：	340 000	
低收入Ⅰ类		310 000
低收入Ⅱ类		190 000

资料来源：IBM Japan Health Insurance Association②.

①② When you incur high medical care costs[EB/OL]，(2019-03-26)[2019 年 4 月 9 日]，http://www.ibmjapankenpo.jp/eng/member/benefit/expensive_a.html#cat03Benefit03.

(4) 设置疾病津贴。

当参保者由于非职业病或伤害而无法工作，以至于无法获得薪水和其他收入时，将能够得到“伤害和疾病津贴”(Injury and Sickness Allowance)。保险将会给付参保者过去最近 12 个月的平均标准月报酬的 2/3(除以 30 天得到每天补贴金额)，以保护参保者和其家人的生计。而如果参保者从其工作单位仍然能获得一部分的薪水，但达不到疾病津贴的水平，二者之间的差额将由保险以疾病津贴的形式提供。另外，在疾病津贴基础上，医疗保险协会也提供独立的福利津贴，称为协会额外津贴(The Association’s Additional Benefits)。额外津贴大约等于参保者过去最近 12 个月平均月标准报酬的 9%。

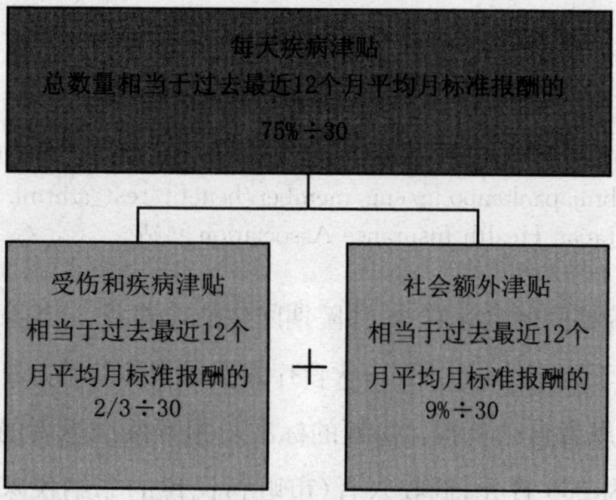

图 4.2　疾病津贴的构成

注：If you take time off from work due to sickness[EB/OL]，(2018-10-04) [2019 年 4 月 9 日]，http://www.ibmjapankenpo.jp/eng/member/benefit/rest_a.html.
资料来源：IBM Japan Health Insurance Association 网站。

如果在法定医疗保险给付期限结束之后的一段时间(从疾病津贴领取日开始最多 18 个月)，参保者仍然需要请病假，则在该参保者领取疾病津贴总数未满 18 个月的情况下，该参保者可以领取额外扩展疾病津贴(Additional Extended Injury and Sickness Allowance)。额外扩展津贴支付 75%的薪酬直至第 540 天(从领取疾病津贴开始，最多领取 18 个月，但最长时间跨度为 3 年)。疾病津贴领取需要满足四个条件：第一，参保者处于疾病或伤病治疗后的恢复阶段(在家恢复也符合条件)；第二，由于处于疾病或伤病的恢复期而无法进行之前的工作；第三，参保者必须连续休息至少 3 天(前 3 天属于等待期，没有任何津贴，疾病津贴从第四天开始发放)；第四，参保者无法获得薪资和收入(即使获得少量收入,疾病津贴仍然支付差额部分)。①

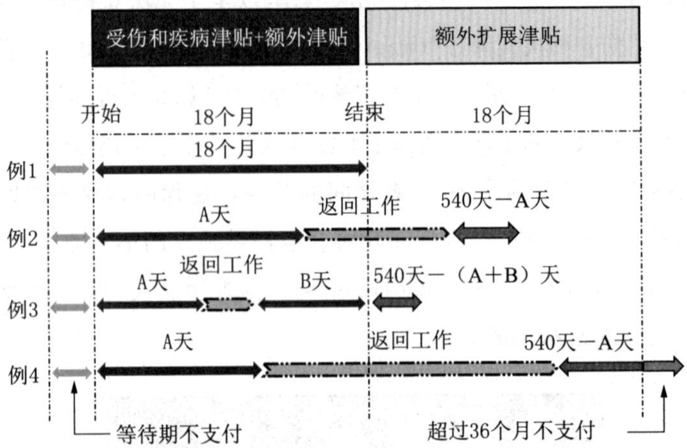

图 4.3　额外扩展津贴领取的不同情形

注:If you take time off from work due to sickness[EB/OL],(2018-10-04)[2019 年 4 月 9 日],http://www.ibmjapankenpo.jp/eng/member/benefit/rest_a.html.

资料来源:IBM Japan Health Insurance Association 网站。

另外,日本住院期间伙食疗养费、住院期间生活疗养费、分娩育子一次性费用、丧祭费和丧葬费等属于法定给付。第一,伙食疗养费是指住院治疗期间,住院伙食疗养费中的一部分将由患者自己负担。每顿的标准负担额按照患者的类别有所不同,对一般收入者,每顿为 260 日元;低收入者(市町村民税的非纳税家庭)每顿为 210 日元;对来自低收入家庭且住院超过 90 天的患者,每顿负担额为 160 日元。第二,分娩育子一次性费用要根据市町村的规定给付,不过大多执行的是和职域医疗保险一致的给付金额。第三,丧祭费和丧葬费也是根据市町村的规定支付,在 1 万到 5 万日元之间。除了这三个项目,其他法定给付项目的给付条件和给付内容均与职域医疗保险一致。

(四) 韩国社会医疗保险

1. 社会医疗保险概述

1963 年 12 月韩国通过了《医疗保险法案》,首次建立了医疗保障体系,并于 1977 年正式在拥有 500 名及以上雇员的大公司建立了医疗保险。1979 年将医疗保

① If you take time off from work due to sickness[EB/OL],(2018-10-04)[2019 年 4 月 9 日],http://www.ibmjapankenpo.jp/eng/member/benefit/rest_a.html.

险的实施范围扩大到公务员、私立学校教职员工和超过300名雇员及以上的企业。1988年和1989年分别为农村居民和城镇居民建立医疗保险，1989年医疗保险基本覆盖了全体国民，全国共有300多家保险公司承担全民的医疗保险业务。1998年10月《国民医疗保险法》实施第一次保险组织的整合，公务员、私立学校教职员医疗保险和227个地区医疗保险组织合并，整合组建了国民医疗保险管理公司。2000年为统一保险政策，韩国《国家医疗保险法》开始实施并将分散的保险公司整合成全国统一的国民医疗保险公团(National Health Insurance Corporation, NHIC)，后更名为国民健康保险系统(National Health Insurance System, NHIS)；另外两个机构受政府委托建立国家卫生与福利部(Ministry of Health and Welfare, MOHW)和医疗保险审核与评估机构(Health Insurance Review and Assessment, HIRA)，由此韩国的医疗保障体系基本成形(常峰等，2015)。

韩国的全民医疗保障系统分为国民健康保险和医疗给付事业。其中，医疗给付事业类似于救助，是以贫困群体为对象。国民健康保险涵盖了职工、雇主、公务员、教职工及其抚养者、农渔村居民、个体经营者。其中参保者分为企业参保者和地区参保者，职工和雇主、公务员和教职员全体人员成为企业参保者；参保者中企业参保者和其扶养者(即被扶养者)以外的成为地区参保者。被扶养者主要是指依赖企业参保者维持生活的没有报酬或收入者。具体指企业参保者的配偶、企业参保者的直系上辈亲属(包含配偶的直系上辈亲属)、企业参保者的直系下辈亲属(包括配偶的直系下辈亲属)及其配偶、企业参保者的兄弟姐妹。国民健康保险制度是一种社会保险，针对生活上的疾病和负担的预防诊断、治疗、康复和出生、死亡及增进健康实施保险给付，谋求提高国民健康、增进社会保障之目的；并在此过程中利用社会保险原理，把医疗费用的支付分散到国民健康参保者全体人员，谋求国民生活的稳定(金钟范，2011)。韩国的健康保险采取社会保险方式筹措资金，以参保者和雇主征收的医疗保险缴费以及国库支援基金作为财源。其中，雇员保费收入依据雇员的月收入额，2007年缴费比例为月收入额的4.77%，由雇主和雇员平均承担；国库支援基金始于1998年，2007年其数额达到保费收入额的14%。

2. 社会医疗保险范围和保障水平

具体而言，NHI包含诊断、治疗(住院、门诊、牙科)、药品(与WHO必需药物目录一致，并且还包括抗逆转录病毒药物和安眠药)、牙科护理、预防、康复、院前急救、残疾人医疗服务、器官移植等。但与欧洲国家相比，1977年引入强制医疗保险体系以来,韩国医疗保险覆盖范围相对较小。由于经济发展水平并不允许政府向医疗保险体系注入很多补助,同时参保者也无法缴纳很高的保费。所以,韩国医疗保险体系采用"低保费、广覆盖"来实现全民医保。直到 2000 年,公司雇员缴费率为 2.8%,政府公务员和私立学校职工缴费率为 3.4%。并且,许多特定疾病治疗所需要的医疗服务均被排除在医疗保险目录外。医疗保险的报销比例仅达到 60%。医疗保险无法支撑患有癌症或严重疾病患者。而十几年来如此低的医疗保险报销比例一直是韩国卫生改革的焦点(Chun et al., 2009)。

所有的牙科门诊和住院均在 NHI 范围内,但具体而言保险待遇包括:检查、诊断、牙齿提取,但是填充、假牙等费用均需个人自费,从而个人支付比例(out-of-pocket, OOP)较高。补充性药物例如针灸和中草药也纳入 NHI 范围(Chun et al., 2009)。国民健康保险的保障水平相对较高,住院自付比例约为 20%;而经官方注册的癌症患者的自付比例为 5%,经官方注册的罕见病或不治之症患者自付比例为 10%。门诊自付根据疗养机构的类型在 30%—60%间,在高级别医院的自付比例为 60%;在邑、面地区的综合医院或医院看病时,本人负担比例比在城市减少一定百分点。在邑级医院的自付比例为 50%,面级医院的自付比例为 45%。在诊所发生的医疗费用自付比例为 30%。几乎所有得到韩国食品药品管理局市场许可的药品,都自动加入医疗保险药品补偿目录。而药品的成本效益分析和预算因素很少会影响到医保补偿的决定。因此,韩国 NHI 补偿目录中有超过 21 000 种药品(Yang 等,2008)。邑级层面药品自付比例为 40%,面级层面的药品自付比例为 35%。根据住院或门诊服务以及治疗机构的等级和类型,NHI 参保者的自付比例有所不同。NHI 网站公布了各类治疗费用的自付比例,见表 4.6。

表 4.6 韩国 NHI 覆盖下医疗服务的自付比例

医疗服务类型	具体分类	自 付 比 例
住院		20%;注册癌症患者 5%;注册的罕见病或不治之症患者 10%
	高级别医院	60%
	一般医院	50%(行政地区 Dong,邑);45%(行政地区 Eup, Myeon,面)
门诊	医院	30%
	诊所	30%
	药品	40%(行政地区 Dong); 35%(行政地区 Eup, Myeon)

注:NHI Program National Health Insurance Service: Insurance Benefits[EB/OL], (2018-08-20) [2019 年 4 月 6 日],http://www.nhis.or.kr/static/html/wbd/g/a/wbdga0405.html.

资料来源:2018 年韩国 NHI 网站。

3. 社会医疗保险减贫行动

韩国经历了一系列改革以提高医疗保险覆盖范围。2003 年 11 月份，韩国卫生和福利部(MOHW)提出了一个增加福利的计划，具体包括降低门诊癌症患者的自付比例，由 30%—50%降至 20%，同时引入个人自付限额设定，当患者的个人自付在 6 个月内超过 300 万韩元时将由国家医疗保险局(NHIC)给予一定返还。之后在 2005 年、2007 年又相继引入政策进一步提高特定群体的医疗保险待遇(Chun et al., 2009)。

(1) 实施特定群体保费优惠。

韩国医疗保险制度规定保费的收取与收入水平挂钩，但对小部分特殊困难群体实行倾斜政策：第一，企业职工参保者中，居住在岛屿或偏远农村的企业职工能免除 50%的保费；在海外工作并且在国内有子女扶养者可以免除 50%的保费；职业士兵可以免除 20%的保费。第二，自雇参保者中，在岛屿和偏远地区生活者可减免 50%；经过官方注册的残障人士可以减免 10%—30%；在农场或海上工作者可以减免 28%；农村地区生活者免除 22%的保险缴费；低收入群体可以减免 10%—30%保费。但根据规定保费总优惠额度不能超过月度保费额的 50%。这种有区别的缴费制度，既实现了全民覆盖，又保障了弱势群体的利益。另外，还有一些保费豁免情形：参保者在国外旅行；参保者在国外工作并且在国内没有子女；参保者参军入伍；参保者被拘留在惩教所。

表 4.7 保费优惠情形及额度 (单位：%)

雇员参保者		自雇参保者	
优惠对象	优惠额度	优惠对象	优惠额度
在岛屿或偏远农村地区工作或生活	50	在岛屿或偏远地区生活	50
		注册过的残障人士	10—30
在海外工作并且在国内有子女	50	在农场或海上工作	28
		在农村生活	22
职业士兵	20	低收入群体	10—30

资料来源：2014 *National Health Insurance System of Korea*.

(2) 提高大病、儿童和老人的医保待遇。

由于重大疾病患者、老人、儿童都是弱势群体，其抵抗疾病经济风险的能力较弱。韩国医疗保险对重大疾病患者、儿童和老人均制定了一系列保障性政策，在医疗保险补偿水平方面对这些群体有一定的倾斜性，有效地减轻了其疾病负担比例。

第一，重大疾病患者。2005 年以后，为了降低癌症等重症患者本人负担率等 48 个方面的项目，政府财政增加了 2.6 万亿韩元的预算。表 4.8 是关于加强保障性政策的预算。

表 4.8　2004—2006 年健康保险保障性扩大的主要内容（单位：亿元）

实行日期	补助项目	财政支出（执行年度）	预算排名
2004 年 7 月 1 日	个人负担上限	623(2005 年)	5
2005 年 1 月 1 日	MRI 保险津贴	1 006(2006 年)	4
	自然分娩免除本人负担	305(2006 年)	9
2005 年 7 月 1 日	1 级标准改善(治疗材料，药材)	197(2006 年)	10
2005 年 9 月 15 日	2 级给付标准扩大(行为，治疗材料)		
2005 年 9 月 1 日	增强癌症保障性	3 819(2006 年)	1
2006 年 1 月 1 日	减轻特检本人负担，未满 6 周岁住院儿童	450(2006 年)	8
	免本人负担	540(2006 年)	6
2005 年 9 月 1 日	脑血管、心脏病患者本人减轻负担(1)	491(2006 年)	7
2006 年 1 月 1 日	脑血管、心脏病患者本人减轻负担(2)		
2005 年 8 月 1 日	100/100 保险待遇(1)	1 199(2006 年)	3
2006 年 1 月 1 日	100/100 保险待遇(2)		
2006 年 6 月 1 日	住院病人餐费保险	2 086(2006 年)	2

资料来源：Bae(2010).

国民健康保险针对罕见难治愈疾病(Rare Intractable Diseases，RIDs)建立了一个项目，为这些疾病降低自付比例。参加 RIDs 项目需要满足特定的检查标准，并且得到医生的批准。在 2006 年初，NHI 启动了一个包含 138 种 RIDs 的注册项目。已经注册的患者能够得到自付比例优惠。所有诊断标准都必须基于 NHI 提供的 RIDs 诊断标准，然后经过相关医疗机构的复核，最终提交到 NHI(Ahn et al.，2014)。

韩国对需要巨额诊疗费等的高额重症疾病患者也有一系列具有针对性的保障制度。2005 年发布了一项医疗服务计划，旨在扩大医疗保险待遇覆盖重病和慢病群体。例如，癌症、白血病等被韩国保健福祉部列入 138 种疑难病症以及重度烧伤范围之内患者在得到主治医师确诊后，可以向国民健康保险公团(运营韩国国民健康保险的非营利机构)申报为“特例病人”，可按治疗时间的长短减免个人承担的医疗费。另外,心脏、脑血管疾病患者,自接受手术之日的30天内,无需申报登记便可自动列为"特例病人"。政府规定,对这些重大疾病病人实施"特例政策",个人医疗费用负担一律由20%—50%降低到10%(权香兰,2012; Chun et al., 2009)。并且对癌症患者,NHI还覆盖高级治疗和昂贵的药品(Kim and Kwon, 2014)。

2004年为了解决癌症带来的高额医疗费用负担问题,韩国政府通过提高保障水平和扩大覆盖范围,降低癌症患者自付比例。这项政策的保障力度正在逐步提高。在第一阶段,将门诊治疗费用的自付比例由30%将至20%。第二阶段,将总医疗费用的自付比例由20%将至10%。第三阶段,将总医疗费用的自付比例由10%将至5%(Han et al., 2016)。

《国民健康保险法试行修正令》(2009年)规定,癌症患者自付的比例从10%下降到5%;心脏病、心脑血管疾病以及罕见病患者的自付比例也从20%下降到10%(翟绍果,2012)。

第二,儿童和老人。为了减轻家庭的儿童医疗费用负担,不满6岁的儿童在疗养机构住院时,2006年1月1日开始个人负担费用全免,由健康保险全额支付。同时,不满6岁儿童进行门诊治疗时,仅交纳相当于成人费用的70%,减轻本人负担额。65岁以上老人到门诊院看病或药局配药时,当不满1.5万韩元或1万韩元时,仅负担1 200韩元(金钟范,2011)。2007年11月发布了一个婴幼儿健康改善计划,定位于5岁以下儿童,覆盖免疫接种、卫生检查、牙科检查和视力测试。在这项计划下,所有儿童均享受免费预防服务(Chun et al., 2009)。

韩国国民健康保险在增进国民健康水平上取得了重要成效,但也存在一定的问题。如患者的疾病负担还较重,除了共同承担保险范围内的医疗服务费用外,患者需完全承担保险范围外的医疗服务费用;因保险偿付范围较窄,个人承担的医疗总支出较多:患者住院平均自费比例为39.3%(自付占15.7%,全额自费占23.6%),门诊平均自费比例高达61.1%(自付占36.9%,全额自费占24.2%)(翟绍果,2012)。

(3) 设置自付封顶线。

韩国医疗保险制度对"因病致贫"的防护作用体现在设置了个人自付封顶线额。由于韩国的医疗保险水平低,导致个人自付卫生支出较高。韩国政府为了限制个人自付卫生支出导致的家庭负担,在2004年引入自付上限。在6个月内,个人自付(copayment)支出超过300万韩元,接下来的治疗将是免费的,将由国民健康保险负担其超过部分。2007年,这一封顶线标准设定为200万韩元。这一行动主要是为了缓解家庭因为重大疾病陷入灾难性，并防止家庭陷入破产。这一封顶线包含住院、门诊和药品服务。2007年统计数据显示，这一封顶线设计为11万重大疾病患者总共免除了1 250亿韩元的医疗费用负担(Chun et al., 2009)。虽然自付上限机制减轻了高额医疗费用负担，但忽视了不同收入阶层群体的医疗费用承受力。导致富人家庭能够接受高额医疗费用治疗，从而更可能达到封顶线，并享受到国民健康保险的补偿。2008年数据显示，个人负担上限机制运行中，不同收入阶层群体享受到的援助金额差异较大。中低收入阶层接受的援助比仅占38.1%，收入等级1至收入等级5的群体的受援助比例分别为10.1%、6.3%、7.3%、7.5%、6.9%；而高收入阶层接受的援助比达到61.9%，收入等级6至收入等级10的群体的受援助比例分别为7.1%、7.8%、8.3%、10.6%、28.1%。高收入层次的群体接受自付上限机制援助的金额占比远远高于中低收入群体，并且绝大多数高收入层次群体中的各收入等级的群体的受援助金额都要高于中低收入群体。因此，采用统一的自付上限额存在着很大的问题。

表4.9　2008年自付上限机制对各收入阶层的援助强度

收入等级	对象人数(人)	比例(%)	援助金额(亿韩元)	比例(%)
合计(1—10)	233 861	100.0	2 436	100.0
1	26 658	11.4	245	10.1
2	15 332	6.6	152	6.3
3	17 935	7.7	179	7.3
4	17 846	7.6	183	7.5
5	16 367	7.0	168	6.9
小计(1—5)	94 138	40.3	927	38.1
6	15 989	6.8	172	7.1
7	17 767	7.6	191	7.8
8	19 047	8.1	202	8.3
9	24 207	10.4	258	10.6
10	62 713	26.8	686	28.1
小计(6—10)	139 723	59.7	1 509	61.9

资料来源：黄罗一等(2009)。

为进一步防止脆弱群体承受持续的医疗费用负担，韩国自付上限机制考虑到个体的支付能力因素，依据收入水平高低相对应地设定不同的自付上限。在具体划分中，政府利用参保者的筹资水平作为支付能力的代理变量，将所有家庭划分为三类：即最低的50%、中间的30%、最高的20%。《国民健康保险法试行修正令》(2009年)规定，2009年1月起，个人自付限额固定为200万、300万和400万韩元三档，韩国的国民健康保险实行“个人支付最高上限”制度，超额部分将由公共机构负担。其制度特点在于，自付限额的设定根据收入水平不同而有所不同：第一，中低收入水平(收入处于中位数以下)自付限额为200万韩元(约合人民币11 204元)；第二，中高收入水平(收入处于第50百分位数至第80百分位数)自付限额为300万韩元(约合人民币16 806元)；第三，高收入水平(收入处于第80百分位数以上)自付限额为400万韩元(约合人民币22 408元)(孙冬悦等，2013；Chun et al.，2009)。

表4.10　各收入阶层的自付限额标准

收入标准(%)	个人自付上限标准(万韩元)
保险费所处分位小于50	每年个人自付为200
保险费所处分位在50—80	每年个人自付为300
保险费所处分位在80—100	每年个人自付为400

资料来源：Chun et al.(2009).

根据韩国国民健康保险服务机构①(National Health Insurance Service，NHIS)2014年发布的《韩国国民健康体系报告：全民覆盖》(National Health Insurance System of Korea：Universal Health Coverage for the World)，2014年韩国国民健康保险的个人自付封顶线有所调整，进一步细化了不同收入等级群体的自付封顶线额标准。相比于2009年版本的自付封顶线机制划分方法，2014年版本的一个显著特征就是进一步考虑不同群体的承受能力，尤其是对低收入和高收入两个极端群体的限额标准进行了调整，即降低了低收入群体的自付限额，对收入等级1、收入等级2和收入等级3群体的自付封顶线进一步降低，同时增加了高收入群体的自付限额。具体而言，在将所有群体划分为10个收入等级之后，收入等级1的群体的自付限额为120万韩元；收入等级2和收入等级3的群体的自付限额为150万韩元；收入等级4和收入等级5的群体的自付限额为200万韩元；收入等级6和收入等级7的群体的自付限额为250万韩元；收入等级8的群体的自付限额为300万韩元；收

① 国民健康保险服务机构是保护国民健康的关键机构，旨在负责管理国民健康保险。

入等级 9 的群体的自付限额为 400 万韩元；而收入等级 10 的群体的自付限额在之前政策版本基础上调高 100 万韩元，达到 500 万韩元。整体而言，随着收入等级的提高，自付限额的标准也相应提高，最高收入群体的自付限额标准是最低收入群体的 4 倍之多。

表 4.11　不同收入等级的自付限额　（单位：万韩元）

收入等级	等级 1	等级 2—3	等级 4—5	等级 6—7	等级 8	等级 9	等级 10
自付限额	120	150	200	250	300	400	500

资料来源：*2014 National Health Insurance System of Korea*.

尽管考虑到个人医疗费用负担能力，基于收入水平高低为不同群体建立了针对性的自付封顶线机制，进一步照顾到了中低收入群体，有效缓解了个人负担问题，但个人医药负担仍然很重，距离彻底化解疾病经济风险仍有较远距离。根据学者（Lee and Cheong，2017）研究表明，尽管差异化的自付限额机制增加了不同收入水平患者和癌症患者的医疗服务利用，但是并没有显著降低癌症患者的灾难性卫生支出（OOP 占家庭收入的 10%）发生率，患者灾难性卫生支出发生率仍然很严重。而导致差异化的自付机制效果不显著的原因在于，自付封顶线机制仅仅涵盖国民健康保险范围内的医疗费用，而国民健康保险范围外的医疗费用是属于自费项目，即使在政策范围内建立起了自付封顶线机制，但由于重大疾病患者自费项目过高，最终导致个人卫生支出仍然较高。所以，学者（Lee and Cheong，2017）建议应该进一步扩大国民健康保险政策范围。

二、商业医疗保险治理健康贫困

（一）美国雇员医疗保险

1. 商业医疗保险概述

美国是典型以商业医疗保险模式为主的国家，多数人口的医疗保障由商业医疗保险来提供，政府要负责监管和担负起低收入与贫困人群的医疗保障问题。美国医疗保险结构的层次安排包括：首先，覆盖多数人口的市场化商业医疗保险模式，主要在工作中的员工及其配偶和雇主购买的健康保险计划，还包括自我购买的医疗保险以及由前雇主提供临时性的保险（COBRA），这部分是美国医疗保障制度的主体。其次,也有类似于德国模式老年人的医疗照料计划(Medicare),还有类似于英国的国家卫生服务制度模式的军人保障计划(CAHMPUS),对员工还有类似于新加坡的储蓄模式的健康储蓄账户(HSAs)。最后,政府还有针对穷人(Medicaid)和儿童的医疗救助计划(CHIP)。

美国大多数企业为雇员向私人医疗保险公司购买医疗保险计划,资金由雇主支付,所产生的医疗保险费,向政府免交所得税和社会保险税。在医疗待遇上,商业医疗保险由许多不同的产品构成,可以归纳为:基本住院费用险、基本外科费用险、基本医疗服务费用险、主要医疗费用险和综合医疗险。雇主会根据自身情况为雇员购买医疗保险产品,一般情况下大型企业会购买待遇标准高的产品。虽然美国医疗保障的主体是市场化运作的商业医疗保险,但是其中也有一些非营利组织来提供医疗服务,比如著名的"蓝盾"(Blue Shield)和"蓝十字"(Blue Cross)是医生与医院的联合体,从本质上看"双蓝"医疗保险组织并不是保险机构,而是一种医疗服务生产者合作社,但其通过向购买者(患者)预售服务达到了保险的目的。美国大部分居民在65岁以前是没有对应的公共医疗保险项目参加,主要参加各种营利和非营利组织举办的市场化运行的私人医疗保险计划,这构成美国医疗保障的主体部分。20世纪70年代以来,为了控制医疗费用的快速上涨,一种集医疗服务提供和经费管理为一体的医疗报销模式,即称为"管理型医疗"(Managed Care)的新型医疗保险组织快速发展。采用这种模式的医疗保险机构大量涌现,如优先医疗服务提供者组织(PPO)、重点计划服务(POS)、专项服务提供者组织(EPO)、健康维护组织(HMO)等。

2. 商业医疗保险范围和保障水平

美国私人保险公司提供的健康保险不仅保障因疾病、意外伤害引起的住院、医疗费用,而且还保障因疾病、意外伤害而不能工作引起的收入损失。收入损失保险单有长期与短期之分,皆规定如被保险人因伤害或疾病而不能工作时,以周为单位或一次性由保险人提供一定的给付,给付的多寡依据不能工作的程度而定。医疗费用保险承保的医疗损失范围很广,保单各式各样,大体可分为四种,购买保单时可分可合,自由选择:一是住院费用保险,该保险对被保险人因住院而支付的膳宿、看护、手术以及某些药品与材料费用进行补偿;二是外科手术费用保险,外科费用以一般医生对各项不同外科手术所需费用为标准;三是普通医疗费用保险,普通医疗费用指医生诊治及所需药物费用;四是大额医疗费用保险,该保险通常以总括的方式由保险公司承保(李珍,1995)。

美国医疗保险市场上的医疗保险产品有四种等级:青铜(Bronze)、银(Silver)、黄金(Gold)、白金(Platinum)。其分类只取决于保险计划报销水平,而与医疗服务质量无关。以典型人群平均值估计,整理得到各种类型医疗保险的保障水平。Bronze类型的医疗保险中保险公司和个人分别承担60%和40%;Silver类型的医疗保险中保险公司和个人分别承担70%和30%;Gold类型的医疗保险下,保险公司和个人分别承担80%和20%;Platinum类型的医疗保险下,保险公司和个人分别承担90%和10 %。[①]Bronze类型的医疗保险月度保费最低,但在治疗时医疗费用成本最高。免赔额一年大约为几千美元。Silver类型的医疗保险月度保费中等,发生治疗时医疗费用成本也是中等,其免赔额也通常比Bronze类型的医疗保险低。Gold类型的医疗保险月度保费较高,治疗时医疗费用成本较低,免赔额也通常较低。Platinum类型的医疗保险月度保费最高,治疗时医疗费用成本最低,免赔额非常低。

表4.12 不同类型医疗保险的平均保障水平

保险产品类型	保费	免赔额	保险公司赔付比例(%)	个人自付比例(%)
青铜(Bronze)	最低	几千美元	60	40
银(Silver)	中等	中等	70	30
黄金(Gold)	较高	较低	80	20
白金(Platinum)	最高	非常低	90	10

注:The “metal” categories: Bronze, Silver, Gold & Platinum[EB/OL],(2018-08-20)[2019年4月6日],https://www.healthcare.gov/choose-a-plan/plans-categories/.

资料来源:美国联邦政府卫生部门网站。

3. 商业医疗保险减贫行动

(1) 提高中低收入人群的医疗保险待遇。

平价医疗法案(Affordable Care Act, ACA)实施后,美国政府引入倾斜支付机制(Cost-sharing Reductions, CSR),为低收入的个人和家庭提供医疗保险分担费用补贴,由保险公司提高报销比例,政府帮助分担更多医疗费用。与缴纳保费的机制

① The “metal” categories: Bronze, Silver, Gold & Platinum[EB/OL],(2018-08-20)[2019年4月6日],https://www.healthcare.gov/choose-a-plan/plans-categories/.

相类似，报销比例倾斜支付也是基于参保者调整后的收入水平（ACA-specific MAGI)。但并不是所有类型的医疗保险产品都能获得倾斜支付，Bronze、Gold、Platinum 三种类型不参与此项优惠，参保者只有在购买了 Silver Plan 类型的医疗保险时才可以得到医疗保险分担费用补贴。同时保险申请人的调整收入必须低于联邦贫困线的 250%（按照 2019 年联邦贫困线计算得到个人临界线为 30 350 美元，四人家庭临界线为 62 750 美元）。符合获得倾斜支付的参保者需要格外注意，倾斜支付部分会直接自动地计算到医疗保险产品中。

Silver Plan 通常由保险公司报销保险保障范围的医疗费用的 70%，由被保险人自己负担 30%。倾斜支付下报销比例增加至 73%到 94%之间，根据调整收入水平层次的不同有所区别，分为如下三种情形：第一，如果家庭调整收入在联邦贫困线的 100%—150%，那么保险公司将报销医疗费的 94%，个人负担 6%（高于白金类型医疗保险）；第二，如果家庭调整收入在联邦贫困线的 150%—200%，那么保险公司将报销医疗费用的 87%，个人负担 13%（接近于白金类型医疗保险）；第三，如果家庭调整收入在联邦贫困线的 200%—250%，那么保险公司将报销医疗费用的 73%，个人负担 27%（好于普通的银类型的医疗保险）。

表 4.13　Silver 类型医疗保险对低收入群体保障

收入水平	保险公司报销比例(%)	个人自付比例(%)
100%—150%	94	6
150%—200%	87	13
200%—250%	73	27
250%以上	70	30

注：The "metal" categories: Bronze, Silver, Gold & Platinum[EB/OL], (2018-08-20)[2019 年 4 月 6 日], https://www.healthcare.gov/choose-a-plan/plans-categories/.

资料来源：美国联邦政府卫生部门网站。

另外，CSR 也降低了家庭收入处于联邦贫困线 100%—250%的家庭的个人自付限额（out-of-pocket maximum）。原先，这一福利涵盖的人群的收入最高标准临界值最初预订为联邦贫困线的 400%，但随后调整并最终确定为 250%。2019 年，如果不享受 CSR 补贴，个人 OOP 限额为 7 900 美元，家庭为 15 800 美元。但是对于拥有 silver plan 并且符合 CSR 涵盖标准的对象而言，OOP 限额会降低很多。第一，对于调整收入处于联邦贫困线 100%—200%的申请者，OOP 个人限额为 2 600 美元，家庭限额为 5 200 美元。与通常的 OOP 限额相比，降低了 67%。第二，对于调整收入处于联邦贫困线 200%—250%的申请者，OOP 个人限额为 6 300 美元，家庭限额为 12 600 美元。与通常的 OOP 限额相比，降低了 20%。尽管 2015 年和 2016 年，在 ACA 法案推动下，标准 OOP 限额有所增加，但是在 Silver Plan 类型医疗保险中符合 CSR 申请条件的人群中，收入处于联邦贫困线 100%—200%的人群的 OOP 限额仍然和 2014 年的水平保持一致，收入处于联邦贫困线 200%—250%的人群的 OOP 限额仅有很小幅度的增加。

(2) 设定个人和家庭自付封顶线。

美国商业健康保险由筹资、报销标准各异的保险产品组成，通过保险市场的良性竞争满足人们不同层次的医疗保险需求。虽然保险公司可以自由制定健康保险产品，但为了降低投保人的道德风险、自身运营风险和管理成本，即使待遇标准不同，一般也都采取自付额、免赔额和最高限额的措施。患者需要支出免赔以下的所有费用和免赔额以上的部分费用(比例约为 20%)，但为了降低患者因大病带来的高额费用负担引发的家庭财务危机，一般情况下，保险公司还设定了个人负担封顶线额，即当个人自付费用超过一定金额时，不再需要个人支付。免赔额和自付额的设定降低了患者的道德风险，而个人自付封顶额也化解了患者因大病造成的财务风险。因此，这种医疗保险制度设计，既加强了参保者对自身健康负责的意识，又凸显了健康保险互助共济的作用。即使参保人不幸罹患重大疾病，也仅承担有限的医疗费用，因病致贫问题并不突出(项莉，2016)。

为了保护参保者免受高昂医疗费用带来的经济负担，《平价医疗法》(The Affordable Care Act，ACA)规定：保险公司出售的长期医疗保险必须对参保者设立保险年度的个人支出限额(out-of-pocket limit)。2014 年个人自付限额不超过 6 350 美元，家庭自付限额不超过 12 700 美元。①如 2015 年的个人自费支出最高限额不超过 6 650 美元，家庭的最高限额不超过 13 200 美元。而长期医疗保险以外的其他类型的医疗保险则不受平价医疗法的限制。

美国医疗保险中，个人自付限额的设定存在很大差异。恺撒家庭基金会对职工私人医疗保险、老年人医疗保险的自付限额进行了统计。第一，在职工私人医疗

① http://dailycaller.com/2013/08/13/obamacare-limits-on-out-of-pocket-costs-delay/.

保险方面。雇主医疗保险设定年度个人支出限制，比 Medicare 更为慷慨，大约超过 80％的雇主医疗保险建立了封顶线。2010 年设定的雇员最大 OOP 的中位数为 2 000—2 500 美元（Rice et al.，2013）。根据恺撒家庭基金会 2013 年职工卫生调查资料，是否设定个人自付限额在不同私人医疗保险之间存在差别。20％的职工参加的医疗保险没有设定个人自付封顶限额（out-of-pocket maximum）。29％的职工参加的个人医疗保险，个人自付限额设定少于 2 000 美元，同时 12％的职工的个人自付限额大于等于 5 000 美元。一些医疗保险对家庭层面的累计自付限额也有保护，63％的参保职工既拥有个人医疗保险自付限额保护，同时也有家庭累计自付限额保护。其中，自付限额少于 4 000 美元的占 29％；大于等于 8 000 美元的占 24％。①第二，在高级老年人医疗保险（medicare）方面。老年人高级医疗保险计划（medicare advantage plans，MA）是由私人保险公司和 medicare 合作提供，合作方包括：HMO（health maintenance organizations）、PPO（preferred provider organizations）、PFFSP（private fee-for-service plans）等。②根据恺撒家庭基金会的资料显示，2011 年，MA 中大约 51％的医疗保险的个人自付限额是低于 3 400 美元，大约 5％的医疗保险项目的个人自付限额是低于 2 500 美元，2 500—3 400 美元的占 46％，3 400—5 000 美元的占 25％，5 000—6 700 美元的占 24％。从不同保险方来看，HMO 提供的医疗保险的自付限额相对较低。HMOs 中，医疗保险自付限额低于 2 500 美元的占 6％，2 500—3 400 美元的占 53％，3 400—5 000 美元的占 19％，5 000—6 700 美元的占 22％（Listed，2010）。

（二）澳大利亚商业医疗保险

1. 商业医疗保险概述

澳大利亚实行的是全民医疗保健制度，由政府提供的 Medicare 计划覆盖全民。同时，又有私人保险公司提供的商业健康保险作为补充。1973 年颁布的《健康保险法》规定，每个公民都享受同等机会的医疗保健，所有居民均可免费在公立医院得

① Kaiser Family Foundation，2013 Employer Health Benefits Survey[EB/OL]，(2014-11-07)［2018 年 8 月 7 日］，http：//kff.org/private-insurance/report/2013-employer-health-benefits.

② Medicare，Medicare Advantage Plans[EB/OL]，(2014-11-07)［2018 年 8 月 7 日］，https：//www.medicare.gov/sign-up-change-plans/medicare-health-plans/medicare-advantage-plans/medicare-advantage-plans.html.

到基本医疗服务。通过全民健康保险制度和各州的医疗卫生计划，全体澳大利亚公民均可享受公立医院的免费医疗服务和全科医生服务（安华、金栋，2008）。1984年澳政府以医疗照顾计划（Medicare）替代联邦政府原有的一些项目，把医疗照顾扩大到所有国民时。Medicare的经费大部分来源于一般税收，小部分来源于公民缴纳的医疗照顾税（颜清辉，2002）。澳大利亚卫生系统中，私立医院占有近1/3床位，并且随着日间手术发展，私立医院占有超过一半的手术量。由于私立医院在医疗服务中扮演重要角色，商业健康保险在澳大利亚的重要性凸显（Healy et al.，2006）。澳大利亚实行全民医疗保险，但《健康保险法》明文规定，在公立医院就诊时病人无权选择医生和病房，也不享受优先住院和治疗。联邦政府鼓励人们在使用医疗保健作为主要保障的同时也参加私人医疗保险，以更好地平衡公立医院和私立医院在整个卫生系统中的作用，满足了不同人群对不同医疗服务的需求。澳大利亚的商业健康保险起步于20世纪90年代。伴随着澳大利亚全民医疗保健政策的逐步完善，与之相适应的商业健康保险制度也正逐步得到发展。作为全民医疗保健政策的必要补充，其辅助作用也日益得到体现。从1997年到2001年，澳大利亚商业健康保险经历了三个主要发展阶段：私人健康保险激励方案、私人健康保险激励法案和终生健康保险计划。通过以上三个阶段的改革措施与相关的政策扶持，澳大利亚的商业健康保险取得了较大的发展。改革之前，参加商业健康保险的人口和比例都不是很高，在1997年只有29.7%的人参加商业健康保险。政策改革提高了商业保险的参保率，2001年参保人数增加了400万人，参保率达到了45%。参保者的年龄结构与性别比例也得到了优化。在这三个改革阶段的实施过程中，政府采取了针对不同收入群体制定不同补贴政策、对不参加商业健康保险的高收入群体征收医疗附加税等一系列激励措施与政策，并根据实施情况即时进行政策调整，促进了澳大利亚商业健康保险的发展（安华、金栋，2008）。澳大利亚的商业健康保险除了可以报销投保人在公立医院和私立医院的医疗费，还偿付投保人接受的一系列非医疗服务的费用，如进行理疗、看牙科以及购买眼镜的费用等全民健康保险不予报销的项目。如一年未使用私立健康保险基金者，还可获得奖励（安华、金栋，2008）。

2. 商业医疗保险范围和保障水平

澳大利亚居民和其他享受Medicare项目的人，在公立医院可接受免费治疗和食宿，具体而言，基本医疗服务范围内的治疗费、检查费、出诊费、住院费和伙食费都由政府承担。但诊疗过程、医生人选、手术安排均需按照医院指定,否则需以私人病人身份选择医生、手术等,且Medicare只能报销75%的费用,其余均需自付(颜清辉,2002)。Medicare不包括的费用有:牙科、理疗和按摩治疗、救护车服务等(安华、金栋,2008)。

私人健康保险为愿意以私立病人身份在公立医院或者私立医院看病的投保人提供支付服务,包括住院费用、急救(救护车)服务等。同时也为投保人补贴一些非医院的医疗服务,比如牙科服务、康复服务、家庭护理、配眼镜服务、推拿治疗和足病诊疗服务等。

3. 商业医疗保险减贫行动

(1) 实施"生命周期健康覆盖"政策。

澳大利亚的商业健康保险起步于20世纪90年代。伴随着澳大利亚全民医疗保健政策的逐步完善,商业健康保险也开始发展。作为全民医疗保健政策的必要补充,其辅助作用也日益得到体现。在1997年之前,商业健康保险参保率只有29.7%。从1997年到2001年,澳大利亚推出三项商业健康保险改革计划。1996年私人健康保险激励方案(The Private Health Insurance Incentives Scheme, PHIIS)提出,国家对购买商业健康保险的人群按收入给予相应的补贴,对高收入人群不购买商业健康保险的征收1%的医疗附加税。1998年私人健康保险激励法案(The Private Health Insurance Incentives Act, PHIIA),国家加大了补贴力度,取消了收入限制,对高收入不够买商业健康保险的人群仍然征收1%的医疗附加税。2000年终生健康保险计划(Life Time Health Cover, LTHC),通过降低年轻人购买商业健康保险的保费、国家终身补贴购买商业健康保险的费用、对老年人加大购买商业健康保险的补贴力度等手段,使澳大利亚商业健康保险的参保率获得了大幅度的增加,并使参保人群的年龄比例更加合理化(孔静霞,2014)。通过以上三个阶段的改革措施与相关的政策扶持,澳大利亚的商业健康保险取得了较大的发展。2001年,参保率达到了45%(安华、金栋,2008)。2011年,1 040万人购买了私人健康保险,约占总人口的46%,私人健康保险所支付的资金占到了卫生总费用的8%。

2000年7月,澳大利亚政府引入"生命周期健康覆盖"政策(Lifetime Health Cover, LHC),它建立起一个进入年龄定价体系,即根据个体初次参加商业住院保险时的年龄确定保费。对于初次购买在30岁之后的人或者30岁之后有一段时间放弃商业住院保险的人而言，每年额外征收2%的附加保费，这个额外征收部分称为LHC载荷。例如，某个人一直到35岁时才开始购买商业住院保险，LHC载荷为10%，保费将从普通的月度保费100美元增加为110美元；某个人在40岁时开始想购买商业住院保险，但相比于从30岁开始连续缴费的人，他需要额外支付20%的保费；如果等到50岁开始购买，则需要额外支付40%的保费。LHC设定LHC载荷最高年龄为65岁，即一个人最高LHC载荷为70%。而超过65岁的人想初次购买商业住院保险将无需缴纳额外保费部分。如果个体购买了多种医疗保险，LHC载荷仅仅针对住院保险部分保费。如果参保者及其伴侣均需要缴纳LHC载荷，则在计算LHC载荷时将两人的载荷进行平均化。例如，参保者需要支付4%的LHC载荷，其伴侣LHC载荷为10%，对这对夫妇的LHC载荷将设定为7 %。①②③LHC载荷计算公式如下：

$$LHC\text{ 载荷}=[\text{年龄}-30]\times 2\%\times\text{保费} \tag{4.1}$$

对于一部分在30岁之后停止参加商业住院保险的参保者，将增加保费，增加的保费额等于脱离保险的时间乘以2%再乘以保费。为了避免触发LHC载荷，澳大利亚居民必须确保自己在LHC年龄限制标准之前参加商业住院保险。对于大多数人而言，LHC的年龄限制标准是在他们31岁当年的7月1日，但根据个人的特殊情况也可以进行调整。例如参保者在31岁7月1日附近刚刚移民到澳大利亚或者恰好在国外，则参保者可以向澳大利亚政府部门进行特殊情况申请。LHC载荷并非适用于所有人群，有一些特定人群可以免于LHC载荷，例如退伍军人和澳大利亚国防部队人员将不用缴纳LHC载荷。另外，1934年7月1日前出生的人也无需缴纳LHC载荷。LHC出台后，各个年龄段的人争先恐后参加。商业健康保险参保率由1999年31%增加到2000年45%，而LHC被视为最主要的推动政策。LHC对消费者购买商业健康保险产生有效的经济激励，引入了更多的年轻参保者，降低了平均保费水平以及疾病风险(Buchmueller, 2008)。

---

① What is Lifetime Health Cover(LHC) loading? [EB/OL], (2018-06-28) [2019年4月16日], https://www.australianunity.com.au/health-insurance/explained/lhc.

② Lifetime health cover[EB/OL], (2018-06-28) [2019年4月16日], https://www.ato.gov.au/Individuals/Medicare-levy/Private-health-insurance-rebate/Lifetime-health-cover/.

③ How does Lifetime Health Cover work? [EB/OL], (2018-06-28) [2019年4月16日], https://www.medibank.com.au/health-insurance/understanding-health-insurance/lifetime-healthcover-loading/.

(2) 实施团体定价体系。

2007 年,澳大利亚政府通过《商业健康保险法》(Private Health Insurance Act 2007)正式引入商业健康保险团体定价体系(*The Community Rating System*),目的是为了保证每个人都能享有健康保险。团体定价体系的核心宗旨就是避免商业健康保险公司以健康或者其他形式的因素拒绝参保者。由于在商业健康保险购买过程中,参保者如果在过往经历中有较高的商业健康保险赔付历史或者身体健康状况不佳,均需要支付更高的医疗保险保费。政府引入的团体定价体系实际上是为了解决保费不公平的问题。《商业健康保险法》禁止的歧视行为主要包括:参保者正在患有慢性疾病或严重疾病;参保者的性别、种族、性取向或宗教信仰;参保者年龄;参保者的居住地;职业或法律诉讼等其他会可能导致更多住院治疗的参保者个人信息;参保者过往接受住院治疗或一般治疗的频率等。团体定价体系保证了商业医疗保险参保的非歧视性,保证费率的统一,而不管个体的健康状况或人口统计特征;避免了商业医疗保险公司针对个体健康风险筛选,使公民公平享受商业医疗保险(Gnanamanickam et al., 2018)。除了让公民公平享有商业健康保险之外,团体定价体系还有一个重要作用就是缓解全民医疗体系的压力。如果任由商业健康保险采取风险定价或者人群筛选,健康差和老年群体将无法得到商业补充医疗保险,而仅能依赖于全民医疗体系,由此将造成全民医保体系面临较大压力。尽管根据澳大利亚的法律规定,保险公司不能拒绝任何一个有购买保险需求的个体,但保险公司可以根据其产品特点向特定行业或某一类群体提供商业医疗保险,某些产品还进一步覆盖到家庭成员(如表 4.14 所示)。

表 4.14 澳大利亚限定参保者的保险公司及其人群要求

序号	保险公司	限 制 要 求
1	ACA 健康福利基金	基督复临安息日会雇员;地方教堂职员及其家庭
2	CBHS 健康基金	联邦银行、连锁加盟企业、承包商的雇员及其家庭
3	国防医疗	空军防空部队和国防部队的成员及其家庭
4	医生健康基金	医生、医护人员及其雇员和家庭
5	紧急服务健康	紧急服务团体成员及其家庭
6	海军医疗	空军防空部队的服役和文职人员、合约商的雇员及其家庭
7	护士和助产士医疗	护士和助产士及其家庭
8	警察医疗	警察团体成员及其家庭
9	铁路和交通健康基金	交通和能源部门雇员及其家庭

续 表

序号	保险公司	限制要求
10	联邦储备银行医疗团体	联邦储备银行的雇员
11	教师医疗	教育联合团体及其家庭
12	TUH 健康基金	工会会员及其家庭

注：Restricted insurers[EB/OL]，(2018-06-28) [2019 年 4 月 16 日]，https://privatehealth.gov.au/dynamic/insurer/restricted.

资料来源：澳大利亚联邦政府商业健康保险检查部门官网。

(三) 巴西商业医疗保险

1. 商业医疗保险概述

1988 年，巴西颁布的新宪法中决定建立"统一医疗体系"，以改变医疗卫生领域存在的不平等状况。新宪法规定，健康是所有公民的权利和国家的责任，不论种族、宗教信仰和社会经济状况如何，每一位巴西公民都有权利得到政府各级医疗机构的免费治疗。全民统一医疗制度(Sistema Único de Saúde, SUS)于 1988 年创立，2000 年制定条例，2006 年立法。SUS 具有五个基本特征：(1)全民可及，为全体公民提供免费的卫生保健；(2)整体体系，卫生保健服务由基本保健机构提供，这些机构作为进入卫生系统的第一级；(3)公平性，按照需要分配资源；(4)SUS 的提供是依据当地的参与和决策；(5)采取分权化的管理方式。作为巴西的公共医疗保险体系，SUS 基本运作形式是由政府举办的公立医院和卫生所向持有巴西身份证的公民提供免费的基本医疗。SUS 的筹资为公共筹资，由三级政府(国家、州和地区)共同筹集。巴西宪法规定：联邦政府按 GDP 的 1%—2%安排医疗保健费用；州、市两级政府按不低于 15%的年度财政预算安排医疗保健费用。"统一医疗体系"覆盖了巴西 90%的人口，加上私人医疗保险的补充，巴西人都能享有基本的医疗服务。在医疗服务利用方面，76%的人口只使用 SUS 体系，主要是贫困和极其贫困人口，24%的人口依靠医疗保险或健康计划，但在使用部分较复杂医疗服务时也能从 SUS 体系获益。在 SUS 系统下，患者使用公共医疗服务无需缴纳医生诊金、检查费、住院费、手术费和药品费。十几年来，尽管受国家经济发展水平限制还存在不少问题，但是该体系在提高人民健康水平、降低婴儿死亡率、控制各种传染病和流行病等方面，受到巴西社会的认可和赞赏。

但是,SUS并不能包括所有类型的卫生服务,并且存在医疗服务质量和可及性较差、等待时间长等问题。尤其是在20世纪80—90年代,一系列经济危机、经济增速缓慢和公共资源稀缺等问题,弱化了SUS提供的质量,从而加速了商业健康保险扩张(Bos and Waters, 2008)。由于公共医疗服务需要很长的等待时间,催生了私人医疗服务的发展。所以,在巴西私人医疗保险与全民统一免费医疗制度并存。私人医疗保险公司向购买私人医疗保险的对象提供各种类型的医疗保险项目,以满足社会各阶层的需要。对于一些经济收入较高的公民,可以有选择性地参加私人医疗保险。巴西有2 000多家经营医疗保险的公司,3 700万人接受私人医疗保险服务(马丹、任苒,2007)。1980年至1999年,巴西的医疗服务机构数量迅速增加。在提供住院的医疗服务机构中,私立医疗服务机构由1980年的4 893家增加到1999年的5 193家,占比由80.1%降至66.5%。在不提供住院的医疗服务机构中,私立医疗服务机构由1980年的3 351家增加到1999年的11 016家,占比由28.7%降至26.9%。

表4.15　不同类型、所有制的医疗服务机构数量

年份	提供住院的医疗服务机构(家)				不提供住院的医疗服务机构(家)			
	小计	公共	私有	公共占比(%)	小计	公共	私有	公共占比(%)
1980	6 110	1 217	4 893	19.9	12 379	8 828	3 551	71.3
1999	7 806	2 613	5 193	33.5	41 009	29 993	11 016	73.1
增长率(%)	16	114	6		231	240	210	

资料来源:Bos and Waters(2008).

2. 商业医疗保险范围和保障水平

私人医疗服务保障可以通过个人购买或者由雇主以工作福利提供,并不限定于特定群体或条件,而是面向每个有能力并且愿意购买的人。由商业保险公司提供两种项目,分为健康计划(Private Health Plans)和商业医疗保险(Private Health Insurance)两类。巴西的健康计划受到政府部门的严格管制,由国家补充健康管理局(Agência Nacional de Saúde Suplementar, ANS)代表巴西卫生部进行管理。这些健康计划都能够满足覆盖一定程度的医生和医院的基本要求,但健康计划通常都限定在一定区域内,例如一个城市或者一系列州,根据个体所参加的保险计划或者保费水平而规定有所不同。但大多数的健康计划产品只限定在一个城市范围内。由于保险公司众多,从而健康计划产品数量繁多,个体在参保时往往容易盲目。ANS提供了一个关于不同健康计划提供者及其保费、服务等内容的概要。健康计划的保费水平要比商业医疗保险贵得多,同时提供的费用保障覆盖范围能够达到100%,但在医生和医院方面很少或者没有选择权。就如同美国的管理医疗组织(Health Management Organizations, HMOS)一样,健康计划的提供者既提供医疗服务也同时为医疗费用买单。与健康计划不同,商业医疗保险项目通常覆盖巴西所有领土。与健康计划仅仅能提供预先制定的医生和医院服务不同,商业医疗保险产品能够提供更多的自由的医生和医院选择,但费用保障覆盖范围通常无法达到100%。商业医疗保险由一般保险公司提供,无论参保者选择哪种医疗保险产品,牙科治疗需要购买特定的医疗保险产品才能覆盖。即使参保者已经购买了商业医疗保险,仍然可以免费获得公共医疗服务,包含所有服务和药品。①保费也依据保险商、覆盖水平和地区有所不同。商业医疗保险补偿政策因不同产品和具体条件有所不同,一些商业医疗保险公司要求参保者先支付医院相关费用,然后再从保险公司报销,而另外一些保险公司可以直接与医院结算,而一般门诊医生会要求直接以现金形式结算。还有一些医疗保险产品不涵盖慢性疾病或者投保之前所患有的疾病情形。②③绝大多数的商业健康保险项目都涵盖医生就诊费、补充检查和住院费。但补充商业健康保险大多集中于以提供基础医疗服务为主的低价值健康项目,并且排除了需要长期和高昂护理的严重疾病,对住院最长期限和总花费也均有严格规定。对于相当比例的拥有商业健康保险的人群,在进行移植或者HIV/AIDS等高度复杂和昂贵的治疗时仍然是在SUS系统内(Bos and Waters, 2008)。

表4.16统计了2003—2015年巴西商业医疗保险受益人情况。商业医疗保险的受益人占比由2003年的17.9%增加到2015年的26%,增加了0.45倍。而由于牙科是一种单独的商业医疗保险产品,其受益人也迅速增加,由2003年的2.2%增加到2015年的11.1%,增加了4倍之多。

---

① Private health care in Brazil[EB/OL], (2014-07-17) [2019年4月16日],https://www.justlanded.com/english/Brazil/Brazil-Guide/Health/Private-health-care-in-Brazil.

② The Health Insurance System in Brazil[EB/OL], (2014-07-17) [2019年4月16日],https://www.angloinfo.com/how-to/brazil/healthcare/health-system/health-insurance.

③ Health Insurance in Brazil[EB/OL], (2018-06-28) [2019年4月16日],https://www.internationalstudentinsurance.com/brazil-student-insurance/health-insurance-in-brazil.php.

表 4.16 巴西商业医疗保险受益人数统计表

统计年度	商业医疗保险受益人		牙科保险受益人	
	总人数	占比(%)	总人数	占比(%)
2003 年 6 月	31 715 480	17.9	3 877 443	2.2
2004 年 6 月	33 064 858	18.5	4 744 203	2.6
2005 年 6 月	34 357 440	18.7	5 815 727	3.2
2006 年 6 月	36 067 336	19.3	6 690 145	3.6
2007 年 6 月	37 871 485	20.0	7 860 029	4.2
2008 年 6 月	40 368 599	21.3	9 904 243	5.2
2009 年 6 月	41 682 920	21.8	11 926 215	6.2
2010 年 6 月	43 713 704	22.9	13 943 063	7.3
2011 年 6 月	45 735 629	23.8	15 842 552	8.2
2012 年 6 月	46 899 715	24.2	18 003 721	9.3
2013 年 6 月	48 432 584	25.0	19 068 016	9.8
2014 年 6 月	49 998 277	25.8	20 514 259	10.6
2015 年 6 月	50 516 992	26.0	21 526 467	11.1

资料来源:巴西 ANS 官网,http://www.ans.gov.br/the-sector/sector-data。

3. 商业医疗保险减贫行动

(1) 涵盖口服抗癌药物。

2012 年巴西全国癌症机构预估了全国癌症情况,预测显示 2015 年全国将有 576 000 个新增癌症病案,男性中前列腺癌占 22%,女性中乳腺癌占 20.8%。前列腺癌和乳腺癌成为巴西癌症死亡中的主要因素之一。所有巴西公民均享受 SUS 覆盖,同时其中 25%的人还拥有商业健康保险,绝大多数的商业健康保险都是通过工作等团体计划获得,小部分是个人参保。但在抗肿瘤药物方面,公共保险和商业健康保险均未能有效覆盖。1998 年《商业健康保险法》(The Private Health Insurance Act, Law 9656/1998)对巴西商业健康保险进行了规定,法案第 12 条规定"保险公司仅覆盖住院期间的药物",法案第 10 条规定"不覆盖家庭护理期间的药物"。因此,在家庭护理期间的口服抗肿瘤药物被排除在商业健康保险服务范围外。2006—2011 年,巴西卫生部新成立了一个专门评估新技术引入 SUS 情况的委员会,在这期间只有两种口服抗肿瘤药物(尼罗替尼、达沙替尼)引入了 SUS 的药物清单。2013 年以家庭为基础的全国卫生调查,发现 4 900 万人参加了商业健康保险。其中,17%的人由于通过政府项目或雇员保险项目而不需要支付药品费用;60.9%

的人需要自付药品费用；16.1％的人需要支付部分药品费用；6％的人无法支付药品处方费用(Fonseca et al.，2016)。

在2013年之前商业医疗保险仅包含静脉注射药物，而2013年的巴西联邦法案将口服抗癌药物包含进来，向肿瘤药物覆盖又迈出了一步。2013年，在民间团体的强烈游说下，巴西国会通过了一项法案强制要求所有商业医疗保险公司涵盖口服抗癌治疗药物(2013年11月12日第12880号法律Brazilian Federation Law 12880/2013)。法案明确要求，"全国各地的商业医疗保险必须包含口服使用的抗癌治疗、癌症治疗的放射治疗和血液疗法"。这项法案是抗肿瘤药物可及性的特征之一，因为它建立起患者接受私人医疗服务中的口服化疗的权利。与此同时，全国商业医疗保险管理局(ANS)发布了商业医疗保险公司必须涵盖的37种抗癌药物名单(ANS Resolution 388/2013)。①在2013年1月至2014年12月期间，在商业医疗保险部门申请口服抗癌药物治疗的请求数量增加了90％(Fonseca et al.，2016)。

(2) 巴西商业医疗保险减贫的效果。

库托朗等(Couttolenc et al.，2007)基于全国家庭层面的数据，评估了商业医疗保险的参保特点，以及利用赫克曼(heckman)两部模型分析了参加商业医疗保险对医疗服务利用的影响。结果发现，相对于仅参加免费的公共医疗系统的群体，参加商业医疗保险会增加个体寻求医疗服务的概率，并且增加个体看医生的次数；同时参加PHI的个体比一般群体要更健康。②奈曼和巴林(Nyman and Barleen，2007)的研究得出类似的结论。③

而巴罗斯等(Barros et al.，2011)基于2002—2003年巴西家庭预算调查数据，计算不同标准的灾难性卫生支出指标(CHE)，发现参加商业医疗保险并没有显著降低CHE发生率。波斯和沃尔特(Bos and Waters，2008)研究了巴西的公共卫生系统和商业健康保险在降低CHE中的作用，发现公共卫生系统使家庭CHE发生

---

① LEI N° 12.880, DE 12 DE NOVEMBRO DE 2013[EB/OL]，(2013-11-13)[2019年4月16日]，https://www2.camara.leg.br/legin/fed/lei/2013/lei-12880-12-novembro-2013-777420-norma-pl.html.

② Couttolenc，Bernard and Nicolella，Alexandre，Private Health Insurance in Brazil：Features and Impact on Access and Utilization(January 15 2007)，iHEA 2007 6th World Congress：Explorations in Health Economics Paper. Available at SSRN：https://ssrn.com/abstract=992821.

③ Nyman，John A. and Barleen，Nathan A.，The Effect of Supplemental Private Health Insurance on Health Care Use，Health and Welfare in Brazil(June 4 2007)，iHEA 2007 6th World Congress：Explorations in Health Economics Paper，Available at SSRN：https://ssrn.com/abstract=994253.

率降低47%,但是商业健康保险使家庭CHE发生率增加了36%,建议增加公共卫生系统的提供数量、质量和可及性,同时加强政府对商业健康保险的管制。

(四) 法国商业医疗保险

1. 商业医疗保险概述

法国的医疗保险体系由两大部分组成:一是公共医疗保险体系,它承保基础广泛,每个法国人几乎都可以得到公共医疗保险的保障,但是提供的保障相对而言并不充分;二是补充医疗保险,大多数法国人都通过参加互助保险、民间共济会或购买商业医疗保险获得补充保障。补充医疗保险提供的保障占全部医疗支出的12.0%。相对于其他欧洲国家,法国的私人保险提供的保障程度更广,是医疗费用支出的重要来源,所以补充医疗保险在法国的医疗保障体系中占有重要的地位,是政府制定公共政策时着重考虑的要素之一。

在法国卫生体系中,商业医疗保险起到补充作用。与其他国家不同,法国商业医疗保险不是因为公共医疗保险提供的医院要排队等候,也不是因为公共医疗保险不能提供高质量的医疗服务,而是因为公共医疗保险中需要病人分担的成本以及公共医疗给付中保障不足的医疗用品和服务提供补充补偿(刘璐,2007)。2006年,商业医疗保险占卫生总筹资总额的12.1%。1970—2010年商业医疗保险覆盖率由50%增加到90%。补充医疗保险迅速发展的主要原因之一就是SHI逐步减小的门诊覆盖范围增加了家庭的自付支出压力(Chevreul et al., 2015)。法国的VHI市场由大量的保险公司组成,2011年大约有682家保险公司。VHI可以通过个人或企业购买,相对个人购买,团体购买的VHI拥有更大的覆盖范围,大约85%均是通过雇主购买。而团体VHI费用并不依据年龄采用风险费率,而是基于薪资的指数化缴费。有三类不同的组织机构被授权提供补充商业医疗保险:互助保险公司、咨询机构和商业保险公司,其市场份额占比分别为60%、20%、20%。这三大机构提供不同类型的保险合同:团体合同和个人合同。团体合同是针对公司提供以覆盖其职工,主要是由互助保险公司和咨询公司提供。团体合同根据行业和雇主不同有所不同和针对性。例如,MGEN是一家法国互助保险公司,其提供的保险合同的主要对象是教育、文化和体育等政府部门的雇员。同时,不能通过所属公司获得保险的个人通常参加个体保险合同。但是,个体合同更多地依赖于竞争性市场,保费取决于所选择的保险合同以及个体的风险评估情况。另外,针对贫穷个体，还有免费的补偿医疗保险，主要由政府部门提供(Couverture Maladie Universelle Complémentaire, CMU-C)，仅有低收入水平个体能够申请加入。2006 年，这项计划的受益人达到 480 万人，占总人口的 7.5 %。①

2. 商业医疗保险范围和保障水平

法国的商业医疗保险最主要的作用是对患者的自付部分和其他费用进行补充覆盖。其更好地覆盖了 SHI 没有涉及的医疗产品和服务，例如牙科和光学治疗。从 2000 年开始，随着日趋饱和的商业医疗保险市场的发展，商业医疗保险持续扩大覆盖范围，进一步引入欧米伽 3 脂肪酸和近视手术，以及私人设施和私人病房(Chevreul et al., 2015)。

商业医疗保险覆盖了那些由法定医疗保险部分报销或者不报销的产品和服务。其中，牙科治疗和眼科产品占据了商业补充医疗保险支出的 25%。商业补充医疗保险产品之间存在很大不同，例如保险覆盖福利和费率水平。有一些保障水平很低，但有一些甚至能够覆盖所有未受到公共保险报销的部分。大多数保险合同的非工作天数的补充赔偿、眼科和牙科服务费用报销比例。事实上，就保障水平来讲，团体合同总体上要优于个体合同，这是因为公司通常参与了保费筹资，大约占到总保费的 50%。所以，对于没有稳定工作的个体而言，无法从团体合同中获益，只能根据市场上相应的价格购买保障水平更低的个体合同。另外，相比于富裕家庭，贫困家庭由于经济水平的限制，只能购买低保费和低保障水平的补充医疗保险产品，但这些花费可能占家庭收入的很大比例。CMU-C 项目则保障了贫困家庭。②

3. 商业医疗保险减贫行动

(1) 建立 CMU-C 基金。

低收入群体由于经济因素而无法享有私人补充医疗保险，2000 年全民健康覆盖法案(CMU)引入了 CMU-C(Complementary Universal Health Coverage)项目，通过公共 SHI 项目为低收入者提供免费的附加医疗保险，无论其工作形式是受雇佣、失业或者自雇。当个体年收入低于 7 521 欧元(2010 年 1 月标准)，将免费享有。政府通过向商业医疗保险合同保单征税建立起 CMU 基金，以此支付 CMU-C 项目

①② Dukhan Y., Korachais C., Xu K., et al., Financial Burden of Health Payments in France: 1995—2006[Z], World Health Organization, 2010.

(2009 年达到 18 亿欧元)。2008 年,CMU-C 覆盖 7%的人口(Chevreul et al., 2010)。CMU-C 针对低收入群体,无论是失业者、雇员还是自雇人员均可参加。未达到退休年龄的外国人在已经获得基本医疗保险 PUMA 资格的前提下,也可以获得资格申请参加 CMU-C。即使是雇员或者是个体工商户,只要收入水平满足 CMU-C 的要求就可以加入。在拥有 CMU-C 的情况下,所有医疗费用甚至包括牙科医疗费用均能够得到报销,但必须是先通过全科医生或转诊。与其他医疗服务利用不同,CMU-C 获得者不需要为医疗服务支付费用,也无需再进行事后报销。相关的医疗费用在治疗提供时就是免费的,家庭医生和专科医生受到政府部门的规定,只能收取一些基础的费用。收入水平的确定是参照过去 12 个月,例如,如果申请者于 2019 年 10 月 25 日申请 CMU-C,则计算过去 12 个月的最终时间点是 2019 年 9 月 30 日。如果没有资产抵押的话,会在核定的收入基础上增加一个额外费用(被称为 forfait logement),用以最终评估 CMU-C 收入门槛。以 2018 年为例,一个人是 793 欧元,两个人是 1 388 欧元,三个人或四个人是 1 666 欧元。如果申请到 CMU-C,将享受一整年的 CMU-C 待遇,即使在一年内收入水平发生了变化。在 12 个月后又会进行新的资产状况调查,重新评估个体的 CMU-C 资格。①2019 年起,一个人的 CMU-C 门槛是 8 951 欧元,两个人是 13 427 欧元,三个人是 16 112 欧元,四个人是 18 797 欧元。

表 4.17　2019 年 4 月至 2020 年 4 月 CMU-C 收入门槛　(单位:欧元)

家　庭	年度收入	家　庭	年度收入
1 人	8 951	3 人	16 112
2 人	13 427	4 人	18 797

注:如果人数较多,每增加 1 人,门槛增加 3 580 欧元。

资料来源:https://www.french-property.com/guides/france/public-services/health/puma/protection-complementaire/.

(2) 建立 ACS 担保项目。

对于收入刚刚超过 CMU-C 收入上限,但同时紧邻 CMU-C 收入上限的脆弱群体,2004 年医疗保险改革法案(Health Insurance Reform Act)要求建立"ACS 担保

① https://www.french-property.com/guides/france/public-services/health/puma/protection-complementaire/.

项目”，也是通过 CMU 基金资助。对于收入低于设定限额(即 CMU 限额的 135%)的群体，以“卫生支票”的形式给予财政资助，用于补偿个体购买商业医疗保险所支付的成本，这项计划叫做健康补充支付计划(Aide au paiement d'une Complémentaire Santé, ACS)。而 ACS 项目的一个显著缺陷在于只有那些购买经过官方认定合格的保险商所提供产品的个体才能有资格得到补偿，并且这些保险商提供的产品并不全是市场上最便宜的。这些经过官方资格认定的保险商总共有 11 种，详细信息见表 4.18。

表 4.18　法国 ACS 项目官方认定的保险提供商

序号	保险提供商名称	网　　址
1	Accès Santé	www.asses-sante-pour-tous.fr
2	ACS Couleurs Mutuelles	www.acs-couleurs-mutuelles.fr
3	ACS MSM	www.mutuellesaintmartin.fr
4	ASACS La santé solidaire	www.asacs.fr
5	Assureurs Complémentaires Solidaires	www.assureurscomplementairessolidaires.fr
6	Atout Cœur Santé	www.atout-coeur-sante.fr
7	Complémentaire santé ACS	www.cic.fr
8	Complémentaire Santé Solidaire	www.assurances.credit-agricole.fr
9	KLESIA ACS	www.klesia-acs.fr
10	Oui Santé	www.ouisante.fr
11	Proxime Santé	www.lamutuellesante.net

资料来源：http://www.cmu.fr/fichier-utilisateur/fichiers/acs/ACS_liste_offres.pdf.

享受 ACS 项目必须满足收入条件，如果个体的收入经过当地的 Caisse(Caisse Primaire d'Assurance Maladie)核定之后是小于 ACS 收入门槛，则个体将有资格申请 ACS 项目。具体的收入门槛为：当家庭仅有一个人时，年度收入门槛为 11 894 欧元；当家庭仅有两个人时，收入门槛为 17 840 欧元；当家庭仅有三个人时，收入门槛为 21 408 欧元；当家庭有四个人时，收入门槛为 24 976 欧元；当家庭有五个人时，收入门槛为29 734 欧元。①与 CMU-C 项目相类似，如果个体没有抵押财产的话，将在收入中增加一笔额外的金额。

① Assistance with French Health "Top Up" Insurance Premiums[EB/OL], (2018-11-07) [2019 年 5 月 26 日], https://www.french-property.com/guides/france/public-services/health/puma/assistance/.

表 4.19 ACS 项目的家庭收入门槛 （单位：欧元）

家庭人口数	年度收入	家庭人口数	年度收入
1	11 894	4	24 976
2	17 840	5	29 734
3	21 408		

注：Assistance with French Health "Top Up" Insurance Premiums[EB/OL]，(2018-11-07)[2019 年 5 月 26 日]，https://www.french-property.com/guides/france/public-services/health/puma/assistance/.

资料来源：French-Property.com.

而具体的资助额度取决于个体的年龄，2010 年由 100 欧元/年（16 岁以下）至 550 欧元/年（60 岁以上）不等，同时规定不超过保单的总保费额（Chevreul et al.，2010；Chevreul et al.，2015）。具体来看，个体年龄小于 16 岁时，ACS 资助 100 欧元；个体年龄处于 16—49 岁间，ACS 资助 200 欧元；个体年龄处于 50—59 岁时，ACS 资助 350 欧元；个体年龄大于 60 岁时，ACS 资助 550 欧元。特别地，当一对夫妇年龄达到 59 岁时，ACS 资助额度将为 700 欧元。2013 年，政府为了实施反贫困和促进社会包容，进一步推动补充商业医疗保险的可及性和资助额度，促使更多的医疗服务项目能够包含到商业医疗保险中（例如眼科和耳科）（Chevreul et al.，2015）。

表 4.20 各年龄段的 ACS 项目资助额度 （单位：欧元）

年龄段	资助额	年龄段	资助额
＜16 岁	100	50—59 岁	350
16—49 岁	200	＞60 岁	550

注：Assistance with French Health "Top Up" Insurance Premiums[EB/OL]，(2018-11-07)[2019 年 5 月 26 日]，https://www.french-property.com/guides/france/public-services/health/puma/assistance/.

资料来源：French-Property.com.

(3) 建立互助医疗保险化解健康贫困。

法国互助保险发达，从补充医疗保险建立之初就处于市场领导者地位，甚至在"去相互化"的浪潮中仍然为中坚力量。20 世纪以来，商业保险公司大量取代相互保险机构，并且欧盟提高了对相互保险的监管标准，大多数相互保险公司已经退出欧盟市场，法国的相互保险机构也从 1898 年“巅峰”时的 11 355 家持续下降到 2006 年的 1 996 家。2008 年，法国健康保险领域的专业互助保险公司不到 1 000 家，到 2014 年仅存 400 余家。但法国的互助保险持续繁荣，2016 年互助保险机构在法国的补充医疗保险市场上仍然占据 50%强的市场份额。其中，MGEN 是法国最大的健康保险互助机构，于 1946 年 12 月在全国教师工会倡议下，由 130 余个分散的小学教师互助救济社团自发建立而成，与法国基本医疗保险几乎同时诞生，后发展成为国家级互助保险公司，为教育系统和其他行业提供医疗保险、长期照护等补充险项目。截至 2015 年，MGEN 汇集了 280 万名会员，340 万个担保人，并在当年为成员支出 12.3 亿欧元健康和生育津贴。MGEN 规模大、会员众多，而且以认同感高、团结性强著称，在维持成员良好的互信关系上成果颇丰。2015 年调查结果显示，96%的会员对 MGEN“充满信任”。MGEN 的退保率一直维持在 1%，而在法国相互健康保险市场上，平均退保率超过 15%。MGEN 的发展路径是法国互助保险行业内自助、协同、包容、凝聚的典型体现。在社会保险“碎片化”严重的大背景下，法国互助保险实现了行业内部的普惠性，使得补充保险市场呈现出“大碎片下的行业团结”。

第一，参保群体的非排他性。相互保险是特定群体内的准公共物品，在吸纳参保对象时具有非排他性，不会以健康状况不佳或年龄偏大为理由而将行业内人员排除在保障范围之外。MGEN 就倡导对行业人员提供平等的健康保险，通过集体保险合同消除个体之间的偏见。MGEN 不设定参保的年龄和健康标准，保费也低于商业保险，只要符合特定身份，即可付出较低的经济成本参加 MGEN 的相互健康保险。这可能提高 MGEN 的赔付率，但也促进了不同年龄层次、不同健康状况会员的归属感与认同感，强化了团结性。

第二，在保证基金可持续性的前提下实施较高赔付比率。利益共济、风险分担是相互保险的初衷，相互保险的保费主要用于会员间的再分配，其保费再分配比例远远高于商业保险。2003 年，MGEN 的赔付率达到“峰值”110%左右，此后虽然逐年下降，但 2011 年之前一直高于 90%。MGEN 会员缴纳的近 95%的保险费用来报销参保人员当年度的健康医疗费用，资金分配比是全法所有相互健康保险机构中最高的。高比例的赔付率是会员满意度、认同感和凝聚力的最直接保障，87.1%的会员对 MGEN 感到满意或非常满意，96%的 MGEN 成员声称他们相互信任。通常而言，相互保险公司没有股东，不追求商业利益，不投资于资本市场。但 MGEN

突破了这一传统思维,积极在资本市场中寻求收益。在确保会员再分配比例的前提下,MGEN成立了专门的金融投资部门,将经济发展较好时积累的结余资金建立成储备基金,投资于资本市场,并取得良好收益。MGEN已经拥有100亿欧元金融资产,准备金总额达到12亿欧元。MGEN曾出现保险理赔的"逆差",MGEN的机构管理费用(包括工资、信息系统建设维护等)相当于保费收入的13%,其中5%来自成员缴纳的保险费,余下的8%就来自储备资金投资金融产品的盈利。相互保险公司进入资本市场的一大优势是不受制于股东利益,没有短期收益压力,可以追求更稳健的长期利益。因此,投资行为并未改变MGEN的互助保险初衷,反而以丰富的储备基金保障了成员的切身利益,增强了会员的归属感。

第三,注重疾病预防和健康教育。与事后理赔相比,MGEN更加重视教育成员如何抵御疾病。2015年,MGEN共参与868项与健康管理或疾病预防相关的社会活动。这不仅丰富了会员的服务内容,也增强了全社会的参与率与影响力,塑造健康生活的理念,为MGEN培育了"潜在会员"及"潜在认同感"。MGEN的疾病预防及健康教育特征如下:其一,以学校为中心,重视青少年教育。MGEN创立健康预防协会,致力于少年儿童的亚健康预防。其二,致力于科学研究。MGEN积极向其他科研机构提供资金、技术甚至研究对象等全方位的支持。20多年来,MGEN动员了10万女性会员(这几乎是MGEN全部的女性会员)参与E3N的女性突发癌症风险因素识别研究。其三,MGEN将体育锻炼与身体素质提升放在优先发展的位置。MGEN是环法"铁人三项"主要的合作机构,这项活动每年在40多个城市举行。其四,促进健康生活方式养成。MGEN向会员及社会公众发布健康常识,普及良好的生活习惯。每年MGEN都参与"睡眠日"活动,以降低相关疾病的发生风险,间接控制理赔金额,促进财务良性运转。MGEN的上述行动提升了社会影响力和会员满意度,创造了正外部性。

(五) 德国商业医疗保险

1. 商业医疗保险概述

1883年,德国颁布了《疾病保险法》《意外伤害保险法》《伤残老年保险法》,对商业健康保险的保障人群、范围、允许选择商业健康保障的收入门槛都有明文法律规定:月(年)工资低于法律规定界限的居民必须参加社会医疗保险,只有工资收入超过法定工资线的居民才能选择参加商业健康保险。这使得商业健康保险和法定医疗保险之间有着清晰、分明的界限。商业医疗保险是作为法定医疗保险并行的医疗保险制度安排。

(1) 参保人群。

参保对象是自愿投保人。主要是收入超过法定医疗保险规定的收入上限的高收入者以及其他自由投保者。覆盖的人群具体包括:原先投保法定医疗保险,后来因为收入曾经超过了缴费上限而退出者;没有被包括在法定保险中的自雇者;限制或已经退休的长期在公共部门工作的人员;那些希望得到特殊服务的人群。一部分德国人是商业健康保险的独立投保人,另一部分既是法定医疗保险的投保人,也是商业健康保险的自愿投保人,商业保险与社会保险互为补充。德国现有人口8 000万人,法定医疗保险覆盖人口89%,商业医疗保险覆盖人口11%。

(2) 保费水平。

在资金筹集方面,保险费由参保者的年龄、性别和病史决定,保险费完全按照等价交换的原则厘定,在提供和法定医疗保险(GKV)相同待遇的情况下,商业医疗保险(PKV)的费率不允许超过法定医疗保险的平均最高费率。商业医疗保险坚决贯彻"谁投保、谁受益"的原则,参保者需要为其配偶和子女单独支付保险费,和法定医疗保险相比不实现家庭联保。德国商业健康险公司之间的营业规模差距较大,48家公司中,有11家公司年保费超过10亿欧元,占整个市场的75%。前五大商业健康险公司包括德国健康保险公司、公务员保险公司、安联疾病保险公司、安盛疾病保险公司、蔡因塔尔疾病保险公司。其中,最大的德国健康保险公司成立于1927年,目前参保人数400多万人,市场份额15%。2012年,商业健康保险保费收入为356.28亿欧元,同比增长2.77%,占德国保险业保费收入的19.62%,占欧盟商业健康保险收入的31.53%。其中,综合医疗保险保费收入258.63亿欧元,补充医疗保险保费收入77.54亿欧元。2012年,德国商业健康保险赔付支出232.87亿欧元,同比增长2.25%。其中,综合医疗保险和补充医疗保险的赔付支出225.08亿欧元。

(3) 基金管理。

在基金管理方面,由保险人按照商业保险的一般运作原理进行管理,同时接受联邦保险监督管理办公室的监管,政府适当提供税收优惠。具体来说,德国私人医疗保险的保险条款必须提交到联邦保险监督管理办公室,监管机构将审查这些条款是否符合保险机构监管法及其他相关法规的最低标准。与法定医疗保险的管理不同,在商业医疗保险管理方面,参保者可以自由地选择医生和医院,并且凭借医疗费用账单向商业医疗保险公司申请赔付。而商业医疗保险公司与医生和医院之间事先并没有合约关系(Schneider, 2002)。商业医疗保险,主要提供三种类型的政策:其一,完全的替代性医疗保险。覆盖德国7%的人口,主要是高收入雇员、自我雇佣者。其二,公务员替代医疗保险。覆盖5%左右的人口。政府负担他们50%—70%的医疗服务账单,他们通过参加私人医疗保险进一步分担剩余的费用。其三,补充医疗保险。对于10%的已经参加了社会医疗保险的人群,为了覆盖额外的医疗服务(比如,住院护理中的单人间),通过补充医疗保险来分担(Buchner and Wasem, 2003)。

2. 商业医疗保险范围和保障水平

商业医疗保险分为两种,一种是商业替代医疗保险,另一种是商业补充医疗保险。商业替代医疗保险涵盖了住院和门诊的检查费、诊断费、治疗费、手术费、护理费、康复费、住院津贴、病后疗养、海外治疗和急救、牙科和眼科治疗,甚至包括健康体检和验光配镜等。保障范围和水平不得低于法定医疗保险,但参保客户享有更好的医疗服务,如可自行选择医院、提供牙科保障等。商业补充医疗保险主要是为法定医疗保险参保人提供更高质量的医疗服务,既有终生保障的产品,也有短期保障的产品,能提供单间病床、镶牙、选择性治疗方法、心理疾病的治疗等。从险种来看,可分为疾病津贴保险、住院津贴保险、法定医疗保险的补充险、补充护理保险等。

3. 商业医疗保险减贫行动

商业健康保险与法定医疗保险按照法律规定各有自己的领地,而且在某种程度上还相互补充。但实际上,两者之间的竞争关系也是客观存在,主要在于法定医疗保险和商业健康保险的覆盖范围有个交叉地带。根据法律规定,高收入雇员可以选择加入商业健康保险,也可以选择法定医疗保险,因此,高收入雇员成了两者共同争取的目标。针对这一情况,健康保险公司在竞争中主要采取以下策略:一是提供较高待遇。投保人可以得到费用较高的主任医师的诊治。二是增加待遇项目。商业健康保险投保人可报销眼镜费用和镶牙费、在住院时提供单人间等。三是方便投保人就近治疗。法定医疗保险病人需经过门诊医生的转诊才安排住院治疗,而商业健康保险投保人可以直接到公立医疗机构或费用较高的私人医疗机构诊治。

(1) 建立基于收入的多样化的商业保险体系。

从2009年开始,所有德国人必须参加医疗保险。收入水平低于临界值以下的,则强制参加法定医疗保险，但同时可以自由选择是否参加商业补充医疗保险；而收入处于临界值之上的，则可以不参加法定医疗保险，可选择参加不同类型的商业替代医疗保险。2018年税前年收入高于59 400欧元或月收入高于4 950欧元，2019年要求税前年收入高于60 750欧元或月收入高于5 062欧元，而这个收入金额还可以包括一些其他方面获得收入（比如资产形式的收益、超期的收入、兼职收入等），并且收入超过临界值状态持续的时间必须超过1年。商业医疗保险的优势有以下几个方面：灵活的医生和医院选择并且通常医疗服务水平较高；灵活的医疗保险待遇选择；保费水平不取决于收入。商业医疗保险的保费取决于以下因素：职业、年龄、过往的疾病情况、选择的医疗保险计划。如果参保者想更换医疗保险提供方，则需要在年底的前3个月通知保险公司。但是如果个体选择参加了商业医疗保险后，想从商业医疗保险转换到法定医疗保险，则需要满足非常严格的条件。当且仅当雇员小于55岁，并且收入降低到法定临界值以下，才可以由商业医疗保险转换到法定医疗保险，而对于自由职业者或超过55岁的人，则均无法转换。此举是为了防止大批由商业医疗保险回归给法定医疗保险造成极大的基金可持续压力。①②

参加商业替代医疗保险的主要包括以下三类人群：一是高收入公司雇员。德国法律规定，收入超过一定额度的雇员可以选择参加商业医疗保险。保费由雇员和雇主各支付一半，但雇主负担的保险费金额有最高限额，不超过法定医疗保险规定的雇主负担最高金额。如果雇员原先参加法定医疗保险想转到商业医疗保险，则必须向雇主申明，并且让雇主停止注册并缴纳法定医疗保险。二是政府公务员。政府为公务员承担50%—70%的保费，余额由个人缴纳。三是自由职业者。自由职业者收入普遍高于平均收入水平，由于法定医疗保险缴费是按照收入为基数，自由职业者参加法定医疗保险需要缴纳较高的费用，而商业医疗保险的保费并不与收入挂钩，所以自由职业者都热衷于加入商业医疗保险，但保费完全都由个人独自承担。对于艺术家和新闻工作者，尽管有时他们也是自由职业者，但他们需要收入超过法定临界值，才能参加商业医疗保险。另外，在德国工作的外国人也需要参加

---

① Germany Health Insurance System, Private Health Insurance in Germany[EB/OL], (2018-11-07)[2019年5月26日], http://www.germanyhis.com/private-health-insurance-germany/.

② Iamexpat. Private health insurance in Germany(Private Krankenversicherung) [EB/OL], (2018-11-07) [2019年5月26日], https://www.iamexpat.de/expat-info/german-health-insurance/private-health-insurance-germany.

医疗保险。如果收入低于标准线,必须参加法定医疗保险。收入高于标准线,则可以选择商业医疗保险。许多德国的商业健康险公司要求申请人在德国居住满一定时间后才可以申请。①

商业替代医疗保险可分为基本型、标准型和舒适型。一是基本型。从2009年1月开始,商业健康险公司必须提供一种与法定医疗保险类似的产品,允许投保人加入。该险种覆盖的医疗服务范围以及保险费用和法定医疗保险相同,保险费率不高于法定医疗保险的最高费率。如果投保人投保了商业健康保险后存在救济需要,则投保人缴纳的保险费将降为一半。如果投保人对此还存在救济需要,那么投保人将承担自己所能够承担的部分,剩余的部分由联邦政府部门补贴。二是标准型。一般有起付线,保险公司允许投保人选择保险赔偿的自留额,自留额分300欧元、600欧元、900欧元和1 200欧元四档。投保人选择的自留额设有效期,在此期间内投保人不允许取消自留额或者更换其他档次的自留额。三是舒适型。这种类型商业替代医疗保险保费最贵,一般没有起付钱和自付金额,并且可以提供主治医师的诊疗。舒适型医疗保险公司的保障内容通常比法定医疗保险更多,例如,保障包括更多可报销的医疗服务、对牙科治疗的报销比例更高、住院时可使用私人病房、针灸和草药治疗等替代医疗、验光配镜等法定医疗保险所不包括的保障。在有的商业医疗保险产品条款中注明了"成本返还"意味着在就医过程中参保者需要先自行垫付资金再到商业医疗保险公司进行报销。对于老年人而言,商业医疗保险是一件非常危险的东西,因为随着疾病风险的增加保费水平也在增加。

商业替代医疗保险与法定医疗保险有很大相似性。商业替代医疗保险主要的覆盖范围与法定医疗保险相似,均包含门诊药品和器械、住院手术、牙科治疗。尽管主要的覆盖范围相同,但商业医疗保险还包括法定医疗保险标准目录之外的更具有吸引力的项目。例如,住院治疗安排主任医师、更好的住院住宿条件、在假牙和牙冠方面有更高的报销比例等。与法定医疗保险相比,商业医疗保险有很多拓展,例如部分商业医疗保险设置了起付线,起付线一般由每年50欧元至5 000欧元不等,针对特定类型的医疗服务的起付线有所不同。与法定医疗保险中家庭成员在特定情况下可以免费联合参保不同,每一个商业医疗保险参保者都必须根据标

① Germany Health Insurance System, Private Health Insurance in Germany[EB/OL], (2018-11-07)[2019年5月26日],http://www.germanyhis.com/private-health-insurance-germany/.

准缴纳保费才能享受到商业医疗保险待遇。在商业替代医疗保险中同样有疾病津贴政策，如果由于疾病暂时无法工作，先由雇主支付无法工作的前6个周的薪水，在此之后由商业医疗保险支付，而具体的疾病津贴金额水平可以由个体按照自己的意愿选择不同的商业医疗保险条款(Schneider，2002)。

近年来，德国的社会医疗保险改革进一步减少国家和雇主责任，增加个人责任，个人参加法定医疗保险之后的负担主要包括：购买处方药时每种药品需支付5—10欧元；住院治疗时需每天支付10欧元，最多不超过28天；康复治疗每天10欧元；医疗辅助设备5—10欧元等。德国的牙科费用非常昂贵，而且不是每一项牙科治疗都可以得到报销。法定医疗保险通常报销常规的牙齿检查、牙齿清洁、补牙等的费用。如果装牙冠、义齿等则只能部分报销。因此，德国约26%的人既参加了法定医疗保险，又投保了补充医疗保险。

(2)"Altersrückstellung"定价机制。

商业医疗保险的保费不能依据参保者的年龄的增加而增加。法定医疗保险的模式在一定程度上影响了保费设计，因为法定医疗保险保费是根据收入水平征收，而不考虑年龄因素，所以商业医疗保险的保费也同样不考虑年龄因素。但根据平衡理论，商业医疗保险公司需要保证预期征收的保费和预期赔付相等。因此，商业医疗保险的保费取决于进入年龄，其计算方式与人寿保险相似。与传统的与年龄高低挂钩的风险定价策略完全相反，商业医疗保险公司采取一种叫做"Altersrückstellung"的定价方式，即在年轻时期征收较高的保费用于老年时期使用，相当于保险公司会建立一个储备金额以应对参保者年龄的增长。由于"Altersrückstellung"的存在，商业医疗保险在争取年轻群体中存在很强的竞争关系，但同时老年群体想要在不同商业医疗保险之间切换面临着很高的保费。但"Altersrückstellung"确实为参保者防止其在老年时期承受高保费而发挥了作用(Elhewaihi，2008)。从运作模式来看，法定医疗保险是采用现收现付制，而商业医疗保险是采用长期基金平衡。在考虑单个个体保费时，除了参保者的进入年龄和产品选择外，所有会影响预期赔付的因素都需要在申请时考虑，尤其是参保者的性别和身体健康状况。在考虑到特定疾病时，会征收额外保费或者排除在保险之外。商业医疗保险运作的技术基础类似于人寿保险，由于年龄增加而导致的预期赔付增加其实反映在保费水平之中，同时也并没有违反法律对商业医疗保险不能根据参保者年龄增加而增加保费的规定。尽管从时间趋势而言，随着通货膨胀卫生支出增加，商业医疗保险的保费也会有相应的调整增加，但正如法定医疗保险的保费水平也在增加一样，这种增加是合理的(Schneider，2002)。

三、医疗保险治理健康贫困的趋势、比较和借鉴

通过对上述德国、法国、日本和韩国四个国家社会医疗保险制度以及美国、澳大利亚、巴西和法国四个国家商业医疗保险制度的大病保障相关政策的分析，可见各国政府均结合本国实际开展了一系列行之有效的大病保障措施，减轻了患者的经济负担，一定程度上满足了患者的医疗需求。这些有益经验为我国开展和完善大病保障政策提供了借鉴。在我国，基本医疗保障制度的重点任务已经从扩大范围转向提升质量。因此，在学习国外经验的基础上，扩大医保偿付范围等方式，可尝试探索医保自付封顶线，设置阶梯型报销比例使得费用越高的患者自付比例越低，不断降低大病患者负担，从而有侧重地解决弱势患者就医问题。同时像美国、法国、澳大利亚、巴西四国，引入商业医疗保险作为补充，扩大医疗保险体系的覆盖面，进一步降低患者的个人负担。

(一) 医疗保险治理健康贫困的趋势

1. 基本医保待遇收紧并逐步突显重点群体

社会医疗保险通过参保者集体缴纳一定的保费作为医保基金来分散整体的疾病风险，但是随着疾病谱变化等多种因素导致的医保基金支出压力增大，同时在筹资水平不宜过度增加以维持参保者负担相对稳定的前提下，全球范围内医保待遇水平出现了整体收紧的趋势。例如德国在1997年开始削减医保报销水平，而提高参保者的自付比例，从个体角度控制医疗保险补偿水平，将责任适当转移到参保者个体，使住院医疗费用自付比例由1997年的6.1%逐步增加到2014年的10%。在自付封顶线机制设置方面，德国于2008年还引入新规定，从个体就医行为角度缩小了受益群体的范围。与此同时，德国也开始探索医疗保险统筹层次改革的缓解基金支付压力。日本国民健康保险在1961年时医疗保险补偿水平很高，医保报销比例达到100%。此后医疗保险待遇也经历了多次调整，1984年医疗保险报销比例开始下调，由100%降低至90%；1997年进一步降至80%；2003年降至70%。而韩国国民健康保险自1977年建立以来，采用的是“低保费广覆盖”的形式，尽管医疗保

险的报销比例能够达到60%,但是医疗保险保障的目录范围相对较小。

在统一待遇水平维持稳定或者收紧的背景下,各国都普遍重视重点群体的医疗保险待遇,各国改革呈现如下趋势:(1)逐步以病种为标准,实施保障倾斜。由于疾病经济风险主要因素是重大疾病,各国在医疗保险制度改革过程中都普遍重视大病病种群体的待遇,各国相继以大病病种为突破口,将其纳入医疗保险制度补偿内容中,同时也根据疾病普遍化情况不断调整。在大病病种方面,日本于2005年列出45种重大病种,并针对性提高其补偿水平。韩国于2005年提出了建立RIDs项目以缓解特定病人的疾病经济风险,包含癌症、白血病等138种疾病重病,并规定个人自付比例仅为10%。法国医疗保险制度设计中的特点是建立了ALD病种名单,自1945年至今不断完善和丰富,2004年ALD名单达到30种。(2)逐步建立并完善防护网机制。除大病病种外,大病费用也受到重视,各国改革的一个主要的特点是建立起了医疗保险防护网制度,缓解大病群体的负担。德国和日本建立自付封顶线机制较早,其中德国是以自付费用占家庭收入不超过一定比例作为自付封顶线依据,日本是以对不同收入范围群体划定自付封顶线。韩国于2004年尝试引入统一的自付封顶线机制,并于2009年针对不同收入层次群体设定不同的自付封顶线金额,后于2014年将收入层次进一步细化。(3)逐步突显出弱势群体的待遇水平。日本在2003年将自付比例统一设定为30%,但3岁以上儿童自付比例为20%,75岁以上老人自付比例为10%,贫困群体也有进一步倾斜。韩国于2006年进行改革,不满6岁的儿童住院费用全免,门诊仅支付成人费用的70%。2007年又针对5岁以下儿童实施一系列免费的预防服务。

2. 政府逐步介入商业医疗保险的管制

在商业医疗保险发展的初期,其主要是由市场负责运行,但由于市场的逐利性特征使得商业医疗保险所发挥的功能有所偏离。尤其是在社会保险或国家卫生服务制度发展成熟,商业医疗保险成为重要补充的背景下,各国也逐步意识到商业医疗保险不能够放任其自由发展,其应当在一定的边界范围内成为政府的补充。因此,各国在制度改革的过程中,政府对商业医疗保险所发挥的引导作用越发明显,并且在不同程度上强化了政府对商业医疗保险的管制作用。

无论是采用商业医疗保险制度模式、国家卫生服务制度模式还是社会医疗保险制度模式的国家,政府均逐步加强对商业医疗保险的管制。以商业医疗保险为主导的美国为例,随着2009年奥巴马医改启动,2010年平价医疗法案出台后,美国的商业医疗保险产品的待遇水平受到了政府的干预,针对特定群体有较大提高,使得面临疾病经济风险的群体得到更多的帮助。根据平价医疗法案的规定,美国部分商业医疗保险公司必须按照法案的规定向中低收入群体提高医疗保险待遇水平。另外,平价医疗法案还要求商业医疗保险必须建立个人和家庭支付的封顶线机制。以国家卫生服务体系模式的澳大利亚和巴西为例。从1997年到2001年,澳大利亚商业健康保险经历了三个主要发展阶段:私人健康保险激励方案、私人健康保险激励法案和终生健康保险计划。政府通过以上三个阶段的改革措施与相关的政策扶持,澳大利亚的商业健康保险取得了较大的发展。而巴西则是以国家免费卫生服务为基本,私人医疗服务作为补充的模式,但为了能够有效地缓解健康贫困问题,政府也介入商业医疗保险领域,于2013年通过国会法案强制商业医疗保险保障范围必须涵盖规定的口服抗癌药物。以社会保险型模式的法国和德国为例,两国在社会医疗保险补偿水平较高的情况下,政府进一步加强了商业医疗保险的管制,其介入的领域主要集中在商保的参保阶段,通过一系列政策扩大了商业医疗保险的覆盖面。法国于2000年由政府发起建立CMU-C基金,使贫困群体能够享受到补充医疗保险的覆盖;并进一步于2004年引入ACS担保项目,通过部分资助的方式帮助低收入群体享受商业医疗保险的覆盖。德国则引入"Altersrückstellung"定价机制,将商业医疗保险的保费负担集中于个体的年轻时期,缓解个体老年时期的保费负担。

(二) 医疗保险治理健康贫困的比较

1. 社会医疗保险制度设计比较

从主要社会医疗保险制度模式国家的医疗保险制度设计来看,均在不同程度上重视特定群体的参保、补偿水平以及实施病假津贴。

(1) 在参保阶段。

德国和法国主要针对低收入和贫困群体的保费进行优惠。而韩国在此基础上,还对65岁以上老年人、残疾人、偏远地区参保者实施保费优惠。整体而言,德国、法国和韩国均对弱势群体实施保费优惠。而中国社会医疗保险制度在这一领域的做法主要是民政部门的医疗救助。中国贫困群体将受到医疗救助的资助以获得基本医疗保险。但对贫困脆弱的低收入群体、老年人等群体的医疗保险保费方面,中国的医疗保险制度并没有相关的保费优惠措施。

（2）补偿阶段。

德国、法国、韩国和日本在医疗费用补偿方面具有不同的侧重，分为如下三个方面。第一，重视重大疾病病种群体。四个社会医疗保险型国家均重视重大疾病病种群体的保障。其中，德国将慢性病患者的医疗费用支出自付封顶线限定为1%；法国和韩国侧重于从重大疾病病种视角，制定相应的疾病目录，给予医疗保险待遇优惠，提供医疗保险的自付补偿水平。而日本通过公共资助的项目，对特定的45种大病病种医疗费用给予进一步补偿。从法国、韩国、日本的制度设计来看，对重大疾病病种患者的补偿水平较高，如法国补偿水平为100%，韩国补偿水平为95%，日本补偿水平为90%—100%。而中国自2012年开始实施新农合重大疾病保障制度、城乡居民大病保险制度，在疾病病种和高额医疗费用医疗保险待遇方面有所提高。尽管从名义上而言，政策范围内报销比例能够达到90%，但公共医疗保险设定了基金支出上限，从而保障水平距离发达国家仍然存在明显差距。第二，医疗保险针对老人和儿童的医疗补偿水平有所倾斜。德国针对18岁以下儿童医疗费用自付部分豁免，韩国针对6岁以下儿童住院费用免费，而日本对6岁以下儿童降低10%的自付比例。另外，韩国和日本专门针对老年人给予医疗保险报销比例优惠。而目前我国医疗保险报销设定统一的报销比例，仅仅针对贫困群体、残疾人和大病患者的报销比例有一定的倾斜，但没有针对性考虑儿童和老年人的医疗保险待遇。第三，设定个人自付封顶线。德国、韩国和日本均以收入为核心设定医疗保险政策范围内的个人自付比例，防范了疾病经济风险。其中，德国和日本的自付封顶线设计既考虑到收入水平，也考虑到医疗费用支出额，既考虑到疾病经济风险，也考虑到个人承受能力，很好地针对个人具体实情制定出相应的医疗保险防护网。而韩国仅针对收入水平高低，制定对应的个人自付支出的封顶限额。整体而言，德国、韩国和日本采取自付封顶线设计以防范大病支出风险对个人的冲击。而目前中国医疗保险制度中并未设定个人自付的封顶限额，相反，设定了医疗保险基金支出的封顶限额，从而对大病冲击的防范效果有很大差距。另外，德国、法国和日本的社会医疗保险框架中制定了补偿病假期间收入损失的疾病津贴政策，津贴水平均较高。其中，德国津贴水平最高，前6周达到薪水的100%；而日本津贴水平次之，约为薪水的75%；法国津贴水平最低，前6周仅为薪水的50%。另外，德国和法国针对情况特殊的家庭，津贴水平有相应的倾斜。从津贴领取最大期限来看，德国和日本的津贴周期最长，能够达到18个月左右。

表 4.21 典型国家社会医疗保险设计比较

政策设计类型		德国	法国	韩国	日本
参保阶段		①设定强制参保的收入门槛，将中低收入群体纳入 SHI；②对低收入雇员和贫困户实施保费照顾	建立 CMU 基金免费资助低收入群体免费参加 SHI	对低收入、65 岁以上老人、残疾人、偏远地区实施保费优惠 10%—50%	
补偿阶段	重大疾病病种群体	慢性病患者的自付封顶线为自付费用占家庭收入的 1%	建立重大疾病病种 ALD 目录，给予 100%报销	保健福利部建立 138 种重大疾病病种目录，给予 90%报销；癌症报销 95%	针对 45 种疾病，进一步资助自付比例 20%—30%
	儿童和老人	18 岁以下儿童无需承担自付部分，由 SHI 承担		不满 6 岁儿童住院 100%报销；65 岁以上老人在门诊或药局费用给予优惠	6 岁以下儿童自付 20%；7—69 岁普通人自付 30%；70—74 岁低收入者自付 20%；同时按照收入水平制定相应的自付上限
	个人自付封顶线	个人自付部分的医疗费用超过家庭收入的 2%，则超过部分将得到豁免		中低收入、中高收入、高收入自付限额分别为 200 万韩元、300 万韩元、400 万韩元	按照收入水平、医疗费用制定相应的自付上限
病假津贴		前 6 周，由雇主为雇员支付 100%薪水；第 7 周开始，特定病种最高达 78 周，由疾病基金支付大约生病前薪水的 70%（最高为 90%）	前 6 个月，补贴约等于病前工资的一半。如果家中有三个及以上孩子需要抚养，则在病假的第 31 天起，补贴可以达到其病前工资三分之二。3 年内最多 360 天		相当于平均月标准薪酬的 75%；最多 18 个月

资料来源：根据各国医疗保险政策整理得出。

2. 商业医疗保险制度设计比较

从法国、澳大利亚、美国、巴西等商业医疗保险发展典型的国家来看，商业医疗保险政策设计在参保阶段、补偿阶段均有鲜明各异的特点，但是仍存在一个普遍的特点，即政府在商业医疗保险政策制定中起到了很重要的引导和管理作用。例如，2000年法国出台《全民健康覆盖法案》，2010年美国政府出台《平价医疗法案》，2007年澳大利亚政府出台《商业健康保险法》，2013年巴西政府出台《联邦法案》，这些法案对商业医疗保险作出了明确的规定。(1)政府强制介入商业医疗保险参保阶段。与美国和巴西做法不同，德国、法国和澳大利亚的商业医疗保险减贫的政策集中于参保阶段，利用不同的政策帮助具有疾病风险特征的群体获得商业医疗保险覆盖。其中，德国是社会医疗保险制度模式国家，其商业医疗保险覆盖率较高。其主要特点是建立了"Altersrückstellung"定价机制，通过在年轻时期多征收保费而减轻老年时期的保费压力，很好地缓和了商保保费中一直存在的风险定价问题。另外，对一些患疾病群体征收额外附加保费，而不是直接进行风险选择。法国是社会医疗保险制度模式国家，但政府很重视商业医疗保险对社会医疗保险的补充作用。分别建立了CMU-C项目和ACS担保项目，帮助贫困和紧邻贫困的群体得到商业医疗保险覆盖。而澳大利亚政府更是介入商业医疗保险的定价规则，吸引更多年轻群体参保，并且出台"团体定价体系"对商业医疗保险公司的产品对象进行规制。目前中国的商业医疗保险更多是个体或企业自愿购买，商业医疗保险公司的定价水平较高，同时对参保者也有很强的风险选择特征。而政府并未介入其中，从而疾病风险尚未能得到有效的化解，且覆盖范围低，未能对特定群体起到补充作用。(2)对特定收入、疾病群体照顾。美国商业医疗保险针对收入水平高低，分别给予报销比例对待，更多地倾向于保护低收入群体。巴西的商业医疗保险则从医疗保险保障范围角度，进一步包含几十种口服抗癌药物。而中国的商业医疗保险主要补偿个体住院费用或重大疾病病种，并未涉及口服抗癌药物；并且医疗保险待遇针对不同收入群体一致，未体现出对低收入群体的保护。(3)个人自付封顶线设计。尽管各国的商业医疗保险制度上设计有所侧重，但真正能够起到疾病经济风险防护网作用的仅有美国。美国的商业医疗保险设定个人支出限额，同时也规定家庭整体支出限额。然而，中国的商业医疗保险均是设定医疗保险赔付的封顶限额。

表 4.22　典型国家商业医疗保险设计比较

		法　国	澳大利亚	美　国	巴　西	德　国
参保阶段		(1)建立 CMU-C 项目,为穷人免费提供补充医疗保险;(2)建立 ACS 担保项目,资助贫困边缘群体购买商业医疗保险	提出“生命周期健康覆盖”“团体定价体系”			“Altersrückstellung”定价机制
补偿阶段	低收入群体			收入在联邦贫困线 100%—150%,报销 94%;收入在联邦贫困线 150%—200%,报销 87%;收入在联邦贫困线 200%—250%,报销 73%		
	口服抗癌药物				制定法案要求商业医疗保险公司涵盖口服抗癌药,并发布 37 种必须涵盖的抗癌药物名单	
	个人自付封顶线			平价医疗法案规定:保险公司出售的长期医疗保险必须设定个人支出限额,2014 年个人限额为 6 350 美元,家庭限额为 12 700 美元		

资料来源:根据各国医疗保险政策整理得出。

(三) 医疗保险治理健康贫困的经验借鉴

1. 社会医疗保险制度设计经验借鉴

(1) 重视并完善弱势群体的医疗保险待遇。

发达国家普遍重视弱势群体的医疗保险待遇，在参保政策和医疗保险待遇补偿方面均有相应的针对性措施。发达国家社会医疗保险制度设计充分考虑到不同人群承受力问题，医保政策对一部分弱势群体有所倾斜。

在基本医保政策补偿水平较高的情况，又进一步提高重大疾病群体的报销比例。例如，法国建立 ALD 目录包含 30 种重大疾病病种，报销比例达到 100%；韩国建立包含 138 种重大疾病病种的目录，报销比例达 90%，癌症报销达 95%；日本也针对 45 种重大疾病病种报销比例提升 20%—30%。与发达国家相比，我国重大疾病患者的医疗保险待遇水平较低，应进一步扩大保障水平范围。第一，提高重大疾病病种的待遇。在我国新农合重大疾病保障制度实施情况下，在基金可持续的前提条件下，未来应该逐步取消医疗保险基金对单个疾病病种支付的最高限额，真正保障大病患者。同时，也应结合疾病谱的变化情况和医疗费用负担情况，进一步扩大我国新农合重大疾病保障制度覆盖的病种。第二，提高大病保险报销比例。目前，我国城乡居民大病保险在基本医疗保险基础上，起到了有效补充，报销比例均普遍高于 50%，且随着费用越高报销比例越高。在基金可持续的前提下，应进一步提高报销比例，争取达到发达国家 90%以上的水平。

儿童和老人是疾病风险高群体，并且经济能力偏弱，在基本医疗保险制度设计中，发达国家普遍重视儿童和老人的医疗保险福利待遇。德国针对 18 岁以下儿童医疗费用自付部分豁免，韩国针对 6 岁以下儿童住院费用免费，而日本对 6 岁以下儿童降低 10%的自付比例。另外，韩国和日本专门针对老年人给予医疗保险报销比例优惠。而在中国现行的社会医疗保险框架中，针对不同年龄人群而言，医疗保险实施统一化的报销待遇。在健康扶贫的背景下，现行的医疗保险制度往往聚焦于绝对贫困群体和残疾群体，对这部分极度弱势群体进行了有效的保障。但老人和儿童的医疗费用多发并且对家庭的经济承受能力带来较大冲击，并没有受到现行医疗保险制度的特殊补偿。在未来医疗保险筹资可持续的背景下，中国的社会医疗保险应该给予老人和儿童更多的倾斜，在统一报销比例的基础上，应适当针对性地提高这两类群体在政策范围内的报销比例。

(2) 建立医疗保险防护网。

在因病致贫问题突出，且发达国家普遍建立医疗保险防护网的背景下，中国也应积极探索医疗保险防护网制度，从根本上化解疾病经济风险。世界范围内社会医疗保险型制度普遍采用个人和保险责任共担机制，即疾病经济风险由个人自付和医疗保险赔付共同承担，但在二者间责任分配的大小问题上，发达国家与中国的做法完全不同，从而在健康贫困治理中的效果存在显著差异。具体而言，中国的做法是划定了医疗保险的责任边界，即设立了医保基金赔付的封顶线，将风险更多地留在个人端；而发达国家普遍划定的是个人的责任边界，即个人自付卫生支出的封顶线，将风险更多地留在了医疗保险端。诚然，中国的社会医疗保险制度面临发展历程短和筹资水平低及管理经验不足等实情，但在未来健康贫困治理机制逐步完善的背景下，医保制度设计也应逐步与国际水平接轨。在因病致贫问题日益突出的背景下，中国应尽快建立起医疗保险防护网制度。

在中国探索医疗保险防护网制度的具体过程中，应该先取消医保基金赔付封顶线，探索建立个人自付支出封顶线，同时也做好防护网制度的相应配套。首先，在医保基金充足的情况下重新调整基本医疗保险、大病保险的封顶线。目前，我国城乡居民基本医疗保险普遍设定封顶线，大病保险大多数省份设定封顶线，极大地限制了城乡居民医疗保险待遇水平，将疾病经济风险更多地留给了参保者。未来应进一步优化城乡居民的筹资体系，在保证基金充足的情况下，逐步调整放宽基本医疗保险、大病保险的封顶线，最终直至取消医疗保险基金支出的封顶线。其次，由于不同收入水平的家庭的支出能力存在差别，从而应对疾病经济风险的能力存在差异，借鉴各国普遍采取个人医疗保险自付封顶的做法，中国应该在医疗保险基金封顶线制度设计完善后，进一步考虑个人支出封顶线设计问题。建立一套根据家庭收入水平和医疗费用，针对性分类设定个人和家庭支出封顶线的方案。同时，考虑到医疗保险中的道德风险问题和医疗保险基金承受力，应该采取相应的规范措施，保证医保基金的稳定持续。在中国目前实施分级诊疗制度的背景下，个人自付封顶线机制应该和分级诊疗制度紧密结合起来，即保证医疗服务资源合理使用的前提下，发挥医疗保险安全网制度的作用。

2. 商业医疗保险设计经验借鉴

(1) 政府介入商保的风险定价机制和风险选择行为。

尽管商业医疗保险属于经济理论中的市场部分，是由市场负责组织和运行，与政府主导的社会医疗保险之间存在着显著的边界。但是医疗保险属于一种准公共品，以现行的商业医疗保险运行情况而言，商业医疗保险公司在定价体系和风险选择方面存在显著的营利性导向，很难使商业医疗保险起到社会医疗保险的补充作用并体现准公共品属性。从发达国家经验而言，商业医疗保险并非是独立于政府之外的市场经济个体，均在不同程度上受到政府的管制。从其他国家而言，美国、法国、澳大利亚和巴西政府普遍介入商业医疗保险。作为社会主义国家，中国政府应该大胆介入商业医疗保险，在社会医疗保险的基础上，出台相应的政策，加强对商业医疗保险的管制和引导，有效解决商业医疗保险参保阶段的定价和风险选择问题。

首先，在风险定价方面。由于商业医疗保险具有营利性，保费水平普遍较高，并且还根据参保者年龄制定递增的保费价格体系，对于低收入群体和老年人而言，由于很难承受高昂的保费负担而游离于商业医疗保险覆盖范围之外。其次，商业医疗保险公司也存在非常显著的风险选择行为，从而真正有疾病需求的患者无法享受覆盖。由于商保这两方面机制设计偏离了保险互助共济的理念，致使疾病经济风险问题并没有得到分散。当前中国在健康扶贫实践中，考虑到一些弱势群体的购买力不足以及疾病风险问题突出，已经通过政府兜底方式为贫困户购买商业补充医疗保险，且取得了显著成效并积累了经验。但就总人口规模而言，仍有大多数人口未能享受到商业医疗保险的覆盖。未来应进一步扩大至紧邻贫困线之上的低收入群体，通过政府买单抑或部分资助的方式，将商业医疗保险覆盖低收入群体。同时，为了彻底分散风险，政府应推动将商业医疗保险覆盖至全部人群。可以借鉴澳大利亚等发达国家的做法，在风险定价方面，制定商业医疗保险保费激励措施和政府管制措施，鼓励更多的年轻群体参保，从而使疾病风险在总人口中得到有效控制；在风险选择方面，严格禁止商业医疗保险对疾病风险群体的歧视行为，使商业医疗保险真正得到广覆盖。

(2) 提高商业医疗保险的补偿水平。

在中国现行的商业医疗保险公司中，保费水平较高，但同时盈利水平较高，而这些保险待遇水平往往是由保险公司单独制定，并没有受到政府层面强制的规定。尽管商业医疗保险覆盖的医药费用范围看似广泛，但是赔付条件苛刻并且补偿水平不高，统计数据表明商业健康保险市场整体的待遇支出水平仅维持在保费收入的一半左右。可见在目前盈利水平较高的情况下，在商业医疗保险的待遇水平方面，商业医疗保险公司仍然存在很大的空间可以改善现状。然而，美国和巴西联邦政府均对医疗保险补偿水平进行了一系列要求。可以借鉴美国和巴西的做法，中国政府也应加大商业医疗保险行业的管制，出台一系列围绕商业医疗保险保障范围和保障水平的政策文件，规范整个商业健康保险市场，促使其扩大商业医疗保险的保障范围，并改善重大疾病患者的医疗保险待遇，从而能够实质性地补充化解疾病经济风险。

第五章
医疗救助与慈善医疗治理健康贫困行动的国际经验

社会医疗救助是由政府为主体提供的底线保障和基本医疗保障体系的组成部分,不仅以低收入群体为对象,还致力于动态保障“因病致贫、因病返贫”群体。慈善医疗由非政府组织或个人对弱势群体提供医疗卫生服务的保障模式。二者的共同点在于均以低收入、弱势群体为对象,由于保障主体不同,在筹资渠道、管理方式和可持续性等方面差异明显。发达国家和地区在医疗救助和慈善医疗领域作出了许多有益的探索,总结其经验,有利于促进我国尚处于初步发展阶段的医疗救助与慈善事业的发展。本章由三部分构成:一是医疗救助治理健康贫困的国际经验;二是慈善医疗治理健康贫困的国际经验;三是医疗救助与慈善医疗治理健康贫困的国际比较与借鉴。

一、医疗救助治理健康贫困的国际经验

(一) 世界医疗救助制度概况和发展趋势

1. 概念与特点

医疗救助是一个现代概念,其源于社会救助发展所带来的救助内涵的不断扩大。在我国社会救助发展的早期,“社会救助”被称为“社会救济”,与“社会救济”一词相比,“社会救助”摒弃了早期的“恩赐救济观”,更多体现了现代救助的理念。从词义辨析的角度研究,“社会救助”是一个比较复杂的概念,之所以称其复杂,是因为大多数语言类文献都没有这一概念的具体解释。《布莱克法学词典》作为英美法

学权威性专业词典，其中没有“social assistance”的注解。

针对医疗救助，经过多年的研究，得到了一个一般的定义：医疗救助是以政府为主体，为贫困人群中的疾病患者提供基本医疗服务，保障贫困人口健康权益的一种社会救助专项制度，其覆盖了医疗保险不能覆盖的“空白”地带，确保贫困人群获得基本医疗保障的权利。

医疗救助的特点在于：(1)由于救助对象是贫困或优抚者之中的疾病患者，即贫病交加者，所以很容易得到社会尤其是慈善者的捐助。(2)由于救助对象是病人，救助途径必经医疗机构，故医疗机构的医术、服务、价格等因素会直接影响医疗救助资金的使用及救助效果等，并且医疗救助具有不可替代的作用。(3)政府具有不可替代的作用。

2. 历史进程

随着人权理念的发展与公民的社会权利的确认，公民获得了包括医疗救助在内的医疗保障的权利，并在法律上被广泛确认。第二次世界大战之后，很多国家的经济迎来了飞速的发展，因此，社会保障事业的发展也达到了前所未有的水平。公民健康权益的保障作为社会保障的重要内容，也得到了越来越多的关注。这一时期的很多国际条约中，普遍强调了政府保障公民健康权实现的积极责任。《世界人权宣言》(1948 年)第 25 条提出：“人人有权享有为维持本人和家属的健康和福利所需生活水准，包括衣食、住房、医疗和必要的社会服务。”人权宣言之后，一系列的国际条约进一步明确了政府提供医疗救助的义务。1966 年的《社会和文化权利国际公约》第 12 条规定：“缔约各国应当预防、治疗和控制疾病，这些疾病包括传染病、风土病、职业病等；创造医疗卫生服务的条件，保证人人在患病时能得到适当的医治。”[①]《马斯特里赫准则》提出，国家如果不能为患有疾病的人提供最为基本的医疗卫生服务，说明国家没有真正落实健康权。1978 年《阿拉木图宣言》提出：“让每人拥有足够的健康，保障其参与正常的社会经济生活，是社会成员的应有权利之一。”

早先的医疗救助是带有慈善性质的，比如中国在南北朝时期有针对贫民与灾民的六疾馆和孤独园，到唐宋年间又有了收留贫民、流民和灾民并为他们提供医疗救治的悲田养病坊；法国从中世纪至 18 世纪之前，慈善性质的活动都是由教会举

① 国际人权法教程项目组：《国际人权法教程(第一卷)》，中国政法大学出版社 2002 年版，第 341—347 页。

办，这些慈善性质的活动中包括了针对贫民的医疗救济。

19 世纪末，社会权思想的萌芽开始出现，有关社会保障的公平正义观念，也开始流行起来。一些国家开始建立社会保险制度，这一时期的社会保障制度，基本上由社会救助与社会保险构成。从此社会保险与社会救助在保障国民基本生活上有了明确的分工。具体来说，国民的基本生活首先通过社会保险机制来解决，尽量通过社会保险实施范围的扩大极其支付水平的提高来保障国民的基本生活水平，满足人们的基本生活要求。而社会救助仅仅是对社会保险无法解决基本生活问题而陷入贫困的国民实施救助，保障他们的最低生活水平。

第二次世界大战以后，许多资本主义国家开始完善本国的社会保障制度。西欧和北欧各国纷纷开始实施“全民免费医疗”政策，在这一时期，这些国家的社会保障制度呈现出“高福利、广覆盖”的特征。英国的《贝弗里奇报告》成为了“福利国家”的代表性政策宣言。该《报告》主张，“福利国家”就是要建立涵盖所有社会成员的社会保障制度。社会保障是一个全面的社会生活安全网，它包括了贫困救助、养老金制度、儿童补助、残疾津贴、失业救济、丧葬补助、妇女福利等方面。

20 世纪中期以来，发达国家由于日益增长的经济水平，除了给国民提供基本的医疗保障，还纷纷开始建立医疗救助制度。美国于 1965 年建立老年医疗照顾计划和穷人医疗救助计划。日本实行“全民皆保”制度，按照 1950 年制定的《生活保障法》对经济困难的家庭进行财政预算辅助。[①]新加坡的医疗救助制度则是 1993 年由政府出资建立的保健储蓄基金，帮助贫困的国民享受医疗服务。

发展中国家大多是在 20 世纪后期开始建立医疗救助制度，之后进行不断完善。1975 年，泰国建立了“低收入者免费医疗项目”，并于 1983 年和 1992 年相继建立了农村地区“健康卡制度”和针对 60 岁以上贫困老年人和贫困的中小学生的免费医疗服务。1995 年，菲律宾颁布国家健康保险法案，政府负责为有需要的穷人提供基本服务包，并通过为穷人支付保费或直接提供医疗服务的方式来实现。

从国际视角来看，从 21 世纪以来，公共医疗保险制度日益完善，许多国家都在不断普及和扩张，但是由于人口老龄化、医疗费用上涨和高科技的应用，人们对医疗保险的需求也在不断增加，导致各国民众对政府的医疗保障制度的期待不断上升。与此同时，公共医疗保险体系的发展也面临着困难，例如政府的财政负担日益

① 胡务:《社会救助概论》,北京大学出版社 2010 年版,第 49—50 页。

沉重，这使得医疗救助制度的改革与发展也成为全球性的议题。大多数国家都开始强调民间力量的参与，通过引进民间资源加入医疗救助，希望能够满足不同人群的多元需求，降低政府财政负荷，同时让个人、企业、公益组织积极参与社会保障的供给。

3. 发展趋势

目前，大多数国家都已经建立了医疗救助相关的法律法规，因此，在立法方面规范医疗救助是一个世界范围内的趋势。在具体操作过程中，越来越多的国家开始借鉴全民医保下国家医疗救助的核心内容和方法（如救助资金筹集、救助对象确定、救助内容和救助标准、救助方式、救助监督管理等），并且关注这些内容及方法背后的具体背景环境（如社会保障体系、医疗保险体系和医疗服务体系等之间的关系及其定位）及需要达到的主要目标。另外，有很多国家开始探索医疗救助补偿方式的多元化，包括挂号费、医药费、住院费、药品费等。如瑞典医疗费补偿主要集中在挂号费与医药费上，规定当年累计挂号费、医药费超过一定数额时，超额部分可享受政府补助甚至完全免费，患者去医院或转诊的路费超标时给予一定补偿，长期病号的一些长期必用药品费免除，普通群体住院时，住院标准设有最高限制，实际费用很低，特定人群住院时免费。

医疗救助制度按救助时间分为预先确定受助者和事后垫付医疗费用两种方式。从国外医疗救助制度来看，除新加坡外，医疗救助制度多采用预先救助方式。预先救助制度有助于医疗救助机构通过身份准入审核来控制医疗费用，这也是世界各国医疗救助方式的一种发展趋势。

（二）美国医疗社会救助行动和效果

1. 医疗救助制度概况

在美国社会救助起步虽晚，立法却很完善，更多的是被称为"社会福利"。美国联邦政府于 1965 年开始实施医疗救助计划（Medicaid），为脆弱人群建立医疗保障制度，通过公共转移支付为联邦与州政府法律认可的低收入个人和家庭提供医疗救助服务。从 1965 年美国建立这项救助制度以来，已经进行了多次改革，先后通过立法以及计划规定，对医疗救助计划加以补充和完善，主要内容如表 5.1 所示。

表 5.1　美国医疗救助相关法律

时　间	法律名称	内　　　容
1965 年	社会保障修正案	规定联邦政府对各州医疗援助资助计划
1990 年	综合妥协法	健康保险年费补贴计划
1993 年	联邦政府对各州医疗援助资助财产恢复命令	各州用后代的财产支付联邦政府对各州医疗救助计划的医疗成本
1997 年	平衡预算法	开始实施儿童健康保险
2005 年	减少赤字法	只有美国公民才能享受联邦政府对各州的医疗救助计划福利

美国社会医疗保障署(CMS)统计显示:医疗救助制度为 40%的美国穷人、25%的美国儿童、20%的重度残疾人、44%的 HIV/AIDS 患者、15%的老年保健计划受益人提供医疗服务;帮助 60%的在疗养院生活的人支付医疗费用。①美国的医疗救助对象分为强制性和选择性两种形式。强制性医疗救助对象由联邦政府规定,其主要救助贫困家庭的儿童、孕妇,领养儿童资助受益者、特殊的受保护群体等。选择性医疗救助对象由各州自行决定,一般为残疾人、收入水平在贫困线以下但达不到强制性救助标准的老年人,以及因病致贫者等。

美国各州在联邦政府统一管理下,分别建立了联邦政府对各州的医疗救助,并有不同的医疗救助计划名称,比如加利福尼亚州的 Medi-Cal 计划、马萨诸塞州的 MassHealth 计划等。美国 50 个州都参加了这项医疗救助计划,有些州联邦政府将医疗救助计划交由私营健康机构办理,有的州则直接向提供服务的医生和诊所以及医院进行支付补贴。州政府有两种方式提供医疗救助:采取传统的按服务项目付费或者从管理式医疗救助组织那里购买服务。在 Medicaid 实施之初,各州普遍采取按项目付费。从 20 世纪 90 年代初开始,随着美国私人健康保险领域管理式医疗服务的兴起,管理式医疗组织也逐渐被采用并成为主流方式。管理式医疗救助的主要特点包括:集费用管理和服务提供为一体,将保险经费出资方和医疗服务提供者合二为一,每个管理式组织负责收集管理保费,掌管自己的医疗资源和医疗系统,如签约的医生和医院;Medicaid 受益人自愿加入,当州政府支付人头费后,便可享受本组织内医生和医院提供的综合服务;受益人不与医院和医生发生直接的经

① 杨玲、刘远立:《美国医疗救助制度及其启示》,《武汉大学学报(哲学社会科学版)》第 63 卷,2010 年第 5 期。

济联系，费用补偿由管理式医疗救助组织与本系统的医院和医生进行结算。

为了获得美国联邦政府的配套经费，各州必须向医疗救助对象提供一系列基本医疗服务，包括医院医生的服务、家庭健康计划咨询、专业护理机构的照护、诊断服务、儿童各种疾病的检查和治疗等。各州也可以选择性地提供一些救助服务，比如处方药、牙的护理、弱智者的护理、精神疾病的治疗等。①

由于各州的联邦政府对州医疗救助系统得到联邦政府基金的支持，所以各州实行的医疗救助计划必须满足联邦政府的法律规定。在20世纪90年代，许多州联邦政府对各州医疗救助计划在建立“有管理的护理计划”时，豁免了联邦政府的基金缴费。从发展来看，贫困家庭的儿童和父母亲通常愿意参加有管理的护理医疗服务，老人和残障群体更愿意参加医疗救助计划。1990年，对各州医疗援助资助计划新设立了“药物折扣计划”并于1991年开始实施。这项计划被纳入了美国的《社会保障法》，主要制定了门诊药物的折扣办法。1992年底，美国开始实施“退伍军人保健法”(VHCA)，规定包括了修订药商的药物报销范围、双重补贴和折扣的计算问题。1993年，《综合妥协法》(OBRA1993)又一次对第1927节的“药物折扣计划”进行了修订。一些州开办了“健康保险年费补贴计划”(HIPP)，为该计划参保者支付健康保险费，这样参保人就能获得更好的医疗照顾。2008年，由于年费补贴计划的减少，导致加入该计划人数下降，但是，各州的参保意愿仍然维持在较高水平。该计划旨在通过为符合条件的个人支付部分或者全部医疗费，帮助穷人阶层进行医疗。联邦政府对各州的医疗援助资助也帮助那些没有医疗保险或者健康保险较差的个人参加医疗保险。美国国会和CMS中心制定了相应的参保标准，但是，各州对参保人的资格认定主要依照本州规定进行。州与州的规定差别非常大。关于哪些人群不能获得该计划的帮助，CMS中心规定：本计划不向所有的穷人提供医疗帮助。即使按照美国联邦立法规定，除了面向特定人群的急诊服务，除非特困人群同时满足一定的条件要求，本计划不提供保健服务。

进入21世纪以来，联邦政府对各州的医疗救助计划陆续出台了一些新规定，在未来数年，新的规定将减少120亿美元联邦政府对各州医疗救助计划支出，但是国会议员以及各州、受益人还有医院方面，都认为此举会对联邦政府对各州的医疗救

---

① 张奇林：《社会救助与社会福利》，人民出版社2012年版，第328—329页。

助计划会产生不良影响，因为各州认为这是联邦政府在转嫁经济负担。①2010 年 3 月 23 日，奥巴马总统签署了《患者保护与平价医疗法案》(PPACA)。美国 PPACA 的核心就是为美国人提供负担得起的医疗保险，在政策设计中通过医疗救助扩展计划，扩大医保覆盖范围，把原先不享受医疗保险的 65 岁以下中低收入人群纳入医改范畴，对收入在贫困线 25%以下的人提供补助以购买医疗保险，要求所有个人和一定规模的企业购买和提供医疗保险，否则将受罚款。按照 PPACA 目标，到 2019 年医疗保险覆盖面达到 95%。为了实现这一目标，法案将联邦政府置于核心地位，并强制要求州政府予以配合。但在 2010 年，各州出台了彼此完全不同的医疗救助法规和条例。PPACA 最初的设想是通过联邦政府出台激励与制约措施，改变各州医疗保险法规不一的局面。联邦政府承诺负担前三年新加入医疗保险人群所产生的费用，之后承担 90%，而不参与医疗救助扩展计划的州政府将不能得到这部分资金支持。按 PPACA 规定，医疗补助覆盖面需扩大至收入在联邦贫困水平(FPL)138%的成年人，2015 年美国联邦贫困线水平为个人收入 11 770 美元，三口之家收入 20 090 美元。实际执行过程中，除 27 个州执行了联邦收入限制外，其他各州对享受医保补助者收入限制并不相同。威斯康星州个人和三口之家收入水平皆为 100%，其余各州只针对无收入的个人，三口家庭收入从 18%至 221%不等，其中亚拉巴马州和得克萨斯州最低为 18%，覆盖面略高的密苏里州为 22%，路易斯安那州为 24%，爱达荷州为 26%，密西西比州为 27%，佛罗里达州、乔治亚州和堪萨斯州分别为 34%、37%和 38%。康涅狄格州和华盛顿州哥伦比亚特区为 221%，属全美保险覆盖最高水平，接下来阿拉斯加州为 143%，缅因州为 105%，田纳西州为 101%，南卡罗来纳州为 67%，怀俄明州为 57%，内布拉斯加州为 54%，蒙大拿州为 50%，南达科他州为 52%，犹他州为 45%，北卡罗来纳州、弗吉尼亚和俄克拉荷马州皆为 44%。

2. *救助筹资方式和水平*

美国在医疗救助制度建立之初，就将费用分担公式写入法律。与私人健康保障计划由受益人和雇主缴费形成保障基金的筹资模式不同，美国医疗救助计划资金主要由公共财政负担，保证了医疗救助资金来源的稳定性。联邦政府会根据各州的经济实力确定不同的分担比例，对经济较落后的州，联邦政府拨付较大比例的

---

① 李超民:《美国社会保障制度》，上海人民出版社 2009 年版，第 248—249 页。

资金；对经济较发达的州，联邦政府拨付资金相对较少。联邦政府对各州的资助以各州的人均收入水平为基础，主要依据以下公式来进行计算：$P = 1 - 0.45$（*statePCI/US PCI*）。公式中，P 代表联邦政府的资助比例，*statePCI* 为州人均国民收入，*US PCI* 为联邦人均国民收入。对人均收入水平高于全国的州，50%是最小的资助比例。①这一计算方法适用于联邦所有的州，同时考虑到了各州经济状况的差异，在过程的公平中体现了差别对待，保证了结果的公平性。

3. 医疗救助的特点

(1) 联邦政府与州政府各司其职。

法定的拨款计算公式将两级政府的财政责任按清晰可循的比例进行了划分，联邦政府承担 Medicaid 的主要财政责任。这种比例配套制使州与联邦两级政府在财政责任上共进退，州政府测算 Medicaid 经费时要衡量本级财政的配套能力，而不能盲目要求联邦政府增加拨款。在管理权上，联邦政府负责把握宏观原则和方向，仅提供框架性政策，除强制性覆盖的人群和基本服务项目外，对具体的救助措施基本不介入，各州可以根据情况作出安排。这既降低了管理总成本又体现出地方特色。

(2) 成功引入市场机制。

美国在医疗救助中引入市场竞争，既体现了对公平的追求，也体现了对效率的追求。管理式医疗救助盘活和调动了私人部门医疗资源。其效率主要体现在两方面：一是 Medicaid 出资者具有选择权。州政府在众多符合条件的管理式医疗保健组织中公开招标，将医疗救助服务“外包”。各管理式医疗组织承诺接受联邦政府规定的服务项目和质量要求后，要展开竞争。为了防止垄断，许多州还对中标组织的数量有要求，规定要选择一个以上管理式医疗保健组织以分散承担医疗救助业务。二是 Medicaid 受益者具有选择权。管理式医疗救助的受益者享有用脚投票的权利。他们可以根据享受到的医疗救助服务的质量和态度，决定是否留在同一个管理式医疗救助组织中。充分的市场竞争使政府较好地实现了质量管理和成本控制。

(3) Medicaid 与其他医疗保险相衔接。

Medicaid 与 Medicare 是美国仅有的两大公共医疗保障计划。Medicare 属于联

① 廖辉霞、代安琼：《中美两国医疗救助模式比较分析》，《医学与哲学(A)》第 35 卷，2014 年第 10 期。

邦健康保险，受益人包括年65岁以上的公民、一些特定的残疾年轻公民。获得Medicare的人必须交纳社会保障税、保险费等。Medicaid对Medicare的补充和支持作用主要表现在两方面：一是根据1988年医疗照顾大病费用法案（MCCA），对享受Medicare的某些低收入的老年人和低收入人员，Medicaid要帮助其支付保险费。资助医疗救助受益人参保，使这些人多了一道健康防线，避免他们直接涌向Medicaid造成财政压力过大。二是经过Medicare补偿后，仍然有经济困难和健康问题的受益者，Medicaid继续对其提供援助，这些人成为双重受益者。这样Medicaid较好地完成了制度设计之初为Medicare拾遗补阙的定位。

（4）medicaid给政府带来了沉重的负担。

Medicaid是联邦对州最大的拨款项目，大约占每年拨款总数的44%左右；Medicaid也是州财政预算中最大的支出项目。各州每年约20%的开支用于Medicaid，这严重影响了州政府在教育、公共交通、公用设施上的投入。Medicaid费用使联邦和州政府不堪重负，虽然也尝试通过征收烟草税、压低偿付率等方法来缩减开支，但由于医疗需求刚性增长，医疗救助涉及道德问题，费用控制效果不佳。为了控制医疗救助支出的增长速度，联邦政府希望通过改革转移支付的方法，抑制州追求联邦收入最大化行为，压缩医疗救助转移支付资金的增长速度。其改革的内容就是将原来分项目转移支付改为定额转移支付，也就是将原来不封顶的配套补助方法改为定额的补助方法。定额补助方法的改革由此成为联邦政府消减福利计划的主要手段，在其推行的几十年中，受到了种种阻力，至今还一直处于讨论之中。

4. 医疗救助制度实施效果

根据学者（Bhatt，Chintan B，MBBS，MPH等）关于医疗救助对美国婴儿死亡率的研究，大约45%的美国新生儿被医疗救助计划所覆盖。2010年至2016年期间，医疗救助扩张和非医疗救助扩张州的婴儿死亡率均下降，但是，医疗救助扩张州的下降幅度超过50%，医疗救助能在很大程度上提高人们的福利水平。①

根据美国CMS的统计数据，2015年政府对medicaid管理式医疗的投入约为372亿美元，其中，联邦政府约投入263亿美元。在对medicaid的投入中，有183亿美元是通过对群体医疗保险进行救助实现的，支付预约门诊医疗计划7 833万美元。

---

① Bhatt，Chintan B.，MBBS，MPH，2018，"American Journal of Public Health"，Washington Vol. 108，Iss.4，pp.565—567.

医疗救助为超过 7 000 万美国人提供健康保险，根据学者对 2014—2015 年度超过 270 000 名医疗救助登记者的全国代表性调查，检查了对医疗救助计划提供的医疗服务的看法，平均满意度评分为 10 分中的 7.9 分。①

美国 2010 年开始实施医疗救助扩展计划，至 2015 年 6 月底，有 30 个州（包括华盛顿州哥伦比亚特区）实施了医疗救助扩展计划，同时有 19 个州明确拒绝该计划，还有 2 个州摇摆不定。由于美国的政党政治，民主党控制的州政府全部实施这一计划，而在共和党主导的州政府中，只有部分实施该计划。需要注意的是执行医疗补助扩展计划并没有最后期限，绝大部分州医疗救助扩展计划在 2014 年 1 月 1 日开始执行，部分州实施计划时间有所不同。对医疗救助扩展覆盖群体的收入水平，27 个州执行联邦收入限制，其他各州对享受医保补助者收入限制并不相同。美国全境保费援助月均额 272 美元，各州水平差别较大，在 158—536 美元之间。全国医疗保险覆盖缺口人数高达 370.8 万人，其中农村人口尤其缺乏足够的医疗服务，66%的人是全职和兼职的贫困人口。PPACA 已经明显改变了美国医疗保险状况，但其最主要的功能，如医疗补助计划扩张、发展负责的保健组织尚未完全实现。在美国现有卫生法律和 PPACA 提供的框架下，确保所有公民获得医疗保健是一个强制性的要求。尽管联邦政府表现得极其慷慨，但医疗救助扩展计划意味着各州财政预算支出已经达到极限的情况下，还要增加额外支出，从而许多州拒绝实施这一计划。许多人士认为医疗救助计划是一个破碎的体系，无论是受益人还是卫生服务提供者都表现极差，这一体系中再加入几百万人无疑会更加糟糕。

5. 地方案例：俄亥俄州的医疗救助计划

联邦政府对州的医疗救助是俄亥俄州最大的保健计划，这项计划包括许多部分。它既为低收入的儿童、父母、孕妇、老年人、残障人士提供医疗救助，还包括了慢性病患者。俄亥俄州的医疗救助计划从 1968 年就开始普及了，该计划由州工作和家庭服务部通过 6 家政府机构进行管理，下属 88 家县级工作和家庭服务计划机构，56 家行为健康委员会，8 家管理护理机构和 4.68 万家保健提供机构。

(1) 参保资格。

俄亥俄州规定，参加本州医疗救助的必须是美国公民和本州居民，并且收入要

① Barnett, Michael L.; Clark, Kathryn L., 2018, “Health Affairs”, Chevy Chase Vol.37, Iss.10, (Oct 2018):1647—1655, 1655A-1655K.

满足一定条件。根据联邦政府划分的收入条件，当一个人满足条件时，就拥有了参加俄亥俄州医疗救助计划的权利。在早期，美国大多数的联邦政府对州政府的医疗救助资助参与者都可以享受这项福利待遇，但是从1996年开始，联邦政府对州的医疗救助计划开始与福利金救济资格相分离，90%的参保者不再享受现金福利。俄亥俄州联邦政府对医疗救助计划的收入要求如表5.2所示。

表5.2　俄亥俄州联邦政府对医疗救助计划的收入要求

被　保　人　群	收入占联邦贫困线的比例(%)
19岁以下儿童	≤200
父母亲	≤90
孕妇	≤150
残障人	≤64
65岁以上老人	≤64
机构护理水平	收入低于护理成本

第一，针对儿童及父母亲的医疗救助计划。

低收入家庭的19周岁以下儿童、父母亲和孕妇，有资格获得联邦政府对州医疗援助的资助计划补贴。2006年，俄亥俄州的联邦政府对州医疗援助资助计划每月为94.1万名儿童、34.8万父母亲和2.3万名孕妇提供资助，这些人群在俄亥俄州属于“被保家庭和孩子”(CFC)。大多数符合联邦政府对州医疗援助资助计划补贴条件的儿童和父母，作为一个健康人群体需要基本的伤痛健康护理服务，如看病医院护理、购买处方药物、眼睛保健等。而那些相对不富裕的儿童和父母需要的医疗服务较为复杂。俄亥俄州有75.8%的儿童和家庭加入了联邦政府对州医疗救助计划，但是，用于这部分人群的联邦政府对州医疗援助资助计划的资源只有28.5%。对儿童和父母亲的计划，包括“健康开始”计划和“健康家庭”计划以及早期定期体检、诊断与治疗计划(EPSDT)两种。

第二，针对老年人和残障人士的计划。

俄亥俄州的65岁以上老年人和有残障疾病的群体，包括儿童，在符合一定财产条件时，可以参加联邦政府对州医疗救助计划。这类人群被称作“老年人、盲人或者残障人”(ABD)，他们只占全部参加联邦政府对州医疗救助计划人数的24.2%，却花费了71.5%的计划资金支出。现在美国多数州都通过建立“收入补充保障”计划为自动符合享受条件者提供帮助。在俄亥俄州收入条件较为苛刻，个人收入、银行账户存款、股票以及其他财产都是衡量加入资格的条件，同时还规定了财产转移条件，防止有些人故意致贫以加入保障。州相关机构还规定了特殊条款，按月对加入该项保障的有资格者进行管理，在当事人的医疗支出达到一定水平，收入下降到符合参保资格后，再行纳入州联邦政府对州医疗救助计划救助对象行列。俄亥俄州对老年人、盲人或者残障人医疗计划，只保基本和病痛护理医疗服务。另外，那些需要一定“护理水平”的老年人和残障者可以得到长期的在家、社区和机构的护理服务，包括较大范围的医疗、个人护理以及帮助服务。但是，俄亥俄州的老年人、盲人或者残障人不包括长期护理费支出，很少有人购买长期护理保险。长期护理服务一般通过护理院、介入护理设施，以及州立开发中心进行。居家和社区长期护理服务(HCBS)通常包括了个人护理和持家、成人白天护理、送餐服务、运输、支持就业、缓解伤痛护理以及急救护理等项目，以往的长期护理服务只通过机构提供，在这项服务成本过高的情况下，报销护理设备成为强制规定。一般在机构中进行护理医疗，要比在社区医疗护理更容易满足老年人、盲人或者残障人对财产的资格要求，由于居家护理业务增长，美国国会通过了《美国残障法》(Americans with Disabilities Act)，以回应越来越多的州要求联邦政府“豁免”社区长期护理服务选项的条件要求。其中，俄亥俄州管理部门就豁免了每月为包括 3.3 万名 60 岁以上老年人、7 700 名儿童和成年人、1.74 万名精神病治疗的 5.8 万人服务的机构的资格要求。享受以上机构服务的人，本来是有资格获得本州联邦政府对州医疗援助资助计划提供的长期护理服务的，但是，现在他们别无选择。俄亥俄州还为一些需要进行白天护理的人群提供“老年人全包护理计划”(Program for All-Inclusive Care for the Elderly, PACE)。

(2) 筹资方式及水平。

根据美国联邦政府“联邦医疗救助百分比”，俄亥俄州每年可从联邦政府得到对州医疗救助计划对应的资金。当前，美国全国的联邦医疗救助百分比约在 50%—76%之间，该公式每年重新计算，主要依据各州前三年人均国民收入占全国人均收入的比例。2007 年，俄亥俄州的联邦医疗救助百分比的值是 59.66%，即对州政府每一美元的医疗救助支出，联邦政府给予 59.66 美分。据此计算，俄亥俄州政府每投入一美元的医疗救助支出，将带来整个医疗救助支出 2.5 美元，之后，由于该州经济发展，联邦医疗救助百分比有所上升。

俄亥俄州政府对医疗救助计划的投入，主要有以下几种资金来源，包括联邦基金、州一般预算收入、地方税收、药品折扣、医疗机构保健税。州一般预算收入主要包括所得税和销售税，医疗保健税也叫特许费，不同医院有不同的税率。俄亥俄州相比于其他各州，非常依赖县级基金的支持。地方收费项目要经过选民投票，收取的费用只能用于特定人群，比如神经病患者、药物依赖者和发展性残障患者。

(3) 医疗救助资金的支付。

俄亥俄州对不同的医疗救助类别给予了不同的支出比例，具体分类如表 5.3 所示。

表 5.3　俄亥俄州联邦政府医疗救助计划资金支出

分类方法	类　别	支出(%)
有资格者	儿童和父母亲	28.5
	老年人与残障人	71.5
Medicare 资格	具有 medicare 和 medicaid 双重计划者	44
	有 medicaid，但不符合 medicare 资格	56
提供方式	有管理护理	40
	付费服务	60
州预算资金来源	俄亥俄州工作与家庭服务部	88
	州其他政府部门	12

但是，随着参保人数上升、医疗费和长期护理费用增加、使用医疗服务人数增加，俄亥俄州医疗救助资金支出逐年增加，成为州政府一项沉重的财政负担。因此，俄亥俄州开始采取一系列政策进行改革，使得医疗救助计划支出得到了一定程度的控制。比如，俄亥俄州提高了医疗机构的特许经营费，新开征了联邦政府对州医疗救助计划有管理护理机构的特许费，并且控制医疗机构的收费；对联邦政府对州医疗救助计划护理设施的使用和门诊服务项目的支付进行封顶，改革居家和社区型免费服务设施以降低成本；减少成年人牙医福利，同时把贫困父母 100%的资格率降低到 90%；实行费用分担计划，限制使用指定品种的药物，允许药品缩小包装，设立行为健康药品的补充折扣等。从 1978 年开始，俄亥俄州为了提高计划质量，控制成本，开展了有护理管理的医疗项目，规定每个县至少有三个管理护理方案，供计划参加者选择。有管理护理医疗需要进行投资，以满足长远发展的需要，俄亥俄州政府设立了一个新税种，即有管理护理机构税，用这笔税收收入来进行投资。预算部门认为，俄亥俄州扩大有管理护理服务的净成本将达到 5 600 万美元，这项投资将推动储蓄，还会推动控制计划成本。联邦政府对州政府医疗救助计划

原先设计是通过机构提供长期护理服务，没有考虑社区和居家服务项目。1981年，美国联邦政府提出为了减少居民的居家和社区型护理费，可以对州实施豁免政策，因此，俄亥俄州开始考虑居家和社区型医疗设施投资问题，但是发展缓慢。从2005年开始，居家护理医疗服务开始快速发展。在2004年，俄亥俄州预算部门停用了护理设施报销公式，减缓了计划支出的增长。2006—2007年，俄亥俄州政府进一步出台了一些措施，鼓励发展居家和社区医疗服务，比如家庭护理豁免计划、生活辅助豁免计划等。

俄亥俄州医疗救助计划从改革开始以来取得了一些成效，但是仍有一些问题需要解决，如参保资格、享受福利和管理以及资金方面的问题。俄亥俄州健康政策研究所认为，应该通过发展医疗救助计划，使更多的人能够享受保险，并且要借鉴其他州的经验，重新考虑资格水平，即是否仍然维持90%的贫困线，是否有新的符合资格的人购买本计划的服务项目。关于受益问题，该研究所认为，应该建立新的有限福利计划来取代全覆盖医疗救助，统一消费者中心护理项目、自我导向和病人负责制，对于参加medicare和medicaid双重资格者，探索有管理长期护理项目，开展资金到人的居家和社区护理服务项目，并且要研究计划和行为健康之间的关系。

(三) 澳大利亚医疗救助行动和效果

1. 医疗救助制度概况

澳大利亚采用国家健康保险制度，向全体国民提供基本医疗保障。但全民医疗保险并非对全部医疗项目和费用承担保障，下列项目或费用通常作为除外责任，但居民可以选择各种私人医疗保险来覆盖这些项目：(1)医生私人病人的住院费用；(2)牙科检查和治疗；(3)救护车服务费；(4)家庭护理费；(5)理疗、心理治疗；(6)针灸；(7)眼镜和接触镜(隐形眼镜)；(8)助听器等设备；(9)人工假体的费用；(10)药物(药物福利计划所包含的药品除外)；(11)海外发生的医疗费用；(12)完全美容性的整形手术；(13)有其他责任人承担的医疗费，比如赔偿保险人/政府/雇主承担责任的；(14)其他非临床必需的医疗服务；(15)眼科理疗；(16)为寿险、养老保险或为加入社团会员资格而进行的体检。全体国民都被纳入保障体系中，但随着限制道德风险的需方控制机制不断增强以及新技术、新医药的使用，医疗费用上涨，个人自付的医疗费用数额上升，低收入者不堪重负。

澳大利亚政府十分重视贫困问题，在努力发展经济的同时，也着力发展各类社会保障制度，以缩小贫困人口规模和提高贫困人口的生活水平。但近20年来，澳大利亚贫富差距开始加剧，中产阶级逐渐缩小。目前虽然澳大利亚经济发展迅速，但仍有10%左右的澳大利亚人，即200万人处于贫困线以下。澳大利亚测量贫困的方法比较多，但是政府通常使用亨德森贫困线（Henderson Poverty lines）来测量。亨德森贫困线是根据1973年澳大利亚贫困调查委员会调查的基准生活标准来制定的，这里的基准生活标准指的是能够支持一个家庭（由两个成年人和两个不到18岁的孩子组成的标准家庭单位）基本生活需求的可支配收入，贫困线是该标准家庭单位每周支出的57%。为保证低收入者医疗服务的可及性，政府制订了专门面向低收入者的低收入保健卡计划。该计划利用收入调查确定需要保障的群体，并向其发放低收入保健卡。持有低收入保健卡的个人在本人和家庭成员就医时，可获得相应的医疗费用的减免。按照规定，拥有低收入保健卡的人可以享受以下优惠：一是药物福利计划中较便宜的药物；二是由私人医疗保险公司提供的优惠；三是州、地方议会的减免措施。按照澳大利亚医疗保健卡的规定，申请此卡的个人需符合以下条件：(1)领取下列任何津贴的学生或澳大利亚学徒：土著居民学习津贴、居民学习津贴、因6个月以内的短期或偶发性照顾而领取的照顾者补助金（照顾孩子类型）、青年津贴（学生）等；(2)寄养照顾者；(3)低收入人士。此外，申请者还需通过低收入者医疗保健卡的收入审查程序。其中，寄养照顾者是指照顾别人的孩子，包括亲戚家的孩子，如照顾者为被照顾者的（外）祖父母或阿姨，则该卡将以被照顾的孩子的名义签发。此外，若申请者与他人共同照顾一名孩子，申请者在照顾中投入了至少14%的时间（每周两个或两个以上的晚上时间），则该卡将以被照顾的孩子的名义签发。除了以上条件外，对申请低收入医疗保健卡的人还有特定的居住要求，即申请者必须居住在澳大利亚境内，本人在澳大利亚，且是澳大利亚居民或是特殊类别签证者，如新西兰居民。申请者还需满足104周的新到居民等待期的要求，或豁免于此项规定，如申请者是难民或澳大利亚公民的配偶。

澳大利亚还实施独具特色的药品津贴计划（PBS）和医疗费用支出“安全网”，安全网包括原始医疗保险安全网和扩展医疗保险安全网，医疗保险安全网主要用于负担病人的医院外费用，医院内的服务或全额报销费用不属于医疗保险安全网的涵盖范畴。[①]药品费用方面，澳大利亚通过降低救助人群进入PBS安全网的门槛和

① 杨翠迎、郭光芝：《澳大利亚社会保障制度》，上海人民出版社2012年版，第195—196页。

免费提供药品来实施救助。

澳大利亚于1950年8月正式启动抚恤金领取者医疗服务计划,法案条款规定合格的抚恤金领取者可以享受该医疗服务计划,澳大利亚政府建立抚恤金领取者医疗服务计划目的是减轻目标人群高医疗费用的负担。抚恤金领取者医疗服务计划是针对抚恤金领取者实施的主要附加福利,而另外一项附加福利则是听力援助计划,该计划起源于1967年8月财政部有关财政预算案的演说,该计划于1968年4月1日正式生效。根据听力援助计划的规定,符合条件的存在听力缺陷的人可以享受到来自联邦声学实验室10澳元的听力援助抚恤金,津贴的领取者可免费获得助听器的维修和维护,至1972年6月30日,共有33 417个助听器发放给抚恤金领取者及他们的受抚养者。

澳大利亚采用事前救助方式,在疾病风险发生前,依据收入水平或其他条件确定被救助者群体,为其提供相应的证明。该人群患病时直接在医疗服务机构享受相应的服务待遇,产生的费用由医疗救助计划直接与医疗服务机构结算。同时,这种事先救助的制度也有助于医疗救助机构通过身份准入方面的审核来控制医疗费用。①

残疾人是澳大利亚人口中弱势群体的主体。澳大利亚政府对残疾人的界定比较宽泛,使得澳大利亚的残疾人口比例相对较高。因此,为保障残疾人权益、增进残疾人福利,澳大利亚政府不仅仅出台了抵制残疾人歧视的专门法律,而且为残疾人专门设立了各项福利制度。目前澳大利亚残疾人社会福利体系主要包括两大类,即残疾人援助服务计划体系和残疾人经济福利计划体系,前者包括多项针对残疾人所提供的不同类型的援助性服务,后者包括多项津贴和福利金,体现了政府在经济上对残疾人的协助,两者共同促进了澳大利亚残疾人生活现状的改善。

疾病津贴是澳大利亚对残疾人医疗救助的一种方式。若受雇的个人,包括自雇人员因疾病而暂时无法工作,则可领取疾病津贴作为一项援助。某些情况下,全日制学生也有资格获得疾病津贴。在疾病津贴中通常会规定领取津贴的时间期限,而申请人领取津贴的最长期限是指政府在接受申请人疾病津贴申请决定时所规定的期间。通常情况下,申请人领取津贴的最长期限结束后的14日后,领取疾病津贴的人不再有资格领取疾病津贴。上述决定中规定的期间不应超过:(1)若申请人申请的疾病津贴有医学证明的支持:在医学证明中详述的期间为申请人没有工

① 赵斌:《发达国家医疗救助制度模式及理论述评》,《国外社会科学》2009年第6期。

作能力的期间；或者 13 周的期间，两者较短者为应取期间；(2)若由于申请人参加了康复计划而没有医学证明支持，则申请人参与康复项目的期间为应取期间；(3)在其他的任何期间内，即为 4 周的期间，但通常也有例外。

澳大利亚社会福利金项目较多，尤其很多主项目下又附加了一些延伸福利金，因此，政府规定了多项类似功能的津贴项目资格相互排斥的情况，具体如下：(1)若申请人已领取服役福利金、收入支持补助金、求职津贴或新起点津贴，则申请人不得领取疾病津贴。(2)若申请人有以下情况：①申请人正在领取疾病津贴；②申请人可领取一笔社会保障福利金、其他社会保障补助金、服役福利金或收入支持补助金等，则不得领取疾病津贴。(3)疾病津贴不得发放给以下类型的女性：该妇女是军队服役人员的孀妇；该妇女根据《退伍军人资格法案》的规定可以领取福利金，除非该妇女自 1986 年 11 月 1 日前开始，连续领取《退伍军人资格法案》中所规定的福利金，且该妇女自 1986 年 11 月 1 日之前领取社会保障补助金，则其可领取疾病津贴。(4)据《退伍军人资格法案》的规定，若某男性为鳏夫且正按该法案有关规定领取福利金，则不得领取疾病津贴。(5)疾病津贴不得发放给下列人员：申请人是军队服役人员的孀妇或鳏夫；且申请人正在领取一次性款项或每周付款。(6)若某期间内申请人领取了下列津贴，则该期间内不可领取疾病津贴：除 ABSTUDY 计划外，一项适用于非全日制学生的指定的教育计划；或者上述计划提供的成年移民教育计划生活津贴；或者该计划提供的难民维持津贴；或者该计划提供给适用于全日制学生的，将英文作为第二语言的一项津贴。(7)若申请人在整个或部分期间内是社区就业发展项目计划的参与者，则疾病津贴在该期间内不得支付给申请人。

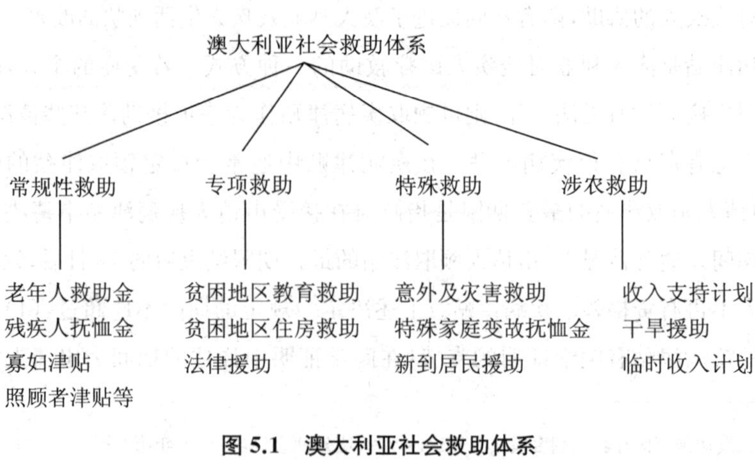

图 5.1　澳大利亚社会救助体系

2. 筹资方式和水平

澳大利亚的医疗资金主要来自政府一般税收、公民缴纳的医疗保险税和医疗保险附加税。政府的一般税收收入，即联邦政府征收的所得税和商品服务税。医疗保险税是每位年收入达到一定值的公民按规定税率向政府缴纳的专项税收，目前税率为纳税收入的1.5%，但是医疗保险税所占的份额极为有限。自设立医疗保险税至今，其收入仅占政府税收收入的2%—3%。因此，医疗保险税仅仅强化了公民个人为了自己的健康而自觉纳税的意识，所起的作用是象征性的。一般税收和医疗保险税共占全民医疗保险经费的30%左右，其余70%分别由州政府（占48%）和联邦政府（占52%）给予财政补贴。①

联邦政府、地方政府以及非政府组织划分了具体的筹资责任。三个主要筹资主体在被资助的医疗物品及服务上有所差异。其中，联邦政府所提供的资金主要用于医疗服务，而地方政府的出资主要为大部分社会和公共卫生服务的经费。政府分担了公立医院服务的大部分费用，而个人的资金主要用于购买药物和牙科服务等。

3. 特点

(1) 充分利用全民医保体系优势。

澳大利亚在全民医保体系的基础之上，构建了适合本国的医疗救助模式，针对现有医保体系的薄弱点，制定有针对性的救助方式和内容，对弱势人群实施救助。这种基于全民医保体系的救助模式，与现有医保体系相结合，不仅体现了系统性思想，而且充分利用了现有体系的资源和条件，降低了救助成本，提高了整个体系的效率。其中救助资金筹集、救助对象、救助方式以及救助内容等都是其救助模式设计过程中关注的核心内容。

(2) 建立严格的医疗救助对象审核和退出机制。

澳大利亚在界定医疗救助对象的具体操作时既考虑人群的经济情况，又注重人群的医疗需求。同时，充分利用现有福利体系的信息来确定救助人群，既降低了成本、提高了效率，又与整个国家福利体系协调一致。

(3) 针对不同人群制定不同的救助内容和标准。

澳大利亚通过设定药品自付费封顶线和提高自付项目报销水平来提高保障效

① 杨英翠、郭光芝：《税收盘活医疗筹资体系》，《中国医院院长》2014年第3期。

应，同时将急救、牙科和眼科纳入免除范围。

4. 实施效果

(1) 显著减少受益人群自付医疗费用。

原始医疗保险安全网(OMSN)适用于所有 Medicare 持卡人，在原始医疗保险安全网制度下，当家庭或个人自己支付的医疗费用达到阈值 470 美元后，由政府支付剩余的全部医疗费用。扩展医疗保险安全网(EMSN)一般适用于没有优惠卡或没有获得家庭税补助金 A 部分的 Medicare 持卡人。在扩展医疗保险安全网下，一旦达到 2 133 美元的门槛，在本年的剩余时间内，将获得 Medicare 福利以及以下最低者：80%的自付金额或扩展医疗保险安全网福利上限。对药品补贴计划的受益人群，纳入 PBS 制度框架内的药品由联邦政府支付主要费用，个人仅需支付较少费用。政府根据实际情况每年对药品目录进行调整，目前 PBS 目录药品超过 2 600 个。PBS 规定患者就诊后自行购买的药品在 PBS 目录内的，患者每种药品最多支付 37.7 澳元，持有优惠卡的弱势人群仅需支付 6.1 澳元。当一个家庭一年的药品费用超过一定标准后，继续购买药品时，普通人群每种药品只需支付 6.1 澳元，优惠卡持有者则可免费获得药品直至年底。2019 年设定的门槛值是：普通人群 1 550.70 澳元，优惠卡持有人 390 澳元。

表 5.4　澳大利亚 PBS 门槛值

PBS 安全网	普通人群(澳元)	优惠卡持有者(澳元)
PBS 门槛值	1 550.7	390
门槛值以下	最多 40.3	最多 6.5
门槛值以上部分	6.5	0

资料来源：澳大利亚卫生部网站，https://www.health.gov.au/。

(2) PBS 的受益人群向最贫困群体集中。

PBS 计划自实施以来，涵盖的药品范围越来越大，包含的人群也越来越多，因此，该计划承受着越来越大的压力，PBS 的支出是政府支出增长最快的领域之一。澳大利亚政府采用了各种措施控制 PBS 支出，此时，是否最贫困的群体受益就成为了核心问题。PBS 的主要特征之一是，政府 PBS 支出的五分之四都针对优惠卡患者，由于优惠卡患者主要是收入相对较低的群体，这说明政府面临的主要政策困境之一是以任何实质性方式减少或限制 PBS 的支出必然会影响低收入的澳大利亚人。但是经过哈丁·安(2004)的测算,PBS 支出的 40%主要用于澳大利亚最贫困的五分之一人口身上。

(四) 印度医疗救助行动和效果

1. 医疗救助制度概况

印度的《全国医疗保险计划》(RSBY)是针对非正规就业劳动者及其家属的医疗保险。RSBY 计划主要解决因生产事故造成的意外伤害医疗费问题,而因病因灾致贫问题,在非正规就业劳动者群体中十分常见,对于贫困家庭来说,医疗保险缴费成本高、福利水平很低,对于政府来说,管理非正规就业者的保险政策,尤其是在农村地区,难度又非常之大。因此,开办这一政策性保障计划非常及时,而且很有必要。RSBY 计划规定了严格的参保条件,参加 RSBY 计划的基本条件是生活在贫困线以下职工及其家属(以五口之家为单位),包括职工本人、配偶和三个子女。职工家属包括户主的子女、父母亲在内,在贫困线下人口数据库内有记录,但是,如果户主的父母亲在数据库内独立登记,则另外建卡。符合贫困线下人口条件者,可加入 RSBY 计划,并申领福利卡。RSBY 计划全部医疗服务纳入了无现金保障计划。印度的无现金保险也称为无现金住院治疗,这类无现金治疗医院通常可帮助住院病人在医保医院无需支付住院费即可享受住院治疗,而由于住院发生的费用则由保险公司支付,这样就能减轻住院病人的资金困难,但是要获得无现金住院治疗,需提前与 TPA 或健康保险公司商议,并获得许可。参加 RSBY 计划还能获得凭卡看病和支付医疗费的方便,病人也可提前一天预付医疗费,或者延迟五天支付部分医疗费,每年最高报销交通补贴费 1 000 卢比,每次最高报销 100 卢比。

印度政府建立了三级医疗保健网的制度,其网络包括保健站、初级保健中心和社区保健中心三部分,免费向广大穷人提供医疗服务。免费项目包括挂号费、检查费、住院费、治疗费和急诊抢救的一切费用,甚至还有住院病人的伙食费,但不包括药费。针对农村的弱势群体,在 2005 年印度政府还开始实施了“全民农村健康计划”,目标是要增加人们尤其是一些贫困地区的穷人、妇女和儿童获得有质量、有效率的医疗保健服务。各邦职工保险计划(简称 FSIS 医保计划)是印度最早的健康保险,于 1948 年依法成立,是由印度劳动与就业部管理的医保计划。主要针对私营正规部门月收入在 1.5 万卢比以下的职工而建立,涵盖疾病治疗、生育护理、职业伤害医疗费,并对由于疾病对职工造成的工资损失支付现金补助。ESS 医保计划还涵盖了职工的直系赡养对象，目前该计划已经在印度全国推行，并由各邦职工保险公司(FSC)加以管理。该项目与拉美其他国家的医保政策有诸多相似之处，即无论缴费多少，均享受同样的医疗与护理级别、病房等待遇。

印度还在2005年建立了孕产期母亲健康计划(JSY)，基本目标是降低孕妇生育死亡率和新生儿出生死亡率，覆盖范围包括绩效低的州和绩效高的州中的贫困线以下的妇女。JSY计划的政策性较强，具体来说，对医院、孕产妇、新生儿的资格规定如下：(1)JSY计划对绩效较低的邦(LPS)所有在政府医疗中心，特别是那些经过邦政府认可的产科医院、基础护理中心(PHC)、社区护理中心(CHC)、初级转诊医院(First Referral units, FRUs)或者地区医院产科生产的孕妇，实行现金援助计划。贫困线以下妇女和"表列种姓"(SC)以及"表列部落"(ST)中在认证的私立医院生产的孕妇，也可获得现金援助。(2)JSY计划对其他地区来自贫困线以下家庭、19岁以上的孕妇实行现金援助计划。贫困线以下任何年龄的孕妇和"表列种姓"(SC)以及"表列部落"(ST)，妇产机构、基础护理中心(PHC)、社区护理中心(CHC)、初级转诊医院(FRUs)或者地区医院的妇产科、在私立认证医院生产，也获得现金援助。(3)现金援助只限生育两胎以内存活婴儿。另外，印度的社区健康保险(CHI)也是针对贫困人口的医疗计划，CHI计划以风险分担为基本理念，各级政府资金投入少，人群覆盖面大。但在CHI计划发展初期，保险规模和人群覆盖有限。还有印度普通保险公司的Mediclaim和通用健康保险也是针对贫困人口，中央政府运用社会保障基金，直接补贴给生活在贫困线以下的参保人。在2018年8月15日，印度总理莫迪宣布将启动世界上最大的公共医疗保险计划，为1亿户贫困家庭或5亿人提供公共医疗保险服务，这项被称为"莫迪医疗"的大计划将大幅减轻贫困家庭看病的经济压力。

"全国农村健康使命"计划(NRHM)确立了印度全国农村卫生管理新体制，印度于2005年制定的"全国农村健康使命"计划(NRHM)，加强了对印度绝大多数农村人口医疗卫生保障能力建设。这套新体制从中央到地方共分四级，即中央—各邦—地区—乡村。中央政府成立了"全国使命领导小组""计划委员会""常务指导委员会"和临时性的"任务小组"。其中，由印度联邦健康与家庭福利部长担任"全国使命领导小组"主席，计委副主任、评议会的部长，以及农村发展、人力资源开发与公共健康专家共同组成"全国使命领导小组"，行使政策制定与指导职能。"计划委员会"由卫生与家庭福利部长担任主任，经授权为使命执行机构，承担全面的政策执行职能。“常务指导委员会”则指导和监督印度全国的“社会与健康促进协会”(Association for Social and Health Advancement，ASHA)倡议的执行，通常还会有临时性的“任务小组”参与运作。中央以下，各邦、地区和乡村都有相应的机构推进政策实施。

印度对贫困患者有以下几种方式的财务支持：一是卫生部长酌情拨款(HMDG)，财政预算拨款用于资助HMDG计划。只有那些年度家庭收入在1.25万卢比以下的人才有资格获得HMDG的经济援助，用以支付在非免费医院住院和治疗费用的一部分。二是卫生部长成立癌症患者基金会(HMCPF)，旨在为患有癌症的贫困患者提供经济援助。基金会已经筹集了100亿卢比，并存放在定期存款中，累计的利息用于提供经济援助。根据这一计划，已经向27个区域癌症中心(RCC)接受治疗的患者提供治疗癌症疾病的经济援助。三是建立RAN计划，该计划为生活在贫困线以下且患有重大危及生命的疾病的患者提供经济援助，以便在任何专业政府医院或机构接受治疗。

2. 筹资方式和水平

印度医疗救助的资金来源主要是财政拨款，政府将有限的政府投入公平地补给最需要医疗服务的需方。政府卫生投入包括中央、州和地方政府三级，州和地方政府承担75%，中央政府承担25%。经费的筹资主要来自税收、非税收收入以及涵盖了邦雇员保险计划和中央政府保险计划两大保险的社会保险费。印度的财政部长在2018年宣布了一项针对穷人的新保险计划。根据该计划，政府每年将为1亿贫困家庭(约5亿人)提供高达50万卢比(约合8 000美元)的医疗费用。①《全国医疗保险计划》(RSBY)的资金来自中央和地方政府预算。根据RSBY计划设计其资金来自中央、地方两级政府财政预算，个人仅分担少许办理费用。RSBY计划保费由中央政府与各邦按照75∶25比例分摊，在印度东北部地区，保费分摊比例为90∶10。中央政府分担基本年费750卢比的75%，以及办理医保卡的直接费用60卢比，总共是625卢比，以后各年分担年费565卢比。各邦则分担年费的25%，以及有可能超过750卢比以上的年费。同时，各邦除了年费和受益人费用之外，还要承担管理费，受益人负担30卢比的注册登记费用。社区健康保险(CHI)的资金来

① Kala, Anant Vijay; Roy, Rajesh, 2018, “Wall Street Journal(Online)”, New York, N.Y. [New York, N.Y]01 Feb 2018:n/a.

源主要是社区基金。所谓“社区基金”是指会员每年预交一定会费以获得相关服务的计划，缴费标准是统一制定的，不累进，不与会员收入挂钩；积累的基金也不以盈利为目的，唯一的政策目标是促进基金服务功能。但是，由于这类入会的会员多数属于高风险阶层，因此存在道德风险。CHI计划的资金来源还有医院收费、政府赠款以及慈善捐助等。近年，印度各地还出现了CHI计划与私营机构联合办理的相关健康保险项目。

3. 特点

(1) 医疗救助制度注重公平性。

印度政府将有限的政府投入公平地补给最需要医疗服务的需方，对贫困地区的人给予救助，并且建立了较为初级的但是全面的医疗保障体系，保证贫困群体和中上等收入者能享受一样的医疗条件，并且针对不同的人群，给予不同程度的补助。

(2) 医疗救助制度结合国情。

印度举办了一系列针对农村地区的健康计划，最典型的是“全国农村健康使命”(NRHM)和《全国医疗保险计划》(RSBY)，加大了对农村地区贫困人口的医疗政策投入，RSBY的目标就是为贫困人口保障基础治疗。除此之外，还建立了各种各样的保险来保障贫困人口的医疗服务需求得到满足。

4. 实施效果

(1) 政府投入大，个人自付费用少。

2017年，印度政府补助RAN计划约1.7亿卢比。在全国农村健康计划中，由14.5万个乡镇健康中心、2.3万个地区健康中心以及3 222个大型健康中心来为广大农村人口提供医疗服务。在这些公共医疗中心，病人可以免费得到医生的诊治以及基本的常用药，即便遇到重大疾病需要输血或者手术，患者也只需要负担其中的5%左右。如果病人生活在规定的贫困线以下，还可以动用“全国健康优惠基金”来得到全免费的治疗。全国城市和农村健康计划的支出如表5.5所示。

通用健康保险计划，个人每年缴纳365卢比，对于贫困线以下的参保户，政府动用社会保障基金，每参保一人补贴100卢比/年。针对RSBY计划，2013—2014年，受益妇女达1 200万人，占总人数的33%。根据各邦与合作医疗机构的协商条件，受益人参保RSBY计划后，将享受住院费免费和门诊治疗费用。受益家庭每年享受3万卢比的医疗费免费上限。

表 5.5 印度全国城市和农村健康计划的支出

年 份	批准的预算支出（亿卢比）	修订后的估算（亿卢比）	计划支出（亿卢比）
2013—2014	20 999	18 100	18 211.45
2014—2015	21 912	17 627.82	18 037.99
2015—2016	18 295	—	14 810.28

资料来源：印度卫生部网站，www.mohfw.nic.in。

（2）对农村居民有积极影响。

RSBY 计划自提出以来，对农村居民产生了显著的积极作用。例如，每年为每个五口之家提供最高 30 000 印度卢比的住院治疗费用，增加了受益人群对医疗服务的利用，减少了受益家庭的药品支出和住院时的自付费用。①除此之外，该计划还在其他方面发挥着重要作用。例如，参加 RSBY 计划的家庭辍学率要低于未加入此计划的农村家庭。②

（五）日本医疗救助行动和效果

1. 医疗救助制度概况

日本医疗救助体系的起源可以追溯到明治维新时期。明治维新之后，日本政府依据本国国情，从稳定社会秩序出发，也为了给高速发展的资本主义工业提供充足的劳动力，开始有意识地以国家的力量对社会弱势群体实施医疗救助。19 世纪 30 年代是日本社会福利制度的快速发展时期。1932 年颁布实施的《救护法》，标志着近代日本医疗救助体系的确立。不过这种救助无论是从范围、力度还是措施来看，都是很不完善的。完善的现代医疗救助体系则是在战后美国推动下建立起来的。第二次世界大战以后，日本逐步建立起了“国民皆保险”的医疗保障制度，现代医疗救助体系也逐步完善。面对 1 300 万的失业人口和大量的生活贫困者，医疗救助成为亟待解决的核心问题之一，更成为稳定社会秩序、促进社会发展的必然之举。1964 年，日本政府制定并实施了《生活保护法》，规定政府应对所有贫困的日本

① Azam, Mehtabul, 2016, “Does Social Health Insurance Reduce Financial Burden? Panel Data Evidence from India”, IDEAS Working Paper Series from RePEc.

② Raza, Wameq et al., 2016, “Analyses of Enrolment, Dropout and Effectiveness of RSBY in Northern Rural India”, IDEAS Working Paper Series from RePEc.

国民，根据其贫困和疾病的程度实施必要的医疗救治，保障其最低限度的健康水平和生活水准。《生活保护法》中构建的医疗救助体系与之前制度的根本区别在于，以“明确国家责任”“无差别和平等”“保障最低水平”三原则为基准。《生活保护法》标志着日本以立法的形式，明确了国家对救治贫困者等社会弱势群体的疾病有着不可推卸的责任，国家有责任保障所有国民享有“健康的”生活。更为重要的是，此前的《救护法》对社会不良分子和懒惰者不实行医疗救助，而新法“无差别和平等”的原则规定不论受救助者陷于贫困的原因是什么，只要在贫困线以下且患有疾病，都可以成为医疗救助的对象，这是医疗救助立法理念的一大突破和进步。此外，《救护法》中的医疗救助是由国家救助系统从上到下实施的，受救助者只能被动地接受，而在新的医疗救助体系中，所有国民均有请求医疗救助的权利。[①]

随着战后经济和社会的好转，为改变医疗救助等生活保障制度，日本政府于1950年对《生活保护法》进行了完善，从侧重直接救治转变为强调通过对受救助者提供医疗救治而使其独立。即医疗救助的意义不再局限于医疗救治本身，而是通过政府对贫困者等社会弱势群体疾病的医疗救治，从而促进该群体的独立生活能力，这成为医疗救助的最终目的。为保障这一目标的实现，医疗救助体系中增加了定期对接受医疗救治的家庭和个人进行访问和指导的规定，这一行动旨在发现和激发受救助者的个人才能，促使他们尽快适应社会的工作和生活，自力更生，成为社会的合格一员，从而减轻政府的财政压力。

日本现行的医疗救助体系从属于《生活保护法》。日本《生活保护法》规定，低收入者及失业者领取失业保险金期满后，可享受包括八个方面的生活保护，即生活、住房、教育、护理、医疗、生育、就业和殡葬救助，其中只有医疗救助和护理救助是由指定的医疗机构提供实物和服务救助，其余各项目均采用现金救助的形式。生活保护制度以家庭为单位，救助标准由厚生劳动大臣设定。在确定是否实施医疗救助以及选择医疗救助方案时，并不是由医疗救助管理机关自主决定，而是根据统一的客观标准来衡量。将医疗救助申请者的收入、资产与厚生劳动大臣决定的基准最低生活费做比较，收入低于最低生活费用标准的申请者则可以获得政府的救助。医疗救助申请者的收入包括工作的收入、养老金等社会保障的待遇给付、亲

---

① 赵永生：《国民健康的最后防线——日本医疗救助体系的发展与现状》，《中国医疗保险》2009年第6期，第64—67页。

属的援助及交通事故的补偿等。收入的衡量则是依据申请者的储蓄和存款、保险的给付金、不动产等资产的出售收入等状况认定。日本政府医疗救助的申请原则是日本国民均有申请医疗救助等生活保护的权利。医疗救助的实施必须由个人提出申请,在特殊情况下,个人无法或无力行使申请权时,可从上到下地实施医疗救助。

医疗救助标准根据各地的医疗救治水平和物价水平确定,并根据大、中、小城市及农村等地域范围依次划分为六类标准,即 3 个级地,每级又设两类。其中将东京、大阪等 58 个大市、町、村确定为"1 级地-1",级地差是 100,其他如长冈市、佐世保市等 70 个市、町、村是"2 级地-2",其"级地差"是 86.5,宇和岛市等 923 个市、町、村是"3 级地-2",其"级地差"是 77.5。

2. 筹资方式和水平

医疗救助的资金来源是国家税收,其中,中央政府负担 75%,地方政府负担 25%。此外,还有一部分是来自社会捐助资金。为了减轻政府的财政负担,日本政府要求各地居民有保护当地低收入群体健康的义务。为此,1988 年 6 月日本建立了"稳定保险基础"制度,对国民健康保险制度中的低收入家庭在征收医疗保险税费时实行减额课税,减费四到六成,缺额由中央和地方财政补足。医疗救助的管理、实施机构从上到下包括中央的厚生劳动省设立的救助司与社会司,地方的各都、道、府、县设立的民生委员会,基层中在每万居民的地区政府设立社会福祉事务所。此外,还有负责社会募捐及医疗救助实施的共同募金会和红十字会。承担医疗救助的医疗机构由社会福祉事务所负责指定,所产生的费用由指定医疗机构向社会福祉事务所全额申报。

在医疗救治实施以后,医疗救助管理和实施机构将根据受救治患者和家庭的实际状况进行一年一次的访问调查,对受救助者的恢复状况、健康状况以及医疗救治效果等进行调查和评估。此外,医疗救助后,受救治者还应履行收入和资产等申报义务,医疗救助管理和实施机构将定期实施征税总账的对照。同时,医疗救助管理机构还将对身体恢复良好、有就业潜能的受救治者进行就业指导,使他们早日成为社会合格的劳动者并最终纳入"国民皆保险"的医疗保障体系。

3. 特点

(1) 以家庭为单位。

医疗救助对象是以家庭为单位,而不是以个人为单位。申请医疗救助者是否处于最低生活水平以下，以及对其实施医疗救助程度的判断，都是以申请者的整个家庭状况进行判断的。

（2）现金与实物并重。

除了对申请医疗救助者提供医疗服务、药品、医疗器械等实物救助以外，还向受救助者提供入院期间的日常生活现金救助。

（3）救助范围广。

医疗救助的项目不仅包括门诊、住院、手术、药品等费用，而且看病时所必需的交通费、治疗时所需要的输血费及眼镜等医疗器械费用也被认定为救助的内容，必要的按摩、针灸等费用也可以申请救助。按照《生活保护法》第15条的规定，医疗救助主要在六个方面提供救助，一是诊疗，二是药品以及医用材料、医疗器械等，三是医学处置、手术及其他治疗术，四是居家疗养的管理与看护及陪同人员的帮助，五是医院或诊疗所入院看护及陪同人员的帮助，六是受救助者的运送。

（4）受助者少。

长期以来，与欧美等发达国家相比，日本享受医疗救助的人数并不多，其原因主要有以下几点：首先伴随经济发展，国民生活水平、健康水平提高迅速，贫困比例越来越小，身体素质却在逐步提高，疾病谱也发生了很大变化。其次，在“国民皆保险”的医疗保障制度下，目前绝大多数日本国民乃至合法滞留的外国人都在全民医疗保险的覆盖范围之内，残疾人、老年人等社会弱势群体的社会福利水平也有了很大提高，从而减少了对医疗救助的压力。最后，日本人多属大和民族，这个民族非常爱面子，自尊心也很强，十分看重自己的社会地位和社会尊严。一些原本生活富裕的中产阶级家庭，在遭遇经济危机、天灾人祸等突发变故时，即使变得生活窘迫、突遇疾病，哪怕舍弃生命，但出于面子和身份的考虑，也会主动放弃申请医疗救助。

4. 实施效果

从日本历史看，政府社会保障支出呈现不断提高趋势。其中，主要用于支付养老和医疗保障。

不仅日本政府医疗保障总支出逐年增加，而且包含医疗救助的弱势群体的生活扶助标准也在不断提高。特定家庭在满足一定条件下，政府直接支付给医疗机构医疗费用，个人不需要承担医疗费用。

表 5.6　政府社会保障支付费用　　（单位：万亿日元）

年　度	1970	1980	1990	2000	2010	2015
国民收入金额	61.0	203.9	346.9	386.0	361.9	388.5
支付总费用	3.5	24.8	47.4	78.4	105.4	114.9
其中：养老金	0.9	10.5	24	41.2	53	54.9
医疗	2.1	10.7	18.6	26.2	33.2	37.7
其他	0.6	3.6	5.0	11.0	19.2	22.2

资料来源：《2017 版福利劳动白皮书》，www.mhlw.go.jp/。

表 5.7　日本政府生活扶助标准金额　　（单位：日元）

举　例	东京等	区域县等
三人家庭（33 岁，29 岁，4 岁）	157 179	131 900
老年人单身家庭（68 岁）	78 470	64 420
老年夫妇家庭（68 岁，65 岁）	118 880	98 660
母婴户（30 岁，4 岁，2 岁）	187 460	160 160

资料来源：www.mhlw.go.jp/。

二、慈善医疗治理健康贫困的国际经验

（一）慈善医疗的历史进程

1. 概念

投资慈善事业是社会生产力发展到一定阶段、社会文明发展到一定程度的产物，受社会历史发展诸多条件的制约。姚俭建指出：“从社会发展的角度考察，慈善事业是市场经济社会的有机组成部分，是对社会资源的一种合理、有效的重新配置和开发。这种重新配置的动力来自两个方面：向善的本心和利益的驱动。前者是人类善良本性的显现或引发，后者是人们对个人利益的明智选择。”①

慈善医疗是改善人群健康状况的一种有效措施，主要以患有重大疾病又无力承担昂贵的医疗费用的患者为对象，为弱势群体中的特殊困难者提供免费医疗服务，防止家庭因病致贫的情况发生。慈善医疗作为慈善事业中的一部分，是一项神

① 姚俭建：《美国慈善事业的现状分析：一种比较视角》，《上海交通大学学报（哲学社会科学版）》2003 年。

圣又崇高的社会公益活动，既是社会和平有序发展的产物，也是社会人道精神的充分体现。国外的慈善医疗事业已经得到了很好的发展。本章以美国和英国为例，探讨发达国家的慈善医疗制度是如何发展并逐步走向成熟的。

2. 世界范围内慈善医疗的历史进程

(1) 早期的个人慈善行为。

慈善是人类社会的一种传统美德，无论哪个国家或地区，在其历史上都有过不同形式的慈善行为。每当遇到天灾人祸，总有一些相对富足的人家对穷人或者生病需要救治的患者进行实物或者金钱的救助以帮其渡过难关。但此时的慈善行为仅限于个人，施助和受益人群的范围仅限于彼此相识或是通过熟人介绍等形式，尚未形成具有一定组织和规模的慈善行为。

(2) 初具规模的慈善组织。

真正把慈善作为一种有组织的活动还是起源于西方宗教势力较为强大的地区。由于基督教中的普世思想，教会一直都将救助贫苦作为宗教义务之一。自古以来，基督教就有一种契约观：个人对正义、和平和集体福祉负有不可推卸的责任。《圣经》中更是处处充满博爱、施舍、利他、济世等观念。因此在早期，慈善事业大多是由教会主导实施的。教会利用自己的收入，通过修道院与城市慈善组织以提供衣食住行或者是治疗患者的形式承担照顾麻风病人和流浪者的慈善职能。修道院是当时的救济所和避难所，教区承担了一部分救济病人、老年人、精神病人和丧失劳动能力的人、看护病者和埋葬死者的工作。

(3) 现代慈善事业。

随着科技的进步和信息技术的发展，慈善事业也与时俱进，形成了更有规模更为透明更具监管力度的形式。政府部门制定相关的法律法规来规范慈善组织的登记注册和相关的税收法律优惠政策以及事后关于违法行为的惩治措施，新闻媒体和社会公众也可以通过信息的公开和透明对相关慈善医疗救助项目进行监督检举。丰富多样的慈善组织形式如基金会、慈善团体、慈善信托等的出现促进了慈善机构更好地将善款进行募集、管理和使用。现代意义的慈善医疗救助不局限于个人之间的互助，还可以将资金聚集起来，使用到专门的医疗项目中去，使得现代的慈善医疗救助更加规范也更加高效。

3. 世界范围内慈善医疗的发展趋势

目前在国内外，投资影响力正在成为慈善领域的一种趋势，它是由洛克菲勒基金会于2007年首先提出来的。与以往慈善事业认为的捐赠是慈善的终点不同，投资影响力更加注重社会效益和经济效益，更关注投资于慈善事业之后所带来的社会效果是否良好。同时把商业模式引入慈善组织，用现代管理企业的方法来管理公益组织，用市场的原则来配置公益资源，用金融的手段来实现公益的目的。

影响力投资包括公益创投、慈善信托，也包括社会企业，还包括普惠金融等等，影响力投资应该是公益金融的一个最重要的形式。在这种机制下，捐赠者将会选择效益更好的慈善组织进行捐赠，这也对慈善组织如何有效率地运营提出了更高的要求，否则将无法获得更多的捐赠。

(二) 美国的慈善医疗行动

1. *历史发展进程*

(1) 从殖民地时期到美国独立。

北美殖民地建立前后，慈善资金从英国源源不断流入美洲，推动当地图书馆与学校的建立、文化和宗教的发展。作为一个移民国家，美国的历史并不长，但其慈善文化积淀非常深厚。美国最早的慈善活动可以追溯到美国独立以前，据记载，哈佛大学创始人约翰·哈佛于1643年组织了首次募集活动，这次活动筹集到了500英镑。私人在医疗领域的慈善济医是社会救助的雏形，最早的私人慈善团体是1657年出现的苏格兰人慈善协会。私人慈善组织主要通过捐税、捐赠、遗赠等形式提供慈善基金。哈佛、耶鲁等著名大学的创办均得益于慈善捐助。在美国独立战争爆发之时，只要有需求，就有义务献血者群起响应。在南北战争中，不同民族、国籍的人们为了共同的目的结合在一起，此时的主体是自愿组织起来的个人和组织。1776年美国独立时，宪法明文规定保障公民结社的自由，为民间慈善组织的设立提供了法律保障。

(2) 从美国独立到21世纪。

19世纪末20世纪初，随着一批现代意义上的慈善基金会的诞生，美国迎来了"慈善的工业时代"。1911年，美国钢铁大王卡耐基创立了"纽约卡内基基金会"，该基金会的成立奠定了现代慈善事业的基础。卡内基认为有七个领域最值得慈善事业的支持：位列第一的是免费的图书馆；第二是投资教育；第三是向医院及其医学试验室投入大量资金以提高人们的生活质量；第四是捐建公园，用以丰富人们的业余生活；第五是捐建公共礼堂（音乐厅）以陶冶人们的情操；第六是教堂，让更多人有所信仰;第七是游泳池。20世纪初的美国工业化发展迅速,很多人移民到了城市,在生活和就业上需要帮助,公益需求非常大。当时具有影响力的慈善组织社会(Charity Organization Society, C.O.S.)兴起了"科学慈善运动",号召人们要做有区分的捐赠,即不要像施舍乞丐那样让人觉得接受捐赠毫无尊严,要让受助者通过劳动或付出而有尊严地接受救助。此外,当时美国的市场很发达,商业模式也趋于完善,从而让这种以商业来运作公益的模式成为可能。在这样的背景下美国的"好意慈善事业组织"(Goodwill)开辟了慈善超市的运营模式,它于1902年在波士顿成立,至今已有100多年的历史。该组织是埃德加·赫尔姆斯牧师(Rev. Edgar J. Helms)为帮助社区残疾、教育水平低或者其他原因失业的弱势群体而开创的。成立之初,是通过雇佣失业人士来卖收集的旧物,以此来培训弱势群体的工作技能,并创造就业机会,从而改善残疾人和其他社会弱势群体的生活状况。如今,该组织在全球一共有2 700多家零售商场以及拍卖网站。2012年,共有670万人参与了就业培训项目,约21 600人在Goodwill的帮助下找到了工作,年收入达到48.9亿美元。

美国基金会也一直致力于全球医疗卫生事业方面,洛克菲勒基金会早期主要服务于公共医疗卫生领域,1913年设立国际卫生部,自创立之初就在世界62个国家进行流行病的工作。1940年成功缓解了世界流行的伤寒。同时还重点赞助医学研究和医学教育事业,科研成果不计其数,其中青霉素的发明也得益于此基金会。其与卡内基基金会联合自主的约翰·霍普金斯医学院代表着美国最高的医学教育水平,并将这一模式推广到世界10多个国家。直到1948年联合国世界卫生组织成立,逐渐接管了洛克菲勒基金会的全球工作。

2. 慈善事业的特点

(1) 慈善制度的相关法律法规。

几乎在美国现代慈善组织产生的同时,美国国会就开始制定相关的制度来鼓励民众捐款。虽然美国没有专门的一部关于规范慈善事业的法律,但是对慈善事业的规范法律条款全部分散在国家的宪法、税法、公司法等法律法规中,事实上从慈善组织及基金会的成立注册到免税的财政优惠申请,从资格审查到开始运行,都有一套健全的法律规定。这些法律规定内容非常细致完备,既是对慈善组织及基金会行为的系统约束,又是判断其行为正当性的基本标准。例如1913年颁布的《联邦所得税法》,在个人所得税方面,美国于1913年开始征收个人所得税,紧接着在

1917年美国政府就通过了捐赠善款抵消个人所得税的法案以鼓励民众更多地行善，可抵税部分最高达15%。1916年，遗产税成为固定税。美国的遗产税、赠予税实行高额累进制，遗产超过300万美元以上时，税率高达55%，而且遗产受益人必须先缴纳遗产税，后继承遗产。高额的遗产税促使很多美国富翁另辟蹊径，以捐款给慈善组织的方式，逃避纳税，尽量保障其子女后代的利益。建立基金会或捐助善款则可以获得税收减免，捐出多少钱就在所得税中相应扣除多少。进行慈善捐助不仅可以减少损失，而且有助于在公众面前树立良好的形象和起到模范效应。1935年，美国政府提高个人所得税和企业税，但允许公司用捐赠善款抵税。美国的《国内收入法典》中明确规定了纳税人向具有免税资格的非营利性组织进行慈善捐款，企业所得税的税前扣除比例为10%，个人所得税的可抵税比例维持在50%，企业及个人慈善捐赠的税收税前扣除基础是调整后的毛所得，若其税收税前部分超过可扣除比例，则其超出部分仍可在其后5个纳税年度内予以扣除。捐赠给私人慈善基金组织的纳税人，可享受调整后毛所得20%的税金扣除。慈善减免税收的政策，直接推动了民众捐款的热情和捐款数量的增加。同时任何赞助人通过设立基金会的形式却可以获得赞助的税收减免待遇，但是这种税收减免待遇并非在慈善捐款的时候就得到，而基金会可以得到捐款并在以后捐出去，成立基金会或者其继承人可以获得对基金捐出的控制权。基金的投资收益不交所得税。美国税法通过对基金会设立限制条款，保证了慈善目的的实现，而且保证其利益不被私营机构所得到。在所有的限制条款中，基金会每年合格的捐助行为必须有5%的投资资产捐出去。但如果达不到这项捐助条件，第一年将会对基金会征收15%的货物税，如果第二年仍然达不到这个目标，税率将上升到100%。由此可见，这项货物税具有威胁性，逼迫基金人必须有效地捐出投资收益的5%。此外，激励美国富人捐赠善款的还有美国的遗产税。1950年创立的《非相关企业所得税法》规定了慈善事业和组织的基本体系，1954年颁布的《国内税收法法典》明确规定了慈善事业免税条款，2004年颁布《美国就业岗位创造法》对纳税人以汽车向慈善组织捐赠的减税行为进行了严格的限制。其他的法律如《非营利法人示范法》《统一非法人非营利社团法》都对美国的慈善法律体系进行了很好的完善和补充。

(2) 激励与约束并行的慈善基金监管制度。

慈善基金管理制度刺激着美国慈善事业的发展，国家还对基金会的运作有大量的免税减税优惠，使得慈善基金会可以获得其他企业无法企及的高回报。大部分慈善组织属于美国国税局501(C)(3)条款规定的机构。不仅这些慈善机构是免税的,而且捐赠者还享有法律规定的限额扣除税收的待遇。这些税收待遇具体包括:免税、所得税豁免、捐赠减税。

激励与约束并举保证了慈善组织的规范运作。慈善组织一旦成立,就要不断地募集捐款,管理者还要保证募集到的款项不会随着时间的推移而贬值。许多慈善组织除了进行慈善募捐活动和筹款宣传,也把钱用于慈善事业之外,还会从事两类营利性的投资以保证所募捐款的保值增值。第一类是购买共同基金、股票、债券等,第二类则是办工厂、贸易等。

在优化激励机制的同时,美国对慈善组织的监管可分为四个层次。

第一个层次是政府的立法和监督。在美国的大多数州,首席检察官有权监督和管理慈善机构,并对其活动进行规范。慈善机构也必须经常性地报告其业务活动和财务状况,如果慈善机构的董事未能履行其职责,州首席检察官则有权迫使该董事从他的私人财产中划拨出足够的资金对慈善机构遭受的损失给予赔偿。但总体来说,美国政府在监督非营利机构方面的立法相当宽松。各个慈善组织每年会向国税局详细报告本年度经费的来源和支出情况以及各项活动经费的来龙去脉。这主要是检查慈善组织的活动是否符合免税规定。但是,对于慈善组织如何使用所募集的捐款,并没有严格的规定,很大程度上靠自律。

第二个层次是民间专业评估机构的监督。如美国慈善信息局,它制定了衡量基金会好坏的九条标准,其中包括:董事会管理职能、目标、项目、信息、财政资助、资金使用、年度报告、职责、预算。每年公布4次全国几百家基金会的测评结果。公众往往根据它的公报来决定给哪个基金会捐款。

第三个层次是媒体以及关心慈善事业的民众的监督。每个公民都拥有对慈善捐款使用情况的知情权,各类媒体更是关注基金会的运作情况。1992年美国联合慈善基金会(联合之路)主席阿尔莫尼滥用捐款的丑闻就是由新闻界最先披露的。

第四个层次是慈善组织的内部监管。在美国社会,自律观念得到普遍认同。内部监管作为自律的一种形式为各类慈善基金会所采纳,并且都建立了约束自己组织和成员的比较完善的标准、规则等。尤其是自主申请、拨付及运营费用的预算、核销等都有一套严格的程序。

卫生与公众服务部(Department of Health and Human Service, HHS)监管医疗类公益慈善组织的主要机构有:负责全美社区卫生中心的医疗资源与服务管理局(HRSA)、负责最大的公共医疗保险计划——医疗照顾计划(Medicare)和医疗补助计划(Medicaid)的公共医疗计划中心(CMS),以及监督采血和供血质量的联邦食品与药品管理局(FDA)。卫生与公众服务部的工作责任之一是依法对从事非营利医疗卫生事业的公益慈善组织进行监管。医疗类公益慈善组织在美国的医疗卫生事业中发挥着非常重要的作用。全美60%的急症救治医院、照顾情感不正常儿童的机构、社区精神卫生中心和临终关怀机构都是公益慈善性组织。20世纪70年代以后,美国95%的采供血业务由公益慈善组织承担,其主力是美国红十字会和美国血液中心两大公益性采供血系统。

(3) 医疗卫生非营利组织在劳动力就业方面占主导地位。

非营利医院为社会提供免费或低成本的医疗服务相当于提供一种社区福利。同时,美国也一直在提倡将慈善筹资得到的善款用于建造新的建筑物,无论是自有的还是租赁的,成本都会很贵,这消耗了很大一部分原本可以用于病人护理的资金。这些费用甚至可能完全禁止向贫困人口提供服务。但是通过适度再利用——将现有的、废弃的建筑重新利用,重新投入服务,以完成新的使命——在这方面存在节约成本的可能性,允许医疗服务提供商以折扣价获得营运空间。通过将废弃的建筑重新改造成新的建筑,这些建筑被全面翻新,成为了最先进的设施,比同等的新建筑节省了本来所必须实现的开支,减轻了提供慈善医疗服务的成本负担。这一节省使得威利斯-克尼顿医疗系统能够将每一笔慈善医疗资金更充分地运用于提供慈善医疗服务。①

(4) 在医院内部建立慈善工作。

在美国,几乎所有医院都有专门处理社会捐助的部门机构,并组织活动,宣传介绍医院的各项服务和项目,鼓励号召民众捐款,款项既可以由医院统一分配使用,也可以指定用于某个专项,这已经成为医院慈善资金的一个重要来源。

由于世界卫生组织缺乏标准,因此对慈善服务很难有确切的定义和报告。对许多组织来说,要对向那些无力支付的患者提供的服务进行记录是困难的。位于宾夕法尼亚州费城的坦普尔东方公司(Temple East, Inc.)制定了几项政策以期明确其慈善照顾条款。该组织的指导原则之一是,对未参保或加入医疗补助计划的

① James K. Elrod and John L. Fortenberry Jr., 2017 "Advancing Indigent Healthcare Services Through Adaptive Reuse: Repurposing Abandoned Buildings as Medical Clinics for Disadvantaged Populations," *BMC Health Services Research*.

患者的所有未报销费用，以及对低收入或未参保患者的服务直接导致的所有医疗费用，都应纳入慈善医疗关怀项目。该组织还决定，不应将合同津贴和对政府付款人以外的付款人的津贴列为慈善医疗项目。

但最近美国的医疗卫生机构不断增加的无偿医疗带来了巨大的负担，包括慈善医疗和难以偿还的负债。这些数据的增长可归因于未参保或参保不足患者数量的不断增加。根据2016年美国人口普查局的数据，美国大约有3 870万人没有医疗保险。鉴于医疗费用的不断上涨，35%的美国人表示他们在支付医疗账单或有医疗债务方面存在问题。在加州，这一比例较低，但并非微不足道；近四分之一的加州人表示存在医疗账单和债务问题。8%的加州人没有医疗保险，33%的人生活在联邦贫困线200%以下，因此，慈善医疗仍然是弱势群体的重要安全网。

大多数医院在其财务报表中，均列明在报告期内它们提供了多少慈善护理和社会福利。医院试图通过各种各样的方法让他们的病人能够支付医疗费用。根据大多数医院的慈善政策，在确定患者不符合任何其他医疗救助计划的条件之前，他们可能没有资格参加医院的慈善医疗项目。财务顾问需要与患者合作，以尽可能及时通过财务筛查。通常，病人必须在获得医疗服务之日起3个月内申请慈善医疗补助。如果病人没有，他或她可能不再有资格获得资助。虽然慈善医疗提供者对其慈善基金筹集政策的审查越来越严格，但是许多医院已经为贫困病人提供了大量的慈善服务。美国参议院财政委员会一直在调查国家非营利性医院提供了多少慈善服务。委员会认为，一些医院可能并不总是通知病人他们有资格获得慈善医疗援助。①

90%以上的私立基金会专门为公益慈善事业提供资金支持，但自己不具体经办慈善项目，所以也被称为“资助型基金会”(grant-making foundations)或者“非执行基金会”。少数基金会直接设立和管理慈善项目，或在向其他公益慈善组织提供资助的同时也开展公益慈善活动，被称为“执行基金会”。

3. 慈善捐赠资金来源和流向

资深筹款人詹姆斯·M.格林菲尔德(James M. Green field)设想了一个由三部分组成的“捐赠金字塔”。在这个金字塔中，年度捐赠位于金字塔的底部，作为更高

① Lefton, Ray B., 2002 “Developing organizational charity-care policies and procedures,” Healthcare Financial Management, April, Vol.56, 52—57.

层次慈善事业的基础。金字塔的中间部分是来自个人、公司和基金会的主要捐赠，以及捐赠基金和资本捐赠。最重要的是遗产或计划捐赠，包括遗赠和计划捐赠(Green field, 1991)。

美国现代慈善事业体系经过多年的发展已经逐渐趋于稳定，其最不可思议的地方体现在公民非常看重慈善活动，同时慈善晚宴在美国也十分盛行。从表5.8可以看出美国慈善捐款的来源中，可以分为个人捐赠、基金会捐赠、遗产捐赠、企业捐赠，其中个人捐赠名列前茅，遥遥领先于其他三种捐赠方式。

表5.8　美国2013—2017年慈善捐赠来源　(单位:亿美元)

来　　源	2013年	2014年	2015年	2016年	2017年
捐赠总额	3 351.7	3 583.8	3 732.5	3 903.0	4 100.2
个人捐赠	2 406	2 585.1	2 645.8	2 818	2 866.5
基金会捐赠	489.6	539.7	584.6	592	669
遗产捐赠	277.3	281.3	317.6	303	357
企业捐赠	178.8	177.7	184.5	185	207.7

资料来源:Giving USA 2018: The Annual Report on Philanthropy for the Year 2017, Giving USA 2017: The Annual Report on Philanthropy for the Year 2016, Giving USA 2016: The Annual Report on Philanthropy for the Year 2015, Giving USA 2015: The Annual Report on Philanthropy for the Year 2014, Giving USA 2014: The Annual Report on Philanthropy for the Year 2013.

将慈善资金流向分为9个不同的领域，其中用于慈善医疗的占比位列第四，具体明细如表2.2所示。

表5.9　美国2013—2017年慈善捐赠流向　(单位:亿美元)

流　　向	2013年	2014年	2015年	2016年	2017年
宗　　教	1 055.3	1 149.0	1 193	1 229	1 273.7
教　　育	520.7	546.2	574.8	597	589.0
人类服务	415.1	421.0	452.1	468	500.6
医　　疗	318.6	303.7	298.1	331	382.7
文化/艺术/人文	199.2	172.3	170.7	182	195.1
环境/动物	97.2	105.0	106.8	111	118.3
社会公共利益	238.9	262.9	269.5	298	295.9
基 金 会	357.4	416.2	422.6	405	458.9
国际事务	149.3	151.0	157.5	220	229.7

资料来源:同表5.8。

4. 美国慈善助医案例

案例一：梅奥诊所慈善医疗——资金援助的管理

图 5.2　梅奥诊所

政策：梅奥诊所的重点是致力于通过整合临床实践、医学教育和医学研究的资源，为每位患者提供最佳的医疗服务和照护。作为重点工作内容的一部分，梅奥诊所同时适当地为经济困难的病人提供免费的医疗服务，并向那些急需接受医疗救治患者提供资金援助。最重要的是，梅奥诊所的指导思想是把病人的需要放在第一位，慈善关怀只是梅奥诊所慈善使命的一个组成部分。教育下一代卫生保健专业人员和支持生物医学研究以减轻人类疾病的负担也是梅奥诊所实现慈善目标的重要内容。政策旨在建立一个尽可能公平一致的方法，审核有需要的病人提出的慈善医疗服务申请；政策的适用范围涉及所有梅奥诊所免税网站，包括梅奥诊所健康系统免税网站、梅奥诊所附属的所有免税医院和地点。

政策具体内容：工作人员负责以下工作：梅奥诊所的政策是为因经济困难而无力支付医院和/或诊所账单的病人提供经济援助。梅奥诊所的财务顾问、指定的业务办公室代表或有权提供财务援助的委员会将审查个别案例，并确定可能提供的财务援助。梅奥诊所通过审查被要求或接受的特殊服务、保险范围或其他支付来源、个人的历史财务状况和当前财务状况来确定是否需要财政援助。这种方法既公平又准确，帮助了那些真正饱受经济折磨的疾病患者及其家庭，部分或全部的慈善费用支持将根据个人的实际可负担医疗费用的能力来衡量。

符合条件的个人包括没有保险的病人和有保险但保险不足的病人。病人必须配合任何保险索赔的提交，并用尽他们的保险或潜在的保险范围才有资格获得财政援助。其他影响资格的因素如下：

(1) 收入——假设其他财政资源没有被确定为可行的资金来源，联邦贫困收入准则将用于确定注销的数额，贫困指导方针每年1月更新。

第一，全部(100%)慈善机构核销的最低标准将是最新联邦贫困收入标准的200%。

第二，核销的最低标准是根据每个案例的具体情况，给予收入在联邦贫困收入指南201%—400%之间的患者一定程度的折扣，即对所有收入在这一水平的患者平均给予50%的折扣。

(2) 资产的评估——将考虑患者的家庭储蓄、支票、投资资产、房地产资产和整体财务状况。

(3) 患者月度花销评估——生活费审查包括医疗费用和其他基本需要。

(4) 需要的医疗条件或医疗照护的性质——考虑梅奥诊所有特殊的医疗服务与当地医疗设施的潜力。

但是相关慈善救助不是包含所有与医疗服务相关的费用，以下费用是被排除在外的：病人负责往返梅奥诊所的交通费用和住宿费用；在梅奥诊所就诊期间，社会服务机构可能会有代金券来帮助支付食物费用，但梅奥诊所本身并不提供免费的食物；社会服务机构可能只有有限的资金来帮助支付与耐用医疗设备相关的费用；药房用药：梅奥商店有一个慈善项目，为需要经济援助的病人以较低的成本提供药品；但是也有例外，梅奥诊所社会服务在某些情况下可以提供有限的资金，针对短期情况提供仅一次的不到50美元的帮助。

其中关于患者的来源，可以是病人或其代表直接请求的慈善救助，然后通过梅奥诊所的工作人员将病人介绍给专门负责慈善救助的财务代表，同时有资格转诊的医生也可以将患者转入梅奥诊所，梅奥的咨询医生以及地方政府也可以对符合条件的病人进行转诊。

案例二：蒙大拿州健康护理者协会(MHA)关于慈善医疗的政策

在受益对象方面，蒙大拿州健康护理者协会成员无人种、性别、民族、宗教信仰歧视，给予没有医疗保险的患者慈善医疗救助，对符合要求的患者公平地施以援手。由MHA向需要帮助的未保险的患者提供的慈善医疗救助不能代替州政府在扩大未保险者的范围时所做的努力，即两者是不同的救助范围，不可混为一谈。并且，该州的Medicaid计划应当扩大到所有在联邦政府规定的贫困线附近的需要帮助的弱势群体。Medicaid计划努力将MHA成员向所有在联邦政府规定的贫困线的100%—200%的未参保者提供慈善医疗救助。第一,对这类病人医疗服务机构将根据患者的资产情况在一定范围内对医疗费用进行减价,医疗费用减免的部分相当于是医院提供的慈善医疗费用。第二,折扣应与给予公共保险者和私人保险者的类似。医疗服务机构还可以设定多样化的慈善医疗救助,例如给予补贴计划、把收费限制在一定比例。

慈善医疗救助也需要患者的合作,向医疗机构提供私人信息,以确保患者是否真正有资格参与慈善救助。同时不能全额进行慈善救助的,已经得到部分慈善救助的患者有义务根据所在医疗机构的政策条款支付医疗费用。一些特殊的医疗项目不在慈善救助范围,例如美容外科以及其他非医疗需求服务不在减免救助范围之内。MHA协会成员需要公布适用于各自机构的慈善医疗救助具体政策,以便真正需要帮助的患者查询相关信息进行申请,此外公众也可以起到一个外部监督的作用,增强信息的透明度。

如果MHA机构成员收到外部基金会的资金支持,协会成员组织应得到书面保证,以确保该机构将遵守《公平收债行动法》(Fair Debt Collection Practices Act)与ACA"伦理与专业责任国际法典"(ACA International's Code of Ethics and Professional Responsibility)。MHA成员组织对申请慈善医疗救助的患者,需要签订书面申明确保其账户在被审核是否有资格接受救助之前不得用于偿还债务,同时还要列示患者的基本住所及其所拥有的留置权,是何时、经何人授权成立的。①

(三) 英国的慈善医疗行动

1. 历史发展进程

(1) 慈善事业的产生。

早在1601年,英国女王伊丽莎白一世就颁布了世界上最古老的《慈善用途法》,鼓励发展从事慈善救济等社会公益活动的非营利组织,这也是世界上第一部完整的规范慈善事业的法律法规,在世界范围产生了很重要的影响。20世纪90年代,英国颁发了《慈善信托法》《娱乐慈善法》等法案,是对《慈善用途法》进行有效的补充和完善。这些法律的订立不仅规定了公益慈善组织的范畴,强调了这类慈善组

① 李超民:《美国社会保障制度》,上海人民出版社2009年版,第429—431页。

织所具有的公益性、慈善性和民间性等原则，而且提出了政府鼓励和支持民间慈善工作的法定框架，提供了进行社会募捐以筹措公益资源的法律依据，对推动英国民间公益事业的发展起到极为重要的作用。2006年，英国颁布了《慈善法》，明确规定了慈善的定义、慈善组织的性质、慈善委员会的设置、慈善公司和社团的设立、慈善事业的监管职责等方面的内容。这部新颁布的慈善法不仅进一步完善了英国的慈善法律体系，明确了慈善的定义和范围，构建了一种新型的慈善机构模式，而且在慈善诉讼方面设置了专门的慈善申诉法庭，这些改革有效地促进了英国慈善事业的发展，对世界其他国家有着很好的借鉴作用。

由《伊丽莎白法规》开始，17世纪中期，新的慈善事业在英国大规模实施。在中世纪的英格兰，政府和慈善机构(以教会的形式分发救济品和医疗服务)合作，建立了以教区为基础的为病人、伤兵和其他穷人提供住宿的制度。16世纪下半叶，城镇和教区的市政当局开始向较富裕的公民征税，以增加收入用于为附近地区的穷人提供食物和住所。

(2) 工业化进程中的慈善事业。

18世纪以后，英国的工业化进程将英国打造成为“日不落帝国”，英国国力也达到巅峰。19世纪中叶，社会财富大量增加，上流富裕人群的闲暇时间充裕，同时中产阶级和工人阶级也不断壮大。但是大城市里贫困妇女儿童的生存状况堪忧，工人的劳动条件恶劣。在此背景下，出现了越来越多的公益慈善性质的非营利组织：一批成功的工厂主或企业家出于博爱的目的纷纷建立慈善组织；市民们基于社区互助与自我服务的目的也纷纷建立自己的慈善组织；越来越多的人关心和参与社会公共事务，许多知识分子、政治家、工会活动家等也纷纷成立影响公共政策的各种公益性组织。慈善救济提供者的范围也随着个别慈善家和慈善协会的出现而扩大，它们开始代表被遗弃儿童和其他有需要的人进行干预。托马斯·科拉姆就是其中之一，他于1739年为弃婴建立了一所医院，并一直延续到现在。目前的社会和卫生基础设施，特别是医院的供应，在很大程度上都得益于教会早期的贡献、个人的慈善努力以及各类宗教团体的资助。它们共同为现代国家卫生、教育和福利服务体系提供了慈善基础。1842年的一份调查显示，作为工业中心的曼彻斯特的工人及其家人的平均寿命仅为17岁，即便是专业劳动人员的平均寿命也不过30岁。慈善组织数量越来越多，规模也越来越大，对整个社会生活的各个方面的影响也越来越大，公益慈善部门逐渐成为英国社会中与政府公共部门、私人企业部门相平行、相独立和相辅相成的民间公益部门。同时英国工业化和都市化的急速发展在给经济带来繁荣的同时也拉大了社会贫富差距，大量贫民涌入城市，失业和贫困问题造成了社会的不安定。针对当时的社会问题，英国最早出现了以有效、合理调配社会资源来帮助城市贫民的新一代慈善组织，即1896年在伦敦成立的慈善组织协会(Charity Organization Society)，并设立了专事管理与联络的中央机构。19世纪末，英国政府和民间组织形成了默契并有了分工：政府管"不该穷的穷人"(undeserving poor)，民间志愿组织负责"命中注定的穷人"(deserving poor)，在此期间，直接提供慈善服务的通常是民间志愿团体，政府很少参与。

(3) 20世纪之后英国慈善的发展。

第二次世界大战结束之后科学技术的发展以及英国进入后工业化社会的现实，推动了英国慈善事业在20世纪获得了空前的发展。这个时期的慈善事业有以下几个特点：一是志愿服务精神蓬勃发展。在战争期间尤为突出，参加各种慈善组织的志愿服务活动成为一种公民责任与时尚，志愿服务的普及和民间慈善捐赠的增加使得慈善事业得以持续兴盛。始建于1919年拥有1万家会员组织的全国志愿组织协会(National Council for Voluntary Organizations)对推动和协调志愿服务发挥了巨大作用。二是慈善事业的全球化，较为典型的是乐施会(Oxfam)的成立和发展。70多年来，该组织的雇员和志愿者遍布全球94个国家或地区，影响广泛。三是王室积极参与慈善事业，王室成员担任了超过2 000个慈善组织的荣誉职务，这些组织包括了在公众中享有盛誉的英国癌症研究所(Cancer Research UK)、英国红十字会和巴纳多之家。英国女王伊丽莎白二世在位的60余年，对慈善事业展现出超凡的热心和支持力。通过女王的帮助，这些组织获得的捐赠累计超过14亿英镑。

2. 慈善事业的特点

(1) 慈善税收制度。

在英国，慈善组织在所得税、遗产税和增值税上享有很多税收优惠及减免。在所得税方面，英国的法律并没有针对慈善团体的一般豁免权，但是1988年所得税暨法人所得税法中规定，慈善组织从事的交易只要所得利润只做慈善组织目的之用，并且此交易仅与慈善组织的主要目的有关(收取服务费)或是此交易的活动是由该慈善机构的受益人所为就可以豁免所得税。在遗产税方面，大部分的慈善信托都是采取自由信托的方式(没有股权存在的信托)开展的。英国法律规定，信托自成立起每10年要缴纳遗产税，不过纯为慈善目的而持有的财产可以免除遗产税。在增值税方面，所有在英国境内提供的商业性(包括交易性、专业性、职业性的)服务或商品都须课征增值税，不过慈善机构通常免费或低价提供服务或商品，因此免缴增值税。

对个人或企业捐赠的情况，法律并没有规定其可以享受免税待遇。但近年来对应的法律制度有很多变化，比如捐款可以减免个人所得、企业所得税以及遗产税。在个人所得税及企业所得税中，符合税收减免的条件是捐赠金额不低于基本所得税前净利润的25%，且捐赠人必须是英国人。个人进行慈善捐助的另一种方式是薪金扣除，雇员可以授权雇主一定金额(每年每位员工不得超过1 200英镑)，从税前所得中扣除付给慈善代理人。这个计划必须得到国税局的认可，并且代理人必须把钱捐给该雇员指定的慈善组织。

(2) 有序的监管机制。

英国作为世界慈善文化起源最早的国家之一，经过近5个世纪的发展，慈善事业已经成为国家第三次财富分配的主要途径，一方面缓解了政府对社会保障体系供给资金的压力，另一方面又弥补了政府对公共服务投入的不足。这些成就与英国政府对慈善事业独特的管理制度有密不可分的关系，其中具有特色的管理机构是英国慈善委员，也被许多国家所借鉴。

慈善委员会的诞生具有强烈的时代特征。以英格兰及威尔士慈善委员会为例，当年时值英国民间慈善蓬勃生长，同时也伴随着必然的乱象，比如假借慈善之名敛取不义之财，慈善资金、物资等资产管理不善。慈善活动纠纷导致的法律诉讼案件一度占了法院审理案件的相当比例。为了规范和整治慈善领域的混乱局面，英国政府决定加强慈善法制监管和行政管理，为此英国政府于1853年颁布《1853年慈善信托法》，同时由英国议会委派慈善事务专员牵头成立了英国慈善事业治理小组(即慈善委员会)，由该机构独立审查慈善领域的争议事件。慈善委员会的工作直接对英国议会负责。在某种意义上，这也是英国政府公权力在民间慈善事务上的体现，旨在通过法制和机制来规范英国的慈善组织，探索建立英国慈善事业健康有序发展的长效机制。

英国慈善委员会对慈善组织的监管主要采取分类监管的方式，监管程度依据年收入规模的不同而呈现差异化，具体地可以分为四个级别：年收入在1 000英镑以下、10 000英镑以下、千万英镑以下和千万英镑以上。随着规模的增大相应的监管规则和力度也会上升。另外慈善委员会主要审查已经达到监督门槛的约6万家较大慈善机构的年度报告。中小型规模的慈善组织需要主动提交年度报告并附上简单的收支报表，但也要做好被慈善委员会抽查的准备。对规模小的慈善组织，其可以自行登记，慈善委员会对较小规模的慈善组织给予宽松的发展空间。①

在英国，即便是在监管大中型慈善组织方面，慈善委员会也并非直接派人进行监管，而是通过两个途径：一方面通过托管人理事会要求组织进行自我监管，另一方面是委托给有资质的中介机构进行监管，但慈善委员会会制定统一的规章制度来规范中介机构的行为。慈善委员会也建立了全国性的公益举报和快速处理的受理机制，每月接受举报高达上千次，主要根据举报的名单对慈善组织进行监管。对违规操作或出现腐败行为的民间组织，慈善委员会有权撤销其托管人理事会，并在一定期限内组建新的托管人理事会。

可见英国对慈善组织的监管主要依靠慈善委员会，具有主动监管和行政规制的特点，相较于政府的监管还是比较完善的。但是相较于大规模大范围存在的慈善组织，慈善委员会的人力和物力还是有限的，因此在对慈善组织的监管体系中，社会公众的监督仍发挥着极其重要的作用。

(3) 政府对非政府组织的支持。

在英国，公益慈善性的非政府组织的数量日益增多，对整个社会公共服务领域的影响力也逐年增大，尤其在社会救助领域发挥的作用日益突出。1998 年，英国政府和全英慈善组织与政府合作委员会签署了《政府与志愿及社区组织合作框架协议》，即著名的 COMPACT 协议。为了具体指导政府与非政府组织之间的合作关系，COMPACT 协议对角色进行了定位：在社会性质的慈善救助中，政府充当非政府组织的制度制定者的角色，保障各种不同类型的非政府组织有完善的制度依托，保证其独立性。为了具体指导政府各部门及地方各级政府与志愿及社区部门之间的伙伴关系，协议强调了以下几点共享原则：志愿行动是民主社会的基本要素；一个独立而多样的志愿社区部门对社会的福祉至关重要；在制定和提供公共政策和服务中，政府和志愿社区部门发挥着独特而互补的作用；以合作伙伴的身份追求共同的目标和目的具有特殊的价值；双方应开展具有协商、完善政策制定、增强服务及项目设计质量的活动；政府和志愿社区部门承担不同的责任，需要充分落实正

---

① 上海市慈善基金会：《上海市慈善基金会发展研究报告(1994—2014)》，上海社会科学院出版社 2015 年版。

直、客观、公信度、开放、诚实和领导力的观念；志愿社区组织为了推进其目标，有权开展游说活动，政府应扮演好资助者的角色。

(4) 慈善医院的雏形：志愿医院。

20世纪之前，医院并不是英国居民看病的首选。有能力支付者倾向于求诊私人医生或其经营的私人诊所。医院主要承担着民间救济的职责，国家并不参与其经营和管理。志愿医院的出现可追溯到中世纪，但其真正的发展起步于18世纪中期。英国当时的医疗水平较低，穷人生病经常得不到所需的医疗服务，而国家在此方面力量不足。出于宗教信仰和人道主义，地方教会人士和上层阶级捐资建立志愿医院，专门收治社会上的贫困患者。

进入20世纪，引荐信制度走向衰落。为继续挑选出“有价值”的穷人(the worthy poor)，医院开始对病人进行“家计调查”。据一位病人回忆：就诊前，她被医务人员盘问了15分钟，内容包括她的家庭收入、日常花费、家中谁在上学、谁在工作、她的家庭能否为她支付所有的诊断和治疗费用，以及具体能够支付的数额。第二周，她的母亲又被叫到医院回答了同样的问题。这种伤害自尊的身份调查令病人十分抵触。为此，工人们在1873年就筹资建立了“医院星期六基金”(Hospital Saturday Funds)，每月缴纳4便士，便可不依赖引荐信在志愿医院免费就诊。类似的医院捐助计划在20世纪兴起并且发展迅速。截至1930年，英国已有超过300家经营医院捐助计划的机构，吸纳了约1 000万名会员。1924年最大的一家医院捐助机构——医院储蓄协会(Hospital Savings Association)拥有6.2万名会员，5年后人数增长近10倍，达到65万人。这些会员每周只需缴纳3便士即可在志愿医院获得免费医疗服务。不同地区的医院捐助计划的收费标准各不相同，其中英格兰南部地区最高。例如，温切斯特的医院捐助计划的平均收费标准为6便士每户每周，牛津地区为4便士每户每周，其他地区为1便士每户每周。

(5) 借助慈善商店募集资金。

慈善商店或旧货店是慈善组织为筹集资金而经营的零售场所。慈善商店是一种社会企业。他们主要出售二手物品，如衣服、书籍和公众捐赠的家具等，通常由当地志愿者担任商店工作人员。因为出售的物品是免费获得的，而且商业成本很低，所以能够以有竞争力的价格出售。销售收入扣除商店运行所必要的费用之后将用于符合该组织的慈善目的。费用包括衣架、书架、柜台等固定装置的购买，维修费、市政服务费、电费、暖气费、电话费、有限的广告费等经营费用和租赁房屋场所发生的支出等。

图 5.3　英国慈善商店

最早的慈善商店于 1899 年由伍尔弗汉普顿协会(Wolverhampton Society)的盲人出售货物,然后为社会筹集资金。第一次世界大战期间,各种筹款活动发生,比如在伦敦的牧羊人市场集市,这项活动为红十字会筹集了 50 000 英镑。但是慈善商店正是在第二次世界大战期间变得普遍起来。1937 年,爱丁堡大学在爱丁堡尼科尔森广场开设了“人人都能买到的旧货店”。1941 年,英国红十字会在伦敦老邦德街 17 号开设了第一家慈善商店,为受到战争伤害的人们募集资金。二战期间,一共开设了 200 多家“永久性”红十字礼品店和 150 多家临时红十字商店。由贸易委员会颁发的商店执照的一项条件是,所有出售的货物都是礼品,禁止购买转售,销售所得的全部收入必须转给格洛斯特公爵的红十字会(Duke of Gloucester's Red Cross)或圣约翰基金(St John Fund)。大多数房舍是免费出租的,在某些情况下,业主也支付取暖和照明的费用。牛津饥荒救济委员会在英国的第一家慈善商店是由塞西尔·杰克逊-科尔(Cecil Jackson-Cole)在牛津布罗德街(Broad Street)创建的,并于 1947 年 12 月开始营业(尽管商店本身直到 1948 年 2 月才开业)。

现代意义上的慈善商店始于 1947 年,乐施会(Oxfam)在牛津开创了第一家出售捐赠商品的慈善商店。这家有历史意义的商店依然在牛津的高街(High Street)上营业。二战后的英国为受到战争影响的希腊人民募集毛毯和衣物。因为民众的热情高涨,收到的捐赠远远超过所需要的数目。于是乐施会在牛津开设商店,销售多余的捐赠,把盈利用在支援希腊的后续项目中。

如今英国有 1.1 万家慈善商店,83%在英格兰,9%在苏格兰,5%在威尔士,3%在北爱尔兰。这些慈善商店一年可募集2.7亿英镑的资金，用于医学研究、海外救援、环境保护、支持生病和贫困的儿童、动物福利、帮助无家可归和残疾人的项目上。

慈善商店的工作人员多为志愿者，每周花一定的时间帮助商店整理商品和照料店铺。英国共有25万名志愿者，有些商店甚至完全由志愿者管理。人们在慈善商店消费有多重因素：很多人为了支持相关的慈善机构；越来越多的人为了保护环境，尽量购买二手而不是全新的商品，减少对资源的使用；还有很多人冲着慈善商店超高的性价比和繁多的品种而来。尤其是短期在英国生活工作的人更喜欢在慈善商店选购餐具和家具，离开英国的时候再捐赠出去，达到良性循环。

3. 英国慈善事业的现状

基于2018年行业年报的数据分析，得出以下结果：①

(1) 绝大多数慈善组织的规模较小，在地方一级运作。

英国有82%的慈善组织是收入低于10万英镑的小微型组织。按规模来看，大型的慈善组织更可能在海外运作。英国超大型的慈善组织中有18%在海外运作，微型组织中只有5%在海外有业务运作。慈善组织的收入和支出基本呈现稳步增长的势头。2000年到2015年慈善行业的整体收入和支出基本以相同趋势增长，在2015年分别达到478亿英镑和465亿英镑。

(2) 国际慈善组织收入占据整个行业收入的重要部分。

国际慈善组织的数量占慈善组织总数的4%，但其收入占慈善行业总收入的11%，收入占比明显高于数量占比。慈善组织捐赠在国际慈善组织各收入来源中占比较大。所有慈善组织的收入中仅有9%来自行业内其他慈善组织，而国际慈善组织的收入中慈善行业内其他组织的捐赠占比高达28%。政府对整个慈善行业的资助停滞不前，但对国际慈善机构的支持却呈上升趋势。慈善捐赠是国际慈善组织的主要收入来源。所有慈善组织的收入中有52%来自慈善捐赠，而慈善捐赠占国际慈善组织收入的81%。国际发展是英国人民捐赠的五大原因之一。其次分别是医学研究、动物福祉、儿童和青少年以及医院发展。

4. 英国慈善医疗案例

案例一：糖尿病研究与健康基金会

糖尿病研究与健康基金会(DRWF)的目标是通过对各种形式糖尿病的准确诊

① National Council for Voluntary Organization's Report：2019.

断，积极为患者提供相关的信息和支持，以便更好地了解发病原因、早期预防、及时治疗和康复管理，帮助人们自我管理病情。基金会受益范围涉及世界各地，主要通过糖尿病研究基金会发挥慈善医疗作用，每年随着越来越多的患者被诊断出患有糖尿病，基金会的医疗救助工作对他们来说显得更为重要。同时基金会的发展壮大也离不开慷慨解囊的爱心人士。正是因为有众多充满爱心的人士积极进行医疗捐赠，基金会才能帮助防止糖尿病患者们病情恶化，减少失明、肾衰竭和心脏病等这类的并发症。糖尿病研究与健康基金会收到的善款已经投入 1 050 万英镑专门用于糖尿病病种的科研工作。据统计在 2016 年，每 1 英镑的费用中有 93.2 便士用于慈善活动(仅花费 0.4 便士用于支付慈善活动和其他费用)，每花费 1 英镑用于筹款，就可以筹集 15.43 英镑。

案例二：玛丽居里癌症护理

图 5.4　和谐的医患关系

玛丽居里癌症护理是一家英国慈善机构，致力于照顾患有晚期疾病的人。该慈善机构还拥有一支专业护士团队，其使命是为在自己家中患有绝症的人提供临终关怀。该慈善机构 2018 年帮助了 4 万人，为患绝症的儿童免费提供护理服务。近 2 000 名护士在英国各地的患者家中工作，提供专家护理和支持。玛丽居里中心护理是除 NHS 之外最大的临终关怀病床供应商，正在扩大所有收容所的门诊和日间服务，已达到了 8 931 人。

英国的 9 个玛丽居里收容所为终末期疾病患者提供专业护理和最佳生活质量。玛丽居里癌症护理有自己的研究团队和基金外部研究计划。2018 年独立与其他组织合作，向临终关怀研究组织提供了许多资助活动。目前是姑息治疗研究的领导者，旨在寻找更好的方法来照顾患有绝症的癌症患者。在公众的慷慨支持下，所有的服务对患者及其家人都是免费的。该慈善机构还与NHS以50/50的合作伙伴关系资助护理服务和收容所。

表5.10　慈善机构2014—2018年收支　　(单位:英镑)

年份	2014	2015	2016	2017	2018
收入	154 805 000	156 463 000	156 222 000	159 122 000	159 319 000
支出	164 920 000	165 052 000	165 335 000	165 092 000	157 706 000

资料来源:Charity Choice Report.

(四) 中国香港的慈善医疗行动

1. 历史发展进程

(1) 英国殖民统治时期。

中国香港地区的慈善文化深受中华传统文化的影响,18世纪在英国占领香港后的很长一段时期,港英当局奉行“小政府”的原则,对社会福利置之不理,任由发展,此时的福利事业大多由教会兴办和华人社会的慈善团体举办。19世纪70年代初,华人绅商就获得港英政府的支持,创办了第一个慈善机构——东华医院,随后又增设广华医院和东华东院以及一些附属机构。

宗教教会等也开始开展慈善活动,在1860年,天主教和基督教会开始在香港举办保护妇女和收养儿童的福利机构。19世纪末20世纪初,又创办了一些为老年人及伤残人士服务的机构,如广荫养老院、香港聋人学校、心光盲人院等慈善机构。到了20世纪30年代,教会兴办的慈善机构越来越多,如圣道孤儿院以及基督教救世军举办的一批为老人、孤儿、弱能人士服务的福利机构。

在第二次世界大战中,大量难民从中国内地涌入,加大了香港地区的救济工作,香港的慈善机构开始为难民提供援助,同时还获得了海外慈善机构和慈善资金的支持。20世纪70年代香港经济蓬勃发展,此时慈善组织也从以往“孤军奋战”的局面转向与当局配合,逐渐建立起多元化、伙伴式的社会福利供给模式。①

(2) 香港回归中国之后。

自香港1997年回归中国之后,香港特别行政区在“一国两制”的方针指导下,继

① 徐麟:《中国慈善事业发展研究》,中国社会出版社2005年版。

续发展慈善事业。目前逐渐发展壮大的慈善组织包括东华医院、公益金、香港赛马会慈善信托基金和社会服务联会等。其中具有代表性的香港赛马会在2017年度的慈善捐款达到42亿港元,刷新纪录。香港赛马会作为香港的第三大慈善机构,其收益扣除营运开支后所得盈余交由下属的香港赛马会慈善信托基金管理,主要用于医疗、教育和社会服务等方面。

2. 慈善事业的特点

(1) 完善的慈善税收法律制度。

虽然香港没有专门监管慈善的法律规范,但是与慈善有关的法律更为普遍地分散在其他法律中。其中与慈善捐款税收有关的条例:香港《税务条例》第88条规定,民众向具有豁免缴税资格的慈善机构及信托团体捐款,只要满100港元就可以免税。市民若将不动产、遗产赠送给豁免缴税资格的慈善机构和信托团体并用作慈善用途的,那么与转移不动产的印花税以及遗产税是可以豁免的。根据《税务条例》第16D及26C条:应课薪俸税、个人入息课税或利得税的个人或业务捐款人,可将在课税年度的评税基期所作出认可慈善捐款申请扣除,总额最高可达应评税入息或利润(视属何种情况而定)的35%,捐款总额不得少于100港元。①

免税资格只能给予受香港法院司法管辖的慈善团体,即在香港成立的慈善团体或是境外慈善团体的香港机构。只有当慈善组织的所得利润只用作慈善用途且所得利润大部分用于香港本地的情况下才可获得免税资格。

(2) 内外部相结合的监管机制。

香港乐施会是内部自治与外部监督并行的成功案例。董事局及其属下的执行委员会由香港公众人士组成,主要负责监督项目计划及监察开支,审核及检查年度计划、财政预算、全年及中期财务报告,为筹款及拨款制定方案,监督慈善机构是否遵照计划办事。执行委员会由董事局委任,定期向董事局及委员会报告工作情况,包括部门的工作报告、核对报告和财政报告等。这样就形成了三重审核机制:第一层由外部审核,乐施会每年委托专业的会计师作为第三方审核乐施会的财政报告并提出意见,评价乐施会所编制的财政报告是否真实和公平地反映了慈善组织资金实际使用情况;第二层是内部审核,乐施会现在建立了一套完整的内部审核制度来加强项目开支的审核工作,并强化财政运作中各个程序与体制的检查工作;第三

---

① 香港税务局官方网站,https://www.ird.gov.hk/chs/tax/ach.htm。

是管理部门审核，乐施会是一个免税机构，税务系统可以查账并定时向管理层和监管组织做汇报。这样有利于建立清晰的财务控制政策和程序，在这三重审核的管理下，乐施会的运作很好地遵守着透明化管理的原则。

(3) 信息披露机制。

香港建立了一个自愿性质的网上披露平台——惠施网(Wise Giving)以提升慈善机构在管治、财务、筹款、服务素质及咨询透明度等方面的问责水平。市民在惠施网选定要捐款的机构后，可以持印有该机构条码的募捐宣传资料前往便利店捐出现金，每次最少捐款100港元，并将交易记录与个人资料寄回该机构以索取正式收据，同时市民可在惠施网查阅捐款金额、善款去向，并且可以核对经登记机构提交的资料，如发现有不清楚的账目，可要求机构厘清。捐款信息披露机制的建立保证了每一笔捐款的具体流向，减少了捐款人对善款是否真正可以到达有需要的弱势群体手中的疑虑，有助于激发群众捐款的积极性。

同时为了提高信息公开透明化程度，社会人士可以通过不同的途径获取感兴趣的资料，在网站上公众可以很方便地查询到目前有哪些慈善组织在与社会福利署进行合作，在捐款捐物时也可以先行上网查询确认目标慈善组织的资质到底如何。当然透明度的增加还离不开媒体对新闻舆论的监督，在此背景下，各类慈善团体投机取巧的成本上升，一旦被发现存在不良行为，将造成巨大的负面影响。

(4) 医院助力慈善医疗更完善地发展。

东华三院是香港目前规模最大的慈善组织。“东华”指代广东华人，“三院”指一个董事会领导下的三个慈善医院：位于上环普仁街的东华医院、位于九龙油麻地的广华医院和位于香港岛的东华东院。1872年为了能够为香港的华人提供更好的医疗服务，香港华人开始筹划创建一间设施完善的医院，因此东华医院便应运而生，为东华三院今后的发展并成为著名的慈善医院奠定了基石。现时东华三院已发展成为香港最具规模的慈善机构，所需的庞大经费除大部分由特区政府资助及小部分向服务使用者收取外，其余不敷之数及扩展服务的建设费均需向市民大众募捐，因此举办筹募活动成为不可或缺的一部分。东华三院将继续致力为市民提供多元化和优质的服务。

从建立之初东华三院以中医中药免费为贫病华人治理疾病。免费医疗服务的传统一直维持百多年，时至今天，香港市民如欲申请免费病床，可提交接受综合社会保障援助(俗称综援)的有关证明;没有接受综援而有经济困难者,则可向医务社工申请并提交有关经济状况证明。

本着帮助贫病的精神,东华三院在过去百多年也一直提供免费门诊服务,每年接受免费中西医门诊服务超过100万人次,成为香港赠医施药历史最悠久的医疗机构。具体而言,提供免费病床600张,其中200张由行政管理部门资助,其余400张由东华承担;提供免费普通科和专科门诊服务,并按行政管理部门的标准收费代求诊者向政府缴付费用;提供免费中医普通科门诊服务,部分开支由卫生署资助。现时东华医院及广华医院的中医普通科门诊部提供免费中医内科及跌打骨伤科门诊服务。跌打骨伤科提供免费治疗服务及外敷用的药膏,但并不提供包扎绷带等物资。内科提供免费诊症服务,病者在诊症后,按主诊医师开出的处方,自行到市面上的药材店自费购买所需药材服用。

(5)"卖旗"筹款活动。

香港民众参与慈善积极度较高的一个很重要的原因是有相关的渠道供民众捐款,每周六香港都会有"卖旗"的筹款活动,即慈善团体在大街小巷卖爱心贴纸或者其他小物件。这种直接面向群众的慈善筹款活动事先都要经过社会福利署颁发许可证。卖旗所得筹款应存入获发许可证机构的指定银行账户中,在卖旗日后的90天内,获发许可证的机构须在扣除所有开支后(举办卖旗日的有关支出,不得超过所筹得总收入的10%),将卖旗所得款项的余款用于指定的银行账户,获发许可证的机构更需向公众人士交代本次卖旗活动所筹得款项的总收入、开支、净收入以及善款用途。

3. 香港慈善医疗案例

案例一:香港"关怀行动"

香港"关怀行动"是经香港知名骨外伤创伤矫形专家梁秉中教授发起,早期以联络香港多家医院及骨科专家和各界人士组成的慈善医疗组织。该组织除组织义务医疗队伍前往内地偏远地区为贫苦残障人士义诊、扶贫外,也把香港疾病手术后早期介入康复的理念以及医疗康复人员团结协作的团队精神带到内地。并为其共建单位医疗人员组织安排短期技能培训提供资助,无私地提供各方面的进步和发展支持。

香港"关怀行动"执行委员会在内地多省市开展扶助项目,共设立10个"关怀行动"点,主要诊治和服务帮助范围为先天性四肢畸形、骨病及骨肿瘤、陈旧性骨折畸形愈合、脑瘫后遗症、四肢畸形功能障碍等骨科疾病、截肢手术、烧烫伤疤痕挛缩松解、骨科感染等疾病，以及患者术后早期介入康复治疗方法等。

香港“关怀行动”成立于1993年8月，是经香港知名骨外伤创伤矫形专家梁秉中教授发起，联络香港九龙医院、香港博爱医院等医院的医学专家与各界人士组成的慈善医疗组织。医学专家利用公休假日，义务前往贫困边远地区，一方面为孤儿、孤老、贫困家庭的肢体伤残患者实施免费医疗康复，另一方面透过医疗手术及康复辅导过程，培训边远地区的医务人员。1995年，香港“关怀行动”与陕西省政府达成合作协议，依托富平县第二人民医院组建成立“秦港关怀行动”康复中心。中心以香港专家教授为主体，旨在对陕西全省贫困肢体伤残患者进行免费医疗康复。2008年，香港“关怀行动”新农合救助项目启动，专业社会工作者开始逐渐进入富平县，策划、推动项目开展，并协调各项医疗服务工作的进行。

2012年4月，香港职业治疗学院将再度携手香港“关怀行动”，在关怀行动共建点陕西富平县第二人民医院联合主办短期“烧伤康复研习班”，重点讲授烧伤患者急性期、早期处理的综合治疗方法及作业治疗康复、压力治疗的运用和示教，让学员在了解掌握烧伤康复常识的基础上，有机会动手实践，提升实际运用的临床技能水平。双方的合作带动了更多地区的作业治疗进一步的提高，为内地康复事业发展提供长远有利的帮助和动力。

案例二：香港赛马会助力成立中医疾病预防与健康管理中心

图5.5　香港赛马会长者友善社区活动

香港人口急速老化，慢性病患者有上升的趋势。预防性的医疗是帮助预防疾病和减轻社会医疗费用的方法之一。有见及此，马会慈善信托基金拨款超过9 000

万港元，支持香港浸会大学中医药学院成立本港首间以中医治未病概念，以预防疾病及养生的赛马会中医疾病预防与健康管理中心，以及推行为期5年的赛马会拥抱健康中医计划。

中心根据中医疾病预防及体质养生的概念，运用现代的中医学方法，为公众提供医疗和保健服务，并透过计划向市民推广中医药、疾病预防、慢性疾病管理等知识和方法，希望长远有助提升市民的健康。

马会与浸大在推广本港中医药发展方面合作无间，早于1998年，马会捐助浸大成立全港首座，集中医药教学、研究及在职培训的香港浸会大学赛马会中医药学院大楼，为中医药教育事业提供现代化及优质的设施，更配合特区政府近年积极推动中医药发展。

赛马会中医疾病预防与健康管理中心和赛马会拥抱健康中医计划预计在5年内能惠及逾40万人，当中包括为超过63 000名65岁或以上的长者提供半价的诊症、健康检查优惠，以及为低收入长者包括综援人士提供义诊服务。

位于太子的赛马会中医疾病预防与健康管理中心总建筑面积达4 000平方英尺(372平方米)，设有体质调理室、慢性疾病管理室、体检室、艾灸室、药房和先进的中医体检仪器等设备，并提供以下服务：

中医健康评估服务中心将会提供个人化中医健康评估服务，利用中医体检仪器侦察身体状况；中医疾病预防与健康管理服务中医保健顾问会根据服务使用者的健康评估结果，为其制定个人化及综合的预防和健康管理计划。顾问会利用如中药、针刺、艾灸、气功、太极、食疗、茶疗等综合手法，以达到增强体魄或处理如慢性病等问题；云端健康管理中心特别设计出“拥抱健康”手机应用程序。市民可透过程序记录健康状况如运动和心率等数据，以便清楚掌握和随时查阅自身健康变化，长远达至预防疾病及有效管理健康的目标。程序内的健康信息有助市民了解中医健康知识和认识自己的中医体质类型，而程序内的中医信箱将提供让市民咨询中医师意见的平台。

由中心推行的赛马会“拥抱健康”中医计划则透过中医健康教育网站、中医健康知识手册、中医中药知识微电影，以及定期举办中医健康教育讲座及学习班等，向公众推广中医疾病预防和中医健康管理概念和知识。此外，整个项目亦包括一项针对有系统的中医健康管理服务对疾病预防的效用评估研究。

三、医疗救助与慈善医疗治理健康贫困的国际比较与借鉴

(一) 医疗救助的国际比较与借鉴

1. 医疗救助的国际比较

在分别介绍了各国医疗救助制度的基础上,进一步对医疗救助的几个主要方面做一比较。

表 5.11 典型国家医疗救助制度比较

国家	医疗保险模式	资金来源	提供方式
美国	商业医疗保险	联邦政府和州政府	门诊和住院,受助人只需支付少量金额
澳大利亚	全民免费医疗	税收、公民缴纳的医疗保险税和医疗保险附加税	持有低收入保健卡的个人在本人和家庭成员就医时,可获得相应的医疗费用的减免
印度	全民免费医疗	中央和州政府预算及非政府组织捐助	免费的基本医疗服务,针对农村建立了专门的救助计划
日本	社会保险模式	中央政府	政府根据各地的医疗救治水平和物价水平确定医疗救助标准,受助者所产生的费用由指定医疗机构向社会福祉事务所全额申报

可以看出,几个国家的医疗救助制度都依赖于政府的资金投入,救助制度的设计充分体现了人人具有生命健康权的思想,采用不同的方式为弱势群体享受基本医疗服务提供帮助。

尽管各国的医疗保健制度和医疗救助模式不同,但是这些国家在医疗救助的责任承担、救助对象、资金来源等方面存在着共同特征:一是政府承担医疗救助的主要责任,负责医疗救助资金的筹集、管理和使用,救助标准的确定和救助对象的审核,医疗救助服务机构的选择和医疗费用结算等。二是医疗救助的资金多数来源于国家财政预算支出,在多数情况下由中央财政与地方财政共同分担。救助对象一般不承担任何医疗费用或少量承担一部分医疗费用。三是医疗救助对象主要是社会弱势人群,资格核定一般与救助对象收入水平密切相关。四是医疗救助方式主要是通过国家举办的医疗机构直接给救助对象提供医疗服务或由政府购买私

人医疗服务提供给需要医疗救助的人群。五是医疗救助不按照权利和义务对等的原则提供医疗保障,而是按照规定对符合条件的特殊人群提供医疗保障。六是保障水平是满足救助群体最基本的医疗需求。各国的医疗救助计划都以保证弱势群体医疗服务的可获得性为目标。各国医疗救助计划采用对低收入群体提供免费服务或费用减免的方式,尽量减少低收入者由于收入不足影响医疗服务可及性的可能性。

医疗救助的主要目的是降低医疗费用负担。澳大利亚和印度作为国家医疗保险体系国家,人人享有医疗保健权利,因此不存在医疗保障体系的进入障碍,其救助重点在于预防灾难性卫生支出的发生。因此,这两个国家是针对最可能发生灾难性卫生支出的弱势群体,提前扩大医疗费用免除的范围或福利水平,预防性降低弱势群体的就医负担。日本作为社会医疗保险体制国家,存在医保体系进入障碍,发生灾难性卫生支出的风险更大。因此,日本的救助方式不仅提高了弱势群体在就医过程中的福利水平,而且帮助弱势群体进入医保体系和事后补贴灾难性卫生支出家庭的医疗费用,即实现了医前、医中和医后的全过程救助。

2. 医疗救助的国际经验与启示

(1) 充分体现了医疗救助政府职责。

国外医疗救助资金来源稳定,多数国家政府提供的资金充足。例如,在美国,联邦政府会根据各个州的经济情况按照比例进行财政支持,确保各个州有经济能力进行医疗救助。在澳大利亚,虽然实行的是国家健康保险制度,向全体国民提供基本的医疗保障,但是仍然有专门针对穷人的救助制度,建立了低收入保健卡制度、药品津贴计划以及医疗费用支出安全网,虽然有一部分资金来源是公民缴纳的医疗保险税,但这只是象征性的,大部分资金来源仍然是政府。印度医疗救助的资金也主要来自中央政府、州和地方政府。

(2) 既强调公平,又兼顾效率。

卫生保健的公平性要求政府采取措施,努力缩小社会人群在健康和卫生服务利用方面存在的不公正的和不应有的社会差距,使每个社会成员均能达到基本生存标准。比如印度将有限的政府投入公平地补给最需要医疗服务的需方,让政府卫生补贴和社会保障的主要受益人是弱势群体。社会保障的核心和实质是维护人权,实现社会安全与社会公正,目前我国的现状却是弱势群体的利益常因没有支付能力而得不到保障。我国政府要在今后的医疗体制改革进程中高度重视弱势群体的医疗公平，使弱势群体的健康利益得以保障，促使社会和谐、稳定地发展。同时，在注重公平的基础上还应兼顾效率。医疗救助的实质是保障健康公平从而提高卫生系统绩效。医疗救助不仅要符合公平原则，而且要符合效率原则。例如，美国《社会保障法》起初作出联邦政府向各州提供拨款的规定，也只是用以解决老人、盲人、残疾人、失业者、儿童所面临的经济困难，这一初衷一直没有发生根本改变。但是为了抑制医疗费用的快速增长，保障卫生服务供给的公平和效率，美国的医疗救助政策也在不断作相应调整，如改进了医疗救助支付体系，严格限定了救助者资格；加强费用的控制和管理，将资金和资源用在最需要的人群上。因此，美国的医疗救助政策在提高使用效率的同时，也提高了人口健康投资的效率。①

(3) 注重医疗救助制度的立法工作。

在医疗救助开展比较成功的国家，都对医疗救助出台了专门的法律，甚至写入宪法。对医疗救助进行立法，会提高国家和社会对医疗救助工作的重视程度，强化责任意识，为医疗救助工作的顺利开展提供强有力的法律支持。特别是在发展中国家，国民医疗保险水平整体偏低，医疗救助的重要性不言而喻。医疗救助开展是否顺利，医疗救助水平的高低，医疗救助效率的高低与一国国民的健康水平息息相关。巴西政府把医疗救助列入宪法就是很好的例子，其不仅强调了政府的职责所在，更站在宪法的高度保障了制度的顺利实施。

(4) 医疗救助对象覆盖范围广。

早期外国医疗救助制度的救助对象范围也不似现今所涵盖的范围那么广，但随着内容的不断完善与修正，救助对象所包含的人群类型日渐增多。各国的救助对象除了常规需要得到基本医疗服务的老年人、贫困人员、残疾人员以及其他贫困人口以外，往往还包括其他部分医疗弱势群体，如上学儿童、怀孕妇女等需要社会给予更多关注与支持的人群。也正因为救助对象范围的扩大与内容的细化，使得有限的医疗救助资金得以消费在真正需要的人身上，避免了“搭便车”现象，也提高了医疗救助资金的使用效率。另外，像巴西与印度的全民免费医疗就是患者自患病求医之始便接受免费医疗而无需担忧支付医疗费用，这是将医疗救助贯穿整个治疗过程，而巴西的家庭健康计划甚至将救助渗透到部分疾病

---

① 赵福昌、李成威：《国外医疗保险与医疗救助制度及其衔接情况与启示》，《经济研究参考》2011 年第 46 期。

的防治领域。

(二) 慈善医疗的国际比较和借鉴

1. 国际比较

美国和英国在慈善事业方面有着丰富的历史进程，英国最早于1601年颁布《慈善用途法》，由于历史缘由，相继对美国和中国香港产生了很大的影响。因此这些国家和地区都有着较为完善的慈善法律法规。同时，慈善的形式也较为丰富，如慈善医院、慈善义诊、慈善商店或者是在医院内部建立相关的慈善工作。从各个国家和地区的慈善医疗案例中可以看到其具体运行模式。大多数慈善医疗项目是对接具体的某一病种而设立，如英国的两个慈善医疗案例是与糖尿病和癌症有关的。而美国的民众捐款热情较高，个人捐赠总量大约是企业捐赠的18—20倍。英国的慈善医疗事业在确保慈善活动的相关性、责任性和透明度的机制方面尚存在不足，而中国香港则建立了一个较为透明的信息披露机制。

美国和英国在相关法律法规建设方面具有优势，都有明确的法律支撑慈善医疗事业的发展，中国香港虽然没有专门的法律去支撑，但其支撑性政策都散落在其他法律文件中。此外，美国和中国香港都建立了严格的监管机制以尽可能防止效率低下及贪污事件的发生。同时，慈善事业的发展也离不开民众的支持，民众对慈善事业的积极性又受到法律规章制度建设的影响。因此，三者是相辅相成的。

2. 慈善医疗的国际经验借鉴

(1) 健全法律法规助力慈善医疗。

在西方国家，政府对从事慈善医疗的非营利性社会组织和基金会给予了极大的税收优惠。以美国为例，慈善医疗组织属于国税局501(C)(3)条款规定的机构，这类机构是免税的。慈善医疗的捐赠者充分享有按法律规定的限额扣除相应税收的待遇，主要包括：(1)免税。政府对所有的慈善组织免除销售税、财产税、增值税、关税和其他直接的税收。(2)所得税豁免。当慈善医疗组织在从事与其核心公共目标相关联的活动中获取收入时，对相关收入不予征税。(3)捐赠减税。个人和商业机构可以将他们对慈善医疗组织的捐赠从收入中扣除，以享受捐赠减税。①英国

① 王昆仑：《中外慈善助医比较及其启示》，《赤峰学院学报》2011年第11期。

在慈善税收方面也给予了较大的优惠。

(2) 慈善文化支撑慈善事业的发展。

慈善事业发展离不开慈善文化的精神支撑。慈善文化与慈善事业有着内在的逻辑关系,慈善传统影响慈善事业的发展,慈善事业发展程度则一定程度上折射出慈善传统的文化穿透力。西方慈善传统根源于以"博爱"为核心的基督教文化,基督教是一种带有浓厚道德色彩的宗教,基督教徒以其对上帝的信仰为精神支撑和价值根基,自觉培育和形成了以"博爱"为文化核心的宗教价值观,这些潜移默化的影响推动了慈善事业的发展。事实上发达国家有许多富人慈善家,公众普遍的慈善捐助以及义务工作和服务都显示出慈善传统的影响力。

慈善传统的文化穿透力是慈善成为常态的根本原因之一,决定了将慈善文化转化为个体的自觉意识和社会的普遍行为规范的重要性。基督教从它诞生起就以其博爱精神培育着信徒的道德情感和道德信念,博爱精神不仅是西方慈善传统的核心,也是一种根深蒂固的民族心理。95%信仰上帝的美国人,把慈善理解为一种无可推卸的义务和责任,否则就是整个国家的耻辱和社会的悲哀。个人也会因上帝震怒而受到惩罚,同时他们认为慈善的含义在于奉献而不求回报,行善的目的是使接受资助的人从此改变其生活和命运,慈善事业不应该是富人良心发现时偶尔的施舍和恩赐,而应该是每个人从内心深处发出的对他人的友爱和互助,慈善事业的考量不在于给予数量的多少,更在于公众参与度的高低。

(3) 健全的组织监管机构。

西方国家对各类慈善医疗组织和机构的成立,以及对各类慈善医疗机构的监管方面都有明确的法律规定。加上公众的监督,以及机构的内部自律,逐步形成了一套完备的慈善医疗捐助机制。在美国,州政府对慈善医疗事业募集基金的行为有明确的法律规定:一是保证募集到的资金根据捐赠者的意向用于慈善医疗目的;二是保证公众能够对使用捐赠的一些决定得到准确和可靠的信息。同时,国税局、州检察长办公室等部门也会依法对慈善医疗组织和机构进行监管。慈善医疗组织和机构不仅要在成立之初进行登记注册,而且每年仍然要向国税局、州检察长办公室等部门填报统一表格,接受审查。公众、传媒和民间评估机构都会对慈善医疗组织和机构进行广泛的监督。公民有权查阅慈善医疗组织和机构每年向政府提供的报表,传媒会对慈善医疗组织和机构的运作加以关注,慈善信息局也会公布对各个慈善医疗组织和机构的测评结果。

发达国家和地区对慈善组织的财务审计和社会监督采取多种监管模式：政府承担着重要的监管责任，依靠法律程序落实责任追究，依托慈善信托登记处、审计部门等管理机构对慈善组织内部运作进行监管。与此同时，慈善组织同行之间的相互监督以及媒体与社会公众等的监督，其中较有特色的是英国的慈善委员会组织，对淘汰不良的慈善组织、营造良好的慈善环境起到极为重要的监管作用。多种监管模式相结合的监管体系，可以有效弥补政府监督机制存在的缺点和不足。

第六章
医疗服务治理健康贫困行动的国际经验

基本医疗卫生服务均等化是公共财政体制下基本公共服务均等化的重要内容,通过构建便利、价廉的医疗卫生服务体系可有效预防疾病,促进健康,进而防止“因病致贫、因病返贫”。医疗卫生服务体系在“病有所医”和健康贫困治理中发挥着不可替代的作用。从世界范围内,英国、加拿大、澳大利亚为代表的典型福利国家,通过提供免费医疗服务,强化家庭医生在医疗卫生体系中的作用,设计医药分离体系保障医疗服务有序开展,同时针对农村地区提供专项医疗服务,重点对农村地区家庭医生培养和激励制定了系列保障行动方案,积累了宝贵的成功经验。金砖国家作为新兴经济体,和我国处于相同的经济社会发展阶段,我们以印度、俄罗斯和巴西三个典型国家作为对象,研究其不完全免费的医疗服务供给模式是如何为农民、老人、妇女、儿童等弱势的重点服务群体提供医疗卫生服务,从而预防和消除因病致贫以及治理健康贫困的,并总结国家卫生服务模式下典型国家的发展趋势、经验和可供借鉴之处。

一、典型福利国家医疗服务治理健康贫困

(一) 英国健康贫困治理

1. 英国医疗卫生服务体制概述

(1) 英国医疗卫生服务体制基本情况。

从 1948 年起,英国建立了全民免费的国家卫生服务(NHS)制度,之后历经多次改革,目前是世界上最有效的、公平的医疗服务体系之一。英国率先启动了分级

诊疗，其家庭医生作为健康守门人制度得到了众多国家的效仿，2010 年《公平与卓越：解放 NHS》与 2012 年《健康和社会关怀法案 2012》两份政策文件给予患者更多的权利和自由，也助推了整个医疗体系的效率提升。英国国家卫生服务体系雇用了超过 150 万人，与美国国防部、麦当劳、沃尔玛和中国人民解放军共同被誉为全球最大的五大劳动力队伍。英国的国家医疗卫生服务体系具体分为英格兰、苏格兰、威尔士和北爱尔兰四个子系统，每个子系统中稍微有些差别，其中英格兰子系统是最大的组成部分。英国卫生部每年招标采购医疗服务，英国卫生部统管全国的医疗卫生事务，但具体只管理英格兰的国民医疗卫生服务系统，威尔士、苏格兰和北爱尔兰的国民医疗卫生服务系统由各自政府自己负责实施管理。

（2）英国医疗卫生服务体制特征。

英国医疗卫生服务体系由基本护理机构、地区医院和中央医疗服务机构组成，分别对应初级和二、三级医疗服务机构。英国政府既是医疗服务的提供者，又是购买者，通过税收来筹集医疗资金、支付医疗费用。在英国，同时实行按人头、按工资和按服务收费三种支付方式。对开业医师和开业护士提供的初级卫生保健服务按人头收费的支付方式，开业医生与家庭医生协会签订合同，家庭医生协会监督开业医生的服务，并规定其费用补偿标准。英国的国家保健服务制以税收作为筹资渠道，医疗服务是基于病人的需要，而不是支付能力，免费为全体公民提供卫生服务的保健制度，与其他国家比较，英国的国家医疗卫生服务体系是一个公平性强、效益好的卫生服务系统。

2. 英国医疗卫生服务治理健康贫困行动

（1）出台免费医疗法案。

英国政府为百姓的医疗买单源于 1536 年颁布的《济贫法》。根据《济贫法》，穷人生病会获得政府的医疗救助。从 1871 年到 1914 年，互助会、共济会等组织也都参与到穷人的医疗救助事业中来，英国对穷人的医疗救助开支大幅度增长。英国议会在 1911 年通过了《国民保险法案》，根据此法案，雇员要交纳工资一定比例的社会保险金，雇主也要为其雇员交纳一份社保金，只有交纳社保金的人才有资格享受免费医疗服务、补充养老金和失业保险金等福利。由于很多人没有参加社会保险，这就导致《国民保险法案》下的医疗体系无法覆盖所有国民，其中，一类人看病免费，而另一类人看病需自己支付。这种不公平的医疗制度广遭诟病，逼迫政府进行医疗改革。但是，由于两次世界大战，医改计划被耽搁了。但根据《济贫法》，穷人仍然可以得到免费医疗服务。

1834年,英国政府出台了《济贫法修正案》,史称“新济贫法”。新济贫法克服了旧济贫法中的一些流弊,如滥施救济、管理不善等问题。它废除了“院外救济”,尤其是流行一时的斯皮纳姆兰制,同时,逐步改善济贫院的环境、增加济贫医院的床位、建造新的条件较好的济贫院、改善济贫院的伙食等。19世纪末20世纪初,随着各种单独的济贫机构的建立及相关服务的引入,济贫院中工作人员的构成开始发生变化,专门负责看管女性贫民的管理人员、专门负责医疗卫生的工作人员、各种护士等的数量明显增加(丁建定,2012)。

1941年10月9日,卫生大臣欧内斯特·布朗宣布政府医改方案,经过几年的缜密论证,1946年通过了《国民医疗服务法案》,全民免费医疗改革正式启动。经过两年的准备,《国民医疗服务法案》在1948年7月5日开始正式实施,从此,不管是穷人还是富人,不管是工人还是农民,不管是公务员还是普通百姓,也不管有没有工作,英国全民享受毫无差别的免费医疗服务。国民医疗卫生服务的基本原则是:全民享有,免费医疗,按需服务(不是按支付能力提供服务)。

国民医疗卫生服务系统初期属于完全、彻底的免费医疗制度,看任何病都不需要患者支付费用。1952年后,开始对病人收取1先令的处方费,看牙科如果需要处置则收取1英镑的处置费。1990年,在玛格丽特·撒切尔执政期间,通过了《国民医疗服务和社区护理法案》,对国民医疗服务的内部管理进行了大幅的改革。为减少浪费和提高效率,实行内部财务独立核算,也就是“内部市场化”,科室之间、医院之间的医疗服务都要货币化购买转账,全科医生则成了“基金持有人”。2011年,英国政府提出了《医疗和社区健康服务法案》,根据该法案,医疗进一步改革方向是分权,主要是财权,即把医疗经费的控制权由卫生部下放到基层医疗单位,甚至是医生和患者本人,以减少管理成本。

(2) 提供现代免费医疗服务。

采用按人头付费降低民众费用支出。英国NHS采取按人头付费方式从私人诊所为居民购买初级卫生保健服务。这种付费方式有四大优点:一是有利于提高医疗服务质量,取得居民信任。在这种付费方式下,全科医生要想获得更多的收入,就必须签约更多的居民,才能从NHS获得更多的预付人头费,而要签约更多的居民,就必须认真学习,提高诊疗技术,改善服务态度,才能取得居民信任。二是有利于把防病和治病结合起来,减少疾病发生。在这种付费方式下,不仅要签约更多的居民，而且签约的居民少生病、不生病，这样才能减少不必要的支出，使自己获得更多的盈余。而要使签约的居民少生病、不生病，就必须自觉地把防病和治病结合起来，坚持以居民健康为中心，用心做好预防性服务，才能减少疾病发生。三是有利于把患者尽可能留在诊所，降低医疗费用支出。为尽量把患者留在诊所，在NHS向全科医生预付的人头费中，不仅有居民初级卫生保健费，还包括转诊费。规定全科医生每进行一次转诊，必须向接受转诊的医疗机构支付定额转诊费。这就使得全科医生有积极性把患者留在诊所，从而降低医疗费用支出。四是有利于激励全科医生把承担的患者上下转诊、费用审核的任务变成自觉自愿的行动。因为在人头费一定的情况下，认真把关，严格审核，尽量减少没必要的费用支出，自己获得的盈余才能越多。

家庭医生负责制确保居民的医疗免费。1948年英国建立NHS国民卫生服务体制，全民免费医疗的医疗卫生体制在英国已经走过70多年的历史。NHS是英国在二战后首创的由政府税收统一支付，以医院专科医疗服务配合全科医生为基础的社区卫生服务构成的全民免费医疗卫生服务体系。NHS以其不分贵贱的求医公平性、领先的诊疗水准和较低的组织管理成本等，被评为全球最好的医疗体系之一，并与当初成立的初衷保持一致——从摇篮到坟墓，所有人都能享受免费的医疗服务。每一个英国居民都有一个家庭医生，或者叫全科医生(general practitioner, GP)，就近签约。想看医生打电话预约，一般都可约到一周内的，有时是当天，但穷人多的地方人口密集，往往等的时间长一点；另外，若出行不便，医生也可以来家里。看病是免费的，住院的病人一切是免费的，包括治疗、药费、一日三餐、接送住院的车辆，住院没有陪床支出，一切由护士和护工照料。病人的治疗以及生活都交给医院，不仅住院免费，而且病人去度假如果需要连续治疗，如透析等医院还要帮病人付费。

英国免费医疗覆盖英国境内的所有居民。在英国，英国国民或者是拥有永久居留权的外国人，或者是持有6个月以上签证的外国留学生，都享有免费医疗服务，其他外国人如果患急病看急诊也免费，所以英国的国民医疗卫生服务系统也被称作是“世界医疗服务系统”。根据2007年发布的一份报告，英国为外国就医者支付了3 000万英镑的医疗费，占国民医疗总开支的0.03%。在英国，居民从一个行政区的居民迁移到另一行政区，与在本居住地一样享受方便、快捷、安全、可靠的免费医疗服务，医疗费结算不需要患者参与，都在国民医疗卫生服务系统内部完成。居民享受免费医疗的前提是必须到全科医生那里登记进入国民医疗卫生服务系统。各个社区都有全科医生，一般步行不超过20分钟就有一个全科医生。登记即匹配全科医生，把个人的信息记录到国民医疗卫生服务系统里，获得一张“国民医疗服务卡”，使用“国民医疗服务卡”就可在英国全境享受免费医疗服务。本国、欧盟居民以及拥有半年以上长期居留签证的外国人患病，只需先预约本地社区诊所的全科医生，在英格兰，全科医生开出的处方药物无论贵贱，患者只需支付一笔固定的处方费（目前是8.8英镑）即可获得药物；苏格兰、威尔士和北爱尔兰则不收取处方费。如果全科医生解决不了疾患，会将病人转至医院的专科医生。若有紧急情况，患者也可直接到医院急诊中心就医，或拨打医疗热线，根据所述病情派出救护车或预约急诊。总部位于美国的全球健康智库英联邦基金会认为，英国对潜在致命疾病患者的治疗结果不及西欧其他国家，但在公平性、易获取性和行政效率方面的表现要优于同行。

英国免费医疗主要是医疗服务免费，药品费用多数时候要自己承担。患者在NHS就医只需负担处方费，诊疗费、住院费、产前检查与生产医护费用等均由NHS承担，低收入和社会弱势群体还能在药费、交通费等方面享受更多优惠。英国实行“医药分家”，NHS不负担药费，患者可以持医生处方到药店购药，药费由个人负担。英国的处方药收费在每个地方都有所差别，比如苏格兰、威尔士北和爱尔兰地区的NHS病人购买处方药全是免费的，而英格兰地区实行的是收费制度。在英格兰地区，也有明确规定哪些人群免费享受处方，几乎包括所有社会弱势群体。除此，所有女性的避孕药都是免费的。另外，每年NHS都会拨出大量款项用于新药的开发和研究，病人使用这些药物时也会收到政府的补助，例如Iressa（易瑞莎），通用名gefitinib（吉非替尼），是Astra Zeneca公司开发的用于治疗不吸烟（或过往很少吸烟）非小细胞肺癌（non-small cell lung cancer）病人的口服药。每一位NHS病人只需支付国内7—8个月疗程的费用，就可以终身使用抗癌药物。如果用药时间少于3个月，NHS不收费。

居民在享受免费医疗的同时，可以选择付费的私人医疗服务机构。英国也有较多的私营医疗服务机构，为患者提供个性化服务。个人可以向私营保险公司买医疗保险，在私营医院看病由保险公司按照保险合同支付账单。英国大约有8%的人到私营医院看病，但这并不意味着他们不去享受免费医疗，而只是把医疗保险作为特殊医疗需求。从2008年开始，英格兰为所有40岁以上的人每年免费体检一次，重点排查心脏病、中风、糖尿病、肾病和癌症等疾病。

(3) 农村医疗服务整合。

英国属于典型的福利型医疗卫生服务体系，但一直存在效率低下、患者等待时间长等弊端。为解决这些问题，从20世纪60年代后期开始，服务整合一直贯穿于英国卫生服务政策理念中。1997年，布莱尔政府出台了《新医疗服务系统》(New NHS)以及随后的《社区保健法案》(CCA)，主张以合作代替竞争，服务整合步伐明显加快。英国的服务整合非常强调农村特性，一系列报告如英格兰《保持国家卫生服务体系地方化——新的就医指南》(2003年)、苏格兰《卫生服务体系服务改变的国家框架》(2007年)、威尔士《农村卫生计划》(2009年)等明显体现了这一思想。在英格兰，服务整合强调医生、护士和其他人员适应团队工作角色转变，实施"更接近于家庭"的保健模式，同时在医院之间建立网络，开展远程医疗延伸服务，并适当保持居民在全科医生和专科医师保健中获得平衡。

整合强调适应当地的保健提供，如急诊急救服务、面向残疾人的服务设施提供、跨专业工作、专家病人计划、初级保健机构的一站式服务。威尔士非常强调整合策略和机制的应用，通过加强初级保健，开发电子健康系统、电话健康热线和远程医疗等技术，改善诊断服务、临床评估和对专科医生的选择权；通过保健路径确定何时何地接受专科服务，改善初级保健、专科和其他业务部门间的边界融合。此外，威尔士积极实施农村交通计划，由威尔士联合银行提供贷款，为偏远地区医疗机构配备车辆，建立运输网络系统，方便当地居民就诊顺畅。苏格兰的农村可及性行动团队提供了关于农村普通医院以及社区医院的定位，普通医院在当地以咨询为主，提供紧急医疗保健如检伤分类、伤员复苏和稳定、选择性保健、诊断、治疗或转诊、中风和糖尿病等慢性病保健服务。

社区医院根据服务提供内容不同其功能有别，但通常都以全科医生住院病床为核心，有些还有长期占用病床、初级保健护士病床或产床，实施姑息疗法、日间手术、专家门诊和远程放射医学服务。在服务整合中，全科医生基金持有计划以及后来取而代之的初级保健集团(PCGs)和更高形式的初级保健综合组织(PCTs)逐渐融合服务购买和提供于一体，通过全科医生的首诊机制和全方位协作购买除高级专科服务以外的所有服务，促进了卫生保健、社会照顾和独立部门服务之间的整合。此外，英国积极实施农村全科医生激励计划，保障全科医生在服务量不足的情况下获得最低薪水，解决了留住农村小型社区医生的难题。

(4) 医药分离与双轨制药房流通。

在体制上而言，实行严格的医药分离，保障部分群体的免费用药。英国在1948年NHS制度建立之前，基层医药就是分开运行的。医生作为自由执业者，自己开诊所，通过提供医疗服务收取费用，药店则以卖药为主，两者相互联系，各行其是。NHS建立之后，英国延续了"医药分开"制度，诊所和药店依然各自独立运行，政府通过购买服务予以补偿。英国实施"医药分开"制度，可以说是一个自然的过程。英国实行分级就医、见方售药，规避卖假药和推销药的情况，也就是患者在就诊后，可持医师所开处方至药店买药。药店卖药须凭处方(感冒药、咳嗽药、眼药等常用药除外)，药店不见处方无权售药。医药分开的这种做法，有效避免医生给病人多开药或开高价药，因为医生无法知道病人到哪个药店买药，医生和药店串通的可能性较小。在英格兰，也并非所有的患者都要交处方费，16岁以下的儿童和19岁以下的学生、60岁以上的老人、慢性病患者、低收入者则免交处方费。对交处方费的患者来说，一张处方上不管实际药费是多少，都不用居民额外支付，而是由药店定期与国民医疗卫生服务系统结算药费。

对需要长时间吃药的患者来说，可以购买"一次性付费处方卡"，只交一次处方费，凭此卡就可以在有效期限内免费取药。根据2010年的标准，有效期为3个月的"一次性付费处方卡"费用为28.25英镑，有效期为12个月的"一次性付费处方卡"费用为104英镑。也就是说，凭此卡在有效期内到任何药店取处方药，不需要交任何费用。

英国医药分开，在全科医生那里就诊后，可拿着处方到全国任何一家药店取药。在苏格兰、威尔士和北爱尔兰，凭医生开的处方在药店取药完全免费，在英格兰要交少许的处方费。按2012年4月1日的标准，英格兰的处方费为7.65英镑，略高于法定最低小时工资(英国成人最低小时工资标准为6.19英镑)。1999年《公路交通(国民医疗服务收费)法案》实施以来，对交通事故中受伤人员的医疗处置，不管是在医院外部还是在医院内部处置，医疗费皆由为车辆提供保险的保险公司承担。

在运行上看，公立医院与社会药房分离，确保公立医院的公益性。英国在医药流通领域实行了严格的控制，在微观运行上也是从主体的不同角度进行了有效区隔，其中一个典型的特征就是公立医院与社会药房药品采购的双轨制。推行对专利药和非专利药实行不同的采购政策，公立医院非专利药品实行集中采购，集中采购药费仅占药品总费用的一小部分，公立医院专利药品以及社会药房均实行自主采购。社会药房药品自主采购，药房可以和药品供应商进行自主谈判，以此来压低药品实际采购价格，实现药房市场营利性的目的，侧面保障了公立医院的公益性。

控制药品价格，降低居民药品支出。药品价格调控计划（PPRS）成立于1957年，它是英国卫生部和英国制药工业协会（ABPI）之间达成向国家卫生服务体系（NHS）供应品牌药物的自愿协议，由代表公司利益的为NHS提供品牌药物的ABPI与卫生部进行谈判。PPRS是一个综合全面的协议，涵盖了所有决定研究型制药业与英国政府之间关系的主要问题，也涵盖了向NHS提供的所有品牌药品，每5年修订一次，最近的一个版本是2014年制定的。关于定价机制方面，第一种方式为利润控制，利润控制是对制药公司的年度利润率进行限制，利润率一般用投资回报率评定，即用净利润除以股东权益，只要公司的销售收入与股东权益的比值超过3.5，则以销售回报率评定，即用净利润除以销售收入。第二种为价格调整，在利润控制的基础上，英国政府主要通过降价计划对药价进行直接管理，PPRS允许企业在新药上市时自由定价，但上市之后要服从谈判协议中的价格减让规定。

（二）加拿大健康贫困治理

1. 加拿大医疗卫生服务体制概述

（1）加拿大医疗卫生服务体制基本情况。

1984年，加拿大通过了《加拿大卫生法》（Canada Health Act）。这是加拿大医疗卫生服务事业的基石，为加拿大永久居民或公民享受全民免费医疗提供了法律依据，为加拿大的医疗卫生服务提供了统一标准。加拿大的医疗卫生制度以公费医疗为主，即由政府出资，由私营医院医生提供医护服务。这种制度的特点是在全国10个省和3个领地实行一整套相互挂钩的全民医疗保险计划。是由公众（政府）出资，由私人经营，从普通税收中拨款建立，统一由省级政府进行管理，免费提供医疗服务给加拿大所有公民和永居者；所有加拿大的居民不分种族、病史、收入、生活水平，都统一享受相同的医疗服务。

加拿大医疗卫生服务体系主要包括医疗卫生就诊服务体系和医疗卫生监管体系，就诊服务包括三级体系：第一级是初级医疗卫生服务，初级医疗卫生服务是医疗卫生服务体系的“守门人”，也是居民直接联系对象，是病人进入医院或专科门诊的控制点，主要由全科/家庭医生及其诊所组成，绝大部分是个体经营，具备很高的自由度，薪水与其名下注册居民的数量和工作量直接挂钩，居民可自由选择自己的家庭医生，本类中其他从业者还包括牙医、护士、药剂师。第二级是二级/公共医疗卫生服务，是加拿大医疗体系的重要组成部分，提供全面深入的医疗服务，也是家庭医疗服务的协助或直接提供者。第三级是专业/补充医疗卫生服务，这级拥有向其他研究机构、专科医生或医院推荐病人的权利，其中许多专科医生也是个体经营，并可以在医院挂职和接受病人预约。

(2) 加拿大医疗卫生服务体制特征。

加拿大医疗卫生服务系统中的各部分都必须符合《加拿大卫生法》规定的五项标准。一是医疗卫生管理系统的公共性：各省的医疗系统必须由非营利性的公共机构管理并接受审计，各省区政府卫生部门便成为医疗卫生服务系统的管理单位；二是医疗保健项目的全面性：体系必须包含全部的医疗服务，包括综合医院、家庭医生、牙医等；三是覆盖人群的普适性：全体居民(包括加拿大公民、永久居民，以及持有特定的居留身份的非永久性居民等)都有享受此医疗卫生服务系统的权利，并都能享有相应的医疗服务，必须被给予公平注册医疗体系的权力；四是医疗卫生系统使用的无障碍性：包括自然和社会两方面对公民就医有影响的因素，任何公民都不会因种族、经济、身体健康或地域等原因，在接受医疗卫生服务时受到制约，搬至其他省份的居民必须被目标省份医疗体系所保障，旅游至其他省份的居民享有随时使用急诊的权利；五是系统使用权的通用性：鉴于国家体制的联邦性，各省区拥有各自系统的管理权，但要求各省区的保障体系是通用的，各省的医疗保障项目应包括省内居民临时在其他省就医所获得的卫生保健服务，各省的医疗体系必须提供可便捷使用的终端，这些家庭医生、手术大夫、牙医必须被给予合理的报酬。

2. 加拿大医疗服务治理健康贫困行动

(1) 构建免费医疗服务体系。

20世纪初，加拿大一些贫民饱受肺结核和精神病困扰，受此影响，政府开始关注社会保障问题。20世纪50年代至70年代，随着社会保障制度的加快发展，加拿大医疗保障体系日臻完善。被视为加拿大医疗保障体系确立重要依据的《加拿大卫生法案》，由1957年《住院保险和诊断服务法》和1966年《医疗保健法》合并而成。该法案以让公民更易于享有合理的医疗服务为目标，包括普遍、可及、便捷、综合、公共管理五个基本原则，限制患者付费的两个限制条款以及省级政府须向联邦政府转移支付和报告整体付费情况的两个特殊规定，涵盖诸多方面，立体地支撑起共进的医疗保障体系。

具体而言,在制度支持下,加拿大医疗保障体系的共进性主要体现在以下方面:第一,保障人员共进。其保障范围广泛,不仅包括本国公民,也包含一些在加拿大学习、工作以及具有合法留居身份的外国人,且规定不论年龄、性别、身体状况等都可以平等享有医疗保障权利。第二,保障水平共进。联邦政府通过税收转移和直接拨款形式支持地方,对经济欠发达地区提供更多的财政支持,带动地区发展水平共进。保障水平与个人缴纳保险金数额并不直接相关,弱势群体经申请可减免费用,65 岁以上老人可享受免费医保,推动人员保障水平共进。第三,医疗服务开展共进。加拿大受保医疗服务与延伸医疗服务并行开展,便于患者选择合理所需的医疗服务。受保医疗服务是指对门诊以及住院患者提供的基本医疗服务,以维护健康和预防疾病为主,一般治疗药费、检查费、住院费,甚至饭费都是由医保支付。延伸医疗服务是指医疗护理服务,如对日常需要照料的患者进行居家护理等。为避免资源浪费,患者如选择高于普通诊疗的单人病房或私人护理等,公共医保不予支付外,医疗卫生系统分级联动运行也有助于医疗资源的公平均衡分配和医疗保障的整体共进。

全民免费医疗的服务范围包括医师服务、医院服务和住院期间的牙科、外科手术等。其中,服务范围所涉及的项目因省和地区的不同而不同。以加拿大最大的省份安大略省为例,受保的医院服务项目包括手术室的使用、产科接生室、麻醉设施,必要的护理,实验室、放射和其他诊断过程,药物、生化制剂和相关的制剂,住院和饮食等,受保医生服务包括诊断和治疗、外科手术、接生、麻醉、放射和实验室服务以及免疫、注射和试验等。医院内必要的牙科手术包括创伤修复、外科切除、腺瘤的切除、骨折的治疗等。在患者要求下延长住院时间、外科整容手术、电话电视服务、私人护理服务、某些特定药物、针灸按摩、心理治疗、急救车的使用等则不在全民公共医疗服务范围之内。出院后的一般处方药、牙医治疗和眼科治疗也不在保险范围之内,它们只能通过私人保险获得报销。

(2) 加强乡村医生教育培养。

受乡村地区地理、经济等因素影响,加拿大的乡村卫生资源相对短缺。加拿大针对农村居民的健康问题,启动了乡村医生培养计划。加拿大乡村医疗的基本形式由少数全科或家庭医生和护理人员组成乡村人口医疗服务团队或建立门诊室,服务人员均为注册或执业医师/护士。加拿大从中央到地方政府至各个大学都采取了相应措施，在保障乡村地区自我培养医疗卫生服务人才的同时，还引进其他地区的优秀人才。

乡村医生本科教育方面。不断增加乡村实践培训教学内容，并采取一系列措施鼓励乡村学生在选择职业时倾向于选择乡村医生作为其职业。加拿大的医学类大学开办的家庭医学专业取得了长足发展，并根据地区的资源需求开发各种方式的家庭医疗培训项目。加拿大乡村医学教育以实际需要为导向，以学院为核心，将二年制家庭医疗培训教育及实践训练做到极致，极大地满足了各个地区的卫生服务需要。

安大略医疗委员会自主协议中提到，乡村医生每年可得到5 000加元以支付继续教育的学费、旅费、食宿和其他费用，同时加拿大乡村医生协会开设巡回病危护理课程并提供临时替代人员支持。其他医学院和组织也举办各种各样的会议和门诊培训班，并利用互联网进行信息传播和远程教育；乡村医药课程如包括安大略省萨博利市的《东北安大略省家庭医学计划》、西安大略大学的《安大略省西南部农村药品计划》、卡尔加里大学的《乡村家庭医学部计划》、英属哥伦比亚大学的《农村居民的家庭医疗实践部门方案》等。特殊委员会通过一些专业机构解决乡村医生实践中的问题，成立加拿大乡村医生协会，创建原住民健康研究所和加拿大卫生部乡村卫生办公室，以及各地区出现的各种致力于改善农业和农业安全的加拿大乡村振兴组织，如加拿大乡村居民健康福祉联盟等。以安大略省为例，省政府于2004年推出的家庭医生服务团队项目为加入的家庭医生提供计算机等必须设备、日常运营补贴及工资等，除为团队中的家庭医生提供全天候服务外，还可在休息时段提供电话服务（张深深，2017）。

（3）推出基层网络式管理和组团式服务。

2006年，安大略省根据当地卫生系统整合法案，将安大略省划分为14个地区，各地区建立“区域卫生一体化网络”。2008年，阿尔伯塔省则把由9个地区医疗机构和3个地区医疗委员会（省癌症委员会、省心理卫生委员会、省酗酒和滥用药物委员会）提供的卫生服务整合至省卫生服务委员会，成为加拿大第一个且最大的省级卫生组织体系；同时又创建了战略性临床组织，旨在结合所有利益相关者（临床医生、政策制定者、研究人员等）的参与，实施有助于改善患者治疗效果和满意度的临床策略，提高卫生服务的可及性和卫生系统的可持续性。

加拿大各地积极推进初级卫生保健网络和多学科健康服务团队的建立，多学科健康服务团队的构成以家庭医生和护士为主，也包括其他专业人员如药剂师、心理师、营养师、咨询人员、康复治疗师、社会工作者和健康教育工作者。此外，各省的服务团队整合各具特色，安大略省在2004年成立家庭健康团队，给予医生足够的自主权。服务团队与省卫生部门签订合同，提供一揽子服务（如慢性病管理和预防），同时允许家庭医生根据人群需要变更服务内容（鲍勇，2016）。

加拿大社区卫生服务内容十分广泛，几乎都涉及居民的医疗卫生保健问题，其中社区医疗服务包括疾病诊疗和转诊服务，居民患病须先通过社区全科医生诊疗，对疑难重症才转往医院治疗。与社区医疗相配套的是建立家庭健康档案，居民的健康档案相当完整与系统，从出生建立儿童保健卡册（又称健康户口）开始，直到18岁，不管是健康检查、预防接种、入园上学、看病住院都必须出示保健卡册，否则医生可以拒绝提供服务。加拿大的社区卫生服务机构呈现多样化，包括全科医生诊所、社区卫生服务中心、老年和儿童等特定人群保健服务中心、社区护理机构、家庭照料中心、社区精神卫生中心等。加拿大的社区卫生服务含预防、医疗、护理三大部分，基本与我国社区卫生服务的预防、医疗、保健、康复、健康教育、计生指导“六位一体”的功能相一致。加拿大社区基本医疗服务一般都由全科医生负责。全科医生的服务包括：疾病的诊断治疗与转诊、健康检查、计划免疫、妇女产前处理、健康咨询及60岁以上老人的健康服务。安大略省有社区医疗诊所40个，每个诊所有4—8个全科医生不等，每人每天约见病人约25人。

社区医疗诊所的工作范围不仅仅是为社区的人群提供综合性的医疗服务，而且还开展医学研究、医学教育、公共卫生甚至社会福利等工作。位于哈密尔顿市较贫困区的一个诊所，服务范围230个街道，政府每年提供200万加元经费。社区医疗诊所有15位全科医生，数名护理人员，1名理疗师，1名营养师，1名社会工作者及2名社会发展工作者，除提供医疗服务，还承担社区的理疗、培训进修中心的任务。在社区医疗诊所，医生成为心理学家及卫生教育工作者，他们强调人的生存质量，老人、残疾人、孩子能得到更多的高效的医疗服务。社会工作者帮助精神状态不好、离婚者、未婚妈妈做心理咨询工作，社会发展工作者帮助移民做咨询，解决难民的实际问题；有的社区医疗点定期为青少年开展性教育，为老年人提供高质量的康复治疗场所，为病人提供各种健康教育的宣传资料（殷东等，2016）。

（4）出台医疗保障法保护弱势群体。

加拿大医疗保障体系的建立共经历了两个立法阶段。第一阶段是1957年，加拿大国会一致通过了《医疗保险和诊断服务法》。该法案在联邦政府和省政府的费用分担问题上作出规定，使联邦政府可以主动介入医疗保障领域。该法案规定，无论年龄、性别或身体状况，各省公民都能在平等的条件下获得医疗保障，从而向更普遍的全国性医疗保障体系前进了一大步。该法案实施后，医疗保障覆盖范围迅速扩大。第二阶段是 1966 年，加拿大联邦政府通过了《医疗保障法》。该法案进一步规范了联邦政府和省政府在医疗服务中的费用分担，详细规定联邦政府在各省和特区的公共医疗保险服务成本中承担大约一半的费用。而作为回报，各省必须遵守联邦政府提出的公共医疗服务全民性等要求。《医疗保障法》将保险的范围进一步扩大，最终建立了全国统一标准的医疗保障体系。这是加拿大居民第一次能够不论年龄、背景和支付能力，在统一的规定和条件下享有全面的医疗保健。

加拿大全民医疗体系的运作原则体现了国家目标的价值观，其核心就是平等，即在医疗面前人人平等，该价值观代表了社会主流意识。正因如此，富人不能因为富有而拥有更多的生存机会，穷人的生命价值也不可以被降低，加拿大的全体国民都可以享受免费的基本医疗服务。无论居民经济状况如何，在个人缴纳规定比例的保险费后，均可自动成为投保者和保险享受者，就个人缴纳保险费用的方法和比例而言，加拿大各省不尽相同。一些国家将个人保险金缴纳的多少与其享受的医疗保险程度挂钩，但在加拿大这两者并无关系。丧失经济能力的弱势人群可以申请全面或者部分减免保险费，而 65 岁以上老人则不论其经济能力如何，均可自动成为免费医疗保险的享受者，享受基本医疗保障服务。

不仅如此，加拿大医保的内容及基本医疗服务范围非常广泛，包括医院服务、医生服务及牙科服务等。患者可以选择医生，免费获得医疗保险提供的规定基本卫生服务。在享有国家医保的同时，个人还可以参加私人医保或雇主资助的医保（于洪，2013）。

（三）澳大利亚健康贫困治理

1. 澳大利亚医疗卫生服务体制概述

（1）澳大利亚医疗卫生服务体制基本情况。

1984 年澳大利亚通过了《全民医疗保障法》，建立了全民医疗保险计划（Medicare）制度，实现了全民医疗保障。Medicare 享有者可以得到的服务项目包括院外服务和院内服务两种，可以获得私人机构或者行医者如全科医生、专科医生、参加Medicare的验光师和牙医（仅限少量指定服务）的免费或补贴治疗，还可以以公费病人（public patient）身份在公立医院免费就诊治疗，这类针对医疗服务的国家补助被称作国民医疗津贴计划（MBS）。

在澳大利亚，各类卫生服务提供机构提供了种类繁多的医疗卫生服务。但总体来看，澳大利亚核心的卫生服务提供体系是一个三级架构，即社区（包括社区卫生服务机构和全科诊所等）、专科诊所和综合医院（多为急症医院）。人们一般先在社区接受初步的卫生服务，必要时可以转诊到专科诊所，或者再转到综合医院进行治疗。对于渡过了急性期的病人，则可以由上往下转诊，由社区服务中心或者全科医生提供后续的卫生服务。但如果是自费项目，则不受限制。

(2) 澳大利亚医疗卫生服务体制特征。

医疗卫生服务模式和主体多元化。可以从医疗卫生制度、医疗服务提供方以及行政管理体制三个角度来看澳大利亚的医疗卫生体制现状及改革进程。在医疗卫生制度方面，建立了覆盖全民的国民医疗照顾制度，包括强制实施的国民医疗津贴计划（Medical Benefits Scheme, MBS）和药品津贴计划（Pharmaceutical Benefits Scheme, PBS），所有的澳大利亚公民都可以享受免费的医疗服务，另外还有覆盖面比较广泛的私人健康保险（Private Health Insurance, PHI）。在医疗服务的提供方面，按照医疗服务性质划分，主要有初级（全科）医疗服务、专科医疗服务和住院服务三个等级。医疗服务提供者，按照医疗机构所有者性质分类，既有公立的社区卫生服务机构、医院，也有营利的和非营利的私人诊所、医院、老年/伤残照顾机构和社区服务机构。在行政管理体制方面，联邦政府州/领地政府以及市（镇）政府都参与医疗卫生系统，各司其职。

大力发展医疗信息化，利用科技手段强化医疗卫生服务能力。澳大利亚自开展卫生信息化建设以来，就将卫生决策支持系统（Health Decision Support Systems, HDSS）作为卫生信息化建设的重要组成部分。目前，在国家E-Health发展战略的推动下，澳大利亚研究出了最具代表性的六大卫生信息决策支持系统，分别为电子处方系统（E-Prescribe）、医疗顾问系统（Medical Director）、初级卫生保健工具栏（Primary Care Sidebar）、全科医生伙伴系统（GP Partner）、商业智能系统（Business Intelligence）、健康指示系统（Health Insite）。这六大系统使澳大利亚整个医疗服务体系运转更加便捷高效，提升了整体医疗卫生服务的质量和水平。

2. 澳大利亚医疗服务治理健康贫困行动

(1) 让全民享有免费医疗。

澳大利亚全民享有免费医疗保健。根据澳大利亚国家健康保险计划,新移民可以即时享有大多数免费医疗服务,澳大利亚政府为病人支付看医生的费用和在公立医院手术、住院(包括药品和饮食)的费用。通常情况下,开业医生和医院与政府实行统一结账,病人只需刷卡而不需要付费。

关于免费医疗的就诊程序,澳大利亚居民患病后首先看普通科医生。居民可以在私人的执业医生诊所或政府的社区医疗中心预约,出示相关凭证,费用是全免费的,刷卡后私人执业医生凭刷卡的收据,在政府相关单位处凭刷卡收据收取诊金,病人是不需要支付费用的。如果全科医生无法诊断的疾病,通过写介绍信将患者推荐到专科医生就医。转诊到专科医生后,患者先自付费用,然后凭收据到政府的医疗部门回扣35%的诊金,如果是低收入者也可以减免看专科医生的诊金。住院的治疗,只需满足在政府的公立医院就医,治疗期间的一切费用是全免费的,包括伙食、照顾相关费用,澳大利亚每个护士在住院部需要照顾的床位是4—5张。

澳大利亚医疗机构的设置和职能是明确的。澳大利亚的急诊室只设在政府公立医院,救护车在接到求治电话后一般不会超过15分钟到达。但一般救护车不是免费的,费用不是当场支付,后期政府机构把账单邮寄到患者的家中,如果是低收入者家庭则不需要支付费用。救护车的支付费用是为了避免滥用救护车资源,影响急救病人的效率,但是贫困居民这一项依然是可以免费的。各项体检如B超、X光、CT等这类检查由专门的部门负责,一般医院不再做这类检查。如果是抽血化验之类也可以在普通的门诊医生处抽取血样,诊所会把血样送去化验所,一周内报告先会送到医生,病人去门诊抽血医生处看报告。

为了减轻慢性病和重大疾病患者的负担,澳大利亚政府设立了"安全网",即对一年内自付费用累计达到一定临界值的病患者提供更高比例的补助水平。对医疗服务费用,政府规定在某一年份病人一旦达到了自付费用的临界值,将会收到占其自付费用80%的额外补贴,且不影响原来Medicare的补贴。在2009年,对于拥有医疗优惠卡的人或者低收入家庭,其达到安全网的临界值是555.70澳元,对于其他病人则是1 111.6澳元。对药品购买费用的规定是,在一年内病人购买药品津贴计划(PBS)目录内的药品支出超过了临界值就有资格获得额外补贴。如2012年,一般病人只要药品支出超过了 1 363.3 澳元，病人每项处方的共付费用与优惠卡持有者一样，为 5.8 澳元。

(2) 设置国民保健卡与健康照顾卡。

澳大利亚的全民免费医疗制度很早，在 1947 年出台了《药物福利法》，1948 年开始，政府已经支付患者大部分的医疗费用。任何一位在澳大利亚的公民或者澳大利亚永居身份的人都会拥有政府发放的国民保健卡（medicare card），每次看病购买药品时，出示此卡就可以获得看病免费和购买药物的优惠。因为澳大利亚政府和世界多个国家签订了"互惠协议"，例如芬兰、瑞典、新西兰等，如果在对方的国家生病时，可以持有相关凭证在当地的国家看病，医疗服务全免费，治疗的费用由自己的国家换付给对方的国家。每张国民保健卡的有效支付期是 5 年，到期以后政府部门主动邮寄新卡到居民家中。

健康照顾卡（health care card）附属于国民保健卡（medicare card），是用于帮助低收入居民或家庭购买药品的特殊照顾卡。当患者出示这种卡购买药品时，无论药物的最初价格高低，只须付 6.2 元澳币的价格，其他部分由政府支付。健康照顾卡是为照顾低收入者、老年人、失业者等特别人群所设，每三个月评估一次个人的经济状况，根据其经济状况的改变而定是否可以继续使用。例如，失业的人找到工作，低收入者经济状况改善了等，政府就会作废特别照顾卡。政府要求持卡者每三个月报告自己新的经济状况，但老人除外。

(3) 推出药品补贴计划与药品补助。

澳大利亚虽不会为病人支付买药的费用，但政府通过"医药补贴计划"对许多医药处方给予补贴。澳大利亚采取医药分家的体制，也就是说医生和医院不出售药物，医生只有开处方的权利，药物则需去合法的药店购买，这样可以避免了医生开不必要的药物给患者。

医药补贴计划。在药物费用方面，澳大利亚"药物津贴计划"（PBS）是政府提供给患者的药物优惠计划，纳入计划中的药物无论价格多少，患者只需付 37.20 澳元。例如澳大利亚医生发明的一种抗癌药物的价格昂贵，患者的一个疗程的药物价格需要几万澳元，整个疗程大概需要 15 万澳元，但是这种药物在纳入药物津贴计划（PBS）之后，患者购买此药时每个疗程只需付 37.20 澳元。只要是该计划内的药品，不论药方上的药品价格高低，病人只需付固定额度，不足的部分由政府支付。普通人如果一年的药费已超过 1 264.9 澳元，当年度就不用再交药费了；对低收入者，如果已付药费达到318澳元，则当年度不必再付药费。澳大利亚政府根据实际情况每年对药品目录进行调整，目前纳入此计划的药物有3 000多种。

药品补助。如果澳大利亚居民正在享受全额家庭税务补助(FTBA)，则会自动获得健康照顾卡，在购买药品的时候将享受一定程度的优惠。在药品购买补助方面，澳大利亚政府通过药物津贴计划(PBS)保障重要药品的可及性。大多数处方药物都属于PBS补助范围。PBS药品目录每年更新600多类，占总处方的75%，基本上能够满足病人的临床诊断和治疗需要。政府每年公布一次PBS的药品目录，并经过谈判确定进入PBS目录的药品价格。购买列入PBS目录内的药品费用主要由联邦政府支付，个人仅需自付较小的部分。2010年，PBS费用共计87.47亿澳元，联邦政府补助了83.7%，其余的由病人支付。对未被列入PBS计划的药品，联邦政府不予补贴，消费者需要全款支付。但是在公立医院提供给公立病人的药物，都由州/地方政府承担了成本。

(4) 保障农村、偏远和外地居民医疗服务。

澳大利亚是世界上农村卫生事业最完善的国家之一，但在20世纪80年代之前农村和偏远地区医疗资源缺乏且分布不均，专业人员很难招聘并留住。为促进农村卫生服务整合和发展，澳大利亚通过保健规划和分权，在各州和地区专设农村卫生促进部门，协调推广所有农村卫生项目。初级保健服务整合项目根据地域人口分布、民族等因素采取不同的模式，在人口较多的农村地区，政府鼓励有条件的初级保健机构组成“合伙型”或“合作型”诊所，促进全科团队服务，实施信息、技术等共享保健；在原住民地区，政府鼓励建立满足当地需求的综合初级保健中心；对偏远地区，由于人口太少而不适宜在当地永久设立服务点，政府则注重“飞进飞出”等服务，如皇家飞行医生服务项目(RFDS)。

澳大利亚农村专科服务主要由等级、规模和功能不同的农村医院提供。但在未整合之前，医院提供的服务也较分散，难以覆盖区域内所有人口。为此，澳大利亚鼓励区域内全科医生诊所、农村医院以及其他医疗机构形成网络，建立统一的董事会，由专职管理人员开展服务协调工作，实施分级医疗、双向转诊以及专科延伸服务。全科医生信息系统和电子病历系统为网络整合、保健共享打下了坚实的基础，澳大利亚90%的全科医生都能用电脑开展诊疗和疾病预防工作，80%的全科诊所能开具电子处方。在网络中，全民医疗保险计划(Medicare)明确全科医生作为守门人，促进了他们与社区、上级医院及有关中介组织的协调。政府同时实施一系列与此配套的措施，一方面采取措施提升全科医生的教育层次，鼓励专科医生和全科医生一起工作；另一方面通过保险资金向基层倾斜和公共卫生项目补贴，巩固全科医生的经济地位，保障全科医生执业稳定和服务能力提高。

澳大利亚为偏远地区居民提供“空中医疗服务”。澳大利亚偏远地区地广人稀，针对这一问题澳大利亚在医疗上解决的方案是“澳大利亚的空中服务医疗队”，患者拨打电话到政府部门，飞行医疗队根据地区的远近派出直升机，医生飞到患者家中，如果医生不能解决的疾病，直升机直接免费把患者送到最近的医院治疗。澳大利亚的很多牧场和农场都是非常分散的，正是由于空中服务医疗队的存在，才让农场主、牧场主安心地留在这些边远的地区养牛养羊、经营农业和果园，为城市提供优质且充足的食物，也保证国家的农业、牧业的发展。所以“澳大利亚的空中服务医疗队”看似支出很庞大，却是必要和有效的。

澳大利亚对在当地的外国人也提供必要的医疗服务。澳大利亚海外学生必须提前购买医疗保险，否则学生签证无法生效，海外游客如果年龄超过70岁，入境前必须购买医疗保险，以确保在澳大利亚期间患病时拥有医疗费用支付保障。没有合法身份的澳大利亚人士，他们小病通常去私人门诊看且自付费用，一般医生不区分居民身份都会给予必要的医疗救治。但是这部分人患有大病必须到大医院治疗，因为不能出示有效国民保健卡(medicare card)，非法身份就会暴露，医院有责任通知澳大利亚政府移民局，但医院在患者病情紧急情况下会尽力抢救。可见，出于人道立场，医院承担了更大范围的医疗救治任务，医疗开支会增加，但是医院救死扶伤是责任，所有医院一定全力抢救治疗。当这部分病人出院时，移民局可能遣返非法移民，并列出住院治疗时所有的费用，如果不支付账单会被拉到黑名单中，永远不能再批准进入澳大利亚。所以，澳大利亚不存在“见死不救”现象，即使患者是没有钱的非法移民也会得到必要的救治。

(5) 农村卫生人力建设。

明确农村卫生人力建设项目支持的依据。为了改变农村及边远地区卫生专业技术人员的供给难以满足需要的困境，2009年澳大利亚政府出台了“澳大利亚农村卫生人力发展策略”，在原有预算的基础上增加1.34亿澳元投入，通过经济和非经济手段为农村医生提供支持，并在增加投入的基础上，设立和开展一系列边远地区卫生人力建设的项目，同时改进澳大利亚边远地区地理划分标准。“澳大利亚边远地区地理划分标准”(Australian Standard Geographical Classification-remoteness Areas)由澳大利亚统计局在2006年普查的基础上制定。该标准根据各地区人口、卫生、教育等各类资源的分布情况将澳大利亚划分为五类地区:大城市(major cities)、中心地区(inner region)、外围地区(outer region)、边远地区(remote region)、非常边远地区(very remote region)。该划分标准的建立有利于政府针对不同的地区采取不同的政策措施,从2010年7月1日开始,澳大利亚卫生与老龄部的很多卫生项目都将以此为基础,保证到边远地区工作的卫生人员,可以得到更多的报酬与补助。优化后的“澳大利亚边远地区地理划分标准”成为农村卫生人力建设项目支持的重要依据。

招聘农村及偏远地区家庭医生。一方面,招聘海外医生及医学毕业生到边远地区工作。1997年开始,澳大利亚政府启动了“招聘海外医生及医学毕业生到澳大利亚农村及边远地区工作项目”(Oversea Strained Doctors and Foreign Graduates of an Accredited Medical School)。该项目面向全球招收医生,具体工作由澳大利亚7个洲的农村卫生人力组织负责,招收的主要条件包括:第一,通过澳大利亚执业医师资格考试;第二,具有4—5年以上临床工作经验;第三,具备良好的英语水平。招聘的海外医生必须首先到边远或农村地区服务5—10年(非常边远地区5年,边远地区6年,外围地区7年,中心地区9年,大城市10年),才可以获得澳大利亚的永久居住权。同时,为了让这些海外医生能够稳定在农村工作,澳大利亚农村卫生人力组织帮助招聘医生解决其家庭后顾之忧,如配偶的就业、孩子的就学等。目前,招聘的海外医生及医学毕业生已成为澳大利亚农村及边远地区医疗服务的主力军,据统计,有40%的边远地区及农村全科医生来自海外。另一方面,启动护士招聘项目。由于澳大利亚的全科医师属于私人执业范畴,护士的招聘由全科医师自主决定。为鼓励边远及农村地区的全科医师积极聘用护士为其诊所工作,澳大利亚联邦政府在2009—2010年度预算中提出,在澳大利亚工作的全科医师每年可以得到2.5万澳元用于招聘私人诊所的护士,这项措施将为加强农村地区护理队伍的建设起到了积极的促进作用。

农村地区医生临时代班计划。由于农村及边远地区医生数量紧缺,导致医生工作量大,而没有时间进行休假和进修学习,所以澳大利亚政府启动了“农村地区医生临时代班计划”(National Rural Locums Program),通过短期雇用其他地区的医生,使在农村及边远地区工作的医生获得足够的时间进行休息和能力提高。该计划由3个子项目构成:其一,农村地区全科医生临时代班计划,项目对象为农村地区全科医生;其二,产科医生临时代班计划,项目对象为产科医生;其三,全科麻醉师临时代班计划,项目对象为全科麻醉师。

农村全科医生激励计划。在2009—2010年的联邦预算中,为吸引全科医生到边远及农村地区工作特别出台了"农村全科医生激励计划"(General Practice Rural Incentives Program)。从2010年1月开始实施,主要激励措施包括:其一是农村安置补助,根据"边远地区地理划分标准",从城市转移到边远及农村地区工作的全科医生,可以获得15 000—120 000澳元不等的一次性安置费用;其二是稳定的工作津贴,相比较原来的补助额度,根据服务年限和"边远地区地理划分标准",每年可以获得2 500澳元至47 000澳元不等的稳定工作津贴。

澳大利亚农村卫生人力的教育培训。澳大利亚将农村卫生人员的培训、教育和支持工作作为提高农村卫生服务质量的重要措施。主要行动措施包括:第一,扩大医学生招生数量。通过增加卫生人员数量来减少分布的不均衡,从2000年到2009年,澳大利亚的医学生招收数量增加了1倍多,达到近3 500人,到2014年,医学毕业生的数量又增加了77%。第二,教育经费奖励措施。根据澳大利亚农村大学生筹划指导委员会(Rural Undergraduate Steering Committee)报告显示,国家已把医学院是否实施面向农村的课程同教育经费分配联系起来,并且澳大利亚联邦政府为农村全科医师奖励计划提供资助,以便开发医学院的农村医学课程。第三,农村医学本科生奖学金项目。由于澳大利亚的土著居民和农村地区学生能考上医学生的人数很少,澳大利亚专门设有农村医学本科生奖学金,每年为550名来自农村且经济困难的医学生,提供每年1万澳元的奖学金帮助他们顺利完成学业,2010年有684名医学生申请该奖学金。虽然不明确要求这些接受奖学金的学生毕业后一定要到农村或边远地区服务,但要求他们必须要加入一个农村卫生俱乐部并有1名在农村执业的医生作为他们的导师。为鼓励医学毕业生到农村和边远地区工作,澳大利亚政府设立了"医学生到农村工作奖学金项目"(Medical Rural Bonded Scholarships),每年为在校医学生提供100个名额。参与该项目的医学生,每年将获得23 686澳元的奖学金,但毕业之后必须到农村或边远地区连续工作6年。为进一步鼓励学生到更加边远的地区工作,根据澳大利亚"边远地区地理划分标准",会对其工作的期限进行相应的缩减,其中到非常边远地区工作的,工作时限可缩减50%,边远地区的可缩减40%,外围地区的可缩减30%,中心地区缩减10%,大城市则不允许缩减。①第四，医学生到农村医疗机构实习。政府为医学生提供2—4周农村医疗机构实习机会，并通过多种方法为这些实习生提供正面积极的实习体验，从而影响他们对未来职业地点的选择。政府为农村的医学带教人员提供支持，建立农村卫生培训基地和学术机构的联系；积极开发和利用网络，开展远程教育。澳大利亚政府通过增加财政投入，改善用于教育培训的农村医疗机构的硬件设施，并建立更多的农村卫生培训基地和更新教学设施，以接纳更多的医学实习生到农村实习。第五，全科医师培训项目。为改变各大学全科医学专业规模小、培训基地少、培训时间短的问题，澳大利亚政府设立了全科医师培训项目，到2014年达到每年培训1 200名全科医师，其中50%的人安排到农村地区接受培训，以加强毕业后全科医师培训。培训项目的必修内容包括医疗服务需求领域、土著人健康课程、急救技能（包含幼儿急救）等。项目优点包括：一是培训更贴近于当地需求；二是到农村接受培训的医学生有更多的实践机会，会接触到更多的疾病种类；三是增加了医学培训机构的数量，扩大了培训能力；四是提高了农村培训基地的服务水平；五是可改进学校教学内容，能更加符合不同地区和行医环境的需要。②第六，农村医生的继续医学教育项目。对于农村医生来说，继续医学教育是一项非常艰巨的工作。澳大利亚设有向农村医生提供的继续医学教育项目，向农村的全科医师提供产科学、麻醉学和其他领域强化训练。第七，农村医学教育卫星网。该网络的培训内容由全科医师来设计，并为全科医师所利用。农村全科医师以小组形式集中到当地的农村医院听讲，如有问题还可通过电话或其他方式同网络中心联系。由网络提供的项目，诸如骨折的早期处理和心脏生命支持课程等，对于农村全科医生来说是非常有价值的。第八，农村医学生网络。农村医学生网络（National Rural Health Students' Network）由澳大利亚政府资助、澳大利亚农村卫生人力组织支持。该网络分布于澳大利亚29所大学，拥有9 000余名会员，通过该网络所有会员可以共享相关的信息和资料。同时，通过组织澳大利亚农村地区参观、澳大利亚农村医疗机构实习、举办研讨会和提供奖学金等活动，促使更多的学生毕业以后可以到农村地区工作（田疆等，2011）。

---

① Australian Government, Department of Health and Ageing[R], Report on the Audit of Health Workforce in Rural and Regional Australia, 2008.

② Australian Government, Department of Health and Ageing[R], Rural Health Workforce Strategy, 2009.

二、典型金砖国家医疗服务治理健康贫困

(一) 印度健康贫困治理

1. 印度医疗卫生服务体制概述

(1) 印度医疗卫生服务体制基本情况。

印度宪法规定所有国民都享有免费医疗,免费医疗服务主要是由政府出资建立的医疗机构提供,免费医疗服务主要是一些基础的公共卫生服务、卫生防疫等,目标是满足大多数人的基本医疗需求。印度政府卫生补贴和社会保障的主要受益人是贫困及弱势群体,这是其医疗卫生体制相对公平的根本原因,特别是对占人口总数29%的贫困人口以及其中的7 060万极度贫困人口,公立医院主要负责这部分人口的就医,提供必要的救助和免费医疗。而在印度的医疗市场中公立医院是较少的,私营医疗服务机构和诊所占主导地位,印度医疗保险覆盖率低,仅占总人口的10%左右。印度政府对公众的医疗卫生投资分为中央、邦和地方政府三级,其中邦一级是最主要的,约占90%,而中央一级的卫生投资主要负责全国性的计划生育,控制麻风、疟疾、结核等疾病,免疫接种、营养改善以及一些教育和研究机构投资建设。

(2) 印度医疗卫生服务体制特征。

印度医疗卫生服务体制非常注重医疗服务的公平性和可及性,这一点在对贫困人口等弱势群体的医疗保障方面得到充分的体现。一方面,制定全民的免费医疗服务体系,将政府的公立医院作为主要的服务主体,而获取这部分医疗服务的居民主要是农民、低收入群体或极贫居民,通过免费的方式满足居民的基本医疗服务需求。另一方面,针对农村地区,专门建立农村医疗卫生服务网,制定农村健康计划,为人口占比最高的农民群体提供医疗保障。目前,印度城乡差距大,有超过70%的居民生活在印度农村,且总人口中有超过25%的居民是贫困人口,其中绝大部分生活在农村地区,而农村地区卫生条件差,还没有根除或得到有效控制包括麻风病和肺结核等在内的传染病,这些居民深受这些疾病的威胁和困扰。印度农村居民的医疗保障是非常重要的,关系到整个医疗体系的成败,所以印度非常重视对农村医疗服务的供给与保障。

2. 印度医疗服务治理健康贫困行动

(1) 实施免费医疗制度。

印度在1949年通过的第一部宪法中明确规定:所有国民都享受免费医疗,免费

医疗服务主要包括基础的公共卫生服务、卫生防疫等，目标是满足大多数人的基本医疗需求，农村居民和城市居民一样均可享受国家提供的免费医疗。根据宪法中规定的免费医疗，印度政府要求公立医院对所有病人敞开大门，从挂号、手术到药品各项服务一律免费，这些措施一定程度上解决了印度穷人的看病问题。印度政府每年用于免费医疗的费用占政府支出的比例很大，但政府为了落实宪法赋予人民的权利，人民的健康高于一切，政府一直不遗余力地保障人民健康。由于到政府医院就诊的大多是低收入人群，他们对医疗条件要求不高，所以政府医院基本满足了弱势群体的基本医疗需求，从而对维护社会的公平与稳定起到重要的作用。

印度不是一个富裕的国家，而且是一个人口稠密、相对落后的国家，但能够建立全民免费医疗制度，其原因在于公平和公正原则在实践中得到了较好贯彻。一方面，制度导向明确。在医疗卫生事业的发展和改革方面，印度的理念一直很明确。印度的免费医疗制度虽然是面对全体国民的，无论阶层、穷富，也无论种姓，实现了最广泛的、公平的免费医疗制度。但是为了确保所有人的医疗卫生服务需求，政府政策导向一直都偏向于贫困人口，政府医院一直都在为贫困人口服务。因为只有照顾到了贫困群体的利益，那么富裕群体自然也会得到相应提升，这符合“穷人的经济学”的基本原则。另一方面，印度的农村医疗网络比较健全。占印度人口72%左右的农村居民和城里人一样，享受国家提供的免费医疗。自 1947 年独立以来，印度政府一直致力于建设农村医疗服务体系，提供免费医疗服务；1996 年以后，政府推出了社区医疗中心的规划，每 10 万名农村居民配备 1 个社区卫生中心，一个中心约设 30 张病床和 4 名医生，并配有化验室和基本检查设备等。这些基础设施与软件配套能够保障农民在患有发烧感冒类的小病时，在村里的小诊所或卫生中心便获得治疗或者缓解症状的常用药；从 2005 年开始，印度又着手进行了一项更大规模的“全国农村健康计划”。

印度农村的医疗体系既减轻了农民家庭的经济负担，也在一定程度上保证了社会公平，印度政府能够把有限的医疗资源公平地配置到广大农村地区等这些最需要医疗服务的地方，这一点至关重要。2000 年世界卫生组织（WHO）对 191 个会员国的卫生系统分三个方面（按照卫生状况、财政投入的公平性和能否满足公众对卫生体系的期望等方面）进行了绩效评估，其中印度排名第 43 位，印度虽然人口多，但在一定程度上保障了每个人都看得起病。从某种意义上讲，公立医院的设立就像一条公平底线，底线之上全体国民都可以一视同仁地享受政府公立医院的“免费午餐”(马晨东、阿丹,2013)。

(2) 公立医院与私人医院结合。

印度鼓励建立公立医院和私人医院,力求覆盖所有人的医疗服务需求。印度政府一方面通过公立医院向全社会提供基本医疗卫生保障;另一方面,大力推行发展私立医疗机构,这种公私结合的模式为印度医疗卫生服务事业的稳定发展起到了巨大作用。公立医院提供免费的医疗服务,能够为农民以及贫困人口提供必要的医疗保障。由于免费自然带来了低效率,所以印度的私人医院作为公共医疗卫生服务的有益补充,面向有较高医疗服务需求的人群,为其提供高档次的医疗保障服务。由于私人医院拥有高素质的人才、合理的收费和良好的运行机制,因此常有大批西方国家的患者到印度的私立医院求医。公立医院与私立医院结合不只体现在城市中,在农村公立医院基础上,印度立法鼓励在农村建立私立医院。公立医院满足大众的基本医疗需要,私立医院有助于提高整个社会的医疗服务水平,使得农村居民中不同阶层的人都各有所医。不管是公立医院还是私人医院,都是以节俭为本,以最小的投入获得最大效益和效用。公立医院的医疗设备不追求最新或最先进,但要满足经常使用,选择既节约资源又提高疗效的仪器,摒弃一切不必要的附加设施和仪器,以最务实的态度为广大居民提供优质的医疗服务。因此,医疗成本不高,患者的负担也不重。总而言之,公立医院和私立医院针对不同的服务群体,公立医院是印度农村医疗保障体系的基础,私立医院是其补充。

医疗卫生体制如果完全按商业化、市场化运作,则不利于社会稳定,因此,印度医疗保障制度始终坚持“两手抓”,既扶持政府医院的稳定运转,又给予私立医院足够的发展空间,建立公立医院和私立医院互为补充的医疗服务体系。虽然各级政府医院数量远远没有私立医院多,但是所有的政府医院对人们都是免费的,包括挂号费、检查费、住院费、治疗费,甚至住院病人的伙食费等。在政府医院就诊的基本都是低收入人群,他们对医疗条件要求不高,对医疗费用的敏感性更强,而政府医院恰恰起到了社会公平和救助贫弱的“稳定剂”作用。由于印度政府每年用于公共卫生支出的费用有限,现有的公共卫生医疗系统不能满足全体居民的医疗服务需求,于是政府通过税收减免、建筑用地低费率等优惠政策积极鼓励私立医院发展,以便为不同层次需求的人群提供相应的医疗服务。对于那些富有的中产阶级以上阶层来讲,他们所需要的更高级的医疗服务,就是靠 1 300 多家高水平私立医院为之服务。随着经济实力的进一步增强,印度政府不断加大对医疗卫生事业的财政支持力度，同时还为私立医院从银行获取贷款以及引进外国资本投资其医疗行业提供更多方便。不断扩大的中产阶级也让印度私营医疗市场的规模进一步扩大。在印度独立之初，政府公立医疗机构的比例为87%。随着多年的发展，印度私人医疗机构数量已经占到所有医疗机构数量的93%，私人医疗机构的床位数量占所有床位数的64%，私人医疗机构的医生占总数的80%—85%，这一系列数据还有上升趋势。为了平衡公立医院和私立医院、合资医院和外资医院的比例关系，目前，印度政府正在进一步完善国内的公共医疗体系，重新加大公立医疗机构所占的份额。印度政府制定的理想目标是，私营部门在整个健康医疗体系中所占的比例为60%，由政府投入的公共医疗机构比例要提高到40%(刘振杰，2011)。

(3) 构建农村三级医疗网络。

长期以来，印度的公共卫生投资相对较低，占GDP比例从1990年的1.3%下降到1999年的0.9%，而整个医疗卫生领域的总费用也只占GDP的5.2%，其中中央预算一直停滞在1.3%，各省/邦的预算从7.0%下降到5.5%，不难看出，印度公共卫生服务的范围和质量都很难达到预期标准。根据印度宪法，公共卫生由各州/联邦负责，在这个框架下，主要的公共卫生服务资金应来自各州/联邦(占比85%)，中央资源(占比15%)则仅用于补充。更为严重的是，政府对最贫困的人口每投入1卢比，相应会对富有阶层投入3卢比，进一步造成了医疗资源投入的不均等化，将近25%以上的印度患者跌入贫困线以下，其中仅有10%的个人拥有医疗保险。在入院治疗的印度人口中，有40%的病人通过大量借款或者变卖家产来支付住院费用，他们平均58%的年度开支都用来支付医药费。农村居民所获得的医疗服务数量和质量也是亟待解决的问题。

印度针对农村地区医疗服务供给问题，构建了农村三级医疗网络。印度一直致力于建设农村医疗服务体系，提供免费医疗服务，自2005年起，印度开始实施"全国农村卫生服务项目"，构建三级医疗网络。印度立法将农村医疗服务机构划分为三个等级，从低到高分别是：保健站(sub-centre)、初级保健中心(pri-mary health centre)和社区保健中心(com-munity health centre)。第一，级别最低的保健站只负责发放药物、接种疫苗等基础工作。保健站是实施基本医疗保健的机构，每个保健站一般由1名女性保健人员和1名男性保健人员构成，女性保健人员的工作是负责母婴健康、计划生育、预防接种和发放基本药品。一个保健站负责邻近村庄3 000—5 000个村民的卫生保健服务，是社区之间传送医疗保健服务的连接点，其运行费用由印度的家庭福利部全力支持。第二，初级保健中心在保健站职责的基础上增加了治疗性和预防性的医疗服务，同时它也是下级保健站的业务指导单位和监督单位。初级保健中心的建立和维持由州/联邦政府负责，每 2 万至 3 万农村居民配备一个初级保健中心，它是农村地区和地方政府卫生官员之间的第一个连接点，是每 6 个保健站的转诊单元，但较为严重或者需要住院的病人只能送往社区保健中心或者地区医院。它的职责主要是提供治疗性、预防性、促进性和家庭福利性服务，同时负责对 6 个保健站的监管工作。第三，最高级的社区保健中心主要负责另外两级机构无法医治的疾病治疗工作。社区保健中心也是由州/联邦政府建立和维持，每 10 万农村居民配备 1 个社区保健中心，中心配备了较完善的医疗设备和充足的医务人员，它是 4 个初级保健中心的上级转诊医院，社区保健中心无法诊疗的病人再送往地区医院。尽管这套农村医疗体系在实际运行中存在许多不足之处，如保健站和保健中心覆盖面不足、基础设施薄弱、卫生人员和医疗物资缺乏等等，使得依赖这些基本条件的公共医疗卫生服务无法充分开展起来，但印度农村的这套医疗服务体系仍然在一定程度上保障了居民的基本健康，提高了医疗服务可及性，并减轻了农民家庭的经济负担。

自从 1951 年发起了"社区发展规划"并建立起三级网络，已经设立了保健站 142 655 个、初级保健中心 23 109 个和社区保健中心 3 222 个，向约 7.4 亿农村人口提供医疗服务。为了提供高质量的医疗服务，政府正在采取措施建立起足够数量的初级卫生中心，并且想办法缓解人员、药品和设备方面的严重不足。争取能够在 50%的初级卫生中心提供 24 小时服务，并且设置 1 名替补医生。社区卫生中心配备 7 名专科医生和 9 名护士，提供 24 小时服务。中央政府会以设置补助金的形式为贫困人口支付一部分医疗费用，并且会监测这一计划的实施。

印度为推动农村三级网络建设，给予充分的立法和制度保障：一是国家重视并进行立法保障。印度自独立以来，就立法规定了农民可以获得免费的医疗服务，并投入了大量资金用于农村三级网络建设，形成了较为完善的医疗服务体系和转诊制度。二是注重农村医疗保障制度创新立法。印度农村医疗保险的覆盖率并不高，在相关法律的支持下，非官方部门经营的农村医疗保险得到了快速发展，把尽可能多的农民纳入保险。立法创新促进了多类别、多层次的医疗保障的全面协调发展，真正给参保农民带来了实惠。三是法律保障了农村医疗筹资投入过程中的公平性，法律规定政府应按照农村地区不同的经济发展水平来确定医疗保障筹资投入的额度水平，这样就使得有限的政府投入公平地分配。通过在农村搭建医疗服务网络，按照不同级别医疗机构提供与其匹配的医疗服务，保障了农村等弱势群体的身体健康，其免费的形式也减轻了农村居民的医疗负担。

(4) 制定全国农村健康计划。

作为世界上第二人口大国，印度近些年在社会、政治、经济、人口及疾病控制等方面都取得了举世瞩目的成就。自印度独立以来，政府就致力于采取各种有力措施来改善人们的健康并已卓见成效，人口出生率和新生儿死亡率均有明显下降，医疗卫生服务开展较好和较差地区成果差距显著。例如，医疗卫生开展较好的喀拉拉邦的新生儿死亡率仅为14‰，而医疗卫生开展较差的奥里萨邦却高达97‰，且上述两个邦的5岁以下儿童死亡率，分别为18.8‰和104.4‰。

表6.1　1951—2000年间印度医疗成就　　单位：‰

指　标	1951年	1981年	2000年
平均寿命(岁)	36.7	54	64.6(RGI)
粗出生率	40.8	33.9(SRS)	26.1(SRS)
粗死亡率	25	12.5(SRS)	8.7(SRS)
新生儿死亡率	146	110	70(SRS)

资料来源：《2002年世界卫生报告》(世界卫生组织出版社)。其中，RGI为印度人口普查委员会(Registrar General and Census Commissioner of India)和SRS为印度样本注册系统数据报告(Sample Registration System Statistical Report)。

表6.2　1951—2000年间印度城乡医疗差异　　单位：‰

项　目	贫困线以下人口	新生儿死亡率(SRS)	小于5岁死亡率(NFHSII)	3岁以下儿童体重(-2SD)
印　度	26.1	70	94.9	47
农　村	27.09	75	103.7	49.6
城　市	23.62	44	63.1	38.4

资料来源：《2002年世界卫生报告》(世界卫生组织出版社)。其中，NFHSII为印度全国家庭健康调查II(National Family Health Survey II, NFHSII)，-2SD为体重指标。

全国农村健康计划(National Rural Health Mission)始于2005年，旨在加强印度农村地区，特别是落后地区的医疗卫生体系的建设。该计划提出在5年内，用于医疗部门的开支将从目前占 GDP 的 0.9%增加到 2%—3%。全国农村健康计划的目标是为农村地区的贫困和弱势群体提供可得的、承担得起的、负责任的、有效的和可信赖的医疗服务。该计划面向全国的农村地区，以 18 个州/联邦为实施重点。具体来讲，全国农村健康计划主要包括以下典型措施：

第一，发动获得官方认可的卫生保健积极分子。在 18 个健康指标低、公共医疗基础设施不完备的州/联邦安排获得官方认可的卫生保健积极分子，平均每位积极分子负责 1 000 名村民（在部落地区、山区和沙漠地区可做变通），以提高卫生保健的可利用性和可及性。这些积极分子是经过培训的志愿社区妇女工作者，是保健站和乡村医务人员之间的纽带，政府为每个妇女工作者都配发一个配备基本药品的工具箱，她们的主要任务是加强社区全面免疫、机构医疗供给、生育服务和婴儿照料、预防饮水传染疾病和别的传染病、营养和卫生设施建设等。这些妇女工作者由村务委员会推选并对之负责，尽管妇女工作者没有薪酬，但她们有权在不同的项目中获取相应回报。

第二，加强基础设施建设。为了满足农村居民的医疗需求，印度政府增设一些三级医疗服务机构，同时对现有公共医疗设施进行更新和维修。全国农村健康计划制定激励机制以鼓励各州政府能够认真履行其职责，单个保健站每年可以获得 1 万卢比的公共资金用以维持运营，这些资金由村务委员会直接监管。初级保健中心则通过增加设备投入和解决人员紧缺的问题，努力做到 24 小时服务。印度公共卫生标准（IPHS）为基础设施、人力资源、设备、药品等提供了一个固定的基准，为达到印度公共卫生标准，所有的社区保健中心需要持续更新迭代，并增加专科医生的数量。另外，所有社区保健中心被视为第一转诊单元，提供急诊、产科和新生儿服务。公民宪章明确了一系列服务和公民权利，规定医疗机构在提供服务时必须对公众负责，所以在医疗服务网的各个层次上，都增加了药品的供应。

第三，实施灵活的分权计划。灵活的分权计划是整个农村健康计划运转的中枢，赋予了各个层次医疗机构一定的权限，在乡村卫生委员会的指导下，分权计划的步骤从乡村这一层次开始，但在乡村有充足的能力之前，将以地区作为实施的起点，且地区计划最终将融入州计划。分权计划将贯穿农村健康计划的始终和每个财政年度，地区计划先经过各州的评估，然后再被各州送往中央，在每个财政年开始之前，这些计划必须经过中央的批准。

第四，组织机构重组。中央设置了由健康和福利部领导、中央和各州高级事务处指派代表参加的“计划指导团体”(mission steering group),同时也成立了经过授权的项目委员会,健康和福利部门的整合也在各州得以实施。大多数州还制定了由州长担任主席的州健康计划,在州和地方层面,各种社会团体合并为州级层次的统一社会团体,统一社会团体是州健康计划的执行力量。为了指导社区参与,成立了社区建议组织;为了鼓励社区参与医院的管理,组成了各种层次的医院管理社会团体。乡村医疗卫生委员会位于这些机构末端,指导乡村层面医疗工作。

第五,服务能力建设。一方面,聘任一些专业人士在州和地方健康社会团体中担任特殊角色;另一方面,对社会卫生保健积极分子在上岗之前,必须要经过最少23天的技能培训,由著名医疗专家组成的顾问团指导积极分子工作进程。农村健康计划为培训成员提供了充足的资金,帮助他们掌握必备的技能以承担计划、实施和监督任务。

第六,公私合作。为补充公共医疗体系的不足,农村健康计划构建适当的公私伙伴关系,为经授权的私立医疗提供者提出行动指南,指导其开展相应的医疗工作。公私合作在农村首先进行试点,以授权经营和合同等方式运营,然后根据结果再逐步扩大推行范围。

第七,监督与评估。为了帮助农村健康计划形成分权化的、可监督的目标和指标,印度在地方层面展开调查,调查的内容包括设施调查和家庭调查。整个健康计划在乡村层面由社区监督,在州和地方层级由村务委员会和质量保证委员会监督,在中央层级由州和地方健康计划和计划指导团体负责监督,计划委员会是最终的结果监督者。除此,还经常开展外界评估。

在全国农村健康计划中,设有14.5万个乡镇健康中心、2.3万个地区健康中心以及3 222个大型健康中心来为广大农村人口提供医疗服务。在这些公共医疗体系中,病人可以免费得到医生的诊疗以及基本的常用药,即便遇到重大疾病需要输血或手术,患者也只需负担其中的5%左右。如果病人生活在规定的贫困线以下,还可以动用“全国健康优惠基金”来得到全免费的治疗。另外,由怀孕导致的死亡在印度一直居高不下,因此政府在农村实行了名为“平安母亲”的干涉计划,通过在贫穷的孕妇中间推行“医院生产”来降低怀孕妇女和新生儿的死亡率,这是一个完全由政府出资支持的项目,不仅在资金上提供支持,还将产中、产后护理结合起来。

(5) 乡村医生队伍建设。

印度农村人口巨大,农村地区需要大量的医生。在印度,乡村医生与城市相比无论是在数量上还是在质量上都相差悬殊，如果参照世界卫生组织建议的医患比1∶1 000的标准计算，印度至少需要60万名医生和100万名护士，印度城市医生人口比为2∶1 000，而乡村医生人口比却只有城市的1/6，可见印度缺少医生，尤其是乡村医生短缺的状况十分严重（闫斌等，2014）。

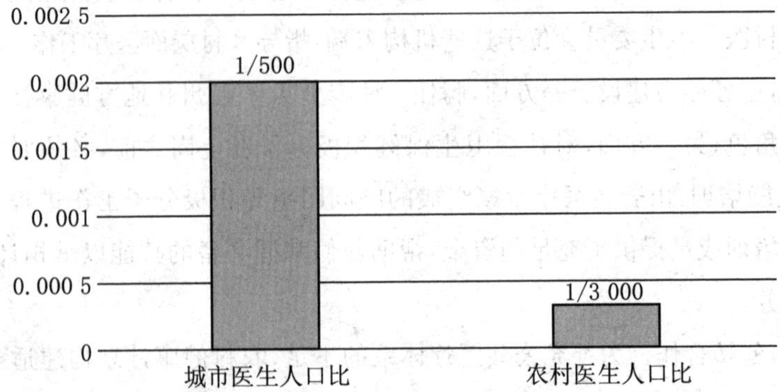

图 6.1　印度城市与农村医生人口对比

资料来源：《2014年世界卫生报告》，世界卫生组织出版社2014年版。

乡村医生培养政策。印度为加强乡村医生培养，印度中央和地方政府向乡村医生培养实施政策倾斜，其中非常重要的举措就是印度政府将5.5年制医学本科课程缩减为3.5年，2010年印度政府削减医学课程，加速培养了14.5万名乡村医生。此外，2009年印度兴建15个培养乡村医生的医学院，以改善农村严重缺少医生的现状。而且，印度计划委员会打算效仿私人建立护理学校的方法允许私营成分的加入，兴建60所全新高等医学学府和250所护理院校，以此培养更多医学人才。

乡村医生保障政策。为吸引受过良好教育的医生和医学生到农村基层服务，印度政府为在初级、社区保健中心的医生和主要工作人员提供住宅和充足的住房补贴，并且在初级保健中心服务的医生还享有接受继续医学教育的待遇。

乡村医生管理政策。印度政府将医生的录取权利下放到各区政府，并且延长了农村医生的退休年龄（60岁至65岁），要求为农民提供24小时服务等。此外，一些州/联邦政府规定，医学生毕业后要到农村初级保健站义务服务1年。

乡村医生激励政策。2010年，在印度农村服务3年以上的医生如果报考研究生，可获得一定的加分。印度医学会（Medical Council of India）建议加分30％以鼓励医学生服务农村。

(6) 远程医疗解决农村医疗资源匮乏问题。

印度地域广阔且地理复杂，偏远、落后的地区得不到基本医疗保障，印度城乡卫生资源长期存在显著的资源配置不公平，农村居民就医面临着缺乏卫生保健提供者、低水平的诊断结果与就医花费时间长的困境。2000年以后，远程医疗在国际社会得到广泛的讨论，印度也逐渐开始将远程的方式应用于医疗领域。伴随着印度的远程心脏病学、远程放射学、远程病理学、远程诊断等技术越来越成熟，远程医疗的采用和实施在公共政策方面发生了积极的变化，它的使用促使卫生保健系统获利诸多，尤其是农村居民受益明显。

移动远程医疗是一种患者和医生利用手机进行随时随地看病治病的新型远程医疗服务，先进的手机宽带技术的应用，使随时随地的移动远程医疗服务变成可能。印度从国家层面支持移动远程医疗的发展，其中印度航天研究组织(Indian Space Research Organization)响应农村发展需要的号召，利用高级通信和通讯卫星发展远程医疗，打破了在农村看不到专家的障碍，还为乡村医生知识升级、提高自身技能和解决疑难杂症等提供了一个有效的解决途径。同时，由印德工程(Indo-german Project)和英特尔调研项目(Intel Research)资助的移动远程医疗服务也使远程医疗变得更加方便和及时。

目前，印度远程医疗模式呈现出以下特点：第一，通过政府有力的支持来鼓励和促进远程医疗发展。信息技术部门、印度空间研究组织、通讯技术部与各州政府加强信息标准建设，其中信息技术部门制定的《印度远程医疗实践指南和推荐》确定了远程医疗信息标准，在加强各种远程医疗系统之间的互操作性方面起到重要作用；同时，政府减少各种进口限制，在某些情况下，取消了医疗设备与通讯技术的进口关税。第二，利用互联网与远程通讯技术建立连接确保医疗服务可达性。一方面，在保障服务水平的情况下，远程医疗通过互联网安排咨询、传输图像与病历；另一方面，考虑到互联网普及率不高，印度空间研究组织开发了印度本土的卫星技术，连接了44家大型医疗机构与271家偏远地区医院。第三，通过开展远程医疗项目，加强实践基础。印度的远程医疗项目，如Aragonda项目、Gujarat远程医疗网络项目与远程心脏病学，已逐渐扩大到全国范围，为远程医疗的应用提供了实践沃土。

同时，印度还积极发展移动卫生工作站，解决偏远地区就医难和就医贵的问题。如在印度的安得拉邦，当地政府开展了一项“移动保健项目”以应对偏远地区医生严重短缺的困境。这个移动医疗大篷车配备着基本的医疗工具、设备和有经验、有技能的医护人员，大篷车的服务领域主要覆盖该州的农村地区，为患者及时缓解病痛。移动卫生站项目的实施不仅能在一定程度上缓解了农村地区缺医少药的窘境，也为乡村医生分担了不少的负担(吴红雁、冯国忠，2007)。

(7) 非政府组织推动健康贫困治理。

印度很多非政府组织也积极行动，改善印度农村地区贫穷人口的健康状况。第一，非政府组织在印度的各区设立流动医疗小分队，扩大医疗服务的范围。第二，印度非政府组织启动一些控制传染病传播方面的疾病控制计划，这些计划为缺医少药的贫困人口提供免费药品。其中国家结核病控制修订计划(RNTCP)的受益人数达到11亿人之多，这个计划拥有大量的保健人员、非政府组织人员、自助小组和康复的病人，医生们严格执行治疗方案和“控制结核”计划中的其他规定，在印度国家结核病控制修订计划的指导下，每天都有大量的结核病疑似病人接受免费的检查。第三，积极组织儿童免费接种疫苗的活动。第四，在印度的350个区推行全民卫生运动(TSC)，这一运动包括乡村卫生治理、妇女卫生综合系统提升、学校卫生计划等，宣传公共健康、卫生和保健知识，倡导安装家庭厕所和保持学校卫生(Bendapudi et al.，2007)。

(8) 大力发展仿制药。

2017年全球七大仿制药公司中，印度就占了两席。印度目前是全球仿制药最大的输出国，有近3 000家仿制药企业，生产了全球20%的仿制药，并出口到世界各

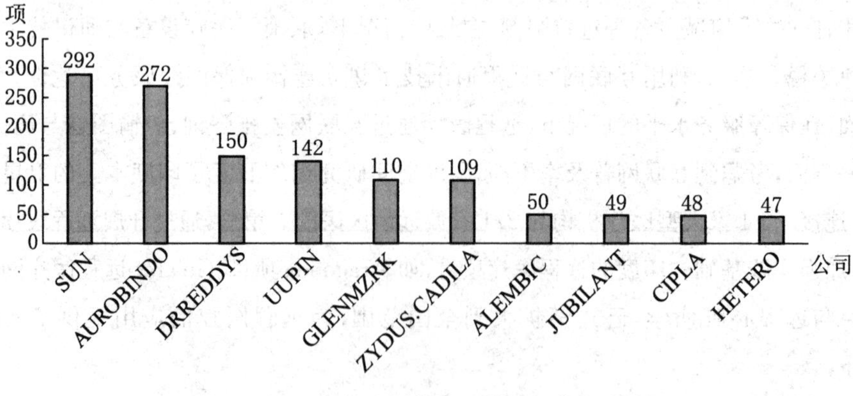

图6.2　2015年印度制药企业简略新药申请情况

资料来源：麦丽谊(2018)。

地。印度仿制药价格是专利药价格的十分之一左右，但效果与专利药不相上下，这源于印度政府对仿制药的大力支持。截至2015年，印度以太阳药业（SUN）为首的前十家制药企业总计获批ANDA申请1 269项，作为全球第五大仿制药生产企业的SUN获批ANDA数量约占25%，其在美国市场销售额占总收入的60%左右。同样是印度龙头企业的DR.REDDY'S，其仿制药在北美地区的收入占仿制药总收入的59%以上。仿制药在美国市场的销售已经成为印度药企收入的主要来源，印度甚至被称为“第三世界药房”。

印度建立现代仿制药主要经历了三个阶段。

第一阶段，早起的专利立法奠定了创新基础。1947年，印度获得独立，这时印度医药市场80%以上都被跨国药企控制，药价的高昂与印度经济的疲弱、居民的贫困形成鲜明对比，尤其是国外治疗癌症的药品价格，高达印度人均收入的30倍。在20世纪70年代以前，印度严格执行着其1911年殖民地时期的《专利与设计法》，但1970年，在印度第一位女总理英迪拉·甘地的主导下，印度独立后的第一部专利法律《专利法》出台，规定对食品、药品只授予工艺专利，不授予产品专利。这意味着印度药品专利保护自此被废除，低价格成为主旋律。印度政府还同时出台了《药品价格控制规则》（DPCO），坚持食品和医药消费是穷人不可剥夺的基本权利。1973年，印度颁布了《外汇管制法案》，要求在印度经营的企业中外资股份不能超过40%，原来在医药产业中占主导地位的跨国企业因此大量迁出。

第二阶段，企业利用政策积极创新。按照印度专利法的规定，保护整个生产工艺和过程，但如果工艺和过程发生改变，其相应的产品并不受到原专利的约束。印度企业通过对仿制药规则的巧妙利用，采取“反流程工艺”方式，将西方专利药物工艺略加改造，或添加一些所谓活性成分，获得印度称之为“简明新药”的专利，以低价在全球销售。制度宽松使印度仿制药快速扩张，并成为全世界低成本、高品质药品的主要制造商和供应商。20世纪末，印度药品50%以上供出口，成为世界上第三大药品生产商、全球药品出口大国，其中大部分为仿制药。制药行业不仅成为印度经济增长的亮点，也为无力购买昂贵药品的非洲贫穷国家提供了更好选择。

第三阶段，印度在博弈对抗中启动专利法修订。对世界贸易组织（WTO）关于知识产权的保护方式，印度最初是拒绝执行的，但在20世纪80年代遭遇经济滑坡之后，尤其在1991年印度爆发国际收支危机后，不得不面对强烈需要经济改革和加入WTO这一现实。1994年，印度签署了《与贸易有关的知识产权协议》（TRIPS）。

1995 年印度加入 WTO，印度需要根据相关国际惯例修改其专利法与 TRIPS 接轨。但在 TRIPS 给予发展中国家的 10 年过渡期内，印度采取了“拖”字诀，即接受医药产品专利申请，但仍不授予医药产品专利保护。1995 年，当临时专利行政条例到期失效，永久条例又因议会被解散而没有建立起来，印度与发达国家继续爆发矛盾。1996 年开始，美国诉印度的药品专利保护，最终印度败诉，之后在 WTO 监督下，印度才开始调整。第一次专利法修改是在 1999 年，引入了过渡性安排“市场专有权条款”，最终目标是迈向承认产品专利权。第二次修改是在 2002 年，将专利期限从 14 年延长到 20 年，并对强制许可的相关条款进行了修改，以满足公共健康要求并符合 TRIPS 的规定。第三次是 2003 年，经过激烈争论后引入了药品、食品和化学制品的产品专利保护，取消市场专有权。第四次是 2005 年，但只对 1995 年以后发明的新药或经改进后能大幅度提高疗效的药物提供专利保护，而不支持原有药物混合或衍生药物的专利。

表 6.3　印度关于《专利法》修改时间和主要内容

时　　间	《专利法》主要修改内容
1999 年	引入市场专有权条款
2002 年	延长专利期限从 14 年到 20 年
2003 年	引入部分产品专利保护，取消市场专有权
2005 年	对部分 1995 年后的新药提供专利保护

总体而言，价格限制、外商投资所占股份比例限制、进口原料药限制、药品相关外国技术协议限制、各种产业限制性许可证都逐渐被取消。但印度展现了充分利用法规制度的灵活技巧，为国家、社会和产业赢得了宝贵的时间和机会（朱浩宇，2018）。

印度仿制药既为自身经济发展带来重要推动力，同时也为世界贫困患者降低了经济负担，其成功主要得益于如下支持：第一，印度在立法上给予充分的支持。仿制药产业很大程度上得益于印度政府 1970 年制定的《专利法》，为自身医药产业赢得了时间。该法律允许印度制药企业合法仿制专利药，并可在本土及孟加拉、斯里兰卡等南亚国家实行，使得印度制药企业国际化更早，并在这个过程中积累了大量的原始技术和资金。虽然这一政策在印度 2005 年通过的新专利法案中被废止，但足以让印度制药企业完成从大宗原料药出口到仿制药、再到抢仿药和创新药出口的过渡，实现了从非规范市场到规范市场的国际化战略改变。第二，印度在财政方面提供政策支持。印度的医药研发主要集中在企业，印度政府为鼓励制药企业开展科技研发，走可持续发展道路，采取的财政支持政策主要有以下几点：首先，对研发费用进行税收加计减除，对企业投入医药科技研发的资金，按照比例在税收中予以扣除。其次，对研发行为直接给予资金支持，这种支持主要来自印度科技部生物技术局。最后，通过公共和私营合作的方式设立“医药创新基金”，旨在鼓励医药企业加大研发力度，该计划目标是实现世界上每十种新药的开发中至少有一种来自印度。“医药创新基金”资金一部分来自中央政府，其他来自国内外的投资者和机构。第三，印度企业重视海外企业间的合作。印度企业通过海外并购、国际合作等方式极大促进国际化进程，如2006年，阮氏企业并购了德国第四大仿制药企业Betapharm Arzne-inittel GmbH，获得了新的产品和生产线，加强了技术力量；2007年10月，印度Lipine公司收购日本共和药品工业株式会社，取得了共和药品日本国内销售途径，并被视为印度制药企业在日本进行兼并收购的正式起点。企业兼收并购和联盟合作使印度的制药企业有机会在某一个细分市场或区域市场中做大做强，从而获得最大的收益，同时也使印度制药企业获得了知识产权资产，为印度制药企业进入海外市场营销及配送网络提供了便利条件。目前，印度仿制药品出口覆盖全球200多个国家，其中包括美国、欧洲、日本。第四，研发投入和人力资本投入是印度制药企业积极开发新药的两大动力。太阳药业2015年研发投入高达195亿卢比，同比上一年增长87.7%，而我国制药企业的研发投入相对较低，2015年我国研发投入前20名的研发支出占营收比例仅6.31%—15.76%。印度积极鼓励专利创新与保护，重视化学成分和特种成分药的专利研究，在成药研发能力较低较弱的情况下，尽量在相关的专利领域占据一席之地，如DR.REDDY'S公司最早利用印度专利法对化合物保护的缺位，开发全球最畅销药物的仿制产品，基本奠定了其在印度制药业的龙头地位。另外，印度医药行业协会及有关智库等非政府组织对印度制药企业的迅速发展和国际化道路起到了显著的促进作用，这些机构积极网罗医药、经济、知识产权等相关领域高端人才，时刻了解西方行业及政策动态，关注专利药物期限，为印度企业提供有关咨询服务并协助进行国际游说，起到很好的技术支撑作用。第五，印度政府对生物仿制药产业最大的支持是出台的仿制药管理法规《相似生物制剂指南》。该《指南》由印度主管部门科技部下属生物技术局和卫生部下属印度中央药品标准管理组织共同发布，《指南》规定相似生物制剂（生物仿制药)必须与已获批的生物制品具有高度相似性。《指南》主要内容包括:明确了生物仿制药的申报程序和主管部门、法规适用范围、开发仿制药的原则、临床前研究的数据要求、临床试验的申请要求、批量上市的申请要求以及上市后的跟踪研究等,重点约束了生物仿制药的生产规程和质量控制,以及临床前、临床研究及使用跟踪等一系列规范。印度业界对该法规的出台普遍持支持态度,该规定推动了印度生物仿制药行业的健康持续发展。印度出台的《指南》与欧盟及世界卫生组织的"指南"以及美国出台的草案一脉相承,在保证产品质量的前提下一定程度上简化了生物仿制药的试验及审批程序,有利于规范行业发展,促进了印度与世界先进国家接轨,是印度生物医药发展史上的一个里程碑(任晓明,2013)。

(二) 巴西健康贫困治理

1. 巴西医疗卫生服务体制概述

(1) 巴西医疗卫生服务体制基本情况。

拥有约1.8亿人口的南美大国巴西,是世界上贫富差距最大的国家之一。为了让巴西人民都能得到医疗服务,巴西建立了"统一医疗体系",实行以全民免费医疗为主、个人医疗保险为辅的医疗制度。巴西新宪法规定,健康是所有公民的权利和国家的责任,不论种族、宗教信仰和社会经济状况如何,每一位巴西公民都有权利得到政府各级医疗机构的免费治疗"统一医疗体系",这种制度为保障人民健康和社会稳定发挥了重要作用。全民"统一医疗体系"推行多年来,巴西建立起以政府为主导的基本医疗卫生体系和医疗保障制度,已经覆盖了90%以上的人口,加上私人医疗保险的补充,巴西人能够享有基本的医疗服务。全民统一医疗体系虽然在处理公平与效率等方面还存在一些争议,但是在降低人口死亡率、预防控制传染病和流行病、提升人民健康水平等方面作出了重要贡献,受到巴西民众的认可。而在实际中,巴西有2 000多家经营医疗保险的公司,3 700万人接受私人医疗保险服务。虽然人人都可以到公立医院免费看病、拿药,但是由于公立医院看病效率低下,因此经济条件好的人根据自身需求,自费购买市场上不同内容、不同价格的私人医疗保险,并到私立医院看病。

(2) 巴西医疗卫生服务体制特征。

巴西的医疗保健服务由两种方式提供:公共卫生服务,通过统一卫生系统(SUS)提供;私人卫生服务,通过由巴西国家卫生保健机构(ANS)管理的补充卫生服务经营者及其他私营机构（医院、诊所、实验室、自主医疗执业者）提供。联邦政府通过SUS是使全民享有免费的基本医疗保健，同时居民可根据需求选择其他机构获得私营补充医疗保健服务。ANS作为私人卫生服务的调控机构，隶属于卫生部（MS），负责协调各部分关系，与社会部门合作共同打造一致的、以社会为导向的医疗服务市场。ANS管控的目标是增进补充医疗保健的公众利益，规范经营者及其与卫生专业人员和消费者的关系，并促进国家卫生优先权的建立。SUS通过卫生部、州政府和市政府在三个层面运作，受SUS审核部约束，并在卫生部资助下经营。作为补充的私营卫生部门，按照财务和经济状况将医疗保健经营者分为七类，由ANS对其进行调控和审核，并由其资助医疗保健经营者。居民除有权获得SUS免费医疗保健外，仍可以选择支付补充卫生经营者提供的健康计划。

2. 巴西医疗服务治理健康贫困行动

(1) 构建统一医疗体系。

20世纪末，巴西颁布的新宪法中决定建立“统一医疗体系”，以改变医疗卫生领域存在的不平等状况。宪法对“统一医疗体系”的基本理念和原则作出了明确规定：第一，人人享有卫生服务，每一位巴西公民，不论种族、地区、宗教信仰和社会经济状况，都有权得到政府举办的各级医疗机构的免费治疗。第二，在“统一医疗体系”面前，人人平等，按需要进行治疗，同时要满足不同地区、不同人群的特殊医疗服务需要（妇女、土著人、老年人），因地制宜、因人而治。第三，强调医疗卫生服务的全面性和系统性，防治结合，医疗、预防和健康教育三位一体。第四，确立“分级管理”“权利下放”和“社会参与”的组织原则，联邦、州、市三级政府职责清晰、责任明确，区域内居民参与本地区“统一医疗体系”管理委员会的管理。

“统一医疗体系”是由多个自上而下的组织机构构成。“统一医疗体系”由全国所有的公立卫生站、医院、大学医院、实验室、制药厂、血库、医疗科研机构，以及公共卫生管理部门聘用的私立医疗机构组成，由卫生部、州卫生厅和市卫生局统一领导。该体系规定联邦、州和市三级政府共同承担保障公民健康的责任，特别要加强市政府在医疗卫生管理方面的职能。同时，各级政府都建立有公民代表参加的医疗卫生委员会，这些代表可以参与医疗卫生政策的制定，对实施情况进行监督。根据新宪法的规定，在广泛征求各方面意见的基础上，巴西制定了相当于实施细则的两个联邦法令：Lei8080/90和Lei8142/90。其中8080法令对“统一医疗体系”的组织形式和管理方式的具体内容作出了严格规定，把医院管理、临床诊断治疗的权力下放到基层;8142法令对“统一医疗体系”的资金来源和使用作出了严格规定,同时对私立医疗机构收费也进行了规范。

“统一医疗体系”以“分区分级”为实行的治疗服务原则。居民看病必须先到所在社区的卫生站,如医治不好,则根据病情分级转向设备和医生水平较高的二级医院、三级医院。实行“分区”原则的好处是便于医疗机构随时了解当地居民的健康状况,及时防治传染病和流行病,控制病源,开展健康教育。“分级”的好处是可以合理配置人力和医疗设备,节约开支,避免患者不管病大病小都到大医院就诊。患者第一次到卫生站看病需要办理医疗卡。每次看病需要预约,需要转院的由卫生站负责向上一级医院预约。在卫生站和医院挂号、看病、拿药、做各种化验、检查和手术完全免费,住院患者还免费享受一日三餐。巴西十分重视疾病预防和妇幼保健,为降低发病率、提高人口的健康素质,卫生部制定了1岁至10岁儿童、11岁至19岁青少年和20岁以上成年人和60岁以上老年人需要打预防针的种类和剂量的日程表。每个卫生站都设有打预防针的专职人员。

信息系统建设为“统一医疗体系”提供了重要保障。为加强“统一医疗体系”的管理,巴西卫生部1999年开始引进信息技术,建立市、地区、州和联邦四级计算机网络。患者原来的纸质医疗卡改换成名为“全国医疗卡”的磁卡。通过这套系统,巴西卫生主管部门可以准确了解各地和各医院接诊的病人数量、药品的使用和需求情况、每个医生的业务水平和工作量,以便更合理地分配资金、采购药品和培训医务人员。该系统还便于监管机构对各地的资金使用进行审计,及时打击贪污舞弊行为。而且这套信息系统可以监控流行病,实现流行病通报自动化,便于确定流行病的发源地,及时采取控制措施。

(2) 农村家庭保健计划与边远地区保健。

巴西的医疗保险管理机构下设国家农民医疗保险协会,在各州设立医疗保险分会,医疗保险协会协助医疗机构提供免费的医疗服务,医疗机构分为高、中、初三个层次。除了医疗保险协会的自办服务之外,巴西政府还同一些私立医院签订合同,可以就近为农民提供医疗服务。农民患病后,先在初级医疗机构中就医,该机构应该尽力治疗,如果超出其诊疗能力,可以将患者转移到中级或高级的医疗机构中就诊。如果农民不去公立医疗机构或是与政府签订合同的私人医疗机构,其所产生的费用应该由农民自行承担。在农民医疗保险费用方面,通常是以税收附加费的形式缴纳。一般来说,农场主为农民缴纳的医疗保险费通常占到农民工资的

18.5%左右，其余是由联邦政府、州政府、农民按照1：1：1的比例分担；对于自耕农而言，其医疗保险费用通常是按照其实际年收入的5%缴纳，其余部分由联邦政府、州政府补贴。

巴西一直都非常重视农村医疗保障体系的建设，还专门针对农村地区推出了特定的医疗健康保障计划，称为"家庭保健计划"。1990年在巴西东北部开始施行一项名为"妇幼健康计划"的项目，以社区为单位为当地居民提供妇幼保健服务。这种模式在全国范围内扩散开来，并且从"妇幼健康"扩展到"家庭健康"，也就是目前覆盖巴西全社区、运转高效率的家庭保健计划（PSF）项目（也有称为FHS项目）。PSF计划从1994年开始实施，主要是巴西联邦政府的资助计划，关注农村妇女、儿童的疾病控制及保健问题。按照这项计划，多学科医生组成的医疗小组各自为他们所负责的特定人群提供服务。这些医疗小组是按照地理分布的，每个小组覆盖1 000个家庭，小组之间的业务互不重叠，服务没有盲区。每位小组成员都有其特定的角色和责任，国家有统一的标准来指导他们如何应对各种医疗问题。

在构建医疗小组初期，巴西有2 000个医疗小组、60 000名社区卫生员为700万人口提供医疗服务，到2014年，一共有39 000个医疗小组，265 000个社区卫生员，为1 200万人口（人口总数的60%）提供服务。每个医疗小组由1名医生、1名护士、1名护工和4—6医疗志愿者构成，为2—3个农村社区提供服务。PSF中最重要的因素是充分及有效地利用社康中心，每个社康中心按地理位置划分后为150个左右家庭提供医疗服务。社康中心为所管辖区域内家庭每月提供至少一次的上门服务，了解家庭内的医疗需求，收集个人及家庭内成员医疗健康数据，每次上门服务均根据家访对象需求提供健康建议，并提供基本医疗服务。该项目很好地弥补了公立卫生机构不能满足人民的医疗保健服务需求的不足，解决了偏远地区的农民和城市贫困人群的就医和保健问题，保障这部分人的健康权利。PSF实施后，巴西农民在医疗服务方面的可及性明显提高，几乎达到90%以上（丁宏术，2017）。

由于地理条件的限制，巴西城乡分化较为严重，大部分的医疗资源及机构均设置在城市地区，这对偏远的印第安人部落来说是极为不便的，无法享受到国家的医疗保险服务。鉴于此，巴西政府采取了一些措施，鼓励印第安人搬出丛林，也鼓励公私医疗机构的医生、护士到偏远地区执业，并对到偏远地区执业的私人诊所给予各种补贴。内地化计划（PDR）正是联邦建立的一个重要计划，旨在鼓励一些医生到偏远地区，如北部、东北部和中西部地区工作，所去医生若开立私人诊所，可得到政府较多的挂号费补助，如在发达地区开业，挂号费补助标准为每诊次 4 美元，到欠发达地区开业每诊次补助 5 美元，联邦政府每月保证每一个医生能得到一定的工资，相当于发达地区城市公立机构医生工资的 2 倍。巴西联邦为确保上述计划的顺利实施，设立专项经费对其进行支持，在制度设计上，注重对医疗服务者的激励，在为从事农村卫生保健服务者提供启动资金及生活补助的同时，还按服务量进行奖励，确保农村医务工作者可获得不低于城市同类人员 2 倍的工资，从而相当程度上激发了他们在农村开展医疗服务的积极性。

(3) 制定贫困地区家庭医生薪酬激励策略。

家庭健康策略(PIMESF)是专门设计用于奖励家庭健康团队，从而改善基本医疗服务的计划。PIMESF 在国际层面上很少受到关注，主要是由于该计划的规模相对较小，尽管如此，它对提高家庭医生服务绩效和探索提高健康水平提供了一些宝贵的经验教训。如巴西的小型城市皮里皮里(Piripiri)市，2003 年贫困发生率为 54.43%，尽管收入水平较低，却将健康列为优先事项，2008 年人均公共卫生支出为 120 美元。皮里皮里市针对家庭医生薪酬不与绩效相关联、家庭健康团队整合不佳、卫生保健提供者缺乏自我监测和自我评估等问题，启动了 PIMESF 项目。该项目涉及多个利益相关者，包括政府机构、医疗服务购买者(公共或私人)和医疗服务提供者，皮里皮里市每年与州政府和联邦政府会面，为该项目确定一套绩效目标或卫生协议。PIMESF 项目根据对团队成员的工作与六个目标的评估结果，向卫生小组提供奖励性支付，团队成员的奖励取决于团队中所有人员的表现。

皮里皮里市家庭健康团队的六个目标是：其一，由家庭健康团队覆盖的 25—59 岁的妇女中，有 70%的妇女进行宫颈异常筛查；其二，家庭保健小组所涵盖 90%活产婴儿的母亲有 7 次或更多的产前咨询；其三，家庭保健小组每位居民每年的平均医生咨询数量至少为 1.5 人次；其四，由家庭健康团队覆盖的人口中有 30%的人口接受过四价疫苗接种；其五，所有的 1 岁以下婴儿接受牙科咨询；其六，社区卫生服务机构每月平均家访次数至少为 1.5 次。如果一些团队没有全部配备相关医疗专业人员，可以排除他们没有能力处理的指标，如团队中没有医生，排除“家庭健康团队每年每名居民平均医生咨询数量”的指标；团队中没有牙医，排除“已经接受过一次牙科咨询的家庭健康团队所覆盖的人口比例”指标；团队中缺少一名护士，则不包括由家庭保健小组所覆盖的 25—59 岁妇女的宫颈异常筛查指标。

皮里皮里市激励性支付的作用是显著的，激励比例相当于个人工资的 20%，当医疗工作者的团队达到全部六个目标要求，相关单位将全部支付这部分激励。为了及时激励和有效激励，激励付款是每月进行的，在年底时统计全年目标达成情况，用于评估年度业绩和支付激励数额。

(4) 大众药房提供免费药与低价仿制药。

巴西经济发展过程中，药价水平曾经很高，民众的药费支出排在住房、食品和交通之后，是巴西人的第四大支出。为了解决低收入人群的用药问题，在2004年，巴西政府决定开办出售低价药品的大众药房。巴西确定了189种基本药物向民众免费提供，主要包括高血压、糖尿病、哮喘等常见疾病所需药品。同时，巴西确定罕见病药物79种，经过集中采购后价格已经下降到市场价格的一半左右。巴西的大众药房对所有人开放，但因为价格低廉，排队的人较多。高收入人群更多选择去那些不需要长时间排队，且药品种类更为丰富的普通药店买药。到大众药房购药的基本都是低收入人群，特别是那些患慢性病需要长期不间断服药的老年人，所以大众药房的开办为低收入群体、老年人带来了直接福利。

随着新药品的研发成本、生产成本的提高以及通货膨胀等诸多因素，药费在巴西政府医疗支出中所占的比例不断上涨。为减轻低收入患者的药费负担，巴西推广使用许多国产的仿制药，其价格比名牌药品平均低40%。卫生部还与市政府和慈善机构合作，在全国各大城市建立了100家低价药房，以成本价供应84种药品，可治疗80%的常见病，药品价格比市场价低40%—85%。除了在药价上给患者优惠，大众药房在售药方式上也作了改革，药房采用将药拆开零卖的方式，既让人们买得起药，也将浪费的可能性减少到最低。近年来，巴西又推出“公民药店计划”，对规定范围内的药品由全国8万个药店供应，所需费用的10%由个人支付，政府承担90%，高血压、糖尿病和哮喘所需药品则免费供应。

(三) 俄罗斯健康贫困治理

1. 俄罗斯医疗卫生服务体制概述

(1) 俄罗斯医疗卫生服务体制基本情况。

俄罗斯承接苏联时期国家免费的医疗制度，在有限的资源基础上，以医疗救助的形式提供国民广泛覆盖的基础性免费医疗服务，然而这是一种不完全的免费医疗制度，即根据政府的不同层级提供不同的医疗服务，同时实行强制医疗保险和自愿医疗保险相结合的保险形式。“全民免费医疗”是俄罗斯联邦宪法中明文规定的公民权利。俄罗斯1993年通过的联邦《宪法》第41条规定:所有人都有保持健康和享有医疗帮助的权利。国家和市政医疗机关,必须依靠相应的预算、保险金和其他收入,为居民提供无偿的医疗帮助。俄罗斯现有的免费医疗体系,是沿袭苏联时期的做法。苏联时期,主要是国家预算拨款为公民提供免费医疗服务,苏联解体后,俄罗斯沿袭了免费医疗的传统。不过,鉴于经济实力有限,资金的主要来源改为医疗保险基金。根据2005年12月修订的俄罗斯《税典》,自2006年1月1日起,在职人员法定医疗保险费率为工资总额的3.1%,其中,1.1%入法定医疗保险联邦基金,2.0%入法定医疗保险地区基金。

俄罗斯卫生系统的主要机构包括卫生与社会发展部及其相关联邦服务机构、联邦居民健康与社会发展监督部、客户权益保护和人类福祉监测、联邦生物医学署和联邦强制健康保险(MHI)基金,国家卫生体系层级中的每个级别都直接向国家报告。俄罗斯1993年提出混合的筹资方式,一部分是强制性来源,主要是指MHI的一般税收和工资缴款;另一部分是自付费用。卫生系统的公共资金来自两个渠道:由联邦、地区和当地卫生部门管理的预算(或一般收入)系统,以及由联邦和州MHI基金管理的MHI系统(Tragakes, 2003)。

(2) 俄罗斯医疗卫生服务体制特征。

俄罗斯向市场经济转型后,原来的医疗制度与整个经济体制的市场化已不相适应,这些都要求俄罗斯政府改革医疗制度,建立与市场化相适应的现代医疗保险制度。为此,实施的主要政策有:一是由国家财政拨款制度转为社会保险制度;二是由国家财政负担的免费医疗制度转为由国家与居民共同负担的医疗制度。俄罗斯法定医疗保险分为基本险和地区险。基本险规定应向所有公民提供的基本医疗服务,地区险则规定地方的医疗服务内容和医疗机构。基本险由联邦卫生和社会发展部制定,经联邦政府批准,而地区险由联邦主体政府制定。法定医疗保险保障每个公民平等获得基本医疗服务(Shevsky, 2015)。

2. 俄罗斯医疗服务治理健康贫困行动

(1) 推行不完全的免费医疗制度。

俄罗斯免费医疗源于苏联时期,并以北欧福利型医疗制度为标杆,政府承诺保证俄罗斯公民将永远在俄罗斯联邦内能够免费享受医疗服务,而且保证医疗服务项目每年都会增加。这意味着,俄罗斯公民在公费医疗上享受同等待遇,任何人都不会因没有钱而被医院拒之门外,急需动手术的病人也不必以缴费为手术的前提条件。对重大病症，包括癌症、一些突发性的一些重大病，所有这些医疗的费用都不用个人来承担，都是由国家承担的，包括病人在医院住院的食宿全都是由政府承担的。然而俄罗斯免费医疗只涉及基本的、简单的医疗服务，很多复杂的医疗服务都需要付费。另外，俄罗斯是医药分开的，普通公民到医院去看病是免费的，但医院和药店之间是没有任何关联的，药店的药售价也不是特别贵，国家对这些基础药品的价格也有限制。药品改革是俄罗斯近年医药事业改革的重头戏，颁布了《俄罗斯联邦药品流通法》，对医药从生产、定价、流通等药品保障各个层次都作出了明确的规定，但是由于制度本身的不合时宜和实施的不利，导致了一些问题(许艳丽，2017)。

俄罗斯政府旨在为全民提供免费的医疗服务，正如上文所述免费的项目是有限的，基本上是按照政府层次进行分门别类地提供。俄联邦预算承担的医疗服务主要包括：需使用高级医疗设备、由联邦专科医院实施的专项医疗服务；国家临时指令性医疗服务；联邦法律规定向公民提供的疾病防治服务；联邦法律规定向公民提供的免疫服务；对重大病疫情早期监控措施。按照俄《国家社会救助法》第二章规定，对特定群体的基本险内容还包括免费提供部分药品，费用由联邦预算承担。各联邦主体预算承担的医疗服务主要包括专项急救、专项医疗服务，还包括免费向本地甲类特定群体提供部分超出基本保险范围的药品，向本地乙类特定群体以50％市场价提供上述同类药品。市级预算承担的医疗服务主要包括急救、基本医疗卫生服务等。市级预算承担的医疗服务费包括由市辖医院提供的药品、医用材料、免疫生物制剂、消毒剂、血液及血液制品。俄联邦卫生和社会发展部定点的医疗机构，不参加法定医疗保险，而由相应各级预算承担费用(蔡江南，2016)。

(2) 提供特殊群体医疗服务。

俄罗斯经济发展水平不高，其社会中存在大量的低收入群体包括老人、妇女、儿童，以及一些失业人群，俄罗斯作为军事大国军人的医疗保障问题也成为俄罗斯政府重要的关注点，俄罗斯通过立法和出台相关政策提供弱势群体和特殊群体的医疗服务，大多数都是免费的。俄卫生保健领域的功能是保障公民有获得免费且优质的医疗救助的宪法权利。为此，俄罗斯联邦政府每年都要批准一项向俄联邦公民提供免费医疗救助的国家保障计划。这一文件确定向俄联邦公民在俄联邦境内免费提供医疗救助的种类和数量。针对失业人群和无收入人群，国家负责支付强制医疗保险金。1999 年俄罗斯出台《国家社会救助法》，联邦预算出资为战争伤残人员、卫国战争参战者、参加过战役的退伍军人、军队服役人员、获得“列宁格勒被围困居民”勋章的人员、卫国战争时期在军事设施中工作的人员、残疾人、残疾儿童等提供社会服务、必需品、免费医疗服务，其中包括药品、医疗器械和患者专用食品，有些甚至可以获得疗养证（由医生开具）、往返于治疗地点的市郊交通和城市间交通费（娄芳，2000）。

从2006年起，普京开始实施“医疗优先”新医改，重点是扩大政府医疗开支，改进医疗基金的使用，增加医疗系统的基础设施。俄罗斯东部地广人稀，医疗条件相对落后，政府为这部分居民提供一个免费咨询和诊断的医疗专列，专列服务范围覆盖远东地区的31个居民点，为当地居民提供14项专科医生门诊、X光射线、超声波以及多项化验服务，每年有5个医疗专列带着药品和各种医疗器械往返于俄罗斯西部大城市和遥远的西伯利亚地区之间。

三、医疗服务治理健康贫困的趋势、比较与借鉴

（一）医疗服务治理健康贫困的发展趋势

1. 培养基层医疗服务人员

基层医疗服务人员是整个医疗服务体系的根基，全科医生作为居民健康的守门人，为居民健康攻坚期最坚实的第一道防护屏障，对于贫困人口或者弱势人群更是如此。从上文的研究中不难看出，多个国家都对农村地区的家庭医生进行重点培养和激励，并制定了一系列强有力的保障措施，使得学生愿意选择医学、医学毕业生愿意去做家庭医生，真正实现贫困人口地区全科医生稳定且充沛的供给。除此，放眼全球，无论是发达国家还是欠发达国家，都在农村基层医疗服务人员培养这个领域积极努力和尝试，除了以上典型国家推行相关政策培育家庭医生，其他国家也加大力度增加家庭医生的有效供给和职业稳定性，如美国重点采取的措施便是本地选拔，对农村医疗从业人员进行激励。在学习内容方面，要求课程要基于农村背景，覆盖农村医学课程，还要求学生到农村社区考察和实习，并为医疗人员配备农村医疗的导师。美国医生的选拔非常严格，首先要有职业资格认证，之后还要有技术资格。日本采取中央和地方共同筹建自治医科大学，47个地方政府共同出资建立一个资金池，这些资金用于学校管理与学生培养，每年每个地区仅仅能拿到2—3个名额，也就是说，一年全国只有100个名额左右。日本的医科大学实行6年

制培养，学生需要签订服务期为9年的合同，学校会让学生到农村地区临床实习，熟悉农村工作环境，同时还有3年的综合医院岗位培训。政府作为主管部门负责学生的分配，而且要监督学生履约情况，如果发生违约，学生要退还教育费用，还要加收每年10%的利息。

表6.4 典型国家农村基层医疗服务人员培养比较

国　家	农村基层医疗服务人员培养项目
英　国	● "6＋2＋3"全科医生培养"6＋"
加拿大	● 乡村家庭医学部计划 ● 农村居民的家庭医疗实践部门方案
澳大利亚	● 澳大利亚农村卫生人力发展策略 ● 护士招聘项目 ● 农村地区医生临时代班计划 ● 农村全科医生激励计划 ● 农村医学本科生奖学金项目 ● 农村医生的继续医学教育项目
印　度	● 卫生保健积极分子
巴　西	● 内地化计划 ● 家庭健康策略

2. 重点关注弱势人群健康

福利国家制度下医疗服务的供给都是以免费的方式提供的，对妇女、儿童、老人、军人、农村居民以及低收入群体提供专项的保护是得到国际上广泛共识的，且这一力度在逐步加大。英国提出了农村医疗服务整合，加拿大以医疗保障法来保护弱势群体，澳大利亚对农村、偏远地区和外地居民也提供了专门的医疗服务。可以说，即使在发达国家医疗服务制度也是向弱势群体倾斜的，且提供较为有力的保障水平。金砖国家在医疗资源有限的情况下，提供了不同程度的免费医疗，印度构建了农村三级医疗网络以及健康计划，巴西实行了农村家庭保健计划、边远地区保健计划，俄罗斯针对弱势群体提供了力度更大、范围更广的免费医疗服务。世界各国都为弱势群体提供了一定程度的免费医疗服务，在报销项目、报销金额上都作出了有针对性的设定，以降低弱势群体在医疗服务方面的花费，避免居民因为医疗费用负担而导致有病不治、延误病情的现象。

3. 发展远程互联网医疗

随着医疗服务需求不断增长，互联网应用得以实现的条件逐渐成熟，远程医疗成为解决健康贫困问题的重要方式。随着医疗科技的不断发展，尤其是依托于互联网的新技术兴起，出现了更加快捷、有效和安全的技术，从而带来就医平台的升级。互联网医院不仅能节约患者的时间和医疗支出，提高就医效果，还能优化行业结构，增加行业运转的效率和性价比。更为重要的是，互联网远程医疗平台有其独特的优势。它能改造原有产品的价格结构和信息传播渠道，通过互联网降低获客和渠道成本，把远程医疗推向了更多的非高收入及年轻人群。成本的降低又会反向刺激需求的增长，进一步做大远程医院的蛋糕。在国际上已经有很多国家的很多公司在开始实践，比如 Teladoc 公司可以说是最具代表性的远程医疗公司，它是针对非急症（包括过敏、气管炎和红眼病等）的患者提供全天候医疗服务的医疗科技公司。通过线上的视频交流，执业医生能及时同有需求的患者进行沟通从而有效地提出建议、诊断和简单的处方措施。MORE Health 公司为中国重大疾病的患者（例如癌症、心血管疾病和家族遗传病等）提供来自美国当地顶级医疗机构医学专家的第二诊疗意见。通过 MORE Health 公司提供的单学科或者多学科会诊，患者能够享受到美国最先进的诊疗服务，并在有需要时能够合法地通过美国医生的处方，获得国内尚未上市的新药。Babylon Health 公司是一家位于英国伦敦的数字远程医疗创业公司，主要专注于在线诊疗，通过聚焦线下医生为用户提供在线医疗咨询服务。

(二) 医疗服务治理健康贫困的特征比较

1. 典型福利国家健康贫困治理特征比较

(1) 全民免费医疗制度比较。

英国的国家医疗服务体系构建了对全民健康贫困治理的第一道防线。在英国，除了小部分居民选择收费的私人医院外，大部分人使用的都是国家医疗服务体系的免费服务。国家医疗服务体系以分布在社区中的医疗中心（Medical center）为基础，每个医疗中心为周围 4 000—6 000 名居民提供服务。英国的免费医疗能够在最大程度上降低居民因为医疗费用支出而影响就医品质的可能，免费医疗保护了弱势群体。同时，英国家庭医生制度降低了居民陷入因病致贫的可能，英国的家庭医生用 10％的医疗费用提供了 90％以上的医疗服务。英国的全科医生有 4 万多名，大概占医生总数的40%左右，担当居民健康的守门人。英国的健康档案是全国注册制，注册率达到99%，健康档案为家庭医生提供了必要的工作基础，也为居民健康预防和疾病诊治提供了保障。英国在1948年就建立起了国家卫生服务制度，总结而言有四个特点，即全民覆盖、按需提供服务、国家税收付费、全民免费。家庭医生根据居民的健康档案提供健康管理服务，尤其是针对常见病、慢性病和多发病，有效提升了居民的健康水平，降低了因病致贫发生的概率。

《加拿大卫生法案》由1957年《住院保险和诊断服务法》和1966年《医疗保健法》合并而成。该法案以让公民更易于享有合理的医疗服务为目标，包括普遍、可及、便捷、综合、公共管理五个基本原则，加拿大医保服务与延伸医疗服务并行开展，便于患者选择合理所需的医疗服务。每年卫生管理部门与医生协会谈判制定出医疗服务的价格、固定资产支出水平及医院年度总额预算，医院接受政府的一次性付款。加拿大国民凭健康卡即可享受免费医疗，所有医院和药房都与医保机构联网，在医保覆盖的范围里完全免费。对全面医疗保障系统之外的医疗服务项目，使用者要自行付费或通过购买商业保险得以解决。

1901年澳大利亚联邦成立，1910年开始构建社会保障体系，二战期间澳大利亚社会保障事业迅速发展，但福利医疗制度则起源于二次世界大战之后，起初是服务于退伍军人的福利，逐渐延伸至普通人群。1975年7月1日《健康保险法》生效，法案规定澳大利亚公民凡有能力承担医疗保险费的，均应按收入摊派，并人人有资格享受公立医院和社区诊所的免费治疗。1976年10月自由党上台，征收“全民医疗保险附加费”，保证了全民医疗保险的资金来源，但一直到1981年，只有养老金人员、失业人员和低收入者可以享受免费医疗，其他人必须投保私人医疗保险，否则自行负担全部医疗费用。如今澳大利亚提供了国民保健卡全面保障国民的免费医疗。

横向比较三个国家免费医疗可见，第一，都在历史上经历了几个阶段才逐步延伸到当下的免费医疗，并且都出台了相关的法律法案作为保障；第二，免费医疗都具有普适性，针对全国居民，不分种族、年龄、性别和地区等特性，甚至对外来人口和旅行人员都提供免费的健康保健；第三，免费医疗主要是医疗服务免费，在医药分离制度背景下，主要是针对居民的健康医疗服务免费，而药品不在这项全民性质的免费项目中；第四，免费医疗制度主要由家庭医生健康守门人体系支撑，三个国家的家庭医生制度都非常健全。此外，各国也存在着个别的差异，例如澳大利亚除了国民保健卡，还有健康照顾卡，针对特殊人群提供更为深层次的免费医疗保障。

(2) 弱势群体健康贫困治理行动比较。

英国对弱势群体提供药品免费以降低医疗经济负担。英国实行医药分离和双轨制药房政策，但对特殊群体尤其是弱势群体提供药品保障，使他们在产生就医需求的时候，能够彻底避免因为贫穷而带来的应就医不就医、应住院不住院、应吃药不吃药的问题。这部分群体包括16岁以下儿童、19岁以下全日制学生、老人、残障人士或孕(产)妇，他们可持医师所开处方至药店免费用药。这种医药分开的方式有效避免了医生给病人多开药或开高价药，因为医生无法知道病人到哪个药店买药，医生和药店串通的可能性较小。

加拿大对弱势地区实施医疗资源倾斜。加拿大幅员辽阔，政府对偏远地区的居民同样给予完善的医疗服务，同时弱势群体经申请可减免费用。加拿大即使是偏远的小镇，卫生服务部门也会配备多名全科医生、普外科医生和麻醉科医师，且这些服务人员都是具有本科学历，完成了统一的住院医师的培训，并且拿到了相应医师协会的证书和行医证的。乡村医院是非营利机构，医院和医师不存在雇佣关系，尽管医院很小，但是功能齐备，配备护士、康复理疗师和营养师等。对乡村不能有效治疗的病人可安排转诊，在特别偏远或者冬天道路不畅的情况下，将由空中救援队提供转诊服务，这拉近了边远农村与中心城市医疗的时空差距。加拿大的大城市和乡村的医疗水平的差别，仅体现在一个小时救援队转诊病人的时间差别上。通过立法的方式切实保障弱势群体，加拿大是世界上少有的颁布医疗保障法律的国家，为了使得医疗服务能够切实保障居民的健康，加拿大通过立法的方式全面推动加拿大的免费医疗，尤其是对弱势群体方面。丧失经济能力的弱势人群可以申请全面或者部分减免保险费。而65岁以上老人则不论其经济能力如何，均可自动成为免费医疗保险的享受者，享受基本医疗保障服务。通过立法的方式能够形成最有力的保障，也成为推行医疗保障的最核心动力。

澳大利亚在提供普适性的医疗保健服务的同时，对贫困人口等弱势群体政府提供健康照顾卡服务。当一个家庭收入低到一定程度时，由福利部负责向该家庭发放该卡片，家庭成员用这个卡购买药品，只需要自费支付较少的部分，其余部分由政府支付。对拥有这种卡的群众，政府提供了绝大多数的医疗兜底保障。对偏远地区和外地居民，澳大利亚也给予了重要的医疗保障，包括“澳大利亚的空中服务医疗队”。政府充分考虑到各种贫困人口和特殊人群，针对他们的医疗服务需求特征，直接提供有差异化且具有基础保障作用的医疗服务，确保免费医疗体系能够保障每一个居民享受到医疗体系的益处。

横向对比这三个国家对特殊人群尤其是弱势群体的保障方面，第一，针对老弱病残及低收入群体都提供了特殊的医疗服务保障，主要体现在药品方面；第二，针对农村偏远地区提供了更多的资源倾斜，包括医疗硬件资源的配置，尤其是家庭医生等软件资源的配置，加拿大和澳大利亚还配置了空中救援队予以保障。同时，加拿大针对农村等偏远地区还重点培养家庭医生，保障居民的健康医疗服务需求得到满足；澳大利亚则明确为低收入群体提供额外帮助。

(3) 药品补助关键行动比较。

英国在医药流通领域实行了严格的控制，在微观运行上也是从主体的不同角度进行了有效区隔，其中一个典型的特征就是公立医院与社会药房药品采购的双轨制。推行对专利药和非专利药实行不同的采购政策，公立医院非专利药品实行集中采购，集中采购药费仅占药品总费用的 4%，公立医院专利药品以及社会药房均实行自主采购。社会药房药品自主采购，药房可以和药品供应商进行自主谈判，以此来压低药品实际采购价格，实现药房市场营利性的目的，侧面保障了公立医院的公益性。

在加拿大，除了确保药品的安全和有效之外，确保民众不因贫穷而影响对医疗服务的获取，也是药品监管的重要目的。在 1993 年政府废除了对专利药品的强制许可制度之后，考虑到控制专利药品价格的必要性，联邦议会授权于 1987 年设立了专利药品价格审查委员会(PMPRB)，根据《专利法》和《专利药条例》对专利药品价格实施监管。此外，联邦政府卫生部内设的药品和技术管理局，2003 年开始设立了统一药品审评(the Common Drug Review)的机制，通过共享高水平的证据和专家建议，提高加拿大公共药物计划的质量和可持续性，减少各省监管机构的重复劳动和资源浪费。该机制整合了药品生产企业的申请程序，并且提供公正、严格的审评以及具有证据支持的建议，通过对临床证据的系统性审评、对药品经济学信息的审查，以及由加拿大药物专家咨询委员会(the Canadian Expert Drug Advisory Committee)提供详尽的建议，支持各省制定(由各省财政补贴当地居民的)“药物计划”(Drug Plan)。

澳大利亚居民患病后的主要支出是药品消费，澳大利亚与英国一样实行的是免费医疗制度，其中医疗服务是免费的，在政府的医院就医，治疗期间的一切费用是全免费的，包括伙食一日三餐。但医药分离体系下药品的消费却是需要患者另外负担的，澳大利亚与英国和加拿大不同的地方在于提供了药品补贴和药品补助，针对全民性质提供的为药品补贴，实现了普适性的福利政策，而药品补助是针对特性群体提供的。

比较三个典型国家药品价格和监管制度发现，它们都采用了医药分离制度，且对低收入群体等弱势群体提供减免或者免费的政策。英国通过药品定价、药品经销等环节进行分流，在终端对弱势群体予以减免；加拿大则采用了立法的方式予以保障。

2. 典型金砖国家健康贫困治理特征比较

(1) 不完全的免费医疗制度比较。

印度的免费医疗与发达国家的免费医疗还是有着很大不同的。发达国家的免费医疗是实质性的免费，即使在国内治不好的病，国家也会承担居民出国进行治疗的费用。但欠发达国家的情况却相差较远，印度虽然实行的是免费医疗制度，但只限于常见病、多发病等。印度政府为全民提供免费的仅仅是基础医疗服务，贫困人口可以获得较低水平的救助和免费医疗。在20世纪80年代，因为印度穷人太多，看不起病、死亡率高，所以印度建立起覆盖农村的三级医疗保障网络。印度居民到公立医院挂号、检查、就诊、医药费都是全免的，还有营养餐供应。但印度设立的公立免费医院并不多，这也意味着，即使是小病也并不是所有人都可以看上。正因为印度的公立医院是免费的，而私立医院是要收费的，因此，穷人主要在公立医院就医，而私立医院就成为中产和富裕阶层的专属。

巴西的医疗机构大致可分为公立医疗、私立医疗和非营利性医疗三部分，其中非营利性医疗的部分比较少，日常生活中较为普遍的是公立医疗和私立医疗。公立医疗的免费性是其最大的优点，巴西法律规定，公立医疗免费提供患者需要的医疗服务，即使是价格昂贵的药物和治疗，申请后大部分都能免费获得。巴西的公立医疗能覆盖巴西90%以上的人群，无论是本国人还是外国人，都可以在公立医院得到医治。从挂号到问诊，再到检查，再到药物或手术治疗，整个过程都是免费的。巴西根据公立医疗市场需求建立了药品目录，要求公立医疗将必备目录所包含的药物免费提供给病患，但实际运行上遇到了很大的阻力。且不论巴西当前经济相当之不景气，即便在经济辉煌时期，巴西社会也很难承担如此大的医疗支出。近些年，巴西已经因为资金短缺关闭了多家公立医院，因为缺少资金关闭相关科室、不提供某些检查、不能进行某些手术的公立医院更是不计其数。许多医院最初配备的检查设备就不完备，加之后续资金补充不足，越来越多种的检查和手术无法进行，患者需要不停地在不同医院之间来回转诊，所以对于只能选择公立医院就诊的弱势群体，是没有办法得到真正的免费医疗的。

俄罗斯也是部分免费医疗。俄罗斯实施医药分开的，普通居民到医院去看病是免费的，一些常规病如感冒，患者由医生开处方，然后到药店去买药，医院和药店之间是没有任何关联的，药店的药售价不高，国家对这些基础药品的价格也有限制。对重大病症，包括癌症、一些突发性的重大疾病，所有这些医疗的费用都不用个人来承担，都是由国家承担的，包括病人在医院住院的食宿全都是由政府承担的。然而实际情况是，俄罗斯虽然对很多基础药品实施价格限制，但免费医疗只涉及基本的、简单的医疗服务，很多复杂的医疗服务都需要付费。在俄罗斯，大病、重病患者就医仍然相当困难，国家不能全额负担这类人群的医疗费用。如果病人需要做大型手术或者进行昂贵的长期治疗，大部分时候需要额外付费。

从金砖国家免费医疗的比较来看，第一，金砖国家都提出了全民免费医疗的政策，给予国民最基础的医疗服务，保障国民基础健康需求得到满足；第二，金砖国家基于本国经济社会发展状况，往往仅对特定人群或部分服务项目的免费；第三，金砖国家基础设施和经济实力都相对较差，提供的免费项目或者是针对部分人群提供的免费医疗的质量还有待提高。

(2) 农村健康贫困治理比较。

印度农村健康贫困治理工作主要体现在建设农村医疗体系方面，实行全民免费免疫计划和政府医院免费治疗项目等公共卫生制度。免费医疗服务主要是一些基础的公共卫生服务、卫生防疫等，目标是满足大多数人的基本医疗需求，农村居民和城里居民一样，享受国家提供的免费医疗。印度在农村建立了三级医疗网络体系，并在2005年开始制定全国农村健康计划，目标是为农村地区的贫困和弱势群体提供可得的、承担得起的、负责任的、有效的和可信赖的医疗服务。

巴西农村医疗保障主要体现在农村家庭保障计划，以社区为单位为当地居民提供妇幼保健服务，主要关注的是农村妇女、儿童的疾病控制及保健问题。为了改善农村地区的医疗服务现状，专门设计用于奖励家庭健康团队的家庭健康策略，从而改善基本医疗服务。

俄罗斯由于地理条件的限制和人口密度稀疏问题的存在，对农村或者偏远地区采用了流动医疗车的方式。

农村健康贫困比较来看，第一，金砖国家由于贫困人口多，都非常重视农村地区的医疗保健问题，对农村地区的医疗资源配置均有一定的倾斜；第二，农村地区的特殊人群是重点对象，尤其对农村妇女、儿童以及老年人进行精准健康扶贫，杜绝因病致贫的发生；第三，从形式上看，印度采用了农村三级医疗网络体系构建，巴西则建立了家庭健康计划和医疗小组。

（三）医疗服务治理健康贫困的经验借鉴

1. 精准定位健康贫困帮扶对象

从医疗服务方面健康贫困治理的分析当中不难得出，无论是福利性国家还是金砖国家，都非常重视对弱势群体的医疗保健，即便是不完全免费的金砖国家，也对孕妇、儿童、老人、残疾人、退役军人、穷人、失业者等低收入弱势群体提供了一定程度的免费医疗，并针对农村地区和偏远地区提供个性化医疗服务，降低了经济脆弱群体因病致贫的概率。在我国，贫困农村就医条件差，农村居民到城市就医距离相对较远，产生的额外的就医成本也是农村贫困群体难以承受的，因此，因重大疾病致贫、返贫的家庭不在少数。

大力推进精准健康扶贫工作，确定重点帮扶对象，有针对性地提供帮扶项目，有利于贫困地区健康改善和整体的经济面貌变化，以及人民生活水平质的提升。第一，建档立卡的贫困人口是健康扶贫政策适用范围的重点，同时将在册的已脱贫的建档立卡人口（脱贫不脱策人口）也作为精准健康贫困治理的对象，这主要是因为已脱贫的群众依然属于易陷入健康贫困的脆弱性群体，很容易因病返贫。贫困人口尤其极贫人口是全世界国家都重点关注的群体，针对这部分群体政府要施行免费体检政策，大病集中救治政策，慢病签约服务管理政策，重病兜底保障政策，先诊疗、后付费、住院免押金政策，“一站式”结算政策，医疗费报销优惠政策，免费远程医疗会诊政策，政府代缴医保费政策等。第二，健康扶贫的对象应该包括分布在偏远地区的农村居民，澳大利亚和加拿大针对这部分群体都配备了飞行医疗队，而我国目前可开展远程医疗以满足这部分群众的医疗服务需求。第三，低收入群体包括老人、孕妇、儿童、退役军人等也应该作为健康贫困治理的重点关注人群，同时结合每个人群的具体特征，提供基本医疗、大病保险、医疗救助、医疗费用兜底等措施，保障低收入群体的身体健康。

2. 适度提高医疗卫生保障水平

从福利型国家和金砖国家的比较来看，典型国家均属于国家卫生服务模式，以国家和政府为主体向居民提供免费医疗卫生服务，促进了基本医疗卫生服务的公平可及和可负担。由于国家的经济发展水平差异，福利国家和金砖国家免费医疗服务范围和程度有所差别，体现出健康与国家经济发展程度的匹配性。英国、澳大利亚、加拿大这些发达国家的福利过度危机也会影响本国的免费医疗水平。另外，英国和澳大利亚的免费医疗制度存在医疗服务效率不尽如人意之处，金砖国家也有同样体现。建设基层医疗卫生服务体系过程中如何避免效率损失值得思考。

一方面，要考虑到基层医疗机构的服务对象，根据分工适度来提高医疗服务水平。基于分工定位适当以提升基层医疗卫生服务水平，基层医疗机构的服务能力要与其功能定位相匹配，而非越高越好。在国外低收入群体主要去公立医院就诊，基础性免费医疗在一定程度上给低收入群体提供了必要的医疗保障，尤其是印度公立医院以节俭为本、倡导节约，并没有在基层医疗机构设置高级的病房和最先进的设备，而是从居民的实际需求出发，以最小的投入获得最大的医疗效用，这样既节省成本，也降低了居民的家庭医疗负担。另一方面，提升为穷人提供的医疗服务，重在医生水平，而不是医疗设备。根据福利性国家和金砖国家的经验，医疗服务的提升重点都在培养家庭医生，通过多种专项培养和提升项目来增加家庭医生的数量供给和水平提升。具体而言，第一，在贫困地区定向招收医学类学生，为这些学生提供专项奖学金，通过设立相关政策鼓励他们完成学业后返回生源地就业；第二，借鉴国外对农村家庭医生的奖励计划，为在农村执业的家庭医生提供专项补贴以及其他福利；第三，打通城市与农村的家庭医生晋升路径，给予农村家庭医生培训、晋升机会，让家庭医生能够在下沉到农村基层后没有后顾之忧；第四，鼓励多点执业，并学习澳大利亚的农村医生临时代班计划，鼓励更多的医生能够到农村提供医疗服务；第五，巴西的内地化项目也适用于我国，鼓励东中部地区的医生到偏远地区（如西南、西北等）工作，并提供创业政策支持和相对较高的薪酬待遇。

3. 降低居民患病用药经济负担

从福利国家的医疗服务体制安排来看，都推行了医药分离制度，尽管医疗服务是免费的，但不包括药物支出。药物支出在患者医疗支出中占据较大比重，是影响健康贫困的重要因素。福利国家注重对药品定价、流通和销售各个环节进行规范和管理，同时对特殊群体提供药品补助或者药品补贴。

第一，通过统一招采和谈判降低药费，为全民带来低价药福利。我国是采取社会医疗保险模式，并制定了基本医疗保险药品目录。目前国家医保局正在进行药品招标采购体制改革，力图通过统一招采和国家谈判等方式降低药品价格，减轻居民用药经济负担。

第二，借鉴典型国家卫生服务模式中国家药物管理的先进方法，提高药品质量的同时，降低药物价格，特别是进口专利药、仿制药的价格，从而建立价格合理、质量可靠的药物流通保障机制，有效降低患者医疗经济负担，防止因病致贫、因病返贫。

第三，针对贫困人口提供药品补助。我国很多地区的建档立卡贫困户、低保户及贫困边缘人群等特殊贫困群体在购买临时普通药品等方面持续承受高价药的支出压力，针对这部分人群提供药品补助，并且在较长的一段时间为每个贫困家庭提供专项药品补助，以减少日常生活中的购买药品开支。

第四，针对低收入群体包括老人、孕妇、儿童、退役军人等群体提供用药优惠，并为特殊病种患者提供免费用药。如选择部分基本药物向高血压、糖尿病、严重精神障碍等患者免费提供，将基本药物作为公共产品以全额保障的形式向居民免费提供，真正实现基本药物公平可及、人人享有。

第三编

中国治理健康贫困行动与效果

第七章
中国医疗卫生保障治理健康贫困行动与效果概况

我国健康贫困治理经历了从无到有、从低到高、从弱到强、从分散到整合的过程，伴随着医疗保障体系建设，医药卫生体制改革和“健康中国”战略规划的推进，健康扶贫和社会保险扶贫的实施，健康贫困治理日益深入。本章遵循总体分析框架，系统阐述中国治理健康贫困行动，即社会医疗保险、商业医疗保险、社会医疗救助、慈善医疗和分级诊疗制度建设的进展和现状、问题与成因、趋势和对策，从总体上揭示我国医疗保障健康贫困采取的行动和取得的效果。

一、社会医疗保险治理健康贫困

(一) 进展和效果

我国自2003年以来相继建立了新型农村合作医疗制度(以下简称新农合)、城镇居民基本医疗保险制度(以下简称城居保)，基本医疗保险制度对化解医疗经济风险和保障人民健康发挥了重要作用。随着我国医疗卫生体制改革的推进，基本医疗保险的保障水平有了逐步的提高。例如基本医疗保险的报销比例、封顶线额和财政补贴都有了显著的提高。纵观2009年的新医改、“十二五”医药卫生体制改革和“十三五”医药卫生体制改革，医疗保障水平已有了大幅度、广范围的提高。2012年以来，在基本医疗保险制度的基础上，我国开始建立城乡居民大病保险制度，作为基本医保制度的延伸，进一步分散城乡居民的疾病负担。

1. 基本医疗保险制度保障能力逐步增强

(1) 基本医疗保险制度的快速发展。

2003年1月国务院办公厅发布《关于建立新型农村合作医疗制度的意见》，2007年7月国务院发布《国务院关于开展城镇居民基本医疗保险试点的指导意见》。新农合和城居保在建立之后人均筹资水平和人均支出快速增长(见图7.1)。

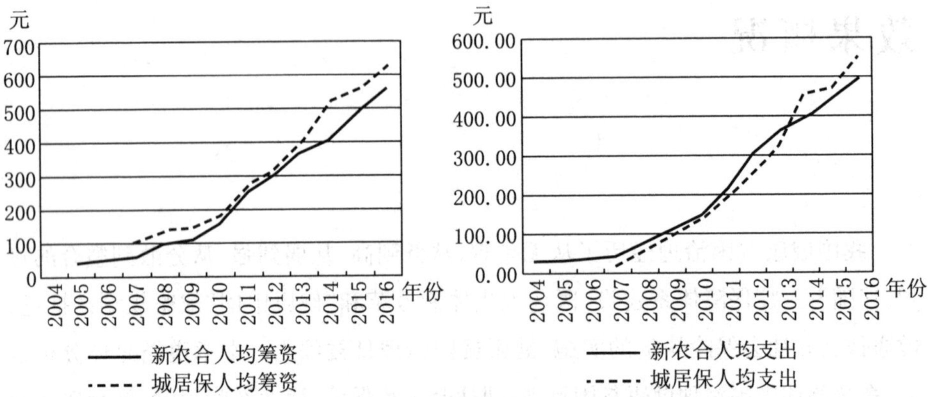

图7.1　城乡居民基本医保的筹资和支出水平

资料来源:《中国卫生统计年鉴(2003—2017)》,中国协和医科大学出版社。

在人均筹资方面。2005—2016年间新农合筹资水平有了大幅度提高。具体而言,可分为三段时期。在2005—2008年,新农合人均筹资水平较低,分别为42.10元、52.10元、58.90元和96.30元,除了2008年人均筹资有了大幅度增加外,其余年份增幅较小,平均增幅仅为18.5%。2009—2013年,新农合人均筹资水平增长幅度最大,由113.36元增加到370.59元,这段时间内的平均增幅达到35%。而之后的2014—2016年,新农合人均筹资水平小幅度增长到559元。总体而言,新农合人均筹资水平由2005年42.10元增加到2016年559.00元,增加了12倍多。2007—2016年间,城居保人均筹资水平有了大幅度提高。2007年为100.14元,2008年大幅度提高为131.01元,增幅达31%,2009年仅微幅增加5%达到138.16元。2010—2014年间,城居保人均筹资处于快速上涨阶段,由181.03元增加到524.4元,平均增幅达到31%。而2015—2016年,城居保人均筹资小幅度上涨。总体而言,2007—2016年间,城居保人均筹资由100.14元增加到626.52元,增加了约5倍。

在人均支出方面。从新农合、城居保历年的结余情况来看，基金结余率呈现逐步下降的趋势，结余率控制在较低水平。2007—2013年间新农合基金结余率较高，平均结余率高达39%。2014—2016年间结余率较低，分别为8%、11%、13%。2007—2012年，城居保基金结余率较高，平均结余率高达41%。2013—2016年，城居保基金结余率降至较低水平，分别为18%、13%、16%、12%。从基金支出情况来看，2004—2016年，新农合人均支出快速增长，由32.96元增加到495.87元，增幅达14倍。就增幅而言，新农合人均支出于2007—2013年增长速度最快，平均增长率达39%。2007—2016年，城居保人均支出快速增加，由23.58元增加到552.92元，增幅达约22倍。其中，2009—2014年间，城居保人均支出增幅最大，平均增长率达43%。

(2) 政策范围内补偿水平逐步提高。

2009年新医改后，城乡居民基本医疗保险的保障水平有了进一步提高，政策范围内报销比例、最高支付限额都有进一步调整。2009年国务院《关于印发医药卫生体制改革近期重点实施方案(2009—2011年)的通知》(国发〔2009〕12号)提出：到2010年各级财政对城镇居民医保和新农合的补助标准提高到每人每年120元；逐步提高职工医保、居民医保和新农合政策范围内的住院和门诊报销比例；将城镇职工医保、居民医保最高支付限额分别提高到当地职工年平均工资和居民可支配收入的6倍左右，新农合最高支付限额提高到当地农民人均纯收入的6倍以上。2011年《关于印发人力资源和社会保障事业发展"十二五"规划纲要的通知》(人社部发〔2011〕71号)明确要求职工医保、居民医保和新农合在政策范围内住院医疗费用支付比例分别达到75%、70%、70%。《国务院关于印发"十二五"期间深化医药卫生体制改革规划暨实施方案的通知》(国发〔2012〕11号)要求到2015年，城镇居民医保和新农合政府补助标准提高到每人每年360元以上，职工医保、城居保、新农合政策范围内住院费用支付比例均达到75%左右，明显缩短了与实际住院费用支付比例之间的差距，并进一步提高了支付限额；城居保和新农合门诊统筹支付比例提高到50%以上。《国务院关于印发"十三五"深化医药卫生体制改革规划的通知》(国发〔2016〕78号)提出到2020年深化医药卫生体制改革的主要目标之一是基本医保政策范围内报销比例稳定在75%左右。

表 7.1 城乡居民基本医疗保险保障水平政策规定

年份	政策文件	政策范围内住院报销比例	最高支付限额
2009	《国务院关于印发医药卫生体制改革近期重点实施方案(2009—2011 年)的通知》(国发[2009]12 号)	逐步提高	城居保:当地居民人均可支配收入的 6 倍左右;新农合:当地农民人均纯收入的 6 倍以上。
2011	《人力资源和社会保障部关于印发人力资源和社会保障事业发展“十二五”规划纲要的通知》(人社部发〔2011〕71 号)	城居保、新农合达到 70%	
2012	《国务院办公厅关于印发深化医药卫生体制改革 2012 年主要工作安排的通知》(国办发〔2012〕20 号)	城居保 70%;新农合 75%	城居保:当地居民人均可支配收入的 6 倍左右;新农合:当地农民人均纯收入的 8 倍以上,且均不低于 6 万元。
2012	《国务院关于印发“十二五”期间深化医药卫生体制改革规划暨实施方案的通知》(国发〔2012〕11 号)	均达到 75%,明显缩小与实际住院费用支付比例之间的差距	进一步提高最高支付限额
2013	《国务院办公厅关于印发深化医药卫生体制改革 2013 年主要工作安排的通知》(国办发〔2013〕80 号)	城居保达到 70%以上;新农合达到 75%左右。进一步缩小与实际住院费用支付比例的差距	
2014	《国务院办公厅关于印发深化医药卫生体制改革 2014 年重点工作任务的通知》(国办发〔2014〕24 号)	城居保 70%以上;新农合 75%左右。进一步缩小与实际住院费用支付比例间的差距	
2015	《国务院办公厅关于印发深化医药卫生体制改革 2014 年工作总结和 2015 年重点工作任务的通知》(国办发〔2015〕34 号)	城居保 70%;新农合 75%。	
2016	《国务院办公厅关于印发深化医药卫生体制改革 2016 年重点工作任务的通知》(国办发〔2016〕26 号)	城居保稳定在 75%左右	
2016	《国务院关于印发“十三五”深化医药卫生体制改革规划的通知》(国发〔2016〕78 号)	75%左右	

资料来源:国务院、人力资源社会保障部的官方网站,经整理得出。

2. 城乡居民大病保险制度在全国推行

(1) 大病保险制度的建立历程。

2012 年 8 月 24 日，六部委(国家发展改革委、卫生部、财政部、人力资源和社会保障部、民政部、中国保监会)联合发布的《关于开展城乡居民大病保险工作的指导意见》指出："开展城乡居民大病保险是减轻人民群众大病医疗费用负担，解决因病致贫、因病返贫问题的迫切需要。"文件出台后，各省份积极响应，相继出台大病保险试点文件，在试点地区取得了很好的效果。试点一年多之后，2014 年 1 月 28 日，国务院医改办发布了《关于加快推进城乡居民大病保险工作的通知》，指出："加快推进城乡居民大病保险工作，有利于健全全民医保体系，筑牢群众看病就医的网底；有利于减轻人民群众大病医疗费用负担，防止因病致贫、因病返贫，促进社会公平正义。"2015 年 7 月 28 日国务院办公厅发布了《关于全面实施城乡居民大病保险的意见》，指出："建立完善大病保险制度，不断提高大病保障水平和服务可及性，着力维护人民群众健康权益，切实避免人民群众因病致贫、因病返贫。"而在此文件出台后，31 个省份基本实现了城乡居民大病保险制度的全覆盖。

第一，制度探索阶段和提出。

在因病致贫问题严重、基本医疗保险保障水平有限的情况下，我国逐步探索城乡居民大病医疗保险制度。在 2012 年之前涌现了"湛江模式""厦门模式""太仓模式"等多个地区的城乡居民大病保险制度探索，均是采用购买商业医疗保险服务的模式。而在国家层面的政策文件中，"大病保险"一词最早出现于《国务院关于印发"十二五"期间深化医药卫生体制改革规划暨实施方案的通知》(国发〔2012〕11 号)、《国务院办公厅关于印发深化医药卫生体制改革 2012 年主要工作安排的通知》(国办发〔2012〕20 号)，当时关于大病保险制度处于探索阶段，但已经确定要引入商业医疗保险参与。两个文件均提出"积极探索利用基本医保基金购买商业大病保险或建立补充保险等方式，有效提高重特大疾病保障水平"。

2012 年 8 月 24 日，《关于开展城乡居民大病保险工作的指导意见》(发改社会〔2012〕2605 号)提出："开展城乡居民大病保险是减轻人民群众大病医疗费用负担，解决因病致贫、因病返贫问题的迫切需要。"这标志着城乡居民大病保险制度即将在全国开展。随后《国务院关于印发卫生事业发展"十二五"规划的通知》(国发〔2012〕57 号)也提出："积极开展城乡居民大病保险工作，利用基本医保基金向商业保险机构购买大病保险，减轻参保(合)人的高额医疗费用负担。"

第二，制度试点和推广阶段。

2013年城乡居民大病保险处于试点阶段。《关于开展城乡居民大病保险工作的指导意见》(发改社会〔2012〕2605号)公布之后，各地相继开展城乡居民大病医疗保险制度的探索。从各省推行情况看，绝大多数省份采取了“2013年先试点，2014年再推广”的模式。少数省份没有试点，而是直接在全省范围推广，总体上都是在2013年初开始的。

2013年《国务院办公厅关于印发深化医药卫生体制改革2013年主要工作安排的通知》(国办发〔2013〕80号)贯彻落实发展改革委等六部门《关于开展城乡居民大病保险工作的指导意见》(发改社会〔2012〕2605号)，推进城乡居民大病保险试点。2014年1月，《国务院医改办关于加快推进城乡居民大病保险工作的通知》(国医改办发〔2014〕1号)加快推进城乡居民大病保险工作，有利于健全全民医保体系，筑牢群众看病就医的网底；有利于减轻人民群众大病医疗费用负担，防止因病致贫、因病返贫，促进社会公平正义。《国务院办公厅关于印发深化医药卫生体制改革2014年重点工作任务的通知》(国办发〔2014〕24号)在全国推行城乡居民大病保险，规范委托商业保险机构承办。完善城镇职工补充医保政策，做好儿童白血病等新农合重大疾病保障向大病保险过渡工作。

第三，全面实施阶段和完善阶段。

《国务院办公厅关于全面实施城乡居民大病保险的意见》(国办发〔2015〕57号)建立完善大病保险制度，不断提高大病保障水平和服务可及性，着力维护人民群众健康权益，切实避免人民群众因病致贫、因病返贫。

《国务院办公厅关于印发深化医药卫生体制改革2016年重点工作任务的通知》(国办发〔2016〕26号)基本医疗保险参保率稳定在95%以上，城乡居民医保人均政府补助标准提高到420元，人均个人缴费相应增加。新增筹资主要用于提高基本医疗保障水平，并加大对城乡居民大病保险的支持力度。实现大病保险全覆盖，让更多大病患者减轻负担。完善大病保险政策，对包括建档立卡贫困人口、五保供养对象和低保对象等在内的城乡贫困人口实行倾斜性支付政策，进一步扩大受益面，提高受益水平。鼓励各省(区、市)结合实际合理确定合规医疗费用范围，进一步减轻大病患者负担，有条件的地区实行大病保险省级统筹。规范大病保险经办业务，加强监督检查和考核评估，落实承办主体责任。《关于实施健康扶贫工程的指导意见》(国卫财务发〔2016〕26号)2016年新型农村合作医疗新增筹资主要用于提高农村居民基本医疗保障水平，并加大对大病保险的支持力度，通过逐步降低大病保险起付线、提高大病保险报销比例等，实施更加精准的支付政策，提高贫困人口受益水平。《国务院关于印发“十三五”脱贫攻坚规划的通知》（国发〔2016〕64 号）从 2016 年起，对建档立卡贫困人口、农村低保对象和特困人员实行倾斜性支持政策，降低特殊困难人群大病保险报销起付线、提高大病保险报销比例，减少贫困人口大病费用个人实际支出。选择部分大病实行单病种付费，医疗费用主要由医疗保险、大病保险、医疗救助按规定比例报销。将符合条件的残疾人医疗康复项目按规定纳入基本医疗保险支付范围。《国务院关于印发“十三五”深化医药卫生体制改革规划的通知》（国发〔2016〕78 号）在全面实施城乡居民大病保险基础上，采取降低起付线、提高报销比例、合理确定合规医疗费用范围等措施，提高大病保险对困难群众支付的精准性。《国务院办公厅关于印发深化医药卫生体制改革 2017 年重点工作任务的通知》（国办发〔2017〕37 号）完善大病保险制度，采取降低起付线、提高报销比例、合理确定合规医疗费用范围等措施，提高大病保险对困难群众支付的精准性。

(2) 大病保险制度的主要内容。

2012 年《关于开展城乡居民大病保险工作的指导意见》（发改社会〔2012〕2605 号）（以下简称《指导意见》）对城乡居民大病保险制度设计给出了基本规范并提出了要求。

第一，运营主体。

与以往社会医疗保险制度由经办机构运营的方式不同，大病保险并非由政府部门运营，而是采取向商业保险机构购买大病保险服务的方式，招标合格的商业保险公司负责大病保险的基金管理和赔付。大病保险的筹资、报销范围、最低补偿比例，以及就医、结算管理等基本政策要求主要由地方政府卫生、人力资源和社会保障、财政、发展改革部门制定。然后基于补偿比例、盈亏率、配备的承办和管理力量等内容，筛选符合基本准入条件的商业保险机构自愿参加投标，中标后以保险合同形式承办大病保险，承担经营风险，自负盈亏。对商业保险公司实施税收优惠，即商业保险机构承办大病保险的保费收入，按现行规定免征营业税。

第二，筹资来源和水平。

作为基本医疗保险的补充和延伸，城乡居民大病保险基金直接从城居保和新农合基金中划拨一定的比例，无需参保者再另外缴费。而对基本医疗保险基金结余不足或没有结余的地区，则通过增加城乡居民基本医疗保险筹资以解决。在筹资标准方面,《指导意见》并未给予统一规定,而是强调各地结合当地经济社会发展水平、医疗保险筹资能力、患大病发生高额医疗费用的情况、基本医疗保险补偿水平,以及大病保险保障水平等因素,精细测算,科学合理确定大病保险的筹资标准。

第三,保障范围及待遇水平。

城乡居民大病保险保障对象是城居保、新农合参保者。参保者在城居保、新农合报销之后的合规的高额医疗费用可以得到大病保险的补偿。相对于基本医疗保险,大病保险补偿引入了两个新的名词,即合规费用、高额医疗费用。合规医疗费用,指实际发生的、合理的医疗费用。《指导意见》并未具体规定,而是说明"由地方政府确定"。高额医疗费用的概念则相对统一,即可以个人年度累计负担的合规医疗费用超过当地统计部门公布的上一年度城镇居民年人均可支配收入、农村居民年人均纯收入为判定标准,具体金额由地方政府确定。《指导意见》规定以力争避免城乡居民发生家庭灾难性医疗支出为目标,合理确定大病保险补偿政策,实际支付比例不低于50%;按医疗费用高低分段制定支付比例,原则上医疗费用越高,支付比例越高。随着筹资、管理和保障水平的不断提高,逐步提高大病报销比例,最大限度地减轻个人医疗费用负担。

第四,人均筹资水平。

根据《指导意见》的要求,城乡居民大病保险的资金主要来源于城乡居民医疗保险基金,是从基金中划拨一定的比例和额度作为大病保险资金。而大病保险的筹资标准是结合各地的经济水平、筹资能力、大病医疗费用情况、基本医保的保障水平和大病保险保障水平多种因素最终测算得出。而自《指导意见》文件出台后,各省份都出台了大病保险工作实施文件,但在筹资水平方面呈现了较大差异和各自特点。

从筹资方式来看,虽然资金均来源于城乡医保基金,但划拨方式不同。有按比例筹资、城乡单独筹资、城乡统一筹资三种。第一,按比例筹资。山西省、河南省筹资比例相对较高,分别为城乡医保基金筹资标准的5%—10%、6%;而内蒙古自治区等6个省份是以城乡医保基金筹资标准的5%;另外湖南省与其他省份有所不同,其城乡居民大病保险筹资是以"保障试点市大病患者个人负担合规医疗费用实际补偿比例不低于50%"为筹资标准。第二,城乡单独筹资。辽宁省、吉林省、安徽省是将城乡居民单独筹资,从筹资标准来看,吉林省的筹资标准要远高于辽宁省和安徽省,城乡分别为60元/人、50元/人;辽宁省和安徽省的新农合大病保险筹资标准一致(15元/人),但安徽省的城居保大病筹资标准(30元/人)高于辽宁省(20元/人)。

表 7.2　大病保险筹资标准比较

筹资方式	省　　份	筹　资　标　准
比例筹资	山西省	城乡医保筹资标准的 5%—10%
	内蒙古自治区、福建省、江西省、广东省、贵州省、新疆维吾尔族自治区	城乡医保筹资标准的 5%左右
	河南省	城乡医保筹资标准的 6%左右
	湖南省	以"保障试点市州大病患者个人负担合规医疗费用实际补偿比例不低于 50%"为筹资标准
城乡居民分别筹资	辽宁省	城居保不低于 20 元/人 新农合不低于 15 元/人
	吉林省	城居保 60 元/人 新农合 50 元/人
	安徽省	城居保 30 元/人 新农合 15 元/人
城乡统一筹资	江苏省	不低于 15 元/人
	山东省	32 元/人
	湖北省	25 元/人
	广西壮族自治区	不高于 35 元/人
	四川省	10—40 元/人之间
	陕西省	20—40 元/人
	甘肃省	30 元/人
	青海省	50 元/人
	宁夏回族自治区	25 元/人左右

资料来源:31 省份政府网站,经整理得出。

第三,城乡统一筹资。江苏省等 9 个省份均是采用城乡统一标准,从具体数额来看,青海省等几个省份筹资标准相对较高,青海省为 50 元/人、山东省 32 元/人、甘肃省 30 元/人;江苏省仅仅规定了筹资的最低标准为 15 元/人;广西壮族自治区规定了最高标准为 35 元/人;四川省和陕西省分别规定了筹资区间,分别为 10—40 元/人、20—40 元/人。

第五,起付线设置。

大病保险的起付线设置主要分为两类,一类是参照城乡居民收入,另一类是设定具体起付线金额。第一,以城乡居民收入为标准。内蒙古自治区等 15 个省份都没有明确规定大病保险的起付线,而是采用统计部门公布的上一年度城乡居民收入作为判断标准。在实际的标准制定中,各省份又存在一些差别。如内蒙古自治区等11个省份是直接采用“统计部门公布的上一年度城镇居民年人均可支配收入、农村居民年人均纯收入”为标准,西藏自治区强调了农牧民参照人均可支配收入作为标准,而非人均纯收入,辽宁省强调了城镇居民参照城镇居民家庭人均可支配收入的60%—100%,江苏省是强调了城镇居民可支配收入的50%左右,广西壮族自治区是强调了起付线不得高于15 000元。第二,规定具体金额。山西省等8个省份规定了具体的起付线金额,从数额来看,各省份差异很大。起付线较高的省份有山西省、安徽省、山东省,分别为1万元、1万—2万元、1万元;起付线中等的省份为湖北省,为8 000元;起付线较低的有甘肃省、青海省、宁夏回族自治区,分别为5 000元、5 000元、6 000元;另外,吉林省将城乡居民单独设立起付线,城居保大病为8 000元,新农合大病为5 000元。

表7.3 大病保险起付线比较

起付线模式	省份	起付线
以城乡居民收入为标准	内蒙古自治区、浙江省、福建省、江西省、河南省、湖南省、广东省、四川省、贵州省、陕西省 新疆维吾尔族自治区	以“统计部门公布的上一年度城镇居民年人均可支配收入、农村居民年人均纯收入”为标准
	西藏自治区	以“统计部门公布的上一年度城镇居民、农牧民年人均可支配收入”作为标准
	辽宁省	上年城镇居民家庭人均可支配收入的60%—100%,上年农民家庭人均纯收入
	江苏省	城镇居民:以“上一年度当地城镇居民年人均可支配收入”的50%左右
	广西壮族自治区	以“统计部门公布的上一年度城镇居民人均可支配收入和农民人均纯收入”为标准,不得高于15 000元
规定具体金额	山西省	1万元
	吉林省	城居保8 000元;新农合5 000元
	安徽省	1万—2万元
	山东省	1万元
	湖北省	8 000元
	甘肃省	5 000元
	青海省	5 000元
	宁夏回族自治区	6 000元

资料来源:31省份政府网站,经整理得出。

第六，报销比例。

从大病保险的报销比例设置来看，主要有两类，一类是仅规定了笼统的报销比例，另一类是规定了具体的分段报销比例。第一，笼统报销比例。内蒙古自治区等

表 7.4 大病保险的报销比例

	省份	报销比例
规定笼统报销比例	内蒙古自治区、辽宁省、江苏省、浙江省、福建省、河南省、湖南省、广东省、四川、贵州省、陕西省、宁夏回族自治区、西藏自治区、新疆维吾尔族自治区	实际支付比例不低于 50%，并按照医疗费用高低分段制定支付比例
	安徽省	城居保大病：30%—80%； 新农合大病：40%—80%
	广西壮族自治区	实际支付比例均不低于 53%。
规定分段报销比例	山西省	(1) 起付标准以上至 5 万元，报销比例为 55% (2) 5 万元以上至 10 万元，报销比例为 65% (3) 10 万元以上至 20 万元，报销比例为 75% (4) 20 万元以上至 30 万元，报销比例为 80% (5) 30 万元以上，报销比例为 85% (6) 住院医疗费由城乡居民大病保险资金按规定支付后，合规的个人自付超过 5 万元以上部分，再按 50%的比例给予支付
	吉林省	(1) 0—1 万元(含 1 万元)报销 50% (2) 1 万—5 万元(含 5 万元)区间每增加 1 万元，报销比例提高 1% (3) 5 万—10 万元(含 10 万元)报销 65% (4) 10 万元以上报销 80%
	江西省	城居保大病：不低于 50% 新农合大病： (1) 0—5 万元，不低于 50% (2) 5 万—10 万元，不低于 60% (3) 10 万元以上，不低于 70%
	山东省	(1) 1 万元以上 10 万元以下，不低于 50% (2) 10 万元以上，不低于 60%
	湖北省	按医疗费用高低分段确定支付比例，分段支付比例为 50%、60%、70%
	甘肃省	(1) 0—1 万元(含 1 万元)报销 50% (2) 1 万—2 万元(含 2 万元)报销 55% (3) 2 万—5 万(含 5 万元)报销 60% (4) 5 万元以上报销 65%

资料来源：31 省份政府网站，经整理得出。

14 个省份仅仅是参照了《指导意见》规定大病保险实际支付比例不低于 50%，并且按照医疗费用高低分段制定比例；安徽省将城乡居民单独设立报销比例，城居保大病报销比例为 30%—80%，新农合大病报销比例为 40%—80%；广西壮族自治区规定实际支付比例不低于 53%。第二，分段报销比例。从报销水平来看，山西省、吉林省、江西省的报销比例普遍较高，山东省、甘肃省较低，差别主要体现在高额医疗费用的报销比例上。山西省 10 万—20 万元报销 75%，20 万—30 万元报销 85%，30 万元以上报销 85%；吉林省在 10 万元以上报销 80%；江西省在 10 万元以上报销不低于 70%。而山东省在 10 万元以上报销比例不低于 60%，甘肃省在 5 万元以上报销比例也仅为 65%。另外湖北省虽然明确了分段支付的比例为 50%、60%、70%，但相应的医疗费用区间并没有明确。

第七，封顶线设置。

从大病保险的封顶线设置来看，主要可以分为以下三类：一类是没有明确封顶限额的，一类是不设封顶线，还有一类是设置封顶线。第一，未明确的。内蒙古自治区等 14 个省份在其省级的有关开展大病保险工作的文件中，都没有提及大病保险的封顶线。第二，不设封顶线。辽宁省等 6 个省份在省级文件中明确强调不设最高补偿限额。第三，设置封顶线。山西省、福建省、山东省和西藏自治区都明确了

表 7.5　大病保险的封顶线

模　式	省　　份	封　顶　限　额
未明确	内蒙古自治区、浙江省、安徽省、江西省、河南省、湖北省、湖南省、广东省、广西壮族自治区、海南省、四川省、贵州省、陕西省、青海省	无明确规定
不设封顶线	辽宁省、吉林省、江苏省、甘肃省、宁夏回族自治区、新疆维吾尔族自治区（在部分市级文件中，其实是规定了大病保险的最高支付限额，如吉林市、兴化市、扬州市）	不设最高补偿限额
设置封顶线	山西省	40 万元
	福建省	包含基本医保在内，原则上不低于 20 万元
	山东省	个人年最高补偿限额为 20 万元
	西藏自治区	保险年度内最高补偿限额根据当年筹资情况，综合考虑历年标准、资金承受能力等

资料来源：31 省份政府网站，经整理得出。

设定大病保险基金的补偿封顶线，从其补偿限额来看，省份之间的差异较大。其中：山西省规定补偿封顶线 40 万元；福建省规定包含基本医保在内，补偿限额为 20 万元；山东省的补偿限额为 20 万元；西藏自治区没有公布具体的补偿限额。

(二) 问题和成因

1. 基本医疗保险实际保障水平不足

尽管城乡居民基本医疗保险的政策范围内报销比例很高，但由于政策范围受到起付线、"三大目录"、封顶线的限制，仍然有一定比例的医疗费用处于政策范围之外，无法享受基本医疗保险的补偿。所以，个人既要承担政策范围内的自负部分，还需承担较高的政策范围外费用，从而使得实际报销比例与政策范围内报销比例存在差异。现有文献资料中，国家卫生服务调查报告和一些期刊文献对城乡居民基本医疗保险的实际保障水平进行了统计。

根据 2008 年和 2013 年国家卫生服务调查报告，城居保和新农合实际保障水平均有显著提高(见图 7.2)。一方面，从时间维度而言，新农合的保障水平提升迅速，实际报销比例由 26.6%增加到 50.10%，增幅达 88%。而城居保的实际报销比例由 49.3%增加到 53.6%，增幅仅 8.7%，远小于新农合。另一方面，从横向比较而言，2008 年城居保的保障水平要远远高于新农合，而在 2013 年二者间实际保障水平差距缩小，城居保仅略高于新农合。但整体而言，城乡居民医保的实际保障水平还较低，实际报销比例仅在 50%左右，与政策范围内 75%的报销比例仍有较大的差距。

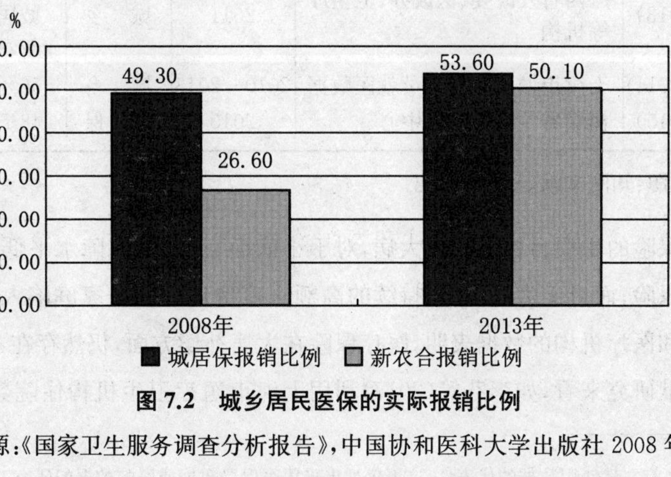

图 7.2 城乡居民医保的实际报销比例

资料来源：《国家卫生服务调查分析报告》，中国协和医科大学出版社 2008 年版和 2013 年版。

另外，本书整理国内已有基于各地区医保数据的研究文献，[①]见表7.6。基于已有文献研究结果来看，各省份城乡居民基本医疗保险的实际保障水平存在一定差距，例如2011年地处苏北的新沂市实际报销比例达51%，而广东省A市和B市分别为39.6%和30.7%，并且同一省份内的不同城市间也存在不同，例如2011年广东省ABC三市间实际报销比例存在较大差距。从实际保障水平的绝对量而言，距离70%的政策范围报销比例这一目标还有很大差距。如表7.6所列，除上海市城居保、湖北省两地新农合的实际报销比例超过了60%，其他各地的实际报销比例尚低于55%。

表7.6　现有文献关于实际保障水平的研究

文　献	数据来源	数据年度	研究对象	实际住院保障水平
李亚青(2013)	广东三市医保数据库	2011	城居保	A市39.6% B市30.7% C市55.6%
王萍等(2012)	江苏省医保中心	2011	城居保	新沂市51%
曹俊山(2011)	上海市居保制度运行数据库	2008—2009	城居保	61.19%
张　颖(2015)	湖北省两地医保数据库	2012	新农合	A地63.6% B地62.8%
肖燕等(2014)	湖北省某县级数据库	2010—2012	新农合	54.92%
王瑶等(2012)	山东省某县医院数据	2011	新农合	42.12%
周　武(2013)	广西省两县住院数据库	2011	新农合	H县43.66% L县44.82%
杨秀玲(2013)	广西省发改委、医改办、卫生厅等机构	2011	城　乡	城居保49.68% 新农合45.15%
徐爱好等(2014)	天津市城乡医保人员就医数据	2010—2013	城　乡	56%
许友琼(2015)	福建省龙岩市医保中心	2010	城居保	48.76%

资料来源：知网文献，经整理得出。

医疗保险的主要目标是防范大病，对于小病而言，即使保障水平低也不会陷入疾病经济风险；而对于大病而言，持续的高额医疗费用极易使家庭陷入困境。一些基于经办和医疗机构的数据表明，医疗保险在大病补偿方面，仍然存在不足。

从文献研究来看，如李芬等(2017)利用上海市医疗卫生机构住院数据，统计了

① 考虑到现有文献使用数据的代表性，这里仅列出采用医保局数据或医院数据的研究。

上海市2015年度住院总费用排名前10的疾病个人自付比例情况，其中，恶性肿瘤的均次费用2.47万元，自付比例59.66%；肌肉骨骼系统疾病的均次费用为1.95万元，自付比例55.34%；良性肿瘤的均次费用为1.5万元，自付比例为57.13%。马雷等(2017)利用天津市住院医保管理数据库，分析2005—2012年天津市恶性肿瘤医保患者的住院费用，发现全部患者(手术+非手术)的自付比例达到39.66%，其中非手术患者的自付比例达到31.09%。全国范围而言，上海市医疗保险保障水平很高，但就重大疾病补偿来看，恶性肿瘤、良心肿瘤、肌肉骨骼系统疾病的自付比例均高于50%，即医疗保险的实际报销比例低于50%。这一结果表明，在现行医保体系框架内，无论是政策范围内的基本医保，还是政策范围外的医疗费用补偿政策，都存在很大的改进和完善的空间。

2. 基本医疗保障水平不足的成因

城乡居民基本医疗保险实际报销比例低源于多种因素。第一，基本医疗保险报销规则。现行城乡居民基本医疗保险的报销比例达到75%，补偿水平较高。但是补偿水平仅局限于政策范围内医疗费用，起付线以下和封顶线以上部分仍需个人自负。并且城乡居民基本医疗保险基金支付封顶线设置较低，即意味着超出封顶线部分均需要个人负担。第二，三大目录限制。由于基本医疗保险补偿仅局限于三大目录范围之内，超出三大目录的医疗费用需要个人自费。因此，总体而言，城乡居民基本医保的实际报销比例并不高。

(三) 发展趋势和对策建议

1. 发展趋势

(1) 城乡居民基本医疗保险统筹层次将继续提升。

2016年《关于整合城乡居民基本医疗保险制度的意见》(国发〔2016〕3号)曾提出城乡居民医保制度原则上实行市级统筹，并且鼓励有条件的地区可以实行省级统筹，但并没有明确要求各地区采取何种形式的市级统筹。2019年《关于做好2019年城乡居民基本医疗保障工作的通知》(医保发〔2019〕30号)提出各地全面推动市级统筹调剂向基金统收统支过渡，实现地市级基金统收统支，并且鼓励有条件的地区探索制定省级统筹方案。可见，未来一段时间内，城乡居民医保将完善并实施统收统支型的市级统筹，而在市级统筹完全实现后，将会进一步探索推进省级统筹。

(2) 医保药品目录范围逐步扩大。

在基本医疗保险制度建立以来，原劳动保障部、人力资源社会保障部分别于2000年、2004年、2009年调整发布了三版药品目录，目录品种逐步扩大、用药水平逐步提升，在保障参保人员的用药需求、规范医疗服务行为、控制药品费用不合理增长等方面发挥了重要作用。而2009年版目录共收载药品2 196种，其中西药1 164种，中成药1 032种，应该说涵盖了多数临床常用药品，能够满足参保人员大部分的用药需求，但是药品目录长期未调整导致的参保人员目录外药品费用负担较重、与临床用药需求脱节、创新药品无法进入目录等问题逐步显现。2017年《关于印发国家基本医疗保险、工伤保险和生育保险药品目录(2017年版)的通知》(人社部发〔2017〕15号)充分考虑重大疾病治疗药物，治疗癌症、重性精神病、血友病、糖尿病、心脑血管疾病等重大疾病的常用药品基本被纳入了药品目录或谈判药品范围。2017年版目录中，西药、中成药部分共收载药品2 535个，较2009年版目录新增339个，增幅约15%。其中西药1 297个，中成药1 238个。中药饮片部分未作调整，仍沿用2009年版药品目录的规定。为了切实降低患者用药负担，2018年《关于将17种抗癌药纳入国家基本医疗保险、工伤保险和生育保险药品目录乙类范围的通知》(医保发〔2018〕17号)将阿扎胞苷等17种药品纳入2017年版药品目录中的乙类范围并且明确了医保支付标准。2019年《国家医疗保障局关于公布2019年国家医保药品目录调整工作方案的公告》为提升医保药品保障水平，有效缓解用药难用药贵，还将对药品目录进行调整。近年来政策频出，药品目录不断扩大调整将有利于缓解患者负担。

(3) 贫困群体的大病保险待遇逐年提高。

由于因病致贫是贫困的主要成因，而贫困群体支付能力有限，所以在健康扶贫中，政府尤其重视对贫困群体的医疗保障水平，通过各种方法提高贫困群体的基本医保和大病保险保障水平。其中，2016年《关于实施健康扶贫工程的指导意见》(国卫财务发〔2016〕26号)提出新农合新增筹资主要用于提高农村居民基本医疗保障水平，并且逐步降低大病保险起付线、提高报销比例。2018年《关于印发医疗保障扶贫三年行动实施方案(2018—2020年)的通知》(医保发〔2018〕18号)则提出到2020年农村贫困人口大病保险起付线降低50%、支付比例提高5个百分点，并逐步取消封顶线。2019年《关于做好2019年城乡居民基本医疗保障工作的通知》(医保发〔2019〕30号)提出贫困人口起付线降低50%、支付比例提高5个百分点，全面取消建档立卡贫困人口大病保险封顶线。可见，近年来随着健康扶贫工作的推进，贫困群体的大病保险保障水平逐步提升，起付线逐步降低，报销比例逐步提高，并且经过几年的探索于2019年全面取消了大病保险封顶线。随着健康扶贫的推进，继续提高贫困群体的大病保险待遇水平将仍然是主旋律。

2. 对策建议

(1) 加大中西部欠发达地区财政转移支付力度。

相对于东部地区而言，中西部地区面临着更为严重的因病致贫问题。医疗保障属于准公产产品，公共财政体制的目标是基本公共服务均等化，包括城乡之间和地区之间基本医疗保障均等化。但是，由于目前我国基本医疗保障仍采取属地化管理，统筹层次多处于市级层面，如何针对不同发达地区、不同收入阶层、不同贫困程度群体状况，有效治理"因病致贫"，减少"因病致贫"缺口直至消除"因病致贫"，不仅需要界定各级政府间的医疗卫生支出责任，还要建立与其他财政支出责任下移不同的医疗卫生支出分权体制，加大对中西部欠发达地区包括基本医保、大病保险和医疗救助在内的医疗保障支出的转移支付力度，进一步实现基本医疗保障公共产品均等化和可及性。

(2) 研究测算基于收入差别的个人支付限额。

根据保险原理和国际经验，要想通过医疗保障从根本上化解个人和家庭的疾病经济风险，治理"因病致贫"，需要在科学测算医疗费用的基础上，划定一条个人或家庭自负医疗费用的最高限额，而不是基本医保、大病保险和医疗救助基金的最高支付限额。虽然我国建立了基本医疗保险、大病保险、商业医疗保险、社会医疗救助、慈善救助在内的多元医疗保障体系，但是，各类制度并没有编织起预防"因病致贫"的安全网，制度之间衔接不紧密，个人和家庭疾病经济风险保障存在盲区。表现为，个人和家庭在保险和救助中始终要支付个人自负医疗费用，而医疗费用是不确定的，家庭支付也是不确定的，虽然总额和比例会减少，但总会有人因收入低或者医疗费用大而陷入贫困境地。已有研究还表明，根据不同收入水平，分别制定相应的自付限额，即收入层次越低，自付限额越低，这样能有效减轻家庭负担。所以，长远看，以个人或家庭为单位，根据所处收入阶层不同，设立一定时期个人或家庭人均自付医疗费用限额(封顶线)是防治个人和家庭"因病致贫"的有效路径选择。与此同时，还要研究如何避免医药服务资源的过度使用，以及研究建立个人自付医疗费用以外医疗保障体系间医疗费用的分担机制。

二、商业健康保险治理健康贫困

(一) 进展和效果

1. 商业健康保险快速发展

(1) 商业健康保险发展历史。

1982年,中国人民保险公司在部分地区推出附加医疗保险和母婴安康保险等商业健康保险产品,被视为商业健康保险的萌芽。而这一时期,公费医疗和劳保医疗制度仍是主流,商业健康保险供给主体和产品均单一,业务承保受限。1994年后,若干中资商业保险公司相继成立,同时外资友邦人寿进入中国,商业健康保险的市场供给主体增加(辛丹,2018)。1995年,重大疾病保险被引入中国市场,最初只是作为寿险的附加险,承保的责任范畴是7种重大疾病(恶性肿瘤、心肌梗死、脑中风、冠状动脉绕道手术、尿毒症、瘫痪和重要器官移植)。2004年,中国保监会批准设立人保健康等专业健康保险公司,改变了以往商业健康险依附于寿险和财险的格局。2006年,中国保监会发布《健康保险管理办法》,明确了商业健康保险的经营规范,并提供了制度保障。由此,商业健康保险快速发展。

(2) 商业健康保险保费收入快速上升。

人身险的统计分类下包括寿险、健康险和意外伤害险。总体而言,寿险居于主要地位,1999—2017年间寿险占人身险份额为78%—91%之间,呈现下降趋势,但远超过健康险和意外伤害险。人身意外伤害险的占比逐年降低,由8%降至3%。

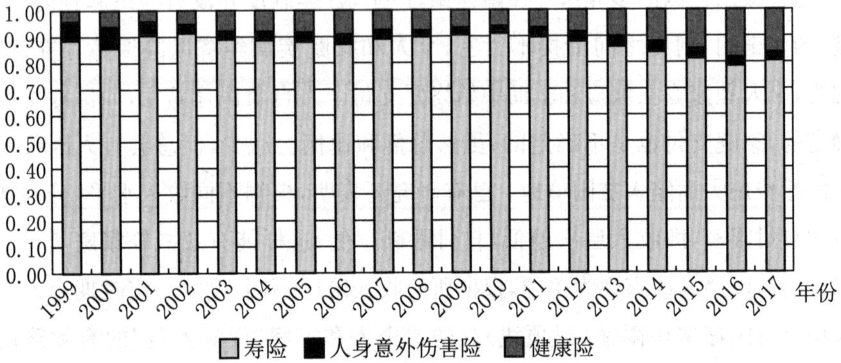

图7.3 人身险各部分保费收入占比

资料来源:中国保监会网站。

而健康险的份额呈现逐步扩大的趋势，1999—2017年间其份额由4%增加到16%，扩大了3倍。因此，从人身险整体而言，其内部寿险和意外伤害险均呈现份额降低的趋势，而健康险的份额逐步扩大。以商业保险总保费而言，健康险所占的份额也同样呈现逐步扩大的趋势。1999—2017年间，商业健康保险占比由3%增加到12%，增加了3倍。增长主要是始于2012年。

(3) 商业健康保险占卫生总费用的比例逐年增加。

为了从宏观层面把握我国商业健康保险市场的规模，本书以商业健康保险保费收入和赔付支出占我国卫生总支出的比重，来详述我国商业健康保险的规模和发展趋势(如图7.4所示)。

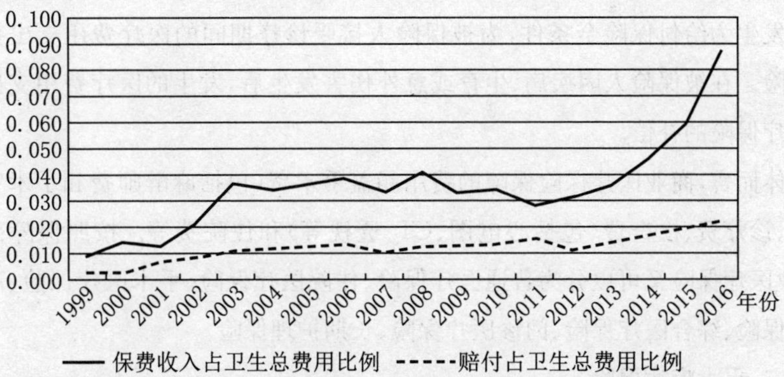

图7.4 商业健康保险的保费收入和赔付占卫生总费用的比例

资料来源:《中国卫生统计年鉴(2000—2017)》，中国保监会网站，http://bxjg.circ.gov.cn/web/site0/tab5201/。

从时间维度而言，1999年至2016年，商业健康保险的发展可以划分为几个阶段:第一，1999—2002年。这一时期，商业健康保险刚刚起步，无论是保费收入还是赔付支出占卫生总费用的比例都很低，微乎其微。第二，2003—2013年。这10年内，商业健康保险发展平缓，保费收入和赔付支出的占比没有显著变化。其中一个原因在于，这一时期内新型农村合作医疗制度、城镇居民基本医疗保险制度相继实施并且逐步完善，商业健康保险并未受到重视。第三，2014—2016年。商业健康保险的保费收入和赔付都实现了快速的增长，主要源于《国务院关于促进健康服务业发展的若干意见》(国发〔2013〕40号)、《国务院办公厅关于加快发展商业健康保险的若干意见》(国办发[2014]50号)两个文件相继提出加快发展商业健康保险。

整体而言，商业健康保险的发展水平还较低，以 2016 年为例，商业健康保险保费收入为 4 042.50 亿元，赔付为 1 000.75 亿元，二者分别占卫生总费用的比例为 8.7%、2.2%。

2. 商业健康保险产业和产品现状

(1) 商业健康保险种类。

商业健康保险是以被保险人的身体为保险标的，保证被保险人在疾病或意外事故所致伤害时的直接费用或间接损失获得补偿的保险，包括医疗保险、疾病保险、收入保障保险和长期看护保险四大类。

第一，商业医疗保险。

我国《健康保险管理办法》第 2 条规定："医疗保险是指以保险合同约定的医疗行为的发生为给付保险金条件，为被保险人接受诊疗期间的医疗费用支出提供保障的保险。"在被保险人因疾病、生育或意外伤害发生后，发生的医疗费用支出能够得到医疗保险的补偿。

整体而言，商业医疗保险保障的费用涵盖手术费(包括麻醉师费和手术室费)、护理费、诊疗费、检查费(包括心电图、CT、透视等)和住院费等。按照保障范围不同，商业医疗保险又可以分为普通医疗保险、住院医疗保险、手术医疗保险、高额医疗费用保险、综合医疗保险、门诊医疗保险、长期护理保险。

第二，重大疾病保险。

疾病保险是指被保险人罹患合同约定的疾病时，保险人按照约定的保险金额给付保险金，以补偿被保险人损失的保险。疾病保险不考虑被保险人的实际医疗费用支出，而是按照保险合同约定给付保险金。在合同生效 180 天后，被保险人经定点医疗机构诊断初次患有合同约定的重大疾病中的一项或多项，并且被保险人仍生存时，保险公司将按约定的保险金额向被保险人支付重大疾病保险金(刘金章，2015)。

第三，收入保障保险和长期看护险。

收入保障保险主要是补偿因疾病致残或因意外伤害致残的收入损失，但并不承保被保险人因疾病或意外伤害所发生的医疗费用(张洪涛、庄作瑾，2003)。长期护理保险是指保险人对那些因年老、疾病或伤残生活无法自理或不能完全自理，而需要他人辅助全部或部分日常生活的被保险人(老人或伤残者)提供护理服务或经济保障的一种保险(修波，2014)。

(2) 国内主要商业健康保险公司。

目前在中国市场上出售商业健康保险产品的公司众多,其中不乏国外知名保险机构,以 2016 年为例,共有 76 家保险公司出售健康险。为从宏观分析国内各大保险公司情况,基于 EPS 数据库,整理了 2016 年国内健康险保费收入整体情况。由于健康险保费收入主要来源于个人业务,而团体业务保费收入占比很小,所以仅统计个人业务保费收入情况。

由图 7.5 可见,各大保险公司份额存在差距,和谐健康保险、中国平安人寿保险份额很高,分别占比 35%、18%;而中国人寿保险、新华人寿保险份额较高,分别占比 11%、8%;中国太平洋人寿保险、中国人民健康保险、泰康人寿保险、太平人寿保险占比次之,分别占比 5%、4%、3%和 3%。这 8 家保险公司占据了商业健康保险市场的主要份额,总共占比达 87%,其他 68 家保险公司全部份额仅为 13%。另外,在 8 家主要保险公司内也存在较大悬殊,和谐健康保险、中国平安人寿保险共占 53%,超过市场份额的一半。

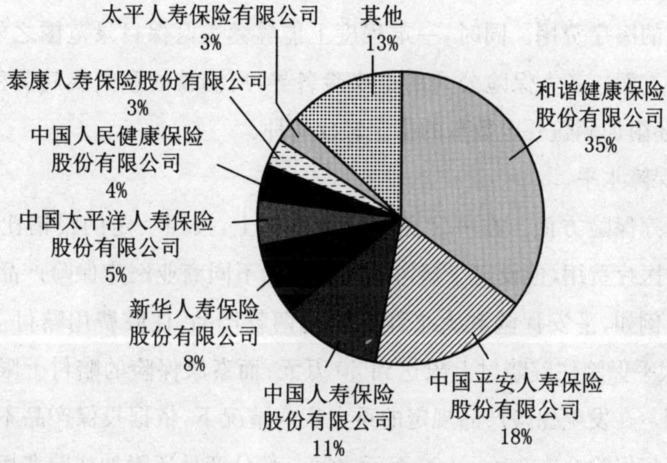

图 7.5　主要保险公司健康险份额

资料来源:EPS 数据库 2016 年。

(3) 主要商业健康保险产品特点。

目前,国内各大保险公司均推出商业健康保险产品,从产品类型而言,大多集中于医疗保险和重疾险,很少涉及收入保障险和长期看护险,本书仅具体介绍医疗保险和重疾险产品。另外,由于国内保险公司众多,仅以其中规模较大的平安保险、太平洋保险、泰康保险、太平保险4家保险公司为例，并详述其健康保险产品特点。

第一，参保人群范围。

商业健康保险作为一种盈利性的保险产品，主要是针对工作年龄、健康、有缴费能力的人群。

大多数商业健康保险产品年龄限制为50—65周岁之间，而其中限定60周岁的产品居多，部分产品限定为50周岁、55周岁或65周岁。保险条款中明确要求投保前身体健康，而若存在逆向选择行为，则有可能无法得到保险赔付。按照年龄、性别因素，保费有所不同。随着年龄增大，保费则越高；另外，男性比女性保费更高。以"e无忧—泰康百万重疾保(基础款)"产品为例，45—49周岁男性保费851元/年，50—54周岁男性保费1 463元/年，55—59周岁男性保费2 276元/年。整体而言，保费水平较高，对缴费能力有很高的要求。

第二，保障范围。

商业医疗保险方面。医疗保险型产品主要关注住院发生的医疗费用，以及特殊门诊产生的医疗费用。同时，一定程度上能够涵盖医保目录范围之外产生的费用。重疾险方面。各大保险公司的重疾险各异，所涵盖的重大疾病病种数量有所不同，同时还附加涵盖一定数量的指定轻症病种。

第三，保障水平。

商业医疗保险方面。在一定免赔额的基础上，按照一定的报销比例(多数为100%)赔付医疗费用，但设定了赔付上限。依据不同商业医疗保险产品，上限设定有所不同。例如，平安保险和太平洋保险的两款产品，住院费用赔付上限均达到100万元；太平保险住院赔付上限达到50万元；而泰康保险的赔付上限仅1万元。重疾险方面。在发生保险产品规定的重大疾病情况下，依据投保产品不同，保险一次性赔付疾病保险金在10万—50万元之间。部分产品还附加住院费用报销、身故赔偿金、特定病种赔偿金。

(二) 问题和成因

1. 商业健康保险的覆盖率较低

依据2018年中国保险行业协会发布的《中国商业健康保险发展指数报告(2018·大中城市)》《商业健康保险调研报告(2018·大中城市)》，报告健康风险的应

表 7.7 商业健康保险产品

保险公司	保险类型	保险产品	保险期	投保年龄	人群限定	免赔额	保障范围	保障水平
平安保险	医疗保险	平安e生保PLUS①	1年	出生满28天至60周岁的健康人群	有无社保均可	1万元	二级以上公立医院住院、住院前后7天门急诊、特殊门诊、门诊手术治疗	100%赔付(一般医疗保险金最高100万元;恶性肿瘤医疗保险金100万元)
	重疾险	e生康·重疾无忧险②	1年	出生满30天至50周岁(可重新投保至99周岁)	有无社保均可	无	因意外伤害或在等待期90天后经医院确诊初次发生合同列明的重大疾病(25种或99种)或轻症疾病(16种)	发生重大疾病时,按照合同约定的保障金额(分为10万元、30万元、50万元三个档次),一次性给付重大疾病保险金
太平洋保险	医疗保险	乐享百万医疗保险③	1年	出生满30天至65周岁	有无社保均可	1万元	在二级以上医疗机构的普通住院治疗发生的合理的必要的医疗费用	已参加公费医疗或社会医疗保险的赔付60%;未参加者赔付80%。(疾病住院医疗保险金限额100万元;意外住院医疗保险金限额200万元;重大疾病医疗保险金限额300万元)
	医疗保险	无微宝·住院医疗保险	1年	18—55周岁	有无社保均可	意外100元;疾病住院300元	意外身故、残疾;意外门急诊、意外住院医疗;疾病住院医疗	有社保赔付100%,无社保④70%(意外门急诊、住院医疗最高3万元;疾病住院医疗最高3万元;意外身故、残疾赔付30万元)

续　表

保险公司	保险类型	保险产品	保险期	投保年龄	人群限定	免赔额	保障范围	保障水平
和谐健康	医疗保险	和谐尊崇佰万医疗保险⑤	1年	28天—60周岁	有无社保均可	1万元	意外伤害、疾病住院费用;特定门诊	有社保:社保报销后100%赔付;无社保:60%赔付(一般医疗保险金限额100万元;恶性肿瘤保险金限额100万元)
泰康保险	医疗保险	e无忧—泰康住院保(基础)⑥	1年	30天—65周岁	有社保	意外100元;疾病住院500元	意外身故/伤残;意外医疗;疾病住院医疗	社保报销后赔付100%;未经社保报销赔付60%(意外身故/伤残赔付20万元;意外医疗1万元;疾病住院医疗1万元)
新华保险	重疾险	泰康百万重疾保(钻石款)⑦	1年	30天—59周岁	有无社保均可	无	70种重大疾病;住院治疗费用	①重疾给付保险金50万元;②社保报销后赔付100%,未经社保报销赔付80%,上限50万元
	重疾险	i健康定期重大疾病保险(30万元档)⑧	20年	30天—60周岁	有无社保均可	无	重大疾病;身故	①重大疾病。180天内,退还保费;180天后发生,赔付30万元;②因疾病身故,赔付30万元
中国人民健康保险	医疗保险	好医保长期住院医疗保障计划⑨	1年	无限制	有无社保均可	重大疾病0元;其他1万元	不限病种、社保用药、治疗手段	100%报销(有医保但未使用医保报销的,赔付60%)
太平保险	医疗保险	医保无忧直付型百万医疗⑩	1年	30天—60周岁	有无社保均可	1万元	住院、特殊门诊、住院前后门诊急诊相关医疗费用	①恶性肿瘤一次性给付1万元;②100%赔付,有社保但未使用社保报销赔付60%(一般医疗保险金最高50万元,恶性肿瘤医疗保险金最高50万元)

续 表

保险公司	保险类型	保险产品	保险期	投保年龄	人群限定	免赔额	保障范围	保障水平
中国人寿	重疾险	太平金生康瑞终身重大疾病保险[11]	终身	28天—60周岁	有无社保均可	无	100种重大疾病；50种特定疾病	①确诊合同约定的重大疾病，赔付30万元保险金；②特定疾病给付7.5万元，至多三次；③确诊特定疾病，将豁免剩余保费；④意外伤害事故意外原因身故，赔付30万元
	重疾险	国寿康宁终身重大疾病保险[12]	终身	20天—60周岁	有无社保均可	无	40种重大疾病，10种特定疾病；残疾；身故	①重大疾病。180天内，退还保费；否则，赔付30万元；②特定病种赔付6万元(仅一次)③因疾病致残，退还保费；其他原因致残，赔付30万元；④180天内身故，退还保费；其他原因身故，赔付30万元

资料来源：① https://health.pingan.com/cshi-internet/chanpinlist/wangxiaochanpin/sourcecode_PAH/postid_/paesbplus.shtml。
② https://pingan.com.cn/cshi-internet/chanpinlist/wangxiaochanpin/sourcecode_PAH/postid_/zjwy.shtml。
③ http://www.cpic.com.cn/hdy/lxbwjkx/? SCsite=healthLb。
④ https://www.cpic.com.cn/market/c/2019-01-16/1565298.shtml? SCsite=healthLb。
数据来源：⑤ http://www.hexiehealth.com/cpzx/yl/11083.htm。
⑥ http://shop.tk.cn/product/486/S20180024_p.html。
⑦ http://shop.tk.cn/health/bwzj。
⑧ http://www.e-nci.com/product/0b60c5e9e8e24a6b98eb948c0d9cca10/D001?channel_id=449&expand_para1=xhjkx。
⑨ http://www.picchealth.com/tabid/2050/ctl/InfoDetail/InfoID/14997/mid/8487/Default.aspx? ContainerSrc=%5bG%5dContainers%2f_default%2fNo+Container。
⑩ http://wxf.cntaiping.com/goods/showGoodsDetailNew.do? goodsId=62538&merchantId=B2C。
⑪ http://wxf.cntaiping.com/goods/showGoodsDetailNew.do? goodsId=62540&merchantId=B2C。
⑫ http://www.e-chinalife.com/product/gerenbaoxian/jiankangbaoxian/kangningzs2012.html。

对形式比较单一，大多数主要依靠政府提供的基本医疗保险和自筹资金，商业健康保险覆盖率很低，仅为 6.56%。与社会医疗保险覆盖率超过 95%相比，[①]商业健康保险的覆盖率还很低。

为了反映商业健康保险整体的参保趋势，基于中国健康与营养调查(CHNS)数据库，[②]计算各年份商业医疗保险的覆盖率(如图 7.6 所示)。在 2006 年，商业医疗保险的覆盖率为 7.48%，2009 年下降至 4.67%，2011 年为 5.67%，2015 年降至 3.60%。整体而言，商业医疗保险的参保率较低。

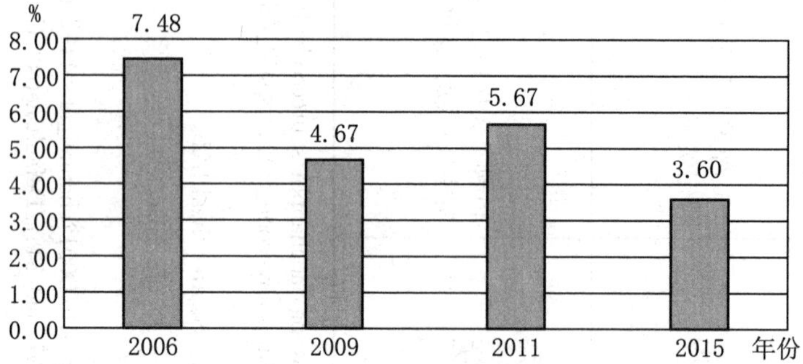

图 7.6　商业医疗保险参保率

资料来源：CHNS 历年数据库，经整理得出。

而造成目前商业医疗保险覆盖率与实际需求不匹配的现实情况存在诸多原因，其中之一就是参保者的支付意愿，即参保者购买商业医疗保险预期支付的保费水平。根据中国保险行业协会《商业健康保险调研报告(2018 大中城市)》(以下简称《调研报告》)针对潜在商业医疗保险产品购买者进行的调研，将商业健康保险保费支出意愿划分为 5 000 元以下、5 000—10 000 元、10 000 元以上 3 档，调研结果发现 80%的受访者表示未来其个人和家庭的健康保险年保费支出均低于 5 000 元，商业健康保险的整体保费支出意愿处于最低水平。另外，根据目前市场上出售的商业医疗保险产品的普遍特征来看，商业医疗保险往往采用风险定价，即针对不同的年龄群体指定不同的价格水平，儿童和老人的保费水平较高，年轻人的保费水平较

① 李克强：《全民医保覆盖面超过 95% 2015 年将进一步完善》，http://health.people.com.cn/n/2015/0305/c14739-26642218.html。

② CHNS 数据库始于 1989 年，而国内其他微观数据库均是在 2009 年之后。由于 CHNS 2006 年之前没有调查个人数据库，所以本书仅从 2006 年开始计算。

低，并且针对具体的年龄段又进行细化。即支付能力弱风险高的群体保费水平高，尽管风险高但其参保意愿会降低；而支付能力高风险低的群体保费水平低，但由于其风险低，参保意愿也会降低。可见，在需求方整体支付意愿较低的情况下，商业医疗保险产品供方差别化定价，使得供需双方的匹配度进一步降低。所以参保者的保险支付意愿、商业医疗保险产品的定价体系造成了目前商业医疗保险参保率低的情况。

(三) 发展趋势和对策建议

1. 发展趋势

近几年来，政府出台了一系列政策引导商业健康保险行业发展。2012 年《关于加快健康保险发展的指导意见》对商业健康保险的经营管理作出了一系列要求。2013 年《国务院关于促进健康服务业发展的若干意见》(国发〔2013〕40 号)、2014 年《国务院办公厅关于加快发展商业健康保险的若干意见》(国办发〔2014〕50 号)则提出了市场准入和财税价格等方面的针对性政策。2017 年《关于将商业健康保险个人所得税试点政策推广到全国范围实施的通知》(财税〔2017〕39 号)则规定个人购买商业健康保险产品支出可以按照限额 2 400 元/年的标准进行个税抵扣。另外，2018 年上海等地区则探索使用职工医疗保险个人账户购买商业健康保险产品。可见近年来，政府为商业健康保险发展创造了有益环境，各地区也在尝试多样化的措施推动商业健康保险发展。

2. 对策建议

(1) 政府出台激励和规范政策以促进商业医疗保险行业发展。

第一，政府出台财税激励政策促进商业健康保险发展。鼓励和支持商业医疗保险发展。我国医疗保险体系仍然是政府主导，商业医疗保险仅仅是起到补充作用，但无论是从卫生筹资的份额还是覆盖率角度，商业医疗保险现有的补充作用还远远不够，因此政府应当加大扶持和政策层面的优惠，进一步鼓励商业健康保险发展。

第二，政府应规范商业医疗保险产品。目前商业医疗保险产品繁多，但产品设计、保障水平等大体相似。尽管商业医疗保险涵盖的保障范围较广，在社会医疗保险的保障范围基础上有较大的拓展。但风险定价为基础的保费、参保条件苛刻等方面仍然存在不足。因此，借鉴发达国家，政府应介入保费定价阶段，设定统一保费，并且取消参保的条件限制。

(2) 政府出台相应政策提高不同收入群体的覆盖率。

第一，政府财政资助贫困居民购买商业健康保险。尽管商业医疗保险是一种有益的补充，但是难以覆盖到经济能力偏低的低收入群体。在基本医疗保险保障水平既定的前提下，补充保险尤为重要。借鉴发达国家经验，政府在商业医疗保险的覆盖阶段负有不可推卸的责任。政府应采用全额或部分资助的方式，使贫困群体或濒临贫困的群体享受商业医疗保险的覆盖。

第二，采用经济激励措施鼓励非贫困的健康群体参保。目前，商业医疗保险覆盖率不足 10%，距离发达国家仍有较大差距。对于职工医保参保者，尽管基本医保的保障水平高，仍然存在重大疾病的风险，也应将商业医疗保险作为补充。可以借鉴澳大利亚的经验，采用税收激励或保费定价优惠等措施，鼓励有经济条件的健康群体参保。同时，中国上海地区实施职工个人账号购买商业医疗保险的做法也是可借鉴的有益经验。

三、医疗救助治理健康贫困

(一) 发展过程

1. 古代的医疗救助

我国古代的医疗救助是综合性社会救助制度的一部分，医疗救助的发展随着整个社会救助制度的发展而发展，并深受社会救助济贫思想影响。中国自古提倡“仁义”，注重对鳏寡孤独、残疾者的救济、收养，对贫困、突遭不幸变故者的救助，社会慈善活动频繁。其中与医疗救助有关的可以追溯到南北朝的六疾馆，更为著名的是唐宋年间的悲田养病坊，对疾病贫困者给予救助。古代的医疗救助，虽然对疾病贫困者起到了一定的作用，但是其根本的目的在于维护封建统治阶级的统治，缓解阶级矛盾，保持社会稳定；它强调国家控制，运用行政手段，而没有采用立法手段(李新伟、吴华章，2009)。①

2. 近代的社会医疗救助

近代社会，在社会救助方面，政府颁布了《游民习艺所章程》(1915 年)、《监督慈

① 李新伟、吴华章：《医疗救助制度的历史发展与现状》，《中国卫生经济》2009 年第 12 期。

善团体法》(1928 年)、《社会救济法》(1943 年)等一系列法规,其中最著名的是 1943 年颁布的《社会救济法》,它所救济的六类对象中包括了“妊妇”和“因疾病伤害残疾或其他精神上身体上之障碍不能从事劳作者”;《社会救济法》规定有 12 种救济方法,其中包括“免费医疗”和“免费助产”。

3. 中华人民共和国成立后到改革开放前的医疗救助制度

1949 年中华人民共和国成立时,还没有独立的医疗救助制度,医疗救助只是作为社会救济制度中的一部分。由于这一时期人民经历了长期的战争的伤害,还没有能力抵抗自然灾害,所以导致社会上需要救助的灾民、贫困人口达数千万人。这一时期温饱是全国人民最关注的问题,所以救助的重点在于保障灾民和贫困人口的正常生活,对保障人民健康的医疗救助的关注度不高。在 20 世纪 50 年代中期,农村实行合作化以后,农民的生、老、病、死就基本上依靠集体经济来给予保障。即使是因年老病残,体弱多病且部分丧失劳动能力的农民,也可以从集体分派到轻活,直至其完全丧失劳动能力,才由家庭负起主要赡养责任,同时集体还给予一定的资助。此外,政府还建立了“五保”制度,保证无依无靠无劳动能力的孤寡老人、残疾人和孤儿的“吃、穿、住、医、葬”。到改革开放前,基于集体经济,虽然没有单独建立医疗救助制度,但是患病的贫困农民确实可以得到低水平的救助。

4. 改革开放到 2000 年的医疗救助

改革开放以后,我国进行了经济体制改革并建立了家庭联产承包责任制,合作医疗制度和五保制度退出历史舞台。20 世纪 80 年代,医疗救助的概念和实施主要用于我国农村扶贫或加强农村初级卫生保健的工作中;到 90 年代,随着贫困人口数量增加,贫富差距扩大,一些地方开始通过政府下发专门文件甚至通过地方立法开展医疗救助,医疗救助开始成为政府的一项职责。上海市率先在全国探索并建立医疗救助制度。1990 年上海市民政局、卫生局、财政局联合制定了《上海市城市贫困市民急病医疗困难补助办法》,对无直系亲属依靠、无生活来源、无生产劳动能力,生活依靠政府救济的孤老、孤儿和孤残人员,民政部门给予定期定量救济的其他各类特殊救济对象,家中无人在业、无固定经济收入的社会困难户,市和区、县党政领导机关交办的个别特殊对象给予门诊补助和住院补助,农村疾病补助经费来源于农村集体经济,由民政部门负责管理。

1997 年 6 月,北京市卫生局、物价局、财政局联合发出《关于在我市医院实行医药费“总量控制、结构调整”改革的通知》,指出对本市正式户口城乡居民中,收入在最低生活标准以下的特困户和五保户，凭借证件可享受住院费、手术费、检查费等一定程度的优惠。1998年，广州市建立社会医疗救助基金，除了广泛发动社会捐助，市政府每年财政拨款150万元，还从公益奖券、社会福利奖券中提取医疗专项资助(林闽钢,2017)。此后，陆续有城市开始建立医疗救助制度，以保障人们的生命健康权利。

5. 2000年以后的医疗救助制度

2002年，国务院召开了全国农村工作会议，作出了《中共中央、国务院关于进一步加强农村卫生工作的决定》(以下简称《决定》)，《决定》中提出"建立和完善农村合作医疗制度和医疗救助制度，对农村贫困家庭实行医疗救助"。医疗救助对象主要是农村五保户和贫困农民家庭。医疗救助形式可以是对救助对象患大病给予一定的医疗费用补助，也可以是资助其参加当地合作医疗。医疗救助资金通过政府投入和社会各界自愿捐助等多渠道筹集。《决定》中提出要建立独立的医疗救助基金，实行个人申请、村民代表会议评议、民政部门审核批准、医疗机构提供服务的管理体制，政府对农村合作医疗和医疗救助给予支持。

2003年，《民政部、卫生部、财政部关于实施农村医疗救助的意见》(以下简称《意见》)中对农村医疗救助的内涵、目标原则、救助对象和救助办法有了更为具体的规定。《意见》中指出:"农村医疗救助制度是政府拨款和社会各界自愿捐助等多渠道筹资，对患大病农村五保户和贫困农民家庭实行医疗救助的制度。力争到2005年，在全国基本建立起规范、完善的农村医疗救助制度。"为加强农村医疗救助基金管理，保证农村医疗救助基金运行安全，财政部、民政部于2004年制定了《农村医疗救助基金管理试行办法》，其中对基金的使用、筹资来源、管理有了明确的规定。民政部、卫生部、劳动保障部和财政部在2005年颁布《关于建立城市医疗救助制度试点工作的意见》，城市医疗救助对象主要是城市居民最低生活保障对象中未参加城镇职工基本医疗保险的人员、已参加城镇职工基本医疗保险但个人负担仍然较重的人员和其他特殊困难群众。2009年，民政部《关于进一步完善城乡医疗救助制度的意见》中，扩大了医疗救助的救助范围，在将城乡低保户和五保户纳入救助范围的基础上，逐步将其他经济困难家庭人员也纳入医疗救助范围。为减轻艾滋病机会性感染病人的医疗负担，2013年1月21日民政部等四部门颁发的《关于对艾滋病机会性感染病人实施医疗救助的意见》对救助对象的认定、救助方案、救助流程等内容作出了具体规定，指出在制度衔接上，要在开展提高农村重特大疾病医疗保障水平试点和重特大疾病医疗救助试点的地区，将艾滋病机会性感染病人纳入保障范围，并强调了省级财政在统筹安排医疗救助资金上的责任。至此，中国历史上医疗救助制度第一次从整个国家层面上单独建制，并明确了政府的筹资责任，界定了救助对象，建立了管理机构，确定了发展目标，医疗救助制度被纳入整个社会建设规划，从此进入了快速化、规范化建设阶段。

2014 年 2 月 21 日，国务院总理李克强签署国务院第 649 号令，颁布了《社会救助暂行办法》(以下简称《办法》)，自 2014 年 5 月 1 日起施行。《办法》指出了社会救助的总体原则，具体涵盖了包括医疗救助在内的八项救助制度，并对社会力量的参与、救助工作的监督管理和相关人员的法律责任作出了具体规定。2015 年 5 月 21 日，又颁布了《关于进一步完善医疗救助制度全面开展重特大疾病医疗救助工作的意见》，主要包括两个方面的内容，一个是进一步完善了我们现行的医疗救助制度，出台了一系列相关的政策措施，完善了已有的医疗救助制度，并且指出城市医疗救助制度和农村医疗救助制度于 2015 年底前合并实施；另一个是全面开展重特大疾病医疗救助这样一个新制度，进一步细化实化政策措施，实现医疗救助制度科学规范、运行有效，与相关社会救助、医疗保障政策相配套，保障城乡居民基本医疗权益。从 2009 年我们国家全面深化医改以来，现在逐步建立起了叫“四险十一助”的医疗保障体系。

到目前为止，城乡医疗救助在全国范围内基本建制，救助制度逐步完善，救助水平逐渐提高，在满足城乡困难群众基本医疗服务需求，缓解困难群众“看病难、看病贵”方面发挥了越来越大的作用。

(二) 行动与效果

1. 医疗救助制度概况

我国农村、城市医疗救助制度分别于 2003 年、2005 年试点建制，到 2008 年实现全覆盖。2009 年深化医疗卫生体制改革以来，覆盖人群由低保户、农村五保对象逐步向重度残疾人和低收入家庭中的重病患者、老年人等低收入群体延伸。目前主要由城乡医疗救助制度和在部分省市试点的大病医疗救助两个制度组成(成海军，2015)。按救助时间可分为医前救助、医中救助和医后救助三类。医前救助是指在救助对象发生医疗卫生服务需求之前给予一定补助，以提高贫困救助对象对卫生服务的利用。具体补偿形式是定期发放医疗救助金、资助城乡居民参加医疗保险等，救助部门为救助对象发放医疗救助证，救助资金直接与医院结算，救助对象在医疗服务完成后，只需缴纳自付部分，不用先垫支救助费用。医中救助是指在贫困救助对象疾病诊断和利用医疗服务的过程中根据患者疾病负担予以一定额度或比例的救助。救助形式可以是医疗救助部门给予现金补偿，也可以是医疗机构对医疗服务费用的一定额度或比例予以先期垫付，民政部门再与医疗机构结算。随着我国各项医疗保险制度的不断完善，资助贫困居民参加相应医疗保险，并在保险给付过程中进行二次救助成为我国今后医疗救助制度的发展趋势。医后救助是指医疗救助部门确定的医疗救助对象在患病后接受医疗服务时自己预先垫付医疗费用，之后再通过向医疗救助管理机构申请，获得救助资金以补偿先期支付费用。这是目前最为普遍的救助方式。目前，我国各地区医疗救助有从医后救助转向医前、医中救助的趋势。

2. 医疗救助筹资

目前，我国医疗救助的资金来源以政府财政投入和彩票公益金为主，社会捐助为辅，省、市、区三级财政分担，中央财政适度补贴。政府对救助的投入主要有两种途径：一是以民政部门补助医疗救助对象为主，但是受到财政资金的约束，目前我国还不能实行普惠式的救助，只能通过收入与家庭调查相结合，在全面资助低保人口参保的前提下，通过医保为低保人口向惠民医院购买医疗服务，并分类纳入和分别救助；二是在原有定额定项补贴基础上，通过卫生部门额外补偿公立医院，公立医院对救助对象收取较低的医疗费用，以保证低保人口对医疗费用的支付能力。财政和卫生部门还对公立医院进行绩效考核下的收支两条线管理。政府财政支出虽然占据医疗救助资金的主体地位，但是仅靠这唯一的资金来源是远远不够的，还需要一种来源稳定、数量充足的筹资渠道作为补充，以保障救助的可持续性。因此，国家发行的福利彩票公益金中，会安排一定比例的资金作为医疗救助资金，可以在现有财政能力的情况下提高救助对象的救助水平，进一步保障贫困人群享受基本医疗服务的权利。

现阶段，城乡医疗救助制度所需资金以政府财政投入为主，社会捐赠较少。2017 年，中央财政用于医疗救助补助资金 160 亿元中，来自中央专项彩票公益金仅 3 亿元（任晓春、宁倩文，2018）。[①]各级财政对城乡医疗救助的投入逐年上升，但投

① 任晓春、宁倩文：《医疗救助公平性的多维度审视》，《医学与哲学》2018 年第 8 期。

入没有形成制度化且城乡之间不平衡。目前,我国城乡医疗救助资金在筹集过程中形成了一种梯次转移的架构,表现为中央财政对省级财政给予补助,省级财政对地市财政给予补助(含中央及省本级配套资金),最后市级财政向县(区)财政进行转移支付。从中央财政的转移支付方向看,中央财政主要投向了中西部地区,只有少量投向东部地区(魏欣芝,2015)。对大病医疗救助,2012 年开始重特大疾病医疗救助试点以来,由于没有新增资金,各地主要是在常规医疗救助制度的基础上“打补丁”,没有形成稳定的筹资机制。

3. 医疗救助行动

按照救助形式,医疗救助可以分为直接救助和间接救助。直接救助是针对受助人群,通过发放现金、资助贫困人口参保、政策减免等方式使其能享受基本医疗服务。但是发放现金不能保障救助资金一定会用于购买医疗服务,会导致资金使用效率的低下,同时对救助对象也缺乏有效的费用约束。间接救助则是医疗救助部门通过与医疗服务机构核算,将救助资金拨付给医疗机构,由医疗机构为受助人员提供服务的形式,受助人员在就医时无需支付医疗费用。目前很多国家都采取政府直接向医疗机构给付救助资金,形成“第三方付费”模式,这种模式的给付也分为预付和后付,各国都在积极探索中。目前,我国各地方政府采取的医疗救助措施两种都有,其中直接救助是资助贫困人口参加医保,这样不但充分利用了医保的共济作用,提高了风险分担程度和救助水平,同时也充分利用了医保的支付和管理,降低了救助的管理难度和成本。间接救助是通过举办惠民医院,推出各种减免政策以促进低保人口医疗服务的利用,提高医疗体系的公平。

惠民医院的设计思路主要有:以基层医疗机构为主,低保人口凭证就医,只付医疗费自付部分,其余部分由医保中心和民政部门定期结算,惠民医院往往享受比普通医疗机构高的财政补贴。这样通过供方提供低价服务的方式,达到提高利用的目的(陈斌、董云萍,2011)。民政部门通过医保和惠民医院进行医疗救助支付,不但共享了资源,节约了管理成本,也有利于发挥医保第三方付费的监管作用和探索总额预算、按病种付费等支付方式。低保人口的医疗费用支付方式也发生了根本性的变化,低保病人不再需要全额自己垫付资金,只需在惠民医院支付自付部分,惠民医院还根据其经济和疾病状况,适当比例报销一部分自付费用(门诊、住院和大病比例一般不同),体现了救助制度的伸缩性和动态性。例如,考虑到财政压力,有的地方设定了封顶线和起付线,有的地方则对极度贫困者的自付部分实行封顶,如北京海淀区对在上地医院(惠民医院)看病超过500元以上的诊疗费用由政府补贴。所有这些支付措施的根本目的,是为了在资金有限的情况下实现救助人群和救助程度的最大化。

对重特大疾病的医疗救助主要有四种模式:医疗救助主导型、重特大疾病医疗救助与新农合大病保障衔接、重特大疾病医疗救助与城乡居民大病保险衔接、重特大疾病医疗救助与社会慈善等资源衔接。总体来看,在不同模式下,重特大疾病医疗救助在大病保障中的地位及作用各不相同。当前,大部分地区重特大疾病医疗救助试点的主要形式是与基本医疗保险、城乡居民大病保险衔接,发挥医疗救助的"兜底"作用,在实践中表现为"新农合大病保障+重特大疾病医疗救助模式"和"大病保险+重特大疾病医疗救助模式"。此外,近几年社会慈善事业蓬勃发展,重特大疾病医疗救助与社会慈善衔接发挥"串联"作用也是一项重要探索(向国春、顾雪非,2014)。①

4. 医疗救助的实施效果

政府是医疗救助的举办主体,财政拨款是医疗救助资金的重要来源(向国春、顾雪非,2014)。2017年资助参加基本医疗保险5 621.0万人,支出74.0亿元,人均补助水平131.6元。2017年实施住院和门诊医疗救助3 517.1万人次,支出266.1亿元,住院和门诊每人次平均救助水平分别为1 498.4元和153.2元。2017年全年累计资助优抚对象367.1万人次,支出优抚医疗补助资金36.1亿元,人均补助水平982.3元。2017年,民政部门直接救助3 517.1万人,直接救助支出266.1亿元。

表7.8　2014—2017年资助参加医疗保险情况

年　度	资助参加基本医疗保险(万人)	资助参加基本医疗保险支出(亿元)
2017	5 621.0	74.0
2016	5 560.4	63.4
2015	6 634.7	61.7
2014	6 723.7	48.4

资料来源:《中华人民共和国民政部2014—2017社会服务发展统计公报》。

① 向国春、顾雪非:《重特大疾病医疗救助模式选择及筹资测算研究》,《卫生经济研究》2014年第3期。

表 7.9　2014—2017 年直接救助情况

年　度	直接医疗救助人数（万人）	直接医疗救助支出（亿元）	住院和门诊医疗救助人次（万/人次）
2017	3 517.1	266.1	3 517.1
2016	2 696.1	232.7	2 696.1
2015	2 515.9	214.5	2 889.1
2014	2 395.3	204.1	2 395.3

资料来源:《2018 中国卫生健康统计年鉴》,中国协和医科大学出版社 2018 年版。

根据上海市医疗救助情况效果分析,不同救助对象,救助后自付费用占总医疗费用大多下降 9.88—20.37 个百分点,灾难性卫生支出比例下降 6.75—15.13 个百分点,说明医疗救助对降低直接疾病负担、减少灾难性卫生支出有较好的效果(李芬、王常颖,2017)。

健康扶贫口号提出之后,我国各个地区均以对象身份与个人医疗负担情况作为主要的分类依据,采取差别救助的模式,将救助资金真正应用到困难群众扶贫中。除此之外,当前各个地区所公布的救助数额中普遍达到了 5 万元,甚至在众多经济发达的城市更是接近 10 万元,可有效减轻个人负担(王晓莉,2018)。

目前,我国救助制度已逐步形成了一个从筹资到服务提供、支付、管理等行为的完整框架。从单纯的民政系统独自承担向以民政为主,卫生、社保、财政和审计多部门共同协作的模式转变;救助内容从以大病救助为主向基本医疗服务,向门诊、住院和大病综合救助转变,并进一步促使我国向以救助制度为网底的多元化卫生保健制度的方向迈出了坚实的一步。

(三) 存在的问题

1. 医疗救助资金缺乏有效筹集机制且总量不足

资金的筹集是顺利开展医疗救助的必要前提,对困难群体实行的医疗救助应是一个可持续的过程,而不是短期行为。虽然我国制定了医疗救助资金来源多渠道的政策规定,但实际上,医疗救助制度的运行在很大程度上依赖政府的财政资金。大部分地方彩票公益金分配给医疗救助的规模非常有限,社会捐助虽然也在筹集医疗救助资金时起到了一定作用,但由于目前我国吸纳、利用社会资金尚处于摸索阶段，因此来源于社会捐助的医疗救助资金很少且不稳定。目前我国医疗救助筹资渠道存在单一性问题，一方面使政府财政支出压力过重，很有可能导致医疗救助无法持续，另一方面在各级政府筹资责任划分不明确的情况下容易产生相互推诿责任的情况。因此，医疗救助资金的筹集水平在很大程度上受财政资金的数量和到位情况的制约。如果资金筹集不到位，就会直接影响到医疗救助的补偿水平，也会造成医疗救助只能在低水平和窄范围上徘徊(魏欣芝，2015)。①另外，目前，一些地方的医疗救助资金大部分仍采用临时救助的形式，资金筹集分散，且大多以一次性为主，无法确保资金筹集的稳定性和可靠性。同时由于各地社会经济水平存在巨大差异，无法通过详细的测算来制定一个全国统一的筹资标准，仅仅是根据财政实际能力的大小给予一定的资金补贴，因此难以制定长效可持续的基金筹集机制。除此之外，我国医疗救助资金总量投入相对不足，供需矛盾尖锐，无法满足贫困群体对医疗救助的进一步需求。

2. 管理体制不健全

指导我国社会救助运行的全国性文件是2014年颁布的《社会救助暂行办法》，缺乏效力更高的、操作性和指导性更强的法律法规体系。在具体实施过程中，各地政府只好结合国家相关规定和本地实际情况进行自主探索，在救助对象、救助标准确立、救助资金的使用等方面不甚清晰明确，导致政策贯彻执行不到位，从而使得救助效果大打折扣。救助法律的缺失还使救助工作面临无法可依的局面，各地套取、挪用医疗救助资金的事件时有发生，不利于规范政府行为和对救助过程进行有效问责和监督。另外，省市级层面的立法情况不一，因地区而异。地区的发展水平不同，各地区的立法主要集中在对医疗救助对象的确定和识别、医疗救助标准上面，几乎没有地方性的关于“基金筹集管理”“基金支出管理”“基金的财务管理规定”等内容(张绍男，2019)。②并且，在医疗救助涉及监管的各个管理部门中，各自责任不清晰。由于医疗服务的特殊性，需要有相应的监管部门对医疗服务供方的行为进行监管。现阶段医疗救助属于民政部负责，而实际提供医疗救助的机构则属于卫生部负责，城乡居民医疗保险则属于人社部负责(新农合为卫生部负责)(余莹、廖文豪，2019)。根据这一管理机构的划分，可以发现，被救助对象的救助流程应

① 魏欣芝：《我国城乡医疗救助筹资机制研究》，《卫生经济研究》2015年第1期。

② 张绍男：《医疗救助基金管理中存在的问题及对策建议》，《劳动保障世界》2019年第8期。

是:民政局确定医疗救助对象——资助参加新农合或城乡居民医疗保险——疾病发生后通过医疗保险进行报销——报销后难以承担的自付部分费用再次申请医疗救助。所以,对这样复杂的救助程序,有关部门也难以对医疗救助行为和医疗救助基金进行监督、管理。部门之间很容易出现相互交叉、责权不清,也容易产生"三不管"地带,导致医疗救助无法达到最终保障穷人利用医疗服务的目标。

3. 医疗救助标准较低

《关于进一步完善医疗救助制度全面开展重特大疾病医疗救助工作的意见》中明确规定需设立起付标准及报销比例,使得我国医疗救助制度存在"保险化"问题,医疗救助制度设计参照了医疗保险制度设计,规定了起付线、救助比例和封顶线。参保人要享受到医疗救助,则必须自付一定金额,并自行承担一定比例费用。此项规定有可能出现患者因无力跨过起付标准这道门槛或无力承担报销后自付部分而根本无法触及医疗救助的情况。除起付线以外,较低的封顶线同样也是拉低救助标准的一环。全国常规医疗救助平均封顶线仅为每年 1 万元左右,有的地方还不到 6 000 元,许多重特大疾病试点地区在设置封顶线时较常规医疗救助提高不多,起不到重特大疾病救助的作用。由于地方政府救助资金的短缺,各地都相应设置了较低的封顶线,这一做法导致救助效果不明显,从而使得人均救助水平整体偏低。设置起付线和封顶线本意是为了保证资金的使用效率,防止医疗服务的滥用,但是在整个救助体系中普遍较高的起付线和较低的封顶线同样也让医疗救助服务的可及性打了折扣。

4. 救助范围窄

我国现行的医疗救助对象主要是城乡低保对象、特困户、优抚对象以及患重特大疾病的特殊贫困家庭人员,对其基本医疗费用经报销后的个人负担部分,按规定的比例和限额予以救助,而对很多低收入家庭和流动贫困人口则缺乏有效的制度安排。除了救助对象范围窄,用药目录范围也比较窄,对自费药、医保、新农合都不报销,当然也就没有被纳入救助的范围。当前使用的《报销目录》,很多药治疗效果不明显,为了治病,患者只得选择报销不了的自费药,造成医疗费用高昂,患者则陷入"管用的不报销,报销的不管用"的困局。

(四) 对策建议

1. 加大资金投入力度并建立多方筹资机制

医疗救助制度作为我国医疗保障制度的最后一道保障网,中央政府应加大投入力度，尤其是加大对中西部欠发达地区医疗救助的投入力度。充足稳定的资金来源是保障我国医疗救助制度有效运转和正常实施的必要前提。从历史发展进程来看，任何一个国家都无法将所有贫困患者的医疗费用全部包揽下来，从国外救助制度的成功经验来看，政府需提高医疗救助制度有效性，保证其稳定的资金渠道和充足的资金来源，因此，建立一个可持续、多渠道的资金筹集机制尤为重要。江苏省某市每年划拨基本医疗保险基金总额的5%作为医疗救助资金的主要来源，医疗救助资金随着基本医疗保险基金的增长而逐年增加，这一做法对各地建立救助资金增长机制有借鉴意义（向国春、顾雪非，2014）。①在政府方面，可以借鉴美国的做法，在社会救助制度发展过程中，不断强化政府责任与义务，充分重视政府的基础性地位，有效发挥其在资金来源渠道中的保障性作用，同时重视社会各界力量，加强中央财政资金投入比重，采取多方筹资方式，进一步扩大医疗救助资金的筹集规模，大力发展民间捐赠，带动慈善机构的力量和社会各界的积极性（包括个人、企业、社会、慈善基金、医疗保险基金、国际组织等），全面促进医疗救助事业的快速发展。同时建立专门的捐助机制，以期保证医疗救助的长期有效性。

2. 加强医疗救助法规体系建设

解决贫困人口的医疗救助难题不仅仅关系到民政部门，还涉及卫生、财政及社会保障等多个部门。因此，要确保贫困患病群体得到最基本的医疗服务，需要各部门的沟通协作和社会力量的共同支持，尤其是基本医疗保险与医药卫生体制改革的支持。要进一步理顺医疗保障与医药卫生体制间的关系，提高医疗救助对患病群体的服务可及性，进而使救助基金充分发挥其功能与效益。此外，要不断加强医疗救助法律法规制度建设，使医疗救助有法可依。

3. 科学界定救助对象

从我国目前医疗救助的对象范围来看，各级政府大多以个人或家庭收入和当地最低生活保障线为依据，实践中往往将之等同于城乡低保家庭成员和五保户，医疗救助成为“低保”制度的配套措施，对很多低收入家庭和流动贫困人口缺乏有效的制度安排。这种“一刀切”的做法虽然简单，但却不能适应救助对象动态变化的现状，容易导致申请者设法隐瞒自己的实际收入，出现“搭便车”的现象，而很多低

① 向国春、顾雪非:《我国医疗救助制度的发展及面临的挑战》,《卫生经济研究》2014年第3期。

收入患者也在事实上被排除在救助范围之外，严重影响了制度的公平性。在公共医疗保险制度基本实现全覆盖的前提下，我国未来医疗救助制度一方面要关注已被保险覆盖的人群的自付费用与其家庭经济承受能力相对应，另一方面更应注意在救助人群方面将边缘人群和流动困难人群纳入医疗救助范围，健全家计调查制度。

4. 采用预先救助方式，注重边缘群体

医疗救助制度按救助时间分为预先确定受助者和事后垫付医疗费用两种方式。从国外医疗救助制度来看，医疗救助制度多采用预先救助方式。预先救助制度，有助于医疗救助机构通过身份准入方面的审核来控制医疗医疗费用。但我国医疗救助制度中，预先救助制度的占比低，这对提高边缘人群医疗服务可及性有一定限制。因此，我国应积极采用预先救助制度，在疾病风险发生之前，依据边缘群体收入水平或其他条件，确定被救助对象，为其提供相应证明，该人群患病时可直接在医疗服务机构享受相应的卫生服务，产生的费用由医疗救助机构直接与医疗服务机构结算。所谓边缘群体是指，收入水平高于相应的医疗救助资格线，但难以负担高额医疗自付费用的群体。预先救助制度偏重于边缘群体，提供相应的医疗救助计划，有利于保证医疗卫生服务的可及性与公平性（王忠成、申俊龙，2016）。①

四、慈善医疗治理健康贫困

（一）进展和现状

1. 我国慈善医疗事业的历史发展进程

（1）中国古代慈善文化。

我国古代慈善文化的核心是儒家倡导的“仁”的理念，儒家经典作品《礼记·礼运篇》就提出，在未来理想的大同社会形成的是一种“讲信修睦，故人不独亲其亲，不独子其子，使老有所终，壮有所用，幼有所长，鳏寡孤独废疾者，皆有所养”。这里就有关于残障人士应得到社会救助的心声在其中。儒家代表人物孟子也提出“守望相助，出入相友，疾病相持”的社会救助主张，表明了古人很早就提出了家庭救助

① 王忠成、申俊龙：《国外医疗救助制度的创新经验及借鉴》，《对外经贸实务》2016 年第 7 期。

与社会救助相结合的社会慈善思路，而且一直沿用到今天的慈善事业之中(刘莎，2010)。

西汉时期佛教传入中国以后，慈悲为怀、因果相报的佛家慈善文化深刻影响了中国社会的各个阶层，佛教寺院的出现，也可以说是中国产生了最早的民间慈善救济机构，其慈善事业在当时主要承担了济贫、赈灾、医疗、抚孤、养老等社会责任。佛教一向以“普渡众生”“行善济人”为宗旨，因此不少僧徒都研习医术，以发扬治病利人的德行。佛教徒为人医治各种疾病，发扬的是自利利人的精神，并不像病人收取诊疗费和医疗费，完全是一种自愿为民众服务的义诊行为，是值得钦佩的慈善之举，也是现代慈善义诊的雏形。此外，当时出现的“慈悲养病坊”就是唐代慈善事业发展的标志性机构，这种情形一直延续到宋代，宋代民间慈善和政府真机逐渐相结合，出现了由朝廷主导的慈善机构，即规模不等的“居养安济院”“慈幼局”“慈幼庄”等，这些慈善机构的职能比较全面，从养老慈幼到济贫助残，从医疗抚恤到安葬送终，较为完整的社会救助体系已经在酝酿当中。

(2) 中国近代慈善事业。

1840 年鸦片战争爆发之后，我国被迫打开了国门，随着资本主义列强的入侵，西方特有的慈善文化一起涌入中国，不同的西方慈善家带着不同的目的前来，其中，不乏一些善良的外国人，本着人道主义精神，将慈善作为国际性救援事业带到中国，创办慈善机构，实施慈善医疗救助。比如 1921 年在北京由洛克菲勒基金会创办的协和医院，后期发展为现在的北京协和医院，成为国内著名的三甲医院，为中国的公共医疗慈善事业作出了贡献。在抗日战争时期，白求恩率领一个由加拿大人和美国人组成的医疗队来到中国，并在当时参与创建了白求恩卫生学院，其无私奉献的慈善精神感染了一代又一代人。西方慈善事业及其文化为我国古代慈善事业增添了大量新鲜内容和形式，古代慈善医疗救助主要是救助孤寡、抚恤残障，以及救助其他需要帮助的人，而从西方传入的慈善形式不仅限于此，还包括设立慈善医院，使慈善行为日常化；开办医学院，使医学教育规范化和系统化；设立慈善基金，使慈善活动制度化且有经济保障等(陈国庆，2017)。

(3) 中华人民共和国成立之后至改革开放。

中华人民共和国成立以后，在计划经济体制下，群众大多追求人人平等的概念，提倡“不患寡而患不均”，贫富差距没有规模化地体现出来，因而作为私有化产物的慈善事业没有发展的空间，同时慈善事业被认为是“统治阶级欺骗与麻痹人民的装饰品”(董必武,1950)。在这一时期,中国慈善事业实现国家化的转变,城乡局部建立起二元分割的社会福利体系,在城市形成以国家垄断供给社会福利,覆盖国家机关和国有企事业单位职工的社会保障体系,在农村形成了“五保”制度,以集体经济为依托,家庭、集体、国家相结合的低层次社会救助体系,由于国家在社会救助方面的大包大揽,使得中国慈善事业进入发展的停滞期。此阶段的慈善立法不但没有得到任何发展,反而出现倒退的现象,以前设立的许多法律法规也都名存实亡了(杨团、葛道顺,2009)。比如,在1976年,中国政府拒绝国外对唐山大地震的援助方案,依旧采用政府大包大揽方式进行灾后重建工作。

(4) 改革开放以来。

随着改革开放的不断推进,我国社会经济与社会成员的阶级结构均发生了深刻的变化,阶层固化,贫富差距也在不断增加,在这种大背景下,一部分人率先认识到公益慈善的重要性,现代意义的慈善事业才逐步发展起来。这一阶段的慈善事业呈现出发展社会化的趋势。与此同时,围绕慈善事业的政策和法律制度建设也逐步展开。如1988年公布的《基金会管理办法》、1996年《民政部关于在社会救助工作中充分发挥慈善组织作用的通知》,1998年公布的有关社团和民办非企业单位的两个条例、1999年公布的《公益事业捐赠法》以及2001年的基金会登记管理办法等。2003年3月8日,财政部、国家税务总局联合下发了《关于完善城镇社会保障体系试点中有关所得税政策问题的通知》,其中规定:对企业、事业单位、社会团体和个人向慈善机构、基金会等非营利性机构的公益、救济性捐赠,准予在缴纳企业所得税和个人所得税前全额扣除。2004年,党的十六届四中全会首次提出发展慈善事业,强调要“健全社会保险、社会救助、社会福利和慈善事业相衔接的社会保障体系”,慈善事业第一次写进党的重要文献,并第一次把发展慈善事业提到“要坚持最广泛、最充分地调动一切积极因素,不断提高构建社会主义和谐社会的能力”的高度。2005年,“支持发展慈善事业”第一次写进了温家宝总理代表国务院所作出的《政府工作报告》。2011年7月,民政部公布了《中国慈善事业发展指导纲要(2011—2015)》,这是我国第一次明确对慈善事业发展进行规划和指导的纲领性文件;2012年国务院颁布的《十二五期间深化医药卫生体制改革规划暨实施方案》提出“鼓励和引导社会力量发展慈善医疗救助”;民政部在2013年8月发布了《民政部关于加强医疗救助与慈善事业衔接的指导意见》。2016年3月慈善法的颁布为我国慈善事业的健康发展提供了良好的环境,对于医疗机构来讲,与社会组织共同开展慈善事业不仅能够帮助贫困患者得到及时医治，同时也减轻了医疗欠费给医院运行带来的沉重负担，极大地促进了医患和谐，为和谐社会建设贡献了力量。为了加强慈善医疗救助活动监管，切实保障人民群众的合法权益，作为落实“慈善捐助失信问题专项治理”的具体行动，2018 年 10 月，民政部办公厅下发了《关于加强慈善医疗救助活动监管的通知》。这一切显示中国的慈善事业正在走上法制化的轨道。

2. *慈善资金来源和去向*

(1) 慈善活动资金的来源。

根据募集资金渠道的不同可以将慈善组织的形式划分为公募慈善组织和非公募慈善组织。公募慈善组织指具有面向社会公众公开募捐资金资格的以非营利为目的的慈善组织，如中国红十字会总会、中华慈善总会、上海宋庆龄基金会等；非公募慈善组织指不具有向公众公开募捐资金资格，但可以通过面向特定对象募集资金的慈善组织，如顺丰公益基金会、腾讯公益慈善基金会等。根据 2016 年颁布的《中华人民共和国慈善法》规定，公开募捐的方式包括在公共场所设置募捐箱；举办面向社会公众的义演、义赛、义卖、义展、义拍、慈善晚会等；通过广播、电视、报刊、互联网等媒体发布募捐信息以及其他公开募捐方式。其中慈善组织通过互联网开展公开募捐的，应当在国务院民政部门统一或者指定的慈善信息平台发布募捐信息，并可以同时在其网站发布募捐信息。非公募的组织开展的定向募捐，募捐对象应该是发起人、理事会成员和会员等。不具有公开募捐资格的组织或者个人基于慈善目的，可以与具有公开募捐资格的慈善组织合作，由该慈善组织开展公开募捐并管理募得款物。①

根据募集资金的主体不同，慈善活动的资金来源可以分为企业、个人、社会组织、政府、其他。在 2013—2017 年间，我国接受捐款捐物总额在不断上升，但与美国这样的发达国家相比还有很大的差距，体现为总量不足。企业仍然是捐赠主体的主要来源，2013—2017 年所占捐赠总额的比例一直维持在 60%以上；群众参加慈善活动的积极性也在不断地提高，个人进行慈善活动的比重从 2013 年到 2017 年翻了约 6 倍(详见表 7.10 和图 7.7)。

---

① 全国人民代表大会，2016 年《中华人民共和国慈善法》，http://www.npc.gov.cn/zgrdw/npc/lfzt/rlyw/2015-10/31/content_1949145.htm。

表 7.10　2017—2018 年捐赠规模　　(单位:亿元)

年　份	2013	2014	2015	2016	2017
接受境内外捐款捐物总额	989.42	1 042.26	1 108.57	1 392.94	1 499.86
企业捐助	689.33	721.6	783.85	908.2	963.34
个人捐助	54.5	115.58	169.3	293.77	349.14

资料来源:2013—2017 年《中国慈善捐助报告》。

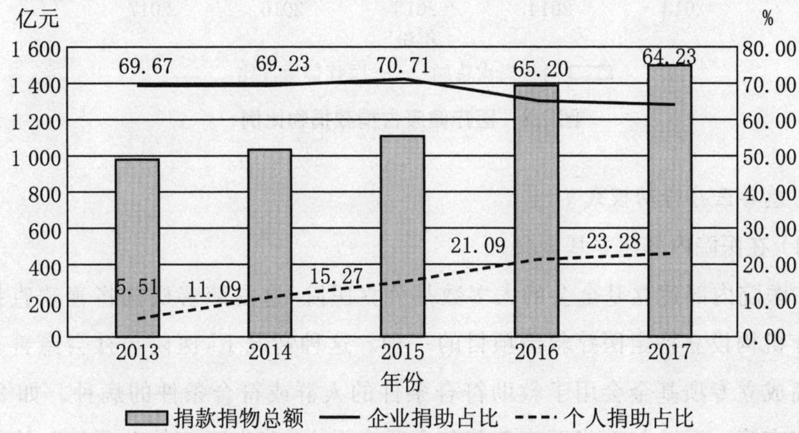

图 7.7　企业和个人捐助占比

(2) 慈善活动资金的流向。

各领域接受捐赠占比的排名为教育、医疗健康、扶贫与发展、公共事业、人群服务等,其中医疗健康位列第二,其接受的金额也随着捐赠总额的递增而增加,占比区间在 25%—37%,其中 2014 年的金额最大为 386.68 亿元,占比最大为 37%。在 2015—2017 年之间,流向医疗健康领域的占比相对稳定,维持在 25%左右,金额在 360 亿元左右,没能突破 2014 年的 386 亿元(详见表 7.11 与图 7.8)。

表 7.11　2017—2018 年流向医疗健康领域捐赠规模　(单位:亿元)

年　份	2013	2014	2015	2016	2017
接受境内外捐款捐物总额	989.42	1 042.26	1 108.57	1 392.94	1 499.86
医疗健康领域	275.06	386.68	268.72	362.86	361.47

资料来源:中国慈善联合会,2013—2017 年《中国慈善捐助报告》。

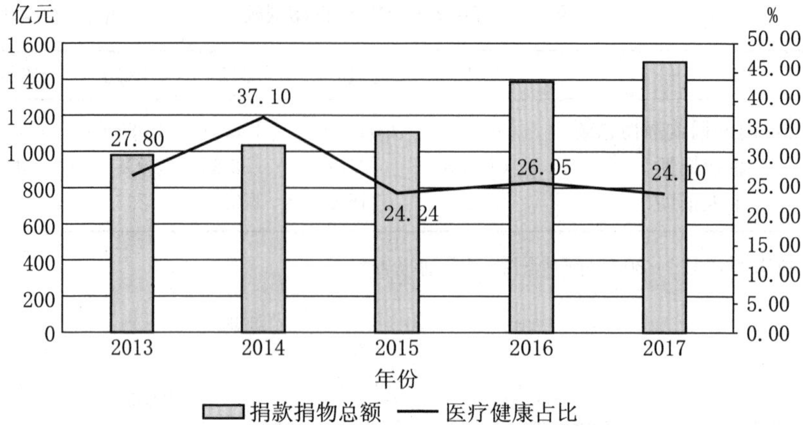

图 7.8　医疗健康占捐款捐物比例

3. *慈善医疗行动模式*

(1) 在医院内部建立基金会。

在医院内部建立基金会的大多数是公立医院,这是慈善机构将善款直接投入医疗机构设立特定医疗救治项目的一种。这种情况下,医院与社会慈善基金会协商成立专项基金会用于救助符合条件的人群或符合条件的病种。如 2018 年南京市第一医院与瑞华医疗慈善基金联合设立"瑞华医疗救助项目",协议约定瑞华医疗基金会将在 5 年内向南京市第一医院提供 1 500 万元的医疗捐赠,每年不超过 300 万元,且有专门指定的病种:心脏移植、主动脉夹层、急性心梗、急性脑卒中、髋膝关节置换、角膜移植等。申请人的资格包括:低保、低保边缘家庭患者;特困供养人员、孤儿或"五保户"家庭患者;国家、省、市、区政府认定的重点优抚对象家庭患者;国家、省、市、区总工会核定的特困职工家庭患者;因发生高额医疗费用、超过家庭承受能力、基本生活出现严重困难的家庭患者,需提供家庭贫困情况证明。审核通过后会对申请人住院医疗费用自费部分提供部分救助。

2017 年,陕西省慈善协会与西安交通大学第一附属医院合作,使用"帕金森慈善基金"增值款实施的"帕金森慈善医疗援助项目"正式启动,目的是让患有帕金森病疾病的贫困患者能够得到及时的医疗救助,恢复正常生活,提高患者生活质量。该项目由陕西省慈善协会发起、西安怡康医药连锁有限公司捐赠、西安交通大学第一附属医院联合实施,并确定西安交大第一附属医院为唯一指定实施医院，三年捐助金额为600万元的“帕金森慈善基金”用于帕金森病脑起搏器治疗医疗困难救助。

(2) 使用慈善基金建立慈善医院。

慈善医院是慈善事业中的重要组成部分。2002年，广州市慈善医院正式建成开业，其作为全民所有制的非营利性医院主要是为了帮助缓解广州市患有重大疾病且经济困难人群的住院救治问题。该慈善医院采用委托代理的模式由广州市慈善会作为委托人发起倡议，广州市政府批准，委托广州市中医院进行经营管理。资金筹集方面广州市慈善会占比最大，达到13 595.8万元，其次是社会捐款达到9 547.8万元，最后一块是财政拨款达到4 048万元(黄光，2014)。由于慈善组织缺乏相关医疗救治的专业知识，因此由慈善组织筹集资金建立医院，继而委托有声望的医院进行管理是更具效率的选择。广州市慈善医院在优先实行为贫困人群提供慈善医疗的基础上，同时执行普通公立医院的经营范围即为广大普通患者提供医疗服务来解决经济补偿问题。根据广州慈善会印发的《广州市慈善医疗救助和应急救助实施办法》，[①]规定了可以接受慈善救助的对象、标准、申请和审批程序，慈善医疗救助作为政府医疗救助的补充，限定了救助对象是那些在接受了政府医疗救助之后个人仍然需要负担重大医疗费用的人群，涵盖了广州市市民和长期生活在广州市的居民和学生等，如果在接受慈善医疗救助后，仍然面临难以支付的医疗费用或者因病致贫导致家庭生活困难的人员，可以在慈善会的帮助指引下，求助社会群体，进行爱心捐款。在慈善医疗救助标准方面，原则上每人每年最多可以接受不超过3万元的慈善医疗救助，有特殊情况的人员，经批准后每个自然年度最高补助总金额不能超过6万元，按照不超过个人支付医疗费用的80%进行报销救助。慈善医疗救助的效率之一是相关审批程序的进行，慈善会在接到申请人的申请之后应当在6个工作日之内对申请内容进行评价，并作出同意或拒绝的决定，慈善会若同意进行医疗救助，需在4个工作日内将救助款项拨付，如若拒绝，需在3个工作日之内传达给申请者。

(3) 民政部门和慈善组织联手设立重特大病慈善医疗救助专项基金。

“重特大病慈善医疗”救助是指重特大病患者的住院医疗费用经基本医疗保险

① 广州慈善会，2018年《广州市慈善医疗救助和应急救助实施办法》，http://www.gzcf.org/WebSite/ShowNews/509/535。

和大病医疗保险或补充医疗保险补偿后，自付部分仍然难以承担，慈善机构及时给予援助或救助的一种方式。长沙慈善会多年来以困难群众最关心、最现实、最急需解决的医疗问题为救助重点，多方筹集慈善资金，为经济困难的群众提供医疗援助，特别是系统地策划和开发了10多个医疗类慈善项目，帮助困难群众解决个人自付医疗费用，发放医疗救助资金近3 000万元，惠及困难群众2万多人，并在"重特大病慈善医疗"救助项目上进行了有益的探索。

在推进精准扶贫的进程中，慈善救助协同基本医疗保险、大病保险、医疗救助，健全贫困村医疗卫生服务体系。2017年，湖南长沙芙蓉区出台《慈善精准救助困难家庭实施办法》，在慈善助医方面门诊救助：年度第四个月、第十一个月当月在芙蓉区享受低保待遇的人员每人发放门诊救助费各1 000元。住院救助：对身患重特大疾病致困的低保人员进行慈善扶助。当年住院医疗费用扣除医保报销、商保补偿和民政救助后，低保对象年度内自付医疗费在5 000元以内(含5 000元)据实救助；超过5 000元的按照分段累加的方式计算救助金额，自付医疗费超过5 000元的部分按50%救助，年度累计救助金额不超过20 000元。

(4) 通过网络进行社会筹款活动。

随着"互联网+"的发展，"互联网+慈善"的模式也越来越受到个人捐款的青睐，便捷的捐款方式，不受限制的捐款额度都是其能够在个人行善中蓬勃发展的重要原因。据民政部发布的消息显示，具有互联网募捐资格的20家平台在2018年间累计筹集善款超过31.7亿元，超过84.6亿次的网友参与度为互联网募捐注入新鲜的活力。网络捐款主要有三大主力军：腾讯公益平台、蚂蚁金服公益平台、阿里巴巴公益平台，这些平台与具有公募资格的慈善基金会合作，提供需要募捐的项目信息。捐赠方式也越来越多样化，用户可以通过APP进行购物捐、行走捐、阅读捐，这些新潮的捐赠方式也使得捐赠主体越来越年轻化。

目前比较流行的一款免费为大病筹款的平台是滴水筹，该平台建立的初衷是希望广大中国家庭能够病有所医。当患有大病的家庭难以支付高昂的医疗费用时，可以在该平台上发起筹款申请，需要提交目标筹款金额、病情介绍、家庭经济情况等信息，通过实名认证的亲朋好友或者陌生人都可以为该筹款信息进行实名证明，以增加筹款信息的可信度。最终筹款结束以达到目标筹款金额或者信息发布持续30天为标准，筹款人也可以自行中途停止筹款。该平台自2016年7月份上线以来，截至2018年9月，累计为80多万个经济困难的家庭服务，筹款额度超过100

亿元，约有3.4亿人次在该平台上奉献自己的爱心。①

4. 监管制度

为了联合全国数以千计的慈善组织，我国于2013年成立了中国慈善联合会，这是一个由致力于慈善事业的社会组织、企事业单位和个人自愿结成的联盟，具有全国性、联合性和枢纽性。该团体于每个年度的中期对上年的全国慈善事业进行总结统计。

为了增加慈善行业信息的透明度，民政部委托中民慈善捐助信息中心研发创办了中国慈善信息平台，该平台对全国从事慈善行业的基金会、慈善会等慈善组织信息以及进行的慈善项目信息进行披露，及时更新慈善组织收到善款的来源和使用去向，其便捷性、高效性和透明性为推动企业和群众参与慈善活动提供了保障。

5. 慈善医疗项目

(1) 项目1：生命之光——造血干细胞移植。

项目简介：白血病是一种血液中的恶性肿瘤。到目前为止，造血干细胞移植为有效的治疗手段之一。随着骨髓库志愿者人数的增加，造血干细胞移植配型成功率不断提高，患白血病等可以施行造血干细胞移植治疗的人数也随之增加，但是巨额的医疗费往往使病人不胜负荷。在此背景下，上海市慈善基金会于2004年设立了“骨髓移植专项基金”，对骨髓移植者给予资助。

资助对象：具有上海市户籍；家境困难；在项目定点医院进行造血干细胞移植治疗的患者。定点医院包括：华山医院、瑞金医院、第一人民医院、新华医院、儿童医学中心、长海医院、长征医院。

资助金额：对贫困的造血干细胞移植者给予3万—5万元资助。

审批程序：符合条件的资助对象，可向项目指定医院提出申请，填写《上海市慈善基金会造血干细胞移植治疗救助项目申请表》；街道(乡镇)社会救助所审核；上海市慈善基金会各区县分会审核；上海市慈善基金会审批后组织实施。

(2) 项目2：点亮心愿——儿童先天性心脏病手术。

项目简介：先天性心脏病已经成为5岁以下儿童除意外死亡外的第一位疾病死因。同时巨额的医疗费让很多家庭不堪重负。自2003年起，上海市慈善基金会与

① 南方网综合：《水滴筹CEO徐憾憾通发全员信：平台累计筹款金额突破100亿》，http://tech.southcn.com/t/2018-10/11/content_183616519.htm。

上海市儿童健康基金会、复旦大学附属儿科医院、上海交通大学医学院附属儿童医学中心合作，设立了“点亮心愿——儿童先天性心脏病手术”项目，帮助家庭贫困，拥有本市户籍，并且参加上海市中小学生婴幼儿住院互助基金的先心病患儿接受手术治疗。2008年起，项目扩展到来沪务工人员家庭同住患病儿童，作为点亮心愿的有益延伸。

救助对象：上海市户籍的先心病患儿；来沪人员（具有居住证）的先心病患儿；定点医院（儿科、儿中心、胸科医院、新华医院等）就诊的来沪外地贫困先心病患儿；目前，基本覆盖除北京、天津和港澳台以外的其余省份。

项目内容：先心病筛查：2017年5月，组织医生前往甘肃定西筛查患儿，并送至上海儿童医学中心进行手术救助。手术救助：截至目前，累计出资约3 098万元，3 900余名患儿接受手术救治。专科医生培训和进修学习：邀请定点医院的专科医生去外地项目点进行医生技术培训和指导，如儿科医院专家前往山东枣庄进行专业指导；外地项目定点医院派医、护、技等人员来沪进修学习，涉及心内、心外、心超、心电图、麻醉、体外循环和护理等各专业。

（二）问题和成因

中国慈善事业的发展尚处于初级阶段。这集中体现在：慈善组织和机构的规模、活动能力等存在着先天不足；慈善事业发展所必需的法律制度、社会支持、文化背景和经济基础等相对来说还不够健全；慈善事业在获取资源、扶贫济困、人道关怀等方面的巨大优势尚未充分发挥出来。

1. *慈善捐赠税收激励政策效果不明显*

从我国现行慈善事业捐赠税收激励政策看，慈善捐赠主要通过限额扣除来实现。对于企业单位来说，公益性捐赠支出在年度利润总额的12%范围内予以扣除，而对个人公益慈善性的救助捐赠，在其年度纳税额度的30%范围内予以扣除。相比较于美国和英国而言这个扣除比例偏低。同时捐赠抵扣税收手续也很复杂，捐赠后办理税前扣除涉及多项证明材料，与现阶段国家提倡的简政放权相悖，这无疑增加了捐赠者在享受捐赠权益时的难度。这样复杂的手续也会打击公众的捐款热情。虽然我国税收激励政策对企业和个人的直接捐赠不允许税前扣除原本是为了有效地引导资金正确使用，防止企业利用不正当手段侵吞慈善捐赠资金的目的，但这项政策在我国慈善事业刚刚起步，发展尚不健全的情况下，反而成为慈善捐赠方式和慈善捐赠门槛的限制，继而使得慈善捐赠税收激励政策无法发挥更大的效果。

2. 慈善机构利用职务之便谋私利

个别医疗机构、企业或者个人通过慈善组织设立了“爱心基金”，以免费慈善救助的名义诱导患者到基金“合作”“定点”“指定”的医院进行治疗并收取高额费用，名为慈善救助实为谋取私利，给本来就因大病而遇到困难的患者家庭带来更大伤害。这种行为违背公益慈善宗旨和非营利目的，损害了人民群众的利益，必须予以制止和清理。应加强对慈善医疗救助活动的监管，切实保障人民群众的合法权益。

医疗救助是慈善领域中容易出现诚信缺失的领域，也是慈善失信治理尤其要关注的领域。在慈善医疗救助活动中，对违背公益慈善宗旨和非营利目的，损害人民群众利益的行为，必须予以制止和清理。为了加强慈善医疗救助活动监管，切实保障人民群众的合法权益，作为落实“慈善捐助失信问题专项治理”的具体行动，2018年10月，民政部办公厅下发了《关于加强慈善医疗救助活动监管的通知》，通知要求各级民政部门：一是全面排查慈善医疗救助活动。要在日常监管中加大监管力度，对登记的慈善组织开展的以公益、慈善、救助为名，涉及医疗、卫生、健康的活动进行全面排查，摸清底数、掌握动态、防控风险，特别是对指定合作医疗机构、企业或者个人，要重点排查。要畅通投诉举报渠道，对群众投诉、举报的此类问题必须进行全面调查，必要时可采取专项审计、实地检查等方式全面了解和掌握活动发起方、执行方、运作模式等情况。二是依法查处以慈善医疗救助名义开展的非法营利活动。对慈善组织开展名为慈善医疗救助，实为推销特定医疗机构、企业服务或者产品的，特别是引诱、迫使患者家庭以明显高于公允价值的价格购买医疗服务或者产品的，一经发现要坚决查处。按照《中华人民共和国慈善法》等法律法规、规章和规范性文件的有关规定，对违法违规行为进行严肃处理。落实《社会组织信用信息管理办法》，通过列入“活动异常名录”“严重违法失信名单”予以惩戒。三是严格规范慈善医疗救助活动。引导慈善组织完善内部治理机制，加强对专项基金的管理监督。慈善组织开展慈善医疗救助活动，应当坚持公开、公平、公正的原则，对合作医疗机构的资质、医疗水平、费用价格、社会评价等进行全面评估，及时完整公开活动相关信息和沟通反馈渠道，明确慈善医疗救助对象范围、资助内容和资助标准。慈善组织应当规范合作医疗机构诊疗行为，对擅自增加医疗项目、提高诊疗费用，为收取额外费用进行过度治疗的，慈善组织应当要求医疗机构及时进行整改或者停止合作。除了慈善医疗救助以外，通知还要求各级民政部门对慈善组织开展扶贫、济困、扶老、救孤、助残、助学等活动时涉及的类似问题要高度重视，加强研判，防范风险。一旦发现名为公益慈善、实为谋取私利的违法违规行为，应当依法严肃处理。此外，还要求慈善组织要切实履行主体责任，积极维护受益人的合法权益，防止任何企业或者个人假借慈善名义开展非法传销、集资、诈骗等违法违规活动。

3. 公众慈善意识不足，参与度低

慈善事业发展时间不长，慈善行为还未能成为一种全社会的普遍行为，公众的慈善意识不足，与美国相比，中国的慈善捐赠量显然滞后于整体的社会经济发展水平。2017 年，美国接收的社会捐赠总额为 4 100 亿美元，虽然中国的 GDP 在 2017 年仅占美国 GDP 的 63.2%，但是美国社会捐赠总量却是中国的近 18 倍。当前我国私人捐赠额与国民收入不成比例，私人捐赠积极性不够，中国富豪和民营企业家个人捐助的整体状况与其财富量不成比例。

(三) 发展趋势和对策建议

1. 推进相关法律和制度建设，保证慈善事业有法可依

当前，随着我国医疗保障制度不断完善，多层次的医疗保障体系日益健全，人民群众看病就医有了基本保障。但由于基本医疗保障水平相对偏低，当困难群众罹患重特大疾病时，现有的保障水平仍难以从根本上解决其医疗难题，由此导致因病致贫、因病返贫以及无力看病、放弃治疗等民生问题非常突出。各类慈善力量通过动员社会资源，为困难群众提供形式多样的医疗援助，帮助其解决看病就医负担，成为多层次医疗保障体系的重要组成部分。加强医疗救助与慈善事业的有序衔接，形成协同合作、资源统筹、相互补充、各有侧重的机制，是促进医疗救助和慈善事业发展的重要方面，也是保障和改善基本民生的迫切需要。同时也要加快关于慈善领域法律制度的完善，加大在此领域犯罪犯法的成本，正确引导慈善资金的使用。各地要充分认识和加强医疗救助和慈善事业衔接的重要意义，坚持政府重点引导、社会广泛参与，从解决实际问题入手，探索加强体制机制建设，实现优势互补，促进社会公平正义。

2. 建立并完善多层次的监管体系

在政府监管方面，建立以审计、财政、税务和司法相配合的联动监督体系，各个监督主体既要层次分明、分工明确，又要相互配合、相互联通，以免出现相互推诿、

无人负责或者是信息封闭堵塞的局面。在各类慈善组织中设立重点监管治理对象,以条带块,以点带面,做好慈善组织的内部问题梳理。针对出现的不合法行为要坚决打击,严厉惩治。

在社会监督方面,引入社会公众和新闻媒体的注意力。既然慈善活动是一项受益于民众的活动,也要受到社会公众的监督,为了削弱外界对慈善组织的信任危机,慈善组织必须要加强公开透明的程度。可以从公开经营状况、公布财务信息、公开善款使用情况等方面来增加信息的透明度。发挥新闻媒体的监督力量同样重要,近年来许多慈善方面的丑闻都是由新闻媒体曝光的,因此可以通过舆论的压力来对慈善事业进行监管。

3. 优化激励机制,加速积累慈善资源

从国外的经验来看,我国需尽快建立慈善组织资质评估和信用资格认证制度,加大社会监管力度,进一步规范慈善行为,并在慈善活动参与者的互动过程中逐渐地约定俗成。要加强诚信等方面的道德建设,完善慈善组织内部的管理和监督制度,培育慈善组织的社会公信度,提高从业人员的道德素质,进而增强慈善事业对公众的吸引力。

同时,税收制度是鼓励公民积极参与慈善活动、推进慈善事业发展的重要杠杆。从政府角度来说,为非营利社会服务组织和基金组织创造有利发展环境的关键因素之一,是创造一个将对慈善捐赠的适当激励渗透其中的运行良好的社会管理系统和税收系统;对于慈善组织来说,则要通过制度和机制创新,有效利用、开发和配置民间慈善资源,做大慈善事业这块"蛋糕"。

五、分级诊疗治理健康贫困

(一) 进展和现状

1. 分级诊疗历史发展阶段

(1) 实行严格的就诊与转诊制度时期(1949—1978年)。

在20世纪70年代末以前,受计划管理体制影响,加之居民收入水平较低,医疗服务需求受到抑制,形成了较为严格的分级诊疗格局,与现代分级诊疗制度的运行机制存在一定的差异。

建立三级医疗服务体系。中华人民共和国成立后,我国卫生事业的发展开始从建立健全医疗服务体系入手。在城市,医疗服务体系经过统一布局与规划,市、区两级医院和街道卫生所得以建立,初步形成了城市三级医疗服务体系。1949年10月,卫生部门所属县及县以上医院有1 650家,工业及其他部门所属医院150家。1951年4月《中央人民政府卫生部公布令》要求中央及各行政区卫生部门应有计划地健全和发展全国现有的卫生院所,使其适应当时的卫生工作与任务。之后,政府新改建了各种规模的医院,同时将大量个体开业医疗机构和联合诊所改建成街道卫生院。1952年底,全国卫生院达2 123所。1957年底,全国建起了13 000所区卫生所。在农村,各级政府通过改造和新建卫生机构等方式也逐步建立了三级医疗服务网。1965年6月26日,"把卫生工作的重点放到农村去"的号召提出,政府卫生投入重点转向农村,国营公社卫生院和集体办卫生院在政府的大力支持下逐步建立并健全起来。

城乡建立了较为严格的就诊与转诊制度。在医疗服务体系建立的同时,通过医疗保险制度对就诊进行了较为严格的控制。1952年,当时的卫生部发布《国家工作人员公费医疗预防实施办法》。1978年8月,《财政部、卫生部关于整顿和加强公费医疗管理工作的通知》规定:"转诊转院要严格执行国务院批转卫生部、财政部的有关规定,凡未经批准而转诊转院的,一切费用由个人自理,不得报销。"城市医疗服务提供由国家兜底,单位具体执行。报销和转诊的审核也主要由单位负责。城镇居民和职工首先在所属医疗机构就诊,医师根据病情开出转诊单,将病人转到相对应的高一级医疗机构治疗。1979年12月,《农村合作医疗章程(试行草案)》提出合作医疗站要建立健全疫情报告、转诊、巡诊以及孕产妇检查等必要的业务工作制度和学习制度。农民如果就诊专科医生则需遵循严格的转诊程序,否则无法得到合作医疗报销。这些规定加上城乡二元经济对农村人口流动的严格限制,使得大部分农村居民的疾病诊治行为主要在农村卫生机构。

总体而言,计划经济时期,我国医疗卫生领域的主要任务是建立健全医疗服务体系,扩大医疗服务的供给,同时建立了公费医疗、劳保医疗和农村合作医疗保障制度,从总体上为居民提供了基本医疗服务需求,保障了居民健康。无论是在农村还是在城市,通过医疗服务体系和医疗保障的结合,从而出现了分级诊疗的雏形。有学者称该时期分级诊疗为"指定就诊式"分级诊疗。

(2) 医疗联体形成时期(1979—2002年)。

20世纪80年代初至2002年,随着经济体制改革不断推进,医疗卫生服务机构转为企业化运行模式，医疗保障制度功能弱化或解体，医疗服务需求进一步释放，逐步走向自由就诊。

城市医疗体系市场化对分级诊疗的冲击。20 世纪 80 年代以来，国家对农村卫生机构的投入逐年减少，许多乡镇卫生院陷于衰落甚至解体。村级卫生组织也大多由个人承包，成为售药场所，预防保健和计划免疫的工作无人承担，农村三级医疗网底断裂。原来以提供公共卫生和基本医疗服务为主的基层医疗卫生机构面对生存压力不得不转向有利可图的医疗服务，导致三级卫生机构的同质性竞争激烈，不同层级机构的功能定位逐渐模糊，系统分工合作机制形同虚设，乡村卫生机构逐渐失去了对农村居民健康预警的功能。这使得计划经济时期形成的医防互动诊疗模式和连续性服务理念被冲垮。1978 年以后，随着以经济建设为中心发展方向的确立，医疗卫生政策市场化倾向日益明显，大量公立医疗机构被推向市场。城市尽管在不断强化分级诊疗的概念，但是由于市场化使得费用上涨过快，无论是对供方还是需方均约束乏力。如 1984 年 4 月，《卫生部、财政部关于进一步加强公费医疗管理的通知》（卫计字〔1984〕85 号）坚持分级分工医疗的原则。对享受公费医疗的人员，实行划区定点医疗制度，纠正看病“满天飞”的现象。医疗单位对患有疑难病的干部、职工，应组织医生会诊，积极治疗，并加强对转诊的管理。

医疗机构分级制度等对构建分级诊疗制度的探索。1984 年开始，按照当时卫生部的部署，全国全面开展县和县以上城市医疗机构的改革。医院获得了更大的自主权，医院之间的竞争日趋激烈，为了提高竞争能力，各种医疗联合体蓬勃发展。到 1986 年 6 月，全国已有医联体 184 个，实现了城市医疗体系大医院与小型医院之间的内部分级。1989 年，当时的卫生部发布了《医院分级管理办法》，开始根据医院的功能，分别制定不同的目标和标准进行管理。《医院分级管理办法》明确医疗收费应与医院级别挂钩，同时，财政拨款、科研经费、福利待遇等也开始与医院的行政级别挂钩。1994 年下发的《医疗机构设置规划指导原则》对医疗服务体系框架再次进行了明确，提出要设置层次清楚、结构合理、功能到位的一、二、三级医院，建立适合我国国情的分级医疗和双向转诊体系总体框架。但是，长期以来，公立医疗机构条块分割、重复建设问题十分突出，同时各行业、社会团体的医疗机构自成体系，区域卫生规划难以推行，三级医疗机构功能错位现象十分严重。

从医疗服务体系角度重建分级诊疗制度。1997 年，中共中央、国务院发布了《关于卫生改革与发展的决定》，分别针对县医院、乡镇卫生院和村卫生室存在的问题提出了加强能力建设、硬件建设和所有制改革的发展目标。2002 年,国务院发布了《关于进一步加强农村卫生工作的决定》,对县、乡、村级卫生机构的地位和职能进行了初步说明。随后当时的卫生部发布了《关于农村卫生机构改革与管理的意见》,强调要加强农村卫生服务网络的整体功能,鼓励各级机构之间的技术协作和支持。

在该时期,农村基层医疗体系的解体使得分级诊疗失去了基础,极大地降低了农村地区医疗服务的可及性。城市医疗服务体系则受到了市场化的巨大冲击,尽管对转诊制度、医疗分级等有了详尽的规定,但无论从供方还是需方层面都缺乏有力的制衡手段,医疗费用上涨过快的矛盾突出。同时,因为医疗服务体系较为健全,分级诊疗的制度框架仍相对健全。

(3) "导向式"分级诊疗模式形成时期(2003—2014 年)。

2003 年至 2014 年,国家开始强调分级诊疗,在理念上发生了一些转变,但并没有将分级诊疗作为明确的目标任务,缺乏明确有效的措施,总体上仍处于概念引导阶段。

医保制度守门人机制的缺乏加速了城市分级诊疗制度的瓦解。在 1998 年我国建立城镇职工基本医疗保险制度之后,2003 年建立了新型农村合作医疗制度和 2007 年建立了城镇居民基本医疗保险制度。城镇职工医保实行个人账户和大病统筹相结合的财务模式,个人账户由个人支配,缺乏再分配和约束机制。城镇职工基本医疗保险允许职工自由选择定点医疗机构就医、定点药店购药,城镇居民基本医疗保险参照前者制定,同样给予个人较大选择权。新型农村合作医疗建立之前,农村居民基本自费就医。因此,医保制度的相关规定决定了就诊具有较大的灵活性,即使医保制度规定了不同等级医疗机构不同的报销比例,但由于报销差距较小,对居民就诊行为的影响也不显著。

2006 年 2 月,《国务院关于发展城市社区卫生服务的指导意见》第一次在国家文件中提出要建立"分级诊疗和双向转诊制度,探索社区首诊制度试点"。主要通过建立健全基层医疗卫生首诊网络、提高基层医疗服务能力引导居民就诊行为,如早期发展社区卫生服务网络和农村卫生服务体系建设的同时强调分级诊疗作为其实现的目标之一;通过推进基层医疗卫生机构与家庭签约的服务模式,来建立固定的医患关系,如全科医生制度和全科医生执业方式及服务模式的提出,包含了为分级诊疗提供基础性条件的目标;通过倡导医疗机构分工协作实现对供方行为的引导，从明确供方功能定位的方面来促进各级医疗机构各司其职，如对口支援、上下联动、公立医院与基层医疗卫生机构分工合作等；通过制定报销差别引导居民就诊行为，如对基层医疗卫生机构和更高等级医疗机构报销比例逐级递减的原则，希望能够让居民更多地选择前者。

2009 年的新一轮深化医改，标志着“导向式”分级诊疗模式的开始。在 2009 年 3 月国务院发布的《关于深化医药卫生体制改革的意见》中，正式明确提出了分级诊疗制度，并在之后提出关于家庭医生签约、基层首诊及配套管理体系的多项保障。国家相继出台了《以全科医生为重点的基层医疗卫生队伍建设规划》《卫生部关于进一步做好非公立医疗机构设置审批和管理工作的通知》《国务院关于建立全科医生制度的指导意见》等文件，通过推广全科医生制度、社区首诊制度，并鼓励非公立医院参与分级诊疗工作等措施，推动了分级诊疗制度的初步建立。

总之，职工医保政策中守门人角色缺失，建立初期没有首诊和转诊的制度规定，且定点医疗机构多为高等级，助长了居民越级就医行为，加剧了医疗卫生资源的倒金字塔配置和医疗费用的不合理增长。如果说农村合作医疗和农村医疗服务体系的衰落标志着农村分级诊疗体系的解体的话，那么城镇职工医保的建立则加速了城市分级诊疗体系的瓦解。

(4) 分级诊疗“十六字”方针全面推行时期(2015 年至今)。

“基层首诊、双向转诊、急慢分治、上下联动”十六字方针全面推行。2015 年以后，国家把分级诊疗作为深化医改的重要抓手，推进力度开始加大。分级诊疗制度的建立则将分级诊疗从以前仅作为目标之一，变成“十三五”时期一项系统全面的战略部署。2015 年《国务院办公厅关于全面推开县级公立医院综合改革的实施意见》和《国务院办公厅关于城市公立医院综合改革试点的指导意见》(以下简称《意见》)两份文件中都明确提出了构建分级诊疗模式，并提出了包括公立医院门诊比例等具体的工作要求。2015 年的两份文件正式出台，作为推进分级诊疗制度的关键性指导文件，其出台标志着我国分级诊疗制度建设正式进入快速发展时期。文件指出建立分级诊疗制度是深化医药卫生体制改革、建立中国特色基本医疗卫生制度的重要内容，明确了到 2020 年的目标是：分级诊疗服务能力全面提升，保障机制逐渐健全，形成“基层首诊、双向转诊、急慢分治、上下联动”的模式，并提倡以医联体组建、慢性病管理、家庭医生签约、远程医疗平台等为试点把手，基本建立符合我国国情的分级诊疗制度。以上充分表明，分级诊疗制度已经迈入了全面推进的新时期。

2016年后政策推进全面加速，多地市也在多个层面进行分级诊疗制度的探索和试点，国家卫生部门在当年颁布的《关于推进分级诊疗试点工作的通知》中，确立了4个直辖市和266个地级市作为试点城市开展分级诊疗试点工作，2017年试点城市有增加了51个地级市。2017年出台的《国务院办公厅关于推进医疗联合体建设和发展的指导意见》中建议，“各地区要因地制宜，根据地区内医疗机构发展现状逐步形成多种形式的医联体组织模式”（浙江绍兴市柯桥区妇幼保健所妇女保健科，2017）。目前我国已有多种可行发展模式出现，分级诊疗体系雏形已经初步形成，且在制度上也在逐步深化和细化，为具体落地实施给予更为准确的指导，而通过结构调整、制度优化等手段提高分级诊疗整体效能将是本阶段的另一项重点攻克的难题。

2. *分级诊疗实施现状*

(1) 各省市区改革重点。

从历史沿革来看，我国从中华人民共和国成立初期就已经建立了严格的分级诊疗制度，但是新时代下的兼顾效率与公平的新型分级诊疗制度依然处于改革初期，2015年《意见》出台后标志着我国分级诊疗制度进入了新的阶段，同时，我国分级诊疗也推出了两个批次的试点城市，但是从实际情况来看，我国分级诊疗制度还没有完全成功且成熟的经验可以进行全国范围推广。一些城市已经摸索出来相对有效的模式，但是我国幅员辽阔，地域差异性强，各地的居民认知、基础建设都存在很大的差异，所以推动的周期和阶段也不尽相同。相对于发达国家尤其是英国的守门人制度，我国的分级诊疗制度的路还很长。

分级诊疗是新医改的核心政策，截至2018年1月，我国4个直辖市和266个城市都开展了分级诊疗试点，占全国城市总数的88.1%。为了分级诊疗尽快全面铺开，又推出了第二批分级诊疗试点城市。国家卫计委和国家中医药管理局联合下发了《关于加快推进分级诊疗试点工作通知》，并将河北秦皇岛市等51个地级市列为国家第二批分级诊疗试点城市，推动四种模式的应用发展，包括在城市主要组建医疗集团、在县域主要组建医疗共同体、跨区域组建专科联盟、在边远贫困地区发展远程医疗协作网。

在国家宏观政策的指引下以及在试点城市推动下，我国各省份都开展了政策制定和落地执行的相关工作。第一，在功能定位方面，超过一半都在文件中明确提

表 7.12　各省市区分级诊疗政策要点梳理

改革重点		功能定位		资源配置		基层首诊			双向转诊			远程建设
具体措施		明确机构服务分工定位	明确分级诊疗病种	推动区域资源共享	资源配置机制完善	强化基层服务能力	推动家庭医生签约	完善基层医疗卫生机构管理制度	转诊机制建设	与医保制度联动	规范利益分配	推进信息化建设
	北京					√	√	√		√		
	天津	√					√			√		
	河北				√	√	√		√	√		
	山西		√				√		√	√		
	内蒙古				√	√	√			√		
	辽宁	√		√		√	√		√	√		
	吉林	√	√	√		√	√			√		
	黑龙江				√	√				√		
	上海	√					√					
	江苏				√	√	√		√	√		
	浙江	√				√	√		√	√		
	安徽					√	√		√	√		
地	福建	√			√		√		√	√		
	江西	√		√	√	√	√		√	√	√	
	山东	√	√	√	√	√				√		
	河南	√		√	√	√	√	√	√	√		
	湖北	√	√	√	√	√	√		√	√	√	
	湖南	√		√	√	√	√		√	√	√	
区	广东	√		√	√	√	√		√	√	√	
	广西	√		√	√	√	√		√	√		
	海南				√	√	√			√	√	
	重庆	√				√	√			√		
	四川	√		√	√	√	√			√		
	贵州	√		√	√	√	√		√	√	√	
	云南	√		√	√	√	√		√	√		
	西藏					√	√			√		
	陕西					√	√		√	√		
	甘肃			√		√	√	√	√	√		
	青海		√	√		√	√		√	√		
	宁夏	√		√	√	√	√			√	√	
	新疆	√		√	√	√	√			√	√	

出分级诊疗各级医疗机构的分工定位，三级医院主要承担急危重症和疑难复杂疾病的诊疗和向下转诊等服务；二级医院、县级医院主要承担一般医疗救治服务和向上转诊等服务；基层医疗卫生机构主要承担初级诊疗和康复护理等服务。第二，在资源配置方面，辽宁、吉林等省份促进区域医疗资源共享，鼓励医生多点执业，广东省积极鼓励城市地区探索建立网格化联网医疗服务体系，助推大型医院与基层医疗卫生机构形成紧密关系，通过控制三级综合医院数量和规模、建立床位调控机制、减少城市三级医院普通门诊等措施来控制上级医院的资源配置。第三，在基层首诊方面，绝大多数省份文件中明确提出基层首诊建设措施，一方面强化基层医疗卫生机构建设，提升基层医疗卫生机构的医疗水平和能力；另一方面建立家庭医生签约制，通过协议来达成患者和医生之间的服务模式和服务项目。甘肃省、河南省、北京市提出要完善基层医疗卫生机构运行机制，主要方式为加大对基层医疗卫生机构的投入、完善激励及补偿机制等。第四，在双向转诊方面，几乎所有省份都采用了分级诊疗与医保报销相结合的方式，来引导居民患病过程的诊疗秩序，包括医保支付方式改革、调整医保报销政策与起付线政策、完善医保配套政策等。部分地区开展二级以上医院向下转诊诊断明确、病情稳定的慢性病患者并承担疑难复杂疾病患者诊疗服务，完善基层绩效工资分配机制等。第五，远程建设方面，政策鼓励通过建立区域性医疗卫生信息平台、远程会诊和辅助诊断平台、医疗信息共享服务平台等多种信息化网络平台，实现医疗服务与医疗保障互联互通，推进远程医疗服务、网上预约诊疗、健康管理等服务功能，来探索“基层检查、上级诊断”的有效模式（张奕，2018）。

根据各省份区政策关键词的出现频率，进一步将地区按照东中西部来划分来统计，整体而言家庭医生制度、医保制度联动、推进信息化建设等方面是全国各省市区实施分级诊疗制度的重点。不难看出，东中西部各地区之间的分级诊疗政策实施有着明显的特征，东部地区在明确机构服务分工定位，强化医联体相互协作配合方面更加看重，西部地区则全面强调强化基层服务能力和家庭医生签约制度。

进一步而言，发达地区和欠发达地区的分级诊疗在全国统一政策引导下，有着不同的侧重点，对于发达地区，基层医疗卫生机构服务能力相对较高，如何发挥基层的能力是重点，同时医疗资源相对丰沛的城市中医疗机构构建医联体，形成头部引领、多元结合的相互合作模式是当下分级诊疗制度实施的关键尝试。在欠发达地区，建设基层医疗卫生机构并提升其服务能力还需要进一步强化，对重大疾病患

表 7.13　东中西部分级诊疗政策关键词频率　（单位：%）

政策关键词		东部	中部	西部
功能定位	明确机构服务分工定位	63.64	62.50	58.33
	明确分级诊疗病种	9.09	37.50	8.33
资源配置	推动区域资源共享	27.27	50.00	66.67
	资源配置机制完善	54.55	62.50	58.33
基层首诊	强化基层服务能力	72.73	75.00	100.00
	推动家庭医生签约	90.91	75.00	100.00
	完善基层医疗卫生机构管理制度	9.09	12.50	8.33
双向转诊	转诊机制建设	63.64	75.00	50.00
	与医保制度联动	90.91	100.00	91.67
	规范利益分配	18.18	37.50	25.00
远程建设	推进信息化建设	90.91	75.00	100.00

者、贫困群众等弱势群体的帮助，实施健康扶贫是当前的工作重点。有必要对发达地区和欠发达地区的分级诊疗实施案例做深入研究，为我国其他地区提供经验借鉴，项目团队将选取上海作为发达地区的代表，甘肃作为欠发达地区的代表深入调研。

（2）分级诊疗制度典型模式。

北京以构建医联体为切入点。在 2014 年之前，全国还没有大规模推行分级诊疗制度的时候，北京作为先行试点进行探索。2012 年以来，北京市开展社区卫生服务中心、二级医院与三级医院对接为医联体，推动医联体内人、财、物、管理、服务“五个统一”，让三级医院和基层医院抱团发展，实现区域医疗资源共享。到 2016 年 12 月底，北京市已建立了由 50 家核心医院、270 家社区卫生服务中心以及其他 288 家合作医院组建而成的 53 个区域医联体。①医联体内三级医院常年派专家到社区卫生服务中心坐诊，社区卫生服务中心医师定期到医联体内三级医院进修，逐步提高社区卫生服务中心的诊疗能力，患者首诊在基层的比例显著提高。2018 年 2 月北京市印发《北京市分级诊疗制度建设 2018—2020 年度重点任务》进一步明确分级

① 《北京 2017 年将建 3 个专科医联体和全市临床会诊中心》，http://bj.people.com.cn/n2/2017/0110/c82840—29573539.html。

诊疗机构的范围及其分工，尤其是明确了医联体内各医疗卫生机构的功能定位。

上海以家庭医生为突破口。早在2011年，上海市就在长宁、闵行等10个行政区启动家庭医生制度，推进"1+1+1"组合签约，开展社区首诊、有序转诊、分级诊疗服务模式的探索。居民在选择社区卫生服务中心的家庭医生签约基础上可以再选择一家区级医疗机构、一家市级医疗机构进行签约。签约居民可以根据自身情况选择任意一家医疗机构就诊，如果需要到其他医疗机构就诊可以通过家庭医生(或签约医疗机构)转诊。上级医院将拿出50%的专科和专家门诊预约号源向签约居民开放。经家庭医生转诊至上级医院的签约居民在回到社区就诊时，家庭医生可延用上级医院的处方药品，并通过第三方物流实现配送，满足社区居民针对性的用药需求，延续上级医院的用药医嘱。同时，签约居民还可以享受社区门诊诊查费减免等优惠政策。通过"1+1+1"组合签约，2015年上海市社区卫生服务中心共完成了全市门急诊总量2.47亿人次中8 450多万人次任务，接近全市三级医院诊疗总量2017年，签约居民门诊在"1+1+1"签约医疗机构组合内就诊占74%，在签约社区卫生服务中心就诊占53%。①已签约的社区卫生服务中心同步开展"延伸处方"政策，形成"基本+补充"的药品使用联动机制。

厦门提出"三师共管"分级诊疗模式。为建立一套稳妥可行、科学有序的分级诊疗体系，2014年以来，厦门市选择以糖尿病、高血压为切入点，通过三级医院专科医师、社区全科医师及健康管理师"三师共管"服务模式推进分级诊疗，形成了独具特色的分级诊疗"厦门模式"，在全国范围内引起了较大的反响。具体做法是：由三级医院的专科医师、基层医疗卫生机构的全科医师及经培训认证的健康管理师组成团队，对糖尿病、高血压患者提供全程、个性化、连续性诊疗及非药物干预等综合性管理，让大部分慢性病患者在基层医疗卫生机构解决问题。"三师共管"中的专科医师由三级医院中级职称以上的专科医师担任，主要工作是对签约入网的患者进行诊断，并制定个体化治疗方案，同时定期下基层医疗卫生机构巡诊，指导全科医师工作，以提高全科医师的诊治能力。全科医师由基层医疗卫生机构获得全科医师资格的医师承担，负责监督患者对专科医师所制定的诊疗方案的执行情况，关注患者病情变化，将病情控制不良的患者及时反馈至专科医师，做好随访病程记

---

① 《2015年上海市国民经济和社会发展统计公报》，http://www.shanghai.gov.cn/nw2/nw2314/nw2318/nw26434/u21aw1109178.html。

录；积极与健康管理师进行沟通交流，共同制定患者个体化健康管理教育方案。健康管理师的职责是协助“两师”联系患者，负责日常随访、筛查，强化个体化健康教育、饮食、运动、生活方式干预。

3. 医疗服务利用与医疗费用负担现状

(1) 医疗服务利用现状。

在门诊住院方面，基层医疗卫生机构的诊疗数量大于各级医院诊疗量总和。基层医疗卫生机构的诊疗量从总量上占据大部分医疗服务量，且逐年上升，近年复合增长率为3.40%。相比而言，医院从三级医院到二级医院、再到一级医院数量逐级递减，尤其是一级医院的诊疗量明显少于二级和三级医院，三级医院增速迅猛，复合增长率高达12.18%，并在2012年首次超过二级医院诊疗量，此后遥遥领先。这在一定程度上表明居民对于三级医院的医疗服务的青睐，医疗秩序并没得到有效规范。

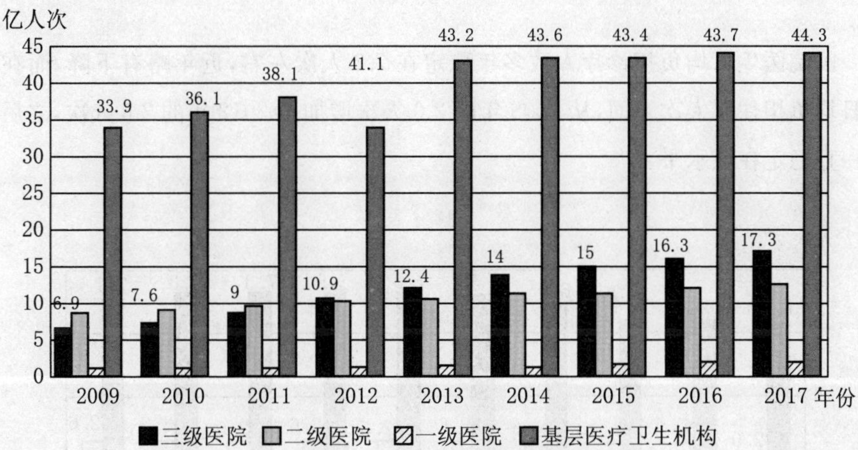

图7.9　2009—2017年各级医疗机构诊疗人数

资料来源：《2018中国卫生统计年鉴(2008—2018)》，中国协和医科大学出版社2018年版。

二、三级医院是住院的主要服务机构。从数据来看，长期以来二级医院都是住院医疗服务的主要提供主体，在2016年之后，三级医院超过二级医院的住院服务量，2017年三级和二级医院住院量分别是8 396万人次和8 006万人次。基层医疗卫生机构近些年缓慢增长，始终维持在4 000万人次多一点的水平，这与二、三级医院的高速增长的住院量形成鲜明对比。

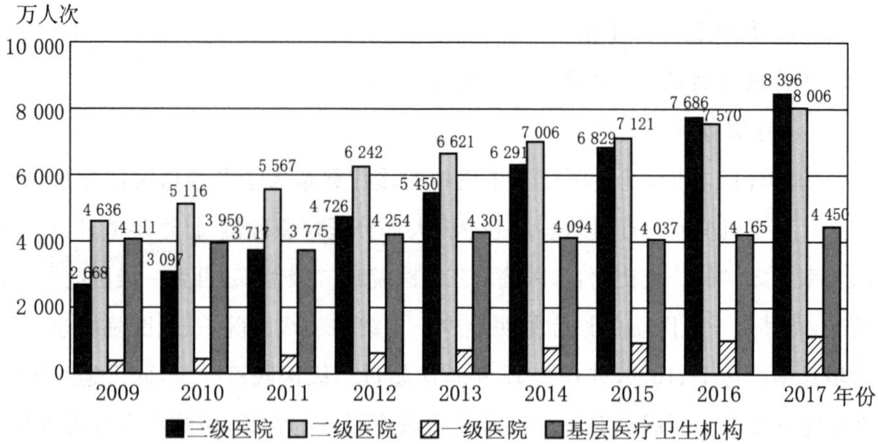

图 7.10　2009—2017 年各级医疗机构住院人数

资料来源:同图 7.9。

医院医生日均负担诊疗人数多年稳定在 7.3 人次左右,近年略有下降,而在医生日均负担住院人次方面,从 2008 年的 2.0 人次增加至 2012 年的 2.6 人次,之后多年一直稳定在该水平。

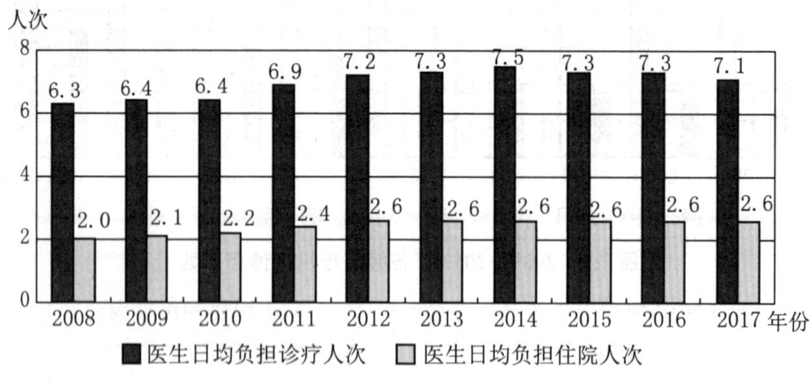

图 7.11　2008—2017 年医院医生日均负担诊疗和住院

资料来源:同图 7.9。

城市社区的医师日均诊疗人次和床日负担呈现两个极端,日均负担的诊疗人次高达 16 人次,而日均负担住院床日不足 1 人次。体现了城市社区医师主要是以门诊为主，提供日常诊疗服务，在住院方面提供服务较少。

图 7.12　2008—2017 年城市社区医师日均负担诊疗和住院

资料来源：同图 7.9。

乡镇卫生院医师日均负担诊疗人数相对较高，近年大约维持在 9.5—9.6 人次左右，日均负担住院床日在 1.6 人次，相对于城市医院来说略低。

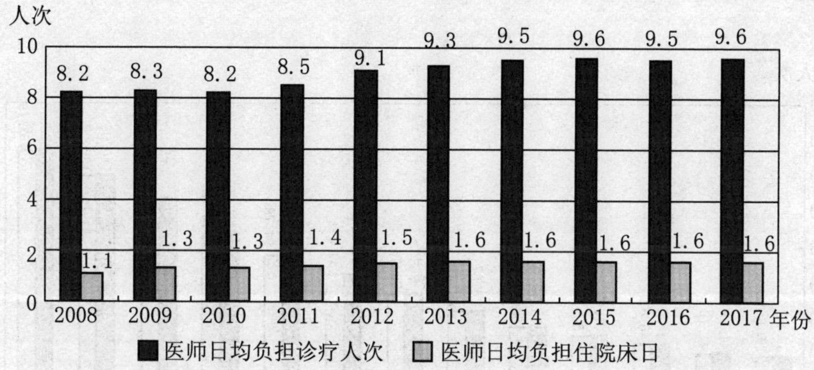

图 7.13　2008—2017 年乡镇卫生院医师日均负担诊疗和住院

资料来源：同图 7.9。

医院的病床使用率明显高于社区卫生服务中心和乡镇卫生院的病床使用率。医院的病床使用率一直都高于 80%，并在近几年一直处于 85%—90%之间，处于相对满负荷状态运转。基层医疗卫生机构中社区卫生服务中心比乡镇卫生院的病床使用率略高，二者处于 50%—60%之间，可见基层医疗卫生机构的病床存在一定的浪费，很大程度上没有有效利用。

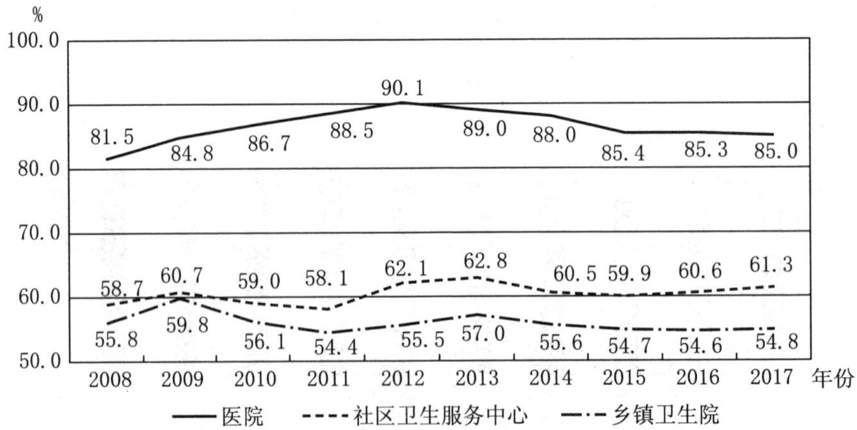

图 7.14　2008—2017 年各级医疗机构病床使用率

资料来源:同图 7.9。

在疾病诊疗住院方面,住院与出院人次同步快速增长,疾病出院率达到 99.5%。从 2002 年开始住院人数猛增,到 2014 年增加至 15 375 万人次,是 2012 年的 4 倍左右,同步出院人数也等比例增长,从 2002 年的 3 940 万人次增加至 15 119 万人次。

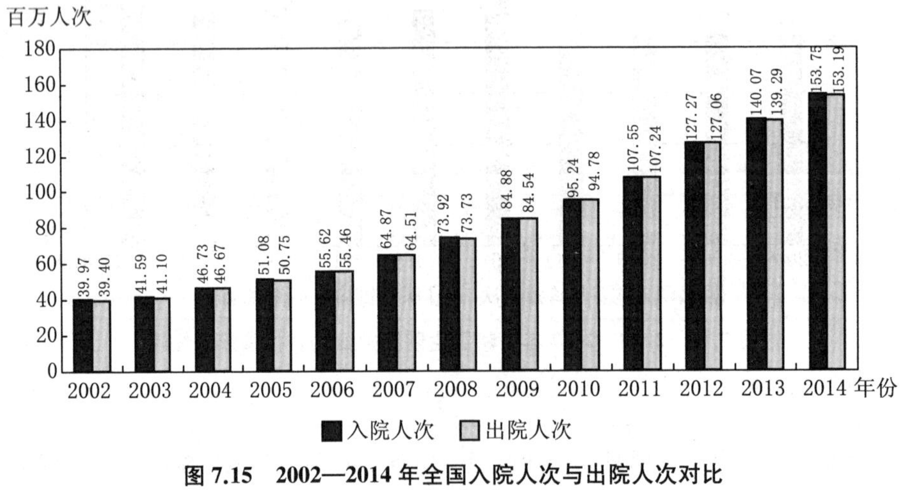

图 7.15　2002—2014 年全国入院人次与出院人次对比

资料来源:同图 7.9。

医院和社区卫生服务中心平均床日趋同,高于乡村卫生院的平均床日。医院和社区卫生服务中心平均床日均在 10 天左右,从 2013 年开始,平均床日都同步开始减少，2017 年医院的平均床日降至 9.3 天，社区卫生服务中心降至 9.5 天，乡镇卫生院的平均床日变化不大，近年一直稳定在 6.3 天左右。

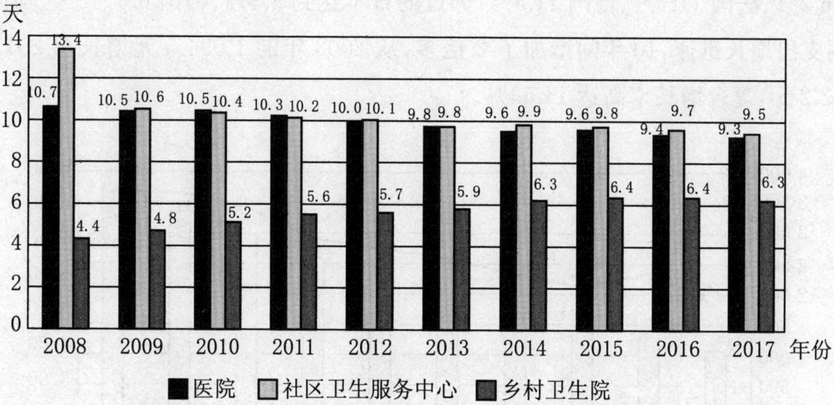

图 7.16　2008—2017 年各级医疗机构出院者平均床日

资料来源：同图 7.9。

(2) 医疗费用负担现状。

卫生费用支出逐年上涨，个人支出部分缓慢下降。2017 年全国卫生总费用预计达 51 598.8 亿元，其中：政府卫生支出 15 517.3 亿元（占 30.1%），社会卫生支出 21 206.8 亿元（占 41.1%），个人卫生支出 14 874.8 亿元（占 28.8%）。个人卫生支出部分在 2015 年首次突破 30%，近 3 年都低于该水平，个人支出压力缓慢降低。

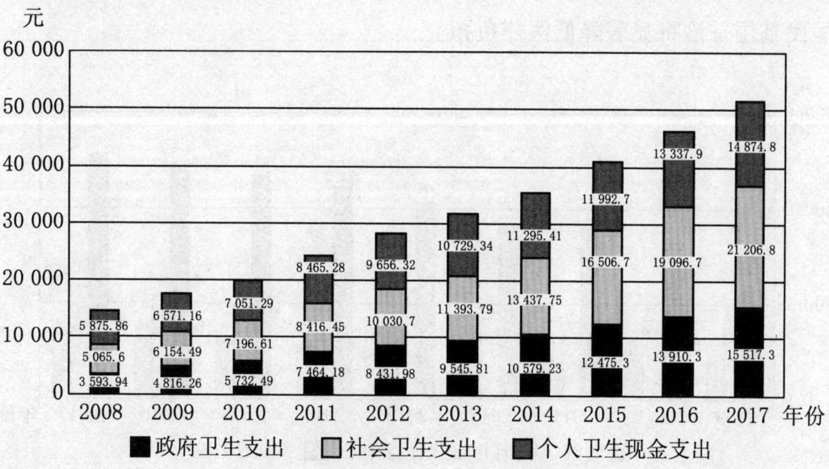

图 7.17　2008—2017 年中国卫生支出

资料来源：同图 7.9。

卫生总费用占 GDP 比重稳步增长，近年已经稳定在 6%以上，2017 年为 6.20%，与全球国家相比，我国卫生支出占比约排在 100 名左右，发达国家如美国高达 16.2%、法国 11.7%、德国 11.3%，邻近的日本达到 8.3%、韩国 6.5%。人均医疗费用支出增长迅速，10 年间增加了 2 倍多，从 2008 年的 1 094.5 元增长至 2017 年 3 712.2 元，复合增长率高达 14.53%。

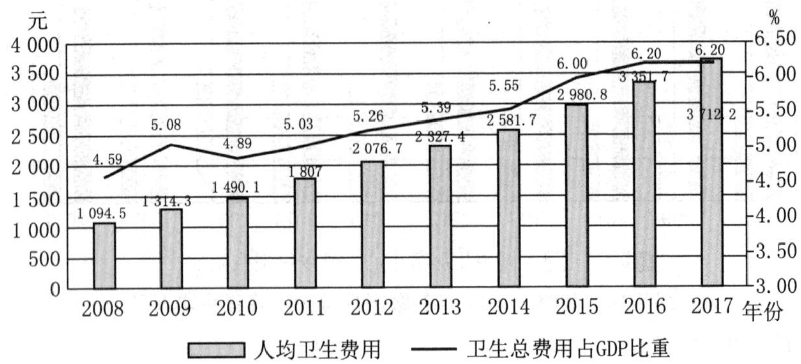

图 7.18　2008—2017 年中国卫生总费用占比与人均费用

资料来源：同图 7.9。

次均门诊费用方面，从医院到社区卫生服务中心、再到乡镇卫生院逐级递减，且差距逐渐拉大，2017 年医院的次均门诊费是社区卫生服务中心的 2 倍，后者也几近乡镇卫生院的 2 倍。医院的次均门诊费用复合增长率达到 6.01%，高于社区卫生服务中心 3.75%和乡镇卫生院 4.13%。基层医疗卫生机构的次均费用明显低于医院，居民基层首诊将显著降低医疗负担。

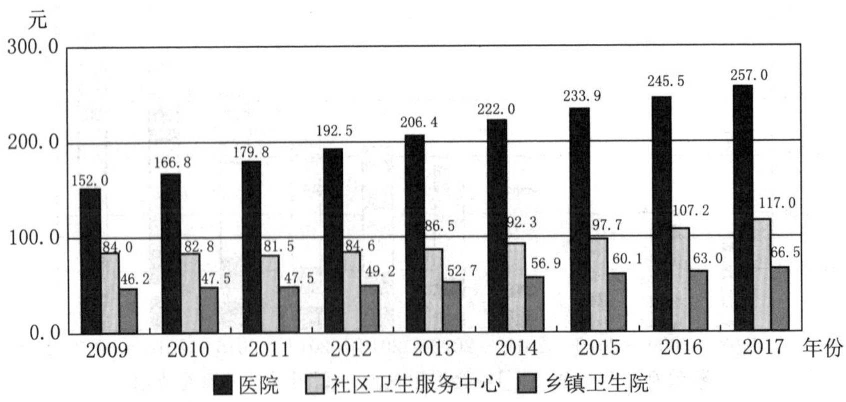

图 7.19　2008—2017 年各级医疗机构次均门诊费用

资料来源：同图 7.9。

人均住院费用方面，住院费用是医疗费用的最主要组成部分，与均次门诊费用相似，医院和社区卫生服务中心、乡镇卫生院之间的差距逐渐拉大。其中值得注意的是乡镇卫生院的人均住院支出增长速度最快，复合增长率7.48％。增速高于其他两个主体的增速。

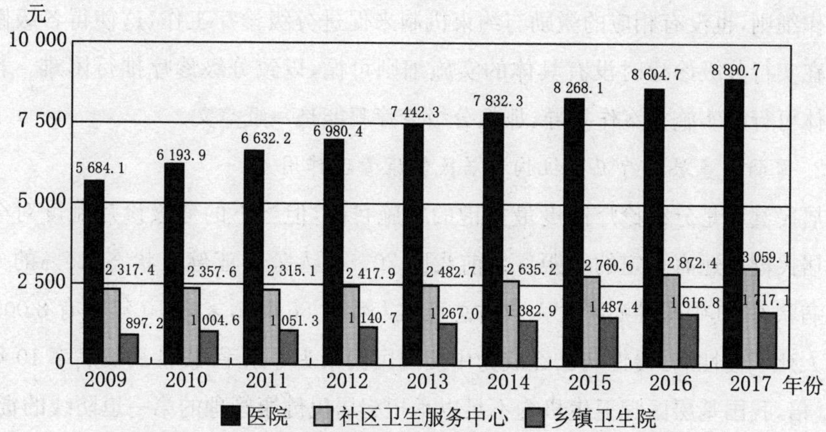

图7.20　2008—2017年各级医疗机构人均住院费用

资料来源：同图7.9。

日均住院费用方面，基层医疗卫生机构的日均住院费用相差不大，增速也相近，社区卫生服务中心和乡镇卫生院的复合增长率分别是4.41％和4.23％。医院的日均住院费用不仅高，且增速快，达到6.58％。

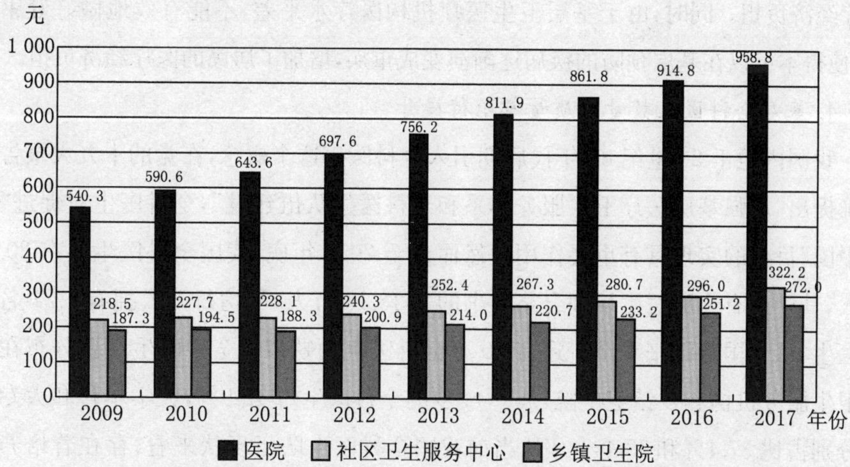

图7.21　2008—2017年各级医疗机构日均住院费用

资料来源：同图7.9。

(二) 问题与成因

1. 制度设计不完善使分级诊疗推行困难

分级诊疗要得到顺利实行,必须有完善的制度作保障。虽然国家在相关文件中多次提到要加快形成分级诊疗体系的步伐,但是相关部门却迟迟没有出台具体的操作细则,也没有相应的激励与约束机制来促进分级诊疗工作,这使得各级医疗机构在实行分级诊疗时没有具体的实施细则可循,以致分级诊疗推行困难。若没有具体可行的实施方案作指导,那么分级诊疗只能是一纸空文。

2. 薄弱的基层医疗卫生机构对居民健康管理作用差

居民健康是分级诊疗制度最关键的实施目的,但当下的分级诊疗制度对全面保障居民健康还有一定的差距。目前我国 70%的人处于亚健康状态,15%的人处于疾病状态,其中慢性病死亡人数占总死亡人数的 86.6%,未来 10 年将有 8 000 万中国人死于慢性病,慢性病已经成为中国国民健康头号杀手,慢性病发病率 10 年增长 10 倍,我国基层医疗卫生机构不足以承担起居民健康管理的第一道防线的责任。

3. 就诊无序加重居民医疗经济负担

由于医疗卫生资源分配不合理,优质资源大量地向发达地区、高级别医院流入,大型医院的虹吸作用导致疾病患者也向这些地区和机构流动,造成优者越优、劣者越劣的马太效应。医疗资源和医疗水平是居民就诊的重要引导信号,居民在患病后无论大病和小病都前往大医院,出现了小病大治、重复医治的问题,增加了居民的家庭医疗经济负担。同时,由于基层卫生医疗机构医疗水平差,不能有效地做好健康管理,使得本可以在基层预防的疾病逐渐演变成重疾,增加了居民的医疗经济负担。

4. 基层全科医生数量和质量都亟待提升

我国内地于 20 世纪 80 年代后期引入全科医生这个概念,在党的十九大报告中明确提出"加强基层医疗卫生服务体系和全科医生队伍建设",全科医生对促进"健康中国"目标的实现具有重要作用。然而截至 2016 年底,我国全科医生共有 20.91 万人,其中拥有全科医生培训合格证书的为 13.15 万人,平均每万人拥有 1.21 名全科医生,从全国范围来看至少还有 30 万全科医生的缺口。全科医生主要分布在社区卫生服务机构和乡镇卫生院,35—44 岁的全科医生占 42.9%,大学本科和大专学历分别占比 37.4%和 38.4%。①从当前我国全科医生队伍现状来看,存在着培养体

---

① 《中国全科医生培养发展报告(2018)》,http://cs.chinagp.net/Magazine/Content/show/id/577.do。

系不健全、队伍数量少、总体质量有待提高、职业吸引力不足等问题。

5. 医保在分级诊疗中的作用发挥不足

医疗保障制度与分级诊疗制度未有效结合，医保制度在分级诊疗中的核心功能是同时约束供需双方，实施费用控制，兼顾宏观绩效。我国医保制度在分级诊疗中的作用发挥不足，原因是保障重点有偏差，医保对供需双方都没有发挥好激励约束作用，而且改革方向存在偏差，改革动力也还不足。部分地区虽然已经将医保制度的改革深度融合到分级诊疗制度当中，但是由于没有很好地监督执行，未见到明显作用的发挥。

(三) 发展趋势与对策建议

1. 发展趋势

(1) 分级诊疗的核心是分工协作。

我国分级诊疗制度的核心不在于“分”，恰巧相反更在于“合”。通过医疗卫生体系上下的有机整合，形成医疗体系中卫生服务机构在功能上的连续，使得分级诊疗不是患者就诊在空间上的简单转移，而是患者接受的医疗服务在内涵上的衔接。我国分级制度在各省市区实践中，除了个别分为三级，更多地区分为四级，在纵向医联体下，运用于卫生服务体系管理，即是要在体系内明晰各级各类医疗机构的功能定位，根据其规模、服务能力、外部环境等因素合理进行分工和布局(邹晓旭等，2015)。城市三级医院主要是提供急危重症、疑难复杂疾病的诊疗服务，以及重大课题攻关、高级人才培养、高等医学院校的临床教学、重大灾害事故的紧急救援；城市二级医院主要接收三级医院转诊的急性病恢复期患者、术后恢复期患者及危重症稳定期患者；县级医院主要提供县域内常见病、多发病诊疗，危急重症患者抢救和疑难复杂疾病向上转诊服务；基层医疗卫生机构负责常见病多发病的诊治，疑难病症的处理和转诊，基本公共卫生服务、健康教育和康复治疗等。

(2) 基层首诊始终是分级诊疗最重要的构成要素。

分级诊疗的含义可以用十六个字概括，就是“基层首诊、双向转诊、急慢分治、上下联动”。基层首诊是分级诊疗体系建设的基础。基层首诊是世界上很多国家实行的“守门人”制度，也是我国分级诊疗制度中的最重要的一项，对分级诊疗制度建立起到基础性作用(申曙光、张勃，2016)。一般而言，基层首诊制度是指享有政府提供的医疗保障的患者必须先由基层医生提供门诊医疗服务，并由其决定是否转诊到更高一级医疗机构。在我国推行分级诊疗的过程中，2015年《意见》中关于基层首诊工作中明确指出，“坚持群众自愿、政策引导、鼓励并逐步规范常见病、多发病患者首先到基层医疗卫生机构就诊”，尽管各地试点过程中提出“原则上”跨级诊疗不予报销，但是总体上仍然允许居民自由就医，各地的基层首诊制度是“引导性”而并非“强制性”的，因此与发达国家的基层首诊有所差异。构建并完善基层首诊制度，是推进群众分级就医格局的基础工程，基层首诊是分级诊疗的重中之重，这在我国实行分级诊疗制度中具有着重要的政策含义。我国人口众多，卫生资源和医疗服务需求呈现倒三角与正三角的结构错位，倾斜资源到基层并加强基层卫生服务能力，对引导就医秩序合理化极为重要。同时基层首诊也是双向转诊、急慢分治和上下联动的前提和基础。只有实现了基层首诊，才能有效区分急诊和慢性病、常见病的分治，才能让患者实现向上转诊和康复下转，才能推动医疗机构之间的上下联动。基层首诊的目标在2017年应达到70%以上，而实际中存在一定的困难，主要是由于基层医疗卫生机构服务能力薄弱，家庭医生数量少、水平低，居民的信赖感还有待提升。现在亟待强化基层医疗卫生机构的服务，同时也要在机制流程上包括医保报销比例上进行引导。

(3) 通过强化基层确保基层医疗卫生机构“接得住”。

基层建设是首诊和转诊的重要支柱。转诊是医疗机构根据病情需要以及该医疗机构的诊疗能力，将本单位诊疗的患者转到另一个医疗机构进行诊疗的一种制度。双向转诊需要不同级别医疗机构的上下配合，根据患者的病情需要进行上下级医疗机构之间的转诊过程。一般而言，双向转诊分为横向转诊和纵向转诊，而我国目前的双向转诊主要是指纵向转诊，即基层医疗卫生机构和专科医院、专科医院和综合医院之间的双向转诊。我国双向转诊主要存在“上转容易下转难”的问题，即单向转诊为主，这其中有医院不愿下转病人的利益考虑，也有患者下转之后对基层医疗卫生机构治疗水平的担忧。具体而言，第一，各级医疗机构之间存在利益竞争，各自是相对独立的经济利益体，很多医护人员的薪酬待遇与医院的效益相挂钩，社区不愿意转出患者，医院不愿意转下患者，双向转诊之间缺乏内在动力，以及业务外在的激励和约束机制。第二，政府在基层医疗卫生机构的资源投入严重不足，导致基层难以“接得住”病人，床位是衡量一个医疗机构硬件水平的关键指标，而我国基层医疗卫生机构的床位是最紧缺的。我国80%的医疗卫生资源都集中在大型的综合医院，基层医疗卫生机构资源投入严重不足，导致患者双向流动无法转回。第三，从患者的本身而言，健康区别于其他消费品，对医疗服务的需求具有非理性因素，同时在现实情况下，我国的基层医疗卫生机构的医疗服务水平比较差，很难让患者形成信赖感，直接导致患者在双向转诊过程中的顾虑和不恰当的转诊选择。

(4) 医保结合对引导基层首诊有重要作用。

通过医保引导患者到社区首诊，我国各地实行了大体相同略有不同的医保引导政策，医保报销政策引导分级诊疗的目的是通过建立“守门人”制度提高参保人获得不同类别医疗服务的匹配度，从而提高基金使用效率。通过医疗保险报销政策的调整来引导分级诊疗被寄予厚望，也是多数地区推进分级诊疗的主要政策工具。医保支付制度改革，发挥各类医疗保险对医疗服务供需双方的引导和对医疗费用的控制作用，完善不同级别医疗机构的医保差异化支付政策，适当提高基层医疗卫生机构医保支付比例，将符合条件的基层医疗卫生机构和慢性病医疗机构按规定纳入基本医疗保险定点范围。同时促进医疗服务价格形成机制，对医疗机构落实功能定位、患者合理选择就医机构形成有效激励引导，理顺医疗服务比价关系，对医疗服务价格进行动态调整。进一步完善利益分配机制，通过改革医保支付、加强费用控制、完善基层医疗卫生机构绩效工资分配机制，引导各级医疗机构转变诊疗行为，主动承担其在分级诊疗中应尽的职责。

2. 对策建议

(1) 强化基层医疗卫生服务水平与分工定位的匹配性。

基于分工定位适当提升基层医疗卫生服务水平，基层医疗卫生机构的服务能力要与其功能定位相匹配，而非越高越好。基层首诊的“基层”包括了分级诊疗供给体系中以全科服务和延伸医疗服务的多个主体，确保基层“接得住”的关键在于在适当引导居民基层首诊的前提下，加强基层医疗卫生机构的建设水平和医疗服务供给能力。而相对于从上而下的医疗机构体系而言，我国医疗卫生资源呈现出“倒三角”、医疗服务需求呈现出“正三角”，形成的不匹配制约了基层医疗卫生机构的良性发展。需要将合理建立分级诊疗供给体系纳入区域卫生规划和医疗机构设置规划当中，完善各级之间资源配置、分工定位以及相互之间的协调关系，尤其要加强对基层医疗卫生机构的政策倾斜力度。

基层医疗卫生机构的定位是明确的，2015 年《意见》中提出基层医疗卫生机构和康复医院、护理院等(以下统称慢性病医疗机构)为诊断明确、病情稳定的慢性病患者、康复期患者、老年病患者、晚期肿瘤患者等提供治疗、康复、护理服务。基层首诊、分级诊疗对健康的影响是正向的，但需要一个最基本的前提，就是基层医疗服务机构的医疗服务质量是能够匹配基层医疗卫生机构的定位要求。推进分级诊疗的重点在于“强基层”，基层建设程度直接影响到分级诊疗制度的运行效果，并且分级诊疗的内核是分工诊疗，通过建立基层医疗卫生机构长效补偿机制，加强基层医疗卫生机构建设，增强诊疗能力和诊疗水平，使其能够匹配起基础医疗、预防、保健、康复与健康教育等基本医疗卫生服务功能，担负起居民健康保护的第一层防线责任。

(2) 建立分级诊疗对接精准扶贫的健康扶贫长效机制。

分级诊疗制度的实施重点之一就是让医疗服务公平可及，促进居民不分人群、不分地区、不分收入都能享受健康，降低因病致贫、因病返贫的可能。实际上我国农村地区、中西部地区依然存在着医疗机构服务能力不足、就医习惯难以改变等障碍，在政策制度上和督导执行上都要格外关注，重点建立分级诊疗制度与精准扶贫制度的协同长效机制。

建立新型医联体架构，将优质综合性医疗机构对接区域内的贫困地区基层医疗卫生机构，形成区域中心医院帮扶县医院、县医院帮扶乡镇卫生院的帮扶局面，通过专家下基层、全科医生培训、慢性信息化管理、远程医疗辅助等方式提升贫困地区基层医疗卫生机构的服务能力。区域中心医院专家通过在贫困地区医疗机构开展查房带教、手术指导、讨论病例等方式开展“传帮带”活动，形成高水平的医疗技术和服务下沉到乡村，并通过技术赋能让贫困地区医疗服务得到实质上的提升。组建专家流动工作站，帮助贫困地区患病的居民能够在第一时间得到优质医疗资源的诊治，为贫困地区居民提供更专业和更有针对性的医疗服务，降低贫困地区居民就医成本，也在源头上给予居民最及时最有效的治疗，减轻患者的医疗经济负担。

推动贫困人口“一对一”家庭签约服务，针对经济弱势群体实现家庭医生签约全覆盖，且每一个贫困家庭都有一个由乡村两级医疗卫生人员组成的专项服务团队对接，开展的服务包括常见病诊治、医疗随访、慢病管理、健康指导等，更重要的是专项服务团队要制定贫困人口患病的医疗救治方案，乡镇卫生院、村卫生室对辖区内的常见慢性病制定救治方案，较重的病情患者由县级或邀请区域中心医院专家制定救治方案。

(3) 完善培养和激励机制以促进家庭医生队伍稳步扩充。

家庭医生签约加强医疗服务质量的一个重点就是在于“人”，既要建立家庭医生长期输入的培育体系，又要为现有医生提供交流、学习机会，制定科学的薪酬与晋升激励制度，保障其收入水平，确保基层医疗卫生机构人才队伍的选、育、用、留体系的完整。一方面增加全科医生的服务供给，目前我国全科医生的培育体系需要加紧完善并落实，并对全科医生的后续就业晋升和薪酬激励建立起完善的体系架构；另一方面要对医生的从业能力、经验水平、服务态度和敬业精神进行提升，同样以薪酬制度和绩效考核强化家庭医生的职业稳定性和服务品质，这直接影响医疗机构的服务质量和可持续发展。

家庭医生必须是全科医生，医学大专院校要“认领”培育全科医生任务。医院大专院校根据自身的专业设置情况，启动全科医生培养工作，通过住院医生规范化培训、助理全科医生培训、订单定向免费培养、全科医生转岗培训、专硕研究生教育等多种途径，扩大全科医生的培养规模，同时也要完成临床实训基地和社区教学基地的实训。在招生的前期可重点关注弱势地区生源，学校给予一定的招生倾斜政策，同时也鼓励学生毕业后返回生源地就业。当然，由于短期内基层医疗卫生机构尚难以配备足够的、水平适宜的全科医生，可调动二、三级医院与全科相近专科医生转为全科医生，或者成为同时兼有全科和专科的“双科医生”，加入家庭医生队伍，其中医院要提供转科转岗培训。医院全科医生根据多点执业原则，既可到基层医疗卫生机构出诊，也可在医院特别是就诊率偏低的二级医院增加全科诊室。

在激励机制方面，制定最低薪酬水平，保障全科医生薪资原则上不低于区域内综合医院同等条件临床医生的平均收入，通过在绩效工资内设立全科医生津贴的方式向全科医生倾斜，探索创新薪酬支付方式，包括年薪制等。在人员招聘、职称晋升、岗位聘用等方面与临床医学从业人员同等对待，给予额外的评定或晋升路径，对经住院医师规范化培训合格的本科学历全科医生，在招聘、晋升等方面与硕士学位研究生同等对待；连续工作10年的中级职称全科医生，可经职称评审委员会考核认定后直接取得副高级职称。

(4) 进一步提高居民基层就医费用报销比例。

创新医保支付方式是促使居民自发“愿意去”基层医院的一个重要手段，根据分级诊疗的运行实际需求设置医保支付方式，全面支持参保居民与基层医疗卫生机构全科医师开展签约服务，将符合规定的家庭医生签约服务纳入医保支付范围，打破总额预付下医院间支付体系不连通的局面，促进患者体系内上下转诊。也可考虑在现有医保框架下，对家庭医生服务采取按人头支付方式。英国2011年开始组织“全科医生联盟”，建立新的医疗费用风险承担组织，代表患者购买医疗服务，政府按照全科医生联盟承担人口数目，支付给联盟预算，全科医生联盟再根据患者的使用情况支付给其他医疗服务供给方，“全科医生联盟”负责英国70%—80%的医疗预算。未来随着基层医疗卫生机构承担医疗服务数量的增加，也可学习和借鉴英国“全科医生联盟”式的支付方式。我国一些城市已经开展类似实践，如镇江市按照签约人数和就诊人数对社区进行付费，盐池市实行人头包干预付制等。

根据医疗卫生服务的特征，设置有效的医疗机构间医疗费用报销比例差异，以及是否按照分级诊疗就诊程序就医的差别报销策略，刺激居民对医疗费用的敏感程度，科学引导居民接受基层首诊和下转，提供全程连续、保证质量的基本医疗卫生服务，维护居民健康。北京市在平谷区对不按照规定就诊程序的患者采取报销比例下降20%的策略，江苏、青海和宁夏都设置了阶梯式的报销比例。既要通过逐步提高基层医疗卫生机构医疗保险报销比例引导居民到基层就医，降低居民医疗经济负担，又要通过扩大医保在不同级别医疗机构间的报销比例差距，利用居民就诊报销敏感性引导居民合理就医，在满足医疗服务需求的前提下，降低医疗经济负担。

第八章
中国医疗卫生保障改革行动治理健康贫困效果分析*

医疗保险的最主要目的就是要化解疾病经济风险，防治“因病致贫”。学术界关于城镇职工基本医疗保险、城镇居民基本医疗保险和新型农村合作医疗减贫效果研究相对丰富，由于大病保险是近年实施的医疗保障改革，商业医疗保险也处于刚刚起步阶段，目前尚缺少城乡居民大病保险和商业医疗保险的减贫效果，特别是以大样本微观数据库为基础的实证研究成果。分级诊疗是整合医疗卫生服务体系，优化卫生资源配置的重要行动，减轻居民医疗经济负担是其目标之一。但同样，学术界缺乏以大样本微观数据为基础的实证分析。本章分别采用国内成熟的微观数据库和相应的计量方法，实证检验开展城乡居民大病保险、推行商业医疗保险行动治理健康贫困的效果，以及实施分级诊疗制度减轻居民医疗经济负担的效果，为进一步采取医疗保障与医疗服务体系改革行动提供政策参考。

一、开展城乡居民大病保险治理健康贫困效果

(一) 引言

中国政府组织实施了大规模卓有成效的扶贫工作，不仅减贫效果得到了世界公认，还制定和实施了到2020年消除贫困的战略目标。但是，能够消除的只是暂时的绝对贫困，“因病致贫”这一深度贫困的治理则相对复杂和艰难。“因病致贫”是

* 本章的主体部分已公开发表在国内学术期刊。

指由于疾病及其损伤导致人力资本缺乏和费用支出上升而陷入贫困的现象，是多维贫困和健康贫困的集中表现。我国"因病致贫"问题非常严重，不仅是致贫的主要原因，而且呈现上涨趋势。据第二次（1998 年）、第三次（2003 年）和第四次（2008 年）《国家卫生服务调查分析报告》数据显示，由于"疾病或损伤"而导致贫困的比例分别为 15.19%、30%、34.5%，且农村高于城市。根据国务院扶贫办建档立卡资料显示，2013 年"因病致贫""因病返贫"的贫困户有 1 256 万户，占贫困户总数的 42.4%（中华人民共和国国家卫生健康委员会，2016），2016 年"因病致贫"进一步上升到 44%（人民网，2017）。

由于医疗费用在全球呈现不断上涨趋势，疾病给家庭都带来沉重负担。20 世纪中期以来，国际学术界聚焦于"疾病经济负担"研究（Rice，1967；Muller，1980）。90 年代世界银行报告提出疾病经济负担概念（World Bank，1993）。21 世纪，疾病日渐成为贫困的主要成因，"摆脱疾病经济风险"与"消除贫困"逐渐引起学界的关注（WHO，2002）。医疗保险作为分散经济风险的制度，其费用补偿机制能减少患者直接现金自付，从而缓解医疗费用给家庭带来的财务风险（Russell，2004），因此医疗保险减贫减负研究成为医疗保障管理和卫生经济政策的重要议题。美国政府针对特定群体实施的公共医疗保险项目，降低了家庭经济负担以及贫困率（Finkelstein，2007；Sommers and Oellerich，2013）。法国、土耳其、墨西哥等国家的研究也有类似结论（Brown et al.，2014；Grogger et al.，2015）。整体而言，发达国家已分别通过建立全民基本免费的国家卫生服务制度、保险范围广泛且保障水平较高的医疗保障制度，从根本上解决了弱势群体的"因病致贫"问题。"因病致贫"在医疗保障水平相对较低的欠发达国家比较严重（Xu 等，2007）。我国已相继建立了以城乡居民为对象的新农合和城居保制度，目的是缓解"因病致贫、因病返贫"，但因保障水平偏低，个人负担仍然很重（Lei and Lin，2009；李华，2011；赵绍阳、藏文斌，2016），实际减贫效果微弱（解垩，2008；Sun et al.，2009；Yip and Hsiao，2009）。由于大病保险 2012 年开始试点，2015 年推开，不仅性质尚未定论，目前只有少量基于特定地区大病保险对贫困影响的研究成果（王超群等，2014；毛瑛等，2015），大多数研究是基于小样本地区的统计描述和定性分析为主，尚没有基于全国层面大样本计量的研究成果。那么，从全国层面上看，试行中的大病保险是否减少了"因病致贫"？是否在不同群体、不同地区间存在显著差异？需要及时评估。

(二) 我国城乡居民大病保险的发展历程和挑战

建立医疗保险制度是化解"因病致贫"群体疾病经济风险,预防和治理健康贫困的主要路径之一。我国相继建立了职工医保、城居保和新农合,社会医疗保险保障水平逐步提高,对化解疾病经济风险和保障居民健康发挥了重要作用。研究表明,有无医疗保险对贫困的影响明显(陈迎春等,2005;高建民、周忠良,2007)。然而城乡居民基本医疗保险保障水平仍然偏低。其表现为:第一,城乡居民基本医保实际报销比例偏低。据 2008 年第四次国家卫生服务调查和 2013 年第五次国家卫生服务调查报告显示,我国城镇居民医疗保险住院实际报销比例分别为 49.3%、53.6%,新农合住院实际报销比例分别为 26.6%、50.1%。2013 年,城乡居民基本医疗保险实际报销比例仅维持在 50%左右。第二,城乡居民住院费用负担仍然严重。根据 2013 年第五次国家卫生服务调查报告显示,城镇居民医保和新农合仅住院均次自付费用占家庭人均年收入的比例就已达到 30%和 33%,如果多次住院再加上门诊、药房费用,居民医疗经济负担依然较重。

现有研究表明,城乡居民基本医保在降低个体费用负担方面有一定作用(周钦、刘国恩,2014),但对降低大病医疗支出的作用仍然有限(程令国、张晔,2012),且远小于职工医保(刘明霞、仇春涓,2014)。为了进一步缓解"因病致贫、因病返贫",《国务院关于印发"十二五"期间深化医药卫生体制改革规划暨实施方案的通知》(国发〔2012〕11 号)、《国务院办公厅关于印发深化医药卫生体制改革 2012 年主要工作安排的通知》(国办发〔2012〕20 号)均明确提出要积极探索大病保险制度。2012 年 8 月国家发改委等六部门发布《关于开展城乡居民大病保险工作的指导意见》(发改社会〔2012〕2605 号)(以下简称《指导意见》),要求在新农合和城居保基础上,建立城乡居民大病保险制度,对大病患者发生的高额医疗费用给予进一步的报销,进而减轻城乡居民大病医疗费用负担,缓解"因病致贫和因病返贫"问题。《指导意见》公布后,各地相继开展大病保险探索,大多数省份采取"2013 年试点,2014 年推广"的模式(见表 8.1)。2014 年《国务院医改办关于加快推进城乡居民大病保险工作的通知》(国医改办发〔2014〕1 号)和 2015 年《国务院办公厅关于全面实施城乡居民大病保险的意见》(国办发〔2015〕57 号)出台,城乡居民大病保险制度在全国范围内逐步建立起来。

表 8.1　各地大病保险实施进展表

地　区	省　份	启动时间	实　施　范　围
东部	广东省	2012 年	城乡居民:5 个市
	江苏省	2013 年	城乡居民:5 个市
	浙江省	2013 年	城乡居民:2 个市
	福建省	2013 年	城镇居民:2 个市
	河北省	2013 年	城乡居民:2 个市
	辽宁省	2013 年	全省
	山东省	2014 年	全省
	海南省	2014 年	全省
	北　京	2014 年	全市
	天　津	2014 年	全市
	上　海	2014 年	全市
中部	安徽省	2013 年	城镇居民:5 个市;新农合:11 个县(区)
	河南省	2013 年	城镇居民:2 个市;新农合:2 个市
	湖北省	2013 年	全省
	湖南省	2013 年	城乡居民:3 个市
	山西省	2013 年	城乡居民:2 个市
	江西省	2013 年	每个地级市至少选择一个县试点,但未明确
	吉林省	2013 年	全省
	黑龙江	2013 年	城镇居民:2 个市
西部	青海省	2012 年	全省
	广　西	2013 年	城乡居民:2 个市
	重　庆	2013 年	全市
	贵州省	2013 年	城乡居民:3 个市
	陕西省	2013 年	城乡居民:4 个市
	甘肃省	2013 年	城乡居民:3 个市
	宁　夏	2013 年	城乡居民:2 个市
	新　疆	2013 年	城乡居民:6 个市
	云南省	2013 年	城乡居民:2 个市
	四川省	2013 年	城乡居民:8 个市
	内蒙古	2013 年	城镇居民:6 个市
	西　藏	2016 年	全省

资料来源:各省份政府部门网站公布的政策文件。

可见，与居民医疗服务需求不断增长相适应，我国逐步建立了由基本医疗保险和大病保险共同构成的城乡居民医疗保险体系，但是，距离消除“因病致贫”尚有较大差距。其原因在于：第一，尚没有建立从根本上化解居民疾病经济风险的制度。由于大病保险筹资和保障范围仍然有限，特别是医保基金并没有完全承担起疾病经济风险责任，个人和家庭不仅要支付医保范围内个人承担的医疗费用，还要承担医保范围外完全自费的医药费用。据此判断，大病保险可能只起到一定程度降低“因病致贫”的作用，但却不能从根本上预防或彻底消除“因病致贫”。第二，大病保险的保障水平差异较大，不同地区和不同群体间效果有可能不同。从各地政策规定看，一是人均筹资15—60元不等，总体偏低；二是起付线以高额医疗费用为标准，5 000—20 000元不等；三是医疗费用报销比例50%—85%不等。据此判断，大病保险降低“因病致贫”的效果可能存在较大差异。只有及时评估大病保险的效果差异，才能更好地调整医疗保障制度改革的方向和实施细节，达到更精准治理“因病致贫”的政策目标。

(三) 大病保险减贫理论分析和模型构建

1. 医疗保险防止“因病致贫”机理和国际经验

医疗保险理论认为，个人和家庭患病及其费用是不确定的，但是，一定范围内群体的患病率和医疗费用则是相对确定的。医疗保险正是依据概率论中的大数法则，测算人群疾病经济风险，并据此建立广覆盖的医疗保险基金，当被保险者患病时，分担和化解个人不确定的疾病经济风险。根据WHO报告，“因病致贫”是因为个人自付医疗费用较高，当它占家庭可支配收入比例大于50%以上时就有可能发生(WHO, 2000)。即根据个人自付医疗费用/家庭可支配收入的比例判断是否“因病致贫”。可见，当家庭可支配收入一定时，个人自付医疗费用水平成为“因病致贫”的关键指标。

世界上保障水平较高的医疗保险型国家正是通过建立以政府为主导的社会医疗保险来化解全民疾病经济风险的。能够化解疾病经济风险的保险应该具有以下特点：一是医疗保险的保障范围广。将医疗服务、药品、耗材和检验项目、服务设施等包括在医疗保险范围内，从而真正降低居民个人和家庭负担医疗费用比例。二是居民自付医疗费用比例低。一般认为个人支付20%—30%是兼顾公平与效率的合适比例。三是设立年度个人支付医疗费用限额而不是医保基金支付限额(封顶线)，疾病经济风险由基金而不是最后由个人或家庭承担。根据2010年OECD对

29 个成员国家医疗卫生系统的调查，有 17 个国家设定了个人自付限额（Paris et al.，2010）。美国虽然采用商业医疗保险为主的混合型医疗保障制度，但为了保护参保者免受高昂医疗费用带来的经济负担，《平价医疗法》规定：保险公司出售的长期医疗保险必须对参保者设立保险年度的个人支出限额，2015 年个人医疗费用支出不超过 6 650 美元，家庭不超过 13 200 美元（中国医疗保险研究会，2016）。

2. 城乡居民大病保险的靶向群体

医疗保险实质上是健康与非健康群体的互助共济，非健康的患病群体和低收入群体应该是医疗保险的受益者和被保护的重点人群。以缓解"因病致贫、因病返贫"为主要目标的大病保险，应对准三类靶向群体：一是慢性病群体。根据世界卫生组织的数据显示，2008 年全球有 5 700 万人死于慢性病，占所有死亡人数的 63%（中国新闻网，2018）。根据第五次国家卫生服务调查显示，2003—2013 年，城市人口的慢性病患病率由 17.73%增加到 26.32%，农村由 10.47%增加到 22.72%。以 2009 年中国城乡居民的人均收入标准来看，罹患常见慢性病住院一次，城镇居民至少花费人均收入的一半，农村居民至少花费人均收入的 1.3 倍（吴佳佳，2012）。因此，从病种看，大病保险减贫重点瞄准的是负担较重的慢性病患者。二是住院群体。住院需要更为复杂的医疗服务、医疗设施和药品，医疗经济负担更为沉重。《中国卫生和计划生育统计年鉴 2016》显示，门诊均次医药费用仅 245.5 元，而住院人均医药费用高达 8 604.7 元。即便一般收入家庭一旦住院，极易"因病致贫"。三是低收入群体。测量"因病致贫"，要看其年收入减年医疗费用是否低于当年国家或国际贫困线，或者看年个人自付医疗费用占年均可支配收入比重是否在 50%以上。无论哪个标准，大病冲击对低收入者无疑是雪上加霜，中低收入，特别是准贫困群体更容易陷入贫困的境地。而已经陷入贫困，特别是"因病致贫"群体可能会因病失去劳动能力难以再获得收入，或者无法及时就医，成为"应就诊而未就诊、应住院而未住院"群体，或者进一步加重"因病致贫"程度而难以自拔。大病保险的靶向群体效果是我们研究的重点内容。

3. 模型构建

双重差分方法最初由阿森费尔特（Ashenfelter）引入经济学领域（Ashenfelter，1978），之后在政策效果评估中广泛运用，医疗保险政策效果评估中也有应用（Wagstaff et al.，2009）。本研究根据 2012 年 8 月城乡居民大病医疗保险政策出台后，全国各地多省市选择以地级市或全省为单位进行试点的国情，基于大病保险政策试行的特点，以地区级市为单位，运用2012年8月前后两年即2011和2013年数据，采用双重差分模型，评估试行大病保险政策的减贫效果。

构建计量模型如下：

$$poverty_{it} = \beta_0 + \beta_1 \cdot time_t + \beta_2 \cdot insurance_i + \beta_3 \cdot time_t \times insurance_i + \beta_4 \cdot X_{it} + \varepsilon_{it} \tag{8-1}$$

其中，$poverty_{it}$ 代表“因病致贫”（为0—1变量），$time_t$ 代表时间变量（当处于政策实施前，则为0；当处于政策实施后，则为1），$insurance_i$ 代表实验组和控制组（当样本处于大病保险实施地区，即实验组，则为1；当样本不处于大病保险实施地区，即控制组，则为0），$time_t \times insurance_i$ 为实验组和时间的交互（其系数 β_3 即为政策效果），X_{it} 为控制变量，涉及个体、家庭、村/社区、地区层面，包括性别、年龄、教育、婚姻、是否有慢性病、自评健康状况、医疗保险类别、家庭规模、人均收入、所处地区等，ε_{it} 代表随机误差项。

控制组 $insurance = 0$，由式(8-1)可得大病保险实施前后的因病致贫率：

$$= \begin{cases} \beta_0 + \varepsilon \quad if \quad time = 0 \\ \beta_0 + \beta_1 + \varepsilon \quad if \quad time = 1 \end{cases} \quad if \quad insurance = 0 \tag{8-2}$$

由此可见，大病保险实施使得控制组的“因病致贫”率变动了 β_1，而 β_1 代表的是除大病保险外的一些自然变动因素。

实验组 $insurance = 1$，由式(8-1)可得大病保险实施前后的因病致贫率：

$$= \begin{cases} \beta_0 + \beta_2 + \varepsilon \quad if \quad time = 0 \\ \beta_0 + \beta_1 + \beta_2 + \beta_3 + \varepsilon \quad if \quad time = 1 \end{cases} \quad if \quad insurance = 1 \tag{8-3}$$

因此，大病保险使得实验组的因病致贫率变动为 $\beta_1 + \beta_3$，最终大病保险的“净影响”为 $\beta_1 + \beta_3 - \beta_1 = \beta_3$，即交叉项 $time_t \times insurance_i$ 的系数。如果大病保险对因病致贫率有显著的负向影响，则系数应为负，反之则为正。

(四) 实证分析

1. 数据来源和变量说明

(1) 数据来源和样本选择。

数据来源于中国健康与养老追踪调查(China Health and Retirement Longitudinal Study, CHARLS)数据库。考虑政策实施为2012年，选择CHARLS 2011年、2013

年两期数据库。由于城乡居民大病保险仅针对参加城乡居民基本医保的群体，所以重点关注已经参加城镇居民医保和新农合的群体。将2011—2013年间大病保险试点城市名单与CHARLS数据库中的省份城市相匹配，最终得到覆盖全国16省(市)25个地级市的试验组样本。①由于收入、食品支出、医疗费用支出三项重要指标存在缺失值，利用样本所处社区的平均值进行了补缺处理。收入水平可能由于高报或低报而出现异常值，对处于收入两端2.5%的样本进行了“缩尾”处理。

(2) 被解释变量。

国内外卫生经济学大多采用“致贫性卫生支出”概念描述“因病致贫”，借鉴瓦格斯塔夫和范(Wagstaff and Van, 2003)提出的计算方式，依据“收入－医疗费用<贫困线”这一标准来计算因病致贫。为了精确地计算“因病致贫”，首先要定义贫困线。根据数据年份，采用2011年中央扶贫开发工作会议确定的2 300元贫困线作为衡量“贫困”的标准。由于不同时期贫困线随着物价水平波动，根据《中国扶贫开发年鉴2014》，2011年、2013年贫困线分别为2 536元、2 736元。

从实验组和控制组“因病致贫”率变化情况看(见图8.1)，实验组的“因病致贫”率从2011年的42.39%上升到2013年的49.00%，增加了约6.6个百分点。②而控制组因病致贫率由2011年的40.85%上升到2013年的50.47%，增加了约9.6个百分点。可见，尽管在2011年实验组的“因病致贫”率稍高于控制组，但就2011—2013年期间的增量而言，实验组的“因病致贫”率增加值小于控制组。其原因可能在于，大病保险实施抑制了实验组原先的自然增长趋势，从而缓解了实验组地区的“因病致贫”率。

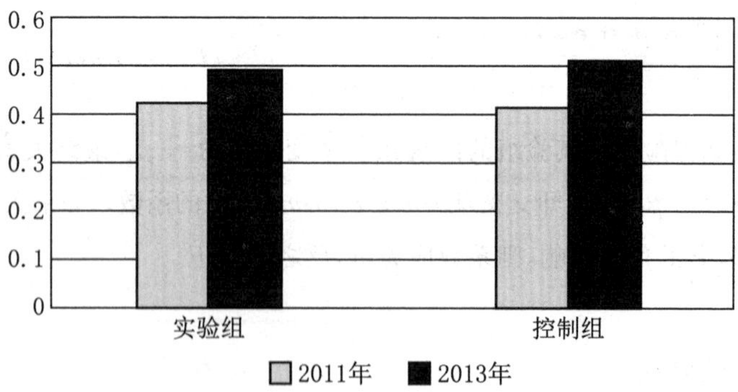

图8.1　实验组和控制组因病致贫率变化

① CHARLS数据库包含的大病保险试点的省市。

② 这里的“因病致贫”指标侧重于当年家庭的收入口径，而非家庭资产。“因病致贫”指标与国家卫计委公布的建档立卡贫困户的“因病致贫”存在差异。

(3) 解释变量、统计性描述。

由于被解释变量“因病致贫”取决于经济状况、医疗费用两大维度，以收入作为经济状况的代理变量，“因病致贫”的影响因素参考刘国恩等分析医疗费用时使用的控制变量（刘国恩等，2011），变量含义、说明和描述性统计如表 8.2 所示。

表 8.2 变量定义和均值统计

变　量	定　义	2011 年		2013 年	
		实验组	控制组	实验组	控制组
因病致贫	发生＝1；未发生＝0	0.372	0.359	0.424	0.436
年龄	样本的年龄	58.72	58.71	60.70	60.67
性别	男性＝1；女性＝0	0.491	0.476	0.490	0.475
受教育程度（哑变量）	小学及以下（是＝1，否＝0）	0.637	0.635	0.637	0.635
	初中（是＝1，否＝0）	0.230	0.229	0.230	0.228
	高中（是＝1，否＝0）	0.105	0.112	0.105	0.112
	大学及以上（是＝1，否＝0）	0.027 6	0.023 7	0.027 6	0.023 8
婚姻状况	有配偶（已婚、同居）＝1	0.887	0.889	0.875	0.871
家庭规模	家庭成员的数量	3.813	3.638	3.125	3.091
城乡	城镇＝1；农村＝0	0.212	0.220	0.224	0.223
地区（哑变量）	东部（是＝1，否＝0）	0.189	0.461	0.189	0.461
	中部（是＝1，否＝0）	0.576	0.289	0.576	0.289
	西部（是＝1，否＝0）	0.235	0.251	0.235	0.251
人均收入对数	log（人均收入）	8.234	8.022	7.726	7.712
是否有医疗保险	有＝1；没有＝0	0.952	0.924	0.966	0.953
自评健康	很差＝1；差＝2；一般＝3 好＝4；很好＝5；非常好＝6	2.978	3.073	3.020	3.087
慢性病数量	患慢性病的数量	1.348	1.327	1.635	1.588
住院	住院＝1；未住院＝0	0.101	0.077 2	0.159	0.117
门诊	门诊＝1；未门诊＝0	0.203	0.172	0.221	0.199

注：2011 年和 2013 年的实验组样本量均为 2 244 个，控制组样本量均为 7 434 个。

2. 实证结果

(1) 大病保险治理“因病致贫”的整体效果和城乡差异。

大病保险是城乡居民基本医疗保险基础上的再保险，多数省份以地区级市为统筹单位，研究将试点地区级城市作为识别标准，实证结果发现，大病保险使人群整体“因病致贫”率降低了 5.08%（见表 8.3 模型 1）。这主要是得益于大病保险所具有的收入分配属性，它在基本医保基础上进一步补偿高额医疗费用，医疗费用降低成为抵挡“因病致贫”的重要屏障。因为大病保险主要针对城乡居民医疗保险参保者，与职工医保无关，为估计纯净的大病保险效果，仅保留参加城乡居民医疗保险的样本实证分析。结果发现，大病保险使城乡医保样本“因病致贫”率显著降低了6.04%（见表8.3模型2），减贫程度高于全样本约1个百分点。细分参加新农合样本，大病保险使其“因病致贫”率显著降低了6.45%。初步分析发现，大病保险对拥有医疗保险类型不同、不同健康、不同收入、所处城乡地域和东中西部地区不同群体间的影响不同，即治理“因病致贫”的效果存在差异，这为我们评估大病保险治理“因病致贫”效果差异奠定了基础。

控制变量系数基本符合理论预期。个人层面因素看，年龄对于“因病致贫”有显著正向影响，随着年龄的增大，患病率增大，同时收入减少，“因病致贫”率增大；教育程度对于“因病致贫”有显著正向影响，相对于小学及以下的教育程度，初中、高中、大学及以上教育程度者的“因病致贫”显著降低；家庭规模对于“因病致贫”有显著的预防作用，“因病致贫”风险可以在家庭范围内实现分散。

表8.3　大病保险治理不同医疗保险类型群体“因病致贫”结果

	模型1 全样本	模型2 城乡医保	模型3 新农合	模型4 非城乡医保
交互项	−0.050 8***	−0.060 4***	−0.064 5***	−0.007 36
	(0.011 6)	(0.014 4)	(0.014 9)	(0.021 5)
实验组	0.028 0***	0.031 4***	0.032 9***	0.012 6
	(0.008 78)	(0.010 7)	(0.011 1)	(0.017 4)
时间项	0.012 1**	0.017 1**	0.022 1***	−0.000 516
	(0.005 61)	(0.006 94)	(0.007 14)	(0.010 4)
年　龄	0.004 19***	0.005 78***	0.005 98***	0.000 174
	(0.000 292)	(0.000 370)	(0.000 382)	(0.000 578)
性　别	0.011 5**	0.015 0**	0.014 2**	−0.006 36
	(0.005 11)	(0.006 36)	(0.006 56)	(0.009 45)
初　中	−0.037 1***	−0.034 4***	−0.031 8***	−0.008 74
	(0.006 39)	(0.007 77)	(0.008 02)	(0.014 4)
高　中	−0.041 6***	−0.051 6***	−0.057 5***	−0.011 5
	(0.008 14)	(0.011 8)	(0.012 5)	(0.014 0)
大学及以上	−0.022 6**	−0.048 2	−0.092 5	−0.007 28
	(0.011 4)	(0.044 1)	(0.065 1)	(0.014 5)

续 表

	模型 1 全样本	模型 2 城乡医保	模型 3 新农合	模型 4 非城乡医保
在　婚	0.025 5***	0.049 5***	0.050 9***	−0.026 9
	(0.008 56)	(0.010 7)	(0.011 1)	(0.018 8)
家庭规模	−0.032 4***	−0.034 6***	−0.035 1***	−0.009 00**
	(0.001 56)	(0.001 83)	(0.001 87)	(0.004 13)
城　乡	−0.131***	−0.070 6***	−0.058 2***	−0.108***
	(0.007 39)	(0.014 9)	(0.016 7)	(0.020 6)
东　部	−0.062 6***	−0.074 4***	−0.073 8***	−0.035 1***
	(0.006 47)	(0.008 07)	(0.008 25)	(0.012 1)
中　部	−0.024 9***	−0.025 1***	−0.022 6***	−0.019 8
	(0.006 67)	(0.008 29)	(0.008 52)	(0.013 1)
对数人均收入	−0.115***	−0.118***	−0.118***	−0.097 3***
	(0.000 998)	(0.001 25)	(0.001 31)	(0.002 32)
是否有医疗保险	−0.041 3***			
	(0.007 43)			
自评健康	−0.021 7***	−0.023 9***	−0.024 8***	−0.012 9**
	(0.002 85)	(0.003 49)	(0.003 59)	(0.005 63)
慢性病数量	0.005 14***	0.006 62***	0.006 12**	0.003 55
	(0.001 89)	(0.002 36)	(0.002 45)	(0.003 77)
是否住院	0.047 4***	0.043 7***	0.046 9***	0.063 3***
	(0.008 81)	(0.010 9)	(0.011 2)	(0.017 6)
是否门诊	0.015 5**	0.007 50	0.004 80	0.014 7
	(0.006 62)	(0.008 03)	(0.008 27)	(0.013 4)
常数项	1.263***	1.117***	1.183***	1.216***
	(0.025 7)	(0.038 2)	(0.033 9)	(0.055 9)
样本量	19 356	13 950	13 272	2 732
R^2	0.521	0.493	0.490	0.503

注：* <0.1，** <0.05，*** <0.01(下同)；表 8.3 结果均是基于 OLS 得出的估计系数和稳健标准误(下同)。

(2) 大病保险治理“因病致贫”的病种和服务类型效果差异。

首先，大病保险使慢性病患者的“因病致贫”率显著减少了 7.14%(见表 8.4 模型 1)。其次，依据《卫生部关于加快推进农村居民重大疾病医疗保障工作的意见》(卫政法发〔2012〕74 号)20 类重大疾病病种，[①]锁定 CHARLS 数据库中患有这些重

① 详见《卫生部关于加快推进农村居民重大疾病医疗保障工作的意见》(卫政法发〔2012〕74 号)，2012 年 11 月 13 日，http://www.moh.gov.cn/mohzcfgs/s7846/201211/56322.shtml，2018 年 9 月 20 日。

大疾病病种的样本，[①]发现大病保险使重大疾病患者群体“因病致贫”率显著减少了9.41%(见表8.4模型2)。与此同时，大病保险对于慢病中非重大疾病病种样本的“因病致贫”率降低5.14%(见表8.4模型3)。这是因为，大病保险虽然对20类重大疾病病种的保障水平有所倾斜(大病保险的报销比例要高于普通病种)，但非20类重大疾病病种发生高额费用仍然处于大病保险的保障范围，从而得到大病保险补偿。总之，大病保险不仅利用有限的医保基金，显著改善了城乡居民的贫困状况，助力国家“扶贫攻坚”战略，对慢病中重大病种群体的靶向作用更加明显。再次，大病保险显著降低了住院和非住院群体的“因病致贫”率，对住院群体“因病致贫”率降低幅度大。研究发现，大病保险使住院群体“因病致贫”率显著降低了12.6%(见表8.4模型4)，门诊群体“因病致贫”率也减少了7.6%(见表8.4模型5)。可见，以高额费用作为报销准则的大病保险，重点保护了住院群体，同时惠及了高额医疗费用的非住院群体。[②]

表8.4　大病保险对慢性病、住院群体的减贫结果

	模型1 慢性病	模型2 重大病种	模型3 非重大病种	模型4 住院	模型5 门诊
交互项	−0.071 4***	−0.094 1***	−0.051 4***	−0.126**	−0.076 0**
	(0.017 7)	(0.032 4)	(0.016 0)	(0.049 8)	(0.033 9)
实验组	0.035 5***	0.032 1	0.030 0**	0.047 3	0.077 2***
	(0.013 2)	(0.024 6)	(0.012 0)	(0.039 1)	(0.025 5)
时间项	0.028 5***	0.047 4***	0.008 35	−0.027 4	−0.015 8
	(0.008 76)	(0.015 5)	(0.007 78)	(0.026 3)	(0.017 3)
控制变量	yes	yes	yes	yes	yes
常数项	1.156***	1.108***	1.118***	1.297***	1.172***
	(0.047 6)	(0.083 5)	(0.043 0)	(0.133)	(0.089 8)
样本量	9 162	2 942	11 008	1 114	2 584
R^2	0.482	0.478	0.498	0.464	0.451

3. 大病保险治理“因病致贫”收入阶层和地区效果差异

为进一步分析大病保险的精准效果，解释大病保险降低“因病致贫”的机制，我

① 匹配得到CHARLS数据库中的重大病种包括糖尿病或血糖升高、癌症等恶性肿瘤、心脏病、肾脏疾病、情感及精神方面疾病。

② 表8.4及以下各表均省略了控制变量结果。

们从收入、贫困、“因病致贫”程度和发达地区视角逐层逐步分析大病保险治理“因病致贫”的效果差异。

(1) 大病保险治理不同收入阶层“因病致贫”效果差异。

“因病致贫”除了与医疗费用和医疗保障水平之间关联,还直接取决于家庭经济状况,家庭收入水平低是陷入贫困的重要原因。在发生高额医疗费用时,高收入群体可以自身收入抵抗疾病经济风险,低收入群体抗风险能力则要弱。借鉴李培林和张翼关于收入阶层的划分方法(李培林、张翼,2008),以全样本平均收入作为参照线,将个体收入高于平均线 2.5 倍的样本归为“高收入阶层”,将个体收入高于平均线,但低于平均线的 2.5 倍归为“中产阶层”,将个体收入低于平均线归为“低收入阶层”,分析大病保险对不同收入阶层的影响。结果表明(见表 8.5),大病保险使低收入阶层的“因病致贫”率降低了 4.49%,使中产阶层的“因病致贫”率降低了 4.59%,对高收入群体没有影响。可见,大病保险对低收入和中产阶层都起到了有效的保护作用,能够在一定程度上防止“因病致贫”。由于高收入阶层收入水平较高,发生“因病致贫”概率远低于低收入和中产阶层,并非大病保险的目标群体,减少效果不显著在情理之中。

表 8.5 大病保险治理不同收入阶层“因病致贫”结果

	模型 1 低收入阶层	模型 2 中产阶层	模型 3 高收入阶层
交互项	−0.044 9**	−0.045 9**	−0.032 8
	(0.019 2)	(0.018 5)	(0.037 3)
实验组	0.012 1	−0.000 295	0.060 3***
	(0.014 6)	(0.008 70)	(0.020 9)
时间项	−0.055 3***	0.171***	0.091 0***
	(0.009 61)	(0.009 05)	(0.013 5)
控制变量	yes	yes	yes
常数项	1.104***	1.174***	0.908***
	(0.050 0)	(0.057 5)	(0.106)
样本量	8 594	4 000	1 356
R^2	0.382	0.596	0.477

(2) 大病保险治理不同贫困程度群体“因病致贫”效果差异。

相对于非贫困群体,贫困群体收入水平低,高昂的医疗费用是其陷入贫困,导致“因病致贫”的主要原因。进一步锁定2011年处于贫困线以下的实验组样本，分析2013年实行大病保险后“因病致贫”率的改变状况。研究发现，大病保险使贫困群体的“因病致贫”率显著减少了9.69%（见表8.6模型1）。城乡居民大病保险制度虽然在一定程度上提高了发生大额医疗费用人群的待遇水平，有利于缓解特定人群的经济负担和“因病致贫”，但由于其本身制度设计所致，保障力度有限，大病保险在缓解贫困群体负担时，其作用在贫困人群内部存在差异。为了进一步分析大病保险的精准效果，以收入作为划分标准，将贫困线以下的群体按贫困率三等分，并依据所处分位高低，划分为深度贫困、中度贫困和轻度贫困群体。实证结果表明，大病保险对中轻度贫困程度的贫困群体均有显著效果（见表8.6模型3、4）。大病保险使中度贫困、轻度贫困分别降低了8.51%、7.07%。这类群体处于发生大病或大额医疗费用的区间，恰好是大病医疗保险的覆盖对象，所以大病医疗保险能够显著降低“因病致贫”率。对于深度贫困群体而言，大病保险减贫效果并不显著。尽管大病保险使得实际医疗保障水平提高，但是由于其本身贫困程度严重，或由于经济因素无法正常接受医疗服务，导致大病保险无法发挥作用。

表8.6　大病保险治理不同贫困程度群体“因病致贫”结果

	模型1 贫困样本	模型2 深度贫困样本	模型3 中度贫困样本	模型4 轻度贫困样本
交互项	−0.096 9**	−0.068 8	−0.085 1***	−0.070 7**
	(0.038 8)	(0.065 1)	(0.031 9)	(0.029 4)
实验组	0.036 0**	0.035 4	0.013 2	−0.002 36
	(0.016 5)	(0.031 1)	(0.010 2)	(0.006 78)
时间项	−0.265***	−0.113***	−0.277***	−0.417***
	(0.014 2)	(0.023 9)	(0.020 8)	(0.016 0)
控制变量	yes	yes	yes	yes
常数项	1.051***	0.958***	1.307***	1.591***
	(0.073 6)	(0.138)	(0.131)	(0.094 4)
样本量	4 894	1 620	1 604	1 668
R^2	0.405	0.469	0.468	0.541

(3) 大病保险对不同程度“因病致贫”群体的效果差异。

虽然通过降低个人自付医疗费用这一机制，大病保险能减少“因病致贫”。但能否减少“因病致贫”率，还与个体自身的风险承受能力相关，毕竟大病保险并非全额报销，个人需自付一部分医疗费用。为了反映大病保险对不同医疗费用负担群体的作用，借鉴灾难性卫生支出指标，将总样本按照医疗经济负担程度进一步划分，研究大病保险对不同“因病致贫”程度群体的影响。将医疗费用支出占家庭可支付能力（扣除食品支出①以外的收入）的比例高于50%时，作为严重“因病致贫”群体，将这一比例在20%—50%之间者作为准“因病致贫”群体，将这一比例低于20%视为非“因病致贫”群体。大病保险对准“因病致贫”和非“因病致贫”样本的影响显著，使其“因病致贫”率分别减少了9.81%和6.2%，而对严重“因病致贫”群体并无作用（详见表8.7）。可见，大病保险只能缓解部分医疗负担较轻群体的“因病致贫”问题，无法分散医疗费用负担较高群体的风险。究其原因，多数省份的大病保险制度的设计中，基金支付仍然设置了基金起付线、封顶线。在这种限制条件下，尽管大病保险针对高额费用报销比例高于50%，但对于一些费用远超过大病保险起付线的群体，即使报销比例在50%以上，仍然自留一定比例的自付额，自付总额随着医疗费用的提高而增加，依然会导致个体陷入贫困。

表8.7 大病保险治理不同“因病致贫”程度群体的结果

	模型1 非因病致贫	模型2 准因病致贫	模型3 严重因病致贫
交互项	−0.062 0***	−0.098 1*	−0.029 9
	(0.015 4)	(0.050 9)	(0.046 7)
实验组	0.033 4***	0.088 4**	0.014 0
	(0.011 3)	(0.038 6)	(0.034 5)
时间项	0.048 1***	0.036 4	−0.196***
	(0.007 49)	(0.023 0)	(0.021 1)
控制变量	yes	yes	yes
常数项	1.115***	0.801***	1.638***
	(0.041 0)	(0.135)	(0.126)
样本量	10 928	1 414	1 608
R^2	0.538	0.420	0.361

（4）大病保险治理不同地区“因病致贫”的效果差异。

由于我国地区之间经济社会发展差异较大，“因病致贫”严重程度、大病保险的政策设计和保障水平也存在诸多不同，大病保险对“因病致贫”的影响可能会有所

① 根据CHARLS数据“家庭过去一周食品消费支出”（包含自家生产并使用的部分）进行换算。

不同。我们将全样本按照所属省份，划分为东、中和西部。[①]大病保险对中部和西部地区有显著的减贫效果，但对东部地区的效果并不显著。东部地区属于经济发达地区，居民的收入水平相对较高，大病保险保障水平高，减贫效果不显著可能在于其本身"因病致贫"问题并不严重。而中部和西部地区经济发展水平相对滞后，居民的收入水平一旦得不到保障，则极易发生"因病致贫"，尤其是西部地区。所以，中部和西部的分样本来看(见表 8.8)，大病保险使中部地区"因病致贫"率减少了5.78%，使西部地区减少了 12%，西部地区的减贫效果要远高于中部。

表 8.8 大病保险治理不同地区"因病致贫"结果

	模型 1 东部地区样本	模型 2 中部地区样本	模型 3 西部地区样本
交互项	0.031 3	−0.057 8***	−0.120***
	(0.029 1)	(0.020 5)	(0.032 3)
实验组	0.012 1	0.012 4	0.077 0***
	(0.021 3)	(0.015 1)	(0.023 7)
时间项	0.016 2	0.011 8	0.022 6
	(0.009 96)	(0.012 8)	(0.014 6)
控制变量	yes	yes	yes
常数项	0.893***	1.170***	1.264***
	(0.056 7)	(0.064 3)	(0.087 1)
样本量	5 536	5 092	3 322
R^2	0.517	0.494	0.467

4. 稳健性检验

(1) 国际贫困线的稳健性检验。

由于贫困线标准存在差异，采用不同贫困线得出的实证结果可能不同。2005—2015 年，世界银行所规定的国际贫困线为 1.25 美元，根据汇率，计算得到2011 年、2013 年的贫困线分别为 2 947 元、2 826 元(马建堂，2015)。检验大病保险的减贫效果，结果发现，大病保险对城乡居民整体的减贫效果为 6.43%(见表 8.9 模型 1)，对其中的慢性病样本、重大慢性病样本的减贫效果分别为 7.24%、10.2%，对住院样本的减贫效果为 12%。无论是系数大小还是显著性，大病保险治理"因病致贫"效果与国内贫困线的表 3 的模型 2、表 4 的结论相一致。

① CHARLS 数据库只包含 20 个省份，东部地区：沪津鲁粤苏浙辽 7 省市；中部地区：皖晋豫鄂湘吉黑 7 省；西部地区：桂甘黔渝陕内蒙古 6 省区。

表 8.9　国际贫困线标准治理"因病致贫"结果

	模型 1 城乡居民	模型 2 慢性病	模型 3 重大病种	模型 4 住院
交互项	−0.064 3***	−0.072 4***	−0.102***	−0.120**
	(0.014 6)	(0.017 9)	(0.032 9)	(0.050 3)
实验组	0.037 9***	0.040 7***	0.032 1	0.049 3
	(0.011 0)	(0.013 5)	(0.025 2)	(0.039 3)
时间项	−0.004 84	0.002 59	0.026 8*	−0.050 0*
	(0.007 04)	(0.008 87)	(0.015 7)	(0.026 5)
控制变量	yes	yes	yes	yes
常数项	1.129***	1.160***	1.100***	1.311***
	(0.038 6)	(0.047 8)	(0.084 1)	(0.133)
样本量	13 950	9 162	2 942	1 114
R^2	0.479	0.469	0.461	0.452

(2) PSM-DID模型的稳健性检验。

将大病保险政策实施定义为一种"准自然实验",是采用双重差分模型的基础,但试点与否,实施时间和力度均由各省市分别决策。各省确定试点城市并非随机的,往往带有一定选择性。如一些省份以近年来医保基金结余作为筛选试点城市条件,有可能破坏试点与否样本的随意性,直接使用双重差分估计可能不满足平行趋势假定,即实验组和控制组的样本特征存在差异。为此,基于匹配思想,使用PSM-DID模型,采用kernel匹配法,先对平衡面板数据的第一期进行匹配,再进行双重差分估计,进一步检验结果的稳健性(结果见表8.10)。基于PSM-DID模型的实证发现,大病保险对城乡医保参保者的减贫效果为5.6%,对慢性病样本、重大病种样本的减贫效果分别为6.8%、13.2%,对住院样本的减贫效果为15.5%。与表8.3模型2、表8.4、表8.9对照,总体上系数和显著性均未有大的变化,再次证明以上主要结果的稳健性。

表 8.10　基于 PSM-DID 模型大病保险治理"因病致贫"结果

参　数	模型 1 城乡医保	模型 2 慢性病	模型 3 重大病种	模型 4 住院
系数	−0.056***	−0.068**	−0.132***	−0.155**
标准误	0.017	0.021	0.037	0.062
T 值	3.34	3.25	3.55	2.48
样本量	13 878	9 096	2 850	1 024

5. 大病保险治理“因病致贫”的机制分析

从实证结果看，大病保险显著降低了“因病致贫”率，并且对慢性病和住院等特定样本作用更为显著。然而，其内在的机制尚未明晰，即大病保险通过何种途径降低了“因病致贫”率呢？医疗保险的本质在于费用补偿，在基本医疗保险补偿之后，大病保险对高额费用进一步报销，使得报销比例提高了 15%左右（王永超，2016）。从而有可能挽回一部分“因病致贫”群体，即在医疗费用冲击下，个体陷入“因病致贫”，基本医疗保险补偿后仍然处于“因病致贫”，或者说个体距离“因病致贫”标准线仍然具有一定的距离，我们称之为“因病致贫”缺口。[①]实施大病保险，使其摆脱“因病致贫”或者“因病致贫”减轻，即跨越“因病致贫”标准线或“因病致贫”缺口缩小。结果发现，大病保险使城乡医保居民整体“因病致贫”缺口减少了 34.7%，即在一定程度挽救了原本陷入“因病致贫”的群体或减缓了“因病致贫”的严重性。另外，从特定人群而言，大病保险使慢性病、重大疾病、住院等样本的“因病致贫”缺口分别降低了 37.3%、41.6%、69%。

表 8.11　大病保险对“因病致贫”缺口的影响结果

	模型 1 城乡居民	模型 2 慢性病	模型 3 重大疾病	模型 4 住院
交互项	−0.347***	−0.373***	−0.416*	−0.690*
	(0.102)	(0.126)	(0.239)	(0.361)
实验组	0.227***	0.220**	0.238	0.360
	(0.075 2)	(0.092 0)	(0.177)	(0.271)
时间项	0.272***	0.364***	0.301***	0.187
	(0.048 4)	(0.061 4)	(0.112)	(0.268)
控制变量	yes	yes	yes	yes
常数项	8.857***	9.325***	9.036***	9.513***
	(0.269)	(0.336)	(0.610)	(0.971)
样本量	13 950	9 162	2 942	1 114
R^2	0.578	0.572	0.560	0.577

① “因病致贫”缺口计算依据贫困线标准（收入—医疗费用），并进行对数化处理。对没有发生“因病致贫”情形的样本，则“因病致贫”缺口为 0。

(五) 结论和政策建议

1. 主要结论

多维实证分析大病保险治理"因病致贫"的效果差异,得出以下结论:

第一,大病保险有效降低了"因病致贫",对参合的农村居民效果更大。大病保险显著降低了样本地区城乡医保居民6.04%的"因病致贫"率。这一结论与国内学术一些已有研究的结论有所区别,已有研究往往以贫困地区为样本,减贫幅度更大,高者达到20%多(仇雨临、张忠朝,2016)。这是因为在欠发达地区特别是贫困地区,贫困和"因病致贫"比例要高于全国平均水平,同等条件下减贫幅度可能会更大。而包含不同地区的研究代表性广,但减贫幅度会相应降低。将城乡居民分开考察发现,大病保险对参加新农合的农村居民影响更大,为6.45%。这是因为,新农合相对城镇居民医保而言,筹资和待遇保障水平较低,再加上农村居民比城镇居民平均收入低,必然导致"因病致贫"率高,而大病保险对城乡居民统一采取同样的筹资和待遇支付政策,特别是实现市级或省级统筹的地区,这样,大病保险对城乡居民高额医疗费用补偿能够惠及更多的参保农民,从而降低农民的医疗经济负担,更多地减少他们陷入贫困的比例。

第二,大病保险对住院、慢病重大病种靶向群体减贫幅度大。住院、慢病重大病种往往伴随着高额医疗费用,是大病保险缓解"因病致贫、返贫"的靶向群体,事实真的如此吗?实证分析结果表明,大病保险使住院、重大疾病病种、慢性病群体的"因病致贫"率分别减少12.6%、9.41%、7.14%,对非重大疾病患者影响显著,但程度降低到了5.14%,显著减少了非住院中门诊患者7.6%"因病致贫"率。总之,大病保险显著降低了"因病致贫",对特定高额费用群体效果更好,体现了大病保险以保大病重病为主的初衷,一定程度上实现了缓解"因病致贫、因病返贫"的政策目标。

第三,大病保险显著减少了中低收入、中轻度贫困群体"因病致贫",而对高收入、重度贫困、严重"因病致贫"群体没有效果。大病保险对低收入和中产阶层的"因病致贫"影响显著,分别降低4.49%和4.59%的"因病致贫"率,但对高收入阶层没有影响。可能的原因是,这里的高收入阶层是个体收入高于平均线2.5倍的群体,他们由于收入高而"因病致贫"率低,降低的幅度可能会比较小。进一步分析贫困群体发现,大病保险降低了9.69%"因病致贫"率,对中、轻度贫困影响均显著,分别降低"因病致贫"率8.5%、7.07%,但对重度贫困群体没有影响,这与政策初衷背道而驰。可能的原因是重度贫困群体不仅收入低而且患病严重，往往处于贫病交加境地，不仅目前的大病保险保障水平有限，部分地区还设置了基金支付最高限额，即便没有基金支付最高限额，但由于没有个人支付最高限额，个人总是需要按比例支付自负的医药费用，这对于基本温饱都需靠政府救助的重度贫困家庭而言，无疑是雪上加霜，注定难以摆脱"因病致贫"境地。

第四，大病保险对非"因病致贫"、准"因病致贫"和中西部地区有显著影响。将样本地区划分为非"因病致贫"、准"因病致贫"和"因病致贫"，发现大病保险使非"因病致贫"群体的"因病致贫"率降低了6.2%，显著降低了准"因病致贫"群体9.81%的"因病致贫"率，对已"因病致贫"即严重"因病致贫"群体则没有影响。究其原因，与上文相近。即大病保险虽然能够降低医疗费用，但并非免费，已陷入"因病致贫"群体无疑已成为严重"因病致贫"群体，不仅可能失去就业能力而难以获得收入，还需要进一步支付个人医疗费用，难上加难，有可能导致这样的家庭不去接受医疗服务，成为"因病等死"群体。从经济发达程度不同的地区看，大病保险对中、西部地区"因病致贫"的影响显著，分别降低5.78%、12%的"因病致贫"率，西部地区降低幅度远超中部，但大病保险对东部地区则没有显著影响。

第五，大病保险显著降低了"因病致贫"缺口，但距离完全消除目标尚远。依据阿马蒂亚·森贫困缺口理念，尝试从"因病致贫"缺口角度阐述大病保险的减贫机制，即大病保险通过进一步补偿医疗费用，缩小了"因病致贫"缺口，最终减缓或解决了"因病致贫"。实证发现，大病保险使城乡医保居民、慢性病、慢病重大病种、住院群体的"因病致贫"缺口分别降低了34.7%、37.3%、41.6%、69%，这与大病保险对这部分群体"因病致贫"减少幅度基本一致，说明"因病致贫"正在得到治理，但是城乡医保居民尚有近2/3的"因病致贫"有待进一步减少直至消除，距离完全消除目标尚远。大病保险消除靶向群体"因病致贫"率作用显著，尤其是住院群体，但仍然尚有31%的"因病致贫"缺口，慢病和慢病重大病种也分别有62.7%和58.4%的"因病致贫"缺口率有待消除。

2. 对策建议

总体而言，作为一种以高额医疗费用为对象的公共保险项目，大病保险显著减少了"因病致贫"，对靶向群体的减贫幅度更大，不同收入、不同贫困程度、不同"因病致贫"程度和不同地区间存在差异，治理"因病致贫"尚需继续努力。

第一，研究测算基于收入差别的个人支付限额，从根本上化解城乡居民疾病经济风险。根据保险原理和国际经验，要想通过医疗保障从根本上化解个人和家庭的疾病经济风险，治理“因病致贫”，需要在科学测算医疗费用的基础上，划定一条个人或家庭自付医疗费用的最高限额，而不是基本医保、大病保险和医疗救助基金的最高支付限额。虽然我国建立了基本医疗保险、大病保险、商业医疗保险、社会医疗救助、慈善救助在内的多元医疗保障体系，但是，各类制度并没有编织起预防“因病致贫”的安全网，制度之间衔接不紧密，个人和家庭疾病经济风险保障存在盲区。其表现为，个人和家庭在保险和救助中始终要支付个人自负医疗费用，而医疗费用是不确定的，家庭支付也是不确定的，虽然总额和比例会减少，但总会有人因收入低或者医疗费用大而陷入贫困境地。已有研究还表明，根据不同收入水平，分别制定相应的自付限额，即收入层次越低，自付限额越低，能有效减轻家庭负担(Riggs et al., 2015)。所以，长远看，以个人或家庭为单位，根据所处收入阶层不同，设立一定时期个人或家庭人均自付医疗费用限额(封顶线)是防治个人和家庭“因病致贫”的有效路径选择。与此同时，还要研究如何避免医药服务资源的过度使用，以及研究建立个人自付医疗费用以外医疗保障体系间医疗费用的分担机制。

第二，完善多元主体医疗保障体系共同分担疾病经济风险机制。首先，基本医保和大病保险补偿向住院和慢病重大病种群体倾斜。研究发现，大病保险对住院患者、慢性重大病种的“因病致贫”影响更大，但受大病保险筹资水平较低限制，目前大病保险涵盖的重大病种仅局限于20类重大疾病病种，保障范围和对象不可避免地受到限制。研究结果显示，大病保险对非重大疾病病种的影响并不显著，限制了其他类型重大病种患者的减贫效果。2018年7月6日，国家医保局等三部委联合印发《关于做好城乡居民基本医疗保险工作的通知》(医保发〔2018〕2号)，指出2018年新增城乡居民医保人均财政补助40元，并将50%用于大病保险，这将有利于城乡居民大病保险扩大重大疾病病种，进一步瞄准“因病致贫”的靶向群体。其次，免费救治救助重度贫困和“因病致贫”群体。针对贫困群体，我国采取民政部门资助其参加城乡居民基本医疗保险和大病保险，并对个人自付医疗费用给予救助政策，近期政策聚焦贫困群体社会保障。《关于切实做好社会保险扶贫工作的意见》(人社部发〔2017〕59号)提出针对贫困群体，大病保险的起付线、报销比例和封顶线作出政策性倾斜。《关于做好2018年城乡居民基本医疗保险工作的通知》(医保发〔2018〕2号)进一步增加财政补助用于大病保险，聚焦中西部“因病致贫”治理。

但是,重度贫困和"因病致贫"群体,由于经济条件所限可能会因为难以支付自负部分医疗费用而不去接受医疗服务,从而难以实现大病保险的公平可及,进而使得这类群体无法通过大病保险实现减贫。2017 年国家卫计委等六部门《关于印发健康扶贫工程"三个一批"行动计划的通知》开展"大病集中救治、慢病签约、重病兜底"工程,是重度贫困和"因病致贫"群体的福音。但是,目前为止,免费救治局限于贫困地区,应进一步全面实施重度贫困和已陷入"因病致贫"群体的免费救治计划。最后,出台鼓励高收入群体购买商业健康保险财税政策。多层次医疗保险体系是各国实现治理"因病致贫"的路径,近年我国社会各界已认识到商业健康保险是我国保险体系短板的事实,相继出台了商业医疗保险减贫政策。2012 年《国务院关于印发"十二五"期间深化医药卫生体制改革规划暨实施方案的通知》(国发〔2012〕11 号)强调发挥商业健康保险在解决重特大疾病患者的"因病致贫"方面的作用。《关于做好保险业助推脱贫攻坚工作的意见》(保监发〔2016〕44 号)提出鼓励保险机构开发面向贫困人口的商业健康保险产品。研究发现,城乡居民大病保险对高收入阶层和东部地区"因病致贫"没有影响,为了防治"因病致贫",还需出台鼓励商业健康保险发展,鼓励高收入阶层和相对发达的东部地区城乡居民购买商业健康保险政策,化解这类城乡居民的疾病经济风险。从国际经验看,医疗保险提供呈现多元化特征,即便是实施社会医疗保险制度模式的德国,私人医疗保险的覆盖率超过 30%(OECD, 2018)。因此,商业保险公司应适应高阶层群体的有效需求,开发价格适宜,满足多元化需求的重大疾病保险险种,补充保障高收入阶层和东部地区城乡居民的疾病经济风险,政府给予居民购买商业健康保险财税政策倾斜,如允许职工医保个人账户、个人收入税前购买政策等。

第三,加大中西部欠发达地区大病保险和救治救助的财政转移支付力度。医疗保障属于准公共产品,公共财政体制的目标是基本公共服务均等化,包括城乡之间和地区之间基本医疗保障均等化。但是,由于目前我国基本医疗保障仍采取属地化管理,统筹层次多处于市级层面,如何针对不同发达地区、不同收入阶层、不同贫困程度群体状况,有效治理"因病致贫",减少"因病致贫"缺口直至消除"因病致贫",不仅需要界定各级政府间医疗卫生支出责任,还要建立与其他财政支出责任下移不同的医疗卫生支出分权体制,加大对中西部欠发达地区包括基本医保、大病保险和医疗救助在内的医疗保障支出的转移支付力度,进一步实现基本医疗保障公共产品均等化和公平可及。

二、推行商业医疗保险治理健康贫困效果分析

(一) 引言

进入21世纪，疾病谱的变化和医疗费用的快速上涨，使得疾病经济风险日益严重。疾病经济风险不仅体现为疾病所致的医疗服务利用给家庭带来的沉重的经济损失(Pradhan and Prescott, 2002)，更体现为这种经济风险容易使得家庭陷入“疾病—贫困—疾病”恶性循环(Somkotra and Lagrada, 2008;李凤兰、李飞，2018)。尽管1998年开始我国先后为城镇职工、城乡居民建立了基本医疗保险制度，且参保覆盖率在95%以上(刘晓，2017)，但由于我国基本医疗保障从广覆盖、低水平起步，长期以来医疗保险待遇支付水平处于低水平阶段。根据2013年国家卫生服务调查报告显示，2013年城乡居民医保的住院实际报销比例分别为城居保53.6%、新农合50.1%。根据国家卫计委和扶贫办2016年发布数据显示，“因病致贫、因病返贫”的贫困户有1 256万户，占建档立卡贫困户总数的42.4%。对于城乡居民个体而言，仅仅参加城乡居民基本医保，靠政府为主体的单一支柱难以抵挡日益增加的医疗服务需求和疾病经济风险。

从世界范围看，所有医疗保障模式国家都不同程度重视商业健康保险的作用，即便是采用社会医疗保险制度模式的发达国家，同样重视引入商业健康保险作为补充，其覆盖率和份额均达到了一定比例。以德国、法国和韩国为例，在公共医疗保险接近于全覆盖的情况下，商业健康保险覆盖率分别达到33.8%、95.5%和63.2%，占卫生总费用的比例分别达到8.93%、13.3%和5.82%。①与此同时，我国商业健康保险起步晚，发展缓慢。根据中国保险行业协会发布的《2018中国商业健康保险发展指数报告》显示，商业健康保险覆盖率不足10%。根据中国保监会网站资料显示，2016年商业健康保险赔付占卫生总费用的比例仅为2.2%。因此，在现行保险结构下，适时扩大商业健康保险份额以进一步分散疾病经济风险，已刻不容缓。

2012年，《国务院关于印发“十二五”期间深化医药卫生体制改革规划暨实施方

① 商业医疗保险覆盖率来源于OECD2014年卫生数据库，经计算得出；私人保险支出占卫生总费用比例来源于WHO2014年卫生数据库，经计算得出。

案的通知》(国发〔2012〕11号)首次强调发挥商业健康保险在解决重特大疾病患者的"因病致贫"方面的作用。2014年,《国务院办公厅关于加快发展商业健康保险的若干意见》(国办发〔2014〕50号)明确要求提高商业健康保险的覆盖率和在卫生总费用中的占比。而国内关于商业健康保险与健康贫困方面的研究鲜有发表,其内在因果关系尚未有定论。在基本医疗保险补偿后,商业健康保险能否进一步分散疾病经济风险并防止"因病致贫"?这一问题的回答,对于我国健康扶贫、医疗保障体系的完善均有重要意义。

需要说明的是,商业健康保险具体包括商业医疗保险、商业疾病保险、商业收入保障保险和商业长期看护保险四大类。其中,商业医疗保险和商业疾病保险可以对医疗费用进行补偿。具体而言,商业医疗保险涵盖门诊和住院发生的各类检查、手术等多方面费用,而商业疾病保险仅补偿特定病种的医疗费用。比较而言,商业医疗保险覆盖的医疗费用补偿范围更广,同时也考虑到国内微观数据中均仅调查商业医疗保险的参保情况,所以,本书仅研究商业医疗保险。

(二) 文献综述

从保险需求角度而言,根据卫生经济学理论,在应对疾病风险时,最优的选择应该是购买更多的医疗保险(Folland et al., 2011)。而我国现行的城乡居民基本医疗保险制度仅仅是一种普惠制度,无法满足处于疾病经济风险之中的居民多样化的保险需求(张世青,2009;郑丽莎,2010;周毕芬、阙春萍,2009)。从治理角度而言,引入商业健康保险能够与基本医疗保险制度相配合,有利于共同化解疾病经济风险(林坤河等,2017;吕晖,2012;徐成、张亮,2007;张莹,2015),并且能够减轻政府在城乡基本医疗保险制度方面的财政负担(邓大松、赵奕钧,2013)。

商业健康保险的诞生早于社会医疗保险,国外发达国家商业健康保险相对成熟,在商业健康保险对经济风险保护作用方面的研究比较丰富。班顿和伯纳德(Banthin and Bernard, 2006)以1996年和2003年美国医疗支出面板数据,研究发现拥有雇主医疗保险的群体发生医疗负担的比例远远低于有公共医疗保险者或者无保险者。伯纳德等(Bernard et al., 2006)研究美国成年人医疗负担,发现拥有私人医疗保险的人比拥有公共医疗保险和没有医疗保险的人的经济负担要显著降低。格里农等(Grignon et al., 2008)认为法国政府免费提供补充医疗保险,覆盖了法国最贫困的10%群体,由保险负担绝大多数的费用支付,有效化解了贫困群体的经济风险。波琳娜(Paulina，2012)研究智利的医疗保险，发现与公共医疗保险相比，私人医疗保险有效降低了自负费用支出。

由于缺乏商业健康保险数据，国内学者利用局部地区调研数据研究了商业健康保险的效果。王翌秋(2012)通过江苏省调研数据发现，购买商业医疗保险已经成为农户应对疾病经济风险的众多对策选择之一。秦真响(2012)研究发现苏州市商业医疗保险在医疗险理赔方面的赔付金额和赔付件数逐年增高，对社会医疗保险起到了很大的补充作用。刘砚青(2013)以儿童白血病为例，由于社会医疗保险报销目录范围过窄和异地就医报销比例低的限制，儿童白血病医疗补偿水平很低，中国儿童基金会通过购买商业医疗保险的方式极大地缓解了患病儿童家庭的费用负担。胡广宇等(2015)以北京地区六种癌症患者为例，研究发现拥有商业医疗保险患者的灾难性卫生支出发生率要低于仅有新农合的患者。可见，在目前城乡居民基本医疗保险体系的保障水平有限的情况下，商业健康保险作为一种个体自发选择的补充保险，其进一步分散疾病经济风险并缓解"因病致贫"的作用正逐步显现。

从已有研究中可得出以下结论：第一，学术界普遍认可商业健康保险在化解大病重病医疗经济负担和防治因病致贫中的作用。第二，研究发现国外发达国家商业健康保险比较发达，起到了降低参保者医疗经济负担的作用。第三，由于我国商业健康保险处于初步发展阶段，关于商业健康保险化解疾病经济负担的研究较少，且往往基于局部地区或特定病种，虽然为商业健康保险缓解医疗经济负担提供了一定的证据，但是尚缺少大范围样本，理论与实证相结合，更有说服力的研究。

(三) 理论分析和研究假说

刘远立等(2002)最早将Pen氏队列(为纪念荷兰经济学家Pen而命名)进行变形，从而发展出医疗保险减贫的思想。之后，叶志敏和萧庆伦(Yip and Hsiao，2009)基于这一思想研究新农合的减贫效果。基于这一减贫理论，商业医疗保险能否起到减贫效果，取决于保障范围和保障水平。首先，就保障范围而言，以住院费用为例，总住院费用包含政策范围内和政策范围外两个方面，二者比例约等于3∶1(吴勤德等，2018)，而社会医疗保险涵盖所有的政策范围内费用，商业健康保险涵盖政策范围外费用和部分政策范围内自付费用。尽管商业医疗保险仅作为社会医疗保险的补充，但仍然涵盖了相当比例的医疗费用。其次，就保障水平而言，城乡居民基本医疗保险政策范围内名义报销比例达75%，而城乡居民大病保险在基本医保的基础上，报销比例高于50%。整体而言，社会医疗保险政策范围内报销比例可以达到90%。商业健康保险依据具体的产品有所不同，大致分为定额保险金给付和“报销比例+封顶限额”两种形式，一定程度上能够进一步报销社会医疗保险补偿范围之外的费用，提高整体的实际保障水平。

基于以上分析，我们可以推测，商业健康保险作为社会医疗保险基础之上的补充保险，可以补偿重大疾病患者的高额费用，或许能够起到化解疾病经济风险的作用，进而减轻患者和家庭的医疗经济负担，降低“因病致贫”发生率。

(四) 模型构建、变量说明和描述性统计

1. 计量模型构建

已有研究中，刘宏和王俊(2012)发现商业健康保险购买中存在一定程度的逆向选择问题。若逆向选择问题存在，一些拥有商业健康保险的健康状况较差的群体易陷入“因病致贫”，最终可能造成计量结果低估。但从现有的商业健康保险设计来看，其健康保险产品虽然多，但一般针对55岁或60岁以下的健康群体，所以，尽管存在信息不对称情形，这种保险产品设计及其风险评估会规避相当比例的逆向选择群体，总体而言，逆向选择问题并不会严重。臧文斌等(2013)研究发现职工中健康最差的个体购买商业健康保险的概率并不是最高的。

本研究在刘远立等(2002)、叶志敏和萧庆伦(2009)提出的医疗保险减贫的理论基础之上，构建一个商业医疗保险减贫效果的计量评估模型。同时，为考察商业医疗保险对大病风险的防护作用，引入了大病冲击变量，以及大病冲击和商业医疗保险的交互项，其余控制变量参照李叶等(Li et al., 2012)的研究。计量模型如下：

$$p = \beta_0 + \beta_1 private + \beta_2 big + \beta_3 big \times private + \beta_4 head + \beta_5 family + \beta_6 region + \varepsilon \tag{8-4}$$

其中，p 代表家庭是否发生“因病致贫”，$private$ 代表家庭是否受到商业医疗保险覆盖，big 代表家庭是否受到大病冲击，$big \times private$ 代表大病冲击和商业医疗保险的交互项，反映了大病冲击情形下，商业医疗保险对家庭产生的作用。剩余其他变量为影响因病致贫的一系列控制变量，$head$ 代表户主的特征(包括性别、职业和教育程度)，$family$ 代表家庭特征(包括家庭规模、年龄结构、健康水平和经济

水平等)，*region* 代表家庭所处地区特征，ε 代表随机误差项。由于计量模型中的被解释变量为 0—1 变量，OLS 估计的经典假设不再满足，我们选择 Logit 模型进行估计。

为防止逆向选择问题存在并进一步证明实证结果的稳健性，借鉴鲁宾(Rubin，2014)提出的“反事实”框架，本研究利用倾向得分匹配方法计算平均处理效应。

2. 数据来源和变量说明

数据来自 China Labor-force Dynamics Survey 数据库，由于其中加入的商业医疗保险的样本量较多，相比于其他微观数据库，更加适合本研究。

借鉴 WHO 提出的疾病经济风险的直接衡量标准，采用“致贫性卫生支出”和“灾难性卫生支出”两大指标衡量“因病致贫”，具体计算参照瓦格斯塔夫等(Wagstaff and Van，2003)。

(1) 致贫性卫生支出指标。计算依据“收入－医疗费用＜贫困线”这一判断标准，如果发生，则为 1，否则为 0。贫困线采用 2011 年中央扶贫开发工作会议确定的 2010 年 2 300 元贫困线作为基准，在此基础上官方划定的 2011 年、2013 年和 2015 年贫困线分别为 2 536 元、2 736 元和 2 855 元，详见《中国扶贫开发年鉴 2016》。发生致贫性卫生支出即意味着家庭在支付医疗费用后，陷入了贫困。所以，致贫性卫生支出发生与否能够体现一个家庭受到医疗费用冲击的严重性，能够直接反映一个家庭“因病致贫”的情形。

(2) 灾难性卫生支出指标。计算依据“[医疗费用支出/(家庭收入－食品支出)]＞40％”这一判断标准，如果发生，则为 1，否则为 0。发生灾难性卫生支出即意味着家庭承受的医疗费用超过了家庭可支配收入的 40％，家庭往往面临较高的医疗费用负担而不得不减少其他生活支出，从而会影响家庭生活的正常运转，甚至致使家庭陷入贫困。所以，灾难性卫生支出发生与否能很好地反映家庭“因病致贫”的状态。

核心解释变量为商业医疗保险，即家庭成员中是否有人购买了商业医疗保险，若有人购买了商业医疗保险，则为 1，否则为 0。其他控制变量借鉴了现有文献。在《世界卫生组织公告》杂志上，李叶等(Li et al.，2012)研究了家庭的致贫性卫生支出和灾难性卫生支出的影响因素，将影响因素归纳为户主特征、家庭成员特征、地区、家庭经济水平四个方面。参照李叶等的研究，将控制变量划分为户主特征、家庭特征、地区特征三个维度。具体而言：户主特征包括户主的教育程度、职业类型、性别;家庭特征包括家庭规模、家庭年龄结构(65 岁以上老人占比、10 岁以下儿童占比)、家庭健康水平(家人"健康差"的比例、家人是否住院、家庭是否受到大病冲击)、家庭经济状况(家庭所处收入分位);地区特征即东中西部。其中,大病冲击变量借鉴了高梦滔和姚洋(2005)的研究,将大病冲击定义为超过 6 000 元的医疗费用。

3. 变量的定义和描述性统计分析

从表 8.12 可见,"因病致贫"问题较高,2012—2016 年致贫性卫生支出发生率分别为 23.7%、22.5%和 23.6%,而灾难性卫生支出发生率分别为 26%、24.7%和 26.5%。尽管中国社会医疗保险接近于全覆盖,且近年来保障水平有所提升,但宏观层面而言,中国居民处于较高的经济风险之中。商业医疗保险覆盖家庭的比例分别为 8.36%、4.84%和 9.65%,相比于发达国家较高覆盖率仍有较大的差距。另外,需要说明的是,研究的"因病致贫"现象是一个家庭层面的问题,因为个体在受到疾病经济风险冲击下,其风险首先是在家庭内部进行分散,最终"因病致贫"不仅仅发生于患病个体,而是整个家庭。已有关于"因病致贫"的研究中,李叶等(Li et al., 2012)和瓦格斯塔等(Wagstaff et al., 2009)也均是以家庭为单位。所以,实证研究部分是以家庭作为单位,得到 2012 年 8 830 个家庭样本,2014 年 11 754 个家庭样本,2016 年 11 300 个家庭样本。

表 8.12 变量定义和描述统计

变量		定义	均值		
			2012 年	2014 年	2016 年
被解释变量	致贫性卫生支出	发生=1;否=0	0.237	0.225	0.236
	灾难性卫生支出	发生=1;否=0	0.260	0.247	0.265
核心解释变量	商业医疗保险	家庭成员有=1;无=0	0.083 6	0.048 4	0.096 5
户主特征	受教育程度(哑变量)	小学及以下(是=1,否=0)	0.422	0.359	0.369
		初中(是=1,否=0)	0.302	0.354	0.361
		高中(是=1,否=0)	0.174	0.173	0.170
		大学及以上(是=1,否=0)	0.103	0.114	0.099 9
	职业类型(哑变量)	全职就业(是=1,否=0)	0.375	0.403	0.384
		务农、临时就业或上学(是=1,否=0)	0.429	0.359	0.367

续 表

变　量		定　义	均　值		
			2012 年	2014 年	2016 年
户主特征		退休(是=1,否=0)	0.088 0	0.101	0.102
		无工作(是=1,否=0)	0.108	0.137	0.147
	性别	男性=1;女性=0	0.796	0.808	0.857
家庭特征	家庭规模	家庭成员的数量(人)	4.221	4.268	4.271
	家庭年龄结构	65 岁以上老人占比	0.065 3	0.075 1	0.024 1
		10 岁以下儿童占比	0.079 8	0.077 8	0.049 2
	家庭健康水平	家人健康差的比例	0.099 1	0.088 0	0.106
		大病冲击(大于 6 000 元=1)	0.163	0.192	0.224
		家庭是否有人住院(是=1,否=0)	0.151	0.103	0.126
	家庭经济状况(哑变量)	家庭支出所处分位 1	0.185	0.167	0.175
		家庭支出所处分位 2	0.162	0.212	0.199
		家庭支出所处分位 3	0.255	0.207	0.212
		家庭支出所处分位 4	0.210	0.204	0.194
		家庭支出所处分位 5	0.188	0.211	0.220
地区特征	区域(哑变量)	东部(是=1,否=0)	0.417	0.418	0.414
		中部(是=1,否=0)	0.290	0.282	0.283
		西部(是=1,否=0)	0.293	0.300	0.303
	城乡	是否农村(是=1,否=0)	0.683	0.720	0.745

(五) 实证分析

1. 商业医疗保险对家庭“因病致贫”的防护

为了实证研究商业医疗保险对家庭“因病致贫”的关系,以家庭为单位,研究家庭是否受到商业医疗保险覆盖对“因病致贫”发生的影响。具体而言,从致贫性卫生支出发生率、灾难性卫生支出发生率两个角度,实证研究商业医疗保险的减贫效果。实证结果如下(见表 8.13)。

(1) 在模型 1 中,以全样本为研究对象,在控制了户主特征、家庭特征和地区特征等一系列的控制变量后,模型显示,在其他控制变量不变,且不发生大病冲击的情形下,拥有商业医疗保险的家庭的致贫性卫生支出发生率会降低 5.16%;若考虑大病冲击,大病冲击使得家庭的致贫性卫生支出发生率增加 18.8%,可见大病冲击极易使家庭“因病致贫”。而在大病冲击发生时,家庭若拥有商业医疗保险,则致贫

表 8.13　商业医疗保险对"因病致贫"的影响

变　量	致贫性卫生支出			灾难性卫生支出		
	模型 1	模型 2	模型 3	模型 4	模型 5	模型 6
商业医疗保险×大病冲击	−0.046 6**	−0.069 5**	−0.067 4*	−0.042 7**	−0.066 0**	−0.071 3**
	(0.022 4)	(0.034 7)	(0.035 0)	(0.019 1)	(0.028 8)	(0.029 1)
大病冲击	0.188***	0.225***	0.228***	0.300***	0.336***	0.338***
	(0.005 28)	(0.006 74)	(0.006 79)	(0.004 64)	(0.005 71)	(0.005 75)
商业医疗保险	−0.051 6***	−0.050 6***	−0.052 2***	−0.040 8***	−0.032 8**	−0.033 6**
	(0.012 7)	(0.017 7)	(0.017 8)	(0.012 4)	(0.016 5)	(0.016 7)
初中	−0.046 0***	−0.057 5***	−0.058 4***	−0.043 7***	−0.050 4***	−0.051 1***
	(0.004 54)	(0.005 70)	(0.005 73)	(0.004 98)	(0.005 87)	(0.005 90)
高中	−0.059 6***	−0.057 7***	−0.057 9***	−0.067 8***	−0.066 4***	−0.065 2***
	(0.006 85)	(0.009 00)	(0.009 07)	(0.007 14)	(0.009 14)	(0.009 20)
大学及以上	−0.119***	−0.080 5***	−0.081 8***	−0.154***	−0.130***	−0.128***
	(0.013 9)	(0.021 4)	(0.022 1)	(0.011 6)	(0.019 1)	(0.019 6)
全职就业	−0.124***	−0.137***	−0.137***	−0.129***	−0.127***	−0.127***
	(0.006 70)	(0.008 52)	(0.008 57)	(0.007 07)	(0.008 56)	(0.008 61)
务农、临时就业或上学	−0.021 9***	−0.023 6***	−0.023 6***	−0.043 7***	−0.042 6***	−0.042 5***
	(0.005 91)	(0.007 48)	(0.007 53)	(0.006 44)	(0.007 63)	(0.007 68)
退休	−0.113***	−0.140***	−0.140***	−0.088 9***	−0.083 5***	−0.084 4***
	(0.010 5)	(0.016 4)	(0.016 7)	(0.009 77)	(0.014 8)	(0.015 1)
男性	0.008 44	0.003 41	0.002 75	0.003 97	−0.006 61	−0.007 84
	(0.005 95)	(0.007 80)	(0.007 87)	(0.005 98)	(0.007 61)	(0.007 66)
家庭规模	0.026 9***	0.033 2***	0.033 1***	−0.001 14	0.000 123	0.000 156
	(0.001 08)	(0.001 36)	(0.001 37)	(0.001 22)	(0.001 44)	(0.001 44)

续 表

变量	致贫性卫生支出			灾难性卫生支出		
	模型 1	模型 2	模型 3	模型 4	模型 5	模型 6
老年人口比例	0.068 5***	0.086 3***	0.085 2***	0.069 9***	0.098 7***	0.098 4***
	(0.013 5)	(0.017 4)	(0.017 5)	(0.014 2)	(0.017 5)	(0.017 6)
儿童比例	0.007 80	0.002 71	0.002 61	0.007 98	0.005 36	0.007 66
	(0.016 4)	(0.020 4)	(0.020 6)	(0.017 9)	(0.021 1)	(0.021 2)
家人健康差的比例	0.202***	0.241***	0.242***	0.246***	0.279***	0.279***
	(0.009 47)	(0.012 1)	(0.012 1)	(0.010 2)	(0.012 3)	(0.012 4)
家庭是否有人住院	0.045 4***	0.058 4***	0.059 6***	0.066 4***	0.075 0***	0.075 4***
	(0.005 69)	(0.007 34)	(0.007 41)	(0.005 98)	(0.007 41)	(0.007 48)
家庭支出所处分位 2	—0.128***	—0.151***	—0.152***	—0.035 2***	—0.034 1***	—0.035 1***
	(0.005 54)	(0.006 87)	(0.006 91)	(0.006 68)	(0.007 72)	(0.007 75)
家庭支出所处分位 3	—0.212***	—0.249***	—0.250***	—0.055 3***	—0.057 6***	—0.058 5***
	(0.005 92)	(0.007 39)	(0.007 43)	(0.006 81)	(0.008 02)	(0.008 06)
家庭支出所处分位 4	—0.251***	—0.290***	—0.293***	—0.076 2***	—0.074 9***	—0.076 3***
	(0.006 71)	(0.008 49)	(0.008 54)	(0.007 45)	(0.008 99)	(0.009 04)
家庭支出所处分位 5	—0.231***	—0.277***	—0.278***	—0.058 1***	—0.063 4***	—0.063 6***
	(0.006 92)	(0.008 82)	(0.008 88)	(0.007 66)	(0.009 27)	(0.009 32)
东部	—0.068 2***	—0.076 0***	—0.076 2***	—0.035 0***	—0.032 0***	—0.031 7***
	(0.004 99)	(0.006 36)	(0.006 40)	(0.005 33)	(0.006 51)	(0.006 55)
中部	—0.051 3***	—0.067 8***	—0.068 7***	—0.035 7***	—0.053 5***	—0.054 5***
	(0.005 16)	(0.006 48)	(0.006 52)	(0.005 53)	(0.006 65)	(0.006 68)
是否农村	0.083 7***	0.068 6***	0.068 7***	0.051 9***	0.032 5***	0.033 1***
	(0.007 25)	(0.010 4)	(0.010 5)	(0.007 00)	(0.009 73)	(0.009 87)
样本量	31 884	23 827	23 567	31 884	23 827	23 567

注:表中系数为平均边际效应,括号中为稳健标准误。

性卫生支出发生率降低9.82%。相对于未发生大病冲击情形时的5.16%,大病冲击情形下,商业医疗保险的减贫幅度更大,这也证明商业医疗保险具备减贫的功能。从目前市场上的商业医疗保险产品来看,大多数商业医疗保险是针对大病和住院费用,能够在社会医疗保险的基础上进一步降低大病冲击下的医疗费用负担,防止家庭“因病致贫”。

(2) 由于模型1采用全样本,而不同类型家庭之间的抗风险能力存在着很大的不同,如家庭成员具有职工医保或公费医疗等医保类型的家户,其本身的经济状况和社会资源等可能会高于家庭成员仅有城乡医保的家户。所以,为厘清全样本中的异质性,将家庭成员具有公费医疗等特定医疗保险的家户样本予以剔除,再进行实证分析。模型2中,剔除家庭成员中具有职工医保和单位报销这两种医疗保险的样本,剩余样本的实证结果显示,拥有商业医疗保险家庭的贫困发生率降低了5.06%。而在大病冲击下,家庭拥有商业医疗保险使得致贫性卫生支出发生率降低12.01%。最后,在模型3中,剔除家庭成员中具有公费医疗、公务员、职工医保、单位补充医保这四类医疗保险的家庭样本,从而剩余的家庭样本均仅参加城乡居民基本医疗保险(城镇居民医保、新型农村合作医疗)。实证结果显示,在其他控制变量不变,且不发生大病冲击情形下,商业医疗保险使家庭致贫性卫生支出发生率降低5.22%。而在大病冲击下,商业医疗保险使致贫性卫生支出发生率降低11.96%。

其他控制变量对贫困的影响符合理论预期,以模型3为例,如其一,户主教育程度。相对于户主具有小学及以上教育程度的家庭,户主具有初中、高中、大学及以上教育程度的家庭的致贫性卫生支出发生率会显著降低5.84%、5.79%、8.18%,并且教育程度越高,致贫性卫生支出发生率降低的幅度越大。其二,户主职业类型。相对于户主失业的家庭,户主全职就业、临时就业(务农、临时就业或上学)、退休家庭的致贫性卫生支出发生率分别降低13.7%、2.36%、14%。其三,家庭规模和家庭结构。家庭规模、老年人口比例、家庭成员“健康差”的比例每增加一单位,致贫性卫生支出发生率增加3.31%、8.52%、24.2%。其四,家庭经济水平。从家庭所处的收入分位来看,相对于最低收入分位的家庭,家庭处于第二、第三、第四、第五分位,致贫性卫生支出发生率分别降低15.2%、25%、29.3%、27.8%,并且家庭所处的收入分位越高,则致贫性卫生支出发生率降低幅度越大。其五,相对于西部地区,东部地区和中部地区的家庭贫困发生率会显著降低7.62%、6.87%,并且东部地区降幅更大。其六,相对于城镇居民家庭,农村居民家庭的致贫性卫生支出发生率显著增加 6.87%。

进一步,从相对因病致贫视角,实证研究商业医疗保险对灾难性卫生支出(以下简称 CHE)发生率的影响。实证结果显示:其一,以全样本为研究对象,在其他变量不变,不发生大病冲击和发生大病冲击的情形下,拥有商业医疗保险的家庭的 CHE 发生率降低 4.08%、8.35%(模型 4)。其二,在剔除家庭成员中具有职工医保、单位报销两种医疗保险的家庭样本后,拥有商业医疗保险的家庭的 CHE 发生率降低 3.28%、9.88%(模型 5)。其三,在剔除家庭成员中具有公务员、公费医疗、职工医保和单位报销四种医疗保险的家庭样本后,即所剩样本均是参加城乡居民基本医疗保险的家庭,拥有商业医疗保险的家庭的 CHE 发生率降低 3.36%、10.49%(模型 6)。

可见,对于城乡居民群体而言,尽管城乡居民基本医疗保险的保障水平相对较低,但是通过商业医疗保险的进一步补偿,依然可以起到化解疾病经济风险的作用,防止家庭发生灾难性卫生支出。

2. 稳健性检验

(1) 考虑不同贫困线和 CHE 阈值标准。

虽然使用的致贫性卫生支出、灾难性卫生支出指标均是借鉴 WHO 推荐的计算方法,但实际研究中,不同学者所使用的计算方法有所不同。如致贫性卫生支出依赖于贫困线标准的选择,而现实中贫困线分为中国贫困线和国际贫困线,两项标准线存在差异。另外,灾难性卫生支出依赖于阈值的选择,实际研究中阈值的选择并不局限于 40%。为进一步验证实证研究的稳健性,并且在保证指标合理性的基础上,对致贫性卫生支出、灾难性卫生支出指标计算方法做进一步变化。

第一,致贫性卫生支出指标计算中的贫困线标准选择。一是中国贫困线。在 2011 年中央扶贫开发工作会议确定的 2010 年 2 300 元贫困线基础上,基于消费价格指数计算出 2011 年、2013 年和 2015 年的贫困线分别为 2 424 元、2 552 元和 2 639元。实证结果显示(见表 8.14 第 2 列):在其他变量不变,且不发生大病冲击情形下,拥有商业医疗保险的家庭的致贫性卫生支出发生率降低 5.77%;而在发生大病冲击下,拥有商业医疗保险的家庭的致贫性卫生支出发生率降低 11.66%。二是国际贫困线。世界银行在 2005—2015 年间所规定的国际贫困线为 1.25 美元,基于汇率数据计算出 2011 年、2013 年和 2015 年的国际贫困线分别为 2 924 元、2 815 美元、2 877 元。实证结果显示(见表 8.14 第 3 列):在其他变量不变的情形下,不发生大病冲击、发生大病冲击的情形下，拥有商业医疗保险的家庭的致贫性卫生支出发生率降低5.40%、11.67%。可见，表8.14第2列和表8.14第3列结果仍然显著，并且与表8.13模型3的结果系数相近，表明实证结果的稳健性。

第二，灾难性卫生支出的阈值选择。尽管WHO建议灾难性卫生支出的阈值为40%，但WHO也明确指出，各国可以根据各自的医疗卫生体制和实际情况，选择适宜的阈值。考虑40%的阈值是全球平均水平，而中国的医疗保障水平逐步提高，并且绝对贫困逐步减少，阈值的选择会呈现降低的趋势，所以，选择30%和35%两个阈值，进行稳健性检验。实证结果显示：35%的阈值下，在其他变量不变，不发生和发生大病冲击情形下，拥有商业医疗保险的家庭的灾难性卫生支出发生率分别降低3.55%、11.52%（表8.14第4列）；30%的阈值下，灾难性卫生支出发生率分别降低3.55%、9.57%（表8.14第5列）。可见，表8.14第4列、表8.14第5列结果仍然显著，且与表8.13模型6的结果系数相近，进一步表明实证结果的稳健性。

表8.14　商业医疗保险对不同口径“因病致贫”的影响

	致贫性卫生支出		灾难性卫生支出	
	中国贫困线	国际贫困线	35%阈值	30%阈值
商业医疗保险×大病冲击	−0.058 9*	−0.062 7*	0.079 7***	−0.060 2**
	(0.035 0)	(0.035 3)	(0.029 4)	(0.029 8)
大病冲击	0.225***	0.222***	0.368***	0.398***
	(0.006 88)	(0.006 96)	(0.005 85)	(0.005 97)
商业医疗保险	−0.057 7***	−0.054 0***	−0.035 5**	−0.035 5**
	(0.017 8)	(0.017 6)	(0.016 5)	(0.016 4)
初中	−0.059 9***	−0.064 6***	−0.050 7***	−0.051 9***
	(0.005 78)	(0.005 80)	(0.005 98)	(0.006 01)
高中	−0.057 7***	−0.060 7***	−0.065 8***	−0.066 3***
	(0.009 08)	(0.009 06)	(0.009 23)	(0.009 25)
大学及以上	−0.088 2***	−0.099 0***	−0.124***	−0.123***
	(0.022 4)	(0.022 6)	(0.019 3)	(0.019 1)
全职就业	−0.140***	−0.138***	−0.128***	−0.128***
	(0.008 65)	(0.008 69)	(0.008 69)	(0.008 79)
务农、临时就业或上学	−0.023 5***	−0.018 0**	−0.043 2***	−0.039 3***
	(0.007 61)	(0.007 69)	(0.007 80)	(0.007 91)
退休	−0.146***	−0.148***	−0.084 3***	−0.087 6***
	(0.016 9)	(0.016 9)	(0.015 4)	(0.015 8)

续 表

	致贫性卫生支出		灾难性卫生支出	
	中国贫困线	国际贫困线	35%阈值	30%阈值
男性	0.000 112	−0.001 53	−0.007 67	−0.007 32
	(0.007 96)	(0.008 01)	(0.007 75)	(0.007 79)
家庭规模	0.034 9***	0.036 8***	0.000 479	9.55e-05
	(0.001 39)	(0.001 41)	(0.001 47)	(0.001 48)
老年人口比例	0.084 1***	0.093 1***	0.104***	0.109***
	(0.017 7)	(0.017 8)	(0.018 1)	(0.018 2)
儿童比例	0.003 21	0.014 0	0.011 5	0.012 5
	(0.020 8)	(0.020 8)	(0.021 2)	(0.021 4)
家人健康差的比例	0.251***	0.255***	0.290***	0.305***
	(0.012 4)	(0.012 5)	(0.012 8)	(0.013 1)
家庭是否有人住院	0.060 1***	0.062 1***	0.079 2***	0.081 6***
	(0.007 52)	(0.007 59)	(0.007 68)	(0.007 87)
家庭支出所处分位 2	−0.153***	−0.151***	−0.031 0***	−0.032 3***
	(0.007 01)	(0.007 08)	(0.007 78)	(0.007 75)
家庭支出所处分位 3	−0.250***	−0.248***	−0.056 1***	−0.057 0***
	(0.007 47)	(0.007 49)	(0.008 12)	(0.008 09)
家庭支出所处分位 4	−0.296***	−0.302***	−0.078 2***	−0.083 9***
	(0.008 60)	(0.008 64)	(0.009 14)	(0.009 15)
家庭支出所处分位 5	−0.283***	−0.286***	−0.068 5***	−0.081 2***
	(0.008 95)	(0.009 01)	(0.009 48)	(0.009 61)
东部	−0.078 6***	−0.078 8***	−0.041 5***	−0.043 5***
	(0.006 45)	(0.006 49)	(0.006 63)	(0.006 68)
中部	−0.070 0***	−0.068 3***	−0.061 4***	−0.061 8***
	(0.006 58)	(0.006 63)	(0.006 74)	(0.006 78)
是否农村	0.072 5***	0.069 5***	0.029 7***	0.030 3***
	(0.010 6)	(0.010 6)	(0.009 89)	(0.009 97)
样本量	23 567	23 567	23 567	23 567

注:表中系数为平均边际效应,括号中为稳健标准误。

(2) 考虑逆向选择问题。

尽管在构建计量模型之前,曾分析了商业医疗保险购买中的逆向选择问题并不严重,但出于稳健性的考虑,暂且假定存在一定的逆向选择问题,即健康水平低的群体通过谎报自身真实健康状况,从而参加商业医疗保险,最终可能使实证结果出现低估。因此,以城乡居民参保者样本为对象,通过 PSM 模型进行了稳健性检验。其一,在致贫性卫生支出方面。两种不同函数的核匹配估计得出的 ATT 结果均为 6%,即参加商业医疗保险使致贫性卫生支出发生率降低 6%(见表 8.15 模型 1 和模型 2)。与表 8.13 模型 3 中系数 5.22%相比,仅增加 0.78%。其二,在灾难性卫生支出方面。核匹配估计得到的 ATT 结果分别为 4.2%和 4.7%(见表 8.15 模型 3 和模型 4)。与表 8.13 模型 6 的系数 3.36%相比,仅分别增加 0.84%和 1.34%。与前文实证结果系数相比,PSM 模型的结果系数略大,这一系数差异能够为逆向选择问题的存在提供证据,但同样证明逆向选择问题并不严重,可以忽略,从而实证结果具有稳健性。

表 8.15　基于 PSM 模型的商业医疗保险对"因病致贫"的影响

	致贫性卫生支出		灾难性卫生支出	
	模型 1	模型 2	模型 3	模型 4
处理组	0.132	0.132	0.145	0.145
控制组	0.192	0.192	0.187	0.192
ATT	−0.060***	−0.060***	−0.042***	−0.047***
标准差	0.011	0.011	0.011	0.011
t 值	−5.45	−5.38	−3.68	−4.13
样本量	23 567	23 567	23 567	23 567

注:模型 1 和模型 3 采用 epan 函数,模型 2 和模型 4 采用 tricube 函数。

3. 商业医疗保险减贫的机制分析:对个体费用负担的影响

实证模型和稳健性检验证明了商业医疗保险与家庭"因病致贫"之间的关系,那么商业医疗保险是通过何种机制降低家庭"因病致贫"概率的呢?根据已有理论,医疗保险主要作用在于费用补偿机制,费用补偿机制能减少患者直接现金自付,从而缓解医疗费用给家庭带来的财务风险。为验证这一路径的存在性,实证分析商业医疗保险对个体费用负担的影响。由于医疗费用发生和报销均是以个体为单位,所以本研究进一步从个体层面,分析商业医疗保险对个体的防护。

CLDS 数据库中调查了个体两个方面的医疗费用,即过去两周就诊情况和过去一年住院情况。为研究商业医疗保险的减贫机制,从两周就诊、住院两个角度,借鉴安德森等(Anderson et al., 1983)提出的医疗服务利用模型,①研究商业医疗保险

① 影响因素包括先决变量(年龄、性别、教育、城乡、家庭规模)、需求变量(自评健康)和使能变量(收入)。

对个体自付比例的影响。第一,对个体两周就诊费用自付比例进行研究,以发生医疗费用的“城乡医保居民样本 1”①为对象,发现拥有商业医疗保险使个体自付比例降低 5.245%(见表 8.16 模型 1);对于“城乡医保居民样本 2”②而言,拥有商业医疗保险使个体的自付比例降低 4.96%(见表 8.16 模型 2)。第二,对个体住院医疗费用的自付比例进行研究,以发生住院费用的“城乡医保居民样本 1”为对象,拥有商业医疗保险使个体住院费用的自付比例降低 6.87%(见表 8.16 模型 3);以发生住院费用的“城乡医保居民样本 2”为对象,拥有商业医疗保险使个体的住院医疗费用的自付比例降低 5.46%(见表 8.16 模型 4)。

就实证结果而言,商业医疗保险对个体自付比例的影响显著。第一,从绝对量而言,自付比例降低 5%左右。就目前的城乡居民群体而言,城乡居民基本医疗保险的住院费用政策范围内报销比例为 70%,而实际报销比例仅在 55%左右,若加上城乡居民大病保险进一步增加的 15%的报销比例,城乡居民医疗保险的总体实际报销比例约为 70%,即自付比例 30%,从而现行城乡居民仍然面临较大的医疗费用负担和疾病经济风险问题。若商业医疗保险能够降低 5%的自付比例,则个体自付比例将降至 25%,能够进一步降低个体面临的疾病经济风险。第二,从相对量而言,与两周就诊费用相比,住院费用的自付比例降幅更大,这是因为商业医疗保险产品主要覆盖范围为住院或大病,从而报销比例更大。

表 8.16 商业医疗保险对城乡医保居民个体自付比例的影响

	过去两周就诊样本		过去一年住院样本	
	模型 1	模型 2	模型 3	模型 4
商业医疗保险	−0.052 4*	−0.049 6**	−0.068 7***	−0.054 6**
	(0.027 2)	(0.022 9)	(0.024 8)	(0.027 1)
年龄	−0.002 65	−0.003 60**	−0.005 32**	−0.005 24**
	(0.001 64)	(0.001 79)	(0.002 14)	(0.002 16)
年龄平方	1.20e-05	2.09e-05	1.39e-05	1.63e-05
	(1.84e-05)	(1.96e-05)	(2.30e-05)	(2.31e-05)

① 虽然 CLDS 问卷调查了个体的医疗保险类型包括公费医疗、公务员保险、职工医保、单位报销、城镇居民医保、新农合、城乡统一医保,但仍然有部分群体的医疗保险类型没有归到这七大类中,采用被调查者自填的方式。统计发现,诸如村集体医保等类型的医疗保险,仍然处于社会医疗保险框架中。将这类群体归纳到城乡居民基本医疗保险人群。

② 即明确参加了城镇居民医保、新农合或城乡居民统一医疗保险的样本。

续 表

	过去两周就诊样本		过去一年住院样本	
	模型 1	模型 2	模型 3	模型 4
性别	−0.020 9**	−0.025 8***	−0.004 43	−0.003 77
	(0.008 27)	(0.008 70)	0.010 0)	0.010 2)
初中	−0.014 4	−0.017 7*	−0.057 0***	−0.057 9***
	(0.009 47)	(0.010 3)	(0.011 5)	(0.012 0)
高中	−0.046 1***	−0.052 5***	−0.058 3***	−0.061 5***
	(0.014 9)	(0.015 0)	(0.016 7)	(0.017 0)
大学	−0.066 4**	−0.068 1***	−0.059 2*	−0.077 1***
	(0.026 1)	(0.023 9)	(0.030 3)	(0.028 8)
研究生及以上	−0.442**	−0.444***	−0.372***	−0.364**
	(0.185)	(0.103)	(0.080 2)	(0.162)
城乡	0.000 396	0.000 948	0.005 25***	0.005 79**
	(0.000 690)	(0.001 28)	(0.001 64)	(0.002 81)
家庭规模	−0.000 506	−0.001 01	−0.000 782	−0.001 22
	(0.002 05)	(0.002 07)	(0.002 35)	(0.002 40)
自评健康状况	−0.013 8***	−0.016 3***	0.003 70	0.004 65
	(0.004 68)	(0.004 67)	(0.004 92)	(0.005 01)
东部	−0.007 20	−0.006 27	0.017 2	0.017 3
	(0.009 53)	(0.010 00)	(0.011 5)	(0.011 8)
中部	0.005 67	0.010 5	0.029 2**	0.030 6**
	(0.009 81)	(0.010 8)	(0.011 5)	(0.012 0)
对数人均收入	−0.007 21***	−0.006 63**	−0.004 60*	−0.003 69
	(0.002 50)	(0.002 72)	(0.002 60)	(0.002 77)
常数项	1.091***	1.117***	0.902***	0.874***
	(0.043 4)	(0.048 2)	(0.053 5)	(0.055 9)
样本量	3 959	3 594	3 632	3 312
R^2	0.023	0.027	0.038	0.034

注：括号中为稳健标准误。

(六) 结论和政策建议

1. 主要结论

利用微观数据，采用混合面板数据模型，实证检验了商业医疗保险缓解“因病致贫”的效果，并分析了影响机制。

首先，商业医疗保险显著降低了家庭"因病致贫"的发生率。以全样本为研究对象，研究发现在其他控制变量不变，且不发生大病冲击的情形下，拥有商业医疗保险使家庭致贫性卫生支出发生率降低5.16%；而大病冲击下，拥有商业医疗保险的家庭的致贫性卫生支出发生率降低9.82%。在剔除公务员和职工医保等非城乡医保样本后，对于家庭成员仅有城乡居民医保的家庭而言，不发生大病冲击和发生大病冲击时，拥有商业医疗保险使致贫性卫生支出发生率分别降低5.22%、11.96%。其次，商业医疗保险显著降低了家庭灾难性卫生支出的发生率。对于家庭成员仅有城乡居民医保的家庭而言，不发生大病冲击和发生大病冲击时，拥有商业医疗保险使家庭灾难性卫生支出发生率分别降低3.36%、10.49%。再次，两个稳健性检验，进一步验证了商业医疗保险对家庭致贫性卫生支出和灾难性卫生支出发生率影响结果的稳健性。最后，商业医疗保险能显著降低个体医疗费用发生时的自付比例。对于参加了城乡居民医疗保险的群体而言，参加商业医疗保险使其过去两周就诊费用、过去一年住院费用的自付比例分别降低4.96%、5.46%。

总体而言，实证研究证明在城乡居民基本医疗保险的基础上，商业医疗保险对家庭"因病致贫"产生了有效的补充作用。在我国重大疾病保障中，政府应该鼓励商业健康保险发展，形成以基本医疗保险、城乡居民大病保险、商业健康保险为主要作用的城乡居民医疗保险体系，最终从根本上解决我国的"因病致贫，因病返贫"问题。

2. 对策建议

虽然商业健康保险可以起到缓解健康贫困的作用，但当下商业健康保险覆盖率偏低弱化了整体减贫效果，并且地区间商业健康保险发展程度不同使区域间治理效果存在差异。这些问题均使商业健康保险补充作用的受益面有限，无法起到分散城乡居民疾病经济风险的补充作用，因此，促进商业健康保险进一步发展将是未来一段时间中国健康贫困治理的路径之一。政府应采取多种行动扩大商业健康保险覆盖面，提出如下两条建议：

第一，政府财政资助贫困和低收入居民购买商业健康保险。尽管商业医疗保险是一种有益的补充，但是难以覆盖到经济能力偏低的低收入群体。借鉴发达国家经验，政府在低收入群体商业健康保险的覆盖阶段负有不可推卸的责任。政府应采用全额或部分资助的方式，使贫困群体或濒临贫困的群体享受商业健康保险的覆盖。

第二，采用经济激励措施鼓励高收入群体参保。商业健康保险涵盖的保障范围较广，在社会医疗保险的保障范围基础上有较大的拓展。目前商业医疗保险产品繁多，但产品设计、保障水平等大体相似，均是采用基于年龄的风险定价机制，不同年龄群体之间的保费额差异极大，致使参保群体数量有限，远远偏离对疾病风险群体补充保障的目标。而发达国家实施了有效的办法，如澳大利亚建立“生命周期覆盖政策”，德国禁止商保保费随年龄增长。因此，借鉴发达国家做法，政府应推动商业健康保险行业建立起具有激励性的保费定价机制，激发各年龄段群体的参保热情。另外，继续探索正在进行的商业健康保险保费个税减免和职工医保个人账户购买商保的政策。

三、实施分级诊疗治理健康贫困效果分析

（一）引言

家庭医疗经济负担是居民自付医疗费用占家庭可支配收入或支出比重，它会给家庭带来直接经济影响，严重者会发生“灾难性卫生支出”或“因病致贫”。为了有效解决“看病贵，看病难”问题，我国一方面从需方角度，增加政府和社会筹资，建设覆盖城乡居民的基本医疗保险和大病保险体系，加强其与社会救助制度、慈善间的衔接，并逐步实施农村贫困地区大病救治计划。另一方面，从医疗服务供给角度，实施强基层策略，加强基层医疗卫生服务机构建设，逐步建立政府对基层医疗卫生服务机构的补偿机制。通过取消药品加成政策，消除“以药养医”现象。分级诊疗指的是以政府主导的，通过优化卫生资源配置、规范居民就医秩序、加大保障政策力度的方式，最终实现医疗服务公平可及的一种制度安排。可见，通过“基层首诊、双向转诊、急慢分治、上下联动”的分级诊疗模式，可以改变居民医疗服务需求与供给间的错位和居民盲目到大医院就医的“小病大治”现象。其中，基层首诊对分级诊疗制度的建立和完善将起到基础性作用。基层首诊能够规范居民患病就诊秩序，促进不同医疗机构之间的分工和资源配置，用具体实践来实现居民在医疗服务领域的公平可及（申曙光、张勃，2016）。

目前，我国的分级诊疗制度处于由试点走向推广的过程中。中华人民共和国成立初期，我国曾建立起覆盖城乡居民的三级医疗卫生服务体系，实施较为严格的就诊和转诊制度。改革开放后，医疗服务领域受到市场化冲击发生了变化，基层医

疗卫生服务体系和农村合作医疗日渐瓦解并难以恢复。据2003年第三次国家卫生服务调查显示，农村居民几乎成了自费群体，"应就诊而未就诊""应住院而未住院率"比例高，医疗卫生服务可及性大打折扣。21世纪伊始，世界卫生组织报告关于卫生筹资公平性世界排名给中国卫生系统敲响了警钟。2003年危害严重的非典暴发，让全社会不得不重新审视曾令我们骄傲的医疗卫生保健系统，改革现有医药卫生体制的呼声此起彼伏。2005—2006年间，我国密集出台关于重建城乡基层医疗卫生服务体系政策，为改善基本医疗服务均等化作出了努力(Li H.，YuW，2011)。2006年《国务院关于发展城市社区卫生服务的指导意见》(国发〔2006〕10号)发布，确立了城市基层医疗卫生服务机构的"六位一体"功能，转诊服务成为城市社区卫生服务机构需提供的重要服务内容，为分级诊疗制度建设奠定了良好基础。2005年上海率先展开家庭医生制度和转诊制度，2006年深圳、南京、厦门等地相继开展分级诊疗制度试点。2009年新医改为分级诊疗指明了方向，"导向式"分级诊疗模式逐步形成。截至2014年底，全国多地开展分级诊疗试点探索。为了进一步规划国家医疗服务体系，优化配置医疗资源并提高利用效率，明确各层级医疗机构的功能定位，提高医疗服务需求的可及性，降低医疗服务需求者的经济负担。2015年国务院办公厅发布《关于推进分级诊疗制度建设的指导意见》(以下简称《意见》)，成为解决长期困扰国民"看病贵，看病难"问题的又一重要行动。根据《意见》，分级诊疗的目的是要促进资源下沉，规范就医秩序，促进基本医疗卫生服务的公平可及，从而让民众不会因为付不起医疗费用而无法获取和利用医疗服务。最终目标就是在规范就医秩序，优化卫生资源配置的同时，切实降低民众的医疗经济负担。《意见》提出以"强基层"为重点，提高基层医疗机构的服务能力，完善分级诊疗医疗服务体系，并第一次明确提出了以高血压、糖尿病等慢性病作为分级诊疗突破口，强化基层医疗机构服务职能，引导居民基层首诊。

分级诊疗的核心是基层首诊，而患者是跟着医生走的，他们到基层首诊的主要动因是那里有好的医生。基层首诊是指居民患病后在基层医疗机构进行首次诊疗，国外实行"守门人"制度的国家规定，享有政府提供的医疗保障的居民在患病之后，必须先由担当"守门人"的家庭医生首次提供门诊医疗服务，由其根据病情决定是否转诊到上级医疗机构。2006年《关于发展城市社区卫生服务的指导意见》首次开展社区首诊试点，2009年"新医改"提出"逐步实现社区首诊、分级医疗和双向转诊"，部分省份提出越级诊疗"原则上"医保不予报销，但是实际并未落地推行，各地的基层首诊制度是“引导性”而并非“强制性”的，因此并不是严格意义上的基层首诊。

从分级诊疗的实现机制上看，需要具备以下条件：第一是上级医院有意愿将前来就诊的患者向下级基层医疗机构分流，第二是基层医疗机构在硬件和软件水平上具有一定的能力来提供良好的医疗服务，第三是患者愿意到基层医疗机构就诊。三项条件的核心是基层首诊，“保基本”“强基层”“建机制”成为分级诊疗制度中的重中之重（王虎峰等，2015）。而实施分级诊疗制度旨在通过卫生资源合理配置，引导患者合理就医，推动医疗资源和患者向基层流动，通过基层首诊来改善供需不均衡的局面。为了进一步推进分级诊疗制度，2016 年卫计委发布《关于推进家庭医生签约服务的指导意见》，提出要实现签约率 30％，重点人群 50％的目标。到 2017 年 1 月，全国四个直辖市和 266 个城市开展分级诊疗，覆盖了 88.1％地区。2017 年《关于加快推进分级诊疗试点工作的通知》再次确定 51 个地级市为国家第二批分级诊疗试点城市。但是，分级诊疗试点中出现了不少问题和障碍，其效果究竟如何？需要学术界及时评估和跟踪研究，以便确定政策发展方向。

(二) 文献综述

现有外文研究文献相对丰富。医疗经济负担是一个全球性的课题，医疗负担的公平性以及服务的可及性是评价医疗改革成功与否的重要指标，深层次研究医疗经济负担的影响因素尤为重要。虽然国外分级诊疗制度发展较为成熟，但是关于分级诊疗制度对家庭医疗经济负担的作用却存在较大的差异。家庭医疗经济负担与医疗服务体系有直接的相关关系（Marcu et al.，2016），政府通过国家卫生服务供给模式直接干预医疗服务的供给，对家庭的灾难性卫生支出有显著影响（Xu et al.，2015）。以英国为代表的国家医疗卫生模式是政府供给的一种极致表现，其强制实施的全科医生作为“健康守门人”提供综合性医疗服务，能够减少不必要且昂贵的专家诊断费和住院费（Bazemore et al.，2015），除此政府提供的公共卫生水平与居民医疗经济负担也存在一定的相关性（Ozminkowski et al.，2012）。医疗经济负担主要与居民的个人属性特征、生活习惯、认知偏好有关系（Dormont et al.，2010）。关于分级诊疗是否降低家庭医疗经济负担也存在较大分歧。大多数学者研究表明，分级诊疗制度对降低家庭医疗费用起到正向积极的作用（Zhang et al.，2016）；另一部分学者关于巴西（Zimmermann et al.，2014）的研究则相反。国外文献中对中国的研究也存在分歧，有学者认为中国充分借鉴了英国模式，新医改重建了医疗卫生服务体系，为居民提供了负担得起的医疗服务（Liu et al., 2013)，但也有学者认为由于存在资源匮乏和浪费、效率低下、服务质量差、合格劳动力分配不当等原因，医改后医疗服务支出和患者费用都增加（Yip et al., 2014)。可见，国外文献关于分级诊疗和有序医疗服务对降低家庭医疗经济负担效果的研究结论尚不一致。

国内学术界关于分级诊疗的专门研究集中在2009年医改后，特别是2013年后逐步增多。概括来讲，主要体现在如下方面：第一，国别比较和国际经验借鉴。学者通过对英国、德国、美国、新加坡等典型国家医疗机构间分工的研究，论证门诊与住院是否分离、诊疗和康复机构如何分工协作的关系（余红星等，2014)。其中，英国是分级诊疗制度实施比较成熟的国家，其建立起来的基层首诊制度、家庭医生制度都具有较强的借鉴意义（张雪、杨柠溪，2014)；日本作为亚洲国家也是研究借鉴的重点，其实施的三级医疗圈和双向转诊在解决卫生资源配置问题和患者诊疗流向问题上起到很重要的作用。第二，侧重于分级诊疗制度构建。学者们不仅肯定分级诊疗的重要性，指出其对构建新的居民就医格局和解决“看病难、看病贵”问题具有重要的意义；还重点围绕解决“看病难”问题，提出了优化卫生资源配置、建设基层医疗服务机构、培育家庭医生，以及引导居民合理就医选择、规范就医秩序等建议（王虎峰、王鸿蕴，2014)。第三，典型地区试点状况和认知、满意度等效果研究。主要侧重于典型地区分级诊疗现状的定性研究，或者通过调查获得的数据，进行居民认知和满意度评价的描述性统计分析。如上海市（陈旻洁、鲍勇，2015)、厦门市（唐国宝等，2016)和深圳市（赖光强等，2009)等的研究。第四，分级诊疗制度对家庭医疗经济负担效果研究。一种观点认为降低了家庭医疗经济负担。厦门市构建了专科医师、全科医师和健康管理师的“三师共管”慢性病模式，提高了居民满意度，降低了慢性病患者的医疗费用；基层首诊通过增强对医疗服务提供者的行为进行监督和管理，确定供方的比价关系，减轻了患者医疗负担（刘国恩等，2014)。另一种观点则认为分级诊疗在降低家庭医疗经济负担方面的作用效果不佳。如山东省分级诊疗实施初期，基层首诊形同虚设，反而加重了“看病难、看病贵”问题（张慧林等，2015)。第五，家庭医疗经济负担研究多从医疗保险视角展开。医疗保险的最主要目的是分担疾病经济风险，为此研究医疗保险减轻居民医疗经济负担的较多。有医疗保险的城镇居民比没有医疗保险的经济负担低，城镇职工保险能够降低5%的经济负担（陈瑶等，2009)，大病保险给大病患者的高额医疗费用提供了进一步的保障,减轻了就医负担(孙志刚,2014),但新农合在改善参合者健康状况的同时,并未明显降低医疗负担(程令国、张晔,2014)。其中,老年人群体是学者重点关注的人群,老年人医疗健康需求处于被压抑状态,医疗保险的覆盖率和保险额度都有待进一步提高,以增强老年人的医疗费用支付能力(薛伟玲、陆杰华,2012)。在控制医疗总费用上涨的同时,医疗保险制度需要根据老年医疗需求,调整医疗资源配置结构(封进等,2015)。

综观文献,家庭医疗经济负担的影响因素主要包括医疗卫生服务体系及其关系,医疗保险制度覆盖面和保障水平,以及居民个人的社会和自然属性等。分级诊疗制度对家庭医疗经济负担的效果评价研究不仅国际国别研究分歧较大,而且尚未得到国内学术界的重视,少有的研究还受试点面小、模式各异等因素影响,多从特定地区实践出发,不仅出现了截然相反的结果,而且缺少采用大样本数据和计量方法研究成果。本研究正是在国家提倡推广分级诊疗制度背景下,基于安德森医疗服务利用理论和模型,利用2014年中国家庭追踪调查(CFPS)数据,建立两部模型,甄选分级诊疗指标,评估其在试点阶段对降低家庭医疗经济负担,以及防止"因病致贫"的政策效果,为进一步推广和完善分级诊疗制度提供政策依据。基于此,本研究的可能贡献主要有:第一,现有文献研究主要是集中在分级诊疗对医疗资源配置和规范就诊秩序方面的研究,缺少对家庭医疗经济负担影响的研究。本研究不仅从基层首诊的视角评估分级诊疗对降低居民家庭医疗经济负担的效果,而且以基本医疗服务的重点人群,即患有慢性病和有住院经历的居民为对象,评估分级诊疗减轻家庭医疗经济负担的效果。第二,依据医疗服务利用理论和模型,构建了衡量家庭医疗经济负担和分级诊疗的指标体系和实证分析模型,是对现有经典理论和模型的拓展和新尝试。第三,现有文献虽然多认为分级诊疗是解决"看病贵"问题的关键行动,但是受实地调查难度限制,大多以地区小样本统计描述性分析为主。本研究拟依托覆盖全国的大型微观数据(CFPS),构建两部模型,并引入工具变量处理内生性问题,在问题研究的方法和数据广泛性上做到有所突破。

(三)研究设计

1. 理论模型及其拓展

家庭医疗经济负担是居民自付医疗费用给其自身带来的直接经济影响,与居民对医疗服务利用密切相关,受医疗服务供给和个人医疗服务需求两方面的影响。

第一，医疗服务供给层面，政府主导而非市场化的医疗服务供给能够一定程度上保障服务的质量和价格，能够在卫生资源分配上进行宏观调控确保各地区居民利用医疗服务的均等化，尤其是在高端医疗资源和基层医疗机构的卫生资源分配上，能够更有力地向基层倾斜，为居民提供便利、价廉的医疗服务。所以，分级诊疗主要通过基层首诊使常见病、多发病、慢性病患者尽可能在基层医疗机构诊治，让患者获得更高的报销比例，避免小病大治，降低就医成本；同时通过基层医疗机构便捷价廉的医疗服务，能够增强居民日常保健，提升居民身体素质，在源头上减少费用支出，从而减轻患者医疗费用负担。另外，基层首诊可以减少由于患者去专科或综合医院就诊而花费的信息搜索、交通餐饮等成本，而医疗供给方失去控制则可能会导致医疗费用的上涨，直接给个人、家庭带来医疗经济负担的增加(陈在余，2012)。第二，医疗服务需求层面，医疗服务区别其他需求具有一定的特殊性，居民个人的特质属性对医疗服务需求也会产生较大的差异，进而对医疗经济负担产生直接影响，如不同年龄、不同性别、不同收入都会产生较大的差异，甚至健康意识、对医疗服务本身的认知都可能会产生影响。从深层次道德风险的角度来讲，医疗需求的释放也可能会导致医疗费用的上涨(谢明明等，2016)。

分级诊疗属于医疗服务供给侧改革，是医疗服务体系重新整合和完善。分级诊疗内核是医疗卫生资源配置的调整与优化，以此规范居民合理就诊秩序，打造社会基层首诊的良好局面。基层首诊是分级诊疗的第一步，也是最重要的一步，在基层首诊的前提下，进一步促成患者双向转诊、医疗机构上下联动。在设计分级诊疗对家庭医疗经济负担影响的模型中，在考虑到数据可获得性的前提下，优选作用机制中重要的影响因素，以基层首诊作为分级诊疗的主要代表变量。

本研究主要以医疗服务利用模型为基础，分析基层首诊视角下的分级诊疗对家庭医疗经济负担的影响。医疗服务利用模型最初由梅克尼科(Mechanic，1961)提出，包括疾病的持续情况、个人忍耐程度、医疗资源可及性、经济与心理负担以及自评和他评健康情况等因素。但由于该模型所包含的因素主要是诊治前阶段的内容，缺少治疗后各阶段的影响因素，斯库曼(Scuhman，1965)补充完善了医疗服务利用模型，在原有指标的基础上，又增加了经历症状体验、承担病人角色、接触医疗保健、依赖性患者角色、痊愈和康复等内容。比较成熟的模型是安德森(Andersen，1983)建立的，他在前人的基础上，系统阐述了医疗服务利用的影响因素，即先决因素(predisposing)、使能因素(Enabling)和需要因素(needing)。后来，安德森

(Andersen, 1995)进一步修订了该模型,将卫生政策、医疗卫生服务体系以及医疗服务利用者的满意程度等变量纳入模型,形成了外部政策与环境、居民自身特征、卫生利用和医疗行为、自评和他评健康结果等因素联动机制,并且强调了医疗保健服务与医疗保健效果之间相互影响的动态过程。

本研究将分级诊疗制度对降低家庭医疗经济负担效果视为医疗服务利用效果,从宏观的角度看,一个地区的个人医疗经济负担是全社会个人现金卫生支出总额与卫生总费用的比值;从微观角度看,居民医疗经济负担是个人现金卫生支出与家庭可支配收入的比值(匡莉,2013)。本研究从居民家庭微观视角展开分析,基于安德森医疗服务利用模型,结合现有国内外关于家庭医疗经济负担影响因素文献,我们整合了安德森医疗服务利用模型中的"使能因素",重新定义为"分级诊疗因素"。根据"先决因素"设定了"基本属性因素",并把"先决因素"中的部分内容与"需要因素"整合为"需求差异因素"。据此,构建家庭医疗经济负担影响因素理论模型为:$y=f(H, D, C)$。其中,H 代表分级诊疗因素;D 为医疗需求差异因素;C 为基本属性因素。我们从医疗服务可及性视角,甄选了是否基层首诊、到诊最短距离、居民对医生的信任程度、医疗机构业务用房面积、医保报销比例共五个指标,构成分级诊疗因素体系;医疗需求差异因素则包括自评健康、他评健康、半年内是否有慢性病、一年内是否住院、锻炼身体频率、是否吸烟、是否饮酒等指标;基本属性因素包括年龄、性别、婚姻状况、受教育年限、工作与否、家庭规模、家庭人均收入、居住城乡、东中西部等指标。

2. 计量模型

(1) 构建两部模型(two-part model)。

本研究主要分析分级诊疗制度对家庭医疗经济负担的影响,但家庭医疗费用支出受到众多因素的影响,由于受医疗价格、个人收入、就医便利性的影响,可能使得一些居民患病没有及时就诊,所以会出现很多医疗费用支出为 0 的情况,而这会影响最终样本统计的有效性。在实证分析中,将家庭医疗经济负担看作是一个连续的过程,患者首先选择是否就诊,就诊后再分析其医疗经济负担情况。在分析居民家庭医疗经济负担支出时,如果存在较多的医疗费用支出为 0 的情况,将破坏随机误差项服从正态分布的基本假设,回归结果将会有偏,为了纠正估计的不一致性(王新军、郑超,2014),我们采用段(Duan, 1983)提出的两部模型进行分析。

第一部分为选择模型:当 $z_i^* = HIE_i \cdot \alpha_{1i} + DEM_i \cdot \alpha_{2i} + CHA_i \cdot \alpha_{3i} + \varepsilon_i > 0$

时，$z_i = 1$；否则，$z_i = 0$。

ε_i 服从正态分布，则 z_i 为 Probit 模型，可以表述为：

$$Prob(z_i = 1 \mid W_i) = \Phi(HIE_i \cdot \alpha_{1i} + DEM_i \cdot \alpha_{2i} + CHA_i \cdot \alpha_{3i}) \tag{8-5}$$

第二部分为支出模型：当 $z_i = 1$ 时，

$E(y_i \mid z_i^* > 0) = E(HIE_i \cdot \beta_{1i} + DEM_i \cdot \beta_{2i} + CHA_i \cdot \beta_{3i} + \mu_i \mid z_i^* > 0)$，其中 $E(\varepsilon_i) = E(\mu_i) = 0$，所以评估模型为：

$$y_i = HIE_i \cdot \beta_{1i} + DEM_i \cdot \beta_{2i} + CHA_i \cdot \beta_{3i} + \mu_i \tag{8-6}$$

z_i 为是否发生医疗费用，我们将其视为医疗服务利用，y_i 为居民医疗经济负担，是我们重点分析的被解释变量，W_i 为发生医疗费用因素，HIE 代表分级诊疗因素，DEM 代表需求差异因素，CHA 代表基本属性因素，Φ 是标准正态分布函数。

对第一部分 $Prob(y_j > 0)$ 使用 Probit 模型估计，因变量为居民是否有医疗经济负担产生；对第二部分 $E(y_j \mid y_j > 0, x)$ 采用线性回归模型进行估计，具体分析影响因素对于家庭医疗经济负担的影响，统计软件选择 Stata14.0。

(2) 工具变量与内生性问题处理。

考虑到关键解释变量"是否基层首诊"与"家庭医疗经济负担"存在相互影响，即居民的基层首诊行为会对家庭医疗经济负担产生作用，同样家庭医疗反作用居民是否基层首诊的行为。当居民选择基层首诊，由于医疗费用支出相对较低，所以家庭医疗经济负担降低，同时也可能会出现由于家庭支付能力较弱，促使居民选择基层医疗机构就诊而出现家庭医疗经济负担变低的情况，二者有可能存在相互影响的内生性问题。为解决关键解释变量"是否基层首诊"与医疗经济负担存在相互影响而产生的内生性问题，引入最近医疗机构的医护人员数、居民对医疗机构水平评价、到最近医疗机构的时间三个工具变量。原因在于，最近医疗机构的医护人员数量和居民对医疗机构水平评价能在一定程度上反映出基层医疗机构的医疗水平，且居民到最近的医疗机构时间越短，越能够对居民的基层首诊产生影响。另外，这三个因素对医疗经济负担没有直接显著的影响。

针对存在内生性而引入工具变量的处理方式，采用两阶段最小二乘法。该方法具体分为两部分：第一部分为分离出内生变量的外生部分，用 OLS 法对 X 关于工具变量 Z 回归，即 $\hat{X}_i = \hat{\alpha}_0 + \hat{\alpha}_1 Z_i$；第二部分利用第一部得到的 $\hat{X}$ 为解释变量，使用这个外生部分进行回归，即 $\hat{Y}_i = \tilde{\beta}_0 + \tilde{\beta}_1 \hat{X}_i$ 。

在工具变量检验中，其一采取过度识别检验（test of overidentifying restrictions），p 值需在 1%、5%和 10%的显著性水平下均接受原假设，才能较好地通过过度识别检验；其二进行弱工具变量检验，Robust F 值应大于 10，其 p 值为 0.000 0，才能拒绝弱工具变量检验的原假设，即证明选择联合工具变量是有效的，避免了模型内生性问题。

（四）实证分析

1. 统计性描述分析

本研究使用中国家庭动态跟踪调查（CFPS）数据库中 2014 年数据，该数据库由北京大学中国社会科学调查中心（ISSS）提供。

（1）被解释变量。

研究采用两部模型，第一部分的被解释变量为是否发生医疗费用，是“0”“1”变量；第二部分的被解释变量为家庭医疗经济负担，根据国际惯例，我们用居民医疗费用现金支出与家庭可支配人均支出的比值来表示。第一部分回归的样本量为 13 414 个，在扣除没有发生费用和公费医疗的样本之后，第二部分回归的样本量为 9 011 个，发生费用的居民占比 67.18%，其余约三分之一的样本或是没有疾病，或是有疾病但没有采取医疗救治。在产生医疗费用的家庭中，医疗经济负担的平均值为 33.27%，最小值为 0.002%，最大值为 676.46%，即居民医疗现金支出是家庭可支配支出的 6.76 倍。国际上一般认为一个家庭的医疗支出占家庭可支付能力的比重等于或超过 40%即发生灾难性卫生支出，而本研究样本的平均值接近该临界值，显示居民家庭医疗负担过重，而居民一旦发生灾难性卫生支出时，将会面临因病致贫的窘境，直接影响其生存和发展。

（2）关键解释变量。

这里的基层首诊是指患病首先去基层医疗卫生服务机构就医，基层医疗卫生机构包括城市社区卫生服务中心或乡镇卫生院、城市社区卫生服务站或村卫生室、诊所。医疗机构业务用房面积平均为 246.97 平方米，到最近医疗机构平均距离为 1 572.25 米。二者均采用绝对数，所以方差相较于其他因素比较大。居民对医生信任程度总分为 10 分，平均分为 7.12，表明居民对医生的信任程度一般。医疗费用报销比例平均值 12.2%，中位数和众数均比较小，表明只有少量费用报销额度的居民依然很多。

(3) 其他解释变量。

第一,医疗需求差异因素。22.9%的居民在半年内有过慢性病的经历,15.3%在一年内有过住院的经历,而对于整个家庭来说,14.9%的受访者家中有需要照顾和医疗诊治的病人,一个月内有过吸烟经历和一个月内每周喝酒三次的居民分别占到28.1%和14.2%,一周内居民锻炼的频次为1.53次,自评健康和他评健康平均值分别是2.75分(满分5分)、5.36分(满分7分)。

第二,基本属性因素。样本选择的个体平均年龄为48.22岁,其中男性占比45.9%;平均受教育年限为5.28年,即小学文凭;82.2%的居民处于已婚(含同居)状态,家庭规模以5人家庭为主,均数为4.48人。东中西部分布相对均匀,分别是36.5%、29.1%和34.4%,城镇居民相对农村居民占比较小,占到总调研居民的23.4%。75.2%处于工作或曾经有过工作经历,为了保障数据的平稳性,人均家庭收入采用对数处理,且在处理后平均数为8.81。

表8.17 变量的统计性描述

变量类别	变　量	平均值	中位数	众　数	最小值	最大值	标准差
因变量	是否发生医疗费用	0.679	1.000	1.00	0.000	1.000	0.467
分级诊疗因素	家庭医疗经济负担	0.333	0.095	0.125	0.000	6.765	0.630
	是否基层首诊(是=1)	0.772	1.000	1.000	0.000	1.000	0.420
	对医生信任程度	7.122	8.000	8.000	0.000	10.000	2.275
	医疗机构业务用房面积	246.968	80.000	60.000	5.000	6 500.000	693.596
	到诊最短距离	1 572.252	500.000	500.000	1.000	100 000.000	4 096.730
	报销比例	0.122	0.000	0.000	0.000	0.998	0.225
需求差异因素	半年内是否有慢性疾病(是=1)	0.229	0.000	0.000	0.000	1.000	0.421
	一年内是否住院(是=1)	0.153	0.000	0.000	0.000	1.000	0.360
	家属中是否病人(有=1)	0.149	0.000	0.000	0.000	1.000	0.357
	是否吸烟	0.281	0.000	0.000	0.000	1.000	0.449
	是否喝酒	0.142	0.000	0.000	0.000	1.000	0.349
	锻炼频率	1.528	0.000	0.000	0.000	21.000	2.744
	自评健康	2.745	3.000	3.000	1.000	5.000	1.263
	他评健康	5.361	6.000	6.000	1.000	7.000	1.240

续 表

变量类别	变　　量	平均值	中位数	众　数	最小值	最大值	标准差
基本属性因素	年龄	48.218	49.000	46.000[a]	16.000	93.000	16.172
	性别(男性=1)	0.459	0.000	0.000	0.000	1.000	0.498
	教育(年数)	5.281	6.000	0.000	0.000	19.000	4.512
	婚姻状况(已婚=1)	0.822	1.000	1.000	0.000	1.000	0.382
	家庭规模	4.480	4.000	5.000	1.000	14.000	1.882
	工作(工作=1)	0.752	1.000	1.000	0.000	1.000	0.432
	人均收入对数	8.813	9.018	8.517	−0.182	13.688	1.142
	东部(东部=1)	0.365	0.000	0.000	0.000	1.000	0.482
	中部(中部=1)	0.291	0.000	0.000	0.000	1.000	0.454
	城乡(城镇=1)	0.234	0.000	0.000	0.000	1.000	0.423

注 a. 存在多个众数,显示了最小的值。

2. 实证分析结果

(1) 总样本分析。

在第一部分回归中,模型中大部分变量通过了显著性检验(如表 8.17 第 3 列所示)。分级诊疗因素中,选择基层首诊能够较强地促进居民对医疗服务的利用,基层医疗服务由于其侧重医疗服务的可及性和公平性,其相对较低的价格和便民的服务满足了居民的医疗服务需求。随着对医生信任的程度增加,居民对医疗服务的利用也得到了一定的提升,而这对开展家庭医生制度具有重要意义。由于当前基层医疗机构的建设水平比较薄弱,没有激发居民的就诊需求,医疗机构业务用房面积和到诊最短距离没有通过显著性检验。由于没有产生医疗费用的居民没有医疗报销的行为,模型中是否产生医疗费用与医疗报销比例具有高度相关性,所以在回归中该值不作考虑。

在第二部分回归中,工具变量的过度识别检验 score chi2(2)=2.500 88(p=0.286 4),p 值大于 0.1,在 1%、5%和 10%的显著性水平下均接受原假设,弱工具变量检验 Robust F=106.266(大于 10),且 p 值为 0.000 0,所以工具变量有效。在 OLS 回归中选择基层首诊能够降低家庭医疗经济负担的 14.4%,在使用工具变量之后,其降低作用更加明显了,能够显著降低 33.8%的家庭医疗经济负担。对比到诊最短距离和医保报销比例的影响程度，使用工具变量的结果均较之前有所增加。到诊最短距离对家庭经济负担的影响程度较小，随着社区中医疗机构最短距离的增加呈现了微弱降低负担的作用。医保报销比例能够显著降低医疗经济负担，报销比例越大，就越能减少居民的现金医疗支出占比。

从使用工具变量的回归结果看，第二部分回归结果显示：需求差异因素层面，自身半年内有慢性病或住院及家属中有病人的居民医疗经济负担重，尤其是一年内有住院经历的影响程度最大；有吸烟或饮酒偏好的居民家庭医疗经济负担偏低，其中可能是由于居民对自身健康重视不够，对医疗服务的需求和利用都比较低，相反，注重健康锻炼和自评健康、他评健康较高的居民医疗经济负担相对较低。基本属性因素层面，年龄较大相对于年龄较低、男性相对于女性、受教育年限低相对于年限高、结婚相对于未婚、家庭规模较大相对于规模较小的居民医疗经济负担更重，其中年龄大的人相较于年龄小的人身体更容易患病、更容易发生医疗支出；男性从事的工作强度更大、工作时间更长，也容易发生医疗支出；受教育年限低的群体从事的工作比较初级，缺少日常的保养和体检，且部分群体没有医保报销；结婚和家庭规模较大的群体发生家庭医疗支出的可能就会增大，侧面印证了数据可信性。工作经历与收入正相关，随着收入增加能够降低医疗经济负担。从地域上看，经济不发达地区家庭医疗支持较重，所以东部和中部相对于西部家庭医疗经济负担重，城乡之间农村相对于城市医疗经济负担重。

表 8.18　两部模型法实证结果

变量类别	变　量	第一部分模型	第二部分模型	
		是否发生医疗费用 (LOGIT)	医疗经济负担 (OLS)	医疗经济负担 (IV)
分级诊疗因素	是否基层首诊	0.182***	−0.144***	−0.338***
		(0.030 5)	(0.017 3)	(0.085 3)
	对医生信任程度	0.011 8**	−2.16E-05	0.000 706
		(0.005 36)	(0.002 78)	(0.002 83)
	医疗机构业务用房面积	2.58E-05	−4.68E-06	−9.71E-07
		(1.85E-05)	(6.62E-06)	(6.88E-06)
	到诊最短距离	2.34E-06	−2.17E-06**	−2.49E-06**
		(3.26E-06)	(1.08E-06)	(1.06E-06)
	医保报销比例	—	−0.344***	−0.365***
		—	(0.030 3)	(0.031 8)

续 表

变量类别	变　　量	第一部分模型	第二部分模型	
		是否发生医疗费用（LOGIT）	医疗经济负担（OLS）	医疗经济负担（IV）
需求差异因素	半年内是否有慢性病	0.762***	0.086 0***	0.063 5***
		(0.045 7)	(0.018 1)	(0.020 2)
	一年内是否住院	1.285***	0.664***	0.628***
		(0.073 2)	(0.029 3)	(0.033 1)
	家属中是否病人	0.020 9	0.072 9***	0.067 0***
		(0.038 1)	(0.019 4)	(0.019 6)
	是否吸烟	0.013 6	−0.054 0***	−0.050 6***
		(0.033 1)	(0.016 7)	(0.016 8)
	是否饮酒	−0.108***	−0.053 2***	−0.051 0***
		(0.034 8)	(0.014 9)	(0.015 1)
	锻炼频率	0.005 67	−0.001 09	−0.002 92
		(0.004 66)	(0.002 17)	(0.002 26)
	自评健康	−0.235***	−0.068 1***	−0.064 1***
		(0.011 4)	(0.005 45)	(0.005 75)
	他评健康	−0.049 5***	−0.025 5***	−0.026 0***
		(0.011 6)	(0.005 85)	(0.005 90)
基本属性因素	年龄	0.001 43	0.002 14***	0.002 38***
		(0.000 977)	(0.000 476)	(0.000 484)
	性别	−0.184***	0.067 0***	0.065 4***
		(0.031 9)	(0.016 8)	(0.016 8)
	教育	−0.003 02	−0.005 61***	−0.006 49***
		(0.003 24)	(0.001 48)	(0.001 52)
	婚姻	−0.044 3	0.025	0.021 5
		(0.035 7)	(0.016 4)	(0.016 7)
	家庭规模	−0.014 3**	0.049 5***	0.051 2***
		(0.006 69)	(0.004 26)	(0.004 31)
	工作经历	0.018 6	−0.043 3***	−0.039 0**
		(0.031 2)	(0.016 1)	(0.016 5)
	人均收入对数	0.026 0**	−0.031 7***	−0.034 6***
		(0.010 7)	(0.005 24)	(0.005 49)
	东部	−0.234***	0.048 9***	0.044 0***
		(0.031 7)	(0.013 9)	(0.014 3)
	中部	−0.357***	0.027 6*	0.024 3
		(0.032 0)	(0.015 4)	(0.015 5)
	城乡	−0.150***	−0.020 9	−0.030 5**
		(0.029 0)	(0.013 9)	(0.015 0)

续 表

变量类别	变　　量	第一部分模型	第二部分模型	
		是否发生医疗费用（LOGIT）	医疗经济负担（OLS）	医疗经济负担（IV）
常数项		1.238***	0.651***	0.818***
		(0.142)	(0.073 0)	(0.104)
样本量		13 414	9 011	9 011
R^2			0.27	0.255

注:括号内的数值为稳健标准误。

(2) 异质性分析。

采用工具变量模型分析异质性问题。分级诊疗要求对疾病类别采取急慢分治的策略,基层医疗机构主要承担慢性病常见病的诊断和治疗,为此,我们重点分析分级诊疗对是否患有慢性病患者的影响。另外,门诊和住院能体现出疾病的严重程度,我们拟观察分级诊疗对是否住院患者医疗经济负担的影响。

第一,以是否患有慢性病为区分维度。慢性病群体是分级诊疗机制重点关注的群体,在计量研究中以半年内有无慢性病区分样本,分析各因素对居民家庭医疗经济负担的影响程度。为保障模型的有效性,工具变量的过度识别检验半年内无与有慢性病的p值分别是0.423 2、0.332(均大于0.1),弱工具变量检验Robust F值分别为66.572、39.367(均大于10),工具变量有效。有慢性病居民较无慢性病居民其选择基层首诊更能降低家庭医疗经济负担,前者和后者分别为37.6%和32.2%(如表8.19所示)。

表8.19　是否慢性病患者的实证结果

变量类别	变　　量	半年内无慢性病	半年内有慢性病
分级诊疗因素	是否基层首诊	−0.322***	−0.376**
		(0.107)	(0.146)
	对医生信任程度	0.000 316	0.001 93
		(0.002 82)	(0.007 21)
	医疗机构业务用房面积	−9.78E-06	2.87E-05
		(6.32E-06)	(2.47E-05)
	到诊最短距离	−2.37E-06**	−2.21E-06
		(1.03E-06)	(5.77E-06)
	医保报销比例	−0.283***	−0.580***
		(0.033 6)	(0.074 9)

续 表

变量类别	变　　量	半年内无慢性病	半年内有慢性病
需求差异因素	一年内是否住院	0.692***	0.532***
		(0.042 9)	(0.052 3)
	家属中是否病人	0.039 6*	0.135***
		(0.020 9)	(0.042 5)
	是否吸烟	−0.043 0**	−0.080 3*
		(0.017 6)	(0.042 6)
	是否饮酒	−0.042 2***	−0.075 8*
		(0.015 9)	(0.041 9)
	锻炼频率	−0.004 29*	0.002 49
		(0.002 45)	(0.004 96)
	自评健康	−0.057 5***	−0.082 6***
		(0.005 93)	(0.015 2)
	他评健康	−0.014 4**	−0.054 3***
		(0.005 98)	(0.013 9)
基本属性因素	年龄	0.002 90***	2.55E-05
		(0.000 481)	(0.001 50)
	性别	0.044 2***	0.141***
		(0.017 1)	(0.044 3)
	教育	−0.005 95***	−0.007 55*
		(0.001 51)	(0.004 02)
	婚姻	0.032 5**	−0.058 8
		(0.015 7)	(0.057 9)
	家庭规模	0.040 2***	0.091 8***
		(0.004 53)	(0.011 0)
	工作经历	−0.044 8***	−0.044 7
		(0.017 1)	(0.044 4)
	人均收入对数	−0.026 1***	−0.071 8***
		(0.005 82)	(0.014 3)
	东部	0.035 7**	0.095 1**
		(0.015 2)	(0.038 4)
	中部	0.004 27	0.096 8**
		(0.015 4)	(0.042 9)
	城乡	−0.027 3*	−0.035 9
		(0.015 7)	(0.038 0)
常数项		0.675***	1.410***
		(0.127)	(0.219)
样本量		6 943	2 068
R^2		0.248	0.217

注:括号内的数值为稳健标准误。

有慢性病居民医保报销比例增加能显著降低负担，是无慢性病居民就诊行为影响的两倍。

第二，以一年内是否发生住院为区分维度。居民一旦发生住院，意味着将发生比较大额的医疗支出，家庭医疗经济负担也极有可能因此而加重。我们以一年内有无住院经历区分样本，分析各因素对居民家庭医疗经济负担的影响程度。同样，为了保障模型的有效性，工具变量的过度识别检验一年内无与有住院经历的p值分别是0.618 1、0.642 2(均大于0.1)，弱工具变量检验Robust F值分别为74.638、31.764(均大于10)，工具变量有效。一年内有过住院经历的居民选择基层首诊更能降低家庭医疗经济负担，降低程度为36.3%，而没有住院经历的降低程度为30.5%(如表8.20所示)。基层首诊并不是将病人留在基层，而是通过有诊疗经验和医疗服务信息的家庭医生作为健康"守门人"，分流患者到不同类型医疗机构有序就医，为患者提供专业化建议。家庭医生可以直接帮助患者转入合适的专科医院或综合医院相关门诊。实证分析显示，有住院经历的病人选择基层首诊能够降低其家庭医疗经济负担。其中，医保报销比例的影响更加显著。住院患者的医疗费用一般支出较大，且会超过起付线，进入医保统筹基金，基金和个人分担住院医疗费用，基金报销比例增加会显著降低其医疗经济负担。本研究显示，提高医保报销比例能降低有住院家庭医疗经济负担的91.0%，尽管这一比例可能被高估。

表8.20 是否住院样本的实证结果

变量类别	变　量	没有住院经历	有住院经历
分级诊疗因素	是否基层首诊	−0.305***	−0.363*
		(0.080 1)	(0.221)
	对医生信任程度	0.002 37	−0.003 71
		(0.002 43)	0.011 1)
	医疗机构业务用房面积	−2.62E-06	2.58E-06
		(5.56E-06)	(2.40E-05)
	到诊最短距离	−6.15E-07	−1.25E-05**
		(8.55E-07)	(4.95E-06)
	医保报销比例	−0.164***	−0.910***
		(0.025 3)	(0.090 2)

续　表

变量类别	变　　量	没有住院经历	有住院经历
需求差异因素	半年内是否有慢性病	0.116***	−0.089 1
		(0.018 3)	(0.058 0)
	家属中是否病人	0.033 9**	0.173**
		(0.015 6)	(0.069 9)
	是否吸烟	−0.015 3	−0.223***
		(0.013 4)	(0.072 0)
	是否饮酒	−0.047 9***	−0.054 3
		(0.012 1)	(0.076 2)
	锻炼频率	−0.006 29***	0.015 0*
		(0.001 81)	(0.008 55)
	自评健康	−0.059 4***	−0.080 4***
		(0.004 91)	(0.025 1)
	他评健康	−0.013 5***	−0.067 4***
		(0.005 00)	(0.020 2)
基本属性因素	年龄	0.002 09***	0.002 94
		(0.000 399)	(0.002 15)
	性别	0.019 4	0.286***
		(0.013 4)	(0.066 0)
	教育	−0.006 52***	−0.004
		(0.001 35)	(0.006 40)
	婚姻	0.008 19	0.068 4
		(0.014 7)	(0.077 4)
	家庭规模	0.028 9***	0.160***
		(0.003 64)	(0.016 0)
	工作经历	−0.029 2**	−0.083 6
		(0.013 7)	(0.066 9)
	人均收入对数	−0.028 2***	−0.068 4***
		(0.004 63)	(0.020 8)
	东部	0.034 6***	0.104*
		(0.012 6)	(0.060 4)
	中部	0.020 2	0.010 6
		(0.012 8)	(0.062 8)
	城乡	−0.012 2	−0.135**
		(0.012 4)	(0.061 5)
常数项		0.752***	1.665***
		(0.094 3)	(0.315)
样本量		7 635	1 376
R^2		0.123	0.204

注:括号内的数值为稳健标准误。

(五) 结论及启示

1. 结论

(1) 基层首诊对降低家庭医疗经济负担有显著影响。

分级诊疗制度的“分级”是指按照疾病的轻、重、缓、急及治疗的难易程度进行分级,重要的是通过基层首诊来规范最初就医的秩序。实证分析显示,基层首诊正向引导了医疗卫生服务的使用,基层医疗机构能够提供便利、及时和价廉的医疗服务,在健康管理、保健意识不断提升的背景下,促进了居民对健康医疗的需求。与此同时,由于基层医疗卫生机构以提供价廉的基本医疗服务为目标,国家对基层补助比例高,医疗服务价格低,也可以起到降低医疗经济负担的作用。本研究运用工具变量模型实证分析显示,选择基层首诊能降低居民 33.8%的医疗经济负担,相较未排除内生性问题前提高了 19.4%。其原因有三:其一,在数据处理过程中,回归对象不包括患病就医可以公费医疗的对象,即医疗费用负担降低的对象只是包含完全自付费用或有部分报销的居民,所以降低的效果会显著。其二,基层医疗机构相较于大医院而言,收费明显低于后者,尤其针对慢病、常见病等患者而言,在基层诊疗会显著降低其家庭医疗经济负担。其三,从我国各省区分级诊疗的时间来看,基层首诊的医保报销比例逐步提高,且针对“越级”首诊的患者采取降低报销比例的应对措施,也在一定程度上促使基层首诊后明显降低个人支付的医疗费用。

(2) 分级诊疗对有慢病和住院经历患者家庭医疗经济负担的影响程度更大。

基层医疗机构能够在常见病、慢性病上给予居民可靠及时的诊治,避免小病大治和重复诊治的问题,进一步降低居民家庭医疗经济负担。对半年内是否有慢性病经历和一年内是否有住院经历的分样本分析明显看到,有慢性病的居民选择基层首诊能够更显著地降低家庭医疗经济负担。慢性病是长期需要诊治的疾病,选择基层医疗机构能够更好地得到常规诊治,且节省到大型医疗机构的交通、时间等间接费用。如果说慢性病管理是基层医疗机构的职责,慢性病患者是基层首诊的重点人群,那么住院患者应该是重病大病,理应去医疗技术水平更高的大型医疗机构就诊。事实上,一些住院患者同时也是慢性病患者,或常见病患者。近年来,我国不断加强基层医疗卫生服务机构建设,提升了软硬件水平,已经具备常见病、慢性病和多发病的诊治水平,而且医院之间的协作,大医院专家到基层坐诊等,提升了基层医疗机构特别是城市社区卫生服务中心和乡镇卫生院的卫生技术人员素质。实证分析结果显示,有住院经历的居民首先选择基层经过转诊之后住院,不仅避免了就诊的盲目性和无序性、小病大治的过度医疗、浪费有限的医疗卫生资源，还会降低居民家庭医疗经济负担。

(3) 医疗保险报销比例对降低家庭医疗经济负担有显著影响。

区分不同级别医疗机构医疗保险报销比例是一项引导居民有序就医的重要措施。医保报销水平对居民使用医疗服务资源、医保支付资源都具有重要的导向作用，从基层到三级医院递减的医保保险政策可引导居民到基层医疗机构诊治疾病，增加基层医疗机构的就诊人次和医疗资源使用率，规范引导就医秩序，降低家庭医疗经济负担。从实证结果上看，不同病患的报销结果影响家庭医疗经济负担程度显著不同，半年内有慢性病的居民是没有慢性病患者的2.0倍，一年内有住院经历的居民是没有住院经历的5.5倍，反映出居民在患病之后对报销比例的高度敏感性。患慢性病和有住院经历的居民其发生的医疗费用一般较高，报销比例提高能够明显地影响其就诊选择，尤其是慢性病患者，在治疗方案已经确定情况下，只要基层医疗机构能够配置合适的药物和治疗手段，医保报销比例提高很容易引导他们到就近的基层医疗机构就医治疗。

(4) 基层医疗机构建设对家庭医疗经济负担的影响不显著。

“强基层”是分级诊疗制度建设中的关键工作，是卫生资源优化配置的重要体现。研究中引入医疗机构业务用房面积、到诊最短距离因素衡量基层医疗机构的建设水平，从回归结果来看，医疗机构业务用房面积没有显著影响家庭医疗经济负担，且在总样本回归中，到诊距离的增加反而降低医疗经济负担，虽然影响程度相对较小。从中不难得出，基层医疗机构建设水平对家庭医疗经济负担影响较小。究其原因，在医疗服务体系中，人力资源是核心资源，患者总是跟着医生走的，医生的诊疗水平相比业务用房面积和配置密度更为重要。基层医疗机构功能定位为提供基本医疗和公共卫生两项服务为主。相对而言，大医院对医疗资源具有某种虹吸效应，基层医疗机构的建设水平提高远远没有大医院水平提高速度快。在第一部回归中，两个因素对医疗服务的需求和利用没有产生应有的促进作用，基层医疗机构的建设没有成为居民就诊的关键影响因素。

2. 对策建议

分级诊疗是实现医疗服务可及性和优化卫生资源配置的重要行动，同时居民医疗经济负担是否减轻也是分级诊疗能否推广和被居民广泛接受的重要维度。为进一步完善和推广分级诊疗制度，降低家庭医疗经济负担，尚需采取如下对策：

(1) 以维护健康为目的，培育和充实家庭医生队伍，引导居民基层首诊。

一方面，以慢性病、常见病诊治为突破口，引导居民通过基层医疗机构进行诊治医疗，避免小病大治和重复治疗问题，切实降低医疗经济负担和提高健康水平。由于我国实行自由就医政策，而医疗服务购买和消费特性，致使人们一旦患病就会选择医疗服务质量最高的机构就诊，从而导致小病大治，优质医疗资源浪费。其表现为医疗服务水平较高的大型医院人满为患，而基层医疗机构则就诊量严重不饱和，给居民带来的直接后果就是大医院距离远、挂号难而导致的诊治不及时和去大医院诊治项目多、单价高的高昂费用。根据分级诊疗的急慢分治原则，将已经确诊的高血压、糖尿病和脑卒中等慢病和常见病患者分流至基层医疗机构进行医治，能够更有效地进行日常医护，同时能够明显降低家庭医疗经济负担。另一方面，当前人们广泛处于亚健康的状态，而亚健康状态能够引发出多项慢性疾病，慢性病已经成为中国居民的头号健康威胁，疾病致死居民的第一原因就是脑血管病。居民的医疗服务需求本质上是健康的派生需求，相对于医治本身，基层医疗机构提供的健康教育、预防保健和康复等服务更有利于强化居民的健康意识，预防疾病，特别是降低大病重病的发生率，从而降低大病重病所产生的医疗费用。而且，基层医疗卫生服务机构设置以人口和地域为标准，分布在居民身边，可方便为当地居民提供慢性病的日常医护服务，有效维护和照料居民整体身心健康。当然，由于短期内基层医疗机构尚难以配备足够的、水平适宜的全科医生，可调动二、三级医院与全科相近专科医生转为全科医生，或者成为同时兼有全科和专科的“双科医生”，加入家庭医生队伍。医院全科医生根据多点执业原则，既可到基层医疗机构出诊，也可在医院特别是就诊率偏低的二级医院增加全科诊室。

(2) 提高基层就医报销比例，按人头支付家庭医生服务。

创新医保支付方式是促使居民自发“愿意去”基层医院的一个重要手段。一方面，据分级诊疗的运行实际需求设置医保支付方式，全面支持参保居民与基层医疗机构全科医师开展签约服务，将符合规定的家庭医生签约服务纳入医保支付范围，打破总额预付下医院间支付体系不连通的局面，促进患者体系内上下转诊。也可考虑在现有医保框架下，家庭医生服务采取按人头支付方式。英国 2011 年开始组织“全科医生联盟”，建立新的医疗费用风险承担组织，代表患者购买医疗服务，政府按照全科医生联盟承担的人口数目，支付给联盟预算，全科医生联盟再根据患者的使用情况支付给其他医疗服务供给方，“全科医生联盟”负责英国 70%—80%的医疗预算。未来随着基层医疗机构承担医疗服务数量的增加，我们也可学习和借鉴英国“全科医生联盟”式(蔡江南，2016)的支付方式。我国一些城市已经开展类似实践，如镇江市按照签约人数和就诊人数对社区进行付费，盐池市实行人头包干预付制等。另一方面，根据医疗卫生服务的特征，设置有效的医疗机构间医疗费用报销比例差异，以及是否按照分级诊疗就诊程序就医的差别报销策略，刺激居民对医疗费用的敏感程度，科学引导居民接受基层首诊和下转，提供全程连续、保证质量的基本医疗卫生服务，维护居民健康。北京市在平谷区对不按照规定就诊程序的患者采取报销比例下降20%的策略，江苏、青海和宁夏都设置了阶梯式的报销比例。既要通过逐步提高基层医疗机构医疗保险报销比例引导居民到基层就医，并降低居民医疗经济负担，又要通过扩大医保在不同级别医疗机构间的报销比例差距，利用居民就诊报销敏感性引导居民合理就医，在满足医疗服务需求的前提下，降低医疗经济负担。

(3) 提升基层医疗卫生服务诊疗水平，吸引居民签约和就医。

推进分级诊疗的重点在于“强基层”，基层建设程度直接影响到分级诊疗制度运行效果，并且分级诊疗内核是分工诊疗，通过建立基层医疗机构长效补偿机制，加强基层医疗机构建设，增强诊疗能力和诊疗水平，使其能够匹配起基础医疗、预防、保健、康复与健康教育等基本医疗卫生服务功能，担负起居民健康保护的第一层防线责任。一方面，要从软件着手，重点培养家庭医生队伍。既要建立家庭医生长期输入的培育体系，又要对现有医生提供交流、学习机会，制定科学的薪酬与晋升激励制度，保障其收入水平，确保基层医疗机构人才队伍的选、育、用、留体系的完整。另一方面，也适当提升基层机构硬件建设水平。基层医疗机构科室不齐全、用房不足、科室布局不合理，没有留观病房、康复病房，以及医疗设备短缺、医疗设备老化等问题，这些都严重制约基层医疗机构的诊疗水平，是居民患病首诊不选择基层医疗机构的主要原因，同时也是转上容易转下难的关键所在。

第九章 欠发达地区G省T市健康贫困治理行动与效果案例

G省位于我国西北地区，属于经济社会发展欠发达的贫困大省，是扶贫攻坚的重点地区。该省在健康贫困治理中根据国家相关政策，结合当地经济社会发展状况，因地制宜，探索切实有效的健康贫困治理路径和具体办法，成为欠发达地区健康贫困治理的典范。本章系统梳理和总结G省T市健康贫困治理政策、制度进展和实施效果，总结该地区健康贫困治理的经验，对同等发达地区健康贫困治理具有一定借鉴意义。研究团队采取主体访谈、数据调查表、居民问卷等方式，实地调研了G省T市一区一县的六个乡镇卫生院及其村卫生室和居民家庭，获得了宝贵、翔实的一手健康扶贫信息，为研究提供了充分的依据。

一、G省社会经济状况

(一) 社会经济运行情况

G省地处黄河中上游，嵌于黄土高原、青藏高原和内蒙古高原之上，东西蜿蜒1 600多公里，纵横45.37万平方公里，占中国总面积的4.72%，海拔大多超过1 000米，是中国版图的几何中心。G省东接陕西，南控巴蜀青海，素有塞上江南、丝绸古道、河西走廊、阳关古道的历史美誉，省会城市更是成为西北地区重要的交通枢纽和经济增长极。2018年末，G省常住人口2 637.26万人，其中城镇人口1 257.71万人，常住人口城镇化率为47.69%；农村人口1 379.55万人，农村人口占全省常住人口比重为52.31%；同时，G省是一个多民族聚居的地方，省内现有55个少数民族，人口达241.05万人，占全省总人口的9.43%，世居G省的少数民族有10个。

表9.1　2018年G省年末人口数及其构成

指　　标	年末数(万人)	比重(%)
全省常住人口	2 637.26	100
其中：城镇	1 257.71	47.69
乡村	1 379.55	52.31
其中：男性	1 345.27	51.01
女性	1 291.99	48.99
其中：0—14岁	461.26	17.49
15—64岁	1 879.05	71.25
65岁及以上	296.95	11.26

资料来源：2018年G省国民经济和社会发展统计公报。

多样的地形地貌、复杂的气候环境和人口状况使该省社会经济发展长期面临各种阻碍，基础设施配套较迟缓，道路建设成本大施工周期长，交通运输发展滞后，严重阻碍了地区之间的贸易往来。在省辖12个地级市、2个自治州，86个县(4个县级市、59个县、7个民族自治县、16个市辖区)中，有58个是国列和省列的贫困县。由于户籍制和省内城镇地区基础设施的容纳度低，以及多数农村地处山区，通信网络和道路交通不便利，城乡存在地域差异，靠天吃饭、家庭贫困的农户不在少数。目前，全省有16 068个行政村，部分行政村由以前的大队合并而成，队里的村民居住较集中，但大队之间居住距离较远，以村为单位建成的卫生室等基础设施和配备的生活资源，部分村民在利用上并不是很便利的。加之，少数民族人口文化程度较低，不同民族的信仰和生活习性互相融合的过程必然是漫长而艰难的，这是G省经济发展必须应对的挑战。

近两年，G省经济的发展潜力和困难并存、优势和劣势逐渐分明，产业结构不断调整。2017年，全年全省实现生产总值7 459.9亿元，比上年增长6.46%。其中，农业上以草畜、马铃薯、水果、蔬菜等为主导产业，制种、中药材、啤酒原料等为区域性优势产业，食用百合、黄花菜、花椒、油橄榄等为地方性特色产业。2018年，全省蔬菜、烟叶、棉花、中药材等增速较快，粮食总产量达到1 151.4万吨，特色农畜产品大幅度增长，但也有部分农产品产量明显下跌。第二产业仍占有重要地位，形成了以石油化工、有色冶金、机械电子等为主的工业体系，丰富的自然资源使矿业、能源产业、风能、太阳能产业获得明显的比较优势，使该省成为我国重要的能源、原材料工业基地。规模以上工业增加值增长4.6%，其中采矿业增长3.3%，制造业增长3.0%，电力、热力、燃气及水生产和供应业增长13.0%；规模以上工业企业利润270.4亿元，比上年增长20.1%。第三产业增加值从2016年的3 690.79上升到2017年的4 038.8亿元，增速较快。

表9.2　G省历年生产总值　　(单位:亿元)

年份	生产总值	第一产业	第二产业			第三产业	人均生产总值
				工业	建筑业		
2013	6 186.74	658.10	2 767.94	2 177.72	607.63	2 760.70	2 3981
2014	6 680.93	695.77	2 952.83	2 289.53	681.60	3 032.33	25 830
2015	6 621.98	733.37	2 521.99	1 805.55	730.88	3 366.62	25 571
2016	7 007.10	800.75	2 515.56	1 757.53	776.35	3 690.79	26 901
2017	7 459.90	859.75	2 561.79	1 763.44	811.41	4 038.36	28 497

资料来源:2018年G省统计年鉴。

G省在推动供给侧改革的过程中，产业结构调整方向和目标逐渐清晰，三产结构比为11.53∶34.34∶54.13，服务业已经成为G省经济新的增长极。信息产业、生产服务业、现代物流业、文化旅游业，以及中医中药等十大生态产业得到了迅速发展，如旅游综合收入2 058亿元，外贸进出口总额增长21%，规模以上服务业企业营业收入增长7.8%。

表9.3　G省历年第三产业增加值指数　　(单位:亿元)

年份	第三产业	交通运输、仓储和邮政业	批发和零售业	住宿和餐饮业	金融业	房地产业
2013	111.96	100.53	107.69	104.24	124.01	110.84
2014	109.49	104.57	110.52	108.25	121.76	105.37
2015	109.77	99.67	102.30	107.36	121.51	105.59
2016	108.86	99.33	104.71	107.04	114.39	106.44
2017	106.54	108.11	103.49	105.96	105.29	101.95

注:本表按不变价格计算。
资料来源:2018年G省统计年鉴。

2018年G省经济有所回暖，但基础设施建设欠账依旧存在，经济结构调整与发展方式转变还存在困难，非公有制经济发展整体水平偏低，创新驱动能力还很不足。较为薄弱的经济发展水平和产业支撑，使G省尤其是贫困与深度贫困地区的脱贫攻坚已成为迫在眉睫的大事。

(二) G省贫困状况

1986年，国家首次在全国范围内确定了331个国家级贫困县，G省占有43个，主要分布在D市、T市和临夏市等地区。2012年全国国家级贫困县调整为832个，G省占有58个，在贫困县分布的22个省份中排名第5，占G省全部县区的67.4%。其中，国家扶贫开发重点县共592个，G省有41个，占比达到6.93%；在划定的14个重点扶贫连片特困区中，G省的T市、D市等地被列入国家六盘山、秦巴山和藏区三大贫困片区。

2018年，我国将西藏、新疆南疆四地州和四省藏区，G省临夏州、四川凉山州和云南怒江州，以及贫困发生率超过18%的贫困县和贫困发生率超过20%的贫困村确定为"三区三州"，这些地区80%以上位于青藏高原区，自然条件差、经济基础弱、

表9.4 G省贫困县分布表

<table>
<tr><td rowspan="8">六盘山区(40)</td><td>兰州市</td><td>永登县、皋兰县、榆中县</td></tr>
<tr><td>白银市</td><td>靖远县、会宁县、景泰县</td></tr>
<tr><td>T市</td><td>清水县、秦安县、GG县、武山县、张家川回族自治县、MJ区</td></tr>
<tr><td>武威市</td><td>古浪县</td></tr>
<tr><td>平凉市</td><td>崆峒区、泾川县、灵台县、庄浪县、静宁县</td></tr>
<tr><td>庆阳市</td><td>庆城县、环县、华池县、合水县、正宁县、宁县、镇原县</td></tr>
<tr><td>D市</td><td>安定区、临夏县、康乐县、渭源县、临洮县、漳县、岷县</td></tr>
<tr><td>临夏回族自治州</td><td>临夏市、临夏县、康乐县、永靖县、广河县、和政县、东乡回族自治县、积石山自治县</td></tr>
<tr><td>秦巴山区(9)</td><td>陇南市</td><td>武都区、成县、文县、宕昌县、康县、西和县、礼县、徽县、两当县</td></tr>
<tr><td rowspan="2">藏族地区(9)</td><td>武威市</td><td>天祝藏族自治县</td></tr>
<tr><td>甘南藏族自治州</td><td>合作市、临潭县、卓尼县、舟曲县、迭部县、玛曲县、碌曲县、夏河县</td></tr>
</table>

注：共计58个贫困县。

贫困程度深,G省临夏州和甘南州、天祝县“两州一县”(均为民族地区)共17个县被整体列入国家重点支持的“三区三州”范围。同时,G省又确定了18个深度贫困县,共同成为全省贫困攻坚的艰难地带。两年来,G省各级行政部门全力以赴推行扶贫政策,一户不漏地落实各项扶贫措施,贫困状况有了极大改善。2018年10月,皋兰县、崆峒区、正宁县、两当县、临夏市、合作市6个片区贫困县(市、区),以及未被纳入国家扶贫规划的插花型贫困县(区)七里河区、凉州区、民勤县、永昌县、瓜州县、甘州区、高台县、山丹县、民乐县、肃南县、西峰区、白银区,经过四级核查和审查,并由第三方评估机构实地评估后实现脱贫摘帽。

截至2018年末,全省共有49.67万人享受城市居民最低生活保障,233.64万人享受农村居民最低生活保障,10.06万人享受农村特困人员救助供养。全年资助898.6万人参加基本医疗保险,医疗救助986.88万人次。①

(三) 近年G省扶贫行动

1. 加大扶贫资金投入

2018年,G省对贫困地区采取多项扶贫措施,投入173.3亿元专项资金,其中省级46.2亿元,增长145%;投入深度贫困地区的专项扶贫资金106.9亿元,占全省的61.7%;33家中央单位投入帮扶资金3.91亿元,实施帮扶项目293个,帮助引进项目118个、投资39.76亿元。②

2. 实施产业扶贫策略

制定出台“牛羊菜果薯药”六大特色产业扶贫方案,引进北京德青源、陕西海升、广药集团、福建圣农等一批大型龙头企业,贫困地区新增龙头企业291家,累计达到1 781家。新建农民专业合作社2 862个,实现每个贫困村2个以上合作社全覆盖。兴办扶贫车间754个,吸纳就业4.92万人,其中贫困人口1.62万人;进行劳动力培训41.5万人,开发乡村公益性岗位3.7万个。设立实施1 000亿元特色产业发展工程贷款、500亿元产业发展投资基金和500亿元农产品收购贷款,为特色产业发展工程累计发放贷款395亿元,为3 594个贫困村消除无集体经济的情况。建成701座贫困村果蔬保鲜库,成立200多家省内外企业参与的农业扶贫产业产销协会,通过农产品产销会和贸易洽谈会的方式将G省特色农产品推向全国市场。

---

① 《2018年G省国民经济和社会发展统计公报》。

② 《2018年G省政府工作报告》。

3. 探索多元化扶贫路径

新增6个省级补贴险种，对有需求的建档立卡贫困户和种养产业的自然灾害和市场波动风险提供保险保障，成为全国产业扶贫机制创新的典型案例。通过教育扶贫劝返建档立卡义务教育阶段学生9 352人，使学前三年毛入学率达到87%，九年义务教育巩固率达到93%。通过易地扶贫帮助15.9万人实现搬迁，改造7.9万户农村危房。通过光伏扶贫建成村级电站并网30.54万千瓦，贫困地区自然村动力电实现全覆盖，98%以上的行政村开通光纤宽带。通过健康扶贫使基层医疗服务设施进一步加强，基本医疗资源逐步下沉，医护人员队伍继续扩充，因病致贫、因病返贫现象得到控制。G省扶贫攻坚成效显著，全省贫困地区农村人口人均可支配收入增加到7 687元，增长10.3%；10 835公里农村公路得到改建或硬化，已有“美丽乡村”示范村697个、乡村旅游示范村100个，农村居民生活大幅改善。

二、G省健康扶贫特点和成效

2016年9月《G省健康扶贫工程实施方案》提出，到2020年全省健康扶贫工作要实现四大目标：一是“因病致贫”人群全部如期脱贫。贫困地区人人享有基本医疗卫生服务，农村贫困人口大病得到及时有效救治和保障，个人就医费用负担大幅减轻。二是贫困地区医疗服务能力明显提升。县乡村医疗卫生机构标准化建设全部达标，县级医院服务能力达到二级甲等医院水平，实现小病在乡村，大病不出县，90%的病人在县域内就诊。三是贫困地区广大群众健康水平整体提高。公共卫生服务和健康促进工作全面加强，重大传染病、地方病得到有效控制，妇女儿童健康水平不断提高，群众自我保健能力明显提升；人均期望寿命逐步提高，孕产妇死亡率、婴儿死亡率、5岁以下儿童生长迟缓率等主要健康指标达到全省平均水平。四是有效降低因病致贫、因病返贫。区域间医疗卫生资源配置和人民健康水平差距进一步缩小，有效缓解因病致贫因病返贫问题。为推动这些目标的实现，G省近两年在健康扶贫方面进行了一系列的政策调整和改革。

（一）G省健康扶贫政策

1. 医疗保险政策

根据《G省整合城乡居民基本医疗保险制度实施意见》，G省于2017年开始进行城镇居民基本医保和新型农村合作医疗保险制度的整合，在全省推行覆盖范围、筹资政策、保障待遇、医保目录、定点管理和基金管理“六统一”的城乡居民基本医保制度。省内所有城乡居民（包括婴、幼儿、在校大学生等）均有参保资格，按年度一次性缴清全年参保费，于次年1月1日至12月31日享受规定的城乡居民医保待遇（新生儿应在出生三个月内及时办理个人参保缴费，从出生当日起享受城乡居民基本医疗保险待遇）。城乡居民的个人缴费是医保基金的主要来源，2019年G省城乡居民基本医保个人缴费水平为每人每年220元，财政人均补助标准在2017年基础上新增40元，达到每人每年不低于490元，与国家平均水平持平。

保障待遇方面，G省城乡居民基本医保已经扩大到门诊报销，居民发生的医疗费用按普通门诊、慢特病门诊以及住院等不同情形予以相应报销，并将9项国家基本医疗保障康复项目及新增部分医疗康复项目，纳入城乡居民基本医保报销范围。慢特病门诊实行分病种确定额度、按比例补偿、年度累计的支付方式，共对四类45种疾病（Ⅰ类、Ⅱ类由三级或二级定点医疗机构负责确诊，Ⅲ类、Ⅳ类由二级定点医疗机构负责确诊）进行门诊报销。根据2018年5月G省下发《关于完善G省城乡居民基本医疗保障政策的通知》，在确保医保基金安全和累计医保基金结余不超过当年筹资总额25%的前提下，根据基金承受能力，在现行城乡居民基本医保报销比例的基础上，对所有城乡居民参保患者适度提高门诊和住院报销比例。

表9.5　城乡居民基本医疗保障待遇

	制度规定	报销流程
普通门诊	应当在县级医院、乡镇卫生院、符合条件的村卫生室就诊（主要要求在乡村两级，占90%），各统筹地区按照县级10%、乡级40%、村级50%的门诊就诊比例，确定人均定额标准，拨付门诊统筹基金，实行按人头付费，费用补偿实行零起付线，政策范围内补偿比例为70%左右	在就诊乡村两级定点医疗机构即时结报
慢特病门诊	四类45种，[①]补偿不设起付线，在限额内按照患者实际费用的70%补偿，超过年度限额医保不予报销，其中，Ⅰ类尿毒症透析治疗患者每人年度累计补偿封顶线为60 000元，其他疾病每人年度累计补偿封顶线为20 000元；Ⅱ类苯丙酮尿症儿童每人年度累计补偿封顶线为14 000元，其他疾病每人年度累计补偿封顶线为10 000元；Ⅲ类每人年度累计补偿封顶线为3 000元；Ⅳ类每人年度累计补偿封顶线为2 000元	Ⅰ、Ⅱ类由三级或二级定点医疗机构确诊，Ⅲ、Ⅳ类由二级定点医疗机构确诊。凭本人慢特病证（卡）及相关资料在指定经办机构办理报销

续 表

	制 度 规 定	报销流程
住院	患者住院补偿减掉起付线(省、市、县、乡级四级医疗机构分别为3 000元、1 000元、500元和150元)后按规定比例报销,起付线、报销比例由各统筹地区自行制定;参保人员当年发生的医疗费用,在12月25日前出院的医疗费用纳入当年报销;12月25日后出院的医疗费用,纳入次年报销	凭(身份证、户口本复印件、医疗卡、转诊手续、出院证明等)证明出院即时结报。在签有跨省就医结报服务框架协议的省份可实现异地即时结报

注:①Ⅰ类:尿毒症透析治疗,再生障碍性贫血,血友病,系统性红斑狼疮肾损害,恶性肿瘤放化疗,白血病,器官移植抗排异治疗;

Ⅱ类:苯丙酮尿症,精神分裂症,抑郁症,躁狂症,慢性肾炎并发肾功能不全,肝硬化,脑瘫,心脏病并发心功能不全,心脏瓣膜置换抗凝治疗,急性心肌梗塞介入治疗术后,强直性脊柱炎,重症肌无力,股骨头坏死;

Ⅲ类:高血压病,脑出血及脑梗塞恢复期,风湿性关节炎,慢性活动性肝炎,慢性阻塞性肺气肿及肺心病,糖尿病伴并发症,椎间盘突出,慢性盆腔炎及附件炎,耐药性结核病,癫痫,甲亢,克山病,大骨节病,布鲁氏菌病,支气管哮喘,血小板减少性紫癜,重症帕金森病,老年痴呆症;

Ⅳ类:黑热病,克汀病,包虫病,氟骨症,砷中毒,疟疾,普通肺结核。

资料来源:《G省整合城乡居民基本医疗保险制度实施意见》。

大病医保作为基本医保的重要补充,在减轻居民就医压力,防止“因病致贫”“因病返贫”中效果显著。根据《G省城乡居民大病保险工作实施方案》(2018),城乡居民大病保险实行省级统筹,每年初各市州从当地城乡居民基本医保基金中上缴到省级社会保险基金财政专户。参加城乡基本医保的居民即可享受大病医保报销,医保部门按照“统一筹资标准、统一报销比例、统一实施方案”的原则为全省城乡居民提供平等的大病保险待遇。目前,全省按照人均65元的标准统筹大病保险资金,统筹资金从财政基本医保补助资金中安排,不增加城乡居民缴费负担,新增10元用于对建档立卡贫困人口合规医疗费用实际补偿比例达不到85%的部分进行补偿,确保建档立卡贫困人口实际补偿比达到85%。保障待遇上,大病医保实行累进报销的制度,报销比例从60%到80%不等,并取消了原门诊慢特病大病保险年内最高报销5万元的限制,上不封顶。

G省医保政策的健康扶贫力度很大,比较不同时间节点前后居民医疗费用的报销水平可以发现,建档立卡贫困人口的医保报销待遇在不断提高。2017年以前,G省城乡居民基本医保报销起付线为5 000元、建档立卡贫困人口3 000元,且报销比例较低;2017年开始,G省城乡居民大病医保起付线保持5 000元不变,将农村建档

表 9.6　城乡居民大病医疗保障待遇

<table>
<tr><th></th><th>慢特病门诊</th><th>住　院</th><th>无第三方责任人的意外伤害</th></tr>
<tr><td rowspan="2">报销方式</td><td>于当年第三季度和次年第一个月分两次报销。诊断证明、门诊病历，处方及医疗费用发票，基本医保门诊结算单</td><td>单次住院自负费用超过起付线即时结报；累计住院超过起付标准时结报</td><td></td></tr>
<tr><td colspan="3">大病保险报销起付线一年之计一次，不按住院、门诊慢特病、意外伤害等情形进行区分</td></tr>
<tr><td>制度规定</td><td colspan="3">对基本医保段在门诊和住院费用补偿后自付部分合规费用在 5 000 元以上部分，进入大病保险按比例分段递增报销。补偿基数为：0—1 万元(含 1 万元)报销 60%；1 万—2 万元(含 2 万元)报销 65%；2 万—5 万元(含 5 万元)报销 70%；5 万—10 万元(含 10 万元)报销 75%；10 万元以上报销 80%
重大疾病实行单病种限额付费管理，凡符合 50 种重大疾病病种的城乡居民重大疾病参保患者在定点医疗机构住院费用结算补偿，不设起付线，在城乡居民医保重大疾病支付限额内病种临床路径规范和医保目录，按其合规费用的 75%(精准扶贫提高 5 个百分点)由医疗机构负责结算
无第三方责任人的意外伤害最高报销 2 万元</td></tr>
</table>

资料来源：《G 省城乡居民大病保险工作实施方案》(2018)。

立卡贫困人口、城乡低保、特困供养人员大病保险的起付线降为 2 000 元，并提高了报销比例；2017 年 9 月 30 日至 2017 年 12 月 31 日，在基本医保对贫困户在这三个月内发生的合规医疗费用报销比例不变的基础上，当自付费用超过 3 000 元时即实施民政兜底政策；2018 年 1 月 1 日至 2018 年 5 月 31 日，提高建档立卡贫困人口基本医保的报销比例且继续推行民政兜底政策；2018 年 6 月 1 日开始，对前五个月建档立卡贫困人口、城乡低保、特困供养人员自付医疗费用超过 3 000 元但未享受民政兜底保障的情形进行全面清理。我们调研中这一工作正在各县乡开展。此外，当地医疗保险政策还体现了对特殊人群、特定产业等人群的倾斜：城乡居民在县、乡、村定点医疗机构开展针灸、刮痧、推拿、拔火罐等中医适宜技术和县、乡、村定点医疗机构使用地产中药材所发生的合规费用，实行全额报销；妇女两癌(宫颈癌、乳腺癌)患者报销比例提高 5 个百分点；建档立卡贫困人口医保报销项目多、报销比例高，如农村低保一类、二类保障对象，持有一级、二级残疾证的残疾人，在乡享受抚恤定补的各类优抚对象(1—6 级残疾军人除外)，两女结扎户，独生子女领证户等六类人员，住院补偿实行零起付线，补偿比例在统一补偿标准基础上提高 10 个百分点等。

2. 医疗保险和医疗服务政策

2018年《G省进一步深化城乡居民基本医疗保险支付方式改革实施方案》出台，着手深化城乡居民基本医疗保险支付方式改革。一是实行总额预付管理。依据定点医疗机构服务协议，由各统筹地区医保经办机构根据基金收支情况，按定点医疗机构上年度实际结算总额的60%，将门诊统筹基金和住院统筹基金分月或季度、半年拨付至县、乡、村医保定点医疗机构。各统筹地区医保经办机构按月、季度对医疗机构实际发生的费用进行结算，冲抵同期预付金，其余40%与医疗机构相关诊疗行为考核结果挂钩拨付，年底进行决算。二是重点推行以按病种付费为主的多元复合式医保支付方式。省、市、县、乡分级诊疗病种全部实行按病种付费，计划到2020年，按项目付费占比将明显下降。日间手术和日间病房试点工作也纳入按病种付费范围。各级城乡居民医保经办机构根据分级诊疗病种与定点医疗机构签订服务协议，通过实施不同级别医疗机构差别化支付政策，促进"病人、基金、医生"三下沉，进一步提高县域内诊疗服务能力。发挥医保基金支付在分级诊疗、家庭医生签约服务、医联体建设等工作中的激励、约束和撬动作用。三是完善按床日付费等支付方式。对精神病、安宁疗护、医疗康复等需要长期住院治疗且日均费用较稳定的疾病，G省采取按床日付费的方式。

落实分级诊疗服务。G省通过组织专家评定各定点医疗机构服务能力，明确省级医疗机构负责50＋n种疑难危重疾病，市级医疗机构负责150＋n种常见大病，县级医疗机构负责250＋n种常见多发病，乡级医疗机构负责50＋n种常见普通病病种的诊治。根据分级诊疗服务的要求，患者产生的医疗合规费用，省级按基准价格的65%定额补偿，市县级按基准价格的75%定额补偿，乡级按基准价格的85%给予定额补偿。对分级诊疗病种实际发生的费用达到或超过基准价格的，基本医保资金按照基准价格向医疗机构拨付，参保患者按照基准价格缴纳自付部分，差额部分由医疗机构承担。对实际费用未达到基准价格的，基本医保资金按照规定基准价格拨付，参保患者按照实际发生费用交纳自付部分费用，结余部分归医疗机构。规定凡符合分级诊疗病种的参保患者，原则上不得越级诊疗(急危重症除外)，如越级就诊，医保不予报销。从2015年1月1日全面推行分级诊疗制度开始，G省综合运用医疗、医保、价格等手段引导患者在本地就医，最终形成基层首诊、分级诊疗、双向转诊的就医新格局。一方面在确定的150个县乡分级诊疗病种基础上，结合本地实际，适度增减，分别制定各级各类医疗机构的分级诊疗病种，并与各定点医疗机构分别签订分级诊疗服务协议。另一方面，确定各病种定额标准，原则上不能高于该病种在本地区相应级别定点医疗机构平均费用的130%，并实行中西医治疗同病同价。符合分级诊疗病种诊断的新农合患者，原则上只能在参合地相应级别的定点医疗机构就诊，不得越级诊疗；执意要求转诊并经过相关机构审批的患者，新农合资金2015年按照该病种在转出医疗机构定额标准的50%报销，2016年按照20%的比例报销，2017年开始不予报销。医疗机构将签约服务范围内病种向外转诊的，新农合管理机构按一定额度扣减医疗机构垫付的新农合补偿资金，其中县级医疗机构每外转一例病人扣减1 000元，乡级每外转一例病人扣减300元，属于新农合重大疾病范围的病种除外。未按规定办理转诊转院手续，擅自外出就诊患者新农合资金不予报销。对纳入分级诊疗的病种，定点医疗机构要按照要求定额标准控制医疗费用，并向参合患者提供即时结报服务。严格执行双向转诊制度，本级诊疗病种原则上不得向上一级医疗机构转诊。同时，完善新农合资金补偿政策，降低向上转诊补偿标准，提高向下转诊补偿标准。各级定点医疗机构根据医疗服务能力逐年增加分级诊疗病种数量。报销待遇上，对符合规定的转诊住院患者可连续计算起付线；上级医疗机构将康复期、病情好转的住院患者转入下级定点医疗机构接受后续治疗的，下级定点医疗机构结算免计起付线。

开展家庭医生签约服务。G省推行的家庭医生签约服务，通过所有农村家庭户和乡村医生签约，均可实现及时诊疗、送医上门等服务，并引导患者合理有序就医和双向转诊。家庭医生签约服务的费用按人头打包支付给签约的医疗卫生机构，能发挥医疗卫生机构和签约家庭医生在医保控费中的作用，为探索推进纵向医联体内实行医保总额付费制，发挥医保杠杆作用，建立风险共担、利益共享新机制起到重要作用。

开展"一站式"即时结报工作。按照最初分级诊疗管理规定，G省"一站式"即时结报服务只在农村贫困人口中开展。农村贫困人口在县域内县乡定点医疗机构就诊，或者城乡参保居民患50种重大疾病在大病救治定点医疗机构就诊发生的合规费用，相关部门要在定点医疗机构结算窗口提供基本医保、大病保险和医疗救助"一站式"即时结报服务，患者出院时只交个人自付费用。2018年6月，G省政府对城乡居民基本医疗服务措施进行了调整完善，"一站式"即时结报服务对象扩展到在定点医疗机构就诊的城乡参保居民，参保人员医保报销程序得到极大简化，减轻了居民医保报销往来过程中的损耗。

3. 贫困人口医疗保障政策

为了提高贫困人口参保水平、减轻就医负担，切实解决贫困人口“因病致贫”“因病返贫”的问题，G省《关于加强建档立卡贫困人口健康扶贫工作的实施意见》《关于进一步加强建档立卡贫困人口医疗救助工作的通知》相继出台。制度明确了健康扶贫对象为农村建档立卡贫困人口，按照脱贫不脱政策原则，对纳入建档立卡范围的农村贫困人口落实健康扶贫政策，保障其享有公平的基本医疗卫生服务。同时，制度还要求贫困人口基本医疗保险的参保率要达到100%，缴费金额适度降低（城乡居民基本医保最低缴费档次已经提高为200元/人/年，而贫困人口缴费仍然保持为100元）。对城乡低保全额保障对象（城市低保全额保障对象、农村低保一类保障对象）、特困人员、优抚对象、高龄老人、孤儿、职工老年遗属、残疾人、两女结扎户和独生子女领证户等贫困弱势群体参加基本医疗保险按当地政府规定的个人缴费标准给予全额或部分资助。

根据《G省城乡大病保险工作实施方案》，健康扶贫工作中对建档立卡贫困人口的医保报销给予大力度倾斜。将建档立卡贫困人口、城乡低保、特困供养人员大病保险起付线从之前的3 000元降低至2 000元（不含2 000元）。依医疗费用不同按72%—90%的比例进行分段报销，各区间报销比例比城乡居民提高10—12个百分点，平均报销比例比2015年上涨10%。对基本医保和大病保险报销后，个人自负合规费用超过3万元以上的部分实行大病保险再报销政策，报销金额上不封顶。

表9.7　贫困和非贫困人口医保报销对比

医保待遇	非贫困人口	建档立卡贫困人口、城乡低保、特困供养人员
基本医保规定		住院医疗费用报销在所有普惠政策基础上提高5个点的报销比例
大病保险报销	基本医保报销后，大病保险起付线5 000元，补偿基数0—1万元（含1万元）报销60%；1万—2万元（含2万元）报销65%；2万—5万元（含5万元）报销70%；5万—10万元（含10万元）报销75%；10万元以上报销80%	基本医保报销后，大病保险起付线为2 000元，补偿基数0—1万元（含1万元）报销72%；1万—2万元（含2万元）报销77%；2万—5万元（含5万元）报销82%；5万—10万元（含10万元）报销87%；10万元以上报销90%。比例未达到大病保险报销标准时，实际补偿比低于85%的部分进行补偿

续 表

医保待遇	非贫困人口	建档立卡贫困人口、城乡低保、特困供养人员
大病医保再报销	无	大病医保报销后，自付合规医疗费用超过3万元以上的部分，按比例分段递增报销：补偿基数0—1万元（含1万元）报销80%；1万—2万元（含2万元）报销90%；2万—5万元（含5万元）报销95%；超过5万元报销98%。报销金额上不封顶
医疗救助	无	合规医疗费用由民政救助兜底，基本医保和大病保险报销后达不到医疗救助条件的，实际补偿低于85%的部分

资料来源：《G省城乡大病保险工作实施方案》。

医疗服务方面，G省卫计委等部门于2018年5月联合下发《进一步推进健康扶贫工作实施方案》的通知，按照"大病集中救治一批、慢病签约服务管理一批、重病兜底保障一批"的要求，对患有50种重大疾病的患者进行集中救治，组建多支由定点医院派出人员组成的集中救治团队，指导基层医疗机构医护人员实施救治，保证医疗质量和安全。对建档立卡贫困人口实行免费体检，建立电子健康档案，精准识别患病人口；对慢病患者进行跟踪管理和干预、专科诊疗、绿色双向转诊等服务。组建由村卫生室、乡镇卫生院、县级医院和省市三甲医院参与的"1+1+1+1"家庭医生签约服务团队，通过四级医疗机构和医护人员的交流合作提升基层医护人员服务水平，扩充基层医疗资源配给。2018年3月，《G省建档立卡贫困人口因病致贫返贫户"一人一策"健康帮扶指导方案》出台，针对2017年明确标识未脱贫的189万建档立卡贫困人口、存在因病因学返贫因素较大人口、未纳入建档立卡范围的农村兜底保障户，组建省、市、县、乡、村五级医务人员组成的签约团队，进行"一对一"帮扶。根据"三个一批"制度，提出全省各级医疗卫生机构的主要任务和服务重点，推动大量村级计生专干积极投入到健康扶贫工作，重点关注贫困地区基础医疗设施建设，引导医疗资源下沉。目前，G省贫困地区多个标准化村卫生室已经建成，一大批乡镇卫生院正在建设，覆盖县乡医疗卫生机构的远程医疗服务网络也逐步投入使用。

表 9.8　贫困和非贫困人口医疗服务项目对比

<table>
<tr><th>医保服务措施</th><th>非贫困人口基本政策规定</th><th>建档立卡贫困人口、城乡低保、特困供养人员</th></tr>
<tr><td rowspan="2">“一站式”即时结报</td><td>无</td><td>根据分级诊疗规定，农村贫困人口在县域内县乡定点医疗机构就诊和 50 种重大疾病在大病救治定点医疗机构就诊发生的合规费用，应即时结报</td></tr>
<tr><td colspan="2">2018 年 6 月 1 日以后，城乡居民发生的合规住院医疗费用，实行“一站式”即时结报。人社、保险公司、民政在定点医疗机构结算窗口即时结算，患者只交个人自付费用</td></tr>
<tr><td>先诊疗、后付费</td><td>无</td><td>根据分级诊疗规定，农村贫困人口在县域内县乡定点医疗机构就诊和 50 种重大疾病在大病救治定点医疗机构就诊，实行零押金住院；2018 年 6 月 1 日起，在省内各级定点医疗机构就诊“先看病、后付费”</td></tr>
<tr><td>“一人一策”签约服务</td><td>由市、县、乡、村四级医疗服务人员组成团队与村民签订初级服务包</td><td>由市、县、乡、村四级医疗服务人员组成团队与建档立卡贫困人口“签约”，为因病致贫返贫人群签订中级服务包，分重病大病慢病提供不同服务直至实现向上转诊；为其他人群签订初级服务包，提供政策宣讲、健康咨询等服务；对建档立卡贫困人口患有乡村可诊治的疾病时“送医上门”，对乡、村无法医治的疾病负责“送人就医”</td></tr>
</table>

资料来源：G 省《进一步推进健康扶贫工作实施方案》。

(二) G 省健康扶贫特点

1. 健康扶贫力度逐步加强

2017 年前后，G 省《贯彻落实社会保险扶贫工作的实施意见》《关于加强建档立卡贫困人口健康扶贫工作的实施意见》《关于进一步加强建档立卡贫困人口医疗救助工作的通知》和《关于进一步做好资助困难群众参加基本医疗保险工作的通知》是主要的健康扶贫政策，这些政策初步明确了社会保险扶贫规划和任务，并对贫困人口救助程序、基本医保资助流程和相关部门职责划分进行说明。2018 年，G 省健康扶贫加速推进。根据国家《关于实施健康扶贫工程的指导意见》出台的多个健康扶贫文件，各地在确保医保基金安全和累计医保基金结余不超过当年筹资总额 25％的前提下，适度提高门诊和住院报销比例，保障水平大幅度提高。通过入户排查，对2017年9月30日起符合条件仍未享受3 000元以上合规医疗费用民政救助兜底政策的建档立卡贫困人口全部兑付到户，这一工作在2018年5月31日之前已全部完成。“扶贫先锋行动”“签约服务提质增效行动”和“基层用药保障行动”等多项配套政策接连出台并产生了良好效果。2018年6月1日起，G省健康扶贫又步入一个新阶段。建档立卡贫困人口的基本医保、大病保险、大病保险再报销、医疗救助等多重保障制度衔接更加流畅，“先看病后付费”和“一对一”帮扶等医疗服务实现多元化发展，“一站式报销”和签约家庭医生制度在全省范围内推广，保障范围和受益人群逐步规范。

2. 措施切合当地需求

2018年，G省推行了一系列面向建档立卡贫困人口、城乡低保、特困供养人员的健康扶贫措施，这些措施在衡量当地人均可支配收入、经济发展和财政水平的基础上，为贫困户提供了极大的扶持，大幅度减少了“因病致贫”“因病返贫”现象。例如，全省建档立卡贫困人口大病医保报销起付线在上一年的基础上再降低1 000元，多个地区取消了建档立卡贫困人口门诊长期用药报销的起付线；逐渐降低医保报销起付线，提高大病医保筹资水平，推行大病医保再报销制度，将无第三方责任人的意外事故纳入基本医保报销范围，报销限额为最高2万元；诊疗目录在全国大病集中救治25种医保目录的基础上有所扩充，共有50种重大疾病被纳入集中救治的范围。实行贫困人口“应保尽保”，个人缴费“应补尽补”，医疗费用“应报尽报”的原则，使贫困人口基本医保参保率达到100%，实现最大限度医保报销。为了解决多数患者对医疗服务项目和医保报销流程不了解不会用的困难，G省通过“一人一策”“一病一方”“双向转诊”“组团”“4＋1”签约医生履职等方式为贫困户提供全面的就诊服务；与全国同步实施的“一站式”报销为当地居民提供了极大便利。由于财政资金投入有限，G省基层医疗资源不足、服务人员严重缺乏，为解决与需要帮扶的贫困人口多之间的矛盾，G省通过签约将医保服务落实到市、县、乡、村的全体医护人员，动员各级医疗机构参与医疗保障服务，推动“全民医保”的发展，这对全省贫困人口的精准识别和帮扶有重要意义。为了给贫困人口建立多层次、多支柱的医疗保障体系，G省正在探索建立健康扶贫商业补充保险制度。鼓励有条件的地区探索健康扶贫商业补充保险试点，并为建档立卡贫困人口购买健康扶贫商业补充保险提供补贴，以提高建档立卡贫困人口的医疗保障水平。

3. 重视基层部门的分工协调和监督

G省健康扶贫强调基层管理部门的监督职能，对医改办、人社、财政、卫生计生、保监等部门进行了职责分工。这不但加强了相关部门的协作和责任分担，而且将健康扶贫的管理工作具体到行政干部，调动了全部基层部门和工作人员参与到健康扶贫中去，基层部门通过分工协调提高了办事效率，工作方式从事后纠正向事前提示、事中监督转变，从单纯管制向监督、管理、服务相结合转变。为保证各项健康扶贫工作落实和强有力的监督，G省出台了一系列“包干”政策。甘南州和天祝县两个藏区和临夏回族自治州是G省医疗资源极度匮乏的区域，确认9家省级医院“分片包干”这“两州一县”的17个县，引导医疗资源向这些地区倾斜，责任主体明确具体。成立健康扶贫处，专职开展健康扶贫包抓和督查工作。省级行政部门包抓到县，市级行政部门包抓到乡，县级部门包抓到村，村包抓到人。干部包抓制度由主要领导包抓最贫困的市州和县，班子成员包抓深度贫困县，所有处级干部分别包抓各贫困县区，督促各地健康扶贫工作任务落实。监督检查“五督”行动方案，对市县政府部门扶贫工作、医疗机构“组团式”帮扶工作、家庭医生签约履约情况、健康专干工作、扶贫政策宣传等进行为期3年的监督检查，并制定了相应的考核体系，以保障各项措施的落实。

专栏9.1　G省健康扶贫各部门职责

医政办：制定并动态调整城乡居民基本医疗保险和大病保险相关政策；监督考核基本医保、大病保险的运行管理，完善相关的配套政策措施；建立科学合理的考核评价体系。

人社部门：落实“先看病后付费”、“一站式”结报和住院免交押金政策；统筹城乡居民医保基金总额预付管理，确保60%的住院统筹基金按期预付；设置基本医保报销窗口，实施基本医保、大病保险、医疗救助窗口“一站式”结报系统联网及衔接工作；负责异地就医结算有效实施。

财政部门：落实城乡居民基本医保经费和大病保险经费保障；落实医疗保障资金的预算安排和分配下达，经基本医保、大病保险报销后，落实好建档立卡贫困人口住院医疗费用，个人自付2 000元后医疗救助实施兜底。

民政部门：落实资助建档立卡贫困人口参保工作；向定点医疗机构及时按

60%预拨医疗救助资金；设置医疗救助报销窗口，做好医疗救助信息系统与基本医保、大病保险信息系统的联网对接。

卫生计生部门：负责落实分级诊疗制度和转诊诊治制度，组织专家委员会评定各定点医疗机构服务能力，补充完善分级诊疗病种目录，与定点医疗机构签订分级诊疗病种服务协议；负责医疗服务综合监管工作，严格控制医疗费用不合理增长；将建档立卡贫困人口数据平台与省、市、县、乡、村各级医疗卫生机构对接，确保建档立卡贫困人口就诊身份自动确认；严格控制建档立卡贫困人口不合规医疗费用。

保监部门：督促大病保险商业经办机构在省市县各医保定点医疗机构设立大病保险报销窗口；确保大病保险政策有效实施和大病即时结报；督促落实大病保险与定点医疗机构、基本医保、医疗救助联网对接；监督政府部门政策制度、出台、执行；监督医疗机构“组团式帮扶”；监督家庭医生和健康专干的签约履约；监督健康扶贫宣传工作。

此外，基层监督更加重视医疗费用结算从部分审核向全面审核转变，将监管重点从医疗费用控制转向医疗费用和医疗质量的双控制。基层医改办会同人社、卫生计生、财政等部门根据各类医疗机构的功能定位和服务特点，建立科学合理的考核评价体系，对医疗服务供方实施医疗费用和服务质量管理评估，引导医疗机构提供以合理诊疗为核心的服务，将考核结果与医保基金支付挂钩。同时，医保监管还延伸到对医务人员的医疗服务行为的评价和监督，强化对医务人员的管理。加强药品（耗材）占比、次均费用增长率、不合规医疗费用占比、个人自负比例、县域外转诊率等重点指标的控制。

（三）G省健康扶贫效果

自《关于加强建档立卡贫困人口健康扶贫工作的实施意见》（2017）下发以来，G省健康扶贫各项工作成效显著：一是精准掌握了因病致贫返贫情况。对全省未脱贫的建档立卡贫困人口的患病情况、治疗情况、医疗费用报销、个人自付费用情况反复摸底调查，精准掌握了贫困底数。二是对建档立卡贫困人口的重病倾斜保障政策效果良好。通过政策倾斜在一定程度上缓解了建档立卡贫困人口就医负担重，为患50种重大疾病的建档立卡贫困户患者建立台账，基本保障了该部分人群获得集中救治，贫困人口负担不起医疗费用、看不起病的问题得到了大幅改观。三是家庭医生签约服务使健康扶贫内生了动态调整机制。集合省、市、县、乡、村医疗专家和医务人员力量所组建的家庭医生签约服务团队，不仅便利了各项帮扶措施的实施，缩短了患者寻医问药、就医转诊、医保报销的时间，而且可以通过家庭医生的反馈及时掌握家庭户"因病致贫""因病返贫"以及"脱贫摘帽"人口数，实现了扶贫对象的动态调整。四是"健康G"手机GGPP软件动态监测实现了健康扶贫的智能化管理。通过"健康G"手机GGPP软件，G省基本实现数据自动汇总、进度实时跟踪、内容规范统一，对扶贫工作进展、监管措施落实、评估签约帮扶质量作用明显。

与此同时，G省健康扶贫工作正在推动基层医疗服务设施和人才队伍建设。截至2018年末，G省共有医疗卫生机构27 885个，其中医院、卫生院2 002个，比上年度增加100个，妇幼保健院(所、站)99个，专科疾病防治院(所、站)5个，社区卫生服务中心(站)628个，诊所、卫生所、医务室7 221个。全省年末卫生技术人员15.7万人，比上年增加1万人，其中，执业医师和执业助理医师5.9万人，比上一年增加3 000人，注册护士6.4万人，与上一年相比增加5 000人。疾病预防控制中心(防疫站)103个，疾病预防控制中心(防疫站)卫生技术人员3 430人。卫生监督所(中心)94个，卫生监督所(中心)卫生技术人员1 383人。乡镇卫生院1 379个，乡镇卫生院卫生技术人员2.6万人。医疗卫生机构拥有床位数16.3万张，其中医院、卫生院

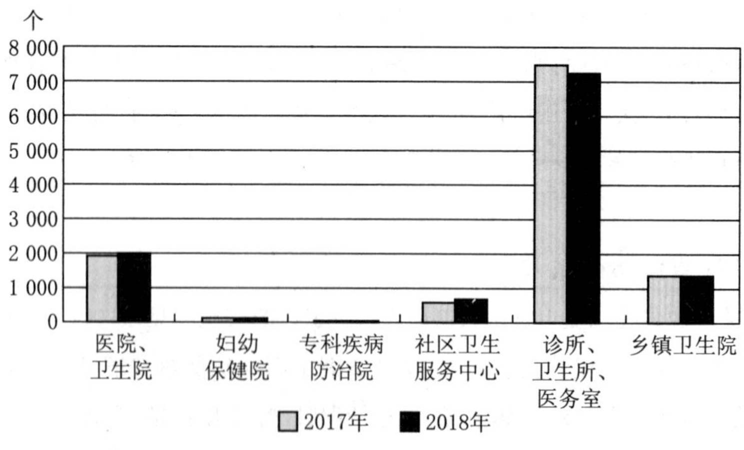

图9.1　G省医疗卫生机构数量分布

资料来源：《2018年G省国民经济和社会发展统计公报》。

拥有床位 12.6 万张。全年总诊疗人次 13 275.2 万人次，出院人数 487.1 万人。99.8％的贫困村建起了村卫生室，贫困人口合规住院医疗费用报销比例达到 85％以上。①

随着脱贫攻坚的强力推进，G 省取得了稳定减贫的阶段成效。2013 年，G 省实施建档立卡的贫困人口共计 552 万人，建档立卡贫困村 6 220 个，2014 年至 2018 年全省贫困人口逐年降低。2018 年，G 省 40 多万干部进村入户，帮助 65 万户 261 万贫困人口制定精准脱贫计划。贫困地区农村居民人均可支配收入 7 687 元，比上年上升 10.3％。按照每人每年 2 300 元（2010 年不变价）的农村贫困标准计算，2018 年末全省农村贫困人口为 120 万人，全年共减少贫困人口 77.6 万人，贫困发生率由 9.6％降到 5.8％。省定 18 个深度贫困县（市、区）累计减贫 40.8 万人，贫困发生率降至 3％以下，“两州一县”减少贫困人口 12.75 万人，贫困发生率由 12.57％降到 7.4％。截至年末，全省共有 49.67 万人享受城市居民最低生活保障，233.64 万人享受农村居民最低生活保障，10.06 万人享受农村特困人员救助供养。18 个县区退出贫困序列，贫困县减少到 57 个，这是国家设定贫困县以来 G 省第一次贫困县数量净减少。此外，建档立卡贫困人口、城乡低保、特困供养人员还受益于产业扶贫、易地扶贫搬迁、教育扶贫、危房改造等政策倾斜，贫困状况不断改善，居民正在逐渐获取较完善的医疗卫生服务，这也为 2020 年实现全省脱贫摘帽的目标消除障碍。

三、G 省 T 市社会经济概况

（一）T 市社会经济状况

T 市位于 G 省东南部，是丝绸之路经济带重要节点城市，是关中—T 经济区次核心城市，是陇东南交通枢纽和区域经济文化中心。市辖 QZ、MJ 两区和 W 县、GG 县等五县及 T 市经济技术开发区，共 113 个乡镇、10 个街道办事处，常住人口 335.49 万人，其中城镇人口 139.73 万人，占常住人口比重（常住人口城镇化率）为 41.65％，比上年末提高 1.51 个百分点。这个有着“羲皇故里”“陇上江南”称誉的历史文化名城，在交通区位、装备制造、现代农业、旅游资源、自然生态等方面都具有明显的比较优势。近年来，T 市积极适应新常态下经济发展出现的趋势性变化，落

① 《2018 年 G 省国民经济和社会发展统计公报》。

实稳增长、促改革、调结构、惠民生、防风险各项政策措施，在经济社会发展中取得了显著成绩，实现了“十三五”发展的良好开局。

2016 年，T 市实现生产总值 590.51 亿元，同比增长 8.6%，增速由 2013 年全省第 11 位上升到第 1 位，经济总量由 2013 年的全省第 5 位上升到第 3 位。其中，第一产业增加值 100.39 亿元，同比增长 5.9%，增速位居全省第 4 位；第二产业增加值 189.98 亿元，同比增长 8.8%，增速位居全省第 2 位；第三产业增加值 300.14 亿元，同比增长 9.3%，增速位居全省第 5 位；规模以上工业增加值 104.2 亿元，增长 9.8%，增速位居全省第 2 位。2017 年全年实现生产总值 614.96 亿元，按可比价格计算，比上年增长 4.5%。其中第一产业增加值 102.69 亿元，增长 5.8%；第二产业增加值 189.4 亿元，增长 3.7%；第三产业增加值 322.87 亿元，增长 4.7%。三次产业结构比重为 16.7∶30.8∶52.5。①

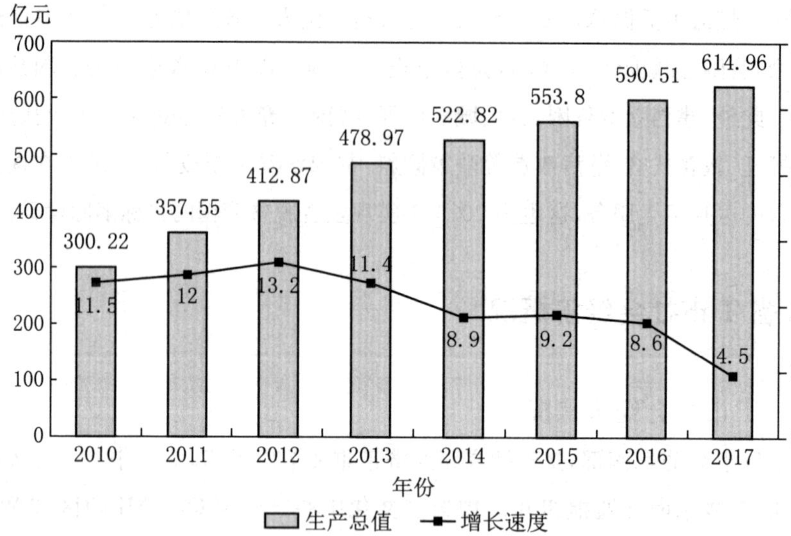

图 9.2　T 市生产总值及增长速度

资料来源：《2017 年 T 市国民经济和社会发展统计公报》。

2017 年，实现社会消费品零售总额 313.11 亿元，增长 8.5%，城镇和乡村零售额分别为 221.35 亿元和 91.76 亿元，增长 7.93%和 9.79%。居民消费价格总水平比上

① 《2017 年 T 市国民经济和社会发展统计公报》。

年上涨 1.5%，其中医疗保健消费价格上涨幅度最大，达到 8.8%。全年城镇居民人均可支配收入 24 612 元，同比增长 8.5%，增速位居全省第 5 位；农村居民人均可支配收入 7 065 元，同比增长 8.7%，增速位居全省第 3 位。城镇居民人均消费支出 14 734 元，比上年增长 11.4%；农村居民人均消费支出 7 775 元，增长 5.7%。①

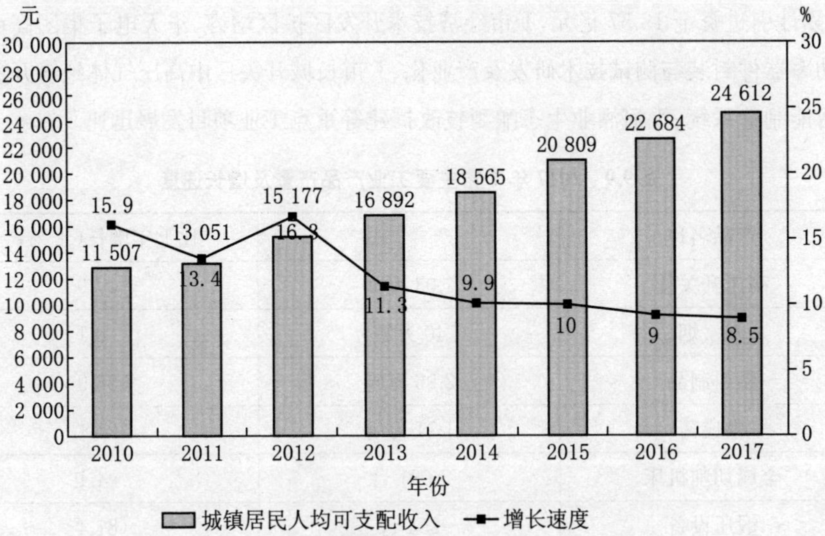

图 9.3 T 市城镇居民人均可支配收入增长速度

资料来源：《2017 年 T 市国民经济和社会发展统计公报》。

T 市以项目拉动投资，先后实施 G 省电器科学研究院电工产品试验研究基地、T 市循环经济产业园等 700 多个上亿元项目。2016 年，全市“十三五”项目库入库项目 2 106 项、总投资 11 126.5 亿元。以交通建设促进区域发展，实施宝兰客运专线 T 段、T 市南站综合交通枢纽及站前广场、国道 310QZ 县至武山段升级改造等市列重大项目 200 个，完成投资 275.65 亿元。注重产业结构调整带动产业链条，遵循“一产调结构、二产扩总量、三产强基础”的原则，形成了以果品、蔬菜、畜牧、劳务为主的四大百亿元农业主导产业，以机械制造、电工电器、电子信息、医药食品、建筑建材、能源化工为主的六大百亿元工业产业集群，以文化旅游、商贸流通、现代服务业等为主的千亿元第三产业链条。

① 《2017 年 T 市国民经济和社会发展统计公报》。

2017年粮食总产113.29万吨，种植优质果园面积128.65万亩，蔬菜总产量295.3万吨，药材播种面积23.23万亩，比上年增长13.22%；药材产量5.4万吨，比上年增长18.16%，农村生产生活条件和发展环境持续改善。2017年工业经济平稳运行。2016年，全市规模以上工业企业实现利润总额9.7亿元，销售产值320.8亿元，实施千万元以上工业项目183项、总投资263.57亿元，实施承接产业转移项目78项，累计引进资金13.57亿元，T市经济技术开发区扩区增容、华天电子集团高可靠性功率器件封装与测试技术研发及产业化、T市长城开关厂中高压气体绝缘开关设备智能制造系统、天河酒业生态酿酒技改扩建等重点工业项目发展迅速。

表9.9　2017年T市主要工业产品产量及增长速度

产品名称	产　　量	比上年增长(±%)
高压开关板	1.03万面	−17.9
卷　烟	40万箱	8.1
塑料制品	2.96万吨	58.9
中成药	1.11万吨	21.1
金属切削机床	1 031台	4.1
锻压设备	254台	81.4
轴　承	4 825万套	9.4
半导体集成电路	280.85亿块	42.8
电力电缆	1 103公里	81.1
毛　线	477吨	−7.6
发电量	7.8亿千瓦时	−44.7
水　泥	327.58万吨	−19

资料来源：《T市经济年鉴》(2017年)。

近几年，T市第三产业活力增强。全市战略性新兴产业企业增加值增长17.1%，非公有制经济增加值增长13%，文化产业增加值增长27%，旅游综合收入达到158.77亿元、增长32.63%。大地湾国家遗址考古公园、MJ山石窟研究所科研基地、峡门风情小镇等文化旅游项目顺利推进。建立了以企业为主体、市场为导向、产学研用相结合的技术创新体系，使T市经济技术开发区、T市农业科技园区等8个园区成为创新资源、创新产业、创新政策融合和现代服务业协调发展的孵化地。2016年全市高新技术产业化水平79.54%、科技促进经济社会发展指数68.47%，均名列全省前茅；T市众创空间暨电子商务中心投入运营，全市实现电子商务交易额30.4亿元，电子商务也成为T市城乡现代服务业融合发展的重要环节。

作为G省重要的窗口城市，T市在经济发展过程中也面临着基础差、底子薄、资源供给不足、人民相对贫困的困境。当机遇和挑战并存时，必然要抓住机遇振兴产业、补齐短板迎接挑战。2012年以来，T市响应国家关于贫困治理的号召，快速制定方案，积极落实精准扶贫政策，不断加大力度解决贫困问题。进入2016年，国家集中解决"因病致贫""因病返贫"人口贫困问题，T市也加大了健康扶贫的力度，对建档立卡贫困人口实施核查核准和动态管理，做到了全民动员扶贫攻坚。

(二) T市贫困状况

T市是国家和省列重点扶贫开发地区之一。2011年，除QZ区外的五县一区被纳入国家六盘山特困片区，贫困人口共计133.15万人，贫困发生率为43.26%。2012年，QZ区作为"插花县"被纳入六盘山特困片区。2013年，全市共有建档立卡贫困村1034个、贫困人口92.08万人，贫困发生率为29.92%。建档立卡以来，四年累计减贫66.39万人，贫困发生率下降了21.53个百分点。截至2017年底，全市共有城镇最低生活保障对象3.08万户、7.63万人，累计发放低保补助资金2.9亿元；农村最低生活保障对象10.96万户、37.84万人，累计发放低保补助资金6.84亿元；全市还有建档立卡贫困村977个，有贫困人口25.69万人，贫困发生率8.39%。根据国家脱贫攻坚的工作部署，将贫困人口占比高、贫困发生率高，且人均可支配收入低、基础设施和住房条件差的地区划分为深度贫困地区。目前，T市共有深度贫困县区3个(MJ区、秦安县、张家川县)、深度贫困镇5个(MJ区五龙镇、秦安县王铺镇、中山镇、张家川县刘堡镇、胡川镇5个镇)，深度贫困村581个，深度贫困人口15.3万人，占全市贫困人口的40.49%，占全省深度贫困人口的12.3%。深度贫困地区贫困发生率28.38%，比全市贫困发生率高出近19个百分点。这些地区都存在低保五保贫困人口脱贫任务重、因病致贫返贫人口脱贫任务重、贫困老人脱贫任务重的问题，是今后几年T市扶贫支持的重点。

(三) T市因病致贫情况

基于T市卫计委提供的截至2018年10月的政府统计数据，2018年T市共有建档立卡户 204 711 户，覆盖人数 940 563 人，其中已经脱贫户 147 040 户，覆盖人数 684 050 人。剩余的建档利卡贫困户共 57 671 户，其中，非“因病致贫”户 37 755 户，“因病致贫”返贫户 19 916 户，“因病致贫”返贫户占比达到 34.53%。从贫困户涉及的人数来看，贫困总人数达到 256 513 人，其中非“因病致贫”返贫人数为 166 093 人，“因病致贫”返贫人数 90 420 人，“因病致贫”返贫人数占比达到 35.25%。从 T 市整体情况而言，“因病致贫”返贫仍然是贫困的重要成因，但低于全国平均的“因病致贫”率 45%这一水平。

根据各区县相应的统计数据，得到 2018 年各区县的“因病致贫”比例情况（见图 9.4）。从“因病致贫”返贫户占比而言，QZ 区、MJ 区、QS 县、Z 县的“因病致贫”返贫户占比高于全市平均水平，分别为 48%、37%、37%、36%，均高于 34.53%；“因病致贫”返贫人数占比分别为 49%、37%、38%、37%，也均高于 35.25%的全市平均水平。这四个区县中，QZ 区的“因病致贫”比例最高，远高于其他三个区县 10 个百分点以上，甚至高于全国平均水平。另外，QA 县、GG 县和 W 县的“因病致贫”问题相对较轻，“因病致贫”返贫户占比分别为 30%、25%、29%，“因病致贫”返贫人数占比分别为 31%、26%、30%。在所有区县中，GG 县的“因病致贫”比例最低，远低于全市平均水平和其他区县。

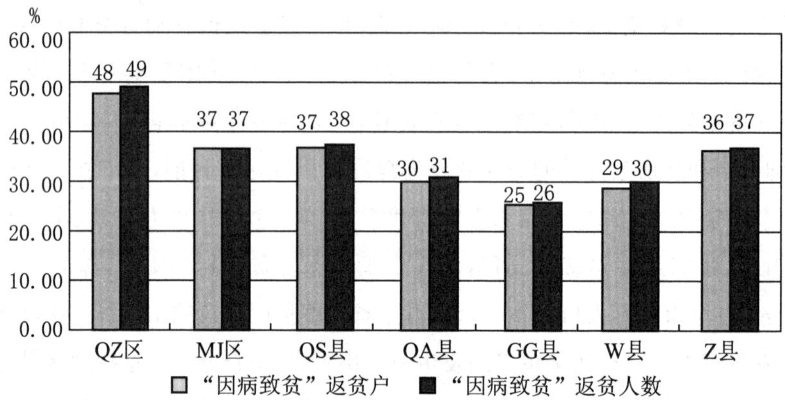

图 9.4　2018 年 T 市各区县建档立卡户因病致贫返贫比例

资料来源：T 市卫计委统计数据。

为了治理贫困，近几年 T 市持续加大扶贫资金投入。2016 年全市共争取到财政专项扶贫资金 8.318 1 亿元，其中第一批财政专项扶贫资金 4.694 7 亿元，第二批财政专项扶贫资金 3.623 4 亿元，比上年全年 5.090 3 亿元增加了 3.227 8 亿元，增幅达到 63.41%。2015 年第二批财政扶贫项目完成投资 0.923 2 亿元，完成了全部项目投资计划。2016 年财政扶贫项目累计完成投资 6.528 3 亿元，占计划总投资的 80.46%。发放第三批精准扶贫专项贷款 33 亿元。全市 14 个扶贫科学发展示范点总投资 1.856 0 亿元，占计划的 97.84%。同时，弥补 T 市在公共服务和基础设施方面的短板，在建制村通沥青路、行政村通安全饮水、自然村通动力电，建乡镇中心幼儿园、1 500 人以上行政村幼儿园、贫困村标准化卫生室、行政村乡村舞台、村文化图书室、村体育活动设施等，解决 99 个贫困村 1.93 万户 8.89 万人的饮水安全问题，自来水入户率达 95%。加快实施 1.48 万户 6.89 万人的异地扶贫搬迁工程，其中贫困人口 5 125 户 2.44 万人，148 个安置点全部开工建设，已竣工 3 080 户。进行危房改造扶贫，改造农村危房 1.02 万户，竣工率 100%。落实教育扶贫，建成行政村诱饵院所(贫困村 122 所)，实施全面改薄项目 559 个(贫困村 143 个)，学前教育三年毛入学率和九年义务教育巩固率分别达到 88.49%和 94.3%。

四、G 省 T 市健康贫困治理行动和效果

(一) T 市健康扶贫政策

1. 医疗保险政策

T 市城乡居民基本医保的改革与 G 省医保制度调整是同步的。按照省级城乡居民基本医保的工作部署，以及《T 市人民政府办公室关于完善城乡居民基本医疗保障政策的通知》(天政办发〔2018〕95 号)，T 市居民基本医保缴费水平从 100 元提高到每人每年 200 元，分普通门诊、慢特病门诊和住院类别按比例分段报销，报销比例与省级规定一致。医保报销规定了对特殊人群的倾斜政策，报销水平与全省基本一致，根据《T 市城乡居民基本医疗保险统筹基金支付办法》(天人社发〔2018〕67 号)规定，T 市城乡居民基本医保基金设有支出封顶线，最高支付限额为 10 万元。

2015 年 1 月，T 市人民政府办公室发布《T 市人民政府办公室关于印发 T 市开展城乡居民大病保险工作实施方案的通知》(T 政办发〔2015〕18 号)，开始实施城乡居民大病医疗保险，由平安养老保险公司 G 省分公司负责大病保险业务，筹资水平为人均 30 元，城乡居民发生的合规医疗费用，在基本医保报销后还可以再次获得大病医保的报销，报销水平与全省大病医保报销水平相同。2017 年 T 市居民大病保

专栏 9.2　T 市基本医保对特殊人群的倾斜政策

1. 建档立卡贫困户、特困供养人员、低保一二类对象、一二级残疾证残疾人、享受抚恤定补的各类优抚对象(1—6 级残疾军人除外)、2016 年 1 月 1 日前的农村两女结扎户和独生子女领证户、计划生育特别扶助人员(指女方年龄满 49 周岁,独生子女死亡的失独家庭夫妻和独生子女伤残且伤残达到三级以上的独生子女伤残家庭夫妻)、艾滋病病人及感染者、结核病患者(包括耐药性结核病和普通肺结核)、严重精神障碍患者等特殊群体,住院医疗费用报销取消起付线,报销比例在统一规定基础上提高 10%。

2. 50 种重大疾病相应病种费用限额内合规费用报销比例 75%。

3. 城乡居民妇女宫颈癌、乳腺癌患者在定点医疗机构的住院费用,报销比例在统一规定基础上提高 5%。

4. 按照《关于将部分医疗康复项目纳入基本医疗保障范围的通知》(卫农卫发〔2010〕80 号)和《关于转发〈人力资源和社会保障部、卫生和计划生育委员会、民政部、财政部和中国残联关于新增部分医疗康复项目纳入基本医疗保险支付范围的通知〉的通知》(G 省人力资源和社会保障通〔2016〕200 号),9 项国家基本医疗保障康复项目及新增部分医疗康复项目纳入报销范围。

5. 对有关防止新生儿出生缺陷的检查项目、新生儿苯丙酮尿症筛查、新生儿甲状腺功能低下筛查、新生儿听力筛查按现行收费标准实行全额报销。

险的筹资水平提高到 55 元,待遇水平不变。2018 年,根据《G 省人民政府办公厅关于印发 G 省城乡居民大病保险工作实施方案(2018 版)的通知》(G 政办发〔2018〕72 号)提出的“10 元 85%”政策,T 市同步将城乡居民大病保险的筹资标准上涨为每人每年 65 元,其中抽出 10 元形成 T 市贫困人口的大病保险基金,用于对建档立卡贫困人口合规医疗费用经基本医保报销后,达不到大病保险条件,实际补偿比低于 85%的部分;或者经基本医保和大病保险报销后,达不到医疗救助条件,实际补偿比低于 85%的部分进行补偿。

目前,T 市贫困人口在县级医院发生的合规医疗费用报销水平可达 85%左右,在乡镇卫生所发生的医疗费用报销水平高于 90%甚至达到 100%。

表 9.10　城乡居民和贫困人口医疗保险待遇

	医保政策	具　体　规　定
城乡居民	基本医保缴费和财政补贴	每人每年缴费 220 元，财政补贴为 490 元
	基本医保待遇	普通门诊个人账户普通门诊和购药标准为每人每年 60 元。门诊慢病保障病种增加到 50 种，其中三类疾病合规费用年度累计报销封顶线提高到 3 000 元，四类疾病合规费用年度累计报销封顶线提高到 2 000 元；市内一、二、三级定点医疗机构政策范围内住院报销比例分别提高到 90%、80%、75%，起付线调整为 150 元、500 元、1 000 元；跨市或跨省定点医疗机构的起付线分别为 2 000 元、3 000 元，报销比例分别为 70%、65%
	大病医保缴费和筹资水平	不额外缴费。每人每年筹资水平为 65 元
	大病保险保障水平	一般从城乡居民自负合规医疗费用超过 5 000 元(不含 5 000 元)时按比例分段报销：0—1 万元报销 60%，1 万—2 万元报销 65%，2 万—5 万元报销 70%，5 万—10 万元报销 75%，10 万元以上报销 80%
贫困人口	基本医保缴费和财政补贴	保留每人每年 100 元的缴费档次；基本医保为一类低保贫困户、五保贫困户 100%补助参保，二类低保贫困户每人参保补助 30%，三、四类低保贫困户每人参保补助 15%，一般贫困户每人参保补助 10 元
	基本医保待遇	普通门诊个人账户购药标准为每人每年 60 元；门诊特殊疾病保障病种增加到 50 种，分不同病种年度累计报销封顶线为 3 000—2 000 元不等；市内一、二、三级定点医疗机构政策范围内住院报销取消起付线，报销比例在统一规定的基础上提高 10%，比例分别提高到 90%、80%、75%
	大病医保缴费和筹资水平	不额外缴费。每人每年筹资水平为 65 元
	大病保险保障水平	基本医保参保人员的基本医保缴费中抽 10 元形成贫困人口大病保险基金，以保障其医疗费用大病报销水平不低于 85%；建档立卡贫困人口、城乡低保、特困供养人员的个人自付合规医疗费用超过 2 000 元的部分按比例分段报销，0—1 万元报销 72%，1 万—2 万元报销 77%，2 万—5 万元报销 82%，5 万—10 万元报销 87%，10 万元以上报销 90%

“三户一孤”大病救助保险是在总结秦安县“两保一孤”(一二类低保户、五保户人员及孤儿)扶贫保险试点工作成功做法的基础上，深入调研论证，进一步扩大参保人群、增加保险病种、降低投保费用，按照政府购买服务、市场运作的方式，为全

市精准扶贫建档立卡贫困户、农村低保户、农村五保户和城乡孤儿办理重大疾病提前给付保险、疾病身故保险、意外伤害身故保险、意外伤害残疾保险等救助保险。这种救助形式不仅形成了贫困人群大病救助保险全覆盖的“T模式”,而且在精准扶贫方面为全省提供了重要借鉴和有益经验。“三户一孤”人员包括:全市精准扶贫建档立卡未脱贫贫困户、农村低保户、农村五保户和城乡孤儿。保险周期为一年,参保保险费为137.4元/人/年。实际参保保险费为40元/人/年,保险对象覆盖全市所有“三户一孤”人员,保险费由市、县区财政扶贫资金全额补贴。参保人员经县区级(含县区级)以上医院确诊,患50种重大疾病之一的,由保险公司提前定额给付1.8万元;发生疾病身故的,给付2 000元;发生意外伤害身故的,给付1万元;发生意外伤害导致残疾的,按照伤残程度比例给付最高1万元。参保人员患50种重大疾病之外疾病的,不纳入大病救助保险全覆盖项目范围。五保户、城乡孤儿因意外或疾病身故的,赔付资金由村委会委托专人领取,用于支付丧葬等费用。

2. 采取的医疗服务行动项目

2017年,根据G省健康扶贫工作部署,T市在细化省级政策的基础上出台了相关实施细则,并在两区五县开展,全面包含了基本医保扶贫、医疗救助扶贫等多个社会保障扶贫规定,涉及从城乡居民的参保缴费到费用报销、从政策落实渠道到部门责任包干等一系列内容。面向全市城乡居民的“一站式”即时结报服务,规定人社、保险公司、民政部门要在定点医疗机构结算窗口进行即时结算,患者只交个人自付费用。面向农村贫困人口实施“先诊疗,后付费”服务,农村贫困人口在县城内县乡定点医疗机构就诊和城乡参保居民患50种重大疾病在大病救治定点医疗机构就诊,实行零押金住院就诊。为建档立卡贫困户提供免费的家庭医生签约服务,以“一人一策”“一病一方”为原则,精准制定医疗救治方案和健康扶贫措施,强化签约服务团队责任,保证签约服务工作质量。由市、县、乡、村四级医疗服务人员组成团队与建档立卡贫困人口“签约”,为“因病致贫”返贫人群签订中级服务包,分重病大病慢病提供不同服务直至实现向上转诊;为其他人群签订初级服务包,提供政策宣讲、健康咨询等服务。努力做到签约一人、履约一人,实现个性化医疗服务,建档立卡贫困人口患有乡村可诊治的疾病时“送医上门”,对乡、村无法医治的疾病可“送人就诊”。实施“三个一批”行动计划,确定14家二级以上医疗机构为大病集中救治定点医院,确定诊疗方案,确定单病种付费标准,加强医疗质量管理、加强责任落实,分病种、分批次对患有大病的贫困人口进行集中救治。

(二) T市健康扶贫效果

1. 特惠政策效果显著

"十二五"期间,T市新农合筹集资金477 983.91万元,报销补偿3 484.94万人次,报销资金456 137.58万元;大病保险参保616.42万人次,筹集资金18 492.64万元,大病保险报销31 182人次,大病保险报销金额9 533.05万元。2016年,根据《T市精准扶贫卫生支持计划实施方案》,贫困户患者新农合补偿标准提高5%,大病保险受益3.78万人次,报销金额13 827.55万元,提高优惠金额724.87万元。截至2018年12月底,全市资助建档立卡贫困人口参合94.22万人,发放资助参费1 855.51万元,资助参保率达到100%。全市建档立卡贫困人口住院11.64万人次,基本医疗保险报销48 222.36万元;大病保险报销4.03万人次,报销资金6 690.49万元;医疗兜底救助4 063人,支付救助资金2 021.04万元。为全市70.22万"三户一孤"人员全部办理了大病救助保险,已理赔1 706人,报销资金2 897.9万元。①

国家关于"大病集中救治一批、慢病签约服务健康管理一批、重病兜底保障一批"的"三个一批"行动计划得到贯彻。T市确定的14家二级以上医疗机构为大病集中救治定点医院,通过确定诊疗方案,确定单病种付费标准,分病种、分批次的方式已累计救治患有大病的建档立卡贫困人口2.33万人,全年分病种对患有21种大病的建档立卡贫困人口集中救治2 075人。完成贫困人口慢病签约管理6.2万人,完成贫困人口重病兜底4 063人,兜底资金2 021.04万元。由市、县、乡、村四级医疗机构5 502名医务人员组建2 330个家庭医生签约服务团队,入户为94.22万名建档立卡贫困人口制定"一人一策"帮扶措施,签约率达到99.31%。建立"送医上门""送人就医"工作机制,转诊服务768人次、送医上门19.52万人次、送人就医2 565人次、健康咨询5.7万人次、康复指导3.74万人次。不仅为村民提供了便利,而且极大地解决了贫困人口不敢看病、没钱看病的困难,减轻了医疗费用压力。

2. 增加了基层医疗机构数量

根据卫生部、国家中医药管理局和国家发改委《村卫生室建设指导意见》,T市村卫生室建设标准为面积不少于60平方米,诊断室、治疗室、药房三室分开,每个标准化村卫生室配齐、配全不少于15种的基本诊疗设备,包括听诊器、血压计、体温计、身高体重计等。2014年,T市建成贫困村标准化卫生室396个,2015年又投资

① T市卫计委、社会经济统计公报等。

6 390 万元建设 523 个贫困村标准化卫生室，并提前完成下一年的 116 个建设项目，年底 1 034 个贫困村标准化村卫生室全部建成。“十二五”期间共建设了 1 250 个标(1511)准化村卫生室，投入资金 10 050 万元，建设规模 75 000 平方米，贫困村卫生室实现全覆盖。2017 年以来，标准化村卫生室建设项目国家不再立项，T 市、县区两级克服地方财政支出的巨大压力，加大资金配套力度，利用国家开发银行贷款和涉农资金投资建设完成 445 个标准化村卫生室。2018 年投入资金 2 370 万元，建成村卫生室 237 个，为全市 1 124 个贫困村卫生室配备健康一体机，专门用于农村群众健康体检。

为了进一步推动医疗资源下沉，实现资源的均等化分布，T 市也很关注乡镇卫生院建设。以 QZ 区为例，2015 年至 2016 年，累计投入 500 余万元改造全区 19 个乡镇卫生院基础设施，新建的秦岭、太京、齐寿 3 个卫生院总投资达 400 余万元。从制度上明确村卫生室所有权、管理权归属于乡镇卫生院，推行乡村卫生服务机构一体化管理，由乡镇卫生院实施统一的药品招标采购，建立统一门诊登记、处方管理、传染病报告、药品使用、财务收支等规章制度，统一开展 12 项公共卫生服务。截至 2018 年末，T 市共有卫生机构 3 822 个(包含诊所)，其中医院 77 个，卫生院 137 个，妇幼保健院、所、站 8 个，社区卫生服务中心(站)69 个；各类卫生技术人员 2.29 万人(含村卫生室卫生员)，其中执业医师 4 269 人(含卫生院执业医师)，注册护士 6 283 人，床位 1.67 万张。

3. 提高了县乡医疗服务能力

2015 年以来，T 市加快了贫困县医院重点专科和薄弱学科建设。先后投资 1 750 万元建设贫困县县级医院重点专科(新生儿重症监护病房和重症医学科)14 个，投入 1 375 万元完成 11 个薄弱学科建设。其中，张川县级新生儿重症监护病房和重症医学科已投入使用；秦安县医院重症医学监护室和新生儿科重症监护病房的建设投入资金 520 万元，配备呼吸机、血液净化设备、监护仪等医疗设备共 77 件套，改造专科业务用房 1 000 平方米。2016 年全市投入 545 台健康一体机。2018 年，T 市争取省级专项资金 500 万元，建成 QZ 区、MJ 区 4 个县级医院重点专科(新生儿重症监护病房和重症医学科)；投资 625 万元，完成张川县第一人民医院妇产科、儿科、影像科、超声科、麻醉科 5 个薄弱学科建设任务。全市 7 个市级医疗机构、17 个县级医疗机构、133 个乡级定点医疗机构均执行了“先诊疗，后付费”和“一站式”结报，为贫困人口开通了就医绿色通道。

T市推行市、县、乡医疗机构帮扶制度，市级医疗机构整体帮扶深度贫困县医疗机构，如金昌市中心医院整体帮扶张家川县人民医院，T市第一人民医院整体帮扶秦安县人民医院，T市第二人民医院采取托管方式整体帮扶MJ区中医院，实现人、财、物统一管理，统一调配。建成了远程会诊平台，推进县区专科联盟和医共体发展，使县级医院分级诊疗病种增加到250种以上，县域外就诊率明显下降，快速提升了深度贫困县区医疗机构服务能力。同时，县级医疗机构整体帮扶乡镇卫生院，如GG县要求县级医院结对帮带乡镇卫生院，使县医院帮带10个乡镇卫生院，县中医院帮带5个乡镇卫生院，县妇幼保健院帮带2个乡镇卫生院，有效提升了乡镇卫生院的医疗服务能力和管理水平。

4. 加大了基层卫生人才队伍建设

T市加大了基层卫生人才培训力度。2015年，全市给贫困地区乡镇卫生院和社区卫生服务中心配备了80名全科医生，培训投资资金80万元。2016年，完成乡镇卫生院全科医生转岗培训项目，转岗培训全科医生55名，投入资金82.5万元；举办了全市卫生精准扶贫乡村医生能力提升培训班，为720名乡村医生提供6个月培训。2018年，全面实施全科医生特岗计划，通过"县聘乡用"为全市3个深度贫困县公开招聘特岗全科医生24名；投入专项培训经费172.5万元，完成全市全科医生转岗培训115人；投入420万元培训乡村医生700名，有效提升了基层卫生技术人员素质和服务能力。以T市W县为例，该县有乡村医生468人，具有乡村医生资格人数已达452人，占乡村医生总人数97%。健康扶贫工作开展以来，累计转岗培训乡镇卫生院和社区卫生服务中心全科医生280名、乡村医生2 141名，基层卫生技术人员专业素养获得提升。

同时，T市不断充实基层卫生技术人员队伍，引导省市医疗卫生人才赴县乡交流工作。2016年，T市引进医学类本科人才19名，招录基层卫生人才20名，为3个深度贫困县公开招聘特岗全科医生24名。QZ区接收省市多点执业医师12人次，在区级医疗机构开展医疗服务96天(次)，下派市、区级多点执业医师65人次在乡镇卫生院开展医疗服务113天(次)，使乡村医生综合素质和业务能力得到加强。根据《关于实施"123456"精准扶贫推进行动计划的意见》，T市计划到2020年每个乡镇卫生院配备的全科医生达到5名；每年选派360名左右市级医疗机构副高以上职称医师、450名左右县级医疗机构中级以上职称或5年以上住院医师重点到贫困乡镇卫生院定期开展多点执业服务；每年为贫困地区乡镇卫生院配备30名以上专业技术人员;建立引导医疗卫生人员到贫困乡镇工作的政策和机制。

要稳定基层医疗卫生人才队伍,提高基层卫生人才待遇水平必不可少。从2016年开始,T市将1 000人以下贫困村的616名医生的定额补助由原来每人每月200元提高到每人每月400元;对1 000人以上的473个贫困村卫生室执业的705名乡村医生,定额补助由原来每人每月200元提高到每人每月300元。积极解决乡村医生退休及养老保险问题,已经审核完毕544名乡村医生的养老待遇于2016年1月份全面执行。

5. 健康扶贫资金投入逐年增加

T市逐年增加基本公共卫生服务补助资金。2016年基本公共卫生服务补助资金14 205.96万元,2017年上升到16 103.71万元,2018年截至10月底,该项补助资金已经达到18 349万元。基层重大公共卫生服务项目建设是促进公共卫生逐步均等化的必然要求,T市下达的重大公共卫生服务补助资金2016年为3 722.26万元,2017年4 477.26万元,2018年上升到5 143.24万元。中医药公共卫生服务也得到重视,补助资金逐年上涨,2018年前10个月,T市在中医药公共卫生方面投入资金613.1万元,3年累计补助资金1 524.6万元。

据2016年度(参保周期为2016年8月1日至2017年7月31日)参保和赔付数据显示,全市共承保729 317人,参保面达到92.89%。市县两级财政从扶贫资金中共拨付保费2 917.27万元,共计赔付1 623人次,赔付资金2 745.4万元,占年度参保标准保险费的94.11%。其中重大疾病提前赔付1 509人,金额2 716.20万元;疾病身故赔付106人,金额21.2万元,意外身故赔付8人,金额8万元。赔付率分别为:张家川回族自治县139.8%,秦安县114.34%,清水县96.77%,MJ区78.31%,武山县78.29%,GG县68.59%,QZ区57.02%。

总之,T市在健康扶贫中所做的工作收到了良好效果,随着各市县医保报销水平和基层医疗服务水平的提高,贫困人口不断减少,“因病致贫”返贫发生率不断降低。以W县为例,对全县贫困人群住院报销比例提高5%,对全县参合的四类人群(低保、五保、计生二户和残疾人)取消新农合报销起付线,并将报销比例提高20%;通过开展分级诊疗,确保乡级50种、县级100种常见病能够在县内医疗机构诊治,做到了小病不出乡村,大病能及时转诊;将儿童白血病等50种农村重大疾病纳入重大疾病补偿范围;机构4 912名医务人员组建2 330个家庭医生签约服务团队,入户为25 6978名建档立卡贫困户制定“一人一策”帮扶措施,提供有针对性、全方位、免费家庭医生签约服务。通过“送医上门”“送人就医”工作机制，转诊服务502人次、送医上门11.09万人次、送人就医1 562人次、健康咨询3.06万人次，完成慢病管理2.59万人次、康复指导2.17万人次。

专栏9.3　T市健康扶贫政策宣传

在基层开展健康扶贫工作需要强大的群众基础。T市农村地区居民文化程度普遍偏低，对政策规定的接受能力弱，为了使各项健康扶贫措施顺利落实并收获良好效果，政策宣传非常重要。鉴于此，T市开辟了多个健康扶贫政策宣传路径，围绕健康扶贫主线，以通俗易懂，易于群众接受的方式，面向社会开展大病集中救治、慢病签约服务管理、重病兜底保障等重点健康扶贫政策宣传，提高社会各界及贫困人口对健康扶贫政策的知晓率。

(1) 逐级举办了健康扶贫政策培训班，对市、县健康扶贫干部分批、分期进行了培训，切实提升基层干部健康扶贫政策应用能力。

(2) 制作大型宣传牌120面、宣传栏3 000余个，编印《健康扶贫工作手册》21万余份，确保建档立卡贫困户每户一册宣传手册、两份个性化宣传品。

(3) 全市建立健康扶贫微信宣传群2 500多个。

(4) 组建了市、县、乡三级500人的健康扶贫政策咨询解答队伍。

(5) 开展健康扶贫政策宣传进校园活动，通过中小学举办健康扶贫政策知识讲座，通过学生将知识带给家长，促进家长知晓健康扶贫政策。

(三) T市健康扶贫居民需求满意度评价结果

1. T市实地调研基本状况

2018年10月，项目组赴G省T市国家级贫困地区MJ区和GG县，对贫困地区居民的医疗保障、医疗卫生设施建设情况等进行实地调研，试图在分析该地区健康扶贫工作过程中遇到的困难和问题的基础上，对今后的健康扶贫工作提供行之有效的对策建议。调研过程中，项目组面向贫困地区居民进行家庭入户问卷，了解居民家庭经济状况、医疗卫生设施的便利性、居民患病和就诊转诊情况、财政补助和医保报销水平、可从社会关系中获得的经济和实物的帮助，以及家庭医生和医疗服务内容等，并对身患重大疾病的居民、重疾救治对象、因病致贫患者进行了专门的贫困访谈,重点了解了家庭成员的患大病或慢病的状况、各项治疗费用支出和保障报销情况、家庭因病致贫返贫情况以及对健康扶贫政策的诉求。此外,项目组还走进当地乡镇卫生院和基层卫生主管部门,了解卫生院就诊和分级诊疗现状,基层医疗机构设施配套和人员配备、药品种类和门诊住院人次、基本医保和大病保险保障,以及新生儿疾病筛查和老年人健康建档情况。先后与乡镇政府、市卫计委、人社局、扶贫办、财政局等健康扶贫行政主管部门进行座谈,对辖区内特殊人群数量、救助扶贫状况、生活基础设施建设以及健康扶贫各类财政补贴和健康扶贫进展等进行了较为深入广泛的交流。

走访乡镇卫生院调研发现,T 市投入大量资金进行基层医疗机构和村卫生室等基础设施建设,其中村卫生室建成投入使用较快,而乡镇卫生院需要选址、基建、设备配给,建设周期一般需要 2 至 3 年的时间。目前,有的乡镇卫生院是在临时性板房中为患者提供医疗服务的。尽管条件比较艰苦,但根据国家乡镇卫生院建设标准,这些临时性医院中均设有精神病科等必备科室。已建成投入使用的乡镇卫生院中,病房、床位条件良好,基本医疗设备齐全,可以正常开展乡镇村级诊疗目录中所列病种的诊断治疗。

MJ 区卫生资源配置情况。T 市 MJ 区属于全国扶贫开发工作重点县区和六盘山特困片区国家重点扶持县区,也是全省 23 个深度贫困县区之一。全区共有 17 个镇,379 个行政村,贫困村 209 个。2016 年底共有农村人口 45.68 万人,建档立卡贫困人口 5.84 万人,贫困发生率 12.79%。随着近几年扶贫工作的不断深化,贫困人口不断减少,但目前仍有 106 个深度贫困村和 4.32 万贫困人口。这些村和贫困人口大多分布在干旱浅山区和林区林缘区,生产条件差,自然灾害频发,脱贫难度巨大。根据《T 市 MJ 区脱贫攻坚实施方案(2018—2020)》,到 2019 年底全区 209 个贫困村要整体实现脱贫退出,2020 年建档立卡贫困人口全部脱贫。

为此,MJ 区制定了《T 市 MJ 区精准扶贫卫生支持计划方案》(以下简称《方案》)和村卫生室建设规划,并于 2015—2016 年间共建成 106 个标准化村卫生室,目前全区现有的 170 个贫困村实现了标准化村卫生室全覆盖。《方案》要求,MJ 区应组织贫困村乡村医生参加为时 6 个月的进修,并给予每人每月 1 000 元的学杂费及生活补助。据此,MJ 区建立了以市二院、广济医院和区妇保院为主的区级免费进修培训基地,对乡镇卫生院人员和乡村医生提供进修和培训,全区所有的 536 名乡村医生,已经分期在广济医院的内科、外科、中医科、护理、急救等临床科室完成轮换进修学习实践技能一个月。从乡镇卫生院选拔了13名具有一定技能的医师参加了全科医师的培训，分别在市卫校进行了理论学习、在市中西医结合医院进行了临床实践的学习；选拔了12名业务骨干，在市中西医结合医院进行了进修。通过建立乡村医生管理档案对村医实施正规化管理，规定乡村医生每周到乡镇卫生院上一天班或每月上一周班制度，以提高乡村医生的服务能力和水平。强化了医保报销流程管理，与平安保险MJ区分公司协调贫困人口大病保险报销起付线政策，以及基本医保、大病医保的衔接工作。

GG县卫生资源配置情况。GG县是国家扶贫开发工作重点县，2013年全县有建档立卡贫困村195个，贫困人口16.62万人，贫困发生率29.5%，其中因病致贫2.57万人。通过近4年的全力攻坚，贫困人口不断减少，2017年底全县剩余贫困村142个、贫困人口3.04万人，贫困发生率下降到了5.38%。目前，在全县29 959名建档立卡贫困人口中，患病人员3 679人，其中患有重大疾病606人，慢性病多发病3 073人，因病致贫返贫问题依旧存在。①

近两年，GG县在省市级相关部门的支持下，正在加强基层医疗资源和服务建设。全县有标准化村卫生室的村170个，其中贫困村69个，非贫困村101个；未建标准化村卫生室的村235个，其中贫困村126个，非贫困村109个，全县贫困村标准化村卫生室实现了全覆盖。全县有执业医师411人、执业助理医师177人、具有执业资格的乡村医生627人，累计培训乡村医生369人。GG县还在加强基层医务人员跨省跨市的交流学习与合作，不断提高当地基层医疗服务人员的专业技术水平。2017年派出4名医务人员赴对口帮扶的天津市东丽区进修学习半年，2018年6月又派出6名医务人员和6名卫生院副院长到天津东丽区进行为期3个月的培训和挂职学习，天津东丽区卫计委先后派6名专家进驻县医院和X卫生院，开展带班培训。

为了实现2020年全县脱贫摘帽的目标，GG从医保政策和医疗服务方面做了大量工作。一是补助农村居民参合缴费，2018年为全县170 911位建档立卡贫困人口落实参保补助资金245.88万元。二是根据“先诊疗，后付费”和医保资金总额预付的相关规定，为县医院、县中医院、县妇保院三家定点医疗机构落实了60%住院统筹资金，第一期共预付2 294万元。三是促进基本医保、大病保险、大病医疗救助

---

① 相关数据来源于GG县卫计委。

“一站式”服务结报。2018年县医保中心落实建档立卡贫困人口住院报销10 359人次，基本医保报销3 739.52万元，为贫困人口提高优惠报销431.25万元，贫困人口住院报销比均达到85%以上、乡镇卫生院达到了90%以上。经基本医保报销后，大病医保按照病人自付费用大小分梯段予以报销，1—9月份贫困人口大病保险报销1 388人次，报销金额557.75万元；2017年10月1日以来医疗救助兜底238人，发放救助金147.56万元。四是自2018年6月1日起，建档立卡贫困人口在享受住院报销提高5个百分点的基础上，县乡两级医疗机构对特殊群体全部取消住院报销起付线，大病保险报销起付线再次降低。五是开展家庭医生服务。GG县从市、县、乡、村四级医疗机构抽调了943名医务人员组成1 283个签约服务团队，为3 679名患病人口和26 280名健康人群制定“一人一策”健康扶贫帮扶，对可以在乡、村两级医疗机构诊治的贫困人口，医技人员提供“送医上门”服务，对需要转诊的危重患者，由乡镇卫生院联系车辆，开展“送人就医”服务。①

图9.5　新兴镇中心卫生院

调研地区卫生资源配置情况。项目组所赴MJ区M镇、GG县临夏镇和X镇、QZ区N镇人口数分别为61 130人、45 600人、100 017人和27 424人。这些村子全部为贫困村，有的在乡镇府所在地，周边设施比较齐备，有的村子地理位置较偏远，交通不太便利。4镇由于以农村人口为主，社区卫生服务站个数少，行政村基本都

① 相关数据来源于T市卫计委。

配有村卫生室。X镇由于人口数量最大，村卫生室数量也最多达到68个；M镇位于MJ区交通枢纽，又是乡镇府所在地，流动人口相对较多，私人诊所数量达到80个；N镇地理位置较偏远，青壮劳动力外出打工，村里留守老年人较多，该地区基层医疗卫生机构数量少。

表9.11 调研地区基层医疗卫生机构数量 （单位：个）

	M镇	临夏镇	X镇	N镇
行政村数量	27	28	46	28
社区数量	2	1	1	0
乡镇或街道所辖村卫生室数	32	42	68	23
社区卫生服务站数	2	0	0	0
私人诊所数	80	11	30	0

4乡镇（M镇、临夏镇、X镇和N镇）基层医疗卫生业务用房面积分别是1 500平方米、1 600平方米、4 796平方米和1 450平方米，有的乡镇卫生院设施条件较好，但是床位数较少，有的卫生院床位使用率较低，闲置较多。

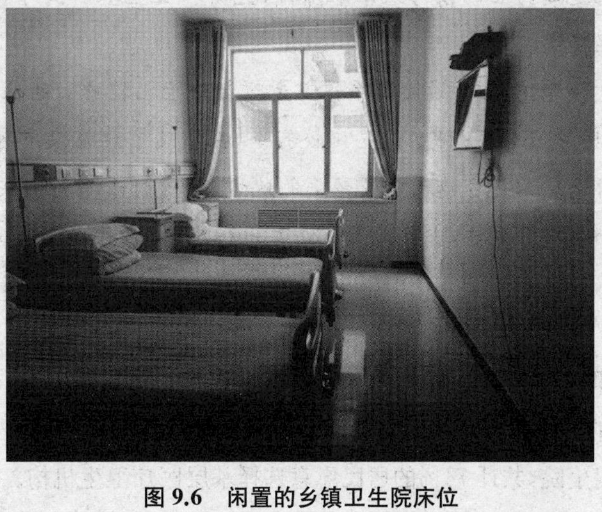

图9.6 闲置的乡镇卫生院床位

2. T市居民对健康扶贫的满意度评价结果

村卫生室和乡镇卫生院可及性评价。基层医疗卫生机构是分级诊疗制度中

"首诊"服务窗口,村卫生室和乡镇卫生院的医疗设施和服务水平的提高是村民就医问药、便民利民的重要保障。项目组对村卫生室和乡镇卫生院的可及性进行了问卷调研。关于"您家离最近的社区卫生服务站或村卫生室的距离有多远"这一问题,被调研对象的调研均值为1.375公里。其中77.5%的人距离最近社区卫生服务站或村卫生室的距离不足1公里,调研对象中最远的距离为3公里。这说明基层医疗机构的可及性比较高,被调研对象基本上可在较短的时间内步行前往基层医疗卫生机构就医。同时大多数村民表示更愿意选择离家较近的医疗机构就医,首次就医都是选择离家较近较方便的乡镇卫生院。

专栏9.4　村卫生室和乡镇卫生院访谈

村卫生室走访:被调研地均建有标准化卫生室,建设面积基本在60平方米以上,三室分开。一般都位于村民比较集中的地方,大多数村民步行5至10分钟可达。标准化诊疗设备基本齐备,村民可做测量血压、听诊、打针、看病等日常诊疗。村卫生室配备了《药品目录》中的全部可报销药品,以及少数《药品目录》范围之外的药品,种类基本齐全,能够满足村民日常药物需求。曾经比较常见的村卫生室里销售过期药品的情形基本取缔,村民对村卫生室的认可和接受程度相比于过去明显提高。

乡镇卫生院走访:临时过渡的乡镇卫生院都处于比较中心的位置,卫生状况良好,村民就医井然有序;科室设置比较齐全,根据国家要求设有神经卫生等科室。在建项目选址都是乡镇人口较聚集的地方,临近村子的村民乘坐公交车15分钟至半个小时即可到达,少数山上较偏远的村庄,村民利用交通工具1小时左右可以到达。

关于"您和家人在生病就医时,一般首次就医选择哪种类型医疗机构就诊"的问题,有52%的居民选择社区卫生服务站或/村卫生室,22%的居民选择社区卫生服务中心/乡卫生院,共计74%的居民愿意选择基层医疗卫生机构。选择基层医疗卫生机构就诊的最重要的原因是"就近方便",其次是"价格不贵","病情轻"与"与医生比较熟悉"也是重要的选择原因。

基层医疗服务资源满意度评价。项目组对T市开展的由市、县、乡、村四级医

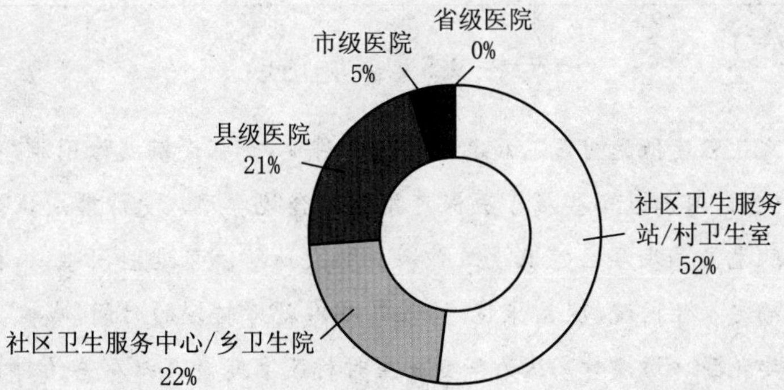

图 9.7　调研地区居民患病后到各层级医疗卫生机构就诊意愿情况

资料来源:团队实地调研获得数据。

疗机构医务人员组建的为建档立卡贫困户提供家庭医生签约服务的针对性、有效性进行了问卷。被调研对象对为自己提供诊疗服务的医生的信任程度平均得分为 3.89 分(满分 5 分),处于比较信任的水平。被调研对象中有 33%的居民认为家庭医生对自己及家庭的健康状况"清楚一些",66%的居民认为家庭医生"非常清楚,并已记录在案"自己及家庭的健康状况,对家庭医生的满意度平均得分 3.98(满分 5 分),处于比较满意的水平。对家庭医生签约服务的知晓程度上,约有 42.86%的被调研对象知道自己有家庭医生,其他人表示"没有"或"不清楚"。服务需求上最期待家庭医生提供"常见病多发病的治疗""慢病管理"以及"日常健康保健知识咨询"等。

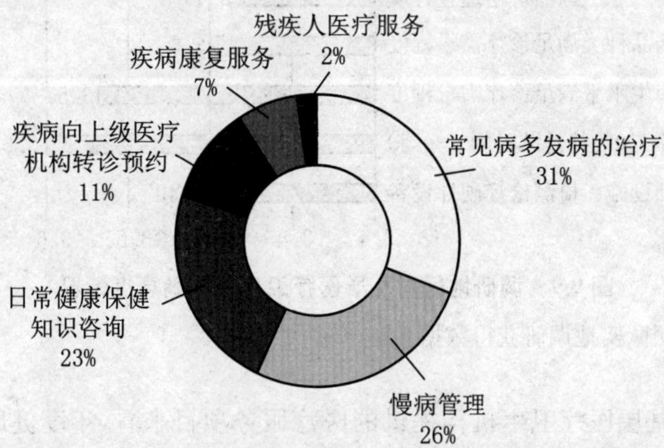

图 9.8　调研地区居民期待获得的家庭医生提供的服务

资料来源:团队实地调研获得数据。

专栏 9.5　家庭访谈

很多文化程度低的村民不知道医院就诊科室，重病大病就诊困难，也不懂得医疗费用流程，不知道哪些属于医保可报销的合规费用。受访群众认为家庭医生签约团队尤其是基层医疗卫生工作人员极大地解决了这些困难，根据签约户患病情况确定入住医院、联系床位，缩短了病人就诊转诊的时间，减少了往返途中的不必要花费。访谈对象认为家庭医生对村民家庭情况以及签约对象所患疾病非常了解，能主动为这些村民进行血压血糖等慢性疾病的监控，提供用药保健、医保报销等方面的服务，村民普遍对家庭医生非常信任，认可他们的诊疗水平和服务态度。

被调研对象对基层医疗卫生机构的满意度平均值为3.52(满分5分)。最满意的项目是“医疗服务效率”，在基层医疗卫生机构排队比较少，居民满意度比较高；其次是“医生水平满足诊疗需求程度”，表明基层医疗卫生机构能够满足居民的基本医疗需求。关于“您和家人近两个月因健康需求去过几次基层医疗卫生机构”问题，表示去过1—3次的占比高于50%，去过3次以上的占比24%，而从来没有去过的只占22%。可见，居民对基层医疗卫生机构的使用还是比较频繁的，体现了一定的依赖程度。

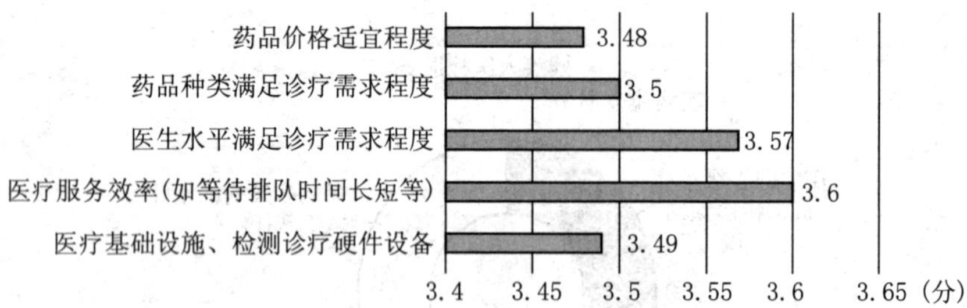

图 9.9　调研地区对基层医疗卫生机构满意度情况

资料来源：团队实地调研获得数据。

从居民对基层医疗卫生机构提供的医疗服务项目来看，年度健康体检是居民使用最多的医疗服务，占比31%；儿童预防保健次之，占比22%；慢病管理和老年人健康档案管理分别占比17%、17%；孕产妇保健占比12%，只有不到1%的人使用了残障患者管理。可以看出，体检服务和儿童保健是居民最经常使用的医疗服务，在疾病治疗方面居民对乡镇卫生院的依赖程度相对较低。

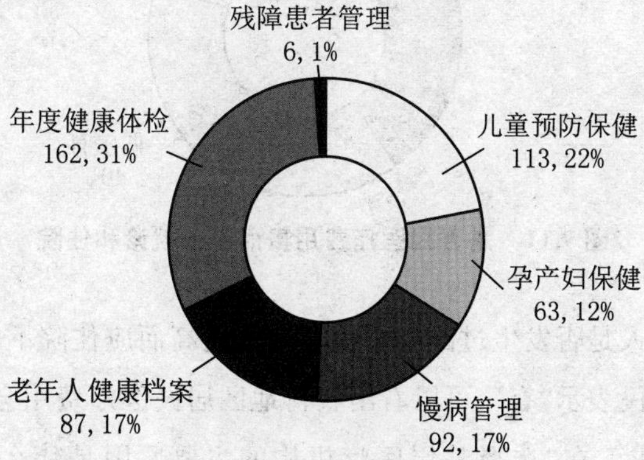

图 9.10 调研地区居民使用医疗卫生服务情况

资料来源：实地调研数据。

医保报销水平满意度评价。T 市以基本医保、大病保险、医疗救助以及商业健康保险共同构架起的医疗保障体系，是降低"因病致贫"返贫几率的重要保障。2018 年 6 月，T 市各县区取消了建档立卡贫困人口在各级定点医疗机构住院报销的起付线，这一规定高出了全国基本医保报销水平，受到贫困人口的广泛欢迎；城乡居民慢特病门诊报销从无到有，目前报销水平是每人每年 60 元；全面落实 G 省关于建档立卡贫困人口合规医疗费用的追溯补偿政策，对大病保险漏报的医疗费用进行彻底清理报销。这些健康扶贫特惠政策和医疗服务措施都是报销水平不断提高的表现。但是，T 市经济基础薄弱，2018 年全市农村居民人均可支配收入 7 693 元，人均消费支出 8 722.4 元，其中医疗保健支出为 989.5 元，比上一年增长 14.8%，占到了消费支出的 11.3%，这说明城乡居民在医疗卫生方面的支出压力仍是比较大的。①

调研中，大部分居民表示不再因为交不起住院押金而无法就医。但是，在医疗费用支出和医疗机构的选择上，人们还是表现出了一定的敏感性。关于"您和家人是否发生过因担心医疗费用过高而应就诊不去就诊的情况"问题，回答"从来没有"的人占比 40%，"偶尔有"的占 40%，"经常有"的占 20%。

① 2018 年 T 市国民经济和社会发展统计公报。

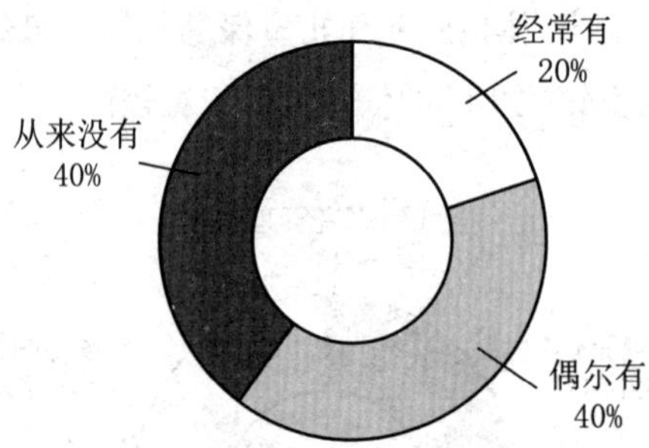

图 9.11　是否因医疗费用贵而不去就诊和住院

关于"您和家人是否发生过因担心医疗费用过高而应住院不去住院的情况"问题,有近四成的居民表示"有",可以看出农村地区居民医疗费用会一定程度地影响到居民分就医需求。在"选择基层医疗机构的主要原因是什么"这一问题上,有20%的农村居民表示会因诊疗价格较低的因素而选择基层医疗机构。此外,部分调研对象表示由于家庭已经发生了重大灾难性卫生支出,且医疗费用支出占比较大,给其家庭的日常生活造成了影响,这反映了农村地区贫困家庭依然存在医疗费用压力,有"因病致贫"返贫的风险,健康扶贫需求迫切。

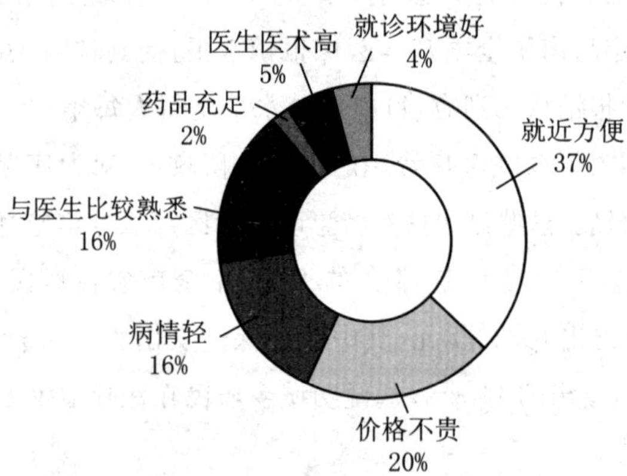

图 9.12　选择基层医疗卫生机构原因

资料来源:团队实地调研获得数据。

综上所述,T市健康扶贫中基层医疗卫生资源分布的就近便利和已提供的家庭医生服务等都是较满意的地方,将来应该继续对规划建设中的基层医疗机构进行合理布局,扩大家庭医生服务的普及度,在家庭医生签约服务的有效性方面下功夫。对居民在医保报销水平、基层医疗服务充分性等方面寄予的更多诉求，则要深入研究，在保证基金安全的前提下在报销水平和满足居民需求之间取得平衡，这将是未来T市健康扶贫和脱贫攻坚的重点方向。

五、G省T市健康贫困治理存在的问题

(一) 医保补贴少、报销环节时滞降低了医保效率

建档立卡贫困人口的参保缴费财政补助未能及时到位。截至2019年3月，T市已完成建档立卡贫困人口参保94.7万人，参保率98.1%，由于财政力量较弱，拨付参合财政补助资金5 812.52万元，人均补贴金额为61元，与政策补贴标准还有一定距离。目前门诊慢病"10元85%报销政策"落实较慢。截至2019年3月，全市建档立卡贫困人口大病门诊慢病"10元85%报销政策"应覆盖20 866人，应报销资金318.38万元，现实际落实报销13 402人，报销资金202.03万元，报销人数占比仅为64.23%。[①]主要原因是承保T市大病保险的商业保险公司在每个县区只有2至3名代办人员，医疗费用的票据审核处理较缓慢，且商业性保险公司对患者提供的诊疗单据审核严格，不能及时赔偿到位，从而也造成了民政医疗救助环节的报销不能及时开展；还有一些贫困患者因为合规医疗费用的报销数额较少，有的按规定只能报销十几元钱，还不及报销往返的路费，因而自愿放弃了这笔费用的报销，这些

专栏9.6　平安保险公司承办大病保险

平安保险公司严格落实"10元85%报销政策"，2018年6月1日至2018年9月30日贫困人口住院患者补偿未达到85%的4 149人次，平安公司落实"10元85%报销政策"达到85%的3 832人次，未达到85%的317人次。补偿比例未达到85%的患者主要集中在转外就医方面，因较多患者在基本医保段还未完成报销，待基本段完成报销后，平安保险公司将及时联系患者进行大病保险报销。目前在市内二级以上医疗机构和乡镇卫生院住院患者通过"一站式"报销，报销比例均能达到85%。

① 相关数据来源于T市卫计委。

都导致当月建档立卡贫困患者合规医疗费用实际报销比例达到85%的人次不到100%。根据G省工作部署,要求基层工作人员入户清查整理参合群众医疗费用票据,对符合大病报销的医疗费用逐一清查补报,这一补报过程复杂琐碎,仅2018年1月1日至2018年5月31日期间住院治疗的城乡居民达到数万人次,需要历时数月逐人逐户进行清理,而基层工作人员有限,耗时耗力难以避免。

(二) 医保约束多,报销政策不够优化

一是医保报销缺少预见性。首先表现为预防性健康管理的报销项目较少。国家权威部门发布的数据显示,定期实施专业个人健康管理和及时干预,60%的癌症及重大疾病完全能够避免。而目前地方上针对贫困人口的医保报销和补贴政策陆续出台,但针对城乡居民健康管理、疾病预防、筛查预测方面的措施规定少、可免费检查项目少、医保报销少,各地普遍对预防性健康管理不重视,现有的健康咨询多流于形式。目前,T市投入大量资金落实新生儿疾病和农村妇女两癌(乳腺癌、宫颈癌)等重大公共卫生项目的免费筛查,而对其他一些常见慢特病的预防检查还没有相应的补贴和保健措施。其次表现为医保报销政策本身预见性不强。现有的医保报销侧重于风险后的补偿而缺少风险防范,而医保风险的致贫因素是很强的,一些生活困难但未建档立卡的非贫困人口,一旦发生重大疾病就有"因病致贫"的风险,由于缺乏预防性的健康管理措施,致贫后再建档立卡进行补救就显得比较被动,反而会增加额外医保资金支出。

二是部分重大疾病用药无法报销。根据基本医疗保险《药品目录》的规定,目录内甲类药品100%报销,乙类药品报销90%左右,丙类药品完全由个人自费,目录范围之外的用药不能获得医保报销。调研中有少数参合人员反映所患疾病不属于《病种目录》,或者所患疾病虽然属于《病种目录》但所需用药不属于《药品目录》,这部分医疗费用无法报销,但往往这部分目录外药品是患者不得不用且药费超高,成为家庭巨大的经济负担。

三是贫困人口医保报销限制多。根据省上规定的"10元85%"报销水平的要求,各级医院为保证住院报销比例达到85%,对贫困人口诊疗用药限制较多,患者住院用药实行严格的日报告制度,所用药品都必须属于《药品目录》内,贫困人口很难根据病情选择用药,医生亦不能开列目录外用药,有时反而延长了治疗周期,"10元85%"的规定就演变成了扶贫的硬性指标,却在实践中降低了医保报销的有效

专栏 9.7　大病患者家庭案例 1

尹女士 2016 年发现患骨肿瘤，在缴纳了 5 000 元住院费后入住当地市人民医院，由于当地医疗水平有限，医保部门开出转诊证明后转院至陕西省西京医院接受治疗。两年时间里共住院 4 次，前后发生住院费用 15.6 万元，新农合报销约 9 万元，大病保险报销 1.2 万元。另外，该患者在治疗过程中较大额的支出还有两笔，一笔是往来交通费，由于患病无法坐立，患者及家属必须包车前往西京医院，往来 4 次交通费用超出 1 万元。另一笔则是为防止肿瘤复发而注射的进口针剂。之前住院治疗期间，尹女士先后在院外购买进口抗癌药物 6 针属于完全自费药物，一针 6 100 元，尚未纳入医保报销范围，所以政策范围外自费 3.66 万元。目前尹女士处于术后恢复阶段，需要继续使用该进口抗癌针剂，一月一剂，并需持续注射针剂连续两年。这两笔不得不支出的庞大费用中进口针剂的用药负担尤其承重。患者表示，药费压力很大，因不属于合规医疗费用无法获得报销，而自己还很年轻，即便借钱该用的药还是得用。

性，不能满足居民的实际需求。现行规定要求，患有 2 种以上特殊病病种的贫困人口，患者可选取其中费用最高的一个病种申请报销补偿，这对于患有 2 种以上门诊特殊疾病的患者而言药费自付部分负担过重，这样的病种范围限制不尽合理。另外，贫困人口省外就医往往是省内无法医治而作出的选择，医疗花费原本就比省内就医高出很多，由于目前贫困人口省外就医住院起付线未取消，患者个人自付费用相对较高加重了家庭户的负担，报销水平也受到一定影响。

(三) 部分医疗服务项目落实有难度

"一人一策"健康帮扶措施针对性不强。T 市组织 6 个市级医院和 407 个医院分片包抓 7 个县区开展"一人一策、一病一方""一对一""4+1"等健康帮扶工作，都需要投入大量人、财、物力对贫困人口建档立卡，但是 T 市农村贫困人口多，因病致贫返贫数量大，有时遇到个别贫困患者有放弃治疗的情况，入院救治工作难进行，还需疏导贫困患者思想进行帮扶，工作难度也大。再加上脱贫攻坚任务重时间短，精准化、个性化的帮扶方案难有突破，个别乡镇、村健康扶贫政策存在"多人一策""多病一策"，甚至"一村一策"的情况。有些建档立卡贫困户在填写、申报因病致贫原因时随意性较大，甚至不能明确自己所患疾病病种，有的因害怕受到歧视隐瞒真实疾病(如传染病、重症精神疾病)，也影响了“一人一策、一病一方”服务的开展，以及后续医保报销和医疗救助措施的落实。

“家庭医生签约服务”还不完善。T市、县、乡、村四级医疗机构医务人员共同组建家庭医生签约服务团队为“贫困人口”制定的签约服务包，还不能提供适应居民需求的全方位服务。虽然服务团队与农户实现了100%签约，但服务主要是送医上门、送病就医和双向转诊等，很多未患大病慢病的村民不知道自己有签约的家庭医生，没有获得过家庭医生提供的健康管理服务，服务比较单一。当然，家庭医生签约服务模式推行时间短，家庭医生签约服务需要逐渐提高和完善，同时也要完善配套政策和设施，充实乡镇卫生院全科医生总量，引导村民逐渐接受家庭医生提供的健康管理咨询保健等服务。

“一站式”费用报销服务在贫困人口异地就医时未完全实现，这主要是因为贫困人口异地就医还未完全实现联网，因此贫困人口的异地就医花费需要返回所在地后到医保部门报销，不便利也增大了贫困户的经济负担。

(四) 人才储备少，基层医疗资源缺乏

虽然T市在基层医疗服务人员储备上做了以下工作，但县级以下医疗机构仍然面临现有人员力量不足，后备补充乏力的问题。乡、村两级全科医生严重短缺，乡村家庭医生和健康专干队伍薄弱。部分乡村医生老龄化、50岁以上的村医占总数的30%以上，有的村医对基本公共卫生服务和居民健康档案管理、预防接种、传染病和突发公共卫生事件报告处理等能力较弱；少数家庭医生学历低、知识更新滞后，致使群众对乡、村级的医疗服务能力的可信度较低。目前，全市达到每万服务人口2名全科医生标准的乡镇卫生院105个，还有8个乡镇卫生院未达到这一标准，人才断档现象严重。县级以下医疗卫生机构人才引进难、留不住、稳定难，特别是高学历高职称人才、学术技术带头人缺乏。基层医疗卫生人员培训压力大，全市乡镇卫生院现有全科医生512名，按照到2020年实现平均每个乡镇卫生院有5名全科医生的目标，还需培训53名；要实现到2020年对所有乡村医生轮训半年的要求，还需要对1 847名乡村医生进行培训，测算乡镇卫生院全科医生培养和乡村医生学历教育所需培训费3 000多万元。后备力量补给也不足，乡镇卫生院专业技术人员招考项目少、报考人员少，2016年全市仅招考到10名卫生专业技术人员。

基层医疗卫生机构建设还有欠账。目前，T市2 491个行政村里，正集中建设贫困村标准化卫生室，非贫困村卫生室标准化建设滞后。全市有864个非贫困村未建成标准化村卫生室，除了其中52个非贫困村在乡镇卫生院或卫生分院所在地以外，符合省上立项建设的812个非贫困村的卫生室建设或改造都是没有列入《G省精准扶贫卫生支持计划实施方案》扶持计划的，建设任务繁重。以每个卫生室建设经费10万元计算，仅仅依靠市、县财政很难筹措完成标准化卫生室建设，而且已开工项目欠账较大。还有部分乡、村正在使用中的村卫生室未达到标准化村卫生室要求，急需资金进行标准化改造。另外，精神专科医疗机构紧缺。精神类疾病治疗非常特殊，治疗周期很长，患者住院时间长达半年、一年的情况非常普遍；有的病人经治疗恢复出院后，常常因为忘记或拒绝长期用药导致疾病复发，所以有的患者一年内需要反复入院，再加上得不到及时治疗的精神疾病患者行为不受控制，也会成为社会不稳定因素，因此，村民家人也都希望病人能长期住院治疗。但是，T市目前仅有一所精神病专科医院，床位基本全满，还不能满足此类病人的住院诊疗需求。

基层医疗机构诊疗配备不全。有些未达到标准化建设要求的村卫生室，缺少一些必要的检查诊疗设备，一体机没有完全配齐。有的贫困村卫生环境较差，贫困人口生活习惯不好，部分贫困户使用的还是旱厕，有的甚至与牲畜圈相连，蚊蝇滋生，容易引发疾病，这些都不利于开展农村健康扶贫工作。甚至一些乡镇卫生院因为资金短缺，在科室建设、设施配套，以及医疗设备和检验检测器材采购方面捉襟见肘；部分乡镇卫生院业务用房紧张，还不能达到医院每千人4.7个床位的要求，有的乡镇床位数每千人不足1张。但是，有的乡镇卫生院床位也存在空置的情形，一层楼里的病房几乎没有病人入住，可见资源的合理配置也是需要进一步研究解决的问题。

（五）信息化建设薄弱

首先，T市在医保数据联网、医药报销监督管理上基本实现联网，但在利用信息化技术推动医疗资源下沉，实现市、县、乡三级医疗卫生技术人员网上会诊、培训，弥补基层服务能力方面效果还不明显。这与医疗卫生信息化网络覆盖范围小、基层健康医疗大数据应用发展滞后有关。其次是信息数据管理上还不便利。目前建档立卡贫困人口身份信息全部录入国家健康扶贫系统，而少数贫困人员的信息存在与省医保信息系统不一致的情况，影响了贫困户后续医保报销。但是国家健康扶贫系统的平台数据更新存在一定的滞后性，贫困户身份信息录入和修改都有时间段限制，系统关闭期间贫困户信息不能修改，这就造成基层健康扶贫工作不通畅；对系统开放期间录入的数据，当基层工作人员发现数据不准确、录入错误等问题时，基层工作人员可以即时修改，但国扶系统的数据更新需要等到次日才能查看，这使得基层医保报销的流程和进度受到影响。再次就是医保报销数据信息的行业权限小。行业部门用户名功能不全面，不能查看预警信息、不能修改乡镇填报中存在的错误；行业部门对录入错误情况不能及时掌握，由于录入时间紧，户表录入出现问题时行业部门第一时间发现不了，只能通过其他渠道了解录入质量。目前，新农合报销平台还存在漏洞。由于新农合参保居民和贫困人口的报销政策不一，一般城乡居民和建档立卡贫困人口在起付线上和报销比例上的差异，因此基层新农合报销平台导出数据的项目不统一，不能准确地统计区域报销情况，手工结算基本医保提高 5%后贫困户应报销的金额时又存在误差，而且工作量大也很不方便。

(六) 健康扶贫政策知晓率低

尽管 T 市健康扶贫做了大量的宣传工作，但仍有居民对健康扶贫政策不了解、不懂得。T 市贫困人口多，健康扶贫工作量大、医保报销政策纷繁复杂，一村一名家庭医生或者健康专干给所有村民宣讲，很难做到一人不落，甚至少数村医对健康扶贫政策把握也不够精准、解释不到位。少数村的贫困户户内无健康扶贫宣传资料，无宣传资料袋，入户宣传工作薄弱。很多贫困群众的文化程度低，虽然工作人员进行大量解释，但居民仍不清楚自己医疗费用应该报销多少、有的甚至不知道已报销费用中是否获得了大病报销或民政兜底，对医保补助、报销政策不清楚；不知道家庭医生签约服务政策以及自己是否有签约医生，不了解贫困人口建档立卡的资格、健康扶贫精准到户的具体措施等等。再加上近几年有些医保报销政策从无到有、保障水平从低到高，有的制度设置了追溯期，有的不溯及既往，因此同一病种在不同时间、不同地区，面向不同人群报销水平会有不同。如 2009 年开展新型农村合作医疗，2015 年城乡居民大病保险在基层实现覆盖，这些制度报销都无法溯及既往，超出时间节点的医疗费用无法报销。换句话说，2015 年前后参合群众的住院合规费用报销的差距就是大病保险报销的那部分。健康扶贫开展以后，建档立卡贫困人口的同一笔住院合规费用在 2017 年 9 月 30 日之前、2017 年的最后三个月，或者是2018年1月1日至2018年5月31日三个不同时间段医保报销水平都不同。制度的频繁调整加大了宣传难度，尽管各级部门耗费了大量的人财物力，但宣传效果不尽如人意，健康扶贫政策宣传知晓率还是很低，对于很多细致的报销规定，一些村民不了解甚至提出质疑，对基层卫生服务人员的解释不能理解，这是制度调整完善的必经过程，需要不断加强宣传。

专栏9.8　大病患者家庭案例2

村民李某一家5口人，家里有两位老人和一个刚出生孩子，自己和妻子是家庭中的主要劳动力。2012年因骑摩托发生交通事故，于天水市第一人民医院手术截肢，第一次手术住院治疗将近半年的时间，之后的一两年时间里又因感染和复查先后住院3次，每次住院大约一周的时间。两年里支出医疗费用20余万元，新农合报销大约8万元。由于意外发生时国家大病医保政策还未出台，康复治疗期间大病保险处于逐渐向基层推行的阶段，患者对巨额医疗费用不能获得大病医保的报销不理解。其实，这主要是患者医疗费用发生在政策实施节点之前，大病医保无法报销的缘故。

六、贫困地区健康扶贫的对策建议

(一) 理顺机制，保证医保报销即时到位

一是积极筹措资金保证扶贫政策落实。地方政府应继续争取中央财政专项资金和对口帮扶资金，争取省级卫生服务专项基金的支持，缓解市县财政压力。加大财政投入力度，细化县乡公共卫生服务基金的支出项目，加强项目资金监管，合理规划使用。积极引进项目融资，鼓励民间资本进入县、乡医疗服务行业，并提供政策扶持，落实税收减免优惠。提供参保缴费便利，鼓励城乡居民尽数参保，以扩大医疗保险基金规模。按照“以收定支，收支平衡，略有结余”的原则，保证贫困人口基本医保参保和个人缴费补助及时到位。

二是加强参保补贴和医保报销各环节的衔接。制定财政补贴进度表，建立补贴申领和漏补登记的双向通道，确保应享受参保缴费补贴的贫困人口按时获得财

政补贴。保险公司应尽快和人社局商定统一的大病保险报销的票据要求，对基本医保报销后的患者票据尽可能简化审核，加快保险公司内部对患者医疗费用的审核速度，缩短大病医保清理补报的时间。利用信息化平台实现数据共享，对清查补报中出现的小额赔付尝试在线审核和赔付；增设大病报销特殊问题的处理窗口，解决票据不合规时的报销问题。与省外医疗机构签订贫困人口异地就医结算协议，保证资金按时拨付到位，尽快为贫困人口开通异地就医的“一站式”结报服务，保证报销即时到位。

三是加强部门间分工协作，降低时耗。健康扶贫专责组、人社局、平安公司、民政局应共同监督落实基本医保报销、大病保险报销和民政医疗救助信息共享，打通政策向下传达和信息向上反馈的路径。实施大病报销和民政兜底之前应准确核对建档立卡贫困人口数据信息，从各乡镇卫生院对患者的初步甄别、确认，到健康专干、扶贫专干和村医的入户核对，再到准确填写医疗费用报销明白卡并向镇精准扶贫工作站上报，所有过程都应该细致，这样才能减少时耗，保证医保报销程序流畅。进一步细化各乡镇健康专干具体职责，如摸底政策落实情况、未享受健康扶贫优惠政策人员以及贫困群众年累计合规医疗费用超过 2 000 元的情况，只有明确各工作人员分工，才能提高医保报销效率。

（二）完善政策，进一步提高医保报销水平

逐渐调整县乡医疗保障的导向，从医疗费用报销占绝对比例转变为医疗报销和预防保健并举，通过定期体检和普及的健康管理干预，尽可能降低医保基金和城乡居民在医疗诊治上耗费过多支出。除了 T 市正在落实的新生儿疾病和农村妇女两癌（乳腺癌、宫颈癌）等重大公共卫生项目的免费筛查以外，还可以对孕妇、残障人士、儿童等特殊群体提供保健预防咨询和免费定期体检，为老年人建立健康档案、提供健康管理。尝试制定科学合理、切合实际的体检手册，明确基本医保预防保健的规定，以及不同群体定期体检的时间、体检项目等，并为居民提供检查结果、保健预防和筛查预测等的建议。

建议优化《药品目录》，根据国家允许地方对乙类药品目录进行 15％调整的规定，可以制定一个 15％范围内的动态目录，在保证基金安全的基础上，将患者支出畸高的药品列入动态目录并适度报销。取消对贫困户用药的不合理约束，在患者有需求、主治医生认为必要的情况下，应认可贫困户对目录范围外用药的需求，省

级医保部门可以规定贫困户《药品目录》范围以外用药的报销比例，采取双方比例共付。不应该为了追求过高的报销比例而导致对症的目录外药品无法使用。逐渐取消贫困人口省外就医住院报销的起付线，减轻省外就医自付费用的压力。建议健康扶贫专责组成员单位加强协调沟通，简化门诊慢病的审核程序，确保特惠补偿到位；对贫困人口通过建档方式审核，可以借鉴部分地区的做法，对建档立卡贫困户病情清楚、治疗方案简单的病种可由家庭签约医生结合病人实际情况，根据认定标准就近在乡镇卫生院组织相关检查，办理慢性病诊断证明，申报认定办理慢病卡；对病情比较复杂的病种，可以帮助安排省、市、县级医疗机构检查，出具慢性病诊断证明，帮助患者享受门诊特殊疾病报销政策。减少贫困人口特殊病门诊病种范围的限制，将报销范围扩大到 2 至 3 种特殊病种，切实减轻患有 2 种以上门诊特殊疾病的贫困人口药品费用负担。

(三) 明确基层医疗服务定位

家庭医生是健康扶贫在疾病预防、健康管理上的纽带，应将家庭签约医生的功能定位为健康管理，将其职责侧重在常见病多发病的初步诊断、日常健康保健知识咨询、帮助农户医保报销等，协助签约团队制定医疗救治方案和健康扶贫措施，对有病看不了、看病就医难、无行动能力等签约对象，酌情提供“一对一”服务。结合农村居民对基层医疗机构的需求倾向，将乡镇卫生院的主要功能定位为卫生保健和健康管理，为村民继续实施一年一次的健康体检，兼顾因病致贫返贫补救和人口健康检查服务，继续为农村居民提供“送医上门”等服务，逐步增加新的免费体检、慢病大病预防、重病筛查等项目。以村为单位，村卫生室和乡镇卫生院可以为村民建立健康档案。为贫困人口提供全面的健康教育、转诊服务、康复指导、政策宣讲、慢病管理、健康咨询等服务，协调落实各项健康权益，开展健康知识传播，引导健康生活方式，宣传和普及健康素养基本知识与技能，有效提升农村居民健康保健意识。“4+1”签约服务团队面向更具体的签约贫困户，病前保健和预防、病中协助诊疗就医、病后协助提供医保报销票据等服务应该更加专业。

“一人一策”“一病一方”服务可以暂缓实行。一般说来，公共服务的提供一般都需要兼顾公平和效率的，过多地强调针对性时有些措施难以推行。一千个人一千种病，同一种病病情也千差万别，从目前地方的人、财、物力来看，“一人一策”“一病一方”个性化服务落实起来还有困难，可提供的帮扶归根结底就是“送医上门”

“送人就医”，以及“双向转诊”服务。因此，健康扶贫应把重点放在“送医上门”“送人就医”和“双向转诊”服务上。调动家庭医生签约服务团队、驻村干部、扶贫专干等的力量分户包干，将“送医上门”“送人就医”责任落实到人，对病情较轻的贫困户免费“送医上门”“送药上门”，对行动不便、村里无法医治的患者实施“送人就医”，对需要到省、市、县级医院治疗的协助转院。包干人员应通过解释医保政策，疏导贫困患者的抵触情绪，防止出现因担忧医疗费用而放弃治疗的情形，提高贫困人口患者对健康知识的认知度。为确保帮扶措施有效落实，保证签约服务质量，应聘请省上专家开展健康扶贫帮扶措施制定工作的培训，提高家庭医生签约服务团队医生理论水平和服务能力。

落实贫困人口异地就医“一站式”费用报销服务，加快与省外就诊医院的信息联网，实现外省医疗机构、医保系统和民政部门系统对接，实现信息共享，为贫困人口的异地就医花费实现“一站式”报销提供便利，减少贫困户的经济负担。

（四）加大支持力度，推动医疗资源向基层下沉

提升人才培育机制。T市应该在继续加强基层医疗服务人员工作补贴、生活保障和培训交流工作以外，还要进一步增加财政资金的投入力度。争取国家和省级健康扶贫资金支持，设立基层医疗卫生人员培训专项基金，解决人员培训资金困难。继续贯彻对现有基层医疗卫生人员的培训、交流制度，鼓励乡镇卫生院全科医生、乡村医生全部参加培训，支持基层医疗卫生人员派出学习和省市专业技术人才支援基层的双向交流机制，尤其要鼓励医疗卫生人员到贫困地区定期支援，逐步提高基层医疗卫生队伍素质。建立市、县、乡三级医疗服务人员的信息化联系，通过网络会诊、网上学习的方式提高基层诊疗水平。建议出台与农村地区医疗卫生水平相适应的基层医务人员职称晋升条件，这不仅能对有条件的基层医务工作者提高专业技术水平起到激励效果，还能吸引外部人员进入基层医疗服务人员队伍。继续完善生活待遇标准，落实基层医护人员“五险一金”，为偏远农村工作的健康专干、乡村医生等提供生活补贴。要保证后备力量的招收渠道，通过签约培养、定向培养、农村定向医学生免费培养项目等方式扩充基层医疗服务人员队伍，优先保证深度贫困县区招录计划。增加对贫困县全科医生的招聘指标，特别是要加大三个深度贫困县特岗全科医师招聘指标名额。

着力基层医疗机构建设。继续增加对深度贫困县卫生基础设施项目扶持，制

定合理的项目建设资金预算和建设方案，争取国家对3个省定深度贫困县334个村卫生室安排纳入建设支持计划；积极获取省专项资金支持，对非贫困村标准化村卫生室建设应设定统一的建设标准和要求，明确建设期限，加强资金监管。省级部门应该对年度内基层卫生机构建设合理统筹，均衡考虑新建医疗机构的区域分布，杜绝资源浪费和重复建设的情况发生，确定选址、投资标准以及建设工期；规定统一的乡镇卫生院基础设施和规模，包括房间数、床位数、诊疗室和卫生设施，配齐必要的健康保健、检查检测等诊疗设备。推动东西部医药卫生合作，建立东中部地区医院帮扶省内基层医疗机构的渠道，通过管理人员的互动交流提高基层医疗机构的管理水平。建设贫困县县级综合医院重点专科和薄弱学科，配备必要的医疗检查设备，提高县域内急危重症患者就地抢救和农村重大疾病初步诊疗能力。

优化基层医疗服务项目。应该明确基层医疗机构的功能定位要向年度健康体检、儿童预防保健、慢病管理、老年人健康档案管理和孕产妇保健等服务项目上倾斜，当病情较重时基层医疗机构应该协助患者转院到诊疗水平高、设备较先进的大医院就诊。总之，基层医疗机构应定位为以健康管理、疾病预防保健为主的卫生服务部门，建立服务网内居民的保健档案；基层医疗服务项目应该围绕健康管理和预防保健的居民需求确定。因此，这就要求省级医保管理部门一方面做好制度的顶层设计，通过分级诊疗制度科学合理地设计各级医疗机构的诊疗项目，以及基层医疗机构的健康服务项目。从基层医疗机构到省级三甲医院，健康管理功能应该是逐层减弱、疾病治疗功能逐层增强的。另一方面相关部门也要谨慎出台精准扶贫指标、用药管理、日常通报等制度，充分考虑其可行性、合理性并选择地区试点后再全面推行，杜绝政策实施中的频繁调整和修改；简化上报制度，将部分用药和日常监管的权限下放到市级卫健部门，减少基层医保管理部门的重复性工作，减轻基层医务工作者在上报、通报、反复变更中的不合理损耗，使基层医疗服务人员能全面投入到医疗服务中去。

（五）优化信息系统，促进行业信息系统联通

推进地方健康服务信息化建设，建成市、县两级全民健康信息平台，联通区域内各级各类医疗卫生计生机构信息系统，支撑公共卫生、计划生育、医疗服务、医疗保障、药品管理、综合管理六大基础业务应用及业务协作，通过健康信息平台促进优质医疗资源向基层、贫困地区传递；支持家庭医生签约、双向转诊、区域医学影像

远程诊断、健康便民等应用服务，实现电子病历、电子健康档案动态更新；联通省级平台，满足跨区域业务协同需求，将检查检验结果实现联网共享，突出疾病预防和慢性病管理与防控、妇幼保健服务；突出重点地区、重点人群、重点病种，进一步加强统筹协调和资源整合，提升农村贫困人口医疗保障水平和贫困地区医疗卫生服务能力。优化升级基层医疗卫生机构管理信息系统，实现全市二级以上医院 HIS 系统与全省建档立卡贫困人口信息对接，帮助各医院快速、准确识别患者身份，为建档立卡贫困人口就医提供更加周到的服务。完善医保报销软件，统一新农合报销平台导出数据的项目，并使平台能够自动提取报销数据，杜绝人工操作出现的误差。信息系统联网方面，医保局、卫健部门要以身份证信息为基础，根据国扶贫困人口基础数据仔细核对其他系统中贫困人口信息，对国扶系统、省大数据信息平台和医保系统中出现的错误及时纠正，信息变动应及时更新；还应保证这些系统与基层医疗卫生机构（乡镇卫生院和村卫生室）的管理信息系统的联系。进一步完善省大数据平台建设，对统计不准确、错录漏录的数据即时补充完善。最后，建议大数据信息平台尽快开放行业部门相关权限，开通预警系统，使基层卫计部门可以及时查看预警信息，及时修改乡镇填报中存在的错误，掌握录入质量，实现行业部门的自查自纠。开展健康扶贫数据综合分析和评价，建立健康扶贫重点工作日通报、周通报、月通报等制度，对省内各级公立医疗机构落实建档立卡贫困患者“先诊疗后付费”“一站式”结报等政策执行情况进行在线监测，促使各地各医疗单位积极主动查找问题，认真分析原因，采取有效措施改进工作。

（六）拓宽健康扶贫宣传路径

健康扶贫政策要形成一个自上而下的宣传网络，应以卫生、人社、民政等行业部门行政人员、医务人员、乡村专干、村医等群体为重点，通过集中培训保证政策传达到位，使基层医疗卫生人员完全掌握医保报销待遇比例、健康帮扶政策变动以及贫困人口特惠政策等规定；以行政区为单位开展健康扶贫政策培训，对卫生、人社、民政、保险公司和经办人员、医务人员、乡村专干、村医等人员开展培训，确保健康扶贫工作人员对政策规定清晰；以基层医务人员、健康专干为核心，组织有一定文化水平的村民集中宣讲健康扶贫政策，同步开展村民互动宣传、村医入户宣传和校园政策宣讲。鼓励村民就自己所了解的健康扶贫政策进行交流，发动热心村民实际参与健康扶贫行动，以切身感受了解国家的健康扶贫政策。督促村医入户分发健康扶贫手册，解释医保报销的规定，使贫困人口明白健康扶贫惠农政策，按照分级治疗有序就医。发挥农户家庭中在校中学生、高校大学生的作用，在高校中普及国家健康扶贫政策，通过大学生向家庭成员宣传健康扶贫政策；乡卫生院可以在县、乡组织开展中学生假期社工服务，让中学生了解并向家庭成员宣传健康扶贫政策。也要把家庭签约服务团队的健康服务实际行动作为政策宣传的重要手段，如双向转诊、帮助整理医疗费用报销、健康检查等。宣传手段应该丰富，但要以便利、实用的宣传方式为主，除为村民和签约服务对象及时推送医保政策，解答村民医疗保健问题，还要在全县各级医疗卫生机构、各乡镇人口密集地方、村级文化大院等地点设置宣传专栏，通过各种媒体、健康专干和村医入户讲解等，全方位宣传健康扶贫政策，不断提高群众健康扶贫政策知晓率。

第十章
发达地区S市健康贫困治理行动与效果案例

S市是我国经济发展水平、城市化和老龄化程度均较高的地区,贫困人口规模小。S市医疗卫生资源集中,医药服务体系健全,医疗保障制度相对成熟,保障程度相对较高,在防治健康贫困上走在了全国的前列,积累了宝贵经验。但是,发达地区也存在教育、医疗和住房成本高而形成的支出型贫困。普通家庭一旦有人患重病,往往易陷入贫困,程度往往更深重。正因为这样,梳理发达地区医疗保障治理健康贫困现状,分析其效果,对我国相对发达地区健康贫困治理具有典型意义。

一、S市基本医疗保险治理健康贫困行动与效果

(一)政策演进过程

自计划经济时期我国建立劳保医疗、公费医疗制度和农村合作医疗制度以来,中国医疗保障开始不断改革与发展。目前,我国正逐步建立以城镇职工基本医疗保险、城乡居民基本医疗保险、医疗救助为托底,大病保险、商业健康保险、慈善救助等制度为补充的多层次、广覆盖、保基本的医疗保障体系(李珍,2017)。

S市作为我国经济发展水平高度发达的大城市,医疗保障体系相对较为成熟。在医疗保险制度改革以前,S市实行的是传统的医疗保险制度,即20世纪50年代建立的公费医疗制度和劳保医疗制度。从1996年5月开始,S市首先从城镇企业

职工住院医疗保险入手进行改革，历经一年多时间，初步形成以住院、门急诊部分项目和家庭病床医疗为内容、覆盖不同所有制企业和经营性事业单位、社会化程度较高的医疗保险制度(汪泓，2010)。

经过多年发展与实践，S市形成了较为完善的医疗保障体系，包括托底层的医疗救助，基本层的城镇职工医疗保险、城镇居民医疗保险、新型农村合作医疗保险，以及补充层的市民社区医疗互助帮困计划、总工会职工互助保障、红十字会少儿住院互助基金和商业保险等。

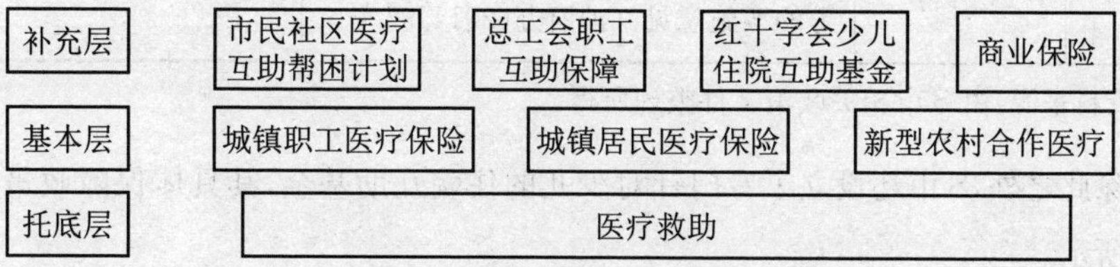

图 10.1　S市医疗保障体系

资料来源：李芬、王常颖、甘银艳、张晓溪、林婕、蔡德琪、王希：《2015 年 S市医疗救助情况及效果分析》，《中国卫生经济》2017 年第 11 期，第 29—31 页。

表 10.1　S市基本医疗保险政策实施情况

保险类型	文件发布时间	文　件　名　称	保　障　对　象
城职保	2000 年	《S市城镇职工基本医疗保险办法》(沪府令 92 号)	在职职工、退休人员和其他参保人员
	2000 年	《S市城镇职工基本医疗保险办法实施细则》(沪医保〔2000〕46 号)	
	2013 年	《S市职工基本医疗保险办法》(沪府令 8 号)	
城居保	2007 年	《关于实施〈S市城镇居民基本医疗保险试行办法〉有关事项的处理意见》(沪医保〔2007〕232 号)	具有本市户籍的年龄超过 18 周岁的人员、具有本市户籍的中小学生和婴幼儿、本市大学生以及适用本办法的其他人员
	2012 年	《S市人民政府关于印发 S市城镇居民基本医疗保险试行办法的通知》(沪府发〔2012〕89 号)	

续 表

保险类型	文件发布时间	文件名称	保障对象
新农合	2008 年	《S市人民政府办公厅转发市卫生局等五部门关于加强和完善本市新型农村合作医疗工作意见的通知》(沪府办发〔2008〕55 号)	本市农业户籍及其外省市农业户籍配偶,且未参加其他基本医疗保障(城保、居保等)的人员,以及选择参加新农合门诊统筹的镇保人员
	2012 年	《关于进一步完善本市新型农村合作医疗制度的实施意见》(沪卫基层〔2012〕3 号)	
	2014 年	《关于本市新型农村合作医疗市级统筹的实施意见》(沪府办〔2014〕97 号)	

资料来源:由S市相关政策文件整理所得。

除此之外,S市还设立了专门针对少儿的住院互助基金,其具体保障政策如表 10.2 所示。

表 10.2 S市少儿住院互助基金保障政策

政策	发布时间	保障对象
《关于做好 2018 学年少儿住院互助基金医疗费用结算工作的通知》(沪儿基金办〔2018〕15 号)	2018 年	① 本市范围内依法设立的托儿所、幼儿园、中小学校(含中专、技校、职校、特殊学校)的在籍在册学生(儿童)。 ② 本市户籍的学龄前未入托入园儿童(包括《S市居住证》达标准积分人员的同住子女)。 ③ 本市户籍的 18 周岁以下(指 2000 年 9 月 1 日及以后出生,下同)未入学残障少儿与辍学学生(包括《S市居住证》达标准积分人员的同住子女)。 ④ 本市户籍的 20 周岁以下(指 1998 年 9 月 1 日及以后出生),且第 1 年复读的高中复读生(包括《S市居住证》达标准积分人员同住子女),并能提供就读学校出具的证明(须为全日制,且学时为 1 年)。 ⑤ 本市户籍的 18 周岁以下已参加 2018 年度S市城乡居民基本医疗保险(以下简称"居保"),在外省市、境外就读的学生(须提供居保参保凭证和所在学校就读证明)。 ⑥ 本市户籍人员的 0—5 周岁未入托入园、且已参加 2018 年度居保,暂未报入本市户籍的子女(须提供居保参保凭证)。 ⑦ S市农场管理局下属农场(白茅岭农场、军天湖农场、S农场、川东农场、海丰农场、黄山茶林场)和宝武集团S梅山钢铁股份有限公司(下称"飞地")职工子女中,具有S户籍,在当地托幼机构和中小学校就读的在校学生(儿童),与长期在当地居住的 18 周岁以下散居少儿。 ⑧ 在沪外籍人员子女学校(国际学校)就读的学生

续表

政　策	发布时间	保　障　对　象
《关于做好2017学年少儿住院互助基金医疗费用结算工作的通知》(沪儿基金办〔2017〕15号)	2017年	① 本市范围内依法设立的托儿所、幼儿园、中小学校(含中专、技校、职校、特殊学校)的在籍在册学生(儿童)。 ② 本市户籍的学龄前未入托入园儿童(包括《S市居住证》达标准积分人员的同住子女)。 ③ 本市户籍的18周岁以下(指1999年9月1日及以后出生,下同)未入学残障少儿与辍学学生(包括《S市居住证》达标准积分人员的同住子女)。 ④ 本市户籍的20周岁以下(指1997年9月1日及以后出生),且第1年复读的高中复读生(包括《S市居住证》达标准积分人员同住子女),并能提供就读学校出具的证明(须为全日制,且学时为1年)。 ⑤ 本市户籍的18周岁以下已参加2017年度S市城乡居民基本医疗保险(以下简称"居保"),在外省市、境外就读的学生(须提供居保参保凭证和所在学校就读证明)。 ⑥ 本市户籍人员的0—5周岁未入托入园、且已参加2017年度居保的,暂未报入本市户籍的子女(须提供居保参保凭证)。 ⑦ 父母持有效期内《S市居住证》,在本市医疗机构出生的0—5周岁(满月后起)未入托入园的非本市户籍儿童(须提供本市医疗机构签发的《出生医学证明》)。 ⑧ S市监狱管理局下属农场(白茅岭农场、军天湖农场),S市农场管理局下属农场(S农场、川东农场、海丰农场、黄山茶林场),宝钢集团S梅山有限公司职工子女中,具有S户籍,在当地托幼机构和中小学校就读的在校学生(儿童),与长期在当地居住的18周岁以下散居少儿。 ⑨ 在沪外籍人员子女学校(国际学校)就读的学生

资料来源:根据S市相关政策文件整理而成。

2015年10月S市人民政府发布《S市城乡居民基本医疗保险办法》(沪府发〔2015〕57号)、2015年12月S市人力资源和社会保障局发布《S市城乡居民基本医疗保险办法实施细则》(沪人社医发〔2015〕47号),从2016年1月1日起,S市城乡居民基本医疗保险制度正式实施,并对适用对象、管理部门、资金筹集、基金管理等内容作了统一规划。

2016年10月S市人民政府办公厅发布《关于2017年本市城乡居民基本医疗保险有关事项的通知》(沪府办发〔2016〕51号)、2017年11月S市人力资源和社会保障局发布《关于2018年本市城乡居民基本医疗保险有关事项的通知》(沪人社规〔2017〕35号)、2018年11月S市人力资源和社会保障局等七部门发布《关于2019

年本市城乡居民基本医疗保险有关事项的通知》(沪人社规〔2018〕35 号)分别对2017 年、2018 年和 2019 年城乡居民基本医疗保险工作制定了具体的实施办法。

(二) 行动现状

1. 基本医疗保险保障对象

S市基本医疗保险保障对象涉及城乡居民、城镇职工。其中,城镇职工基本医疗保险保障对象为在职职工、退休职工和其他参保人员;S市城镇居民医疗保险和新型农村合作医疗保险从 2016 年 1 月 1 日起合并为城乡居民基本医疗保险,保障对象为未参加S市其他基本医疗保险的人员,包括具有本市户籍、年龄超过 18 周岁的人员,具有本市户籍的中小学生和婴幼儿、本市大学生。①2018 年,S市城乡居民基本医疗保险参保人数为 342.8 万人,占年末参保总人数的 18.4%,比上一年参保人数减少 1.8 万人。

表 10.3 S市基本医疗保险参保人数 (单位:万人)

参保类型	2016 年	2017 年	2018 年
城乡居民基本医疗保险	338.0	344.6	342.8
城镇职工基本医疗保险	1 468.6	1 495.1	1 524.8
年末参保人数合计	1 806.7	1 839.8	1 867.6

资料来源:《2016—2018 年 S市国民经济和社会发展统计公报》。

2. 基本医疗保险资金筹集

S市城乡居民基本医疗保险资金筹集由个人缴费和政府补贴两部分组成。参保人员(不含大学生,下同)个人缴费以外资金,由市(含中央补助资金)、区县财政按照 1∶1 比例分担。其中,重残人员参保资金按照规定的年龄段筹资标准,由残疾人就业保障金承担 2/3,社会福利彩票公益金承担 1/3。②

S市城乡居民基本医疗保险筹资标准根据参保人员年龄段的不同,分段确定。人均筹资标准按照上一年度S市职工平均工资的 2.5%左右确定,其中,城乡居民医

① 本市大学生指本市各高等院校、科研院所中接受普通高等学历教育的全日制本科学生、高职高专学生以及非在职研究生。

② 市政府关于印发《S市城乡居民基本医疗保险办法》的通知(2015 年 10 月 30 日),http://www.shanghai.gov.cn/nw2/nw2314/nw2319/nw12344/u26aw45361.html。

保基金个人缴费部分占总筹资的15%左右。具体筹资标准和个人缴费标准结合本市实际情况适时调整。①

表10.4　2016—2019年S市城乡居民基本医疗保险筹资标准

标准	人群范围	2016年	2017年	2018年	2019年
筹资标准	60周岁及以上人员	3 800元	4 300元	5 800元	6 330元
	超过18周岁、不满60周岁人员	2 500元	2 900元	3 150元	3 300元
	中小学和婴幼儿	900元	1 100元	1 450元	1 600元
	大学生	—	180元	250元	370元
个人缴费标准	70周岁以上	340元	370元	370元	390元
	60—69周岁	500元	535元	535元	555元
	超过18周岁、不满60周岁	680元	720元	720元	740元
	中小学生和婴幼儿以及大学生	100元	110元	110元	130元

注:各类高等院校、科研院所中接受普通高等学历教育的全日制本科学生、高职高专学生以及非在职研究生(简称大学生)。

资料来源:S市人力资源和社会保障局等七部门:《市人力资源社会保障局等关于2016年本市城乡居民基本医疗保险有关事项的通知》(2015年10月28日)[EB/OL],[2015-10-28],http://www.shanghai.gov.cn/nw2/nw2314/nw2319/nw12344/u26aw45326.html。

表10.5　2010—2014年S市新农合情况

年份	开展新型农村合作医疗县(区、市)数(个)	参加新型农村合作医疗人数(亿人)	新型农村合作医疗人均筹资(元)	新型农村合作医疗本年度筹资总额(亿元)	新型农村合作医疗补偿受益人次(亿人次)
2010	13	0.03	555.40	15.47	0.07
2011	13	0.03	637.19	17.64	0.07
2012	13	0.03	707.30	18.90	0.06
2013	/	0.03	893.90	22.74	0.06
2014	/	0.02	1 090.87	26.46	0.06

资料来源:《2010—2014年中华人民共和国国家统计局》。

3. 基本医疗保险保障待遇

对于人们来说,基本医疗保险发挥着“保基本”“保风险”“保健康”的作用。为

① 市政府关于印发《S市城乡居民基本医疗保险办法》的通知(2015年10月30日),http://www.shanghai.gov.cn/nw2/nw2314/nw2319/nw12344/u26aw45361.html。

提高基本医疗保险基金的使用效率和保障水平，城乡居民基本医疗保险设立了门诊和住院起付线以及基金支付比例，同时，根据参保人员年龄的差异，报销标准也略有不同。

针对住院医疗待遇，起付标准根据医疗机构等级差异而有所不同（如表 10.6 所示），表现为社区卫生服务中心（一级医疗机构）起付标准为 50 元；二级医疗机构 100 元；三级医疗机构 300 元。针对门急诊医疗待遇，根据参保人群的不同而有所不同，表现为 60 周岁及以上人员、重残人员以及中小学生和婴幼儿起付标准为 300 元；超过 18 周岁、不满 60 周岁的人员为 500 元。

表 10.6　2016—2021 年 S 市城乡居民基本医疗保险报销比例情况

报销类型	人群范围	起付标准（元）			医保基金支付比例（%）		
		社区卫生服务中心（一级医疗机构）	二级医疗机构	三级医疗机构	社区卫生服务中心（一级医疗机构）	二级医疗机构	三级医疗机构
住院待遇	60 周岁及以上人员	50	100	300	90	80	70
	60 周岁以下人员				80	75	60
门急诊待遇	60 周岁及以上人员、重残人员、中小学生和婴幼儿	300			70	60	50
	超过 18 周岁、不满 60 周岁人员	500					

资料来源：S 市人民政府：《市政府关于印发〈S 市城乡居民基本医疗保险办法〉的通知》（2015 年 10 月 30 日）[EB/OL]，[2015-10-30]，http://www.shanghai.gov.cn/nw2/nw2314/nw2319/nw12344/u26aw45361.html。

针对不同的报销类型、医疗机构、参保人群，城乡居民基本医疗保险支付比例也存在一定差异。具体表现在：住院待遇方面：60 周岁及以上人员、重残人员在社区卫生服务中心（一级医疗机构）住院，由城乡居民医保基金支付 90%；在二级医疗机构住院，由城乡居民医保基金支付 80%；在三级医疗机构住院，由城乡居民医保基金支付 70%。60 周岁以下人员在社区卫生服务中心（一级医疗机构）住院，由城乡居民医保基金支付 80%；在二级医疗机构住院，由城乡居民医保基金支付 75%；

在三级医疗机构住院，由城乡居民医保基金支付60%。门急诊待遇方面：在社区卫生服务中心（一级医疗机构）门急诊，由城乡居民医保基金支付70%；在二级医疗机构门急诊，由城乡居民医保基金支付60%；在三级医疗机构门急诊，由城乡居民医保基金支付50%。

在起付标准设置上，住院起付线低于门急诊起付线，而住院医疗费用远远高于门急诊医疗费用，在一定程度上对住院患者到了保护作用。在医保基金支付比例上，针对住院的支付比例普遍高于门急诊支付比例。同时，看病医疗机构等级越高，报销比例越低，反映出S市对分级诊疗制度的重视程度，积极鼓励人们在基层就医，发挥基层医疗机构"守门人"的作用，从而建立有序就医的局面。

少儿住院互助基金待遇。S市红十字会、S市教育委员会、S市卫生和计划生育委员会（原卫生局）于1996年联合建立了一个针对中小学生、婴幼儿的公益性、非营利的医疗互助保障基金。该制度一方面是对本市居民基本医疗保险制度（中小学生和婴幼儿人群）的补充，另一方面也是对各类中小学校、幼托机构就读的非沪籍少儿、非沪籍常住人员子女的一种主要医疗保障形式。

表10.7　S市少儿住院互助基金缴费与保障待遇情况

<table>
<tr><th colspan="2">类　型</th><th>收费/待遇情况</th></tr>
<tr><td colspan="2">缴费情况</td><td>0到5周岁（指2012年8月31日以后出生）每人每学年110元；6周岁以上（指2012年8月31日及之前出生）每人每学年100元（收费按学年度计算，即当年9月1日至次年8月31日为一个年度）</td></tr>
<tr><td rowspan="3">待遇情况</td><td rowspan="3">具体待遇标准</td><td>1. 因伤、病住院，按照划区定点医疗规定，凭少儿住院互助基金医疗证和住院结算证明单等，可以享受：①入院时可免交部分预付金；②出院时，凡参加"城乡居民医保"者，可报销的住院医疗费用先按城乡居民医保规定结算，余下符合支付范围部分，扣除起付标准后，由少儿住院互助基金支付100%；未参加"城乡居民医保"者，可报销住院医疗费用的50%，扣除起付标准后，由少儿住院互助基金支付100%。部分病种实行最高限价支付</td></tr>
<tr><td>2. 患"大病"出院后的专科门诊治疗费用，凡参加"城乡居民医保"者，城乡居民医保支付后符合互助基金支付范围的费用，由少儿住院互助基金支付100%；未参加"城乡居民医保"者，由少儿住院互助基金支付可报范围的50%</td></tr>
<tr><td>3. 罕见病：甲基丙二酸血症、丙酸血症患儿，按规定报销治疗用特殊食品费用；戈谢氏病、法布雷斯病、庞贝病、黏多糖病的特异性药物费用，按住院、专科门诊不同情况由少儿住院互助基金按比例支付</td></tr>
</table>

续 表

类型		收费/待遇情况
待遇情况	起付标准	三级医院 300 元、二级医院 100 元、一级医院 50 元,大病专科门诊暂不设起付标准
	最高支付标准	1. 患一般疾病,少儿住院互助基金每人每学年最高累计支付 10 万元 2. 患"大病"的,每人每学年最高累计支付 20 万元(包括患一般疾病住院支付的费用) 3. 患罕见病,甲基丙二酸血症、丙酸血症患儿,按规定报销治疗用特殊食品费用,每月最高 500 元;戈谢氏病、法布雷斯病、庞贝病、黏多糖病的特异性药物等,每人每学年最高累计支付 10 万元,如同时患大病和罕见病,每人每学年最高累计支付 20 万元(包括患一般疾病住院支付的费用)

资料来源:根据相关政策整理所得。

4. 基本医疗保险基金运行

基金正常运行为基本医疗保险"保基本"作用的发挥奠定坚实基础。从医保基金总体收支情况看,截至 2017 年,基金收入为 1 404.4 亿元,比上一年末增加了 500.9亿元;基金支出为 729.4 亿元,比上一年末增加了 119.9 亿元;累计结余为 2 085.7亿元,比上一年末增加了 674.9 亿元。其中,城居保基金收入为 64 亿元,比上一年末增加 0.2 亿元;基金支出 65.7 亿元,比上一年末增加 10.2 亿元;累计结余为 6.1 亿元,比上一年减少 1.7 亿元。总体上看,S 市城镇居民基本医疗保险筹资水平较低,基金结余率偏低,医疗保险的风险分散作用还有待加强。

表 10.8　2013—2017 年 S 市城镇基本医疗保险基金收支情况(单位:元)

年份	基金收入			基金支出			累计结余		
	合计	城镇职工	城镇居民	合计	城镇职工	城镇居民	合计	城镇职工	城镇居民
2013	624.8	600.6	24.3	414.9	394.1	20.8	685.7	679.4	6.3
2014	673.4	648.7	24.7	476.3	452.0	24.3	882.8	876.1	6.7
2015	757.1	733.1	24.0	528.5	501.9	26.6	1 111.4	1 107.3	4.1
2016	903.5	849.7	53.8	609.5	554.0	55.5	1 410.8	1 403.0	7.8
2017	1 404.4	1 340.4	64.0	729.4	663.7	65.7	2 085.7	2 079.6	6.1

资料来源:《2013—2017 年中国统计年鉴》。

(三) 基本医疗保险治理健康贫困的效果分析

1. “保基本”的作用得以有效发挥

基本医疗保险建立的目标定位是“保基本”。“保基本”，从经济学上讲是筹资水平和待遇水平的问题；从保险学上讲，基本医疗保险具备风险分散功能，能够应对人们难以承担的风险，即意味着基本医疗保险就是运用基本手段“保大病”，而基本手段具体体现为三个目录(基本药品目录、基本诊疗项目目录和基本医疗服务设施标准)。①因此，凡是在三个目录范围内的报销费用，就属于“保基本”的范畴。S市从2000年城镇职工医疗保险实施以来，相继实施了城镇居民医疗保险和新农合制度，经过将近20年的发展与实践，参保人数不断增加，截至2018年，参保人数达1 867.6万人，基本实现全覆盖，基本医疗保险“保基本”的作用得以有效发挥。

2. 中小学生、婴幼儿医疗得到有效保障

S市中小学生、婴幼儿住院互助医疗基金已成为S市中小学生和婴幼儿基本医疗保险制度不可或缺的一个重要组成部分，该基金的设立被广大家长称为“生命绿卡”“孩子们的保护神”。②2018年S市少儿住院互助基金收费按照两个年龄段收取，即0到5周岁(指2012年8月31日以后出生，下同)每人每学年110元，6周岁以上(指2012年8月31日及之前出生，下同)每人每学年100元。截至2018年5月，S市少儿互助基金累计为178.1万人次患病少儿支付费用21.9亿元，③使得患病的中小学生、婴幼儿的家庭疾病经济负担得以有效减轻。

二、S市商业保险和大病保险治理健康贫困行动与效果

(一) 政策演进过程

1. 商业保险相关政策

随着社会进步与医疗卫生事业的发展，作为基本医疗保险补充的商业健康保险的发展成为人们关注的焦点。2014年10月国务院办公厅发布《关于加快发展商

① 《新形势下基本医保如何坚守“保基本”发展》[EB/OL]，[2019-04-19]，https://www.sohu.com/a/309137418_439958。

② 《S市中小学生、婴幼儿住院医疗互助基金介绍》，S市红十字会[EB/OL]，[2009-07-10]，http://www.redcross-sha.org/Home/View.aspx?id=103。

③ 《关于做好2018学年少儿住院互助基金参保收费等工作的通知》，S市红十字会[EB/OL]，[2018-08-21]，http://www.redcross-sha.org/Home/View.aspx?id=13935。

业健康保险的若干意见》(国办发〔2014〕50号),加快发展商业健康保险,并对商业健康保险内容进行了细化。2015年4月国务院办公厅发布《深化医药卫生体制改革2014年工作总结和2015年重点工作任务》,强调了商业健康保险的重要性,并明确了商业健康保险加快发展和参与医改的系列政策措施。商业健康保险再次被提上了新日程(田美思等,2017)。

2013年7月,S市人民政府发布《S市"十二五"期间(2013—2015年)深化医药卫生体制改革实施方案》,提出发展商业健康保险等补充保险的协同互补作用,进一步减轻患者的医疗费用负担。2014年6月,S市发展和改革委员会等六部门发布《关于印发〈S市城乡居民大病保险试行办法〉的通知》(沪发改医改〔2014〕2号),提出由商业保险机构承办大病保险业务,不断提高大病保险的运行效率、服务水平和质量。商业健康保险是由商业保险机构对因健康原因和医疗行为导致的损失给付保险金的保险,主要包括医疗保险、疾病保险、失能收入损失保险、护理保险以及相关的医疗意外保险、医疗责任保险等。①

2. 大病保险相关政策

(1) 政策分析。

随着我国全民医保体系的逐步建立,人们在看病就医方面具备了基本保障条件。但是由于我国基本医疗保障水平相对较低,在城镇居民基本医疗保险(以下简称城居保)和新型农村合作医疗(以下简称新农合)方面表现尤为突出,人们对大病医疗费用带来的巨大支付压力反映较为强烈。因此,为减轻人们大病医疗费用负担,有效解决"因病致贫""因病返贫"问题,我国提出了开展针对城乡居民的大病保险工作。

我国于2010年在新农合领域开始探索大病保险,优先选择6种危及儿童生命健康、医疗费用高、经过积极治疗后恢复较好的重大疾病展开试点工作(李珍,2017)。2012年8月,国家发展改革委等六部门发布《关于开展城乡居民大病保险工作的指导意见》(发改社会〔2012〕2605号)(以下简称《指导意见》),提出要在新农合和城居保基础上建立城乡居民大病保险制度,对大病患者发生的高额医疗费用给予进一步保障,减轻人们大病医疗费用的负担,有效缓解"因病致贫""因病返贫"

① 国务院办公厅:《国务院办公厅关于加快发展商业健康保险的若干意见》,政府信息公开专栏[EB/OL],[2014-11-17],http://www.gov.cn/zhengce/content/2014-11/17/content_9210.htm。

问题。2012年，新农合将大病保险范围扩大到22个病种，对相关病种的实际补偿比例提高到本省(区、市)限定费用的70%左右(李珍，2017)。

自2012年国家发展改革委等六部门发布《指导意见》后，各地相继开展大病保险制度的探索活动(见表10.9)(李华，2018)。2014年1月，国务院医改办发布《关于加快推进城乡居民大病保险工作的通知》(国医改办发〔2014〕1号)，全面推开城乡居民大病保险试点工作。2015年7月，国务院办公厅发布《关于全面实施城乡居民大病保险的意见》(国办发〔2015〕57号)，城乡居民大病保险工作要逐步覆盖所有城居保以及新农合参保人群。该《意见》明确指出，大病保险的保障对象为城乡居民基本医疗保险参保人，保障范围与城乡居民基本医保相衔接。参保人患大病发生高额医疗费用，由大病保险对经城乡居民基本医保按规定支付后个人负担的合规医疗费用给予保障。大病保险资金来源于城乡居民基本医保基金，从中划出一定的比例或额度作为大病保险资金；统筹层次原则上实行市(地)级统筹，鼓励省级统筹或全省(区、市)统一政策、统一组织实施，提高抗风险能力。2015年大病保险支付比例达到50%以上，未来将随着大病保险筹资能力、管理水平的提高而不断提高。

表10.9 我国各地大病保险实施进展情况①

地区	省份	启动时间	实施范围
东部	广东省	2012年	城乡居民:5个市
	江苏省	2013年	城乡居民:5个市
	浙江省	2013年	城乡居民:2个市
	福建省	2013年	城乡居民:2个市
	河北省	2013年	城乡居民:2个市
	辽宁省	2013年	全省
	山东省	2014年	全省
	海南省	2014年	全省
	北京市	2014年	全市
	天津市	2014年	全市
	上海市	2014年	全市

① 李华、高健:《城乡居民大病保险治理"因病致贫"的效果差异分析》,《社会科学辑刊》2018年第6期,第124—141页。

续 表

地区	省份	启动时间	实　施　范　围
中部	安徽省	2013 年	城镇居民:5 个市;新农合:11 个县(区)
	河南省	2013 年	城镇居民:2 个市;新农合:2 个市
	湖北省	2013 年	全省
	湖南省	2013 年	城乡居民:3 个市
	山西省	2013 年	城乡居民:2 个市
	江西省	2013 年	每个地区级市至少选择一个县试点,但未明确
	吉林省	2013 年	全省
	黑龙江	2013 年	城镇居民:2 个市
西部	青海省	2012 年	全省
	广　西	2013 年	城镇居民:2 个市
	重庆市	2013 年	全市
	贵州省	2013 年	城乡居民:3 个市
	陕西省	2013 年	城乡居民:4 个市
	甘肃省	2013 年	城乡居民:3 个市
	宁　夏	2013 年	城乡居民:2 个市
	新　疆	2013 年	城乡居民:6 个市
	云南省	2013 年	城乡居民:2 个市
	四川省	2013 年	城乡居民:8 个市
	内蒙古	2013 年	城镇居民:6 个市
	西　藏	2016 年	全省

资料来源:各省(区、市)政府部门网站公布的政策文件。

2019 年 4 月,国家医疗保障局发布《关于做好 2019 年城乡居民基本医疗保障工作的通知》(医保发〔2019〕30 号),强调了要提高居民基本医保补助标准和大病保险保障水平。同时,把高血压、糖尿病等慢性病门诊用药纳入医保报销。

S 市基本医疗保险体系相对健全,覆盖范围相对比较广,筹资水平相对较高(王力男等,2016)。2013 年 7 月 S 市人民政府发布《S 市"十二五"期间(2013—2015 年)深化医药卫生体制改革实施方案》(沪府发〔2013〕49 号),将"建立城乡居民重特大疾病保障机制"作为健全医疗保障体系的一项重要内容予以推进。2014 年 6 月 S 市发展和改革委员会等六部门发布《关于印发〈S 市城乡居民大病保险试行办法〉的通知》(沪发改医改〔2014〕2号),S市城乡居民大病保险开始试点实施。

2014年12月S市卫生和计划生育委员会发布《关于印发〈S市新型农村合作医疗商业大病保险实施意见〉的通知》(沪卫计基层〔2014〕016号)、2015年1月S市人力资源社会保障局发布《关于实施S市城镇居民大病保险有关事项的通知》(沪人社医发〔2015〕5号)分别对新农合和城居保参保人群的大病保险工作进行了细化。

2016年12月,S市政府办公厅发布《关于印发〈S市城乡居民大病保险办法〉的通知》(沪府办发〔2016〕58号)进一步明确了S市城乡居民大病保险工作实施的办法,对大病保险的资金来源、报销范围、报销比例、报销方式等作了进一步详细阐释。

2017年9月,S市卫生和计划生育委员会等四部门发布《关于印发〈S市农村贫困人口大病专项救治工作方案〉的通知》(沪卫计医〔2017〕052号),对核实的农村特困人员和低保对象展开大病救治,充分发挥基本医保、大病保险、医疗救助等制度的衔接保障作用,有效减少"因病致贫""因病返贫"现象的发生。

(2) 制度定位。

大病保险的属性和定位将决定其未来发展方向,并直接影响到大病保险的筹资渠道与补偿模式的选择(王琬等,2019)。2012年8月国家发展改革委等六部门发布的《指导意见》以及2015年7月国务院办公室发布的《关于全面实施城乡居民大病保险的意见》中均指出,城乡居民大病保险是基本医疗保障制度的拓展与延伸,是对基本医疗保障的有益补充。那么,大病保险到底是基本医疗保险制度的一部分还是以一项新制度的身份出现,是一个值得思考的问题。目前,学术界观点不一。第一种观点认为大病保险属于基本医疗保险的范畴,是基本医疗保险的重要组成部分。以金维刚(2013)等为代表,他认为大病保险是基本医疗保险的新发展,是基本医疗保险的一个有机组成部分。李文群(2012)认为大病保险是基本医疗保险功能的延伸与拓展,属于社会保险范畴。贾洪波(2012)从政策目标、保障对象、资金来源、基金管理、待遇支付五方面论证大病保险具有基本医保的属性。第二种观点认为大病保险是一项补充性保险,应作为一项新制度的身份出现。以何文炯、董朝辉等为代表。何文炯(2017)认为大病保险若作为基本医疗保险的一部分,则基本医疗保险制度体系将太复杂。因而,建议将大病保险定性为补充性医疗保险,由商业机构来主办。董朝辉(2013)认为基本医疗保险在一定程度上已含有保大病的功能，大病保险应作为一项独立的制度而出现，保障基本医疗保险无法解决的重难疾病等。第三种观点认为大病保险是一种过渡性的制度安排，用来解决基本医疗保障制度体系“碎片化”问题（王琬等，2019）。以仇雨临、黄国武（2014）等为代表，他们认为大病保险是为了修补目前基本医疗保障体系“碎片化”问题而产生，当基本医疗保险发展到一定阶段时，大病保障功能必然融入进去。因而，大病保险制度的建立只是一种过渡性的制度安排。学术界对大病保险制度的定位虽观点不同，但是不可否认的是，大病保险对减轻人们疾病经济负担，降低“因病致贫”“因病返贫”几率发挥着至关重要的作用。

综上所述，我们将大病保险定位为基本医疗保险的延伸，是基本医疗保险制度的重要组成部分。

（二）行动现状

1. 商业保险行动现状

（1）商业保险业务情况。

商业保险是建立多层次医疗保障体系的重要组成部分，同时也是保险业回馈社会、服务百姓的有效途径，更是体现保险业核心价值的重要领域（史邵文，2012）。根据中国保险监督管理委员会S市监管局数据显示，2014年至2018年S市保险业经营情况如图10.2所示。

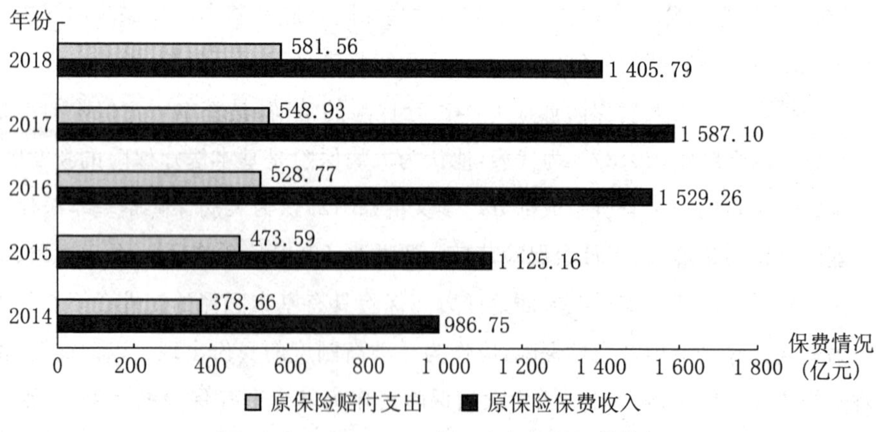

图10.2　2014—2018年S市保险业经营情况

资料来源：《中国保险监督管理委员会S监管局》。

由图 10.2 可知，2014—2018 年 S 市保险赔付支出呈现逐年增长的趋势，从 2014 年保险赔付支出 378.66 亿元增长到 2018 年的 581.56 亿元，增长率为 53.6%。原保险保费收入整体上呈增长趋势，局部呈现波动变化，其中 2014—2017 年呈现增长趋势，2017—2018 年呈现下降趋势。2018 年保险收入 1 405.79 亿元，比上一年降低 11.4%。保险收入和保险赔付支出的增加能够说明商业保险分散人们风险的机制发挥了一定作用。

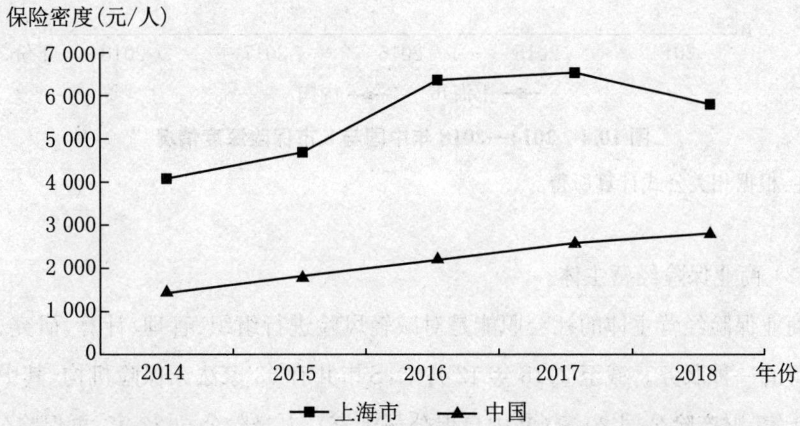

图 10.3　2014—2018 年中国与 S 市保险密度情况

注：根据相关公式计算所得。

保险密度指统计区域内常住人口平均保险费的数额(陆铭等，2012)，标志着该地区保险业的发展情况，也反映了该地区经济发展的状况与人们保险意识的强弱。根据 S 市 2014—2018 年常住人口数和保险收入情况计算所得，S 市保险密度由 2014 年的 4 067.38 元/人增加到 2018 年的 5 799.46 元/人，保险密度整体上呈增加趋势，但是局部有波动变化。而我国保险密度从 2014 年的 1 479.35 元/人增加到 2018 年的 2 724.46 元/人，增长率为 84.2%。

保险深度指某地保费收入占该地生产总值之比，反映了保险业在整个国民经济中的地位(陆铭等，2012)。由图 10.4 可知，2014—2018 年 S 市保险深度始终位于中国保险深度的平均水平之上，到了 2018 年，S 市与中国保险深度的平均水平逐渐接近。这说明 S 市保险业在国民经济发展中处于相对较高的水平。

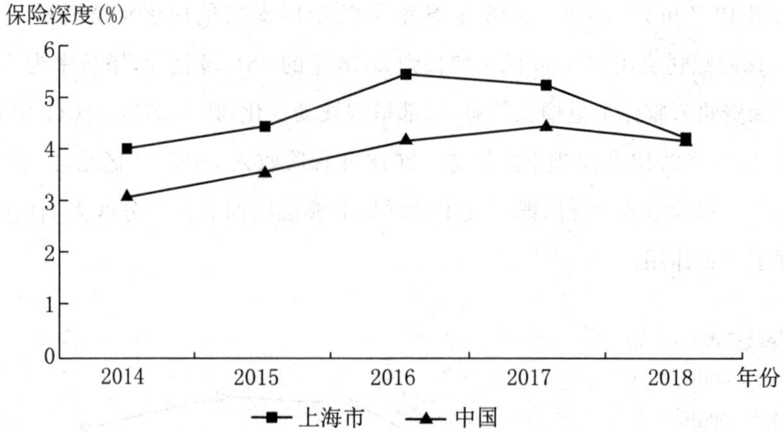

图 10.4　2014—2018 年中国与 S 市保险深度情况

注:根据相关公式计算所得。

(2) 商业保险经营主体。

商业保险经营主体的社会职能是对减轻风险进行组织、管理、计算、研究、赔付和监督的一种服务。截至 2018 年 12 月末,S 市共有 53 家法人保险机构,其中保险集团 1 家,财产险公司 20 家(其中自保公司 1 家),人身险公司 22 家,再保险公司 3 家,资产管理公司 7 家;共有 105 家省级保险分支机构,其中财产险分公司 51 家,人身险分公司 52 家,再保险分公司 2 家。S 市共有 224 家保险专业中介法人机构,其中保险代理机构 112 家,保险经纪机构 75 家,保险公估机构 37 家;共有 237 家保险专业中介分支机构,其中保险代理机构 103 家,保险经纪机构 105 家,保险公估机构 29 家。①

(3) 商业保险服务领域。

商业保险服务领域广,覆盖了包括电力、铁路、邮政等在内的各大行业,社会影响力也在明显扩大(陆铭等,2012)。从 S 市财产险和人身险赔付情况看,2014—2018 年赔付支出不断增加,一方面说明了人们对商业保险的认可度越来越高,另一方面也反映出 S 市商业保险的社会影响力越来越大。

① 《2018 年 1—12 月 S 保险市场基本情况》,中国保监会 S 保监局[EB/OL],[2019-01-24],http://shanghai.circ.gov.cn/web/site7/tab377/info4131348.htm。

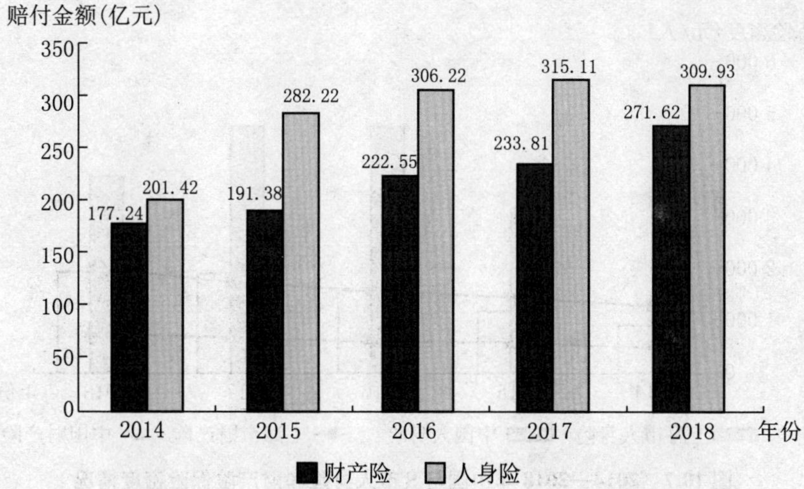

图 10.5　2014—2018 年 S 市财产险和人身险赔付情况

资料来源:《中国保险监督管理委员会 S 监管局》。

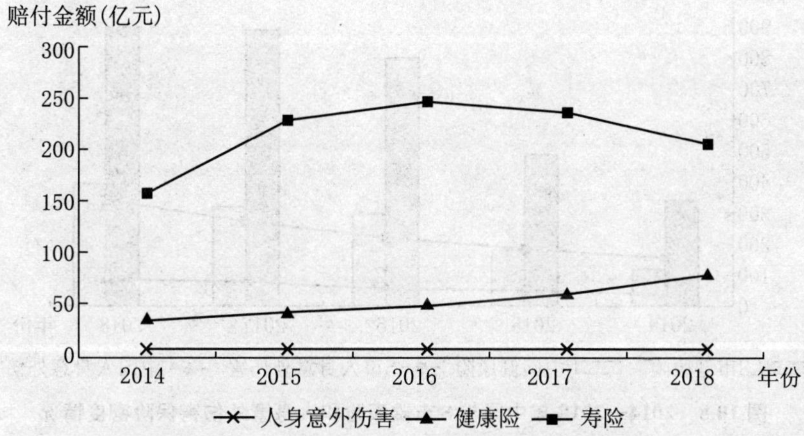

图 10.6　2014—2018 年 S 市人身险赔付情况

资料来源:《中国保险监督管理委员会 S 监管局》。

人身险包括人身意外伤害、健康险和寿险。其中,2014—2018 年 S 市人身意外伤害和健康险赔付支出逐年增加,而寿险赔付支出于 2014—2016 年呈现增长趋势,2016—2018 年呈现下降趋势。从横向比较看,寿险赔付支出始终高于健康险和人身意外伤害赔付支出。

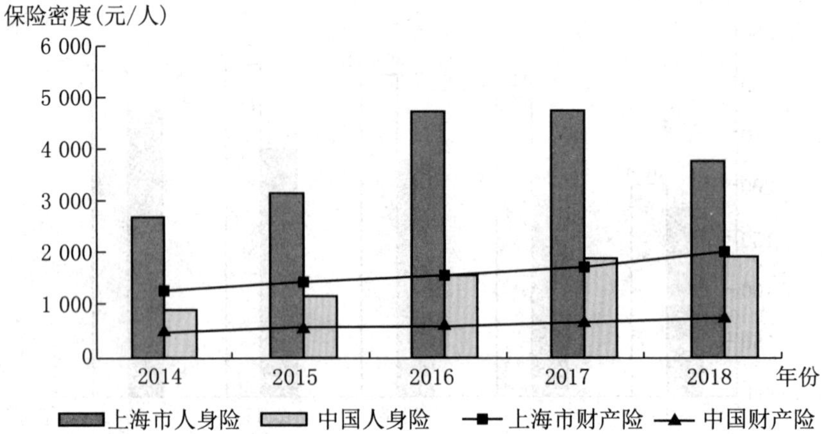

图 10.7　2014—2018 年中国与 S 市人身险和财产险保险密度情况

注:根据相关公式计算所得。

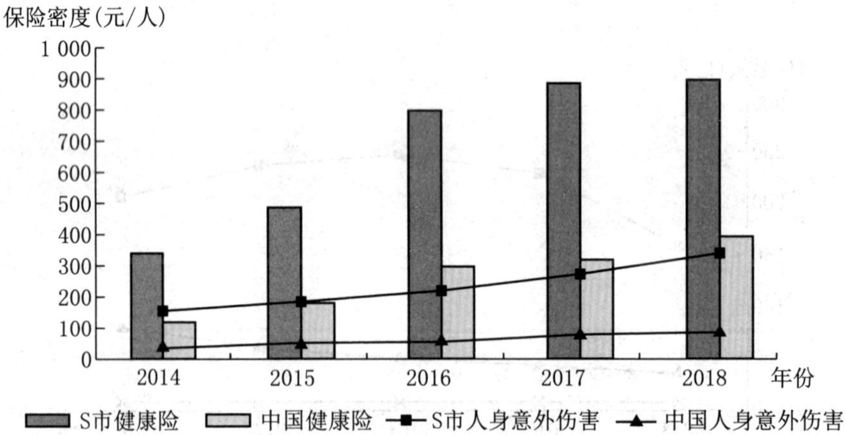

图 10.8　2014—2018 年中国与 S 市健康险和人身意外伤害保险密度情况

注:根据相关公式计算所得。

从保险密度层面看,不管是人身险和财产险,还是人身险所涵盖的人身意外伤害和健康险,S 市保险密度均高于中国的平均水平。从横向看,S 市健康险保险密度高于人身意外伤害险的保险密度。这说明 S 市保险业水平相对较高,同时人们对健康的保险意识相对较强。

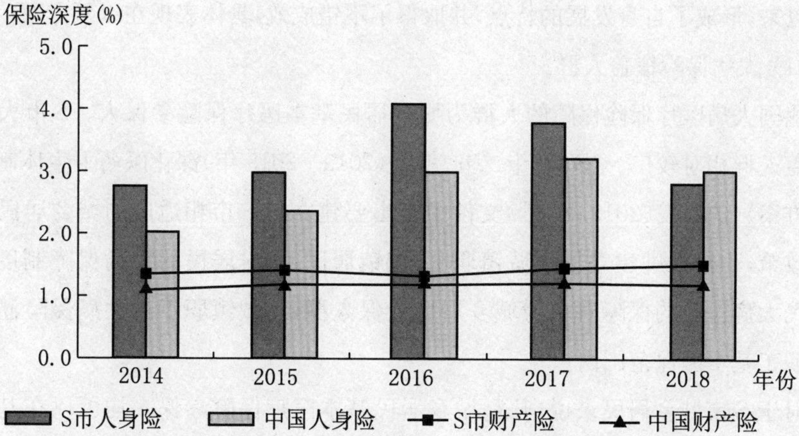

图 10.9　2014—2018 年中国与 S 市人身险和财产险保险深度情况

注:根据相关公式计算所得。

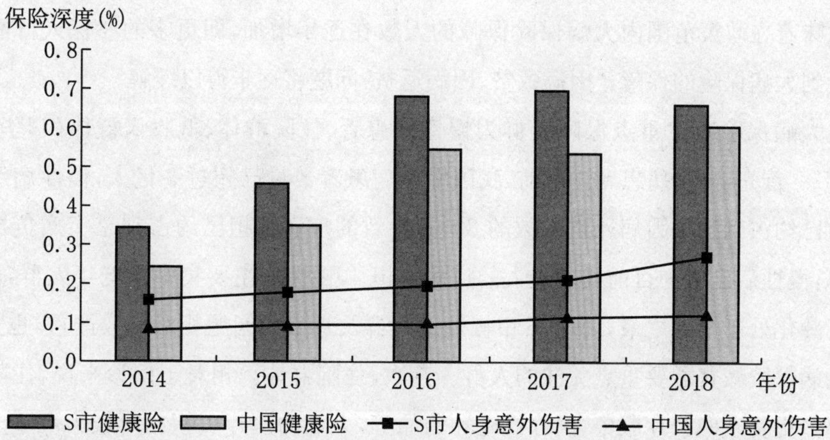

图 10.10　2014—2018 年中国与 S 市健康险和人身意外伤害保险深度情况

注:根据相关公式计算所得。

从保险深度层面看,S 市人身险和财产险以及健康险和人身意外伤害与中国平均水平相差不多,但仍然高于中国的保险深度。从横向看,S 市健康险的保险深度高于人身意外伤害险的保险深度。说明 S 市人身险和财产险在国民经济发展中处于相对较高的水平,同时,健康险在国民经济发展中也占据了一定位置。

2. 大病保险行动现状

为积极响应国家实施大病保险制度的号召,S 市大病保险制度从 2014 年试点实施以来，形成了自身发展的特点，并取得了不错成效，具体表现在以下方面：

(1) 大病保险覆盖人群。

我国大病医疗保险保障的人群为城乡居民基本医疗保险参保人。S市大病医保覆盖人群相对较广。《S市“十二五”期间(2013—2015年)深化医药卫生体制改革实施方案》(沪府发〔2013〕49号)文件中提出要建立与S市相适应的城乡居民大病保险政策，积极推进建立覆盖城镇职工、城镇居民、农村居民的大病保障制度。城乡居民大病保险的保障对象为城乡居民参保人群，而城镇职工的大病保险涵盖在城镇职工基本医保范围内。

对于S市城乡居民来说，凡是城乡居民基本医疗保险参保人均可以在基本医疗保险报销基础上享受大病保险二次报销待遇；对于S市城镇职工来说，大病保险指的是在门诊看病报销比例相当于住院报销比例。由表10.3可知，近几年S市城乡居民基本医疗保险及城镇职工基本医疗保险参保人数均呈现逐年递增的趋势，这意味着在政策范围内大病保险保障的人数在逐年增加，即更多的参保人群能够享受到大病保险的保障，“因病致贫、因病返贫”问题将逐步得以缓解。

大病保险减贫重点保障人群为慢性病患者、住院群体、低收入群体(李华等，2018)。首先，慢性病患者。目前，我国慢性病患者数量已超过3亿人，慢性病致死人数已约占到我国因病死亡人数的80%，导致的疾病负担已约占到总疾病负担的70%，慢性病已成为目前我国最大的疾病负担。①慢性病主要集中于老年人群，而S市老龄化处于全国之最，因此，S市慢性病人群及带来的问题相对比较严重，也是S市大病保险减贫需要重点关注的人群。其次，住院群体。相对于门诊来说，住院需要更多更复杂的医疗服务、医疗设施和药品等，人们的医疗负担相对较为沉重。由表10.10所示，2013—2017年S市医院门诊和住院病人人均医药费呈逐年增加的趋势，其中住院病人人均医药费将近是门诊病人次均医药费的50倍。对于一般收入水平的家庭来说，一旦住院将极易产生“因病致贫”的问题。因此，住院群体是大病保险重点对象之一。最后，低收入群体。低收入群体范围广泛，包括低保户、特困人员、残疾人、因病支出贫困等，收入相对较低，无论是哪类群体，大病的冲击对他们来说无疑是“雪上加霜”，进一步加重“因病致贫”程度而无法自拔。据相关数据

---

① “两会”代表谈医改，吴浩：《防治慢性病　加强健康管理》，新浪医药新闻[EB/OL]，[2019-03-06]，https://med.sina.com/article_detail_103_2_61942.html。

显示，2018 年 S 市城乡居民低保人数为 770 623 人，占 S 市户籍常住人口的 5.32%。低收入人群也是 S 市大病保险重点关注的对象之一。

表 10.10　2013—2017 年 S 市医院门诊和住院病人医药费用情况

（单位：元）

年份	门诊病人次均医药费	药费	检查费	住院病人人均医药费	药费	检查费	手术费
2013	283.6	153.0	31.0	14 422.4	5 054.0	851.8	1 452.8
2014	295.6	159.3	32.8	15 048.7	5 190.1	880.1	1 366.0
2015	316.0	167.6	34.7	16 084.6	5 460.0	939.0	1 393.2
2016	340.4	172.6	39.3	17 111.7	5 520.7	1 035.3	1 482.6
2017	361.0	168.2	45.3	18 185.2	5 119.6	1 189.3	1 714.8

资料来源：2013—2017 年《中国卫生和计划生育统计年鉴》，中国协和医科大学出版社各年版。

（2）大病保险筹资机制。

我国城乡居民大病保险的资金来源为城居保和新农合的结余基金，结余不足或没有结余的地区，在年度筹集的基金中予以安排。①根据各地实施情况，大病保险资金实行省级统筹或者市级统筹。S 市根据本市实践发展情况，城乡居民大病保险实行市级统筹，筹资标准为当年城乡居民医保基金筹资总额的 2%左右，采取分期划拨方式。②

由表 10.4 可知，城乡居民基本医疗保险筹资水平不断提高，意味着城乡居民大病保险筹资水平也在逐渐增加。相比我国其他地区城乡居民大病保险资金来源于当年城乡居民基本医保基金的结余，S 市城乡居民大病保险筹资来源于该市城乡居民医保基金筹资总额的 2%左右，资料来源具有相对稳定性。由表 10.8 可知，2013—2017 年城镇基本医疗保险基金收支情况相对较好，累计结余呈逐年增加趋势。S 市新农合与城居保从 2016 年开始合并，统一实施，考虑到数据可获得性，分析了 2010—2014 年 S 市新农合实施情况，在这 5 年中新农合年度筹资总额呈逐年增长趋势，参合人数稳定在 0.03 亿人左右，新农合补偿受益人次稳定在 0.06 亿人

① 国务院办公厅：《国务院办公厅关于全面实施城乡居民大病保险的意见》，政府信息公开专栏[EB/OL]，[2015-08-02]，http://www.gov.cn/zhengce/content/2015-08/02/content_10041.htm。

② 市政府办公厅关于印发《S 市城乡居民大病保险办法》的通知（沪府办发〔2016〕58 号）。

次，基金结余情况总体良好。

（3）大病保险保障范围与保障水平。

我国城乡居民大病保险保障范围与城居保、新农合相衔接，根据各地大病保险实施情况，可以按大病医疗费用支出或者按疾病病种来开展大病保险，而S市城乡居民大病保险按疾病病种进行保障，具体保障病种见图10.11。

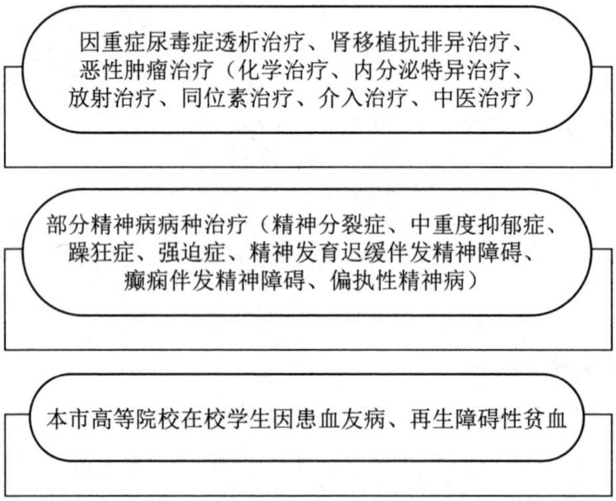

图10.11　城乡居民大病保险保障范围

对于城乡居民，如患上述大病（见图10.11），在基本医疗保险报销基础上进行“二次报销”，即在本市基本医疗保险定点医疗机构发生、符合基本医疗保险报销范围的费用，在基本医疗保险报销后，参保居民在基本医疗保险政策范围内个人自付的费用，纳入城乡居民大病保险支付范围，由大病保险资金报销55%，大病保险报销比例在不断增加（由原来报销50%增加到55%），S市大病保险报销不设置起付线和封顶线，是S市基本医保和大病保险保障水平相对较高的表现。

城市居民中已经参加S市中小学生、婴幼儿住院医疗互助基金，应先扣除互助基金支付部分。由参保人员先垫付医疗费用，之后再向承办城乡居民大病保险的商业保险机构申请大病补偿，承办的商业保险机构应及时为参保人员提供大病补偿服务。

城乡居民大病保险实行“社区定向转诊”制度。患四类大病的参保人员因病情需要转诊治疗的，须在社区卫生服务中心办理转诊手续后，再到二、三级定点医疗机构就医。①

(4) 大病保险运营管理方式。

S市大病保险由政府主导,商业保险机构承办。通过政府招标,选定符合资质的商业保险机构承办大病保险业务,由医保经办机构与中标的商业保险机构签署保险合同,合同期限原则上不低于3年。对商业保险机构承办城乡居民大病保险的保费收入,按照国家相应规定,进行相应地税收优惠。②

城乡居民大病保险遵循"收支平衡、保本微利"的原则,适时调节大病保险资金盈亏情况,一般情况下,商业保险机构盈利率控制在5%以内,具体须通过招投标合同确定。③

目前S市大病保险业务由商业保险机构运行,具体经办流程如图10.12所示。

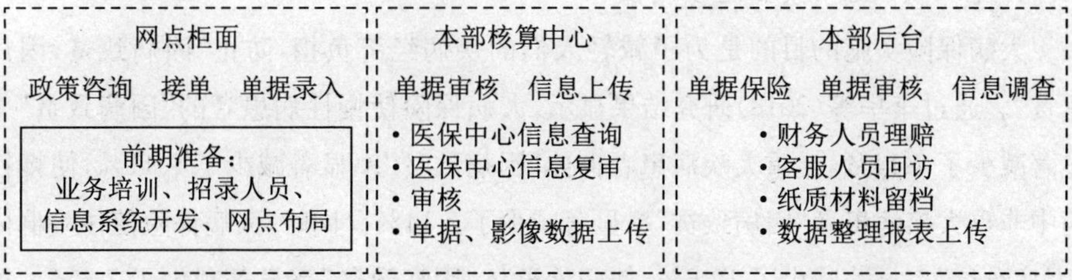

图10.12　保险公司经办流程

资料来源:陈珉惺、王力男、李芬、张晓溪、徐维维、金春林:《S市城镇居民大病保险实施评价》,《中国卫生经济》2017年第5期,第23—25页。

据相关数据显示,2015年四家保险公司大病保险申报总人次分别为6 398人次(37.6%)、6 611人次(38.86%)、2 521人次(14.82%)和1 484人次(8.72%)。2016年上半年仅A保险公司上升为11 445人次(52.34%),其他三家保险公司均有所下降,分别为7 088人次(32.42%)、2 092人次(9.57%)、1 240人次(5.67%)。运营一年半以来,A保险公司大病保险申报总人次最高为17 843人次(45.89%),B公司为13 699人次(35.23%),另外两家公司相对较少,分别占比11.87%和7.01%(陈珉惺等,2017)。

2015年四家保险公司申报结算费用分别为1 322.74万元(43.51%)、967.82万

①②③　S市人民政府办公厅:《市政府办公厅关于印发〈S市城乡居民大病保险办法〉的通知》(2017年1月1日)[EB/OL],[2017-01-01],http://www.shanghai.gov.cn/nw2/nw2314/nw2319/nw11494/nw12331/nw12343/nw39416/u26aw50911.html。

元(31.83%)、432.25万元(14.22%)和317.54万元(10.44%)。2016年上半年仅A公司上升为1 687.72万元(52.72%),其他三家保险公司均有所下降,分别为946.92万元(29.58%)、323.37万元(10.10%)和243.46万元(7.30%)。运营一年半以来,A家保险公司大病保险申报结算总费用最高为3 010.51万元(48.23%),B保险公司为1 914.74万元(30.68%),其他两家保险公司相对较少,仅占12.11%和8.99%。四家保险公司中,A和B保险公司大病保险申报人次和申报结算费用约占到总业务量的80%,另外两家保险公司业务量发挥作用相对比较小,在一定程度上存在资源浪费的现象(陈珉惺等,2017)。

(三) 商业保险和大病保险治理健康贫困的效果分析

1. 个人疾病经济负担逐步减轻

大病保险实施的目的是为了减轻人们的疾病经济负担,防止"因病致贫,因病返贫"。通过李华等(2018)研究结果显示,大病保险使慢性病患者的"因病致贫"率显著减少了7.14%,使重大疾病患者群体"因病致贫"率显著减少了9.41%,使慢性病中非重大疾病患者"因病致贫"率显著减少了5.14%。同时,大病保险使住院群体"因病致贫"率显著减少了12.6%,使门诊群体"因病致贫"率显著减少了7.6%。可见,大病保险制度的实施显著降低了慢性病、重大疾病患者的"因病致贫"率,同时对住院群体的靶向作用更加明显。

S市大病保险实行按病种报销,报销比例在不断增加,由原来报销50%增加到报销55%。通过S市大病保险实施情况,从受益人次看,2014年7月至2015年12月,S市大病保险共补偿城镇居民13.46万人次,人均受益3.81次。从纵向变化趋势看,受益人数和补偿人次虽波动变化,但从整体上来看均呈现增加趋势。从受益程度看,2014年7月至2015年12月,S市大病保险次均补偿金为119.49元。分月度看,人均补偿额在391.05—479.72元之间波动变化,次均补偿金额则相对稳定在112.53—125.45元之间(陈珉惺等,2017)。

2. "因病致贫"率得以有效降低

大病保险是城乡居民基本医疗保险基础上的再保险。S市大病保险实行市级统筹,通过李华等(2018)研究结果显示,大病保险制度的实施使整体"因病致贫"率降低了5.08%。产生该效果的原因在于大病保险制度建立的属性,是在城乡居民基本医疗保险基础上对高额医疗费用进行的再保险。大病保险保障对象是城乡居民，经研究发现，大病保险使城乡居民医保样本“因病致贫”率显著降低了6.04%，使新农合样本“因病致贫”率显著降低了6.45%。大病保险对不同类型保险、不同健康、不同地区、不同群体间“因病致贫”效果存在差异，但是从整体上看，大病保险使整体的“因病致贫”率有效降低，切实起到了减贫的效果，但是达到消除贫困的目标依然任重而道远。

3. 对中低收入、中轻度贫困群体减贫效果显著

“因病致贫”现象的发生不仅与医疗费用支出和医疗保障水平相关，而且还与自身家庭经济状况、家庭收入等因素有很大的关联程度。比如，高收入群体对高额医疗费用支出有较强的承担能力，可以以自身收入抵抗疾病经济负担；相反，低收入群体对疾病经济风险的抵抗能力则相对比较弱。通过李华等(2018)研究结果显示，大病保险使低收入群体“因病致贫”率显著降低了4.49%，使中产阶级“因病致贫”率显著降低了4.59%，而对高收入群体“因病致贫”率基本没有显著影响。对不同程度的贫困人群，大病保险减贫效果也存在较大差异。其中，大病保险使中度贫困群体“因病致贫”率显著降低了8.5%，使轻度贫困群体“因病致贫”率显著降低了7.07%，而对重度贫困群体“因病致贫”率基本没有显著影响。大病保险政策实施的目的是为了减轻人们疾病经济负担，缓解“因病致贫”“因病返贫”问题，但是重度贫困群体本身贫困程度比较严重，对于患大病的家庭来说，由于经济因素无法正常接受医疗服务，从而导致大病保险无法有效发挥作用。

三、S市医疗救助治理健康贫困行动与效果

(一) 政策演进过程

为进一步推进健康中国建设，防止“因病致贫”“因病返贫”，国家开始将保障重点转移到贫困群体。2016年6月，国家卫生计生委等部门发布《关于实施健康扶贫工程的指导意见》(国卫财务发〔2016〕26号)，到2020年实现贫困地区人人享有基本医疗卫生服务，大病得到及时救治，医疗费用负担得到减轻，人们生活条件得到改善的目标，“因病致贫”“因病返贫”问题得到有效解决。2018年9月，国家医保局等三部门发布《关于印发〈医疗保障扶贫三年行动实施方案(2018—2020年)〉的通知》，再次强调到2020年，实现农村贫困人口全部纳入基本医保、大病保险、医疗救助保障的范围，医疗保障受益水平提高，基本医疗保障更加有力的

目标。

加强医疗救助制度与其他各类医疗保障制度的衔接。2015 年 4 月，国务院办公厅发布《关于进一步完善医疗救助全面开展重特大疾病医疗救助工作意见的通知》（国办发〔2015〕30 号），要求加强医疗救助与基本医疗保险、城乡居民大病保险、疾病应急救助、各类补充医疗保险、商业保险等制度的衔接。2017 年 1 月，民政部等六部门发布《关于进一步加强医疗救助与城乡居民大病保险有效衔接的通知》（民发〔2017〕12 号），重点强调了加强医疗救助与大病保险制度的衔接，共同发挥托底保障功能的作用。

S 市为进一步完善社会救助制度，配合基本医疗保险制度改革，缓解贫困人口的医疗困难，治理健康贫困，S 市民政局于 2000 年发布了《关于做好医疗救助工作的通知》（沪民救发〔2000〕33 号），提出了医疗救助工作的若干意见。随着实践的探索与发展，2013 年 S 市民政局发布《关于实施〈S 市因病支出型贫困家庭生活救助办法（试行）〉的若干规定》（沪民救发〔2013〕51 号）、2016 年 S 市人民政府发布《关于印发修订后的〈S 市因病支出型贫困家庭生活救助办法〉的通知》（沪府发〔2016〕90 号），提出了针对因患病费用支出较大导致实际生活水平低于最低生活保障标准的家庭的生活救助的办法。2018 年 7 月，将因病治疗造成家庭经济困难，家庭人均可支配收入低于本市上年度城市居民人均可支配收入，财产符合本市低收入困难家庭申请专项救助经济状况认定标准的，家庭费用支出达到或超过该家庭年可支配收入 40％的家庭纳入医疗救助范围。

2017 年 9 月，S 市卫生和计划生育委员会等四部门发布《关于印发〈S 市农村贫困人口大病专项救治工作方案〉的通知》（沪卫计医〔2017〕052 号），对核实的农村特困人员和低保对象展开大病救治，充分发挥基本医保、大病保险、医疗救助等制度的衔接保障作用，有效减少“因病致贫，因病返贫”现象的发生。2018 年 1 月，S 市人力资源和社会保障局发布《关于切实贯彻落实社会保险扶贫工作意见的通知》（沪人社规〔2018〕1 号），再次强调要减轻贫困人员的医疗费用负担，巩固完善城乡居民大病保险进一步向困难群众倾斜，加强基本医疗、大病保险、医疗救助等各项政策制度的衔接，有效发挥医疗救助兜底保障功能。

2018 年 11 月，S 市人力资源和社会保障局发布《关于做好 2019 年市民社区医疗互助帮困计划有关事项的通知》，对 S 市市民实行社区医疗互助帮困计划。

(二) 行动现状

医疗救助制度主要是保障医疗救助对象获得基本医疗卫生服务。S市医疗救助对象包括最低生活保障人员、低收入困难家庭、特殊救济对象等。

1. 最低生活保障人员医疗救助

最低生活保障人员指家庭人均纯收入低于当地城市居民或者农村居民最低生活保障标准,因病残、丧失劳动能力、年老体弱等原因造成贫困的居民。处于最低生活保障的家庭成员本身在生活上面临着困难,如果其家庭成员患病,将使得贫困的生活"雪上加霜",进一步加重"因病致贫"的程度而无法自拔。近几年,S市城市和农村居民最低生活保障情况如表 10.11 所示。

表 10.11　2016—2018 年 S 市城乡最低生活保障情况

年份	城市低保人数(人)	农村低保人数(人)	城乡低保总人数(人)	城市低保户数(户)	农村低保户数(户)	城乡低保总户数(户)
2016	687 813	131 136	818 949	481 303	78 929	560 232
2017	649 406	138 414	787 820	462 135	112 549	574 684
2018	631 729	138 894	770 623	444 204	116 961	561 165

资料来源:2016—2018 年 S 市社会服务统计数据。

由表 10.11 可以看出,近 3 年 S 市城市低保人数从 2016 年的 687 813 人减少到 2018 年的 631 729 人,城市低保户数从 2016 年的 481 303 户减少到 2018 年的 444 204 户;农村低保人数从 2016 年的 131 136 人增加到 2018 年的 138 894 人,农村低保户数从 2016 年的 78 929 户增加到 2018 年的 116 961 户。城市低保人数呈现减少的趋势,而农村低保人数呈现增加的趋势。但从总体上看,近 3 年 S 市城乡低保人数呈现减少趋势。

从 2019 年 4 月起,城乡低保标准将由每人每月 1 070 元提高到每人每月 1 160 元,增幅 8.41%,同时将低保家庭中未满 16 周岁的未成年人救助标准提高到救助标准的 1.3 倍,为每人每月 1 510 元。①S 市一方面在提高低保标准,发挥"兜底"保障作用,另一方面城乡低保总人数在不断减少,2018 年初基本生活救助对象为 19.51 万人,2019 年初降至 18.95 万人,降幅 2.87%。

---

① 《S城乡低保标准调整提高到每人每月 1 160 元　增幅为 8.41%》,S频道—东方网[EB/OL],[2019-04-15],http://sh.eastday.com/m/20190415/u1ai12420512.html。

2. 低收入困难家庭医疗救助

低收入困难家庭是指家庭经济状况符合S市规定的低收入家庭申请专项救助经济状况认定标准的城乡居民家庭。①低收入家庭收入水平本身就不高，一旦家庭成员患病，将面临昂贵的医疗费用支出，家庭将陷入贫困的境地。

表 10.12　S市居民可支配收入(2015—2017,按收入水平分组)

指　　标	2015年	2016年	2017年
可支配收入(元/人)	49 867	54 305	58 987.96
低收入户	21 086	24 204	26 057.95
中低收入户	34 370	37 786	41 527
中等收入户	45 454	50 174	54 631
中高收入户	59 403	65 148	70 723
高收入户	97 276	103 219	111 644.11
比上年名义增长(%)	8.5	8.9	8.6
低收入户	9.7	14.8	7.7
中低收入户	9.1	9.9	9.9
中等收入户	8.8	10.4	8.9
中高收入户	9.3	9.7	8.6
高收入户	8.2	6.1	8.2

资料来源:《2018年S市统计年鉴》,中国统计出版社2018年版。

2015—2017年,S市居民可支配收入呈现逐年增长趋势,从2015年49 867元增长到2017年的58 987.96元,比上年名义增长百分比分别从2015年的8.5%变化到2017年的8.6%。将居民可支配收入按照收入水平分为五类,分别为低收入户、中低收入户、中等收入户、中高收入户和高收入户。其中,高收入户居民可支配收入从2015年的97 276元增长到2017年的111 644.11元,低收入户居民可支配收入从2015年的21 086元增长到2017年的26 057.95元,高收入户居民可支配收入为低收入户居民可支配收入的4倍多。

3. 贫困残疾人医疗救助

残疾的根源是贫困,残疾带来的后果往往也是贫困。残疾与贫困相互作用,互相影响。因此,残疾人也是健康扶贫的对象之一,并且也是需要重点关注的对象。

① S市民政局:《市民政局关于发布〈S市低收入困难家庭经济状况认定办法〉的通知》[EB/OL],[2019-08-02], http://www.shanghai.gov.cn/nw2/nw2314/nw2319/nw12344/u26aw50104.html。

表 10.13　2013—2017 年 S 市残疾人数量情况(单位:人)

各　区	2013 年	2014 年	2015 年	2016 年	2017 年
1	71 937	75 189	78 552	86 786	95 151
2	27 849	27 270	27 968	28 730	31 567
3	18 471	18 946	19 766	21 268	22 423
4	14 712	16 061	17 349	19 332	21 135
5	7 894	8 346	8 923	33 817	36 362
6	23 698	25 480	27 484	31 455	35 115
7	16 847	17 854	19 383	21 475	24 145
8	28 041	30 015	32 517	35 941	40 109
9	22 621	23 035	24 340	27 528	30 309
10	20 887	22 294	23 764	27 172	30 875
11	16 315	17 575	18 493	21 714	24 634
12	15 055	15 063	15 387	15 967	16 775
13	18 610	18 977	19 767	20 662	21 931
14	18 466	18 732	19 236	20 073	21 303
15	15 490	15 726	15 969	17 082	18 585
16	27 416	28 960	31 327	36 521	42 444
合计	385 255	401 318	423 520	465 523	512 863

资料来源:2013—2017 年《S 市统计年鉴》,中国统计出版社各年版。

从表 10.13 可以看出,2013—2017 年 S 市残疾人数量呈现逐年增长的趋势,从 2013 年的 385 255 人增长到 2017 年的 512 863 人,增长率约为 33.1%,各区残疾人数量存在较大差异。残疾人类别有视力残疾、听力残疾、言语残疾、肢体残疾、智力残疾、精神残疾及多重残疾等,其中,S 市肢体残疾人数量约占到残疾人总数的 45%,视力残疾人数量约占到残疾人总数的 17%,而这两项残疾也是阻碍生产劳动的重要因素。因此,对残疾人的健康扶贫工作任重而道远。

根据 2016 年 S 市残疾人事业发展统计公报数据显示,2016 年 S 市残联对突出贫困的残疾人群体实行精准扶贫就业,全年共有 3 523 名残疾人接受实用技术培训,98 名残疾人得到社会有效帮扶。残疾人扶贫基地达到 57 个,安置 1 423 名残疾人就业,辐射带动 2 040 户残疾人家庭。农村困难残疾人家庭危旧房改造 203 户,共发放家电补贴 30.45 万元。①可见,S 市残联对残疾人扶贫工作作出了不懈努力,

① 《2016 年 S 市残疾人事业发展统计公报》,http://www.cdpf.org.cn/sjzx/dfsj/201711/t20171124_612854.shtml。

带动残疾人积极就业，摆脱贫困，不断提升残疾人的生活水平。

表 10.14　2013—2017 年 S 市民政部门医疗救助情况

年份	资助参加医疗（人次）	直接医疗救助（人次）	资助参加医疗保险支出（万元）	直接医疗救助支出（万元）	住院救助（人次）	门诊救助（人次）
2013	51 301	68 736	3 148	19 068	—	—
2014	83 078	100 182	3 501	20 006	—	—
2015	86 996	265 787	3 703	23 051	—	—
2016	97 632	183 475	5 038	33 334	121 193	333 879
2017	74 738	296 283	4 683	40 361	—	—

资料来源：2013—2017 年《中国卫生和计划生育统计年鉴》，中国协和医科大学出版社各年版。

S 市医疗救助对象包括低保对象、低收入对象、特殊救济对象等，救助内容包括住院救助、门急诊救助以及资助参保。由表 10.14 可知，近几年，S 市民政部在医疗救助事业上作出了不懈努力，其中直接医疗救助人次数从 2013 年的 68 736 人增加到 2017 年的 296 283 人次；直接医疗救助支出从 2013 年的 19 068 万元增加到 2017 年的 40 361 万元。在资助参加医疗人次数和资助参加医疗保险支出方面，虽然 2017 年有所下降，但总体上还是呈现增长趋势。可见，S 市对医疗救助工作重视程度的提升，在很大程度上能够减少“因病致贫，因病返贫”现象的发生，有效治理健康贫困，从而不断提升人们的生活水平。

4. 支出型贫困家庭医疗救助

因病支出型贫困家庭生活救助是指对本市城乡居民因患病导致医疗费用等刚性支出较大，实际生活水平低于本市最低生活保障标准的家庭，由政府给予基本生活保障的制度。①据国务院扶贫办建档立卡统计，2013 年“因病致贫”“因病返贫”的贫困户占建档立卡贫困户总数的 42％（在致贫原因中位列第一），2015 年该比例进一步上升到 44.1％，并有不断上升的趋势（黄国武等，2018）。因此，因病支出型贫困家庭也是重点关注的对象，将其纳入医疗救助的内容，能够有效缓解贫困的程度。

目前，S 市因病支出型贫困家庭生活救助保障对象为：一是拥有本市户籍；二是

① S 市人民政府：《S 市人民政府关于印发修订后的〈S 市因病支出型贫困家庭生活救助办法〉的通知》（2016 年 12 月 7 日）[EB/OL]，[2016-12-07]，http://www.shanghai.gov.cn/nw2/nw2314/nw2319/nw2404/nw41341/nw41342/u26aw50485.html。

家人是本市户籍的非本市户籍的家属成员,满足其中一项条件即可:患大病重病;丧失劳动能力;配偶年龄男满60周岁,女满50周岁及以上;子女未满16周岁或年满16周岁仍就读于普通初中、普通高中和普通中等职业学校。保障范围为大病重病(按照城乡居民大病保险规定的病种执行)。救助形式:一是在提出申请之月前3个月内,家庭医疗费用支出和基本教育费用支出之和超过家庭可支配收入,按照本市城乡居民最低生活保障标准,给予全额救助。二是在提出申请之月前3个月内,家庭医疗费用支出和基本教育费用支出之和未超过家庭可支配收入,但家庭可支配收入扣除家庭医疗费用支出和基本教育费用支出之和后,月人均可支配收入低于本市城乡居民最低生活保障标准的,按照低于本市城乡居民最低生活保障标准,给予差额救助。

(三) 医疗救助治理健康贫困的效果分析

医疗救助作为我国多层次社会保障体系的重要组成部分,发挥着兜底保障的功能。

1. 救助范围逐渐扩大

S市医疗救助对象包括最低生活保障人员、低收入困难家庭、贫困残疾人、因病支出型贫困家庭等群体。随着不断的探索与实践,S市医疗救助对象进一步扩大,2018年7月S市医疗救助将两类因病支出型贫困家庭纳入医疗救助范围。第一类为因疾病造成经济困难,导致家庭人均可支配收入低于本市城乡最低生活保障标准;第二类为因疾病造成经济困难,家庭人均可支配收入低于本市上年度城市居民人均可支配收入,财产符合本市低收入困难家庭申请专项救助经济状况认定标准的。保障救助对象享有基本医疗卫生服务,有效破解"因病致贫,因病返贫"的难题。根据统计数据显示,2016年S市资助参加医疗97 632人次,直接医疗救助183 475人次,资助参加医疗保险支出5 038万元,直接医疗救助支出33 334万元,住院救助121 193人次,门诊救助333 879人次。医疗救助力度相对较大,救助对象范围不断扩大,进一步减轻了人们的医疗负担。

2. 救助标准逐渐提高

S市于2018年7月起调整了医疗救助政策,为减轻困难家庭的医疗负担,医疗救助标准进一步提高。其中,对本市低收入困难家庭成员,住院救助比例从70%提高到80%,全年最高救助限额从每人8万元提高到每人13万元;对本市城乡低保家庭成员和散居孤儿，住院救助比例从80%提高到90%，全年最高救助限额从每人8万元提高到每人13万元。医疗救助标准提高意味着救助对象将承担较少的卫生费用支出，能有效减轻贫困人口陷入“因病致贫”“因病返贫”困境的程度。

根据李芬等(2017)研究显示，2015年S市医疗救助人数5.55万人，其中，60岁以上老年人口占51.14%，医保类型主要为新农合和城居保(占79.92%)。救助对象人均医疗费用为17 344元，其中，医保报销10 329元(占总医疗费的59.55%)，自付费用7 015元(包括自付和自费费用，其中自付费用占人均医疗费用的27.37%)。不同年龄段人群医疗救助水平存在差异，其中，老年人人均医疗费用相对最高，自付费用占比相对最低(26.52%)。

3. *救助服务更加便民*

关于医疗救助服务，目前全国有93%的地区已实现医疗救助与医疗保险费用“一站式”结算(徐娜等，2016)，依托于发达的互联网信息系统，实现医疗救助对象享有随治随结、随结随走的便捷化医疗救助服务。S市医疗救助“一站式”服务以区县为单位，以基本药物制度为基础，以定点医疗和家庭医生签约服务为前提，依托本市医疗机构、医保和新型农村合作医疗信息系统，建立区(县)城乡医疗救助“一站式”服务信息平台，同步结算基本医疗保险资金、职工互助保障资金、少儿住院医疗互助基金和医疗救助金，推进医疗救助由事后向事中、事前转变，实现困难人员信息共享，使困难人群就医报销更加便捷，切实减轻了困难人群的经济负担。①

四、S市医疗服务体系治理健康贫困行动与效果

卫生服务可及性、质量和可负担性是卫生体系的三个关键问题，也是卫生改革与发展的着力点和实现全民健康覆盖目标的基础(孟庆跃，2013)。2009年，《中共中央国务院关于深化医药卫生体制改革的意见》提出要实现人人享有基本医疗卫生服务的目标，有效解决“看病难，看病贵”问题。基层医疗卫生服务体系越来越成为我国医改关注的重点。实现卫生服务可及性与可负担性，从需求侧来讲，应加强政府和社会筹资，建设覆盖城乡居民的基本医疗保险和大病保险体系，加强其与社

① S市民政局等八部门：《市民政局关于在本市开展城乡医疗救助“一站式”服务工作的指导意见》(2015年5月14日)[EB/OL]，[2015-05-14]，http://www.shanghai.gov.cn/nw2/nw2314/nw2319/nw12344/u26aw42521.html?date=2015-05-14。

会救助制度、慈善救助的衔接,逐步实施农村贫困地区大病救治计划。从供给侧来讲,强基层策略是重点,要大力加强基层医疗卫生服务体系建设(李华等,2018)。而分级诊疗制度和家庭医生制度对优化基层医疗卫生服务体系起着至关重要的作用。

(一) 政策演进过程

1997 年,《中共中央国务院关于卫生改革和发展的决定》(中发〔1997〕3 号)中提出“加强发展全科医学,培养全科医生”,这是政府首次提出培养专业化的全科医生是社区卫生服务体系的关键环节。2009 年,《中共中央国务院关于深化医药卫生体制改革的意见》提出要逐步建立分级诊疗制度和双向转诊,为人们提供便捷、低成本的基本医疗卫生服务。2011 年,《国务院关于建立全科医生制度指导意见》(国发〔2011〕23 号)提出建立家庭医生制度已上升为国家战略。2015 年,国务院办公厅发布《关于推进分级诊疗制度建设的指导意见》(国办发〔2015〕70 号),再次强调了分级诊疗制度建立的重要性。2016 年,《“健康中国 2030”规划纲要》提出完善家庭医生签约服务,全面建立成熟完善的分级诊疗制度,形成“基层首诊、双向转诊、上下联动、急慢分治”的合理就医秩序。

为响应国家政策,优化医疗卫生服务体系,有效解决人们“看病难、看病贵”问题,S 市开始了家庭医生制度和分级诊疗制度的探索活动。政策层面,2011 年 S 市政府发布《S 市深化医药卫生体制改革近期重点实施方案》(沪府发〔2011〕18 号),开展家庭医生制度试点活动。2013 年,《关于 S 市全面推广家庭医生制度的指导意见》提出全面实施家庭医生制度。2016 年,S 市人民政府办公厅印发《关于本市推进分级诊疗制度建设的实施意见》(沪府办发〔2016〕59 号)提出到 2017 年底,分级诊疗试点实现全覆盖;到 2020 年底,合理有效率的医疗服务体系基本构建。

实践层面,S 市于 2005 年率先探索开展家庭医生制度和转诊制度(李华等,2018)。2014 年,S 市开始全面推广实施家庭医生制度。2015 年下半年,S 市开始实施以家庭医生为基础的分级诊疗制度(张文珊等,2018)。

(二) 行动现状

1. 医疗卫生资源配置状况

卫生资源是医疗服务体系建设的基础,是人类健康的重要决定因素之一(孟庆跃,2013)。卫生资源从广义上讲,是人类开展卫生保健活动所使用的社会资源;从狭义上讲,是指社会在提供卫生服务过程中占用或者消耗的各种生产要素的总称,包括卫生人力资源、物力资源、财力资源等(孟庆跃,2013)。按照人口分布和疾病发生情况,卫生资源配置应呈现“正三角模式”,然而现实情况却恰恰相反,卫生资源大多集中于高层的卫生服务机构,基层卫生资源相对较缺乏,表现为一种典型的“倒三角模式”(刘金伟,2006)。正是因为医疗资源配置“倒三角模式”的存在,人们习惯性地去大医院看病,基层医疗机构“门可罗雀”,导致大医院“看病难、看病贵”,卫生服务的可及性受到了影响。近 5 年,S 市基层医疗卫生事业情况具体表现在以下方面:

卫生人力资源是卫生系统的基本要素之一(心脏和灵魂),是实现卫生系统可持续发展的关键。从纵向看(见图 10.13),卫生技术人员数量从 2013 年的 15.64 万人增加到 2017 年的 18.8 万人,其中,执业(助理)医师从 2013 年的 5.81 万人增加到 2017 年的 6.83 万人,注册护士从 2013 年的 6.79 万人增加到 2017 年的 8.40 万人。卫生人力资源呈现逐年增长趋势,为医疗服务的提供奠定了坚实基础。

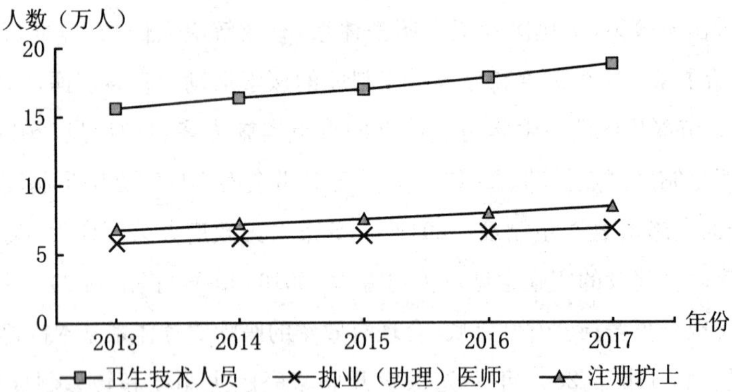

图 10.13　2013—2017 年 S 市卫生人力资源情况

资料来源:2013—2017 年《S 市统计年鉴》,中国统计出版社各年版。

从横向看(见图 10.14),2017 年 S 市各区卫生技术人员、执业(助理)医师及注册护士数量存在较大差异。以上情况反映了 S 市卫生人力资源总量不断增加,但是在各区人力资源的配置上存在差异。

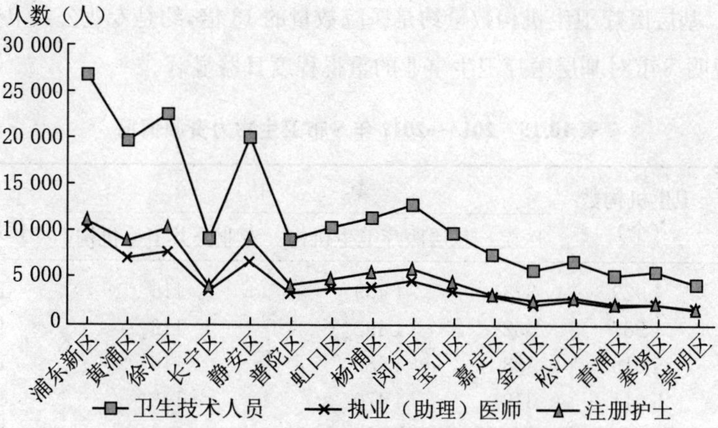

图 10.14　2017 年 S 市各区卫生人力资源情况

资料来源:《2017 年 S 市统计年鉴》,中国统计出版社 2017 年版。

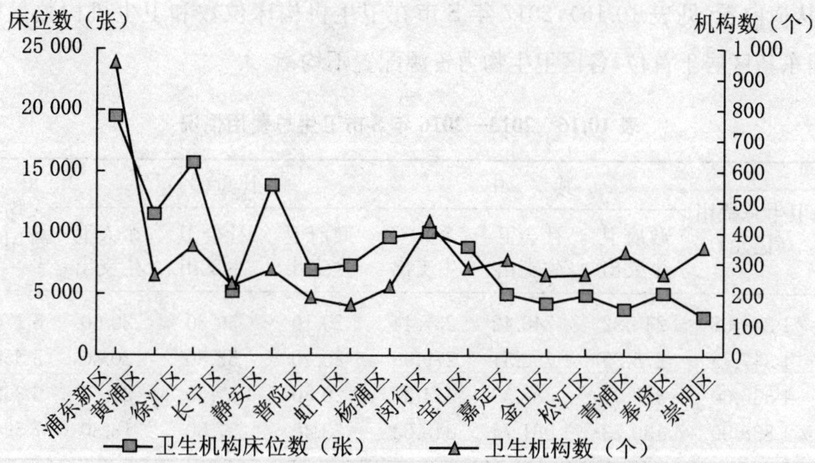

图 10.15　2017 年 S 市各区卫生物力资源情况

资料来源:《2017 年 S 市统计年鉴》,中国统计出版社 2017 年版。

卫生物力资源是卫生事业正常运行的物质基础。合理利用物力资源,有利于降低卫生服务成本,提高服务质量,满足人们的医疗卫生服务需求(张亮等,2013)。从纵向看(见表 10.15),2013—2017 年卫生机构数和卫生机构床位数均呈现增加趋势,分别从 2013 年的 4 929 个、11.43 万张增加到 2017 年的 5 144 个、13.46 万张。其中,在卫生机构数构成方面,基层医疗机构数量约占到卫生机构总数的 90%,医院数量约占到卫生机构总数的 6.7%,专业公共卫生机构数量约占到卫生机构总数的2.3%。基层医疗卫生机构数量约是医院数量的13倍，约是专业公共卫生机构的39倍。说明S市对基层医疗卫生事业的重视程度日益显著。

表10.15　2013—2017年S市卫生物力资源情况

年　份	卫生机构数（个）	其　　中			卫生机构床位数（万张）
		医院	基层医疗卫生机构	专业公共卫生机构	
2013	4 929	328	4 439	116	11.43
2014	4 987	332	4 492	116	11.75
2015	5 016	338	4 480	116	12.28
2016	5 011	349	4 470	112	12.92
2017	5 144	363	4 574	112	13.46

资料来源：2013—2017年《S市统计年鉴》，中国统计出版社各年版。

从横向看（见表10.16），2017年S市在卫生机构床位数和卫生机构数量分布上，浦东新区居于首位，各区卫生物力资源配置不均衡。

表10.16　2013—2016年S市卫生总费用情况

年份	卫生总费用（亿元）	其　　中			比重（%）			人均卫生费用（元）
		政府卫生支出	社会卫生支出	个人卫生支出	政府卫生支出	社会卫生支出	个人卫生支出	
2013	1 248.68	250.82	740.42	257.44	20.10	59.30	20.60	5 170.00
2014	1 347.79	275.29	792.51	279.99	20.40	58.80	20.80	5 556.00
2015	1 536.60	319.94	882.39	334.27	20.80	57.40	21.80	6 362.00
2016	1 838.00	430.73	1 061.74	345.53	23.40	57.80	18.80	7 596.00

资料来源：2013—2016年《S市统计年鉴》，中国统计出版社各年版。

卫生财力资源是卫生事业正常运行的经济基础。世界卫生组织（WHO）规定，卫生总费用是对用于卫生所有的经费进行衡量的普通指标，包括政府卫生支出、社会卫生支出和个人卫生支出三方面内容。

近几年来S市卫生总费用支出呈现增长趋势，卫生总费用从2013年的1 248.68亿元增加到2016年的1 838亿元，增长率为47.2%。其中，政府卫生支出从2013年的250.82亿元增加到2016年的430.73亿元，增长率为71.7%；社会卫生支出从2013年的740.42亿元增加到2016年的1 061.74亿元，增长率为43.4%；个人卫生支出从2013年的257.44亿元增加到2016年的345.53亿元，增长率为34.2%。在卫生总费用支出构成方面，社会卫生支出包括社会医疗保障支出、商业健康保险费、社会办医支出等内容。2013—2016年，社会卫生支出约占到卫生总费用的60%。政府卫生支出占卫生总费用的比例呈现逐年增加趋势，2016年政府卫生支出占到卫生总费用的23.4%。从2013—2016年S市卫生总费用支出情况看，政府、社会以及个人对公共卫生的重视力度越来越大，从而更加有利于社会平稳运行，造福于更多民众。

S市各医疗机构在卫生总费用构成方面，医院卫生费用支出占卫生总费用比例相对较大，相比之下，基层医疗卫生机构卫生费用支出占卫生总费用比例相对较小（见表10.17）。该现象正是医疗资源配置“倒三角模式”的一种体现，而这种现象将大大影响人们对卫生服务的可及性，从而出现“看病难、看病贵”的难题。

表10.17 2013—2016年S市卫生总费用构成情况 （单位：%）

年份	医　院	基层医疗卫生机构	药品零售机构	公共卫生机构
2013	70.7	13.1	7.2	3.5
2014	71.7	12.9	7.3	3.1
2015	71.8	13.4	7.1	3.2
2016	68.8	12.2	7.2	3.5

注：以上数字表示各医疗机构卫生费用支出占卫生总费用的比重。
资料来源：2013—2016年《S市统计年鉴》，中国统计出版社各年版。

在医疗机构利用率方面（见表10.18），就医疗机构病床使用情况，医院和社区卫生服务中心（站）存在较大差异。医院平均开放床位数是社区卫生服务中心（站）的将近5倍，而且两者间的差距在逐渐扩大。社区卫生服务中心（站）的病床周转次数远远低于医院病床周转次数。而病床周转次数的多少与病人病情轻重、慢性病人数量、医疗技术水平、治疗质量等有着紧密联系。根据医院和社区卫生服务中心（站）治疗的特点，社区卫生服务中心（站）对慢性病病人的治疗起到了一定作用。病床使用率和出院者平均住院日与病床周转次数存在密切的联系，即病床周转次数少，病床使用率低，出院者平均住院日相对较长；反之，病床使用率高，出院者平均住院日相对较短。因此，社区卫生服务中心（站）病床使用率相对较低，出院者平均住院日相对较长。

表 10.18　2013—2017 年 S 市医疗机构病床使用情况

医疗机构	年份	平均开放床位数(张)	病床周转次数(次)	病床使用率(%)	出院者平均住院日(日)
医　　院	2013	76 446	32.38	98.94	10.31
	2014	79 458	34.43	99.95	10.07
	2015	82 198	34.89	98.67	9.81
	2016	84 392	37.37	99.33	9.19
	2017	86 231	39.47	99.70	8.88
社区卫生服务中心(站)	2013	16 839	5.47	88.36	52.66
	2014	16 665	5.23	87.15	55.10
	2015	16 871	4.97	86.02	60.47
	2016	16 386	4.53	88.62	70.04
	2017	16 099	4.60	89.24	64.55

资料来源:2013—2017 年《S 市统计年鉴》,中国统计出版社各年版。

就医疗机构诊疗人次情况看(见表 10.19),2013—2017 年医院和社区卫生服务中心(站)均呈现增长趋势。医院诊疗人次从 2013 年的 13 692.25 万人次增长到 2017 年的 16 043.27 万人次,增长率为 17.2%;社区卫生服务中心(站)诊疗人次从 2013 年的 8 086.42 万人次增长到 2017 年的 8 690.63 万人次,增长率为 7.5%。同时,在诊疗人次中,医院和社区卫生服务中心(站)门、急诊人次占到总诊疗人次的 95%以上。这说明 S 市医疗机构的门诊在很大程度上起到了分流病人的作用。就

表 10.19　2013—2017 年 S 市医疗机构诊疗人次和入院人次情况

医疗机构	年份	诊疗人次(万人次)	其中:门、急诊	入院人数(万人)
医　　院	2013	13 692.25	13 619.43	290.14
	2014	14 866.11	14 790.25	321.18
	2015	15 361.11	15 297.94	339.67
	2016	15 625.58	15 559.28	370.68
	2017	16 043.27	15 980.41	396.99
社区卫生服务中心(站)	2013	8 086.42	7 870.02	9.27
	2014	8 488.39	8 263.63	8.61
	2015	8 674.01	8 451.50	8.38
	2016	8 580.23	8 364.99	7.46
	2017	8 690.63	8 491.33	7.36

资料来源:2013—2017 年《S 市统计年鉴》,中国统计出版社各年版。

医疗机构入院人数情况看，2013—2017 年医院入院人数呈现增加趋势，而社区卫生服务中心(站)入院人数呈现减少的趋势。所以应不断提高基层医疗卫生机构服务水平，优化基层医疗机构资源配置，提高人们到基层就医的意愿，从而形成“基层首诊、分级诊疗”的就医格局。

由于人们对医疗资源需求是无限的，而医疗资源是有限的，有限的资源能否满足无限的需求，既能使卫生资源合理利用，人们需求得到满足，是卫生事业重点关注的问题。因此，运用数据包络分析方法(Data Envelopment Analysis，简称 DEA)对 S 市近 10 年卫生资源配置的效率性进行了分析。

从表 10.20 可以看出，除了 2011 年、2012 年和 2013 年综合效率、纯技术效率以及规模效率未全部达到 1，其他年份的综合效率、纯技术效率以及规模效率均为 1，并且松弛变量均为 0。说明 2008—2010 年、2014—2017 年，S 市卫生资源配置效率为 DEA 相对有效，且规模报酬均不变，即表明在这 6 年中，S 市卫生资源的投入均达到了最佳产出值，卫生资源得以充分利用。而 2011—2013 这 3 年中，2012 年 S 市卫生资源配置为 DEA 弱有效，纯技术效率为 1，综合效率和规模效率均小于 1，松弛变量为 0，规模报酬递减，说明 2012 年 S 市卫生资源投入的增长速度大于产出的增长速度。2011 年、2013 年中，S 市卫生资源配置效率为 DEA 相对无效，纯技术效率、规模效率均小于 1，松弛变量非全为 0，且规模报酬递增，说明 S 市卫生资源在这两年间投入量和产出量没有达到最佳状态，资源未得到充分利用。

表 10.20　2008—2017 年 S 市卫生资源配置的效率性情况

年份	综合效率	纯技术效率	规模效率	规模报酬	s1－	s2－	s3－	s1＋	s2＋	s3＋	相对有效性
2008	1.000	1.000	1.000	不变	0.000	0.000	0.000	0.000	0.000	0.000	有效
2009	1.000	1.000	1.000	不变	0.000	0.000	0.000	0.000	0.000	0.000	有效
2010	1.000	1.000	1.000	不变	0.000	0.000	0.000	0.000	0.000	0.000	有效
2011	0.961	0.970	0.990	递增	44.470	0.055	0.000	0.000	1.469	5.850	无效
2012	0.993	1.000	0.993	递减	0.000	0.000	0.000	0.000	0.000	0.000	弱有效
2013	0.981	0.989	0.992	递增	506.043	0.097	0.000	0.000	1.721	9.014	无效
2014	1.000	1.000	1.000	不变	0.000	0.000	0.000	0.000	0.000	0.000	有效
2015	1.000	1.000	1.000	不变	0.000	0.000	0.000	0.000	0.000	0.000	有效
2016	1.000	1.000	1.000	不变	0.000	0.000	0.000	0.000	0.000	0.000	有效
2017	1.000	1.000	1.000	不变	0.000	0.000	0.000	0.000	0.000	0.000	有效

注：s1－，s2－，s3－，s1＋，s2＋，s3＋分别表示卫生机构数、卫生技术人员、卫生机构床位数、诊疗人次、病床使用率和入院人数的松弛变量。

由表10.21可以看出，2011年、2013年S市卫生资源配置效率低，表现为投入过剩，产出不足。投入过剩表现为卫生机构数、卫生技术人员和卫生机构床位数实际投入量超出了目标量，其中，卫生机构数投入过剩现象较为严重。产出不足表现为病床使用率和入院人数没有达到目标产出数量。因此，S市应相应减少2011年与2013年卫生资源的投入量，尤其是卫生机构的数量，增加相应的产出量，优化资源配置，提高卫生资源配置的效率。

表10.21　2008—2017年S市卫生资源投入—产出目标值与改变量

年份	卫生机构数		卫生技术人员		卫生机构床位数		诊疗人次		病床使用率		入院人数	
	目标值	改变量	目标值	改变量	目标值	改变量	目标值	改变量	目标值	改变量	目标值	改变量
2008	2 809.00	0	12.77	0	9.78	0	15 238.39	0	97.49	0	209.71	0
2009	3 013.00	0	13.09	0	9.97	0	17 357.56	0	97.68	0	232.87	0
2010	3 270.00	0	13.54	0	10.51	0	21 002.46	0	95.72	0	285.68	0
2011	3 213.79	−144.21	13.44	−0.47	10.39	−0.32	20 205.30	0	96.15	1.47	274.13	5.85
2012	3 465.00	0	14.61	0	10.96	0	21 402.13	0	96.23	0	298.80	0
2013	4 368.25	−560.75	15.37	−0.27	11.30	−0.13	24 093.28	0	95.47	1.72	323.67	9.01
2014	4 987.00	0	16.40	0	11.75	0	25 834.62	0	95.33	0	345.08	0
2015	5 016.00	0	17.02	0	12.28	0	26 522.32	0	93.66	0	362.33	0
2016	5 011.00	0	17.82	0	12.92	0	26 605.02	0	93.97	0	394.55	0
2017	5 144.00	0	18.80	0	13.46	0	27 342.32	0	93.52	0	420.00	0

注：—表示改变量减少。

从2014—2017年卫生资源配置情况看，S市卫生资源配置效率有所改善，卫生资源的投入均达到了最佳产出量。说明S市在优化卫生资源配置方面作出了不懈努力，使卫生资源得到合理利用。

2. 家庭医生制度实施情况

S市最早于2005年开展家庭医生制度和分级诊疗制度的探索活动。2011年底，在S市10个区（长宁区、浦东新区、静安区、闵行区、青浦区、金山区、宝山区、闸北区和杨浦区）展开家庭医生制度的试点活动。2015年，全市社区卫生服务中心均开展与推广了家庭医生制度。为进一步推进分级诊疗制度的实施，2015年11月起，S市启动家庭医生制度2.0版本，探索"1＋1＋1"（即居民自愿选择一名家庭医生签约，并可在全市范围内选择一家区级医院、一家市级医院签约）医疗机构组合签约,优先满足60周岁以上老年人、慢性病患者等重点人群签约。①

(1) 家庭医生数量情况。

S市家庭医生数量从2013年的5 957人增加到2017年的8 491人,其中,注册为全科医学专业的人数从2013年的4 008人增加到2017年的5 759人,取得全科医生培训合格证的人数从2013年的1 949人增加到2017年的2 732人。由图10.16可知,在家庭医生数量构成方面,S市注册为全科医生数量的人数始终高于取得全科医生培训合格证的人数,这与S市大力发展全科医学,培养全科医学专业人才有关。截至2017年底,S市家庭医生数量已达8 491人,每万人口拥有约4名家庭医生,已提前实现国家规划的2020年每万名居民拥有2—3名家庭医生的目标。

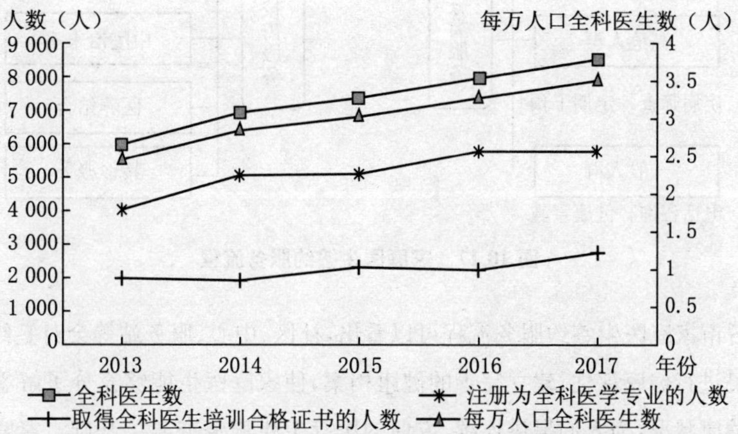

图10.16 2013—2017年S市全科医生数量情况

注:全科医生与家庭医生的关系:从广义上讲,两者是相同的,接受的教育是全科医学,提供的服务是基本、连续与全面的医疗卫生保健服务,担任居民健康的"守门人"角色;从狭义上讲,家庭医生范围相对较狭窄,指与家庭签约的全科医生。本研究从广义上理解,对全科医生和家庭医生不作区分。

资料来源:2013—2017年《中国卫生和计划生育统计年鉴》,中国协和医科大学出版社各年版。

(2) 家庭医生签约服务情况。

家庭医生作为居民健康和医疗卫生费用支出的"守门人",签约家庭医生将有

① 《S"1+1+1"组合:做实签约,健全机制,全面构建家庭医生制度》,新闻频道_健客网[EB/OL],[2017-08-04],https://www.jianke.com/xwpd/4561046.html。

利于保障居民健康，为形成有序就医格局奠定坚实基础。

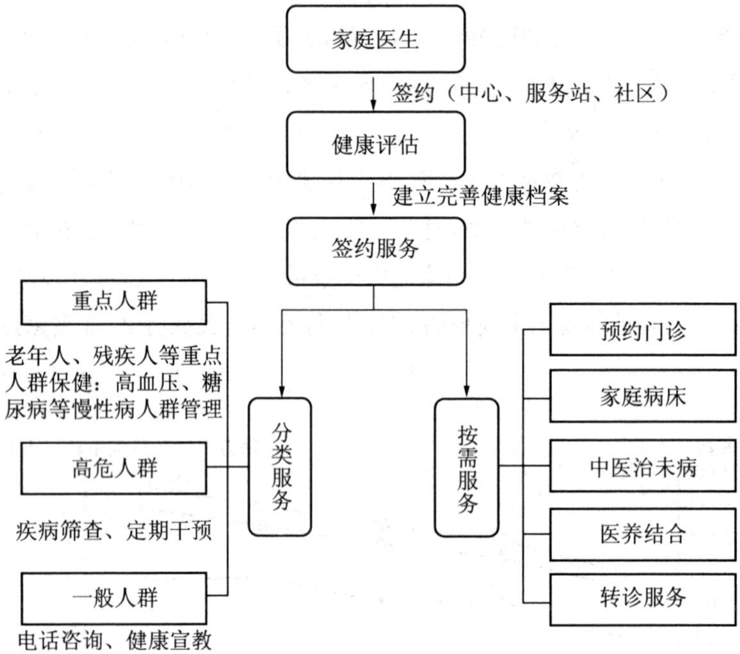

图 10.17　家庭医生签约服务流程

从S市家庭医生签约服务流程可以看出，社区、中心、服务站等会对签约家庭医生的居民进行健康评估，建立完善的健康档案，使家庭医生能够充分了解签约居民的身体健康状况，为人们提供连续、方便的医疗卫生服务夯实了基础。家庭医生在提供服务时，会根据签约人群的需求提供相应的服务，比如预约门诊、转诊服务等。同时，对重点人群、高危人群、一般人群等不同签约人群，家庭医生也会进行分类服务，针对不同类别的人群有侧重地提供其所需服务。

自S市实施家庭医生制度以来，在有效解决人们"看病难、看病贵"问题、形成有序就医格局方面发挥了重要的作用。

实施家庭医生制度，"签"只是一种形式，"约"才是制度实施的真正目的。从近3年S市家庭医生签约服务情况来看，签约居民人数呈逐年增加的趋势，而且重点人群签约率也在不断增加，重点是签约居民在社区就诊率不断上升，签约医疗机构组合内就诊率达到70%左右，签约社区就诊率50%左右，就诊出现明显"下沉"，家庭医生作为居民健康"守门人"的作用得到有效发挥。

2016 年

已有 215 家社区卫生服务中心正式开展“1+1+1”签约服务，已签约居民 130 万余人，开具延伸处方 14 万余张。

2017 年

常住居民家庭医生签约率 30%以上，重点人群签约率 60%以上。签约居民超过 340 万人，其中 60 岁以上老人 256 万人。签约医疗机构组合内就诊率 74%，签约社区就诊率 53%，开具延伸处方累计 94 万张。

2018 年

至年末，签约居民 666.30 万人，常住居民签约率为 30%。其中，60 岁以上老年人签约 373.59 万人，重点人群签约 377.03 万人。签约医疗机构组合内就诊率 70.58%，签约社区就诊率 46.51%。

图 10.18　2016—2018 年 S 市家庭医生制度实施情况

资料来源：《2016—2018 年 S 市国民经济和社会发展统计公报》。

以长宁区为例，根据葛敏等(2018)研究，长宁区居民的家庭医生签约率从 2013 年的 23.3%增加到 2016 年的 47%；签约居民社区定点就诊率在 2013—2016 年均值为 66.55%；家庭医生定点就诊率在 2013—2016 年均值为 33.81%；2013—2016 年签约居民的预约门诊率分别为 24.85%、38.71%、42.38%、41.65%，2016 年较 2013 年上升 16.80 个百分点；预约门诊履约率分别为 65.71%、75.85%、73.10%、85.05%，2016 年较 2013 年上升 19.34 个百分点。2013—2016 年长宁区签约居民通过家庭医生转诊率分别为 1.16%、0.47%、0.95%、0.96%，2016 年较 2013 年下降 0.20 个百分点；转诊到位率分别为 57.35%、49.41%、45.65%、41.82%，2016 年较 2013 年下降 15.53 个百分点。研究结果显示，家庭医生签约率在稳步提升，人们看病就医的有序格局逐步形成。

3. 分级诊疗制度实施情况

分级诊疗指以政府主导，通过优化卫生资源配置、规范居民就医秩序、加大保证政策力度的方式，最终实现医疗服务公平可及的一种制度安排(李华等，2018)。S 市于 2015 年下半年开展了以家庭医生为基础的分级诊疗制度。截至 2017 年 3

月，S市初步构建了“基层首诊、双向转诊、急慢分治、上下联动”的分级诊疗体系。①

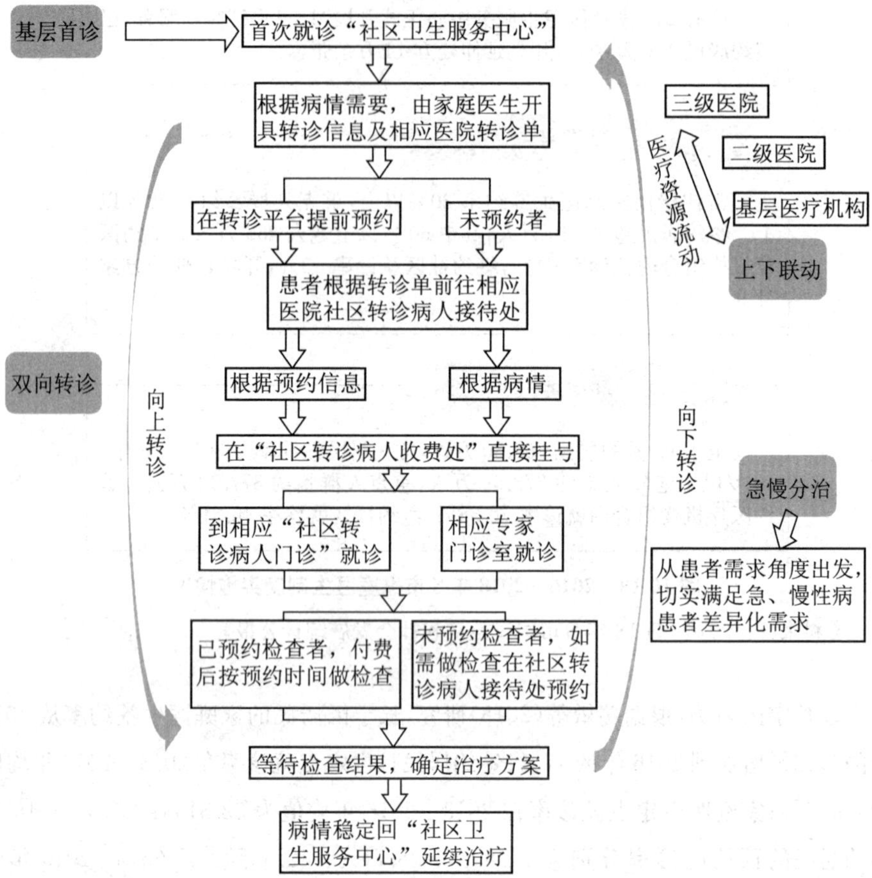

图 10.19 S市分级诊疗实施情况

从分级诊疗的实现机制来看，需要具备以下条件：一是上级医院有意愿将前来就诊的患者向下级基层医疗机构分流；二是基层医疗机构在硬件和软件水平上具有一定的能力来提供良好的医疗服务；三是患者愿意到基层医疗机构就诊。三项条件的核心就是基层首诊（李华等，2018）。“保基本”“强基层”“建机制”成为分级诊疗制度中的重中之重（王虎峰等，2015）。

以长宁区分级诊疗情况为例，2016年长宁家庭医生转诊绿色通道425人次，

① 《2016 S市十大行业服务质量测评报告公布》，新闻频道_东方头条［EB/OL］，［2017-03-21］，https://mini.eastday.com/a/170321065146510.html。

双向转诊 725 人，通过绿色通道住院 19 人，医生直接带回住院 60 人，下转虹桥 77 人；2017 年长宁家庭医生转诊绿色通道 1 577 人次，双向转诊 1 731 人。2016 年全部家庭医生转诊绿色通道 589 人次，双向转诊 1 488 人，绿色通道住院 35 人，医生直接带回住院 780 人，下转 77 人；2017 年全部家庭医生转诊绿色通道 1 949 人次，双向转诊 2 158 人，下转社区共计 67 人，其中，下转社区 7 人，下转社区(虹桥骨科)45 人，下转公惠医院(放疗科)15 人。家庭医生在分级诊疗制度实施过程中发挥了“守门人”作用，有效起到了分流、转诊病人的作用，使得人们看病就医更加合理与有序。

(三) 医疗服务体系治理健康贫困的效果分析

建立健全的医疗服务体系，是提升人们健康素质，实现精准脱贫、精准扶贫最根本、最有效的手段。[①]S 市通过实施家庭医生制度、分级诊疗制度，优化医疗服务体系，在有效治理健康贫困上发挥了显著作用。

1. 居民看病就医的便捷性有所提高

一直以来存在的大医院“人满为患”、基层医疗机构“门可罗雀”的现象，原因在于大医院医疗资源丰富，服务设施齐全，医生服务能力相对较强，人们倾向于选择大医院看病就医。然而，随着医疗服务体系的不断优化与完善，分级诊疗制度的实施，为人们提供了基本医疗服务和公共卫生等服务，积极引导人们在基层首诊。根据鲁於等(2015)对 S 市 8 区 21 街道的调研结果显示，超过一半的签约居民认为家庭医生制度的实施为人们就诊带来了便利，86%的签约居民认为家庭医生提供的转诊服务为人们带来了便利，92%的签约居民认为家庭医生提供的预约服务为人们带来了便利。因此，从实践效果看，家庭医生制度和分级诊疗制度的实施使得人们看病就医的便捷性有所提高。

2. 居民医疗费用支出有所减少

分级诊疗制度实施目的是为了使人们在基层首诊，发挥家庭医生健康和医疗卫生费用支出“守门人”的作用，从而建立合理有序的就医局面。根据吴忠等(2015)调研结果显示，签约并就诊过的居民中 66%的人认为签约家庭医生后，花费的大部

---

① 《补齐因病因残致贫返贫的短板　才不会拖与全国同步全面建成小康》[EB/OL]，[2015-11-22]，http://www.sohu.com/a/43460389_119911。

分费用都能被医保报销,医疗费用有所减少。同时,42.8%的签约居民表示对一些慢性病、常见病等治疗上更倾向于在家庭医生处进行治疗、拿药,一方面减少了去大医院看病排队等候的时间,另一方面也能节省不少的医疗费用,在很大程度上给人们看病带了便利。

3. 医患关系有所改善

医生和患者关系的好坏关系到治疗的效果,也关系到和谐社会的构建。根据鲁於等(2015)调研结果显示,88%的人认为签约家庭医生后,医生和患者的关系有所改善。其原因在于家庭医生制度的签约,使得医生和患者间的关系较为稳定,医生熟悉患者病情,患者了解医生服务水平,双方建立了信任关系,从而为病情更好地得到治疗以及和谐社会的构建奠定了坚实基础。其中,56%的人认为家庭医生服务态度好,对签约居民病情较为关注从而使得医患关系有所改善;37%的人认为家庭医生提供的个性化服务和健康咨询使得医患关系有所改善;25%的人认为家庭医生提供上门服务使得医患关系有所改善;还有部分人认为在家庭医生处看病无需预约排队等也是医患关系改善的原因所在。总之,家庭医生制度的实施,增加了医患之间的交流,在很大程度上避免了双方间的误会,使得居民更加信任家庭医生,积极配合家庭医生的治疗,家庭医生也更加关心居民的情况,有效地改善了家庭医生和患者之间的关系,使得社会更加和谐。

五、S市健康贫困治理的问题和成因

(一) 基本医疗保险治理健康贫困

1. 基金运行效率低下

多年来,我国医保基金的运行方向主要在维持基金收支平衡,三大基本医保管理机构均为行政部门,且分散在社会保障和卫生行政部门,由于缺少相应的人力和物力,不能对保障人群的健康状况和风险情况进行科学的评估和预测,大大影响基金的管理效率(王力男等,2016)。从基本医疗保险基金的运行情况看,2013—2017年S市城镇职工医保基金存在大量结余,且结余呈现逐年增加趋势。2017年S市城镇职工结余为2 079.6亿元,比上一年增加676.6亿元。过多的基金结余在很大程度上不利于基金保障效用的发挥。针对大量的医保基金沉淀,根据S市基本医保基金相关规定,基金增值主要由市财政局会同市人保局运作,渠道为银行活、定期存款及国债等，与当前消费水平相比较来看，尚不能实现沉淀基金保值增值（王力男等，2016）。

2. 监管体系相对不健全

首先，S市于2011年5月起实施的《S市基本医疗保险监督管理办法》（市政府令第60号），为S市医保的监管提供了法律依据。但是，由于医保制度的不断完善与发展，对S市医保监管工作提出更多更高的要求。医保监管工作面临着极大的挑战。其次，医保基金合理与安全的使用是医保监管的直接目的。而在这个问题上，S市医保监管面临着以下挑战：一是部分定点医院及其执业医师执行医保管理规定的意识淡漠；二是参保个人维护医保基金安全的意识淡漠；三是少数不法分子的医保违规违法行为，给医保基金的安全带来严峻挑战（李建梅，2011）。同时，医保基金的监管需要人才和技术的支撑，S市目前医保专业监管人员缺乏，信息化建设工作有待完善，从而在很大程度上使监管工作难以有效展开。最后，医保监管工作缺少统一的法律法规，监管制度和相关标准缺失（李建梅，2011）。从全国层面看，国家尚未出台医保监管方面的法律法规，使得监管工作缺少保障力度。对医保违规违法行为，缺乏相关的界定标准和处罚力度，因而加大了医保监管的难度。

（二）商业保险、大病保险治理健康贫困的问题和成因

1. 大病保险保障病种范围有限

相比其他省市，S市大病保险按照病种进行保障，没有医保支付的封顶线，在很大程度上对巨额医疗卫生费用支出有较大的保护作用，大大减轻了居民的疾病经济负担。但是，S市大病保险保障的病种范围有限，对于重点人群，比如老年人疾病负担相对比较重的脑卒中等慢性病不在大病报销范围内，同时，造成人们重大疾病负担的罕见病也不在大病报销范围内。依据目前研究结果显示，大病保险对非重大疾病病种影响不显著，限制了其他类型重大病种患者的减贫效果（李华等，2018）。为切实有效减轻人们的疾病经济负担，防止出现“因病致贫”“因病返贫”的现象，建议根据流行性病学、疾病经济负担等因素，在原有报销病种范围基础上，按照病情重、病程长、费用高等原则，逐步扩大病种范围。①

① 陈珉惺、王力男、李芬、张晓溪、徐维维、金春林：《S市城镇居民大病保险实施评价》，《中国卫生经济》2017年第5期，第23—25页。

2. 商业保险机构控费动力不足

商业保险机构承办大病保险业务，旨在发挥市场作用和机构自身专业优势，提高大病保险运行的效率，服务水平和质量，减轻患者的疾病医疗负担（于保荣等，2018）。S市大病保险业务由商业保险机构承办，遵循“收支平衡、保本微利”的原则，商业保险机构盈利率控制在5%以内，超出合同部分约定的结余，需要将资金返还给城乡居民医保基金。由于政策性原因给商业保险公司带来亏损的，需由城乡医保基金和商业保险机构共同分摊。从政策层面看，商业保险机构仅仅起到运行S市大病保险的作用，基金的盈亏与商业保险机构基本无关，从而使得商业保险机构缺乏经办大病保险业务的积极性。从实践层面看，S市经办大病保险业务的有四家商业保险机构，其中两家保险机构经办业务量占到总业务量的80%，另外两家保险机构业务量相对较少，商业保险机构之间的竞争较弱，从而使得保险机构缺乏提高经办能力与业务竞争力的动力。

3. 精准识别保障对象有待提高

我国城乡居民大病保险保障人群为城居保和新农合的参保人群，保障性质属于普惠性，即只要参加城居保和新农合的人群均可以享受到大病保险的二次报销，对困难人群、低收入人群、残疾人等并没有完全区分。然而，相同的医疗费用对于不同收入的家庭来说，影响却大不相同，低收入者需要更多的补偿才能在最大程度上减轻疾病给人们带来的负担。现行政策规定，只要达到相应的保障标准，参保人均可以得到相同的补偿。据国家卫生计生委相关人员表示，截至2014年末，城镇居民和农村居民大病患者医疗费用实际报销比例在原来基本医保报销比例基础上分别提高了11.22个和12个百分点（仇雨临等，2017）。因此，从目前大病保险制度实施效果看，对于大病患者，尤其是大病贫困群体来说，大病保险保障力度有限。

(三) 医疗救助治理健康贫困的问题和成因

1. 各救助政策间存在重复现象

S市社会救助政策处于不断发展与完善过程中，对贫困家庭切实起到了兜底保障的作用。但是在发展过程中，各救助政策间可能会存在重复救助的现象，比如把因病支出型贫困家庭纳入S市医疗救助范围这一政策，其实S市社会救助政策中已或多或少将因病支出型贫困纳入了救助范围，比如临时救助规定，对遭遇重大事故、意外伤害、突发重大疾病或者其他原因造成生活困难的家庭给予临时性救助。

此处的突发重大疾病跟因病支出导致的贫困性质基本相同，临时救助并没有将其排除在外，而又将因病支出型贫困单列出来进行生活救助，与临时救助等在很大程度上有交叉与重复现象。此外，S市医疗救助的对象包括低收入家庭、特困人员、支出型贫困家庭等，其实低收入家庭往往最容易导致“因病致贫”，成为因病支出型贫困群体，这些因素将会影响S市医疗救助对象的精准识别与确定。

2. 医疗救助水平相对偏低

建立医疗救助的目的是为了保障困难人群更好地享受基本医疗服务，发挥其兜底保障作用。据S市统计年鉴数据显示，2016年S市门诊病人次均医疗费340.4元，住院病人人均医药费17 111.7元。2016年S市直接医疗救助支出33 334万元，平均人次均住院救助和门诊救助分别为2 750元、998元，其中，平均人次均住院救助水平占当年人均住院费用的16.1%。根据医疗费用支出情况看，住院费用在医疗费用支出中占比较大，且增长速度较快，也是人们“因病致贫”“因病返贫”的重要影响因素。而相比医疗费用的增长速度，从2016年S市医疗救助支出情况看，人次均住院救助水平相对偏低。此外，人们患医保目录外的重大疾病，其住院诊疗费用支出相对比较高，个人自付医疗负担仍然较重，尤其是贫困群体更为严重。

3. 社会力量参与不足

医疗救助工作主要由政府相关部门(民政局)主导，各救助事务主要由政府负责。通过调研反映，S市医疗救助工作中社会力量参与相对不足，政府部门工作负担较重，医疗救助工作运行效率相对较低，多样化救助服务缺乏等，在很大程度上影响医疗救助兜底保障作用的发挥。为进一步完善S市医疗救助体系，提高医疗救助工作运行的效率，充分发挥医疗救助兜底保障作用，要积极引导和动员社会力量精准有效、规范有序的参与医疗救助工作。

(四) 医疗服务治理健康贫困的问题和成因

1. 家庭医生存在“签而不约”的现象

家庭医生被称为居民健康和医疗卫生费用支出的“守门人”。建立家庭医生制度的目的是有效解决人们“看病难、看病贵”的难题，形成有序就医的格局。S市家庭医生制度实施以来，经历了家庭医生制度1.0版本(即以签约为主要任务，引导居民认识、接触与逐步接受家庭医生制度)到家庭医生制度2.0版本(即居民自愿选择一名家庭医生签约，可在全市范围内选择一家区级医院、一家市级医院进行签约)

的转变。S市各区家庭医生制度实施情况虽存在较大差异，然而却存在一个普遍的问题，即签约居民对家庭医生“签而不约”，大多数人看病就医还是习惯直接去大医院，使得家庭医生健康“守门人”的作用无法有效发挥。出现这种现象的原因：首先，签约居民对家庭医生的信任程度不够，人们有病第一时间会选择去大医院就医。其次，家庭医生制度在实施过程中缺乏制度保障，对签约居民的约束力度不够，在很大程度上也会使得签约居民对家庭医生“签而不约”。最后，家庭医生服务能力是影响签约居民“约”的关键因素。据调研结果显示，部分家庭医生服务水平相对较低，服务能力还需进一步提升。

2. 服务协同工作存在障碍

分级诊疗制度能够有效实施，需要不同层级的医疗机构与服务之间实现有效协同。然而各层级医疗服务真正实现协同效应需要长期大量的资源和经济投入（黄丞等，2018）。目前，S市分级诊疗制度在实施过程中，部分医疗机构间还存在医疗信息不畅通，医疗资源未能有效配合的问题，使得人们在看病就医时重复检查，浪费时间、精力和金钱，阻碍了人们在不同医疗机构间转诊的顺畅度，未能有效发挥分级诊疗制度实施的目的，建立有序就医的格局，解决人们“看病难、看病贵”的难题。

3. 医生资源下沉社区存在障碍

我国医疗资源配置存在“倒三角”的现象，即大医院医疗资源相对丰富，而基层医疗资源相对匮乏，其中一种表现就是医生资源下沉社区存在障碍，基层医生相对匮乏。一方面，大医院为了自身业务正常运行，不愿意将医生资源释放出去，输送到基层。同时，大医院医生每天要应对各种各样的疾病，已经忙得团团转，更没有多余时间和精力下沉到基层。另一方面，医生下沉到基层的动力相对不足。首先，大医院更多的是专科医生，往往在医疗的某些领域具有专长，他们下沉到社区，面对形形色色的病人和各种各样的病情，需要发挥全科医生的功能，对自身优势的发挥具有局限性。其次，下沉到基层的医生的待遇、编制等问题使他们处于一个尴尬的境地，很大程度上阻挡了医生下沉到基层的步伐。而且S市分级诊疗制度实施的目的是为了建立合理有序的就医格局，优化医疗卫生服务体系。政策的设计和实施注定会是一个要主动去动一部分人“奶酪”的过程（黄丞等，2018）。如何重新分配政府、医院、医生、患者之间的利益，必定会“牵一发而动全身”。分级诊疗实施的核心是基层首诊，即引导患者首先到基层首诊，但是对于二三级医院来说，为了自身利益，只要患者带来的纯利润为正，他们便很难将前来就诊的患者分流到基层医疗机构，再加之人们看病就医的惯性等因素，大医院“人满为患”，在这种情况下，大医院更不愿意将患者分流到基层。因此，如何能做到让患者自愿去基层首诊，大医院将患者以及医生资源分流到基层，或者说如何能使基层增强吸引患者和医生资源的吸引力，是分级诊疗制度亟待解决的问题。

六、完善S市健康贫困治理的对策与建议

(一) 完善基本医疗保险治理健康贫困的对策与建议

1. 提高医保基金运行效率

医保基金运行效率的提高离不开专业人才、信息技术、监督机制等协同配合。首先，培养相关专业人才，对保障人群的健康状况和风险情况进行科学的评估和预测，提高基金的运行效率。其次，加强信息技术的开发与建设。有了专业人才，信息技术的协同配合必不可少，方便各机构间信息的沟通与交流，给人们提供更加便捷的服务，将医保基金用在最需要的人身上，从而促使医疗保险制度更加完善。最后，加强医保基金使用监管力度。根据访谈了解到，目前S市医保基金在使用过程中还存在一些问题，比如基金滥用、乱用等不合理的行为。因此，为有效提高S市医保基金运行效率，加大医保监督管理力度至关重要。一方面，加强医疗服务方面的管理，使医生认真履行自己的责任，合理地给患者看病、拿药等，减少违规现象的发生。另一方面，优化财务监督管理机制，使各机构间任务分工更加清晰。同时，加强法律法规的约束，使医保基金监督管理更加规范化与合理化。

2. 完善医保监管制度

医保监管的目的是规范医疗行为，保障医保基金合理利用，维护基金安全。为完善S市医保监管制度，实现医保基金合理、有效与安全运行，以三个“一”为突破口(一套较为完善的医保监管制度、一支具有较高业务素质的医保监管执法队伍、一个内容完备与高效及时的医保信息监管平台)，力争医保监管工作迈上新台阶(李建梅，2011)。首先，强立法。制定实施《医保监督管理办法》，制定医保监管的操作规范，完善医保服务行为的规范性文件，形成以《医保监督管理办法》为主体的医保监管制度和规范(李建梅，2011)。其次，壮队伍。医保监管人员是监管工作开展的前提。因此，为更好开展医保监管工作，应加强监管人员队伍建设，形成专业化、规

范化的服务网络。实现监管人才的合理配置，从而提高监管工作的效率。最后，加强信息化建设。医保涉及范围较广，内容较为复杂，建立统一的信息化平台至关重要。因此，应着手建立医保执业医师信息库，方便实现监督与管理；建立诊疗项目库，根据诊疗项目逐个给予相应的结算代码；完善药品代码库建设，将医保目录的药品与结算代码一一对应，建立全市统一的药品代码上传系统(李建梅，2011)。通过执业医师信息库、诊疗项目库、药品代码库的建立，实现全面统一的信息化建设，提高医保监管的高效性与科学性。

(二) 完善商业保险、大病保险治理健康贫困的对策与建议

1. 扩大大病保险保障病种范围

我国城乡居民大病保险根据各地实践情况，实行按病种或者按费用付费的支付方式。S市大病保险实行按病种付费方式，城乡居民大病保险不设置起付线和封顶线，相较于其他省市，S市大病保险对医疗费用的巨额支出有一定的保护作用。S市城镇职工保险也是按病种来界定大病，而城镇职工的大病在门诊看病跟住院报销比例相同。基于S市大病保险按病种付费的特点，使得大病保险制度具有更强的连贯性与操作性。但是，S市大病保险保障的病种限于六大类型，而对其他不在六大病种范围内的重大疾病，人们仍将面临较重的疾病经济负担，保障范围不可避免的受到限制。因此，为提高大病保险的保障力度，进一步减轻人们的疾病经济负担，建议以流行病学、医疗支出负担等为基础，按照疾病病情严重、治疗病程长、医疗费用高的原则(陈珉惺等，2017)，逐步扩大大病保险保障病种的范围。

2. 完善大病保险委托管理模式

商业保险经办大病保险业务是2012年国家六部委发布《指导意见》的要求，即“利用商业保险机构的专业优势，支持商业保险机构承办大病保险，发挥市场机制作用，提高大病保险的运行效率、服务水平和质量”。将大病保险业务交由商业保险经办，既体现了国家对保险业参与医疗保险体系建设的认可，也反映了国家对保险业承担更多责任的信任和期待(朱铭来等，2014)。基于商业保险服务网点多、服务队伍专业化等优势，为人们提供较为方便地服务，而且可以对医疗行为和医疗费用等进行监管与审核，在很大程度上能够降低管理费用，节省财政的支出。然而，从S市商业保险经办大病保险业务情况看，存在资源浪费，保险公司激励性、竞争力与规模效应低下(陈珉惺等，2017)的问题。为改变这种现象，提高商业保险公司的

参与度，发挥保险公司控费的优势，应完善大病保险委托管理模式，改变现有的固定管理模式为政府和商业保险机构利益共享、风险共担的运行模式，发挥商业保险费用控制的优势，强化保险机构对医疗服务质量的管控，一方面能够减少不合理医疗费用的支出，减轻人们的医疗负担；另一方面能够不断提高大病保险运行效率、服务水平与服务质量，切实有效地发挥大病保险防止“因病致贫”“因病返贫”的作用。

3. 精确瞄准与保障重点人群

大病保险的目的是为了防止人们“因病致贫”“因病返贫”，而困难群体、低收入群体等重点人群是较易因病陷入贫困的对象。因此，应合理确定大病保险制度的最优保障水平(唐兴霖等，2017)。在保障资金有限的情况下，应更加明确保障人群，聚焦于困难群体，从原来普惠性质的大病保险发展到精确瞄准如低收入人群、患重大疾病和罕见病等重点人群。对保障人群的收入展开筛查工作，进一步强化大病保险化解灾难性医疗支出风险的功能，实现大病保险精确瞄准重点人群，精准保险大病类型，不断提高大病保险制度资源配置的效率(仇雨临等，2017)。同时，进一步加强基本医疗保险、大病保险、医疗救助等制度的衔接，减轻人们医疗卫生费用支出的负担，避免“因病致贫”“因病返贫”现象的发生，逐步解决关乎我国发展的重大民生问题。

(三) 完善医疗救助治理健康贫困的对策与建议

1. 明确各救助政策功能定位和救助对象

医疗救助是防止“因病致贫”“因病返贫”的最后一道防线。医疗救助发挥作用适当，将能在最大程度上防止人们陷入贫困的境地。然而S市医疗救助在实施过程中，存在各救助政策功能重复的问题，比如2013年将因病支出型贫困家庭纳入医疗救助范围，而临时救助中，曾将因重大疾病导致贫困的家庭纳入救助，与因病支出型贫困救助在很大程度上存在着交叉与重复。因此，需要进一步明确两项救助的功能定位，两者都是为了减轻困难人群的疾病经济负担，可以考虑将两项救助合并为一项，在此基础上提高救助标准，既明确了两项救助政策的功能定位，也能起到救助的目的，从而为各救助政策精准识别救助对象奠定坚实的基础。

2. 提升大病救助力度

大病往往是人们陷入贫困、重返贫困的重要推手。因此，为有效防止人们“因病致贫”“因病返贫”，减轻人们的疾病经济负担，提高人们的生活水平，应不断完善重特大疾病的医疗救助工作。首先，科学制定实施方案，对经基本医疗保险、城乡居民大病保险、商业保险报销后的合规医疗费用，针对不同人群展开不同程度的救助。其次，合理确定救助标准和水平，在综合考虑家庭经济状况等因素基础上，对重特大疾病的医疗救助比例和救助限额进行分类与分段设置，以梯度救助方式把有限的资金用于最有需要的困难人群身上（徐娜等，2016）。同时，加大重特大疾病患者住院救助比例，加强慢性病患者门诊救助比例，有针对性地减轻人们的疾病经济负担。最后，加强医疗救助与相关医疗保障制度的衔接工作。各政府部门协同配合，做好重特大疾病患者的医疗救助与基本医疗保险、城乡居民大病保险、商业保险等制度的有效衔接，全面覆盖和保障重特大疾病患者。同时，加强重特大疾病患者和应急救助制度的高效联动，①共同发力减轻人们的医疗费用负担。

医疗救助对治理健康贫困，防止“因病致贫”“因病返贫”发挥着兜底保障的作用。S市医疗救助工作由政府部门主导，而该领域社会力量参与相对不足。为更好地完善医疗救助体系，提升医疗救助水平，满足贫困人群对于医疗服务的可及性以及对美好生活的向往，应积极引导和支持社会力量高效有序参与到医疗救助工作中。首先，政府应出台相关文件，加大对社会力量参与医疗救助工作的政策性支持与引导力度。其次，对不符合规定的救助条件或者经过救助后仍然有困难的人群，可以通过慈善帮扶、综合帮扶等各种方式给予困难人群帮助。最后，积极引导社会力量（企事业单位、社会组织、基层群众自治组织、志愿者等）从多方面，比如精神慰藉、社会融入、心理疏导、生活照料等，通过捐赠、设立慈善基金或者其他形式的救助等，为贫困人群提供个性化、多样化的救助服务，满足他们多样化的需求。充分发挥社会力量的作用，与政府救助互为补充，构建政府救助与社会力量协同推进医疗救助工作法的格局，从而更柔性化、个性化地回应困难人群的需求，有效发挥医疗救助托住保障底线的作用。

（四）完善医疗服务治理健康贫困的对策与建议

1. 完善家庭医生培养制度

对S市家庭医生“签而不约”的问题，关键制约因素在于家庭医生服务水平与服

① 国务院办公厅：《国务院办公厅转发民政部等部门关于进一步完善医疗救助制度全面开展重特大疾病医疗救助工作意见的通知》，政府信息公开专栏[EB/OL]，[2015-04-30]，http://www.gov.cn/zhengce/content/2015-04/30/content_9683.htm。

务能力相对较低，人们对家庭医生不信任等。为有效解决该问题，提高签约居民"签而约"的比例，可以借鉴国外家庭医生制度优秀的实践经验。首先，从家庭医生服务的供给方入手，完善家庭医生培养制度，强化家庭医生继续教育观念，拓宽家庭医生培训范围，不断提升家庭医生服务能力与服务质量，积极获得签约居民的信任。其次，加强基层能力建设的力度与资源配置水平，吸引家庭医生人才下沉社区，并能够留住人才，用好人才。此外，加强家庭医生实施的制度保障，将医保与家庭医生制度挂钩，实行差别化报销比例，使更多签约居民能够留在家庭医生处首诊，充分发挥家庭医生健康和医疗费用支出"守门人"的作用，形成合理有序的就医格局，缓解人们去大医院"看病难、看病贵"的难题。

2. 健全各部门协同机制

从分级诊疗概念界定上看，是不同医疗机构之间根据功能的不同在提供医疗服务时的一种分工协作机制，实质上是一种基于医疗服务需求的逐级诊治过程以及医疗资源配置和使用效率最大化、患者管理服务精细化的医疗服务形态。因此，分级诊疗体系的形成需要从多方面努力，而实施的关键在于各相关部门之间的协调与配合。首先，资源共享。应不断整合各级医疗机构间的资源，发挥各级医疗机构资源优势所在，实现人们在各级医疗机构间的双向转诊服务，为人们预约、转诊提供绿色通道，最大程度上方便人们看病就医，从而形成合理有序的就医格局。其次，信息共享。完善各级机构间信息实时共享机制，实现电子健康档案和电子病历的连续记录以及不同级别、不同类别医疗机构之间的信息共享，确保转诊信息畅通。提升远程医疗服务能力，利用信息化手段促进医疗资源纵向流动，提高优质医疗资源可及性和医疗服务整体效率，鼓励二、三级医院向基层医疗卫生机构提供远程会诊、远程病理诊断、远程影像诊断、远程心电图诊断、远程培训等服务，鼓励有条件的地方探索"基层检查、上级诊断"的有效模式，促进跨地域、跨机构就诊信息共享，最大程度上减少人们重复检查的费用和时间，提高人们看病就医的效率。最后，增加基层社区基本药品的比例，使得上级医院转回社区卫生服务中心的患者能够更好地实现衔接与过渡(贺小林等，2013)。

3. 加强基层配套设施建设

2015年，国务院办公厅发布《关于推进分级诊疗制度建设的指导意见》，实施以"强基层"为重点的分级诊疗体系的建设，其中包括加强基层医疗卫生人才队伍建设和提高基层医疗卫生服务能力。医疗卫生服务体系建设的关键因素是医生资源，而目前S市分级诊疗实施过程中面临着医生资源下沉社区的障碍。为改善这种局面，首先，通过体制改革调动基层机构的活力，改革现有的基层医疗卫生机构人事薪酬和管理制度，赋予基层医疗机构用人自主权、分配自主权和经营自主权，充分调动医生的积极性(朱恒鹏，2018)。其次，借鉴国外医疗服务体系建设的经验，转变S市基层医疗机构运行的方式，可以私人自办诊所或者采用承包、托管等方式，使基层医疗机构运行模式和收入水平对大医院的医生形成较强的吸引力，提高他们下沉社区的积极性，不断提高基层医疗服务水平，吸引患者到基层首诊，为分级诊疗体系的形成奠定坚实基础。

附录

附录一　2018年世界各国和地区人口基本情况数据

国家和地区	人口数（百万）	人口增长率（%）	0—14岁人口比例（%）	15—64岁人口比例（%）	65岁及以上人口比例（%）	赡养率（65岁及以上人口/15—64岁人口）	千人死亡率（2017年）	千人出生率（2017年）	预期寿命（2017年）
阿富汗	37.17	2.38	42.64	54.74	2.62	4.79	6.59	32.51	64.05
阿尔巴尼亚	2.87	−0.25	17.11	69.30	13.59	19.61	7.55	11.75	78.50
阿尔及利亚	42.23	2.01	29.49	64.08	6.43	10.03	4.76	22.29	76.29
美属萨摩亚	0.06	−0.28	—	—	—	—	—	—	—
安道尔	0.08	0.01	—	—	—	—	—	—	—
安哥拉	30.81	3.28	46.62	50.92	2.46	4.83	8.37	41.35	61.81
安提瓜和	0.10	0.90	23.58	69.24	7.18	10.37	5.79	16.09	76.52
巴布达	44.49	1.02	24.69	63.97	11.34	17.73	7.56	16.98	76.74
阿根廷	2.95	0.24	20.07	68.49	11.44	16.70	9.69	13.09	74.78
亚美尼亚	0.11	0.45	17.66	68.76	13.58	19.75	8.90	11.00	76.01
阿鲁巴	24.99	1.57	19.14	65.12	15.74	24.17	6.50	12.40	82.50

续 表

国家和地区	人口数（百万）	人口增长率（%）	0—14 岁人口比例（%）	15—64 岁人口比例（%）	65 岁及以上人口比例(%)	赡养率(65 岁及以上人口/15—64 岁人口)	千人死亡率（2017 年）	千人出生率（2017 年）	预期寿命（2017 年）
澳大利亚	8.85	0.56	14.10	66.52	19.38	29.13	9.50	10.00	81.64
奥地利	9.94	0.89	23.30	70.46	6.24	8.86	5.80	14.60	72.12
阿塞拜疆	0.39	1.01	20.49	70.15	9.36	13.34	6.45	14.13	75.82
巴哈马	1.57	4.92	19.18	78.40	2.42	3.09	2.37	14.40	77.04
巴　林	161.36	1.05	27.84	67.04	5.12	7.64	5.27	18.61	72.81
孟加拉国	0.29	0.14	18.92	65.69	15.39	23.43	10.83	11.82	76.06
巴巴多斯	9.49	−0.14	17.00	67.96	15.04	22.13	12.60	10.80	74.13
白俄罗斯	11.42	0.41	17.17	64.06	18.77	29.30	9.60	10.50	81.44
比利时	0.38	1.92	30.89	65.20	3.91	6.00	5.43	22.31	70.59
伯利兹	11.49	2.73	42.45	54.30	3.25	5.99	9.03	36.62	61.17
贝　宁	0.06	0.15	—	—	—	—	7.80	9.30	81.44
百慕大	0.75	1.18	26.22	68.80	4.98	7.24	6.01	17.88	70.57
不　丹	11.35	1.42	31.26	61.90	6.84	11.05	7.25	22.97	69.47
玻利维亚	3.32	−0.83	14.15	68.83	17.02	24.73	11.17	9.21	77.09
波　黑	2.25	2.20	31.16	64.77	4.07	6.28	6.41	23.16	67.62
博茨瓦纳	209.47	0.78	21.36	69.76	8.88	12.73	6.24	13.92	75.72
巴　西	0.03	0.76	—	—	—	—	—	—	—
文　莱	0.43	1.05	22.64	72.47	4.89	6.75	3.64	15.58	77.37
保加利亚	7.02	−0.73	14.39	64.54	21.07	32.65	15.50	9.00	74.81
布基纳法索	19.75	2.87	44.95	52.65	2.4	4.56	8.34	38.42	60.77
布隆迪	11.18	3.17	45.09	52.31	2.6	4.97	10.55	41.76	57.86

续 表

国家和地区	人口数（百万）	人口增长率（%）	0—14 岁人口比例（%）	15—64 岁人口比例（%）	65 岁及以上人口比例(%)	赡养率(65 岁及以上人口/15—64 岁人口)	千人死亡率（2017 年）	千人出生率（2017 年）	预期寿命（2017 年）
佛得角	0.54	1.16	29.80	65.69	4.51	6.87	5.45	20.66	73.00
柬埔寨	16.25	1.49	31.21	64.22	4.57	7.12	6.01	22.89	69.33
喀麦隆	25.22	2.61	42.50	54.33	3.17	5.83	9.81	35.77	58.58
加拿大	37.06	1.41	16.10	66.50	17.4	26.17	7.50	10.30	82.47
开曼群岛	0.06	1.24	—	—	—	—	3.42	9.90	—
中非共和国	4.67	1.52	42.84	53.52	3.64	6.80	13.10	35.33	52.89
乍　得	15.48	3.02	46.86	50.64	2.5	4.94	12.71	42.80	53.21
海峡群岛	0.17	1.08	14.47	67.14	18.39	27.39	9.03	9.28	81.26
智　利	18.73	1.39	20.10	68.45	11.45	16.73	6.16	13.14	79.73
中　国	1 392.73	0.46	17.62	71.19	11.19	15.72	7.11	12.43	76.41
哥伦比亚	49.65	1.52	23.07	68.96	7.97	11.56	6.08	14.93	74.56
科摩罗	0.83	2.24	39.54	57.45	3.01	5.24	7.30	32.37	63.91
刚果民主	84.07	3.23	46.16	50.82	3.02	5.94	9.69	41.73	60.03
刚果共和国	5.24	2.58	42.11	54.46	3.43	6.30	7.14	34.06	65.09
哥斯达黎加	5.00	0.99	21.40	68.85	9.75	14.16	5.00	14.06	80.03
科特迪瓦	25.07	2.55	42.28	54.77	2.95	5.39	11.93	36.55	54.10
克罗地亚	4.09	—0.86	14.74	65.13	20.13	30.91	13.00	8.90	77.83
古　巴	11.34	—0.01	15.89	68.90	15.21	22.08	8.11	10.75	79.92
库拉索	0.16	—0.20	18.54	64.65	16.81	26.00	8.90	9.70	78.02
塞浦路斯	1.19	0.81	16.78	69.50	13.72	19.74	6.95	10.67	80.67
捷克共和国	10.63	0.29	15.53	64.99	19.48	29.97	10.50	10.80	79.48

续 表

国家和地区	人口数（百万）	人口增长率（%）	0—14 岁人口比例（%）	15—64 岁人口比例（%）	65 岁及以上人口比例（%）	赡养率（65 岁及以上人口/15—64 岁人口）	千人死亡率（2017 年）	千人出生率（2017 年）	预期寿命（2017 年）
丹　麦	5.80	0.56	16.45	63.71	19.84	31.14	8.20	10.60	81.00
吉布提	0.96	1.56	30.59	65.14	4.27	6.56	8.35	22.66	62.64
多米尼克	0.07	0.23	—	—	—	—	—	—	—
多米尼克共和国	10.63	1.08	28.95	63.88	7.17	11.22	6.13	19.83	74.05
厄瓜多尔	17.08	1.77	28.17	64.49	7.34	11.38	5.12	19.87	76.55
阿拉伯埃及共和国	98.42	2.03	33.33	61.46	5.21	8.48	5.86	25.69	71.66
萨尔瓦多	6.42	0.51	27.06	64.49	8.45	13.10	6.76	18.37	73.75
赤道几内亚	1.31	3.65	37.03	60.14	2.83	4.71	10.03	33.62	57.94
厄立特里亚	—	—	—	—	—	—	6.65	31.59	65.54
爱沙尼亚	1.32	0.27	16.57	63.70	19.73	30.97	11.80	10.50	77.64
埃塞俄比亚	1.14	1.01	37.00	59.82	3.18	5.32	9.38	28.42	58.27
法罗群岛	109.22	2.62	40.00	56.46	3.54	6.27	6.67	31.26	65.87
斐　济	0.05	0.34	—	—	—	—	8.90	13.10	82.40
芬　兰	0.88	0.68	28.34	65.25	6.41	9.82	7.19	19.04	70.42
法　国	5.52	0.18	16.47	61.92	21.61	34.90	9.80	9.10	81.43
法属波利尼西亚	66.99	0.18	17.99	61.95	20.06	32.38	9.00	11.40	82.52
加　蓬	0.28	0.57	22.91	68.99	8.1	11.74	5.52	15.18	77.00
冈比亚	2.12	2.60	35.89	59.68	4.43	7.42	7.44	28.90	66.48
格鲁吉亚	2.28	2.95	45.07	52.57	2.36	4.49	7.93	38.97	61.42
德　国	3.73	0.08	19.42	65.57	15.01	22.89	13.17	13.18	73.44
加　纳	82.93	0.33	13.08	65.26	21.66	33.19	11.30	9.50	80.99

续 表

国家和地区	人口数（百万）	人口增长率（%）	0—14 岁人口比例（%）	15—64 岁人口比例（%）	65 岁及以上人口比例(%)	赡养率(65 岁及以上人口/15—64 岁人口)	千人死亡率（2017 年）	千人出生率（2017 年）	预期寿命（2017 年）
希　腊	29.77	2.19	38.34	58.28	3.38	5.80	7.99	30.52	63.03
格陵兰	0.03	—0.03	—	—	—	—	—	—	—
格林纳达	10.73	—0.25	14.11	65.30	20.59	31.53	11.60	8.20	81.39
关　岛	0.06	—0.26	—	—	—	—	8.90	15.20	—
危地马拉	0.11	0.52	26.34	66.26	7.4	11.17	7.10	18.36	73.78
几内亚	0.17	0.90	24.38	65.74	9.88	15.03	5.13	16.67	79.76
几内亚比绍	17.25	1.95	34.43	60.76	4.81	7.92	4.81	24.92	73.65
圭亚那	12.41	2.83	42.03	54.79	3.18	5.80	8.95	35.47	60.62
海　地	1.87	2.49	41.34	55.59	3.07	5.52	10.30	35.99	57.81
洪都拉斯	0.78	0.49	28.60	65.96	5.44	8.25	8.26	20.39	66.77
中国香港特别行政区	11.12	1.27	32.62	62.48	4.9	7.84	8.54	23.82	63.59
匈牙利	9.59	1.67	31.02	64.19	4.79	7.46	4.81	21.42	73.77
冰　岛	7.45	0.80	11.91	71.23	16.86	23.67	6.30	7.70	84.68
印　度	9.77	—0.20	14.30	66.55	19.15	28.78	13.50	9.70	76.06
印度尼西亚	0.35	2.92	20.04	65.17	14.79	22.69	6.50	11.90	82.20
伊　朗	1 352.62	1.04	27.40	66.43	6.17	9.29	7.33	18.78	68.80
伊拉克	267.66	1.13	27.01	67.54	5.45	8.07	7.16	18.62	69.36
爱尔兰	81.80	1.39	23.65	70.65	5.7	8.07	4.49	15.92	76.15
马恩岛	38.43	2.32	40.25	56.49	3.26	5.77	4.95	32.77	70.04
以色列	4.85	0.95	21.53	64.20	14.27	22.23	6.30	12.90	81.96
意大利	0.08	0.57	—	—	—	—	—	—	—

续 表

国家和地区	人口数（百万）	人口增长率（%）	0—14岁人口比例（%）	15—64岁人口比例（%）	65岁及以上人口比例(%)	赡养率(65岁及以上人口/15—64岁人口）	千人死亡率（2017年）	千人出生率（2017年）	预期寿命（2017年）
牙买加	8.88	1.94	27.76	60.24	12	19.92	5.10	21.10	82.60
日　本	60.43	−0.17	13.44	63.25	23.31	36.85	10.70	7.60	83.24
约　旦	2.93	0.48	22.64	67.49	9.87	14.62	7.04	16.43	76.10
哈萨克斯坦	126.53	−0.20	12.84	59.68	27.48	46.05	10.80	7.60	84.10
肯尼亚	9.96	1.79	35.19	60.97	3.84	6.30	3.83	25.88	74.48
基里巴斯	18.28	1.31	28.34	64.48	7.18	11.14	7.15	21.64	72.95
朝　鲜	51.39	2.31	40.06	57.20	2.74	4.79	5.66	30.88	67.29
韩　国	0.12	1.47	35.31	60.70	3.99	6.57	6.96	27.87	66.51
科索沃	25.55	0.47	20.37	70.32	9.31	13.24	8.95	13.80	71.89
科威特	51.64	0.33	13.36	72.22	14.42	19.97	5.60	7.00	82.63
吉尔吉斯斯坦	1.85	0.79	—	—	—	—	7.00	16.40	71.95
老　挝	4.14	1.98	21.22	76.25	2.53	3.32	2.81	15.97	74.81
拉脱维亚	6.32	1.88	32.11	63.24	4.65	7.35	5.40	24.80	71.20
黎巴嫩	7.06	1.55	32.53	63.36	4.11	6.49	6.58	23.38	67.02
莱索托	1.93	−0.81	15.58	64.44	19.98	31.01	14.80	10.70	74.68
利比里亚	6.85	0.54	22.56	68.71	8.73	12.71	4.67	15.50	79.76
利比亚	2.11	0.80	35.25	60.22	4.53	7.52	12.51	27.53	54.57
列支敦士登	4.82	2.45	41.49	55.43	3.08	5.56	7.66	33.94	63.01
立陶宛	6.68	1.48	27.86	67.64	4.5	6.65	5.21	19.13	72.11
卢森堡	0.04	0.29	—	—	—	—	6.60	8.90	82.26
中国澳门特别行政区	2.79	−1.38	14.99	65.84	19.17	29.12	14.20	10.10	74.67

续 表

国家和地区	人口数（百万）	人口增长率（%）	0—14岁人口比例（%）	15—64岁人口比例（%）	65岁及以上人口比例（%）	赡养率（65岁及以上人口/15—64岁人口）	千人死亡率（2017年）	千人出生率（2017年）	预期寿命（2017年）
马其顿	0.61	1.89	16.46	69.05	14.49	20.98	7.10	10.40	82.69
马达加斯加	0.63	1.44	13.77	75.76	10.47	13.82	3.87	12.21	83.99
马拉维	26.26	2.67	40.66	56.35	2.99	5.31	6.19	32.90	66.31
马来西亚	18.14	2.64	43.74	53.31	2.95	5.53	7.10	36.40	63.67
马尔代夫	31.53	1.35	24.04	69.45	6.51	9.37	5.00	17.00	75.45
马　里	0.52	3.81	23.36	72.48	4.16	5.74	3.30	17.66	77.65
马耳他	19.08	3.01	47.53	49.96	2.51	5.02	9.99	42.08	58.46
马绍尔群岛	0.48	3.26	14.47	65.67	19.86	30.24	7.60	9.20	82.45
毛里塔尼亚	0.06	0.61	—	—	—	—	—	—	—
毛里求斯	4.40	2.78	39.72	57.12	3.16	5.53	7.81	33.73	63.38
墨西哥	1.27	0.05	17.86	70.68	11.46	16.21	8.00	10.70	74.51
密克罗尼西亚	126.19	1.13	26.25	66.67	7.08	10.62	4.88	17.83	77.31
摩尔多瓦	0.11	1.05	32.74	62.21	5.05	8.12	6.23	23.77	69.32
摩纳哥	3.55	−0.09	15.77	72.75	11.48	15.78	11.56	10.11	71.72
蒙古国	0.04	0.75	—	—	—	—	—	—	—
黑　山	3.17	1.80	29.92	65.94	4.14	6.28	6.34	23.10	69.47
摩洛哥	0.62	0.00	17.99	66.75	15.26	22.86	9.94	11.22	77.27
莫桑比克	36.03	1.25	27.16	65.81	7.03	10.68	5.12	19.50	76.06
缅　甸	29.50	2.91	44.52	52.30	3.18	6.08	9.82	38.56	58.87
纳米比亚	53.71	0.61	26.27	67.76	5.97	8.81	8.19	17.62	66.74
尼泊尔	2.45	1.88	36.47	59.93	3.6	6.01	7.07	28.72	64.85

续　表

国家和地区	人口数（百万）	人口增长率（%）	0—14岁人口比例（%）	15—64岁人口比例（%）	65岁及以上人口比例(%)	赡养率(65岁及以上人口/15—64岁人口)	千人死亡率（2017年）	千人出生率（2017年）	预期寿命（2017年）
荷　兰	0.01	−1.34	—	—	—	—	—	—	—
新喀里	28.09	1.65	30.17	63.85	5.98	9.37	6.24	19.49	70.60
多尼亚	17.23	0.58	16.23	64.60	19.17	29.67	8.80	9.90	81.56
新西兰	0.28	1.31	22.32	67.59	10.09	14.93	5.50	14.50	77.15
尼加拉瓜	4.89	1.89	19.75	64.61	15.64	24.21	6.95	12.43	81.66
尼日尔	6.47	1.26	28.59	65.74	5.67	8.62	4.80	19.10	75.65
尼日利亚	22.44	3.82	50.12	47.32	2.56	5.41	9.48	47.84	60.42
北马里亚纳群岛	195.87	2.59	43.84	53.41	2.75	5.15	12.16	38.40	53.88
挪　威	2.08	0.05	16.58	69.74	13.68	19.62	9.86	11.24	75.85
阿　曼	0.06	0.56	—	—	—	—	—	—	—
巴基斯坦	5.31	0.71	17.76	65.22	17.02	26.10	7.70	10.70	82.51
帕　劳	4.83	3.45	21.60	76.01	2.39	3.14	2.50	17.85	77.26
巴拿马	212.22	2.06	34.67	60.83	4.5	7.40	7.23	27.70	66.63
巴布亚新几内亚	0.02	0.55	—	—	—	—	10.30	12.40	—
巴拉圭	4.18	1.69	27.13	64.76	8.11	12.52	5.04	19.22	78.20
秘　鲁	8.61	1.97	35.60	60.51	3.89	6.43	7.09	27.30	65.71
菲律宾	6.96	1.29	29.14	64.30	6.56	10.20	5.78	20.75	73.21
波　兰	31.99	1.72	27.10	65.57	7.33	11.18	5.66	18.94	75.22
葡萄牙	106.65	1.40	31.48	63.60	4.92	7.74	6.55	22.98	69.24
波多黎各	37.98	0.01	14.87	67.79	17.34	25.58	10.60	10.60	77.85
卡塔尔	10.28	−0.18	13.40	64.71	21.89	33.83	10.60	8.40	81.12

续 表

国家和地区	人口数（百万）	人口增长率（%）	0—14 岁人口比例（%）	15—64 岁人口比例（%）	65 岁及以上人口比例(%)	赡养率(65 岁及以上人口/15—64 岁人口)	千人死亡率（2017 年）	千人出生率（2017 年）	预期寿命（2017 年）
罗马尼亚	3.20	−3.98	17.64	66.89	15.47	23.13	8.90	7.30	79.97
俄罗斯联邦	2.78	2.07	13.89	84.67	1.44	1.70	1.56	9.99	78.33
卢旺达	19.47	−0.58	15.24	66.47	18.29	27.52	13.30	9.70	75.31
萨摩亚	144.48	−0.01	17.82	67.57	14.61	21.62	12.90	12.90	72.12
圣马力诺	12.30	2.64	39.78	57.15	3.07	5.37	5.84	30.44	67.50
圣多美和	0.20	0.40	36.35	57.89	5.76	9.95	4.97	24.32	75.24
普林西比	0.03	0.34	—	—	—	—	—	—	—
沙特阿拉伯	0.21	1.88	42.44	54.71	2.85	5.21	6.58	33.36	66.76
塞内加尔	33.70	1.80	24.86	71.69	3.45	4.81	3.58	19.19	74.72
塞尔维亚	15.85	2.78	42.72	54.25	3.03	5.59	5.75	34.97	67.48
塞舌尔	6.98	−0.55	16.33	65.78	17.89	27.20	14.80	9.20	76.09
塞拉利昂	0.10	0.95	22.38	68.74	8.88	12.92	7.80	17.20	74.30
新加坡	7.65	2.14	41.75	55.71	2.54	4.56	12.51	34.44	52.21
圣马丁(荷兰属)	5.64	0.47	14.74	71.68	13.58	18.95	5.00	8.90	82.90
斯洛伐克共和国	0.04	0.20	—	—	—	—	—	—	—
斯洛文尼亚	5.45	0.14	15.46	68.93	15.61	22.65	9.90	10.70	77.17
所罗门群岛	2.07	0.05	15.11	65.24	19.65	30.12	9.90	9.80	81.18
索马里	0.65	2.61	38.47	57.99	3.54	6.10	4.70	28.20	71.01
南　非	15.01	2.83	46.33	50.92	2.75	5.40	11.11	43.06	56.71
苏丹南部	57.78	1.36	28.78	65.74	5.48	8.34	9.58	20.66	63.40
西班牙	10.98	0.60	41.46	55.13	3.41	6.19	10.73	35.56	57.29

续 表

国家和地区	人口数（百万）	人口增长率（%）	0—14岁人口比例（%）	15—64岁人口比例（%）	65岁及以上人口比例(%)	赡养率(65岁及以上人口/15—64岁人口)	千人死亡率（2017年）	千人出生率（2017年）	预期寿命（2017年）
斯里兰卡	46.72	0.28	14.60	65.69	19.71	30.00	9.00	8.40	83.33
圣基茨和尼维斯	21.67	1.05	23.73	65.84	10.43	15.84	6.99	15.00	75.49
圣卢西亚	0.05	0.76	—	—	—	—	—	—	—
圣马丁(法国属)	0.18	0.51	18.47	71.63	9.9	13.82	7.53	11.98	75.70
圣文森特和格林纳丁斯	0.04	1.91	—	—	—	—	4.30	14.90	79.72
苏　丹	0.11	0.35	23.53	68.52	7.95	11.60	7.26	15.25	73.29
苏里南	41.80	2.39	40.47	55.94	3.59	6.42	7.36	32.56	64.70
斯威士兰	0.58	0.96	26.18	66.75	7.07	10.59	7.38	17.98	71.52
瑞　典	10.18	1.24	17.66	62.25	20.09	32.27	9.10	11.50	82.31
瑞　士	8.52	0.76	14.92	66.44	18.64	28.06	7.90	10.30	83.60
叙利亚	16.91	−0.95	35.75	59.73	4.52	7.57	5.37	20.91	70.96
塔吉克斯坦	9.10	2.45	35.35	61.09	3.56	5.83	5.13	28.28	71.21
坦桑尼亚	56.32	2.98	44.69	52.20	3.11	5.96	6.49	37.75	66.31
泰　国	69.43	0.32	16.99	71.18	11.83	16.62	8.00	10.10	75.50
东帝汶	1.27	1.97	43.52	52.89	3.59	6.79	5.42	34.64	69.20
多　哥	7.89	2.45	41.30	55.84	2.86	5.12	8.57	33.55	60.48
汤　加	0.10	1.17	35.36	58.83	5.81	9.88	5.96	23.63	73.18
特立尼达和多巴哥	1.39	0.42	20.54	69.13	10.33	14.94	9.74	13.25	70.78
突尼斯	11.57	1.15	24.04	67.69	8.27	12.22	6.32	17.87	75.94
土耳其	82.32	1.49	24.57	67.07	8.36	12.46	5.83	15.95	76.01
土库曼斯坦	5.85	1.61	30.82	64.75	4.43	6.84	7.06	24.61	67.96

续　表

国家和地区	人口数（百万）	人口增长率（%）	0—14 岁人口比例（%）	15—64 岁人口比例（%）	65 岁及以上人口比例(%)	赡养率(65 岁及以上人口/15—64 岁人口)	千人死亡率（2017 年）	千人出生率（2017 年）	预期寿命（2017 年）
特克斯和凯科斯群岛	0.04	1.47	—	—	—	—	—	—	—
图瓦卢	0.01	1.21	—	—	—	—	—	—	—
乌干达	42.72	3.72	47.41	50.43	2.16	4.28	8.53	41.66	60.18
乌克兰	44.62	−0.47	15.79	67.44	16.77	24.87	14.50	9.40	71.78
阿联酋	9.63	1.50	13.89	84.90	1.21	1.43	1.64	9.33	77.41
英　国	66.49	0.65	17.83	63.52	18.65	29.36	9.20	11.40	81.16
美　国	327.17	0.62	18.83	65.37	15.8	24.17	8.50	11.80	78.54
乌拉圭	3.45	0.37	20.90	64.34	14.76	22.94	9.38	13.93	77.65
乌兹别克斯坦	32.96	1.73	28.02	67.34	4.64	6.89	5.00	22.10	71.42
瓦努阿图	0.29	2.48	35.77	59.71	4.52	7.57	4.77	25.52	72.33
委内瑞拉	28.87	−1.79	27.29	65.90	6.81	10.33	5.65	18.74	74.73
越　南	95.54	0.99	23.03	69.55	7.42	10.67	5.84	16.45	76.45
英属维尔京群岛	0.11	−0.27	20.04	60.83	19.13	31.45	7.80	12.80	79.42
约旦河西岸和加沙	4.57	2.53	39.35	57.58	3.07	5.33	3.48	31.41	73.65
也门共和国	28.50	2.36	39.56	57.49	2.95	5.13	6.37	31.03	65.16
赞比亚	17.35	2.91	44.46	53.07	2.47	4.65	7.60	37.83	62.26
津巴布韦	14.44	1.41	40.97	56.20	2.83	5.04	7.85	32.32	61.71

资料来源：世界银行发展数据库（https://data.worldbank.org）。

附录二　2018年世界各国和地区劳动和就业统计

国家和地区	劳动力（百万）	女性劳动力所占比例（%）	女性失业率（%）	男性失业率（%）	总失业率（%）	女性劳动参与率（%）	男性劳动参与率（%）	就业人口占15岁以上人口比例（%）	女性弱就业人数占女性就业人数的比例（%）	男性弱就业人数占男性就业人数的比例（%）
阿富汗	14.1	35.7	2.4	1.1	1.5	48.7	82.1	64.9	95.6	86.0
阿尔巴尼亚	1.3	42.0	13.1	14.5	13.9	47.2	64.9	48.3	54.7	55.0
阿尔及利亚	12.3	17.9	21.3	10.1	12.1	14.9	67.4	36.3	24.3	27.2
美属萨摩亚	—	—	—	—	—	—	—	—	—	—
安道尔	—	—	—	—	—	—	—	—	—	—
安哥拉	12.8	50.1	7.6	6.9	7.3	75.4	80.1	72.0	80.6	53.6
安提瓜和	—	—	—	—	—	—	—	—	—	—
巴布达	20.3	41.8	10.8	8.5	9.5	49.0	72.8	54.8	19.0	23.3
阿根廷	1.4	46.0	17.9	17.6	17.7	49.6	69.9	48.4	39.8	40.5
亚美尼亚	—	—	—	—	—	—	—	—	—	—

续 表

国家和地区	劳动力（百万）	女性劳动力所占比例（%）	女性失业率（%）	男性失业率（%）	总失业率（%）	女性劳动参与率（%）	男性劳动参与率（%）	就业人口占15岁以上人口比例（%）	女性弱就业人数占女性就业人数的比例（%）	男性弱就业人数占男性就业人数的比例（%）
阿鲁巴	13.1	46.4	5.4	5.3	5.4	59.6	70.5	61.5	8.3	12.8
澳大利亚	4.6	46.7	4.7	4.8	4.8	54.8	65.9	57.3	7.1	8.1
奥地利	5.1	48.8	6.1	4.4	5.2	63.1	69.7	62.9	62.0	48.5
阿塞拜疆	0.2	46.8	13.4	10.5	11.9	67.6	82.0	65.7	6.5	12.9
巴哈马	0.9	20.6	3.5	0.3	1.0	44.5	87.2	72.1	1.0	1.1
巴　林	68.4	30.6	6.5	3.3	4.3	36.0	81.3	56.2	67.5	50.4
孟加拉国	0.2	49.9	10.0	9.1	9.6	61.9	69.6	59.3	11.2	20.3
巴巴多斯	5.0	49.7	4.1	7.3	5.7	58.1	70.3	60.0	2.3	4.7
白俄罗斯	5.0	45.8	6.4	6.3	6.3	47.9	58.9	49.9	8.2	11.9
比利时	0.2	40.2	15.3	5.4	9.4	53.3	81.4	60.9	28.9	26.0
伯利兹	4.7	49.3	2.2	2.0	2.1	69.2	73.3	69.7	94.3	81.8
贝　宁	—	—	—	—	—	—	—	—	—	—
百慕大	0.4	40.1	3.0	1.6	2.2	58.2	74.5	65.5	84.0	63.0
不　丹	5.3	42.0	4.0	2.7	3.3	56.6	79.3	65.7	63.8	54.1
玻利维亚	1.3	39.0	23.9	18.9	20.8	35.6	58.6	37.1	21.0	18.3
波　黑	1.1	46.7	21.5	14.8	17.9	66.2	78.6	59.3	28.5	22.7
博茨瓦纳	105.3	43.4	14.4	11.1	12.5	54.0	74.4	55.9	23.2	30.7
巴　西	—	—	—	—	—	—	—	—	—	—
文　莱	0.2	43.4	10.1	8.5	9.2	58.2	71.7	59.1	6.4	5.7
保加利亚	3.3	46.4	4.8	5.7	5.3	49.5	61.6	52.4	6.8	9.5

续 表

国家和地区	劳动力（百万）	女性劳动力所占比例（%）	女性失业率（%）	男性失业率（%）	总失业率（%）	女性劳动参与率（%）	男性劳动参与率（%）	就业人口占15岁以上人口比例（%）	女性弱就业人数占女性就业人数的比例（%）	男性弱就业人数占男性就业人数的比例（%）
布基纳法索	7.2	44.7	8.8	3.8	6.1	58.5	75.1	62.6	90.1	83.6
布隆迪	4.9	52.3	1.1	2.0	1.5	80.3	77.6	77.8	97.1	92.0
佛得角	0.3	47.5	12.8	11.8	12.3	65.1	73.2	60.6	31.0	26.8
柬埔寨	9.1	48.4	0.9	1.2	1.0	75.2	87.6	80.3	56.9	45.0
喀麦隆	11.1	46.9	3.8	2.9	3.4	71.2	81.4	73.7	83.6	65.1
加拿大	20.3	47.3	5.7	6.1	5.9	60.8	69.7	61.4	9.3	12.1
开曼群岛	—	—	—	—	—	—	—	—	—	—
中非共和国	1.9	45.8	7.1	5.9	6.5	64.7	79.8	67.4	97.2	90.7
乍 得	5.9	45.6	2.6	1.9	2.2	64.8	77.9	69.7	98.8	88.3
海峡群岛	0.1	43.8	7.7	7.0	7.3	49.6	65.4	53.2	7.9	12.0
智 利	9.3	41.5	7.9	6.8	7.2	51.0	74.2	57.9	25.0	23.4
中 国	788.4	43.6	3.8	4.9	4.4	61.3	75.9	65.7	46.9	41.4
哥伦比亚	26.7	43.0	11.8	7.1	9.1	58.6	82.0	63.6	46.3	47.2
科摩罗	0.2	42.3	4.1	3.4	3.7	37.4	50.7	42.4	78.1	54.8
刚果民主	28.8	48.3	3.3	5.0	4.2	60.8	66.5	61.0	90.3	69.6
刚果共和国	2.1	48.5	11.1	9.7	10.4	66.9	71.6	62.0	91.3	63.6
哥斯达黎加	2.4	38.2	10.3	6.8	8.1	45.7	74.6	55.2	18.4	21.1
科特迪瓦	8.3	41.4	3.1	2.0	2.5	48.3	66.0	55.9	84.6	63.8
克罗地亚	1.8	46.3	10.0	7.8	8.9	45.7	58.2	47.1	6.7	8.2
古 巴	5.1	37.5	2.5	2.1	2.3	40.0	67.4	52.4	6.5	8.9

续 表

国家和地区	劳动力（百万）	女性劳动力所占比例（%）	女性失业率（%）	男性失业率（%）	总失业率（%）	女性劳动参与率（%）	男性劳动参与率（%）	就业人口占15岁以上人口比例（%）	女性弱就业人数占女性就业人数的比例（%）	男性弱就业人数占男性就业人数的比例（%）
库拉索	—	—	—	—	—	—	—	—	—	—
塞浦路斯	0.6	46.3	8.2	8.1	8.1	57.2	67.2	57.1	9.3	12.7
捷克共和国	5.4	44.6	2.9	2.0	2.4	52.4	68.4	58.8	11.2	16.0
丹　麦	3.0	47.4	5.2	4.8	5.0	58.0	65.9	58.9	3.8	6.3
吉布提	0.4	43.5	12.0	10.4	11.1	54.8	71.1	56.0	56.3	40.5
多米尼克	—	—	—	—	—	—	—	—	—	—
多米尼克共和国	4.8	40.3	8.2	4.2	5.8	50.9	77.6	60.3	28.4	47.9
厄瓜多尔	8.5	41.4	5.0	3.2	3.9	56.6	81.8	66.4	56.6	38.9
阿拉伯埃及共和国	31.5	23.7	23.1	7.8	11.4	22.8	73.2	42.6	34.5	17.9
萨尔瓦多	2.9	41.3	3.7	4.9	4.4	46.1	78.9	58.3	44.6	30.0
赤道几内亚	0.5	37.1	9.8	8.8	9.2	55.2	67.1	56.4	69.8	47.7
厄立特里亚	—	—	6.9	6.2	6.5	74.1	87.1	75.3	87.0	70.6
爱沙尼亚	0.7	48.5	5.1	5.9	5.5	57.0	70.9	59.9	3.9	7.0
埃塞俄比亚	0.4	41.1	24.4	21.2	22.5	41.4	65.9	41.1	40.8	27.6
法罗群岛	52.6	46.7	2.4	1.3	1.8	74.2	86.5	78.9	89.4	83.0
斐　济	—	—	—	—	—	—	—	—	—	—
芬　兰	0.4	33.0	5.3	3.6	4.2	38.1	76.1	54.9	48.6	40.7
法　国	2.7	48.0	7.6	7.9	7.8	55.0	62.2	54.0	7.1	11.2
法属波利尼西亚	30.2	46.9	9.2	9.1	9.2	50.3	60.0	50.0	6.3	8.5
加　蓬	0.1	42.9	12.8	11.4	12.0	47.6	61.3	48.0	9.7	13.4

续 表

国家和地区	劳动力（百万）	女性劳动力所占比例（%）	女性失业率（%）	男性失业率（%）	总失业率（%）	女性劳动参与率（%）	男性劳动参与率（%）	就业人口占15岁以上人口比例（%）	女性弱就业人数占女性就业人数的比例（%）	男性弱就业人数占男性就业人数的比例（%）
冈比亚	0.7	40.1	27.9	13.9	19.5	43.4	60.2	41.9	39.4	27.1
格鲁吉亚	0.7	44.6	12.0	6.4	8.9	51.7	67.7	54.2	83.1	64.1
德　国	2.0	45.7	12.7	15.3	14.1	57.8	78.7	58.0	49.7	48.9
加　纳	43.7	46.5	3.1	3.7	3.4	55.2	66.2	58.5	5.1	6.4
希　腊	12.4	48.0	6.7	6.7	6.7	63.6	71.5	63.0	78.1	60.3
格陵兰	—	—	—	—	—	—	—	—	—	—
格林纳达	4.9	43.9	23.9	15.5	19.2	45.3	60.7	42.7	24.3	28.3
关　岛	—	—	—	—	—	—	—	—	—	—
危地马拉	—	—	—	—	—	—	—	—	—	—
几内亚	0.1	40.4	5.6	5.6	5.6	52.7	76.7	61.2	9.6	13.2
几内亚比绍	7.0	34.1	3.7	2.2	2.7	41.1	85.0	60.6	44.9	29.2
圭亚那	4.6	49.6	2.6	4.6	3.6	64.1	65.1	62.3	96.1	83.8
海　地	0.8	47.4	4.2	3.9	4.1	67.3	78.9	70.0	86.7	70.8
洪都拉斯	0.3	35.7	15.7	10.2	12.2	41.2	73.6	50.5	64.0	53.1
中国香港特别行政区	5.1	47.7	16.3	11.0	13.5	63.3	72.7	58.7	87.5	82.7
匈牙利	4.3	36.7	5.3	3.4	4.1	47.2	83.6	62.6	52.5	33.7
冰　岛	4.0	49.2	2.5	3.0	2.8	54.1	67.8	58.6	4.1	7.6
印　度	4.7	45.6	4.0	3.4	3.7	48.3	65.0	54.1	5.3	6.0
印度尼西亚	0.2	47.2	2.8	3.0	2.9	72.1	80.6	74.1	5.7	9.9
伊　朗	509.9	22.1	3.6	2.3	2.6	23.6	78.6	50.6	80.2	75.7

续 表

国家和地区	劳动力(百万)	女性劳动力所占比例(%)	女性失业率(%)	男性失业率(%)	总失业率(%)	女性劳动参与率(%)	男性劳动参与率(%)	就业人口占15岁以上人口比例(%)	女性弱就业人数占女性就业人数的比例(%)	男性弱就业人数占男性就业人数的比例(%)
伊拉克	131.1	38.9	4.1	4.4	4.3	52.2	82.0	64.2	55.8	41.7
爱尔兰	27.5	19.0	20.1	10.1	12.0	16.8	71.2	38.8	42.3	41.0
马恩岛	9.8	14.5	12.3	7.2	7.9	12.4	72.6	39.2	35.2	24.4
以色列	2.3	45.6	5.5	5.9	5.7	55.1	68.1	58.0	5.5	15.4
意大利	—	—	—	—	—	—	—	—	—	—
牙买加	4.1	47.1	4.0	3.9	4.0	59.2	69.1	61.5	7.3	9.1
日　本	25.6	42.2	11.2	9.5	10.2	40.0	58.4	43.9	13.2	19.7
约　旦	1.5	45.6	12.3	7.1	9.4	60.4	73.9	60.7	30.5	39.8
哈萨克斯坦	67.0	43.6	2.3	2.5	2.4	51.4	70.7	59.2	8.1	8.6
肯尼亚	2.5	17.8	23.0	13.3	15.0	14.1	63.9	33.4	1.7	9.9
基里巴斯	9.3	48.5	5.6	4.2	4.9	65.1	77.1	67.3	25.2	26.5
朝　鲜	20.4	48.7	9.2	9.4	9.3	63.6	69.1	60.1	68.1	39.6
韩　国	—	—	—	—	—	—	—	—	—	—
科索沃	16.4	47.6	3.0	3.6	3.3	74.3	87.3	77.9	75.9	56.6
科威特	28.2	42.1	3.7	3.9	3.8	52.8	73.3	60.6	21.8	24.8
吉尔吉斯斯坦	—	—	—	—	—	—	—	—	—	—
老　挝	2.4	31.9	4.6	0.9	2.1	57.5	85.3	72.4	0.0	1.5
拉脱维亚	2.6	39.9	8.9	6.0	7.2	48.0	75.8	57.2	27.8	37.8
黎巴嫩	3.7	49.7	0.6	0.7	0.6	76.8	79.7	77.7	85.9	74.1
莱索托	1.0	50.0	6.8	8.9	7.9	55.4	67.9	56.2	7.2	8.6

续 表

国家和地区	劳动力（百万）	女性劳动力所占比例（%）	女性失业率（%）	男性失业率（%）	总失业率（%）	女性劳动参与率（%）	男性劳动参与率（%）	就业人口占15岁以上人口比例（%）	女性弱就业人数占女性就业人数的比例（%）	男性弱就业人数占男性就业人数的比例（%）
利比里亚	2.5	24.8	9.8	5.0	6.2	23.5	70.9	44.3	15.2	31.5
利比亚	0.9	46.7	26.9	20.7	23.6	59.8	74.8	51.2	46.8	61.2
列支敦士登	1.6	48.7	2.0	2.0	2.0	54.6	57.5	54.9	88.3	67.7
立陶宛	2.5	24.5	24.6	14.9	17.3	25.7	79.0	43.3	4.3	6.1
卢森堡	—	—	—	—	—	—	—	—	—	—
中国澳门特别行政区	1.4	50.6	5.5	6.5	6.0	56.4	66.7	57.3	8.0	11.1
马其顿	0.3	46.0	5.7	5.3	5.5	53.5	62.7	54.9	6.6	5.9
马达加斯加	0.4	48.6	1.6	2.4	2.0	65.5	76.5	69.3	2.0	4.4
马拉维	13.5	48.9	1.8	1.5	1.7	83.6	89.3	85.0	89.7	81.0
马来西亚	7.9	48.2	6.4	4.5	5.4	72.8	82.0	73.1	65.7	53.9
马尔代夫	15.5	38.1	3.8	3.1	3.4	50.9	77.4	62.4	24.5	20.1
马　里	0.3	26.6	5.7	6.2	6.1	41.9	82.0	61.4	32.5	14.6
马耳他	7.1	43.8	11.3	8.2	9.6	61.3	80.9	64.2	95.1	85.5
马绍尔群岛	0.2	39.6	4.6	4.6	4.6	43.3	66.2	52.2	5.9	12.4
毛里塔尼亚	—	—	—	—	—	—	—	—	—	—
毛里求斯	1.2	31.4	12.9	9.1	10.3	29.2	63.2	41.5	68.3	46.0
墨西哥	0.6	39.4	10.1	4.8	6.9	45.0	71.8	54.2	13.1	18.2
密克罗尼西亚	56.9	36.3	3.4	3.3	3.3	43.8	78.9	59.1	29.2	25.5
摩尔多瓦	—	—	—	—	—	—	—	—	—	—
摩纳哥	1.3	48.7	3.0	3.8	3.4	38.9	45.6	40.6	29.8	38.6

续 表

国家和地区	劳动力（百万）	女性劳动力所占比例（%）	女性失业率（%）	男性失业率（%）	总失业率（%）	女性劳动参与率（%）	男性劳动参与率（%）	就业人口占15岁以上人口比例（%）	女性弱就业人数占女性就业人数的比例（%）	男性弱就业人数占男性就业人数的比例（%）
蒙古国	—	—	—	—	—	—	—	—	—	—
黑　山	1.3	45.4	5.9	6.7	6.3	53.3	66.7	56.1	45.5	51.8
摩洛哥	0.3	44.0	15.9	15.2	15.5	43.6	58.1	42.8	9.7	16.0
莫桑比克	11.9	24.1	10.4	8.6	9.0	21.4	70.4	41.3	62.8	44.4
缅　甸	12.8	51.6	3.3	3.0	3.2	77.5	79.6	76.0	92.8	72.8
纳米比亚	24.6	39.8	2.1	1.2	1.6	47.7	77.3	61.1	61.0	58.6
尼泊尔	0.9	48.2	24.7	21.6	23.1	56.2	65.9	46.8	31.8	18.4
荷　兰	—	—	—	—	—	—	—	—	—	—
新喀里	16.3	51.8	1.1	1.5	1.3	81.7	84.4	81.9	90.2	67.7
多尼亚	9.1	46.2	4.2	3.6	3.9	58.0	68.9	60.9	10.8	14.3
新西兰	0.1	45.7	14.8	12.6	13.6	57.3	67.9	54.1	10.9	14.5
尼加拉瓜	2.7	47.4	4.8	4.3	4.5	64.6	75.7	66.8	10.8	13.7
尼日尔	3.1	39.2	5.3	3.9	4.5	50.7	83.7	63.7	46.7	34.7
尼日利亚	8.8	43.3	0.2	0.4	0.3	67.3	90.5	78.5	91.2	87.4
北马里亚纳群岛	60.7	45.5	6.4	5.7	6.0	50.5	59.8	51.9	85.1	72.7
挪　威	1.0	39.0	20.3	22.4	21.6	42.7	67.5	43.2	16.8	20.6
阿　曼	—	—	—	—	—	—	—	—	—	—
巴基斯坦	2.8	47.1	3.5	4.3	3.9	60.2	66.7	61.0	3.3	6.0
帕　劳	2.7	12.8	12.9	1.7	3.1	31.0	88.7	69.4	3.7	2.4
巴拿马	73.9	21.9	5.1	2.4	3.0	23.9	81.5	51.7	74.8	55.0

续　表

国家和地区	劳动力（百万）	女性劳动力所占比例（%）	女性失业率（%）	男性失业率（%）	总失业率（%）	女性劳动参与率（%）	男性劳动参与率（%）	就业人口占15岁以上人口比例（%）	女性弱就业人数占女性就业人数的比例（%）	男性弱就业人数占男性就业人数的比例（%）
巴布亚新几内亚	—	—	—	—	—	—	—	—	—	—
巴拉圭	2.0	39.7	5.1	3.2	3.9	52.5	80.5	63.8	30.2	33.5
秘　鲁	2.6	48.7	1.3	3.4	2.4	46.0	47.6	45.7	87.3	69.7
菲律宾	3.5	39.8	5.8	4.0	4.7	56.9	84.1	67.3	42.7	35.7
波　兰	18.0	45.7	3.4	2.3	2.8	69.9	84.7	75.0	58.0	45.1
葡萄牙	43.7	38.3	2.6	2.5	2.5	45.7	74.1	58.3	37.9	31.3
波多黎各	18.4	45.0	3.7	3.7	3.7	48.9	65.5	54.8	13.4	18.5
卡塔尔	5.2	48.9	7.4	6.3	6.9	53.9	64.2	54.7	9.7	14.6
罗马尼亚	1.1	41.2	8.7	13.3	11.4	32.3	51.3	36.5	6.9	17.5
俄罗斯联邦	2.1	14.1	0.6	0.1	0.1	57.8	94.7	86.7	0.1	0.1
卢旺达	9.0	43.6	3.7	4.8	4.3	45.6	64.2	52.1	23.8	26.3
萨摩亚	73.6	48.3	4.6	4.9	4.7	54.9	70.5	59.1	4.6	5.9
圣马力诺	6.2	51.8	1.0	0.9	1.0	84.2	83.6	83.1	78.1	58.5
圣多美和	0.0	36.6	9.9	7.4	8.3	23.7	38.6	28.8	31.8	30.5
普林西比	—	—	—	—	—	—	—	—	—	—
沙特阿拉伯	0.1	36.8	21.1	8.8	13.3	43.2	76.2	51.6	55.0	42.7
塞内加尔	14.3	16.8	20.3	3.0	5.9	23.4	79.2	53.2	1.1	3.3
塞尔维亚	4.2	39.4	7.3	5.9	6.5	35.2	58.6	43.4	72.9	60.0
塞舌尔	3.2	44.5	14.5	12.7	13.5	46.8	62.1	46.9	24.2	29.4
塞拉利昂	—	—	—	—	—	—	—	—	—	—

续　表

国家和地区	劳动力（百万）	女性劳动力所占比例（%）	女性失业率（%）	男性失业率（%）	总失业率（%）	女性劳动参与率（%）	男性劳动参与率（%）	就业人口占15岁以上人口比例（%）	女性弱就业人数占女性就业人数的比例（%）	男性弱就业人数占男性就业人数的比例（%）
新加坡	2.6	50.5	3.5	5.1	4.3	57.7	58.4	55.6	91.8	80.5
圣马丁（荷兰属）	3.3	45.1	4.0	3.5	3.8	60.5	76.3	65.7	6.6	12.3
斯洛伐克共和国	—	—	—	—	—	—	—	—	—	—
斯洛文尼亚	2.8	45.7	7.2	6.4	6.8	52.7	67.3	55.7	8.5	14.9
所罗门群岛	1.0	46.6	6.3	4.8	5.5	53.3	62.7	54.8	9.1	11.9
索马里	0.3	43.4	1.6	2.0	1.8	62.4	80.3	70.1	84.9	76.7
南　非	3.7	20.9	15.4	13.6	14.0	19.1	74.3	39.9	88.1	75.0
苏丹南部	22.9	45.3	29.3	25.0	27.0	48.8	62.6	40.6	10.2	9.4
西班牙	4.7	49.4	13.9	11.5	12.7	71.8	74.3	63.8	93.2	81.6
斯里兰卡	22.9	46.3	17.6	13.6	15.5	51.7	63.4	48.5	8.8	13.5
圣基茨和尼维斯	8.7	35.0	7.0	3.0	4.4	34.9	72.2	50.2	42.8	36.9
圣卢西亚	—	—	—	—	—	—	—	—	—	—
圣马丁（法国属）	0.1	45.9	23.5	18.6	20.9	60.2	75.3	53.4	25.7	32.1
圣文森特和格林纳丁斯	—	—	—	—	—	—	—	—	—	—
苏　丹	0.1	41.6	17.5	21.4	19.8	57.3	79.2	54.8	15.3	19.8
苏里南	11.7	26.3	23.2	9.2	12.9	24.5	70.3	41.1	45.0	38.6
斯威士兰	0.2	38.3	12.2	4.8	7.6	39.2	64.2	47.7	9.9	13.4
瑞　典	5.4	47.7	6.1	6.8	6.4	61.1	67.6	60.2	4.3	8.0
瑞　士	4.9	46.5	5.2	4.6	4.9	62.6	74.1	64.9	9.4	8.6
叙利亚	4.5	14.6	20.6	6.0	8.1	12.0	70.3	37.8	17.5	36.8

续 表

国家和地区	劳动力（百万）	女性劳动力所占比例（%）	女性失业率（%）	男性失业率（%）	总失业率（%）	女性劳动参与率（%）	男性劳动参与率（%）	就业人口占15岁以上人口比例（%）	女性弱就业人数占女性就业人数的比例（%）	男性弱就业人数占男性就业人数的比例（%）
塔吉克斯坦	2.6	32.1	9.7	11.5	10.9	27.8	59.7	38.9	38.2	48.5
坦桑尼亚	25.9	48.9	2.4	1.5	1.9	79.4	87.2	81.6	88.2	77.5
泰　国	38.9	45.6	0.7	0.6	0.7	59.5	76.2	67.1	48.9	46.0
东帝汶	0.3	31.7	3.9	2.6	3.0	25.0	52.6	37.8	79.3	67.3
多　哥	3.6	49.3	1.4	2.0	1.7	76.1	79.3	76.4	85.3	69.6
汤　加	0.0	38.4	2.0	0.4	1.0	45.3	74.1	58.9	57.8	50.5
特立尼达和多巴哥	0.7	42.5	3.0	2.7	2.8	50.4	71.3	58.9	12.9	22.0
突尼斯	4.1	26.5	22.6	12.9	15.5	24.1	69.9	39.3	15.3	22.3
土耳其	32.6	32.7	13.6	9.6	10.9	33.5	72.6	46.8	34.7	24.9
土库曼斯坦	2.6	41.7	2.1	5.0	3.8	52.8	78.2	62.7	21.6	25.0
特克斯和凯科斯群岛	—	—	—	—	—	—	—	—	—	—
图瓦卢	—	—	—	—	—	—	—	—	—	—
乌干达	16.0	48.1	2.1	1.4	1.7	67.2	75.0	69.8	82.6	68.2
乌克兰	20.3	47.3	8.1	10.5	9.4	46.7	62.8	48.9	12.9	16.6
阿联酋	6.9	15.1	7.5	1.7	2.6	51.1	93.4	80.9	1.0	0.7
英　国	34.0	46.7	3.9	4.0	4.0	57.1	67.8	59.9	9.5	15.9
美　国	164.7	46.0	3.8	4.1	3.9	56.0	68.2	59.6	3.3	4.1
乌拉圭	1.8	45.4	9.7	6.5	8.0	55.8	73.8	59.2	21.5	25.8
乌兹别克斯坦	15.5	41.4	5.0	5.4	5.2	53.4	78.0	62.1	41.1	39.3
瓦努阿图	0.1	43.8	6.1	4.9	5.4	61.5	79.6	66.7	75.2	67.3

续 表

国家和地区	劳动力（百万）	女性劳动力所占比例（%）	女性失业率（%）	男性失业率（%）	总失业率（%）	女性劳动参与率（%）	男性劳动参与率（%）	就业人口占15岁以上人口比例（%）	女性弱就业人数占女性就业人数的比例（%）	男性弱就业人数占男性就业人数的比例（%）
委内瑞拉	13.1	39.0	9.0	8.0	8.4	47.7	77.1	57.0	33.7	32.5
越　南	56.9	48.2	1.8	2.0	1.9	72.6	82.5	76.0	60.6	49.0
英属维尔京群岛	0.1	49.8	9.2	7.6	8.4	55.6	63.7	54.4	8.5	11.9
约旦河西岸和加沙	1.3	21.0	50.8	24.7	30.2	19.2	71.1	31.7	24.1	22.7
也门共和国	6.6	7.7	23.5	12.0	12.9	6.0	70.8	33.5	66.2	43.9
赞比亚	7.2	48.0	6.9	7.5	7.2	70.8	79.8	69.8	87.8	68.5
津巴布韦	7.1	49.1	5.4	4.4	4.9	78.6	89.0	79.4	75.6	56.2

资料来源：世界银行发展数据库（https://data.worldbank.org）。

附录三　2017 年世界各国或地区贫困与收入分配数据

国家和地区	贫困情况										
	最高 10%人群累计收入占比(%)	最低 10%人群累计收入占比(%)	基尼系数	最高 20%人群累计收入占比(%)	最低 20%人群累计收入占比(%)	贫困差距(国家贫困线)(%)	贫困人口比例(国家贫困线)(%)	农村贫困人口比例(国家贫困线)(%)	城市贫困人口比例(国家贫困线)(%)	农村贫困差距(国家贫困线)(%)	城市贫困差距(国家贫困线)(%)
阿富汗	—	—	—	—	—	—	—	—	—	—	—
阿尔巴尼亚	—	—	—	—	—	—	—	—	—	—	—
阿尔及利亚	—	—	—	—	—	—	—	—	—	—	—
美属萨摩亚	—	—	—	—	—	—	—	—	—	—	—
安道尔	—	—	—	—	—	—	—	—	—	—	—
安哥拉	—	—	—	—	—	—	—	—	—	—	—
安提瓜和	—	—	—	—	—	—	—	—	—	—	—
巴布达	29.4	1.9	40.6	46	5.2	—	25.7	—	—	—	—
阿根廷	28.4	3.5	33.6	42.4	8.4	—	25.7	—	—	—	—

续 表

国家和地区	贫 困 情 况										
	最高10%人群累计收入占比（%）	最低10%人群累计收入占比（%）	基尼系数	最高20%人群累计收入占比（%）	最低20%人群累计收入占比（%）	贫困差距（国家贫困线）（%）	贫困人口比例(国家贫困线)（%）	农村贫困人口比例（国家贫困线)(%)	城市贫困人口比例（国家贫困线)(%)	农村贫困差距(国家贫困线)（%）	城市贫困差距(国家贫困线)（%）
亚美尼亚	—	—	—	—	—	—	—	—	—	—	—
阿鲁巴	—	—	—	—	—	—	—	—	—	—	—
澳大利亚	—	—	—	—	—	—	—	—	—	—	—
奥地利	—	—	—	—	—	—	—	—	—	—	—
阿塞拜疆	—	—	—	—	—	—	—	—	—	—	—
巴哈马	—	—	—	—	—	—	—	—	—	—	—
巴 林	—	—	—	—	—	—	—	—	—	—	—
孟加拉国	—	—	—	—	—	—	—	—	—	—	—
巴巴多斯	21.3	4.2	25.4	35.5	9.9	—	5.9	—	—	—	—
白俄罗斯	—	—	—	—	—	—	—	—	—	—	—
比利时	—	—	—	—	—	—	—	—	—	—	—
伯利兹	—	—	—	—	—	—	—	—	—	—	—
贝 宁	—	—	—	—	—	—	—	—	—	—	—
百慕大	27.9	2.7	37.4	44.4	6.7	—	8.2	—	—	—	—
不 丹	31.7	1.2	44	48.5	4.1	—	36.4	—	—	—	—
玻利维亚	—	—	—	—	—	—	—	—	—	—	—
波 黑	—	—	—	—	—	—	—	—	—	—	—
博茨瓦纳	41.9	1	53.3	57.8	3.2	—	26.5	—	—	—	—
巴 西	—	—	—	—	—	—	—	—	—	—	—

续 表

国家和地区	贫困情况										
	最高10%人群累计收入占比(%)	最低10%人群累计收入占比(%)	基尼系数	最高20%人群累计收入占比(%)	最低20%人群累计收入占比(%)	贫困差距(国家贫困线)(%)	贫困人口比例(国家贫困线)(%)	农村贫困人口比例(国家贫困线)(%)	城市贫困人口比例(国家贫困线)(%)	农村贫困差距(国家贫困线)(%)	城市贫困差距(国家贫困线)(%)
文　莱	—	—	—	—	—	—	—	—	—	—	—
保加利亚	—	—	—	—	—	—	—	—	—	—	—
布基纳法索	—	—	—	—	—	—	—	—	—	—	—
布隆迪	—	—	—	—	—	—	—	—	—	—	—
佛得角	—	—	—	—	—	—	—	—	—	—	—
柬埔寨	—	—	—	—	—	—	—	—	—	—	—
喀麦隆	—	—	—	—	—	—	—	—	—	—	—
加拿大	—	—	—	—	—	—	—	—	—	—	—
开曼群岛	—	—	—	—	—	—	—	—	—	—	—
中非共和国	—	—	—	—	—	—	—	—	—	—	—
乍　得	—	—	—	—	—	—	—	—	—	—	—
海峡群岛	—	—	—	—	—	—	—	—	—	—	—
智　利	37.9	1.9	46.6	52.9	5.2	—	8.6	—	—	—	—
中　国	—	—	—	—	—	—	3.1	—	—	—	—
哥伦比亚	39	1.4	49.7	54.8	4.1	—	26.9	—	—	—	—
科摩罗	—	—	—	—	—	—	—	—	—	—	—
刚果民主	—	—	—	—	—	—	—	—	—	—	—
刚果共和国	—	—	—	—	—	—	—	—	—	—	—
哥斯达黎加	37	1.6	48.3	54	4.4	—	20	—	—	—	—

续　表

国家和地区	贫　困　情　况										
	最高10%人群累计收入占比(%)	最低10%人群累计收入占比(%)	基尼系数	最高20%人群累计收入占比(%)	最低20%人群累计收入占比(%)	贫困差距(国家贫困线)(%)	贫困人口比例(国家贫困线)(%)	农村贫困人口比例(国家贫困线)(%)	城市贫困人口比例(国家贫困线)(%)	农村贫困差距(国家贫困线)(%)	城市贫困差距(国家贫困线)(%)
科特迪瓦	—	—	—	—	—	—	—	—	—	—	—
克罗地亚	—	—	—	—	—	—	—	—	—	—	—
古　巴	—	—	—	—	—	—	—	—	—	—	—
库拉索	—	—	—	—	—	—	—	—	—	—	—
塞浦路斯	—	—	—	—	—	—	—	—	—	—	—
捷克共和国	—	—	—	—	—	—	—	—	—	—	—
丹　麦	—	—	—	—	—	—	—	—	—	—	—
吉布提	32.3	1.9	41.6	47.6	5.4	—	21.1	—	—	—	—
多米尼克	—	—	—	—	—	—	—	—	—	—	—
多米尼克共和国	—	—	—	—	—	—	—	—	—	—	—
厄瓜多尔	33.8	1.6	44.7	50.1	4.7	—	21.5	—	—	—	—
阿拉伯埃及共和国	—	—	—	—	—	—	—	—	—	—	—
萨尔瓦多	29.1	2.5	38	44.7	6.4	—	29.2	—	—	—	—
赤道几内亚	—	—	—	—	—	—	—	—	—	—	—
厄立特里亚	—	—	—	—	—	—	—	—	—	—	—
爱沙尼亚	—	—	—	—	—	—	—	—	—	—	—
埃塞俄比亚	—	—	—	—	—	—	—	—	—	—	—
法罗群岛	—	—	—	—	—	—	—	—	—	—	—
斐　济	—	—	—	—	—	—	—	—	—	—	—

续 表

国家和地区	贫困情况										
	最高10%人群累计收入占比(%)	最低10%人群累计收入占比(%)	基尼系数	最高20%人群累计收入占比(%)	最低20%人群累计收入占比(%)	贫困差距(国家贫困线)(%)	贫困人口比例(国家贫困线)(%)	农村贫困人口比例(国家贫困线)(%)	城市贫困人口比例(国家贫困线)(%)	农村贫困差距(国家贫困线)(%)	城市贫困差距(国家贫困线)(%)
芬 兰	—	—	—	—	—	—	—	—	—	—	—
法 国	—	—	—	—	—	—	—	—	—	—	—
法属波利尼西亚	—	—	—	—	—	—	—	—	—	—	—
加 蓬	—	—	—	—	—	—	—	—	—	—	—
冈比亚	27.7	2.2	38	44.4	6	—	33.4	—	—	—	—
格鲁吉亚	—	—	—	—	—	—	—	—	—	—	—
德 国	28.9	2.3	37.9	44.5	6.3	—	21.9	—	—	—	—
加 纳	—	—	—	—	—	—	—	—	—	—	—
希 腊	—	—	—	—	—	—	—	—	—	—	—
格陵兰	—	—	—	—	—	—	—	—	—	—	—
格林纳达	—	—	—	—	—	—	—	—	—	—	—
关 岛	—	—	—	—	—	—	—	—	—	—	—
危地马拉	—	—	—	—	—	—	—	—	—	—	—
几内亚	—	—	—	—	—	—	—	—	—	—	—
几内亚比绍	—	—	—	—	—	—	—	—	—	—	—
圭亚那	—	—	—	—	—	—	—	—	—	—	—
海 地	—	—	—	—	—	—	—	—	—	—	—
洪都拉斯	—	—	—	—	—	—	—	—	—	—	—
中国香港特别行政区	—	—	—	—	—	—	—	—	—	—	—

续　表

国家和地区	贫困情况										
	最高10%人群累计收入占比（%）	最低10%人群累计收入占比（%）	基尼系数	最高20%人群累计收入占比（%）	最低20%人群累计收入占比（%）	贫困差距（国家贫困线）（%）	贫困人口比例（国家贫困线）（%）	农村贫困人口比例（国家贫困线）（%）	城市贫困人口比例（国家贫困线）（%）	农村贫困差距（国家贫困线）（%）	城市贫困差距（国家贫困线）（%）
匈牙利	37.7	1.1	50.5	54.6	3.2	—	64.3	—	—	—	—
冰　岛	—	—	—	—	—	—	—	—	—	—	—
印　度	—	—	—	—	—	—	—	—	—	—	—
印度尼西亚	—	—	—	—	—	—	—	—	—	—	—
伊　朗	—	—	—	—	—	—	—	—	—	—	—
伊拉克	29.5	2.9	38.1	45.2	6.8	—	10.6	—	—	—	—
爱尔兰	—	—	—	—	—	—	—	—	—	—	—
马恩岛	—	—	—	—	—	—	—	—	—	—	—
以色列	—	—	—	—	—	—	—	—	—	—	—
意大利	—	—	—	—	—	—	—	—	—	—	—
牙买加	—	—	—	—	—	—	—	—	—	—	—
日　本	—	—	—	—	—	—	—	—	—	—	—
约　旦	—	—	—	—	—	—	—	—	—	—	—
哈萨克斯坦	—	—	—	—	—	—	—	—	—	—	—
肯尼亚	—	—	—	—	—	—	—	—	—	—	—
基里巴斯	23	4.3	27.5	37.4	9.8	—	2.5	—	—	—	—
朝　鲜	—	—	—	—	—	—	—	—	—	—	—
韩　国	—	—	—	—	—	—	—	—	—	—	—
科索沃	—	—	—	—	—	—	—	—	—	—	—

续 表

国家和地区	贫困情况										
	最高10%人群累计收入占比（%）	最低10%人群累计收入占比（%）	基尼系数	最高20%人群累计收入占比（%）	最低20%人群累计收入占比（%）	贫困差距（国家贫困线）（%）	贫困人口比例(国家贫困线）（%）	农村贫困人口比例（国家贫困线)(%）	城市贫困人口比例（国家贫困线)(%）	农村贫困差距(国家贫困线）（%）	城市贫困差距(国家贫困线）（%）
科威特	—	—	—	—	—	—	—	—	—	—	—
吉尔吉斯斯坦	24.6	3.8	29	38.6	9.2	—	—	—	—	—	—
老　挝	—	—	—	—	—	—	—	—	—	—	—
拉脱维亚	23.3	4.3	27.3	37.4	9.9	—	25.6	—	—	—	—
黎巴嫩	—	—	—	—	—	—	—	—	—	—	—
莱索托	—	—	—	—	—	—	—	—	—	—	—
利比里亚	—	—	—	—	—	—	—	—	—	—	—
利比亚	—	—	—	—	—	—	—	—	—	—	—
列支敦士登	—	—	—	—	—	—	—	—	—	—	—
立陶宛	—	—	—	—	—	—	—	—	—	—	—
卢森堡	—	—	—	—	—	—	—	—	—	—	—
中国澳门特别行政区	—	—	—	—	—	—	—	—	—	—	—
马其顿	—	—	—	—	—	—	—	—	—	—	—
马达加斯加	—	—	—	—	—	—	—	—	—	—	—
马拉维	—	—	—	—	—	—	—	—	—	—	—
马来西亚	—	—	—	—	—	—	—	—	—	—	—
马尔代夫	—	—	—	—	—	—	—	—	—	—	—
马　里	—	—	—	—	—	—	—	—	—	—	—
马耳他	—	—	—	—	—	—	—	—	—	—	—

续 表

国家和地区	贫 困 情 况										
	最高10%人群累计收入占比（%）	最低10%人群累计收入占比（%）	基尼系数	最高20%人群累计收入占比（%）	最低20%人群累计收入占比（%）	贫困差距（国家贫困线）（%）	贫困人口比例(国家贫困线）（%）	农村贫困人口比例（国家贫困线)(%)	城市贫困人口比例（国家贫困线)(%)	农村贫困差距(国家贫困线）（%）	城市贫困差距(国家贫困线）（%）
马绍尔群岛	—	—	—	—	—	—	—	—	—	—	—
毛里塔尼亚	—	—	—	—	—	—	—	—	—	—	—
毛里求斯	—	—	—	—	—	—	—	—	—	—	—
墨西哥	—	—	—	—	—	—	—	—	—	—	—
密克罗尼西亚	—	—	—	—	—	—	—	—	—	—	—
摩尔多瓦	—	—	—	—	—	—	—	—	—	—	—
摩纳哥	21.7	4.3	25.9	36.1	10	—	—	—	—	—	—
蒙古国	—	—	—	—	—	—	—	—	—	—	—
黑　山	—	—	—	—	—	—	—	—	—	—	—
摩洛哥	—	—	—	—	—	—	—	—	—	—	—
莫桑比克	—	—	—	—	—	—	—	—	—	—	—
缅　甸	—	—	—	—	—	—	—	—	—	—	—
纳米比亚	—	—	—	—	—	—	—	—	—	—	—
尼泊尔	—	—	—	—	—	—	—	—	—	—	—
荷　兰	—	—	—	—	—	—	—	—	—	—	—
新喀里	—	—	—	—	—	—	—	—	—	—	—
多尼亚	—	—	—	—	—	—	—	—	—	—	—
新西兰	—	—	—	—	—	—	—	—	—	—	—
尼加拉瓜	—	—	—	—	—	—	—	—	—	—	—

续 表

国家和地区	贫困情况										
	最高10%人群累计收入占比(%)	最低10%人群累计收入占比(%)	基尼系数	最高20%人群累计收入占比(%)	最低20%人群累计收入占比(%)	贫困差距(国家贫困线)(%)	贫困人口比例(国家贫困线)(%)	农村贫困人口比例(国家贫困线)(%)	城市贫困人口比例(国家贫困线)(%)	农村贫困差距(国家贫困线)(%)	城市贫困差距(国家贫困线)(%)
尼日尔	—	—	—	—	—	—	—	—	—	—	—
尼日利亚	—	—	—	—	—	—	—	—	—	—	—
北马里亚纳群岛	—	—	—	—	—	—	—	—	—	—	—
挪　威	—	—	—	—	—	—	22.2	—	—	—	—
阿　曼	—	—	—	—	—	—	—	—	—	—	—
巴基斯坦	—	—	—	—	—	—	—	—	—	—	—
帕　劳	—	—	—	—	—	—	—	—	—	—	—
巴拿马	—	—	—	—	—	—	—	—	—	—	—
巴布亚新几内亚	—	—	—	—	—	—	—	—	—	—	—
巴拉圭	37.7	1.1	49.9	54.2	3.4	—	—	—	—	—	—
秘　鲁	—	—	—	—	—	—	—	—	—	—	—
菲律宾	39.2	1.7	48.8	54	4.6	—	26.4	—	—	—	—
波　兰	32.3	1.7	43.3	48.4	4.7	—	21.7	—	—	—	—
葡萄牙	—	—	—	—	—	—	—	—	—	—	—
波多黎各	—	—	—	—	—	—	—	—	—	—	—
卡塔尔	—	—	—	—	—	—	—	—	—	—	—
罗马尼亚	—	—	—	—	—	—	—	—	—	—	—
俄罗斯联邦	—	—	—	—	—	—	—	—	—	—	—
卢旺达	—	—	—	—	—	—	—	—	—	—	—

续 表

国家和地区	贫困情况										
	最高10%人群累计收入占比（%）	最低10%人群累计收入占比（%）	基尼系数	最高20%人群累计收入占比（%）	最低20%人群累计收入占比（%）	贫困差距（国家贫困线）（%）	贫困人口比例（国家贫困线）（%）	农村贫困人口比例（国家贫困线）（%）	城市贫困人口比例（国家贫困线）（%）	农村贫困差距（国家贫困线）（%）	城市贫困差距（国家贫困线）（%）
萨摩亚	—	—	—	—	—	—	13.2	—	—	—	—
圣马力诺	—	—	—	—	—	—	—	—	—	—	—
圣多美和	—	—	—	—	—	—	—	—	—	—	—
普林西比	—	—	—	—	—	—	—	—	—	—	—
沙特阿拉伯	—	—	—	—	—	—	—	—	—	—	—
塞内加尔	—	—	—	—	—	—	—	—	—	—	—
塞尔维亚	—	—	—	—	—	—	—	—	—	—	—
塞舌尔	—	—	—	—	—	—	—	—	—	—	—
塞拉利昂	—	—	—	—	—	—	—	—	—	—	—
新加坡	—	—	—	—	—	—	—	—	—	—	—
圣马丁（荷兰属）	—	—	—	—	—	—	—	—	—	—	—
斯洛伐克共和国	—	—	—	—	—	—	—	—	—	—	—
斯洛文尼亚	—	—	—	—	—	—	—	—	—	—	—
所罗门群岛	—	—	—	—	—	—	—	—	—	—	—
索马里	—	—	—	—	—	—	—	—	—	—	—
南　非	—	—	—	—	—	—	—	—	—	—	—
苏丹南部	—	—	—	—	—	—	—	—	—	—	—
西班牙	—	—	—	—	—	—	—	—	—	—	—
斯里兰卡	—	—	—	—	—	—	—	—	—	—	—

续 表

国家和地区	贫困情况										
	最高10%人群累计收入占比(%)	最低10%人群累计收入占比(%)	基尼系数	最高20%人群累计收入占比(%)	最低20%人群累计收入占比(%)	贫困差距(国家贫困线)(%)	贫困人口比例(国家贫困线)(%)	农村贫困人口比例(国家贫困线)(%)	城市贫困人口比例(国家贫困线)(%)	农村贫困差距(国家贫困线)(%)	城市贫困差距(国家贫困线)(%)
圣基茨和尼维斯	—	—	—	—	—	—	—	—	—	—	—
圣卢西亚	—	—	—	—	—	—	—	—	—	—	—
圣马丁(法国属)	—	—	—	—	—	—	—	—	—	—	—
圣文森特和格林纳丁斯	—	—	—	—	—	—	—	—	—	—	—
苏　丹	—	—	—	—	—	—	—	—	—	—	—
苏里南	—	—	—	—	—	—	—	—	—	—	—
斯威士兰	—	—	—	—	—	—	—	—	—	—	—
瑞　典	—	—	—	—	—	—	—	—	—	—	—
瑞　士	—	—	—	—	—	—	—	—	—	—	—
叙利亚	—	—	—	—	—	—	—	—	—	—	—
塔吉克斯坦	—	—	—	—	—	—	—	—	—	—	—
坦桑尼亚	—	—	—	—	—	—	—	—	—	—	—
泰　国	28.4	3	36.5	44.1	7.3	—	—	—	—	—	—
东帝汶	—	—	—	—	—	—	—	—	—	—	—
多　哥	—	—	—	—	—	—	—	—	—	—	—
汤　加	—	—	—	—	—	—	—	—	—	—	—
特立尼达和多巴哥	—	—	—	—	—	—	—	—	—	—	—
突尼斯	—	—	—	—	—	—	—	—	—	—	—
土耳其	—	—	—	—	—	—	13.5	—	—	—	—

续 表

国家和地区	贫困情况										
	最高10%人群累计收入占比（%）	最低10%人群累计收入占比（%）	基尼系数	最高20%人群累计收入占比（%）	最低20%人群累计收入占比（%）	贫困差距（国家贫困线）（%）	贫困人口比例（国家贫困线）（%）	农村贫困人口比例（国家贫困线）（%）	城市贫困人口比例（国家贫困线）（%）	农村贫困差距（国家贫困线）（%）	城市贫困差距（国家贫困线）（%）
土库曼斯坦	—	—	—	—	—	—	—	—	—	—	—
特克斯和凯科斯群岛	—	—	—	—	—	—	—	—	—	—	—
图瓦卢	—	—	—	—	—	—	—	—	—	—	—
乌干达	—	—	—	—	—	—	—	—	—	—	—
乌克兰	—	—	—	—	—	—	2.4	—	—	—	—
阿联酋	—	—	—	—	—	—	—	—	—	—	—
英　国	—	—	—	—	—	—	—	—	—	—	—
美　国	—	—	—	—	—	—	—	—	—	—	—
乌拉圭	29.7	2.3	39.5	45.8	5.9	—	7.9	—	—	—	—
乌兹别克斯坦	—	—	—	—	—	—	—	—	—	—	—
瓦努阿图	—	—	—	—	—	—	—	—	—	—	—
委内瑞拉	—	—	—	—	—	—	—	—	—	—	—
越　南	—	—	—	—	—	—	—	—	—	—	—
英属维尔京群岛	—	—	—	—	—	—	—	—	—	—	—
约旦河西岸和加沙	—	—	—	—	—	—	—	—	—	—	—
也门共和国	—	—	—	—	—	—	—	—	—	—	—
赞比亚	—	—	—	—	—	—	—	—	—	—	—
津巴布韦	—	—	—	—	—	—	—	—	—	—	—

资料来源：世界银行发展数据库（2017 Word Development Indicators，WDI）。

附录四　2016年世界各国或地区医疗卫生统计数据

国家和地区	医疗卫生支出占GDP的比例（%）	人均卫生支出（美元）	医疗卫生支出公共部分占总医疗卫生支出的比例(%)	医疗卫生外部资源占比(%)	自付部分占总医疗卫生支出的比例（%）	自付部分占医疗卫生支出私人部分的比例(%)	政府医疗卫生支出占政府支出的比例(%)	内科医生（每千人）
阿富汗	10.20	57.25	22.60	17.47	77.40	100.00	2.01	0.30
阿尔巴尼亚	6.70	271.54	42.02	0.66	57.98	100.00	9.51	—
阿尔及利亚	6.65	260.41	67.71	0.02	30.88	95.63	10.73	—
美属萨摩亚	—	—	—	—	—	—	—	—
安道尔	10.37	3 834.73	49.13	—	41.70	81.97	14.02	—
安哥拉	2.88	95.22	47.78	3.64	35.21	67.43	5.43	—
安提瓜和	4.31	623.11	60.57	0.02	32.19	81.64	10.76	—
巴布达	7.55	955.20	74.99	0.56	15.80	63.17	13.56	—
阿根廷	9.93	358.84	18.15	1.70	80.65	98.53	6.05	—
亚美尼亚	—	—	—	—	—	—	—	—

续 表

国家和地区	医疗卫生支出占 GDP 的比例（%）	人均卫生支出（美元）	医疗卫生支出公共部分占总医疗卫生支出的比例(%)	医疗卫生外部资源占比(%)	自付部分占总医疗卫生支出的比例（%）	自付部分占医疗卫生支出私人部分的比例(%)	政府医疗卫生支出占政府支出的比例(%)	内科医生（每千人）
阿鲁巴	9.25	5 002.36	68.31	—	18.94	59.77	17.42	—
澳大利亚	10.44	4 688.28	72.51	—	18.92	68.83	14.93	5.23
奥地利	6.89	268.16	20.34	0.38	78.92	99.07	3.88	—
阿塞拜疆	6.38	1 835.23	50.28	0.42	27.72	55.75	15.98	—
巴哈马	4.87	1 099.36	61.36	0.00	27.99	72.44	8.41	—
巴　林	2.37	34.22	25.58	7.63	71.89	96.60	3.38	—
孟加拉国	6.96	1 163.84	47.56	1.67	45.18	86.16	9.28	—
巴巴多斯	6.32	317.99	61.66	0.22	35.80	93.38	8.47	—
白俄罗斯	10.04	4 149.39	84.11	—	15.86	99.81	15.84	—
比利时	6.12	303.60	70.11	3.79	22.87	76.51	12.42	—
伯利兹	3.86	30.40	51.01	30.47	43.48	88.75	3.72	0.15
贝　宁	—	—	—	—	—	—	—	—
百慕大	3.45	91.34	78.71	4.76	20.13	94.55	8.30	0.38
不　丹	6.86	213.02	68.94	3.24	28.02	90.21	11.33	—
玻利维亚	9.23	443.78	71.02	0.23	28.68	98.96	15.44	—
波　黑	5.46	379.92	62.62	6.68	5.25	14.04	9.15	—
博茨瓦纳	11.77	1 015.93	33.31	0.09	43.56	65.32	9.90	—
巴　西	—	—	—	—	—	—	—	—
文　莱	2.34	630.63	94.93	0.00	5.07	100.00	5.69	—
保加利亚	8.23	612.48	50.56	—	47.95	96.99	11.90	—

续 表

国家和地区	医疗卫生支出占GDP的比例（%）	人均卫生支出（美元）	医疗卫生支出公共部分占总医疗卫生支出的比例（%）	医疗卫生外部资源占比（%）	自付部分占总医疗卫生支出的比例（%）	自付部分占医疗卫生支出私人部分的比例（%）	政府医疗卫生支出占政府支出的比例（%）	内科医生（每千人）
布基纳法索	6.75	40.94	63.55	23.45	31.39	86.12	11.03	—
布隆迪	6.19	18.46	67.74	38.61	30.51	94.58	8.52	—
佛得角	5.24	159.07	71.85	15.06	26.01	92.40	9.89	—
柬埔寨	6.08	77.67	40.76	18.95	58.56	98.85	6.16	—
喀麦隆	4.69	64.47	22.67	9.33	69.50	89.87	2.95	—
加拿大	10.53	4 458.21	73.44	—	14.62	55.05	19.02	—
开曼群岛	—	—	—	—	—	—	—	—
中非共和国	4.28	16.36	55.81	40.94	43.08	97.49	5.06	—
乍　得	4.54	31.69	33.45	14.58	61.16	91.90	5.90	—
海峡群岛	—	—	—	—	—	—	—	—
智　利	8.53	1 190.55	58.47	0.00	34.77	83.72	19.74	—
中　国	4.98	398.33	58.02	0.00	35.91	85.54	9.05	—
哥伦比亚	5.91	340.37	64.31	2.06	20.16	56.49	13.37	—
科摩罗	7.63	59.00	25.32	10.76	73.13	97.92	3.63	—
刚果民主	3.87	20.52	55.65	43.39	37.43	84.40	3.73	—
刚果共和国	4.63	70.38	45.56	3.29	49.72	91.33	3.92	—
哥斯达黎加	7.56	888.85	75.09	0.33	22.14	88.88	29.19	—
科特迪瓦	4.40	67.57	40.78	15.00	40.15	67.80	4.88	—
克罗地亚	7.18	884.49	78.25	—	15.36	70.62	11.97	—
古　巴	12.19	970.65	89.69	0.09	10.31	100.00	17.26	—

续 表

国家和地区	医疗卫生支出占 GDP 的比例（%）	人均卫生支出（美元）	医疗卫生支出公共部分占总医疗卫生支出的比例（%）	医疗卫生外部资源占比（%）	自付部分占总医疗卫生支出的比例（%）	自付部分占医疗卫生支出私人部分的比例（%）	政府医疗卫生支出占政府支出的比例（%）	内科医生（每千人）
库拉索	—	—	—	—	—	—	—	—
塞浦路斯	6.88	1 634.43	43.37	1.17	44.92	79.32	7.53	—
捷克共和国	7.15	1 321.62	81.88	—	15.02	82.89	14.83	—
丹　麦	10.35	5 565.59	84.12	—	13.71	86.34	16.25	—
吉布提	3.50	70.19	73.60	27.83	25.77	97.61	3.10	—
多米尼克	5.30	419.37	69.65	5.39	29.15	96.05	8.03	—
多米尼克共和国	6.16	414.18	46.34	0.62	44.62	83.15	16.00	—
厄瓜多尔	8.39	504.78	51.56	0.37	40.48	83.57	10.99	—
阿拉伯埃及共和国	4.64	130.99	30.32	1.02	61.99	88.96	4.22	—
萨尔瓦多	6.96	293.87	66.73	2.26	27.16	81.64	20.93	—
赤道几内亚	3.38	281.37	24.74	1.23	72.83	96.77	2.59	—
厄立特里亚	2.96	29.89	40.94	11.72	59.06	100.00	2.92	—
爱沙尼亚	6.68	1 185.33	75.63	0.19	22.69	93.11	12.41	—
埃塞俄比亚	7.70	220.59	83.10	13.79	9.90	58.58	15.23	—
法罗群岛	3.97	27.52	42.94	15.32	37.42	65.58	6.02	—
斐　济	—	—	—	—	—	—	—	—
芬　兰	3.46	179.91	66.99	3.09	20.64	62.53	7.66	—
法　国	9.49	4 117.26	77.36	0.00	20.35	89.89	13.12	—
法属波利尼西亚	11.54	4 263.36	82.90	—	9.76	57.08	16.97	3.24
加　蓬	—	—	—	—	—	—	—	—

续 表

国家和地区	医疗卫生支出占 GDP 的比例（%）	人均卫生支出（美元）	医疗卫生支出公共部分占总医疗卫生支出的比例(%)	医疗卫生外部资源占比(%)	自付部分占总医疗卫生支出的比例（%）	自付部分占医疗卫生支出私人部分的比例(%)	政府医疗卫生支出占政府支出的比例(%)	内科医生（每千人）
冈比亚	3.11	220.35	65.44	0.85	22.51	65.13	9.20	0.41
格鲁吉亚	4.43	20.93	62.40	43.84	23.59	62.74	2.76	—
德　国	8.44	308.03	38.81	2.26	55.60	90.86	10.29	—
加　纳	11.14	4 714.26	84.67	—	12.41	80.95	21.36	—
希　腊	4.45	67.51	51.15	12.79	37.82	77.42	6.54	—
格陵兰	—	—	—	—	—	—	—	—
格林纳达	8.45	1 510.67	61.00	0.26	34.34	88.05	10.32	—
关　岛	—	—	—	—	—	—	—	—
危地马拉	5.25	516.42	42.22	0.88	57.78	100.00	9.02	—
几内亚	—	—	—	—	—	—	—	—
几内亚比绍	5.82	241.35	38.15	0.93	53.34	86.24	17.94	—
圭亚那	5.48	37.46	39.53	27.23	49.76	82.29	4.11	0.08
海　地	6.09	39.05	64.60	20.35	35.40	100.00	12.88	—
洪都拉斯	4.24	192.27	64.85	5.91	35.06	99.74	7.72	—
中国香港特别行政区	5.39	37.72	53.72	38.38	41.73	90.17	4.42	—
匈牙利	8.40	199.55	49.06	3.15	45.01	88.36	14.04	—
冰　岛	—	—	—	—	—	—	—	—
印　度	7.36	942.59	65.86	0.00	29.70	86.99	10.42	—
印度尼西亚	8.29	5 063.61	81.51	0.00	16.87	91.24	14.94	—
伊　朗	3.66	62.72	26.45	1.02	64.58	87.80	3.14	0.76

续 表

国家和地区	医疗卫生支出占 GDP 的比例（%）	人均卫生支出（美元）	医疗卫生支出公共部分占总医疗卫生支出的比例（%）	医疗卫生外部资源占比（%）	自付部分占总医疗卫生支出的比例（%）	自付部分占医疗卫生支出私人部分的比例（%）	政府医疗卫生支出占政府支出的比例（%）	内科医生（每千人）
伊拉克	3.12	111.55	45.16	0.43	37.34	68.09	8.31	—
爱尔兰	8.10	415.39	54.56	0.04	38.79	85.37	22.60	—
马恩岛	3.31	152.64	21.50	0.38	78.48	99.97	1.70	—
以色列	7.38	4 758.59	72.07	0.00	12.99	46.51	19.65	2.96
意大利	—	—	—	—	—	—	—	—
牙买加	7.31	2 837.14	64.03	1.53	22.97	63.86	11.56	—
日　本	8.94	2 738.71	74.46	—	23.11	90.49	13.47	4.02
约　旦	6.07	296.25	61.72	1.16	22.40	58.52	12.85	0.47
哈萨克斯坦	10.93	4 233.03	83.59	0.00	13.45	81.96	23.39	—
肯尼亚	5.47	223.54	68.93	5.70	27.98	90.05	11.96	—
基里巴斯	3.53	262.01	59.96	1.17	35.56	88.81	9.40	—
朝　鲜	4.55	66.21	55.63	19.46	27.71	62.45	6.06	—
韩　国	11.86	188.05	96.66	17.05	0.09	2.69	5.54	—
科索沃	—	—	—	—	—	—	—	—
科威特	7.34	2 043.86	59.15	—	33.31	81.54	13.45	2.33
吉尔吉斯斯坦	—	—	—	—	—	—	—	—
老　挝	3.90	1 068.32	83.89	0.00	16.11	100.00	6.21	—
拉脱维亚	6.63	72.88	42.40	3.30	57.59	99.98	6.60	—
黎巴嫩	2.36	55.21	50.52	18.12	46.44	93.86	3.74	—
莱索托	6.24	874.20	54.63	0.00	44.56	98.21	9.18	—

续 表

国家和地区	医疗卫生支出占 GDP 的比例（%）	人均卫生支出（美元）	医疗卫生支出公共部分占总医疗卫生支出的比例（%）	医疗卫生外部资源占比（%）	自付部分占总医疗卫生支出的比例（%）	自付部分占医疗卫生支出私人部分的比例（%）	政府医疗卫生支出占政府支出的比例（%）	内科医生（每千人）
利比里亚	8.02	662.13	52.97	0.84	32.14	68.34	14.33	—
利比亚	8.08	85.52	81.11	17.31	18.89	100.00	10.90	—
列支敦士登	9.62	68.31	44.69	30.14	47.26	85.45	3.86	—
立陶宛	—	—	—	—	—	—	0.00	—
卢森堡	—	—	—	—	—	—	—	—
中国澳门特别行政区	6.67	987.95	66.59	1.01	32.34	96.80	12.80	—
马其顿	6.16	6 271.44	82.37	1.15	11.23	63.70	11.88	2.92
马达加斯加	—	—	—	—	—	—	—	—
马拉维	6.00	24.12	72.72	25.06	22.36	81.96	17.83	—
马来西亚	9.83	29.59	81.80	53.76	11.39	62.58	9.83	—
马尔代夫	3.80	361.52	50.49	0.02	37.60	75.94	8.23	—
马　里	10.61	1 047.84	73.01	0.45	19.10	70.77	20.15	—
马耳他	3.82	29.79	63.77	32.17	35.28	97.38	5.43	—
马绍尔群岛	9.30	2 327.78	63.11	—	34.78	94.28	15.82	—
毛里塔尼亚	23.29	851.34	88.02	35.38	9.00	75.13	20.68	—
毛里求斯	4.24	46.77	44.86	8.21	50.90	92.31	5.53	—
墨西哥	5.75	553.10	44.34	0.23	48.16	86.53	9.96	—
密克罗尼西亚	5.47	461.79	52.15	—	40.38	84.39	10.41	—
摩尔多瓦	12.56	386.69	97.08	69.24	2.63	90.07	5.73	—
摩纳哥	8.98	171.19	52.50	3.71	46.29	97.45	12.12	—

续表

国家和地区	医疗卫生支出占GDP的比例（%）	人均卫生支出（美元）	医疗卫生支出公共部分占总医疗卫生支出的比例（%）	医疗卫生外部资源占比（%）	自付部分占总医疗卫生支出的比例（%）	自付部分占医疗卫生支出私人部分的比例（%）	政府医疗卫生支出占政府支出的比例（%）	内科医生（每千人）
蒙古国	1.75	2 939.84	79.56	—	7.06	34.54	6.70	—
黑　山	3.81	140.71	60.58	3.91	35.87	90.99	5.33	—
摩洛哥	7.64	531.73	75.46	0.43	24.08	98.13	12.06	—
莫桑比克	5.84	171.45	47.51	0.65	48.62	92.63	9.07	—
缅　甸	5.07	19.21	91.45	38.11	7.67	89.71	8.35	—
纳米比亚	5.09	62.11	26.02	5.93	73.98	100.00	4.79	—
尼泊尔	9.12	402.76	68.89	6.98	7.72	24.82	13.80	—
荷　兰	11.10	1 012.35	95.22	34.51	1.15	24.06	5.04	—
新喀里	6.29	45.45	30.29	11.71	55.44	79.53	5.31	—
多尼亚	10.36	4 742.03	80.98	—	11.45	60.20	19.31	—
新西兰	—	—	—	—	—	—	—	—
尼加拉瓜	9.22	3 745.22	78.65	—	13.58	63.61	22.48	—
尼日尔	8.75	188.16	65.95	4.60	32.22	94.63	20.04	—
尼日利亚	6.23	22.68	37.25	12.96	58.51	93.24	5.69	—
北马里亚纳群岛	3.65	79.34	23.33	9.83	75.21	98.10	5.01	—
挪　威	6.34	327.84	64.29	0.73	35.41	99.16	13.05	—
阿　曼	—	—	—	—	—	—	—	—
巴基斯坦	10.50	7 477.90	85.13	0.00	14.52	97.65	17.59	—
帕　劳	4.29	648.28	89.14	0.00	5.91	54.42	7.57	1.92
巴拿马	2.75	39.58	31.98	4.08	65.23	95.90	3.86	—

续　表

国家和地区	医疗卫生支出占GDP的比例（%）	人均卫生支出（美元）	医疗卫生支出公共部分占总医疗卫生支出的比例(%)	医疗卫生外部资源占比(%)	自付部分占总医疗卫生支出的比例（%）	自付部分占医疗卫生支出私人部分的比例(%)	政府医疗卫生支出占政府支出的比例(%)	内科医生（每千人）
巴布亚新几内亚	11.69	1 674.09	75.12	15.36	14.45	58.08	18.71	—
巴拉圭	7.26	1 040.67	66.33	0.73	27.43	81.47	21.44	—
秘　鲁	1.98	55.15	92.15	22.15	7.85	100.00	7.21	—
菲律宾	8.02	327.24	51.67	0.05	37.86	78.34	16.18	—
波　兰	5.14	316.44	64.35	0.27	28.29	79.35	15.71	—
葡萄牙	4.39	129.43	33.73	2.18	53.94	81.39	7.10	—
波多黎各	6.52	809.01	69.88	0.18	22.94	76.16	11.04	—
卡塔尔	9.08	1 800.86	66.35	—	27.75	82.47	13.40	—
罗马尼亚	—	—	—	—	—	—	—	—
俄罗斯联邦	3.08	1 827.06	81.63	0.00	8.55	46.54	6.29	—
卢旺达	4.98	476.37	78.19	0.00	20.75	95.14	11.32	—
萨摩亚	5.27	469.13	56.95	—	40.48	94.03	8.23	—
圣马力诺	6.76	48.08	84.48	50.59	6.38	41.11	8.88	—
圣多美和	5.53	227.15	87.21	10.83	11.88	92.89	12.48	—
普林西比	6.40	3 012.79	80.39	—	18.79	95.82	12.24	—
沙特阿拉伯	5.99	105.13	84.50	44.60	14.40	92.90	7.45	—
塞内加尔	5.74	1 147.33	67.80	0.00	14.34	44.53	10.06	—
塞尔维亚	5.51	52.61	40.75	6.18	51.77	87.38	6.15	0.07
塞舌尔	9.14	494.42	58.15	0.15	40.50	96.77	12.34	—
塞拉利昂	3.94	596.92	97.84	1.87	2.08	96.30	10.03	—

续　表

国家和地区	医疗卫生支出占GDP的比例（%）	人均卫生支出（美元）	医疗卫生支出公共部分占总医疗卫生支出的比例(%)	医疗卫生外部资源占比(%)	自付部分占总医疗卫生支出的比例（%）	自付部分占医疗卫生支出私人部分的比例(%)	政府医疗卫生支出占政府支出的比例(%)	内科医生（每千人）
新加坡	16.53	86.31	52.17	40.99	41.55	86.87	7.91	—
圣马丁(荷兰属)	4.47	2 462.39	54.53	0.00	31.17	68.55	13.56	2.28
斯洛伐克共和国	—	—	—	—	—	—	—	—
斯洛文尼亚	7.13	1 178.74	79.84	—	17.83	88.44	13.71	—
所罗门群岛	8.47	1 834.16	72.29	—	12.00	43.31	13.52	—
索马里	5.17	106.34	95.40	26.17	4.60	100.00	8.04	—
南　非	—	—	—	—	—	—	—	—
苏丹南部	8.11	428.18	55.73	1.86	7.75	17.51	13.32	0.82
西班牙	—	—	—	—	—	—	—	—
斯里兰卡	8.97	2 389.89	71.24	—	23.83	82.86	15.14	—
圣基茨和尼维斯	3.89	153.10	44.19	1.07	50.12	89.80	8.56	—
圣卢西亚	5.67	930.77	43.17	0.00	51.51	90.64	8.15	—
圣马丁(法国属)	5.31	489.76	45.74	3.74	48.70	89.75	8.46	—
圣文森特和格林纳丁斯	—	—	—	—	—	—	—	—
苏　丹	3.56	250.22	77.37	0.61	20.50	90.59	9.56	—
苏里南	5.66	152.02	21.70	2.22	73.89	94.37	10.73	—
斯威士兰	6.06	356.05	70.75	1.38	21.82	74.60	16.58	—
瑞　典	10.93	5 710.59	83.51	—	15.24	92.42	18.47	—
瑞　士	12.25	9 835.96	62.78	—	29.56	79.42	22.40	4.25
叙利亚	—	—	—	—	—	—	—	—

续 表

国家和地区	医疗卫生支出占GDP的比例（%）	人均卫生支出（美元）	医疗卫生支出公共部分占总医疗卫生支出的比例（%）	医疗卫生外部资源占比（%）	自付部分占总医疗卫生支出的比例（%）	自付部分占医疗卫生支出私人部分的比例（%）	政府医疗卫生支出占政府支出的比例（%）	内科医生（每千人）
塔吉克斯坦	7.00	55.70	33.71	5.11	66.06	99.65	5.04	—
坦桑尼亚	4.14	35.50	77.04	36.41	21.89	95.34	9.52	—
泰　国	3.71	221.92	78.37	0.23	12.11	55.99	15.26	—
东帝汶	4.02	79.89	87.41	31.65	8.88	70.53	3.22	—
多　哥	6.62	38.77	40.77	20.70	50.42	85.13	4.25	—
汤　加	5.26	203.15	85.27	19.38	10.98	74.54	8.04	—
特立尼达和多巴哥	6.51	1 063.83	52.87	0.08	40.08	85.04	9.66	—
突尼斯	6.95	256.50	56.70	0.06	39.90	92.15	13.72	—
土耳其	4.31	468.65	78.44	—	16.47	76.39	9.65	—
土库曼斯坦	6.62	422.85	18.73	0.19	76.19	93.75	8.71	—
特克斯和凯科斯群岛	—	—	—	—	—	—	—	—
图瓦卢	15.45	507.35	96.67	12.16	0.67	20.12	9.01	—
乌干达	6.17	37.61	56.94	40.38	40.32	93.64	5.14	—
乌克兰	6.73	141.19	43.24	0.83	54.34	95.74	7.03	—
阿联酋	3.52	1 323.12	72.48	0.00	18.57	67.48	7.89	—
英　国	9.76	3 958.02	80.24	0.01	15.12	76.52	18.88	2.83
美　国	17.07	9 869.74	81.85	0.00	11.09	61.10	39.46	—
乌拉圭	9.06	1 379.10	71.73	0.04	17.37	61.44	19.49	—
乌兹别克斯坦	6.34	135.11	47.31	1.18	52.25	99.16	9.20	—
瓦努阿图	3.69	109.81	88.48	34.61	8.42	73.09	5.39	—

续　表

国家和地区	医疗卫生支出占 GDP 的比例（%）	人均卫生支出（美元）	医疗卫生支出公共部分占总医疗卫生支出的比例（%）	医疗卫生外部资源占比（%）	自付部分占总医疗卫生支出的比例（%）	自付部分占医疗卫生支出私人部分的比例（%）	政府医疗卫生支出占政府支出的比例（%）	内科医生（每千人）
委内瑞拉	3.22	—	24.06	0.00	39.96	52.62	1.86	—
越　南	5.66	122.84	51.50	2.30	44.57	91.90	8.95	0.82
英属维尔京群岛	—	—	—	—	—	—	—	—
约旦河西岸和加沙	—	—	—	—	—	—	—	—
也门共和国	—	—	—	—	—	—	0.00	—
赞比亚	4.48	56.54	80.78	42.50	12.12	63.06	7.13	0.09
津巴布韦	9.41	93.94	71.93	25.42	21.24	75.67	14.51	—

资料来源：世界银行发展数据库（https://data.worldbank.org）。

参考文献

奥斯特罗姆:《公共服务的制度建构》,三联书店上海分店 2000 年版。

博兰尼:《自由的逻辑》,吉林人民出版社 2002 年版。

蔡江南:《医疗卫生体制改革的国际经验:世界二十国(地区)医疗卫生体制改革概览》,上海科学技术出版社 2016 年版。

陈国庆:《慈善论》,西北大学出版社 2017 年版。

邓大松、林毓铭、谢圣远:《社会保障理论与实践发展研究》,人民出版社 2007 年版。

邓大松、杨红燕:《医疗保险与生育保险》,人民出版社 2013 年版。

格纳・纳克斯:不发达国家的资本形成问题,商务印书馆 1966 年版。

关信平:《权利与特权:社会分层的理论》,浙江人民出版社 1988 年版。

郝模:《卫生政策学》,人民卫生出版社 2013 年版。

胡务:《社会救助概论》,北京大学出版社 2010 年版。

金钟范:《韩国社会保障制度》,上海人民出版社 2011 年版。

李超民:《印度社会保障》,上海人民出版社 2016 年版。

李华、岳崟、谌伟:《国际社会保障动态:反贫困模式与管理》,上海人民出版社 2015 年版。

李珍:《社会保障理论(第四版)》,中国劳动社会保障出版社 2017 年版。

林闽钢:《社会救助通论》,科学出版社 2017 年版。

娄芳:《俄罗斯经济改革透视——从"休克疗法"到"国家发展战略"》,上海财经大学出版社 2000 年版。

马建堂:《中国宏观经济 2014》,中国统计出版社 2014 年版。

孟庆跃:《卫生经济学》,人民卫生出版社 2013 年版。

米尔恩・A.J.M.:《人权哲学》,东方出版社 1991 年版。

上海市慈善基金会:《上海市慈善基金会发展研究报告(1994—2014)》,上海社会科学院出版社 2015 年版。

舍曼·富兰德、艾伦·C.古德曼、迈伦·斯坦诺:《卫生经济学(第五版)》,中国人民大学出版社 2011 年版。

孙柏瑛:《当代地方治理:面向 21 世纪的挑战》,中国人民大学出版社 2004 年版。

唐钧:《中国城市贫困与反贫困报告》,华夏出版社 2003 年版。

唐纳利·J.:《普遍人权的理论与实践》,中国社会科学出版社 2001 年版。

汪泓:《医疗与生育保险:政策与实务》,北京大学出版社 2008 年版。

王卫平:《社会救助学》,群言出版社 2007 年版。

夏勇:《人权概念的起源》,中国政法大学出版社 1992 年版。

项莉:《中国重大疾病医疗保障理论与实践》,科学出版社 2016 年版。

辛丹:《健康保险与健康管理》,中国财政经济出版社 2018 年版。

徐麟:《中国慈善事业发展研究》,中国社会出版社 2005 年版。

许艳丽:《俄罗斯社会保障制度》,中国劳动社会保障出版社 2017 年版。

闫蕊、黄桂霞:《重大疾病医疗保障制度研究》,中国劳动社会保障出版社 2017 年版。

杨翠迎、郭光芝:《澳大利亚社会保障制度》,上海人民出版社 2012 年版。

杨团、葛道顺:《中国慈善发展报告(2009)》,社会科学文献出版社 2009 年版。

姚玲珍:《德国社会保障制度》,上海人民出版社 2011 年版。

俞可平:《治理与善治》,社会科学文献出版社 2000 年版。

张奇林:《社会救助与社会福利》,人民出版社 2012 年版。

张晓、黄明安:《医疗保险国际比较》,科学出版社 2015 年版。

赵琨:《卫生技术评估与卫生政策评价·理论与方法篇》,人民卫生出版社 2016 年版。

赵绍阳、藏文斌:《全民医保实施效果的实证评估》,西南财经大学出版社 2016 年版。

中国医疗保险研究会、国际劳动保障研究所:《部分国家(地区)最新医疗保障改革研究》,经济科学出版社 2016 年版。

周绿林、于彩霞:《卫生经济学》,科学出版社 2016 年版。

Arunima B.、姚振军、张斌:《印度农村医疗的现状与对策》,《医学与哲学》2017 年第 15 期。

安华、金栋:《“全民医保”背景下的中国商业健康保险定位与发展:澳大利亚经验的启示》,《南方金融》2008 年第 6 期。

鲍勇:《加拿大医院社区联动机制与绩效评价》,《智慧健康》2016 年第 7 期。

曹俊山:《上海城镇居民基本医疗保险制度评价与完善研究》,复旦大学 2011 年。

常峰、纪美艳、路云等:《韩国医疗保障体系及其运行方式研究》,《中国卫生政策研究》2015 年第 12 期。

陈斌、董云萍:《我国医疗救助制度的运行机制研究》,《中国卫生经济》2011年第6期。

陈旻洁、鲍勇:《医院社区分级诊疗的医患认知研究:基于上海市家庭医生制度》,《中华全科医学》2015年第5期。

陈珉惺、王力男、李芬等:《上海市城镇居民大病保险实施评价》,《中国卫生经济》2017年第5期。

陈文江、杨延娜:《西部农村地区贫困代际传递的社会学研究——以甘肃M县四个村为例》,《甘肃社会科学》2010年第4期。

陈瑶、熊先军、刘国恩:《我国医疗保险对城镇居民直接疾病经济负担影响研究》,《中国卫生经济》2009年第2期。

陈迎春、徐锡武、王蓉等:《新型农村合作医疗减缓"因病致贫"效果测量》,《中国卫生经济》2005年第8期。

陈在余:《新型农村合作医疗与费用控制:基于医疗供给方的角度分析》,《经济问题》2012年第10期。

陈志仙、高山、陈昭蓉:《分级诊疗实施效果评价的理论框架》,《卫生经济研究》2017年第12期。

成海军:《当前我国医疗救助中的重点和难点问题研究》,《学习与实践》2015年第8期。

程令国、张晔:《"新农合":经济绩效还是健康绩效?》,《经济研究》2012年第1期。

仇雨临、黄国武:《大病保险运行机制研究:基于国内外的经验》,《中州学刊》2014年第1期。

仇雨临、翟绍果、黄国武:《大病保险发展构想:基于文献研究的视角》,《山东社会科学》2017年第4期。

仇雨临、张忠朝:《贵州少数民族地区医疗保障反贫困研究》,《国家行政学院学报》2016年第3期。

邓大松、赵奕钧:《美国医疗保险模式对我国医疗保险制度的启示》,《上海经济》2013年第1期。

丁宏术:《德国和巴西农村医疗保险制度及其对中国的启示》,《世界农业》2017年第3期。

丁建定:《英国新济贫法制度评价中应注意的历史事实》,《社会保障研究》2012年第2期。

董曙辉:《关于大病保险筹资与保障范围的思考》,《中国医疗保险》2013年第4期。

方易:《英国医疗保健领域中的公私伙伴关系:模式检视与政策启示》,《中国行政管理》2016年第6期。

封进、余央央、楼平易:《医疗需求与中国医疗费用增长——基于城乡老年医疗支出差异的视角》,《中国社会科学》2015 年第 3 期。

高建民、周忠良:《互助医疗与新型农村合作医疗缓解“因病致贫”的效果比较》,《中国卫生经济》2015 年第 10 期。

高梦滔、姚洋:《健康风险冲击对农户收入的影响》,《经济研究》2005 年第 12 期。

葛敏、江萍、朱敏杰等:《家庭医生签约服务联动改革对有序诊疗格局的作用效果研究》,《中国全科医学》2018 年第 21 期。

何文炯:《大病保险制度定位与政策完善》,《山东社会科学》2017 年第 4 期。

贺小林、娄继权、梁鸿等:《上海市长宁区家庭医生责任制实施现状与发展策略研究》,《中国初级卫生保健》2013 年第 12 期。

胡鞍钢、李春波:《新世纪的新贫困:知识贫困》,《中国社会科学》2001 年第 3 期。

胡广宇、毛阿燕、董佩等:《北京地区六种癌症患者的诊疗情况和疾病经济负担分析》,《肿瘤防治研究》2015 年第 2 期。

黄丞、张文信:《上海市分级诊疗成效、难点和问题分析》,《中国医院》2018 年第 11 期。

黄光:《慈善医院可持续发展模式思考——广州市慈善医院的创新机制个案研究》,《湖北经济学院学报(人文社会科学版)》2014 年第 9 期。

黄国武、仇雨临、肖喻心:《深度贫困地区健康扶贫研究:以四川凉山州分级诊疗为例》,《中央民族大学学报(哲学社会科学版)》2018 年第 5 期。

黄罗一、金珍洙、金镜河:《韩国健康保险的现状与发展课题》,《社会保障研究》2009 年第 2 期。

黄薇:《医保政策精准扶贫效果研究——基于 URBMI 试点评估入户调查数据》,《经济研究》2017 年第 9 期。

贾洪波:《大病保险与基本医保关系之辨:分立还是归并?》,《山东社会科学》2017 年第 4 期。

江夏:《美国联邦儿童福利支出对早期保育与教育发展的积极影响及其启示》,《外国教育研究》2013 年第 7 期。

解垩:《医疗保险与城乡反贫困:1989—2006》,《财经研究》2008 年第 12 期。

金维刚:《重特大疾病保障与大病保险的关系解析》,《中国医疗保险》2013 年第 8 期。

孔静霞:《全民医疗保障体系下商业健康保险的发展策略分析——国际经验及启示》,《浙江金融》2014 年第 5 期。

匡莉:《三个层面的居民医疗费用负担测量指标及其政策涵义》,《中国卫生经济》2013 年第 3 期。

赖光强、王跃平、陈建:《深圳新型社区首诊制实施效果分析与思考》,《中国全科医学》2009 年第 3 期。

雷玉琼、贺丽平:《论 PPP 模式在新型农村合作医疗中的应用——以江阴为例》,《求索》2010 年第 9 期。

李芬、王常颖:《2015 年上海市医疗救助情况及效果分析》,《中国卫生经济》2017 年第 7 期。

李芬、王常颖、甘银艳等:《2015 年上海市医疗救助情况及效果分析》,《中国卫生经济》2017 年第 11 期。

李芬、王常颖、张晓溪、王力男、丁玲玲、贺志敏、金春林:《上海市个人现金卫生支出分析对降低医疗费用的启示》,《卫生经济研究》2017 年第 12 期。

李凤兰、李飞:《促进农村居民心理健康与实现精准扶贫》,《江西社会科学》2018 年第 8 期。

李华:《新型农村合作医疗制度的效果分析——基于全国 30 省 1 451 行政村 14 510 户的实地调查》,《政治学研究》2011 年第 2 期。

李华、高健:《城乡居民大病保险治理"因病致贫"的效果差异分析》,《社会科学辑刊》2018 年第 6 期。

李华、徐英奇、高健:《分级诊疗对家庭医疗经济负担的影响——基于基层首诊视角的实证检验》,《江西财经大学学报》2018 年第 5 期。

李华、俞卫:《政府卫生支出对中国农村居民健康的影响》,《中国社会科学》2013 年第 10 期。

李建梅:《强化医保监管的三个突破口——上海市完善医保监管体系的实践探索》,《中国医疗保险》2011 年第 5 期。

李明强、王一方:《多中心治理:内涵、逻辑和结构》,《中共四川省委省级机关党校学报》2013 年第 6 期。

李培林、张翼:《中国中产阶级的规模、认同和社会态度》,《社会》2008 年第 2 期。

李三秀:《日本医疗保障制度体系及其经验借鉴》,《财政科学》2017 年第 6 期。

李实:《阿玛蒂亚·森与他的主要经济学贡献》,《改革》1999 年第 1 期。

李文群:《浅议我国大病保险属性、供给及发展策略》,《金融与经济》2012 年第 11 期。

李新伟、吴华章:《医疗救助制度的历史发展与现状》,《中国卫生经济》2009 年第 12 期。

李雪萍、陈艾:《社会治理视域下的贫困治理》,《贵州社会科学》2016 年第 4 期。

李亚青:《城镇居民医疗保险的真实保障水平研究——基于广东典型地区的实证分析》,《人口与发展》2013 年第 3 期。

李昭楠、刘七军、刘自强:《民族地区慢性贫困现状及治理路径探讨——以宁夏为例》,《甘肃社会科学》2015 年第 1 期。

廖辉霞、代安琼:《中美两国医疗救助模式比较分析》,《医学与哲学(A)》2014 年第 10 期。

林坤河、祝雯珺、李剑如:《湖北省肿瘤患者疾病经济负担状况分析》,《医学与社会》2017 年第 8 期。

林闽钢:《在精准扶贫中构建"因病致贫返贫"治理体系》,《中国医疗保险》2016 年第 2 期。

刘成军:《贫困代际传递的内生原因与破解路径》,《马克思主义与现实》2018 年第 1 期。

刘国恩、蔡春光、李林:《中国老人医疗保障与医疗服务需求的实证分析》,《经济研究》2011 年第 3 期。

刘国恩、高月霞、许崇伟:《医疗机构分级诊疗价格机制研究》,《中国卫生经济》2014 年第 1 期。

刘宏、王俊:《中国居民医疗保险购买行为研究——基于商业健康保险的角度》,《经济学(季刊)》2012 年第 4 期。

刘明霞、仇春涓:《医疗保险对老年人群住院行为及负担的绩效评价——基于中国健康与养老追踪调查的实证》,《保险研究》2014 年第 9 期。

刘莎:《我国慈善医疗救助事业发展探究》,《中国初级卫生保健》2010 年第 8 期。

刘砚青:《一个国家级贫困县的大病医保新思路——湖北鹤峰:大病医保让民间资金入场》,《中国经济周刊》2013 年第 38 期。

刘远立、饶克勤、胡善联:《因病致贫与农村健康保障》,《中国卫生经济》2002 年第 5 期。

刘振杰:《印度全民免费医疗及对中国的借鉴意义》,《学术界》2011 年第 1 期。

卢盛峰、潘星宇:《中国居民贫困代际传递:空间分布、动态趋势与经验测度》,《经济科学》2016 年第 6 期。

鲁於、吴忠:《家庭医生制度实施效应评估——基于上海市 8 区 21 街道的实地调研》,《科学决策》2015 年第 11 期。

陆铭、冷明祥:《我国商业医疗保险发展探析》,《南京医科大学学报(社会科学版)》2012 年第 1 期。

罗娟、汪泓、吴忠:《养老保险城乡统筹创新模式设计及研究》,《上海管理科学》2015 年第 6 期。

吕晖:《基于疾病经济风险的农村贫困人口医疗保障制度研究》,华中科技大学,2012 年。

马晨东、阿丹:《中印俄三国医疗保障制度的对比研究及启示》,《现代医药卫生》2013 年第 2 期。

马丹、任苒:《巴西医疗保障体系》,《医学与哲学(人文社会医学版)》2007 年第 10 期。

麦丽谊、陈昕、安金蒙等:《中印仿制药出海之路对比及对我国医药国际化的启示》,《中国医药工业杂志》2018 年第 5 期。

毛瑛、朱斌、刘锦林等:《我国大病保险政策评价:基于旬邑县的实证研究》,《中国卫生经济》2015 年第 8 期。

秦真响:《苏州市商业医疗保险参与社会医疗保险的现状、赔付状况及对策研究》,苏州大学 2012 年。

申曙光、张勃:《分级诊疗、基层首诊与基层医疗卫生机构建设》,《学海》2016 年第 2 期。

史绍文:《商业保险参与补充医疗保险初探》,《青海金融》2012 年第 6 期。

宋秋英:《20 世纪 90 年代以来美国学前读写教育改革动向之管窥——基于对"开端计划"改进措施的分析》,《外国教育研究》2010 年第 6 期。

宋宇、谭仁超:《教育失衡与中等收入陷阱:理论机理和国际比较》,《福建论坛(人文社会科学版)》2015 年第 5 期。

孙冬悦、孙纽云、房珊杉等:《大病医疗保障制度的国际经验及启示》,《中国卫生政策研究》2013 年第 1 期。

孙菊、陈致勃:《法国低收入人群医疗保障制度及经验启示》,《中国卫生经济》2017 年第 9 期。

孙志刚:《大病保险:减轻群众就医负担的创新之举》,《求是》2014 年第 2 期。

唐国宝、林民强、李卫华:《分级诊疗"厦门模式"的探索与评》,《中国全科医学》2016 年第 22 期

唐祥来:《公私伙伴关系的公共经济学分析》,《财贸研究》2011 年第 3 期。

唐兴霖、黄运林、李文军:《地方政府城乡居民大病保险政策比较及其优化研究》,《理论探讨》2017 年第 6 期。

田疆、李颖、张宏等:《澳大利亚农村卫生队伍建设经验对中国的启示》,《中国卫生经济》2011 年第 2 期。

田美思、陈飞:《我国商业健康保险发展的现状及存在的问题》,《卫生软科学》2017 年第 3 期。

万喆:《新形势下中国贫困新趋势和解决路径探究》,《国际经济评论》2016 年第 6 期。

王超群、刘小青、刘晓红等:《大病保险制度对城乡居民家庭灾难性卫生支出的影响——基于某市调查数据的分析》,《中国卫生事业管理》2014 年第 6 期。

王虎峰、刘芳、廖晓诚:《适应分级诊疗新格局　创新医保支付方式》,《中国医疗保险》

2015年第6期。

王虎峰、王鸿蕴:《关于构建分级诊疗制度相关问题的思考》,《中国医疗管理科学》2014年第1期。

王瑾:《破解中国贫困代际传递的路径探析》,《社会主义研究》2008年第1期。

王昆仑:《中外慈善助医比较及其启示》,《赤峰学院学报》2011年第11期。

王力男、陈珉惺、金春林:《上海市基本医疗保险现状及问题分析:基于基本医疗保险与商业医疗保险协调发展视角》,《中国卫生经济》2016年第9期。

王萍、陈颖、韩怡:《城镇居民医保的可持续性分析:基于江苏省新沂市"新农合"与居民医保保障水平调查》,《中国医药导报》2012年第30期。

王琬、吴晨晨:《制度缘起、政策争议与发展对策——大病保险研究现状与思考》,《华中师范大学学报(人文社会科学版)》2019年第1期。

王晓莉:《医疗救助在健康扶贫中的作用分析》,《现代经济信息》2018年第7期。

王新军、郑超:《医疗保险对老年人医疗支出与健康的影响》,《财经研究》2014年第12期。

王遥、殷实、卞鹰:《山东省某县新农合住院病人支付方式及报销比例分析》,《中国农村卫生事业管理》2012年第8期。

王翌秋:《农户的健康风险与健康风险管理》,《台湾农业探索》2012年第1期。

王永超:《宁夏城乡居民大病保险运行分析》,《中国医疗保险》2016年第6期。

王忠成、申俊龙:《国外医疗救助制度的创新经验及借鉴》,《对外经贸实务》2016年第7期。

魏欣芝:《我国城乡医疗救助筹资机制研究》,《卫生经济研究》2015年第1期。

魏哲铭、贺伟:《城乡居民大病保险制度实施困境与对策——以西安市为例》,《西北大学学报(哲学社会科学版)》2017年第4期。

吴红雁、冯国忠:《浅析印度医疗保障体制及给我们的启示》,《中国卫生事业管理》2007年第11期。

吴勤德、李跃平、谢贤宇等:《福建省基本医疗保障制度对农村老年人疾病经济负担影响分析》,《中国农村卫生事业管理》2018年第6期。

吴群红、李叶、徐玲、郝艳华:《医疗保险制度对降低我国居民灾难性卫生支出的效果分析》,《中国卫生政策研究》2012年第9期。

吴忠、栾东庆:《上海家庭医生制度实施状况评估调查报告》,《科学发展》2015年第12期。

向国春、顾雪非:《我国医疗救助制度的发展及面临的挑战》,《卫生经济研究》2014年第

3 期。

肖燕、魏少忠、项莉:《某市新农合 7 种恶性肿瘤患者住院费用与保障水平分析》,《中国卫生事业管理》2014 年第 7 期。

谢明明、王美娇、熊先军:《道德风险还是医疗需求释放? ——医疗保险与医疗费用增长》,《保险研究》2016 年第 1 期。

徐爱好、张再生:《城乡统筹医疗保险真实保障水平研究——基于天津市的实证分析》,《中国卫生政策研究》2014 年第 9 期。

徐成、张亮:《农村老年人疾病经济风险现状与对策分析》,《医学与社会》2007 年第 10 期。

徐娜、田固:《医疗救助在健康扶贫中的作用及思考》,《中国医疗保险》2016 年第 11 期。

许友琼:《城乡居民大病保险政策的现状与建议——以龙岩市城镇居民为例》,《劳动保障世界》2015 年第 S1 期。

颜清辉:《澳大利亚医疗保健制度及对我国的启示》,《中国全科医学》2002 年第 12 期。

杨玲、刘远立:《美国医疗救助制度及其启示》,《武汉大学学报(哲学社会科学版)》2010 年第 5 期。

杨秀玲、蒋帅、范丽、吴维民:《基本医保实际报销比例的影响因素与对策——以广西为例》,《卫生经济研究》2013 年第 3 期。

姚俭建:《美国慈善事业的现状分析:一种比较视角》,《上海交通大学学报(哲学社会科学版)》2003 年第 1 期。

殷东、王真、翟春城等:《加拿大健康服务整合:实践与启示》,《中国卫生政策研究》2018 年第 6 期。

于保荣、柳雯馨、姜兴坤等:《商业保险公司承办城乡居民大病保险现状研究》,《卫生经济研究》2018 年第 3 期。

于洪:《加拿大:政府主导的全民医保》,《中国医院院长》2013 年第 19 期。

余红星、冯友梅、付旻:《医疗机构分工协作的国际经验及启示——基于英国、德国、新加坡和美国的分析》,《中国卫生政策研究》2014 年第 6 期。

余莹、廖文豪:《我国农村“福利型”医疗救助制度的发展困境及对策》,《齐齐哈尔大学学报(哲学社会科学版)》2019 年第 2 期。

岳颂东:《法国医疗保险制度及其启示》,《管理世界》2000 年第 4 期。

臧文斌、赵绍阳、刘国恩:《城镇基本医疗保险中逆向选择的检验》,《经济学(季刊)》2007 年第 1 期。

翟绍果:《韩国国民健康保险费用偿付制度概览》,《中国医疗保险》2012 年第 7 期。

张慧林、成昌慧、马效恩:《分级诊疗制度的现状分析及对策思考》,《中国医院管理》2015年第11期。

张立冬:《中国农村贫困代际传递实证研究》,《中国人口·资源与环境》2013年第6期。

张绍男:《医疗救助基金管理中存在的问题及对策建议》,《劳动保障世界》2019年第8期。

张深深:《加拿大医疗保障——制度支持与分级联动同行》,《天津社会保险》2017年第2期。

张胜军:《为一个更加公正的世界而努力——全球深度治理的目标与前景》,《中国治理评论》2013年第1期。

张世青:《农村计生家庭医疗保障体系构建探析》,《沈阳大学学报》2009年第6期。

张文珊、吴皓:《基于"守门人"理论视角的上海市分级诊疗制度实施现状及原因分析》,《中国医院》2018年第11期。

张雪、杨柠溪:《英美分级诊疗实践及对我国的启示》,《医学与哲学》2015年第13期。

张莹:《我国健康贫困问题多元主体治理研究》,苏州大学2015年。

张颖、罗会秋、李聪等:《中西部肺结核住院患者新农合保障水平分析:以湖北A地和贵州B地为例》,《中国卫生事业管理》2015年第10期。

赵斌:《发达国家医疗救助制度模式及理论述评》,《国外社会科学》2009年第6期。

赵福昌、李成威:《国外医疗保险与医疗救助制度及其衔接情况与启示》,《经济研究参考》2011年第46期。

赵永生:《国民健康的最后防线——日本医疗救助体系的发展与现状》,《中国医疗保险》2009年第6期。

郑春荣:《城镇化中的社会保障制度建设:来自拉美国家的教训》,《南方经济》2015年第4期。

郑功成:《加快完善全民医保制度》,《中国党政干部论坛》2018年第10期。

郑皓瑜:《论拉丁美洲国家教育扶贫政策在消除贫困代际传递中的作用》,《山东社会科学》2016年第4期。

周钦、刘国恩:《健康冲击:现行医疗保险制度究竟发挥了什么作用?》,《经济评论》2014年第6期。

朱铭来、宋占军:《商保经办大病保险的优劣势比较分析》,《中国医疗保险》2014年第9期。

祝洪娇:《促进第三次分配以缩小收入分配差距》,《当代经济管理》,2018年第7期。

《2016上海市十大行业服务质量测评报告公布》,新闻频道—东方头条[EB/OL],

[2017-03-21]，https://mini.eastday.com/a/170321065146510.html。

《2018年1—12月上海保险市场基本情况》，中国保监会上海保监局[EB/OL]，[2019-01-24]，http://shanghai.circ.gov.cn/web/site7/tab377/info4131348.htm。

《补齐因病因残致贫返贫的短板　才不会拖与全国同步全面建成小康》[EB/OL]，[2015-11-22]，http://www.sohu.com/a/43460389_119911。

《关于做好2018学年少儿住院互助基金参保收费等工作的通知》，上海市红十字会[EB/OL]，[2018-08-21]，http://www.redcross-sha.org/Home/View.aspx?id=13935。

国务院办公厅：《国务院办公厅关于加快发展商业健康保险的若干意见》，政府信息公开专栏[EB/OL]，[2014-11-17]，http://www.gov.cn/zhengce/content/2014-11/17/content_9210.htm。

国务院办公厅：《国务院办公厅关于全面实施城乡居民大病保险的意见》，政府信息公开专栏[EB/OL]，[2015-08-02]，http://www.gov.cn/zhengce/content/2015-08/02/content_10041.htm。

国务院办公厅：《国务院办公厅转发民政部等部门关于进一步完善医疗救助制度全面开展重特大疾病医疗救助工作意见的通知》，政府信息公开专栏[EB/OL]，[2015-04-30]，http://www.gov.cn/zhengce/content/2015-04/30/content_9683.htm。

《两会代表谈医改|吴浩：防治慢性病　加强健康管理》，新浪医药新闻[EB/OL]，[2019-03-06]，https://med.sina.com/article_detail_103_2_61942.html。

人民网：《脱贫攻坚中的"硬骨头"如何啃》[EB/OL]，[2017-09-01]，http://opinion.people.com.cn/n1/2017/0901/c1003-29509052.html。

《上海"1+1+1"组合：做实签约，健全机制，全面构建家庭医生制度》，新闻频道—健客网[EB/OL]，[2017-08-04]，https://www.jianke.com/xwpd/4561046.html。

《上海城乡低保标准调整提高到每人每月1 160元　增幅为8.41%》，上海频道—东方网[EB/OL]，[2019-04-15]，http://sh.eastday.com/m/20190415/u1ai12420512.html。

上海市民政局等八部门：《市民政局关于在本市开展城乡医疗救助"一站式"服务工作的指导意见》[EB/OL]，[2015-05-14]，http://www.shanghai.gov.cn/nw2/nw2314/nw2319/nw12344/u26aw42521.html?date=2015-05-14。

上海市人力资源和社会保障局等七部门：《关于2018年本市城乡居民基本医疗保险有关事项的通知》[EB/OL]，[2017-11-14]，http://www.12333sh.gov.cn/201712333/xxgk/flfg/gfxwj/fzsx/201801/t20180111_1277396.shtml。

上海市人力资源和社会保障局等七部门：《关于2019年本市城乡居民基本医疗保险有关事项的通知》[EB/OL]，[2018-11-22]，http://www.12333sh.gov.cn/201712333/xxgk/

flfg/gfxwj/shbx/02/201811/t20181123_1292149.shtml。

上海市人力资源和社会保障局等七部门:《市人力资源社会保障局等关于2016年本市城乡居民基本医疗保险有关事项的通知》[EB/OL],[2015-10-28],http://www.shanghai.gov.cn/nw2/nw2314/nw2319/nw12344/u26aw45326.html。

上海市人民政府:《上海市人民政府关于印发修订后的〈上海市因病支出型贫困家庭生活救助办法〉的通知》[EB/OL],[2016-12-07],http://www.shanghai.gov.cn/nw2/nw2314/nw2319/nw2404/nw41341/nw41342/u26aw50485.html。

上海市人民政府:《市政府关于印发〈上海市城乡居民基本医疗保险办法〉的通知》[EB/OL],[2015-10-30],http://www.shanghai.gov.cn/nw2/nw2314/nw2319/nw12344/u26aw45361.html。

上海市人民政府办公厅:《市政府办公厅关于2017年本市城乡居民基本医疗保险有关事项的通知》[EB/OL],[2016-11-10],http://www.shanghai.gov.cn/nw2/nw2314/nw2319/nw12344/u26aw50172.html。

上海市人民政府办公厅:《市政府办公厅关于印发〈上海市城乡居民大病保险办法〉的通知》[EB/OL],[2017-01-01],http://www.shanghai.gov.cn/nw2/nw2314/nw2319/nw11494/nw12331/nw12343/nw39416/u26aw50911.html。

《上海市中小学生、婴幼儿住院医疗互助基金介绍》,上海市红十字会[EB/OL],[2009-07-10],http://www.redcross-sha.org/Home/View.aspx?id=103。

吴佳佳:《慢性病约占我国疾病负担七成》,《经济日报》2012年7月21日。

《新形势下,基本医保如何坚守"保基本"发展》[EB/OL],[2019-04-19],https://www.sohu.com/a/309137418_439958。

中国残疾人联合会:《2016年上海市残疾人事业发展统计公报》[EB/OL],[2017-11-24],http://www.cdpf.org.cn/sjzx/dfsj/201711/t20171124_612854.shtml。

中国新闻网:《中国2.6亿人确诊患慢性病,医疗费用将超5千亿美元》[EB/OL],[2012-08-17],http://www.chinanews.com/jk/2012/08-17/4113492.shtml。

中华人民共和国国家卫生健康委员会:《国家卫生计生委、国务院扶贫办启动建档立卡农村贫困人口"因病致贫、因病返贫"调查工作》[EB/OL],[2016-04-29],http://www.nhfpc.gov.cn/caiwusi/s7786/201604/cfc6d02a21134e5ebf71bb7f19cb1216.shtml。

Ahn I. M., Park D., Hann H. J., et al., 2014, "Incidence, Prevalence, and Survival of Moyamoya Disease in Korea", *Stroke*, Vol.45, pp.1090—1095.

Andersen R. M., Mccutcheon A., Aday L. A., et al., 1983, "Exploring Dimensions of Access to Medical Care", *Health Services Research*, Vol.18, No.1, pp.49—74.

Andersen R. M., 1995, "Revisiting the Behavioral Model and Access to Medical Care: Does It Matter? ", *Journal of Health & Social Behavior*, Vol.36, No.1, pp.1—10.

Ashenfelter O.C., 1978, "Estimating the Effect of Training Programs On Earnings", *Review of Economics and Statistics*, Vol.60, No.1, pp.47—57.

Australian Government Department of Health and Ageing, 2013, "2012—2013 Department of Health and Ageing Annual Report".

Bae, 2010, "Impacts of Health Insurance Coverage Expansion on Health Care Utilization and Health Status", *Korean Journal of Social Welfare Studies*, Vol.41, pp.35—65.

Banthin J. S., Bernard D. M., 2006, "Changes in Financial Burdens for Health Care: National Estimates for the Population Younger than 65 Years", *Jama*, Vol. 296, No. 22, pp.2712—2719.

Barros A. J. D., Bastos J. L., Damaso A. H., 2011, "Catastrophic Spending On Health Care in Brazil: Private Health Insurance Does Not Seem to be the Solution", *Cad. Saúde Pública*, Vol.27, pp.s254—s262.

Bazemore A., Petterson S., Peterson L. E., Jr P.R., 2015, "More Comprehensive Care Among Family Physicians Is Associated with Lower Costs and Fewer Hospitalizations", *Annals of Family Medicine*, Vol.13, No.3, pp.206—213.

Becker G., 1964, *Human Capital*, Columbia University Press.

Bernard D. M., Banthin J. S., Encinosa W. E., 2006, "Health Care Expenditure Burdens Among Adults with Diabetes in 2001", *Medical Care*, Vol.44, No.3, pp.210—215.

Bhatt, Chintan B., et al., 2018, "Medicaid Expansion and Infant Mortality in the United States", *American Journal of Public Health*, Washington Vol.108, pp.565—567.

Bos A. M., Waters H. R., 2008, "The Financial Protection Impact of the Public Health System and Private Insurance in Brazil", CEPAL REV, Vol.41, pp.125—139.

Brown S., Hole A.R., Kilic D., 2014, "Out-of-Pocket Health Care Expenditure in Turkey: Analysis of the 2003—2008 Household Budget Surveys", *Economic Modelling*, Vol.41, pp.211—218.

Buchmueller T., 2008, "Community Rating, Entry-Age Rating and Adverse selection in Private Health Insurance in Australia", *The Geneva Papers*, Vol.33, pp.588—609.

Busse R., Blümel M., 2014, "Germany: Health System Review", *Health Systems in Transition*, Vol.16, pp.1—296.

Chevreul K., Brigham K. B., Durand-Zaleski I., et al., 2015, "France: Health System

Review", *Health Systems in Transition*, Vol.17, pp.1—218.

Chun C., Kim S., Lee J., et al., 2009, "Republic of Korea: Health System Review", *Health System in Transition*, Vol.11, pp.1—184.

Chung Alessandra, Fochezatto Adelar, 2015, "Impacto do Programa Saúde da Família sobre indicadores de saúde infantil em municípios do Rio Grande do Sul", *Ensaios FEE*; Porto Alegre Vol.36, pp.343—362.

Department of Family Welfare Ministry of Health & Family Welfare, Govt of India, 2005, "Bulletin on Rural Health Statistics in India(2005) Infrastrocture Division".

Dormont B., Grignon M., Huber H., 2010, "Health Expenditure Growth: Reassessing The Threat of Ageing", *Health Economics*, Vol.15, No.9, pp.947—963.

Duan N., Manning W. G., Morris C., Newhouse J., 1983, "A Comparison of Alternative Models for the Demand for Medical Care", *Journal of Business & Economic Statistics*, Vol.1, No.2, pp.115—126.

Elhewaihi M., 2008, "What does it Mean to have Private Health Insurance Coverage?", working paper.

Finkelstein A., 2007, "The Aggregate Effects of Health Insurance: Evidence from the Introduction of Medicare", *Quarterly Journal of Economics*, Vol.122, No.1, pp.1—37.

Folland, 1997, The Economics of Health and Health Care. uPPer saddle river, NJ: Printice-Hall Inc.

Fonseca E. M. D., Bastos F. I., Lopes G., 2016, "Increasing Access to Oral Anticancer Medicines in Middle-Income Countries: A Case Study of Private Health Insurance Coverage in Brazil", *Journal of Global Oncology*, Vol.2, pp.39—46.

Fuchs V. R., 1996, "Economics, Values, and Health Care Reform", *The American Economic Review*, Vol.86, No.1, pp.1—24.

Gericke C. A., Wismar M., Reinhard B., 2003, "Cost-Sharing in the German Health Care System", working paper.

Gnanamanickam E., Teusner D., Arrow P., et al., 2018, "Dental Insurance, Service Use and Health Outcomes in Australia: A Systematic Review", *Australian Dental Journal*, Vol.63, pp.4—13.

Göpffarth D., Henke K. D., 2013, "The German Central Health Fund-recent developments in health care financing in Germany", *Health Policy*, Vol.109, pp.246—252.

Grignon M., Perronnin M., Lavis J. N., 2008, "Does Free Complementary Health Insurance Help the Poor to Access Health Care? Evidence From France", *Health Economics*, Vol.17, No.2, pp.203—219.

Grogger J., Arnold T., León A.S., Ome A., 2015, "Heterogeneity in the Effect of Public Health Insurance On Catastrophic Out-Of-Pocket Health Expenditures: The Case of Mexico", *Health Policy and Planning*, Vol.30, No.5, pp.593—599.

Grossman M., 1972, "On the Concept of Health Capital and the Demand for Health", *Journal of Political Economy*, Vol.80, No.2, pp.223—255.

Han K., Kim J., Nam C. M., et al., 2016, "Association Between Reduction in Copayment and Gastric Cancer Patient Concentration to the Capital Area in South Korea: NHI Cohort 2003—2013", *Health Policy*, Vol.120, pp.580—589.

Hansmann, Henry, 1980, "The Role of Nonprofit Enterprise", *Yale Law Journal*, Vol.89, pp.835—901.

Healy J., Sharman E., Lokuge B., 2006, "Australia: Health System Review", *Health Systems in Transition*, Vol.8, pp.1—158.

James K. Elrod and John L. Fortenberry Jr, 2017, "Advancing Indigent Healthcare Services Through Adaptive Reuse: Repurposing Abandoned Buildings as Medical Clinics for Disadvantaged Populations", *BMC Health Services Research*, Vol.17, p.805.

Kala Anant Vijay, Roy Rajesh, 2018, *Wall Street Journal*(Online), New York, N.Y. [New York, N.Y]01 Feb 2018:n/a.

Kim S., Kwon S., 2014, "The Effect of Extension of Benefit Coverage for Cancer Patients On Health Care Utilization Across Different Income Groups in South Korea", *International Journal of Health Care Finance & Economics*, Vol.14, pp.161—177.

Lee T., Cheong C., 2017, "Has the Copayment Ceiling Improved Financial Protection in the Korean National Health Insurance System? Evidence From the 2009 Policy Change", *Journal of Preventive Medicine & Public Health*, Vol.50, pp.393—400.

Lefton, Ray B., 2002, "Developing Organizational Charity-care Policies and Procedures", *Healthcare Financial Management*, Vol.56, pp.52—57.

Lei X., Lin W., 2009, "The New Cooperative Medical Scheme in Rural China: Does More Coverage Mean More Service and Better Health?", *Health Economics*, Vol.18, No.S2, pp.S25—S46.

Li H., Yu W., 2011, "Enhancing Community System in China's Recent Health Reform: An Effort to Improve Equity in Essential Health Care", *Health Policy*, Vol.99,

No.2, pp.167—173.

Li Y., Wu Q., Xu L., Legge D., Hao Y., Gao L., Ning N., Wan G., 2012, "Factors Affecting Catastrophic Health Expenditure and Impoverishment from Medical Expenses in China: Policy Implications of Universal Health Insurance", *Bulletin of the World Health Organization*, Vol.90, No.9, pp.664—671.

Listed N., 2010, "MA Plans to Limit Members' Out-of-Pocket Expenses", *Managed Care*, Vol.19, p.49.

Liu H., Emsley R., Dunn G., 2013, "China's 2009 Health Reform: What Implications Could Be Drawn for The NHS Foundation Trusts Reform? ", *Health Policy & Technology*, Vol.2, No.2, pp.61—68.

Marcu M.I., Knapp C.A., Brown D., Madden V.L., Wang H., 2016, "Assessing The Impact of An Integrated Care System on The Healthcare Expenditures of Children with Special Healthcare Needs", *American Journal of Managed Care*, Vol.22, No.4, pp.272—280.

Mechanic D., Volkart E. H., 1961, "Stress, Illness Behavior, and the Sick Role," *American Sociological Review*, Vol.26, No.1, p.51.

Ministry of Health & Family Welfare, Government of India, 2005, "Financing and Delivery of Health Care Services in India(2005), National Commission on Macroeconomics and Health, NCMH Background Papers".

Muller C.F., 1980 "Economic Costs of Illness and Health Policy", *American Journal of Public Health*, Vol.70, No.12, pp.1245—1246.

National Council for Voluntary Organization's Report: 2019.

OECD: "OECD Health Statistics 2018," 2018 年 6 月, http://www.oecd.org/els/health-systems/health-data.htm, 2018 年 7 月 30 日。

Organization Ministry of Health Family Welfare, Govt of India, 2012, "Guidelines on Similar Biologics: Regulatory Requirements for Marketing Authorization in India".

Ozminkowski R.J., Ling D., Goetzel R.Z., Bruno J.A., Rutter K.R., Isaac F., Wang S., 2002, "Long-term Impact of Johnson & Johnson's Health & Wellness Program on Health Care Utilization and Expenditures", *Journal of Occupational & Environmental Medicine*, Vol.44, No.1, pp.21—29.

Paris V., Devaux M., Wei L.H., 2010, Health Systems Institutional Characteristics: A Survey of 29 OECD Countries, Paris: OECD, 2010, pp.23—24.

Paulina C. B., 2012, "Out-of-Pocket Health Care Spending by the Chronically Ill in

Chile", *Procedia Economics and Finance*, Vol.1, pp.88—97.

Pradhan M., Prescott N., 2002, "Social Risk Management Options for Medical Care in Indonesia", *Health Economics*, Vol.11, pp.431—446.

Procidano M., Heller K., 1983, "Measures of Perceived Social SuPPort from Friends and from Family: Three Calidation Studies", *American Journal of Community Psychology*, Vol.11, No.1, pp.1—24.

Rhodes R.A.W., 1996, "The New Governance: Governing without Government", *Political Studies*, Vol.44, No.4, pp.652—667.

Rice T., Rosenau P., Unruh L., et al., 2013, "United States of America: Health System Review", *Health Systems in Transition*, Vol.15, pp.1—431.

Riggs K.R., Buttorff C., Alexander G.C., 2015, "Impact of Out-of-Pocket Spending Caps on Financial Burden of those with Group Health Insurance", *Journal of General Internal Medicine*, Vol.30, No.5, pp.683—688.

Rubin D.B., 1974, "Estimating Causal Effects of Treatments in Randomized and Nonrandomized Studies", *Journal of Educational Psychology*, Vol.66, No.5, pp.688—701.

Russell S., 2004, "The Economic Burden of Illness for Households in Developing Countries: A Review of Studies Focusing On Malaria, Tuberculosis, and Human Immunodeficiency Virus/Acquired Immunodeficiency Syndrome", *American Journal of Tropical Medicine & Hygiene*, Vol.71, No.S2, pp.147—155.

Saunders P., 1999, "Social Class and Stratification", London and New York: Routledge, pp.10—19.

Schneider E., 2002, "The Main Features of German Private Health Insurance", Proceedings of the 27th ICA Health Seminar, Cancun.

Sen, A., 1981, *Poverty and Famines*, *An Essay on Entitlement and Deprivation*, Clarendon Press.

Shevsky V., 2015, "Health Labor Policy: Comparative Analysis of Russian and International Developments", *Public Administration Issues*, Vol.22, No.4, pp.143—167.

Somkotra T., Lagrada L. P., 2008, "Payments for Health Care and its Effect on Catastrophe and Impoverishment: Experience From the Transition to Universal Coverage in Thailand", *Social Science & Medicine*, Vol.67, No.12, pp.2027—2035.

Sommers B.D., Oellerich D., 2013, "The Poverty-Reducing Effect of Medicaid", *Journal of Health Economics*, Vol.32, No.5, pp.816—832.

Stoker G., 2002, "Governance As Theory: Five Propositions", *International Social Science Journal*, Vol.50, No.155, pp.17—28.

Suchman E. A., 1965, "Stages of illness and medical care", *Journal of Health & Human Behavior*, Vol.6, No.3, pp.114—128.

Sun X., Jackson S., Carmichael G., Sleigh A.C., 2009, "Catastrophic Medical Payment and Financial Protection in Rural China: Evidence From the New Cooperative Medical Scheme in Shandong Province", *Health Economics*, Vol.18, No.1, pp.103—119.

Tatara K., Okamoto E., 2009, "Japan: Health System Review", *Health Systems in Transition*, Vol.11, pp.1—164.

Vaughan E.J., *Fundamentals of Risk and Insurance*(Eighth Edition),中国人民大学出版社 2002 年版。

Wagstaff A., Lindelow M., Jun G., Ling X., Juncheng Q., 2009, "Extending Health Insurance to the Rural Population: An Impact Evaluation of China's New Cooperative Medical Scheme", *Journal of Health Economics*, Vol.28, No.1, pp.1—19.

Weber M., 1968, *Economy and Society*, New York: Bedminster Press.

WHO, 2000, "The World Health Report 2000-Health Systems: Improving Performance", Geneva: World Health Organization, 2000, pp.36—37.

WHO, 2002, "Improving Health Outcomes of the Poor: The Report of Working Group 5 of the Commission On Macroeconomics and Health", Geneva: World Health Organization, pp.9—10.

Wilson, E.O., 1976, *Sociology: The New synthesis*, Cambridge, Mass: Harvard University Press.

Wolff J., De-Shalit A., 2007, *Disadvantage*, Oxford: Oxford University Press.

World Bank, 1993, "World Development Report 1993: Investing in Health", Washington D.C: World Bank, pp.1—2.

Xu K., Evans D.B., Kawabata K., Zeramdini R., Klavus J., Murray C.J.L., 2013, "Household Catastrophic Health Expenditure: A Multicountry Analysis", *Lancet*, Vol.362, No.9378, pp.111—117.

Yang B., Bae E., Kim J., 2008, "Economic Evaluation and Pharmaceutical Reimbursement Reform in South Korea's National Health Insurance", *Health Affairs*, Vol. 27, pp.179—187.

Yip W., Hsiao W., 2014, "Harnessing The Privatisation of China's Fragmented Healthcare Delivery", Lancet, Vol.384, No.9945, pp.805—818.

Zhang X., Tatsuo O., 2016, "Investigating The Health Care Delivery System in Japan and Reviewing The Local Public Hospital Reform", *Risk Management & Healthcare Policy*, Vol.9, No.1, pp.21—32.

Zimmermann C., Meurer M.I., Nascimento F.D.S.D., Lacerda J.T.D., Grando L.J., 2014, "Use of Tools to Improve Referral Process Between Primary And Specialty Care in Oral Medicine", *Oral Surgery Oral Medicine Oral Pathology & Oral Radiology*, Vol.117, No.2, p.195.

后 记

“社会保障橙皮书——国际社会保障动态”系列丛书是在上海财经大学社会保障学科带头人、中国社会保障学会副会长丛树海教授带领下完成的集体攻关成果。作为丛书编委会主任，丛树海教授是丛书总体设计、年度选题和内容审核的总负责人，并亲自为丛书撰写总序。2019 社会保障橙皮书《国际社会保障动态——健康贫困治理行动与效果》是丛书的第七部，特别感谢丛老师从繁忙的工作中抽出宝贵时间亲自审阅书稿，并给予高屋建瓴的指导。感谢学校和学院在公共管理一级学科社会保障管理方向建设中给予“健康贫困治理研究”团队师生的信任和支持！本书出版得到了部市共建双一流项目、公共经济与管理学院校友捐赠基金和公共政策与治理研究院的资助！

本书由上海财经大学公共经济与管理学院李华教授任主编，负责第二、第三编专题研究总体思路、框架设计、内容编著和全书统稿。上海财经大学公共经济与管理学院郑春荣教授任第一副主编，负责编著第一编，并协调著作出版。西北民族大学经济学院刘华副教授任第二副主编，协助编著第三编，并负责案例调研。编著得到了常州大学瞿秋白政府管理学院讲师李志鹏博士和复旦大学公共卫生学院博士研究生皇甫慧慧的友情支持！感谢上海财经大学公共经济与管理学院蔡春光老师，健康与医疗保障团队骨干成员高健、徐英奇、何佩莹和王雅婷的通力合作和辛勤付出！案例调研得到了 G 省 T 市和 S 市两地被访政府部门的支持和帮助！得到了调研地基层医疗卫生机构人员和近两百户居民家庭的友好配合。感谢上海人民出版社王舒娟老师及其编审团队为本书出版提供的专业指导！

健康贫困治理不会随着我国“扶贫攻坚”消除极端贫困目标的实现而停止，它是一项长期、动态的系统工程，更是值得学术界持续研究的主题和重点领域。本书的专题部分为上海财经大学“健康贫困治理研究”团队近几年探索性成果，作为初步研究，期望起到“抛砖引玉”的作用。受时间、人力和研究能力所限，书中定有诸多疏漏和不足之处，敬请国内外专家、同仁和社会各界多提宝贵意见和建议，共同促进该领域研究不断向纵深发展。

李　华

2019 年 9 月 1 日

图书在版编目(CIP)数据

国际社会保障动态.健康贫困治理行动与效果/李华主编.—上海:上海人民出版社,2019
(社会保障橙皮书)
ISBN 978-7-208-16190-0

Ⅰ.①国… Ⅱ.①李… Ⅲ.①社会保障-研究-世界②扶贫-研究-世界 Ⅳ.①D57②F113.9

中国版本图书馆 CIP 数据核字(2019)第 260266 号

责任编辑 于力平 王舒娟
封面设计 小阳工作室

国际社会保障动态
——健康贫困治理行动与效果
李 华 主编 郑春荣 刘 华 副主编

出　　版 上海人民出版社
(200001 上海福建中路 193 号)
发　　行 上海人民出版社发行中心
印　　刷 常熟市新骅印刷有限公司
开　　本 720×1000 1/16
印　　张 40
插　　页 4
字　　数 661,000
版　　次 2019 年 12 月第 1 版
印　　次 2019 年 12 月第 1 次印刷
ISBN 978-7-208-16190-0/C·607
定　　价 138.00 元